法 学 阶 梯
INSTITUTIONES | 普通高等教育**法学规划教材**

普通高等教育“十一五”国家级规划教材

环境保护法教程

A Course in the Law of Enviromental Protection

| 第八版 |

主 编 | 韩德培

副主编 | 陈汉光

撰稿人 | 韩德培 陈汉光
以撰写章节先后为序 | 彭守约 李启家

法律出版社
——北 京——
始创于 1954 年

好书,同好老师和好学生分享

图书在版编目(CIP)数据

环境保护法教程 / 韩德培主编. -- 8版. -- 北京 ：法律出版社, 2018(2024.7 重印)
ISBN 978 - 7 - 5197 - 2391 - 0

Ⅰ. ①环… Ⅱ. ①韩… Ⅲ. ①环境保护法－中国－高等学校－教材 Ⅳ. ①D922.68

中国版本图书馆 CIP 数据核字(2018)第 139182 号

环境保护法教程(第八版)
HUANJING BAOHUFA JIAOCHENG
(DI－BA BAN)

韩德培 主编

责任编辑 吴 昉
装帧设计 乔智炜

出版发行 法律出版社
编辑统筹 法律教育出版分社
责任校对 杨锦华
责任印制 刘晓伟
经　　销 新华书店

开本 787 毫米×1092 毫米 1/16
印张 23 **字数** 531 千
版本 2018 年 7 月第 8 版
印次 2024 年 7 月第 10 次印刷
印刷 三河市龙大印装有限公司

地址:北京市丰台区莲花池西里 7 号(100073)
网址:www.lawpress.com.cn
投稿邮箱:info@lawpress.com.cn
举报盗版邮箱:jbwq@lawpress.com.cn

销售电话:010 - 83938349
客服电话:010 - 83938350
咨询电话:010 - 63939796

书号:ISBN 978 - 7 - 5197 - 2391 - 0　　**定价**:45.00 元

凡购买本社图书,如有印装错误,我社负责退换。电话:010 - 83938349

出 版 说 明

法律出版社是中国历史最悠久的法律专业出版社，与国际出版同仁论剑，本社之专业出版品牌亦广受肯定。

本社素来注重法学教材出版。从20世纪50年代中国法学教材建设的起步，到20世纪70年代末中国法学教材的复兴，法律出版社均走在前列。1949年以来，我国第一部法理学、宪法、中国法律思想史、外国法制史、刑法、民法、民事诉讼法、国际法、国际私法、国际经济法教材，均出自法律出版社。

从20世纪80年代到90年代，再到21世纪，本社对于法学教材的出版更投入移山心力。而本社与权威法学家合作，渊源有自。作者中有法学宿耋，有中年英士，有青年才俊，均来自杰出法学学府与研究机构。本社教材，正旨在秉继法学先辈之思想财富，与新一代法律人分享。

自我国建设国家级教材以来，本社延揽名家，于此多有收获。从更早的国家级规划教材，到"九五""十五"，再到2006年评定的"十一五"国家级规划教材，法律出版社之法学类国家级教材，积累已多，忝居诸社首列。为整体性展现这批品质教材，本社乃以"普通高等教育国家级规划教材系列"为题，统一推出。

"好书，同好老师和好学生分享"，本社愿与法律共同体诸同仁，与中国法学与法律实践的学习者和建设者一起，分享好书，分享智识，分享法治进程中的点点滴滴。

法律出版社

作者简介

韩德培 我国当代著名法学家,生前为武汉大学法学院终身教授,博士生导师;兼任中国国际法学会名誉会长、中国国际私法研究会会长。曾任武汉大学环境法研究所所长,后任该所名誉所长。在环境法方面,曾主编《中国环境法的理论与实践》《环境法知识大全》等书。主编的《环境保护法教程》是新中国成立后第一本供高等院校使用的环境法统编教材。

陈汉光 武汉大学环境法研究所教授。多年从事环境保护法学教学与科研工作,曾多次参加国家、地方环境保护法律、法规的立法活动。主要著作有《环境保护法中的行政处罚》《公害民事纠纷的行政处理》等;参编《环境法学》《环境法基础》等国家统编教材。

彭守约 武汉大学法学院教授。曾任农业部环境法制建设顾问、湖北省环境科学学会理事兼环境管理委员会副主任、《农业环境保护》和《环境科学与技术》杂志编委。主编和参编《农业环境管理概论》《大气环境法的理论与实践》《环境资源法论》《中国环境法的理论与实践》《自然保护区的法律保护》等。

李启家 武汉大学环境法研究所副所长、教授。多年从事环境法学的教学和科研工作,曾多次参加国家和地方的环境保护和国土资源法律、法规的起草和调研活动。主要著述有《固体废弃物的法律控制》《中国环境立法评估:可持续发展与创新》等,参编《环境保护法教程》《环境法教程》等。曾两次获得国家环境保护总局授予的"全国环境政策法制工作先进个人"称号。

第八版说明

在以习近平主席为核心的党中央的正确领导下，我国环境保护与生态建设事业取得了长足进步。经修订后于2015年1月1日起生效实施的《环境保护法》，增设了省以下环境保护机构监测监察执法的垂直管理试点，推行了河长制、排污费改税、排污许可管理、突发环境应急预案、环境公益诉讼等新的法律制度，修改了《环境影响评价法》《野生动物保护法》《海洋环境保护法》《大气污染防治法》《水污染防治法》，最高人民法院和最高人民检察院颁布了《关于办理环境污染刑事案件适用法律若干问题的解释》(2016年)。这些都加强了环境保护监督管理和对环境犯罪的惩罚力度，必将更加有力地促进我国环境保护与生态建设事业的发展，更好地保障公众健康和促进经济社会发展。

《环境保护法教程》第八版根据上述新发展做了相应的补充和修改。其中，第一、二、十三、十四、十八、十九章由陈汉光执笔，第三章至第十二章由彭守约执笔(第四章第八节至第十四节和第八章第三节由彭守约及其女儿彭峰共同执笔)，第十五章至第十七章以及第二十章由李启家执笔，全书由副主编统稿。不妥和错误之处肯定不少，恳请广大读者和同行多加批评和指正!

作　者

2018年1月20日

第七版说明

党的十八届四中全会提出了以建设中国特色社会主义法治体系，建设社会主义法治国家为总目标，鼓舞着广大公众努力奋进去实现中华民族伟大复兴的中国梦。经修订于2015年1月1日起施行的《中华人民共和国环境保护法》，增设了推进生态文明建设的重要内容，提出了划定生态保护红线、实行生态保护补偿、环境保护目标责任、环境信息公开、环境保护公益诉讼等重要法律制度；还阐明了环境保护是国家基本国策，各级人民政府应当对本辖区的环境质量负责；在法律责任方面，增设了按日连续处罚、环境污染民事公益诉讼主体；刑事责任的《刑法修正案（八）》、“两高解释”关于惩治环境污染犯罪的12条。这些新规定的贯彻实施，必将更加有力地打击严重污染和破坏环境犯罪行为，更好地保障公众身体健康，推进环境保护事业的法治建设。

《环境保护法教程》第七版做了相应的修改和补充。其中第一、二、十三、十四、十八、十九章和第二十章由陈汉光执笔，第三、四、五、六、七、八、九、十、十一章和第十二章由彭守约执笔，第十五、十六、十七章和第二十章由李启家执笔，全书由副主编统稿。不妥和错误之处肯定不少，恳请广大读者和同行批评、指正！

作　者

2014年11月20日

第六版说明

第十一届全国人大常委会第四次会议通过的《国民经济和社会发展第十二个五年规划纲要》,提出了要提高生态文明水平。而加强环境保护及其法制建设,则是实现该项战略要求的关键和当务之急。

第六次全国环境保护会议以来,我国的环境保护工作取得了很大的成绩,环境保护法制建设有了较大的发展。国家先后颁布(修订)了《侵权责任法》、《循环经济促进法》、《水污染防治法》、《水土保持法》、《海岛保护法》、《节约能源法》、《可再生能源法》、《城乡规划法》、《规划环境影响评价条例》、《防治船舶污染海洋环境管理条例》、《土地调查条例》、《废弃电器电子产品回收处理条例》、《消耗臭氧层物质管理条例》、《新化学物质环境管理办法》、《固体废物进口管理办法》、《刑法》第338条关于污染环境罪、《环境行政处罚办法》、《环境行政复议办法》、《环境行政处罚听证程序规定》、《限期治理管理办法》、《突发环境事件信息报告办法》和《规范环境行政处罚自由裁量权若干意见》等。从这些新颁布(修订)的环境保护法律文件可知,近年来,国家加强了环境保护法中的重要法律制度和法律责任方面的立法。其贯彻实施,必将使我国的环境保护工作更有力地推动经济建设和促进人民健康事业的发展。

本教程第六版,主要是根据上述新的环境保护法律文件,和近年来环境保护法制建设新的实践经验而修订的。可供全国高等法律院、系作为必修课的教材,和环境科学等邻近专业选修的教材,也可作为培训各地环境保护监督管理干部用书,对有关从事环境保护管理部门和企业事业单位也有很大的参考价值。

因水平所限,书中肯定会存在不少错误和缺点,恳请广大读者和同行批评、指正!

作　者

2011年7月20日

第五版说明

《国务院关于落实科学发展观 加强环境保护的决定》和第六次全国环境保护大会，标志着我国环境保护工作进入了一个新的发展时期——以环境保护优化经济增长的新阶段。我国环境保护法制建设也有了很大的发展。

《环境保护法教程》第四版定稿付印以来，国家先后颁布、修订了《安全生产法》《对外贸易法》《行政许可法》《环境影响评价法》《放射性污染防治法》《固体废物污染环境防治法》《土地管理法》《水法》《渔业法》《草原法》《野生动物保护法》《农业法》《排污费征收使用管理条例》《风景名胜区条例》《医疗废物管理条例》《清洁生产审核暂行办法》《防治尾矿污染环境管理规定》《环境保护行政许可听证暂行办法》《环境保护违法违纪行为处分暂行规定》《环境保护行政处罚办法》等，我国还签署了《关于持久性有机污染物的斯德哥尔摩公约》等国际环境保护法，本教程第五版，主要是根据上述法律、法规、规章和近年来的国际环境保护法而修订的。

由于水平所限，书中的不妥之处，敬请读者和同行批评、指正。

作　者

2007 年 3 月 31 日

第四版说明

20 世纪 70 年代末，我国实行了改革开放的政策。为促进经济建设、社会发展和环境保护相协调，全国人民代表大会常务委员会颁布了《环境保护法（试行）》。它的贯彻实施，标志着我国环境保护事业开始走上法制的轨道。为了培养环境保护法学人才，我们于 1986 年编写了《环境保护法教程》，为当时的教学提供了基本教材。

在随后的五六年间，全国人民代表大会常务委员会先后又颁布了《海洋环境保护法》《水污染防治法》《大气污染防治法》《土地管理法》《森林法》《草原法》《矿产资源法》《渔业法》《水法》《野生动物保护法》等环境保护法律；国务院也制定了《环境噪声污染防治条例》《建设项目环境保护管理办法》《风景名胜区管理暂行条例》《征收排污费暂行办法》等环境保护法规。根据上述法律、法规，我们对本书做了第二版修改、补充，并增设了国际环境保护法一章。

其后，联合国召开了环境与发展大会，发表了《里约宣言》，通过了《气候变化框架公约》和《生物多样性公约》，提出了可持续发展的战略思想。我国政府积极参与国际环境保护事业，签署了多项国际环境保护条约，全国人民代表大会常务委员先后修订了《水污染防治法》《大气污染防治法》，新颁布了《水土保持法》《固体废物污染环境防治法》等环境保护法律，经修订后颁布实施的《刑法》增设了“破坏环境资源保护罪”专节；国务院发布了《自然保护区条例》《野生植物保护条例》等；1996 年，国务院发布了《关于环境保护若干问题的决定》，召开了第四次全国环境保护会议，提出了进一步落实环境保护基本国策，实施可持续发展战略和“九五”期间的环境保护目标。《环境保护法教程》，主要是根据上述法律、法规和我国参加的国际环境保护条约进行了修订，于 1998 年年初出版了第三版。

20 世纪 90 年代末以来，全国人民代表大会常务委员会又对《海洋环境保护法》《大气污染防治法》《土地管理法》《森林法》《渔业法》《水法》进行了修订，新颁布了《防沙治沙法》《清洁生产促进法》等环境保护法律，国务院制定（修订）了《建设项目环境保护管理条例》《危险化学品安全管理条例》《农药管理条例》等环境保护法规；联合国举行了可持续发展世界首脑会议，通过了《执行计划》《约翰内斯堡可持续发展承诺》等文件，我国举行了第五次全国环境保护会议，提出了加强环境污染防治和生态保护，落实可持续发展的“环境保护十五计划”。《环境保护法教程》第四版，主要是根据上述法律、法规和近年来国际环境保护法律建设的进展而修订的。其中特别突出了理论联系实际的思想和加强了法律责任部分的内容。

本教程可供高等法律院、系必修课和邻近专业选修课选用，也可作为培训环境保护监督管理部门训练干部用书，同时对有关从事环境保护管理的部门、企事业单位的工作也有参考价值。

由于水平所限,书中的缺点和错误在所难免,诚恳欢迎读者和同行提出批评和建议,供修订时参考。

作 者

2002 年 10 月

目　录

第一章　绪　　论

第一节　环境与环境问题

一、环境

（一）环境的定义和种类

环境的一般定义，是指环绕着某一中心事物的周围事物。中心事物不同，环境的含义和范围也不一样。例如，环境科学以人类为研究对象，所称的环境就是指围绕着人群的空间，以及其中可以直接、间接影响人类生存和发展的各种天然的和经过人工改造过的自然因素的总体。但也有些人认为环境除自然因素之外，还应当包括有关的社会因素[1]和经济因素。[2] 由于环境科学以人类为环境的主体，故可将其所称的环境谓之人类环境。

生态学的研究对象是整个生物界（包括动物、植物和微生物），所称的环境与环境科学不同，是指环绕着生物界并影响其生存与发展的外部空间和无生命的物质，如大气、水、土壤、阳光和其他无机物质。从生态学的环境定义可知，其所称的环境包括了人类环境，但范围要比环境科学的环境定义广泛得多。

对环境的分类，至今尚未形成统一的认识。但一般是按照环境的主体、环境的要素、环境的范围和人类对环境的影响程度等进行分类。例如，按照环境的不同主体，可分为人类环境和生物环境；按照环境的形成要素，可分为自然形成的环境和经过人工改造过的环境。自然形成的环境也称自然环境，如大气环境、水环境、土壤环境、生物环境（如森林环境、草原环境、野生动植物环境）、地质环境；经过人工改造过的环境也称人为环境，如城市、乡村。按照环境范围的大小，可分为居室环境、车间环境、城市环境、乡村环境、区域环境等；按照人类对环境的影响程度或者环境的功能，可分为生活环境和生态环境。《宪法》第26条规定：“国家保护和改善生活环境和生态环境，防治污染和其他公害。”其中的“生活环境”是指与人类生活密切相关的各种天然的和经过人工改造过的自然因素；“生态环境”是指影响生态系统发展的各种生态因素，即环境条件，包括气候条件（如光、热、降水）、土壤条件（如土壤的酸碱度、营养元素、水分）、生物条件（如土壤中的动植物和微生物）、地理条件（如地势高低、地形起伏、地质历史条件）和人为条件（如开垦、采伐、引种、栽培）的综合体。

值得注意的是，上述各种分类都是相对的，它们之间均存在相互交叉之处，故不应加以绝对化。例如，自然环境与人为环境，生活环境与生态环境就是如此。生态环境中包括天然的自然因素（如森林生态环境、草原生态环境）和经过人工改造过的自然因素（如城市生态环境、乡

---

〔1〕《中国大百科全书》（环境科学卷），中国大百科全书出版社1983年版，第154页。

〔2〕刘天齐主编：《环境保护通论》，中国环境科学出版社1997年版，第1页。

村生态环境)。可见,它们之间都有密切的联系,只是为了研究的方便和更好地保护而加以划分。它们的共同点,都是由客观存在的自然因素所组成,都受到自然规律所支配和按照自然规律发展着,并都是指人类赖以生存和发展的环境,即人类环境。

(二)环境保护法所称的环境

2014 年 4 月 24 日发布,于 2015 年 1 月 1 日起施行的《环境保护法》第 2 条规定:"本法所称环境,是指影响人类生存和发展的各种天然的和经过人工改造的自然因素的总体,包括大气、水、海洋、土地、矿藏、森林、草原、湿地、野生生物、自然遗迹、人文遗迹、自然保护区、风景名胜区、城市和乡村等。"它既包括生活环境,也包括生态环境,体现了"大环境"的概念。美国《环境政策法》、日本《环境基本法》和俄罗斯联邦《环境保护法》等也都做了类似的规定。不过,与环境科学所称的环境相比较,作为我国《环境保护法》保护对象的环境,是以前者为基础的,但其范围要小得多。《环境保护法》第 2 条的前半部分是关于环境的定义,后半部分所列举的 15 种环境因素则是当前与我国人民关系最密切的,既是其生存和发展所必需,又是法律能够加以保护的自然因素,而不是一切自然因素。这些自然因素组成了自然环境和人为环境,但并不包括社会环境和经济环境。可以预见,随着社会的发展,《环境保护法》所保护的自然因素的范围将日益扩大。

与 1979 年 9 月 13 日发布的《环境保护法(试行)》[3]所称的"环境"相比较,1989 年 12 月 26 日通过的《环境保护法》和 2015 年 1 月 1 日起生效的《环境保护法》都对环境的定义做了较科学的规定,揭示了法律意义上环境的本质属性是人类赖以生存和发展的各种自然因素的总体;所列举的 15 种环境因素要科学得多,其范围也较广。[4]例如,从"水"中分列出"海洋",并放置在诸环境因素中的第三位,体现了海洋环境对人类的生存和发展日益显著的重要性;将"野生动物"、"野生植物"和"水生生物"概括为"野生生物",使条文更加精炼和简洁,避免重复,也使保护范围更加扩大(包括了微生物);将"名胜古迹"、"风景游览区"、"温泉"、"疗养区"概括为"自然遗迹"、"人文遗迹"和"风景名胜区",不仅更加简明,而且与现行的国内法和国际法所采用的定义保持一致;[5]将"生活居住区"改为"城市"和"乡村",使保护范围扩大了(包括了工矿区、城市和乡村的其他非生活居住区),也便于对不同的区域做出不同的法律规定。此外,从对环境的定义方式看,《环境保护法》采用了概括与列举相结合的方式,显然比《环境保护法(试行)》的列举式更加科学和明白。特别是《环境保护法》在第 2 条所规定的环境因素中增加了"湿地"。[6] 这对于地少人多的中国具有特殊的意义。

需要指出的是,无论是已废止的《环境保护法(试行)》,还是现行的《环境保护法》,对环境的定义都包括了作为环境因素的自然资源。所谓自然资源,是相对于非自然属性的"资源"而言的,是指与人类生产或者其他活动有关并能为人类所利用的那部分环境因素。也就是说,从

---

[3] 《环境保护法(试行)》第 3 条规定:"本法所称环境是指:大气、水、土地、矿藏、森林、草原、野生动物、野生植物、水生生物、名胜古迹、风景游览区、温泉、疗养区、自然保护区、生活居住区等。"

[4] 金鉴明等:《环境保护法述评》,中国环境科学出版社 1992 年版,第 2 ~ 3 页。

[5] 参见《风景名胜区管理暂行条例》和我国参加的国际条约《保护世界文化和自然遗产公约》等。

[6] 是指天然或者人工、长久或者暂时之沼泽地、泥炭地或者水域地带。河流、湖泊、水库、稻田及退潮时水深不超过 6 米的海水也属于湿地。湿地因具有良好的生态效应和经济效益而被誉为"地球之肾"。参见《保护湿地就是保护永续的资源》,载《中国环境报》2002 年 9 月 17 日。《为什么要保护湿地》,载《大河报》2001 年 10 月 8 日。

环境保护法看，自然资源是组成环境的因素。[7] 环境包括自然资源的观点，符合我国《宪法》和《环境保护法》的精神，也与外国环境保护法以至国际环境保护法的环境定义相一致。[8] 可见，在环境保护法学中，将自然资源与环境并列或者分离出来的说法是不妥的。

二、环境问题

（一）环境问题的概念

环境问题，是指由于自然界或者人类活动，使环境质量下降或者生态破坏，对人类的社会经济发展、身体健康以至生命安全及其他生物产生有害影响的现象。其中，由自然界活动引起的环境问题，如地震、火山爆发、海啸、泥石流、洪水泛滥、干旱、沙尘暴、雷电等自然灾害，称为原生或者第一类环境问题；由人类活动引起的环境问题，如环境破坏（也称生态破坏）和环境污染，称为次生或者第二类环境问题。

环境保护法是调整人们在环境保护中产生的社会关系的法律规范，所以，环境保护法学研究的环境问题，主要是指第二类即由于人类活动引起的环境问题。但是，人类的不适当活动，有时也会诱发自然灾害的发生或者加剧其破坏、危害程度。所以，环境保护法学也需要对人类这些行为进行研究，以便通过法律加以防范和惩罚肇事者。不过，对于第一类环境问题，由于科学技术水平所限，人们目前尚不能加以控制或者避免，环境保护法主要是力图解决第二类环境问题。这类环境问题的产生也是环境保护法及其法学出现的客观原因。

人类活动引起的环境问题主要有两种：(1) 环境破坏。环境破坏，是指由于人们对环境不合理的开发利用活动所造成的现象，即由于毁林开荒、过量放牧、掠夺性捕捞、乱猎滥采、不合理灌溉、不适当的水利工程、过量抽取地下液体和破坏性采掘、不恰当种植或者移民、人口增长过速和都市化等所造成的水土流失、土地沙漠化、耕地锐减、森林蓄积量下降、矿藏资源遭破坏、地面塌陷、水源枯竭、野生动植物资源和渔业资源日益减少或者一些品种灭绝、旱涝灾害频繁，以至传染病、地方病流行等。环境破坏包括对生活环境和对生态环境的破坏，但主要是后者，因而也将环境破坏称为生态破坏。(2) 环境污染。环境污染，是指由于人们在生产建设或者其他活动中产生的废气、废水、废渣、粉尘、恶臭气体、放射性物质以及噪声、振动、电磁波辐射等对环境的污染和危害，使环境质量恶化，影响了人体健康、生命安全，或者影响了其他生物的生存和发展以至生态系统良性循环的现象。世界现代史上的“八大公害事件”，[9] 以及 1984 年 12 月 3 日发生的印度博帕尔农药厂毒气渗漏事件[10] 和 1986 年 4 月 26 日苏联切尔诺贝利核电站放射性物质泄漏事件，[11] 都属于这类环境问题。

人类活动引起的环境问题——环境污染和生态破坏，是密切联系，相互影响的。一方面，生态环境的破坏，会直接或者间接地影响生活环境，如破坏生活环境中的一些生态系统（如江

---

〔7〕 与经济法不同，后者把自然资源看作“财源”，此外，保护的目的、手段和方式等也有区别。

〔8〕 前面所提到的美国《环境政策法》、日本《环境基本法》和俄罗斯联邦《环境保护法》等外国环境保护法中，都设置有大量的自然资源保护条款；1972 年以来的三次联合国人类环境会议所通过的法律文件也是如此，以 1992 年第三次联合国环境与发展会议为例，所通过的六个法律文件中就有《生物多样性公约》《森林公约》（也称《关于森林问题的原则声明》），都是有关保护自然资源的，但这些国际的环境保护法律和有关的会议名称，并未因此而改变为《环境与自然资源保护法》和“环境与自然资源保护会议”。

〔9〕 《历史上的公害事件》，载《中国环境报》1997 年 1 月 23 日。

〔10〕 李文政：《博帕尔的灾难》，载《中国法制日报》1984 年 12 月 17 日至 20 日连载。

〔11〕 《“切尔诺贝利核灾难十年以后”国际会议结束》，载《中国环境报》1996 年 4 月 25 日。

河断流造成城市缺水或者水位下降而减弱了对废水的稀释、净化能力)会导致污染加剧;另一方面,生活环境的受污染也会或迟或早地影响生态环境,如使一些动植物品质下降、数量减少以至灭绝,水污染加剧了水资源紧缺等。但是,从总体上说,生态破坏对人类的危害更大,影响更长久,甚至不可逆转。[12]

(二)环境问题的产生和发展

从人类历史的发展过程可知,环境问题自古有之,[13]而且是随着社会经济的发展而发展变化的。由于环境问题是特定生产方式的产物和具有地方属性,使环境问题不仅在不同的历史时期具有不同的特点,就是在同一历史时期的不同国家,环境问题也不一样。概括起来,环境问题大体上经历了三个发展阶段:

1. 环境问题的原始阶段。原始时期,由于人类征服自然的能力有限,对环境的依赖程度很高,主要是以采集和猎捕野生动、植物来充饥,与环境进行着生理上的物质交换和能量转化,处在盲目利用环境的时期。这阶段的环境问题,主要表现为人口的自然增长、无知而乱采滥猎,或者因用火不慎而使大片森林、草原被毁,破坏了野生动、植物的生境,使其数量减少而引起部落之间的争夺、破坏和发生饥荒等。

2. 环境问题的农、牧业阶段。随着农业和畜牧业的出现,人类利用和改造自然的能力有了很大的提高,如兴修水利灌溉农田以抵御水旱灾害、改良品种以提高农作物和牲畜的产量。这一时期的环境问题,主要表现为由于缺乏科学知识而大肆砍伐林木、破坏植被、毁林开荒而引起水土流失、土地沙漠化、盐渍化;因不适当兴修水利而引起土壤沼泽化、血吸虫病流行,再加上战争和旱涝灾害,使原来农业比较发达的地区,如古代地中海沿岸、中东和非洲北部、印度北部和我国西北部等地区都变成不毛之地。[14]

3. 环境问题的现代工业阶段。随着工业革命的兴起,城市化和大工业的出现,人口向城市集中,使环境破坏加剧,伴随着工业化,人们排放了有毒有害的废气、废水和废渣(称"三废"),造成了环境污染危害。第二次世界大战后,工业飞速发展,煤和石油的消耗量猛增,化学工业日新月异,所排放的烟尘、二氧化碳、酸、碱、汞、氯等有毒有害物质猛增,使环境污染日趋严重,震惊世界的公害事件接连发生,加上农药、化肥、放射性物质的大量使用,出现了农药等持久性有机污染物和放射性的污染危害。此外,随着大城市和汽车的出现而无节制地抽取地下液体,使环境噪声、震动、地面沉降、电磁波辐射等危害也相继出现。20 世纪 90 年代,臭氧层破坏、温室效应、酸雨、光化学烟雾等环境污染不断加剧。"全球生态系统遭受越来越大的压力,生态系统的健康状况大幅下降。生态系统向人类提供的 24 种基本服务如淡水、食物、气候调节和空气质量等,其中就有 15 种在退化或者被不可持续地使用……如果不加以控制,今后 50 年情况还会更糟糕。"[15]

(三)当今社会两类不同性质的环境问题

1972 年联合国人类环境会议通过的《人类环境宣言》,提出了当今人类社会两类不同性质的环境问题:一是发达国家的环境问题,二是发展中国家的环境问题。两类环境问题的性质不

[12] 如物种灭绝、矿藏资源枯竭。

[13] 调查显示,早在一万年前,古人对海洋生物的过量捕食造成了生态系统的改变,在海洋遭受的各种破坏中,"人类捕杀海洋生物造成的危害最大"。参见《破坏海洋环境古已有之》,载《参考消息》2001 年 8 月 21 日。

[14] 王翊亭:《环境学导论》,清华大学出版社 1985 年版,第 2 页。

[15] 《世界观察所发表〈2006~2007 年重要趋势〉报告警惕经济发展中的环境危机》,载《中国环境报》2006 年 8 月 8 日。

同,解决的方式和途径也不一样。这是国际社会中人们对当今世界环境问题的性质的正确表述。[16]

发达国家的环境问题,"一般的是同工业化和技术发展有关",[17]即主要是由于高发展和高消费造成环境的污染、破坏和自然资源的浪费。如果发达国家能够正确认识并改变其发展方式和生活方式,走可持续发展的道路,即"满足当代人的需要,又不损害子孙后代满足其自身需要的能力"[18]的道路,这些国家的经济能力和科学技术条件完全可以维护一个良好的人类环境。发达国家可以率先改变经济发展方式和消费方式,以降低对环境和自然资源的污染、破坏和浪费;可以带头开发更洁净、非资源密集型的技术;可以为社会提供更平等的发展机会和社会服务;可以在财力和科学技术诸方面支持经济落后国家的发展。

发展中国家的环境问题,"大半是由于发展不足造成的"。[19]要解决发展中国家的环境问题,"发展中国家必须致力于发展工作,牢记它们优先任务和保护及改善环境的必要"。[20]对于这些国家,可持续发展意味着一方面要扩大生产以满足不断增加的人口的需要,另一方面又必须更加有效地保护环境和合理利用自然资源,避免过度使用农药、化肥,要使用清洁的生产设备和技术,抵制来自发达国家的污染转嫁,制止乱砍滥伐森林,维持生物多样性,控制人口,努力保护和改善环境。

1992年6月,里约热内卢联合国环境与发展大会所发表的《里约环境与发展宣言》及《气候变化框架公约》和《生物多样性公约》宣告:"鉴于导致全球环境退化的各种不同因素,各国负有共同的但是又有差别的责任。发达国家承认,鉴于它们的社会给全球环境带来的压力,以及它们所掌握的技术和财力资源,它们在追求可持续发展的国际努力中负有责任。"[21]也就是说,当今国际社会确认了发达国家对全球环境的恶化负有主要责任,它们应当率先对付环境的恶化及其不利影响,"提供新的额外资金并以优惠条件转让环境无害技术"。[22]这些原则的确立和贯彻实施,对于顺利解决当今世界的环境问题具有重大的意义。

2010年12月19日,联合国气候变化会议在哥本哈根落下帷幕,大会未取得共识,但确认了《哥本哈根协议》,该协议设定目标,将全球升温限制在2摄氏度之内,并为面临气候变化风险最大的贫困国家配置了初期资金。[23]

(四)当今我国的环境问题

新中国成立以后,随着国民经济的恢复和发展,环境问题也日趋严重。1958年至1960年的"大跃进"时期,由于不顾环境条件发展工业,加上防治措施未跟上,一些城镇的环境受到污染,自然资源特别是森林资源遭到了比较严重的破坏。1966年至1976年的"文化大革命"时期,不仅国民经济到了崩溃的边缘,环境污染和生态破坏也达到了严重的程度。在周总理的亲切关怀和直接指导下,1973年8月,国务院召开了第一次全国环境保护会议,提出了"全面规

---

〔16〕 曲格平:《中国环境问题及对策》,中国环境科学出版社1984年版,第132页。
〔17〕《人类环境宣言》中的第四个共同观点。
〔18〕 世界环境与发展委员会:《我们共同的未来》,世界知识出版社1989年版,第43页。
〔19〕《人类环境宣言》中的第四个共同观点。
〔20〕《人类环境宣言》中的第四个共同观点。
〔21〕《里约环境与发展宣言》中的第七个原则。
〔22〕《人类环境与发展史上的一次盛会》,载《人民日报》1992年6月8日社论。
〔23〕《哥本哈根气候大会达成有限共识》,载《参考消息》2009年12月20日。

划,合理布局,综合利用,化害为利,依靠群众,大家动手,保护环境,造福人民"的环境保护工作方针(简称环境保护工作的"三十二字"方针),颁布了新中国第一个环境保护文件《关于保护和改善环境的若干规定(试行草案)》,后经国务院批准转发全国贯彻实施。1974年5月,国务院环境保护领导小组成立,此后,一些地方的环境保护机构也相继成立,逐步开展了环境保护工作,并取得了一定的成绩。但是,由于对保护环境的重要性认识不足和工作上的失误,尤其是"四人帮"的干扰破坏,我国的环境问题仍在不断地蔓延和加剧。

中共十一届三中全会以后,环境保护工作进入了法制建设时期。1978年3月5日颁布的《宪法》明确规定:"国家保护环境和自然资源,防治污染和其他公害。"1979年,国家颁布了《环境保护法(试行)》和《森林法(试行)》,依法关、停、并、转和搬迁了11000多个耗能高、原材料浪费大、环境污染严重的企业。1983年12月,国务院召开了第二次全国环境保护会议,明确提出保护环境是我国的一项基本国策,还确定了环境保护事业的战略方针,即"经济建设、城乡建设、环境建设同步规划、同步实施、同步发展,实现经济效益、社会效益、环境效益的统一",也称"三个同步、三个统一"的战略方针。国家先后颁布了《海洋环境保护法》《水污染防治法》《大气污染防治法》《环境噪声污染防治条例》[24]《草原法》《土地管理法》《矿产资源法》《渔业法》《水法》《水土保持法》《野生动物保护法》《风景名胜区管理暂行条例》《森林和野生动物类型自然保护区管理办法》《征收排污费暂行办法》等。1989年4月,国务院召开了第三次全国环境保护会议,同年12月26日,第七届全国人大常委会第十一次会议通过了《环境保护法》,同日发布施行。1992年联合国环境与发展大会后,党中央、国务院批准了《中国环境与发展十大对策》,发布了《中国21世纪议程》,强调实施可持续发展战略。1996年3月,第八届全国人大第四次会议审议通过了国民经济和社会发展"九五"计划,确定了2000~2010年环保目标。同年7月,国务院召开了第四次全国环境保护会议,发布了《国务院关于环境保护若干问题的决定》。1999年和2000年,国家修订的《海洋环境保护法》和《大气污染防治法》中,新设置了污染物总量控制、清洁生产、淘汰落后生产工艺和设备、"两控区"和超标违法等法律制度,国务院发布了《全国生态环境保护纲要》。2001年,国务院召开了第五次全国环境保护会议,批复了《国家环境保护"十五"计划》,该计划在肯定成绩的基础上指出:"环境形势仍然相当严峻。全国污染物排放总量还很大,污染程度仍处在相当高的水平,一些地区的环境质量仍在恶化。生态恶化加剧的趋势尚未得到有效遏制,部分地区生态破坏的程度还在加剧。环境污染和生态破坏在一些地区已成为危害人民健康、制约经济发展和社会稳定的一个重要因素。"[25] 2005年年底,国务院发布了《关于落实科学发展观 加强环境保护的决定》(以下简称《决定》)。2006年4月,国务院召开了第六次全国环境保护会议。在会上,温家宝总理强调,做好新形势下的环境保护工作,关键是要加快实现三个转变。[26]《决定》指出:环境形势依然十分严峻,主要污染物排放量超过环境承载能力,流经城市的河段普遍受到污染,许多城市空气污染严重,酸雨污染加重,持久性有机污染物的危害开始显现,土壤污染面积扩大,近海海域污染加剧,核与辐射环境安全存在隐患。生态破坏严重,水土流失量大面广,石漠化、草原退化加剧,生物多样性

---

〔24〕 1996年10月29日,第八届全国人大常委会第二十二次会议将其修改并提升为《环境噪声污染防治法》,于该日公布,1997年3月1日起施行。

〔25〕 《国家环境保护"十五"计划》,载《环境工作通讯》2002年第2期。当时全国环境污染和生态破坏的状况可参考"计划"中的"(二)当前我国的环境形势"。

〔26〕 转引自《论历史性转变》,载《中国环境报》2006年5月17日。

减少，生态系统功能退化。发达国家一两百年工业化过程中分阶段出现的环境问题，在我国近三十多年来的快速发展中集中暴露……环境形势虽然局部有所改善，但总体尚未遏制，形势依然严峻。[27]

造成我国环境问题的原因，除了历史欠账过多、人口压力过重这些基本原因之外，粗放型经济增长方式、规划布局不当、结构性污染严重，特别是一些地方和部门以牺牲环境为代价换取经济的发展是主要原因，[28]环境保护法制不健全、执法不严、环境保护资金投入不足、环境保护产业落后等也是重要原因。如果这些问题长拖不决，我国环境恶化的趋势必将进一步加剧。

第二节 环境保护与环境保护法

一、环境保护

（一）环境保护的历史发展

人类是环境的产物，环境还为人类提供了生存和发展的物质基础。但是，人类具有主观能动性，在利用环境的过程中能够对环境加以改造，使其适应自己的需要。由于认识能力和科学技术水平的限制，人类在利用环境中也带来了有害的副作用，给环境造成了污染和破坏；被污染和破坏了的环境，又反过来影响了人们的生存和发展，以至危害人体健康和生命安全。为了克服环境的有害影响，人类在漫长的历史过程中逐步学会了运用科学技术、经济、行政、宣传教育和法律等手段来保护和改善环境，节约和充分利用自然资源，防治污染和生态破坏。但是，在20世纪中叶以前，人们并未提出环境保护的概念。之后，随着环境污染的加剧和环境科学的出现，美、日等国家出现了反污染的运动，但仍比较狭义地把环境保护理解为"三废"污染的治理（我国也是如此），是属于局部的问题，没有把环境污染与生态危机联系起来，也没有把环境问题与社会经济因素联系起来，对其复杂性危害性认识不足，所以未能找到产生环境问题的根源和解决的有效途径。后来，美国人R.卡逊在《寂静的春天》一书中指出：农药污染会导致生态危机。20世纪70年代初出版的另一本书《只有一个地球》，[29]指出环境问题不是局部问题，而是全球性问题；不仅是技术问题，更主要是社会经济问题。1972年联合国人类环境会议把人们对环境问题的认识提高了一大步，提出人类面临着各种环境污染和生态破坏，揭示了两者的内在联系，并提出了解决环境问题的途径。会议所发表的《人类环境宣言》庄严宣布："保护和改善人类环境是关系到全世界各国人民的幸福和经济发展的重要问题，也是全世界各国人民的迫切希望和各国政府的责任。"[30]从此，环境保护开始得到世界各国人民和政府的重

---

〔27〕 周生贤：《我国环境保护面临的新情况新问题及下步重点任务》，载《中国环境报》2013年7月11日。

〔28〕 《执法如何突破"土围子"与"土政策"——从固镇事件看地方保护主义顽疾的根由》，载《中国环境报》2010年7月13日。

〔29〕 该书是由英国经济学家B.沃德和美国微生物学家R.杜博斯受当时联合国人类环境会议秘书长M.斯德朗的委托，为联合国人类环境会议提供的背景材料，在58个国家152位专家组成的通讯顾问委员会的协助下编写完成的，是一本讨论全球环境问题的非官方文件。

〔30〕 《"人类环境宣言"中的"2"》，载《中国缔结和签署的国际环境条约集》，学苑出版社1999年版，第385页。

视。1992年联合国环境与发展大会提出了“可持续发展”[31]战略，2002年可持续发展世界首脑会议及2012年6月的联合国可持续发展大会，拓宽和深化了对保护生态环境、建设生态文明的认识。中共十七大和十八大提出中国要把生态文明建设放到突出的地位，融入经济建设、政治建设、文化建设和社会建设各方面及全过程。就是要把生态文明的基本理念、原则和制度等贯穿于其他四大建设的全过程；不仅经济建设要以生态文明为准绳，政治建设、文化建设和社会建设也要把生态文明作为最重要的因素。什么是生态文明？生态文明是作为人类文明的一种新形态。其基本内涵就是尊重和保护自然。“建设生态文明，实质上就是要建设以资源环境承载能力为基础，以自然规律为准则，以可持续发展为目标的资源节约型、环境友好型社会”。[32]这表明，生态文明建设与环境保护的目标高度融合，环境保护是生态文明建设的主阵地和根本措施。可见，党的十八大以来，我国对环境保护的认识有了新的、飞跃的发展。

（二）环境保护的概念

所谓环境保护，是指保护和改善生活环境和生态环境，合理地开发利用自然资源，防治环境污染和其他公害，使环境符合人类的生存和发展。需要指出的是，上述的“自然资源”是作为环境的要素，“防治环境污染和其他公害”理所当然地包括防治自然资源免受污染、破坏和浪费。如前所述，环境问题是特定生产方式的产物和具有地区性特点，这就决定了环境保护的内容，不但各个国家之间有区别，就是同一个国家的不同历史时期也不一样。不过，也可概括为两个方面：(1)保护和改善[33]生活环境和生态环境，包括保护和改善城乡[34]环境，保持乡土景观，减少以至于消除有害物质进入环境，改善环境质量，维护环境的调节净化能力，确保物种的多样性和基因库的持续发展，保持生态系统的良性循环。保护环境包括保护和改善组成环境的各种环境因素的质和量，也即保护和改善各种自然资源。包括大气资源、水资源、海洋资源、土壤资源、矿藏资源、森林资源、牧草资源、野生动植物资源等。其中，对可更新的自然资源，是保护、合理利用和加以增殖再生，使其持续发展，避免灭绝，为人类所持续利用；对不可更新的自然资源，是保护和合理利用，避免浪费和破坏，并努力寻找替代品，[35]使其能为人类所充分利用。需要特别指出的是，保护作为环境要素的各种自然资源，其着眼点和最终目的都是保护生态环境，以推进生态文明建设。(2)防治环境污染和其他公害，即防治在生产建设和其他活动中产生的废气、废水、废渣、粉尘、恶臭气体、放射性物质、噪声、振动、电磁波辐射，以及光、热等对环境的污染和危害，以保护人体健康和生命安全，促进人类经济社会的持续发展。

环境保护的上述两项内容，是相辅相成、密切联系的。一方面，从根本上说，我国环境污染严重的主要原因是自然资源的浪费，只要做好环境保护工作，加强经营管理，合理利用自然资

---

[31]　《里约环境与发展宣言原则4》，载《中国缔结和签署的国际环境条约集》，学苑出版社1999年版，第411页。

[32]　参见党的十七大报告。

[33]　有的学者谈到环境保护法的名称时，说应采用“环境法”（非指环境保护法的简称），认为采用前者的称谓，就只限于保护而不包括改善环境。这种说法显然不妥。我国《环境保护法》的立法目的、第三章“保护和改善环境”的内容以至我国环境保护实践，均表明环境保护包括保护和改善环境。

[34]　从历年的国家环境保护总局公布的环境状况公报中可以看出，我国环境保护工作范围（从统计数字看）并未包括广大农村。今后，加强农村的环境保护工作应是重点之一。可喜的是，《国务院关于落实科学发展观　加强环境保护的决定》中已做出一些规定。

[35]　例如，由于合成技术的发展，出现了多种人造矿物，如合成金刚石、合成水晶、合成石墨，可以替代天然矿物质；又如因石油短缺，人们已经研制成各种石油替用品，等等。

源，减少浪费和破坏，就能降低污染物的排放量，提高环境的自净能力、减轻甚至避免对环境的污染危害；另一方面，加强对环境污染的防治，采用耗能低、原材料利用率高的清洁生产工艺和设备，既能减轻对环境的污染危害，提高了环境质量，也使自然资源得到充分、永续地利用。过去，在环境保护工作中，环境保护行政主管部门往往只注重污染防治，自然资源管理部门也较偏重于开发利用，忽视了对自然资源的合理利用和对生态环境的保护和改善，致使一些地区的生态环境遭到严重的破坏，污染防治工作因而也难以奏效。因此，应当清醒地认识到，生态破坏容易恢复难，[36]在自然资源开发利用、建设项目的整个建设过程中保护和改善环境，合理地利用自然资源，同样是环境保护工作的重要内容，做到环境污染防治和生态保护并重，两者不可偏废。

（三）环境保护的意义

对环境保护意义的认识，经历了一个不断深化的过程。在我国，长期以来，往往把环境保护工作狭义地理解为对生活环境的污染防治，后来才逐渐认识到保护环境必须着眼于对大环境的保护和改善。既要防治环境污染和其他公害，也要保护和改善生活环境；既要保护和改善生活环境，也要保护和改善生态环境，防止环境污染和生态破坏。环境保护关系到国家建设、民族复兴、人民健康和生命安全以至子孙后代幸福的大事，具有全局性、战略性的位置和意义。[37]

1. 环境保护是全面建设小康社会的内在要求。当今，我国经济社会已逐步走向小康社会。根据国际社会的经验，这个时期既是机遇，也是矛盾凸显的时期、环境压力最大的时期。以环境换取经济增长，走先污染后治理的老路，必将最后断送已取得的经济发展成果。因此，只有摒弃以牺牲环境换取经济增长的发展模式，加强环境保护，让透支的资源环境逐步休养生息，我国社会才能继续走向全面建设小康社会，这也是建设小康型社会的内在要求。

2. 环境保护是坚持执政为民、提高执政能力的实际行动。中国共产党是执政党，经过近百年的艰苦奋斗，带领全国各族人民取得了革命、建设、改革的伟大成就。究其原因，归结到一点，就是党始终代表着中国最广大人民的根本利益。现在，我国社会已经进入了保护环境优化经济增长的新阶段，各级环境保护部门要以《环境保护法》为武器，采取法律、经济、技术宣传和行政等办法，努力让人民群众喝上干净的水、呼吸清洁的空气、吃上放心的食物，在良好的环境中生产生活，这既是以人为本的要求，也是坚持执政为民和提高执政能力的具体行动。

3. 环境保护是构建社会主义和谐社会的有力保障。人与自然和谐是和谐社会的主要特征之一。当前，我国生态系统整体功能仍在下降，抵御各种自然灾害的能力在减弱。我国正在以最脆弱、最严峻的生态环境，供养着历史上最大规模的人口，负担着历史上最大规模的人类活动，环境安全成为影响国家安全和可持续发展的重要方面，也是我国 21 世纪最突出的问题之一。建设环境友好型社会是构建社会主义和谐社会的重要组成部分，是中国人民的一项重大战略选择。如前所述，经济建设、政治建设、社会建设、文化建设和生态文明建设中，生态文明建设是基础，而环境保护又是生态文明建设的主阵地和根本措施。它要求重塑人与自然的关

---

〔36〕 例如，盲目砍伐森林、开垦草地所造成的水土流失、土地沙漠化，要恢复遭到破坏的生态环境，往往需要几代人的努力。

〔37〕 参见《论历史性转变》，载《中国环境报》2006 年 5 月 17 日。本教程有关保护环境的意义主要参考了此文中的“二、深刻认识历史性转变提出的背景”。

系,尊重自然规律,以最小的环境代价取得最大的经济社会效益。可见,加强环境保护是构建和谐社会的必然要求和有力保障。

4. 加强环境保护顺应了世界发展的趋势。在多年来的环境保护实践中,人们逐渐认识到单靠末端治理不可能根本解决环境问题。随着污染预防、清洁生产和可持续发展等概念的提出,环境保护战略出现了重大转折:从单线地解决环境问题转向将发展与环境保护协调起来,环境保护的作用也起了变化,环境保护成为改善和促进经济的手段,即所谓"环境保护优化经济增长",[38] 环境保护的范围由末端治理向生产、消费各个领域延伸。以源头预防、全过程控制和废弃物资源化来替代末端治理成为环境与发展的主流。这种历史性转变,既是吸收、借鉴了国际社会多年的环境保护经验,也体现了我国环境保护顺应当今世界环境与发展的大潮流,其意义十分重大。

二、环境保护法在环境保护中的地位

(一)环境保护法与环境管理

环境保护实质上就是环境管理。如前所述,环境保护的基本手段是行政、经济、科学技术、宣传教育和法律等。国内外的经验表明,在这些手段中,法律手段较为有效。这是因为:(1)法律具有国家强制性特点。国家可以通过制定环境保护法,[39] 把国家的环境保护方针、政策、原则、制度、措施等,都以法律的形式加以规范,使之取得社会一体遵守的地位和效力,任何单位和个人不得违反,否则将依法追究其法律责任,并受到以国家强制力为特征和后盾的法律制裁。可见,环境保护法是做好环境保护监督管理的法律依据,它所具有的国家强制性特点是其他环境管理[40] 手段所不具备的。(2)其他手段大都规定在法律中,并以法律手段作为其实施的保障。例如,行政手段(如限期治理)、[41] 经济手段(如征收排污费、生态补偿费)、科学技术手段(如推行清洁生产工艺、设备)等,其中大多规定在环境保护法中,并以法律手段作为保障,违反者(不履行规定在法律中的其他环境保护手段的要求就意味着不履行法律义务)将受到法律的惩罚。[42] 至于法律手段,环境保护法如同其他法律一样,本身就具有宣传教育的作用。实践证明,环境保护法在提高广大干部、群众的环境保护意识中,起着十分重要和不可替代的作用。

(二)环境保护法与客观规律

环境污染和生态破坏的重要原因,是人们的活动违反了环境保护工作所具有的客观规律性。因此,要保护和改善环境,就必须不断摸索和总结环境保护的规律,并按照客观规律办事。这就要求,作为环境保护重要手段的环境保护法,必须正确、充分反映环境保护规律,这样,才能起到应有的作用。

1. 环境保护法必须以生态规律为依据。人类作为生物物种之一,生活于生物圈内,必须遵循生态规律的要求。生态规律是自然界不以人们的意志为转移的客观规律。人们不能创造规

---

〔38〕 即环境保护不再是被经济增长所牺牲、排斥的因素,相反是促进和改善经济增长的因素。

〔39〕 指所有环境保护法律、行政法规、规章和我国参加并对我国生效的国际环境保护条约。环境保护法与《环境保护法》不同,后者是《中华人民共和国环境保护法》的简称,是前者的一部分。

〔40〕 环境管理与环境监督管理是两个不同的概念,下面将述及。

〔41〕 例外的情况是,《大气污染防治法》将限期治理规定为行政处罚的一种形式。

〔42〕 如排污单位违法排污,受到罚款处罚,被责令改正,拒不改正的,见《环境保护法》第59条。

律,而可以发现、掌握和运用规律来为人类社会服务,在此过程中不能改变、违背客观规律,否则将受到大自然的惩罚。所以,作为环境保护监督管理的有效手段的环境保护法,必须以生态规律为依据,在维护生态系统良性循环的基础上,从立法、执法、司法和守法各个环节体现生态规律的要求,规范人们善待自然,而不是以自然的征服者自居"奴役"自然界,否则,将受到自然界和法律的双重惩罚。[43]

2. 环境保护法必须反映社会主义经济规律的要求。社会主义经济规律要求,发展经济必须以最大限度地满足人们日益增长的物质文化需求为目的(当然包括对良好环境的要求)。这就要求环境保护法在调整环境保护关系时,必须引导和保障一切经济活动符合可持续发展战略,摒弃以牺牲环境换取经济增长的发展模式。通过环境保护法的贯彻实施,奖励在保护和改善环境中有显著成绩的单位和个人,惩罚因盲目追求经济增长而肆意污染或者破坏环境中的违法、犯罪者;使环境保护法真正能够既促进经济的发展,又保护和改善环境,从而全面地实现社会主义经济规律的要求。

3. 环境保护法必须反映价值规律的要求。商品经济的充分发展,是我国经济现代化的必要条件。商品经济发展具有内在的规律性,其中最重要的是价值规律。这种规律也是不以人们的意志为转移的。环境保护法必须体现和保障在环境保护领域中价值规律的要求。引导人们树立环境资源有价、必须有偿使用的观点,建立和逐步完善环境资源有偿使用机制和生态环境恢复补偿机制,以规范人们节约环境资源,减少或者避免浪费,防止环境污染和生态破坏。环境保护法还应当运用价值规律,建立和完善环境保护中的激励机制和约束、惩罚机制,使人们在环境保护工作中,既保护和改善环境,又从中获得经济利益。[44]

总之,环境保护法必须反映客观规律才能有效。但是,人类对客观规律、包括环境保护中的客观规律的发现和利用,都需要一个过程,现实生活中还有哪些环境保护的特有规律,以及如何将这些规律正确、全面地反映到环境保护法中,尚待进一步探索。

三、环境保护法的产生和发展

环境保护法的产生和发展是与环境问题的产生和发展密切相关。环境的问题经历了三个发展时期,环境保护法大体上也经历了三个发展阶段。

(一)第一阶段

第一阶段即从奴隶社会到资产阶级产业革命前阶段。这个时期人类对环境的影响不大,主要的环境问题是由于乱砍滥伐森林和破坏草地所引起的水土流失、土地沙化和某些城市由于人口拥挤、乱倒垃圾所造成的水污染等。为了解决当时的环境问题,历代统治者都制定了客观上起着保护环境作用的法规。例如,在保护生态环境方面,古代中国的春秋时期(公元前21世纪)的《逸周书·大聚篇》就有关禁伐山林和禁捕鱼鳖的记载:"春三月,山林不登斧,以成草木之长;夏三月,川泽不入网罟,以成鱼鳖之长。"西周时期(公元前11世纪)颁布的《伐崇令》规定:"毋坏屋,毋填井,毋伐树木,毋动六畜,有不如令者,死无赦。"在防治环境污染方面,殷商

---

〔43〕 如乱砍滥伐林木者,除受自然报复——水土流失、旱涝等灾害的惩罚之外,还要受到法律的制裁。我国《森林法》第39条规定,对盗伐林木尚未构成犯罪者,除赔偿损失、没收盗伐林木或者变卖所得,处以盗伐林木一定倍数的罚款之外,还责令其补种盗伐株数十倍的树木。构成犯罪的,依法追究其刑事责任。

〔44〕《环境保护法》第11条明确规定,"对保护和改善环境有显著成绩的单位和个人,由人民政府给予奖励"。

时期(公元前16世纪)就颁布了有关禁止乱倒垃圾的法令。如“殷之法,刑弃灰于街者”。[45]到了秦朝时期,在《秦律·田律》中,[46]对水道、森林、野生动物等的保护做了明确的规定:从春季二月起,不准进山砍伐林木,不准堵塞水道。不到夏季,不准烧草用草灰作肥料,不准捕捉幼兽,不准掏鸟蛋,不准毒捕鱼类,不准设网与陷阱捕杀鸟兽,到七月方可解除禁令。后来的唐、元、明、清诸朝代的法令中,也设有不少保护林木、湖泊、街巷阡陌等环境保护的规定。

在国外,《汉谟拉比法典》(公元前18世纪)第42~47条中,规定了对牧场、森林的保护;该法还规定,鞋匠住在城外,以免污染环境。英国在1306年就颁布国王诏告,在议会开会期间禁止用“海煤”取暖;对于第一次违法者处以巨额罚款,对第二次违法者还拆毁其炉子,对于个别违犯者甚至处以极刑。

从中可以看到,古代具有环境保护作用的法律规范,一般都不是专门为了保护环境的目的而颁布的,且往往是夹杂在其他法律文件(主要是刑法)中,其作用范围也仅仅包含对局部环境的保护,还谈不上现代意义上的环境保护和环境保护法。

(二)第二阶段

第二阶段即从资产阶级产业革命到第二次世界大战结束前阶段。产业革命以后,随着大工业的出现,社会生产力得到了极大的发展,人类对环境的影响也越来越大。除了上述环境问题之外,伴随工业生产和消费过程出现了“三废”污染,一些工业发达国家的环境问题日益严重,出现了如1930年比利时马斯河谷烟雾和1940年美国洛杉矶光化学烟雾等公害事件。这些严重的环境问题促使工业发达国家陆续颁布一些单行的专门的环境保护法。例如,1863年英国颁布的《碱业法》要求制碱者防止对大气的污染,1864年美国颁布了《煤烟法》以控制煤烟污染,1896年日本的《河川法》中提出“公害”一词,同时,法国等其他国家也陆续颁布了防治大气、水、放射性物质、食品、农药等的环境污染防治单行法。在自然保护方面的立法也有很大的发展,如苏联、美国、法国、奥地利。在十月革命后不久,苏联就颁布了《森林法》《土地法典》《渔业组织纲要》《灌溉与自然资源保护条例》等。1898年美国制定了《森林保护法》;1941年瑞典制定了《水系保护法》等。[47]我国在国民党统治时期也制定了一些环境保护单行法,如《渔业法》(1924年)、《森林法》和《狩猎法》(1932年)等。

与第一阶段相比,可以看到,这个时期的环境保护法,其特点是不再是仅仅夹杂在其他法律文件中的零星条文,而是出现了一些单行的专门的环境保护法律、法规。这是环境保护法发展史上的一大进步。

(三)第三阶段

第三阶段即从第二次世界大战结束以来的阶段。这个阶段,由于现代工业的迅猛发展,人口急剧膨胀,大城市以及特大城市大量增加。[48]人类向自然界排放的污染物大大超过了自然的净化能力;大规模的开发活动消耗了地球上有限的淡水、耕地、林木和矿藏。环境问题所影响的范围不断扩大,形成了大区域甚至全球性的环境污染和生态破坏,也成为双边或者多边纠纷

---

[45]　《韩非子》,上海人民出版社1974年版,第188页。

[46]　《睡虎地秦墓竹简》,文物出版社1984年版,第26页。

[47]　《中国大百科全书》(环境科学卷),中国大百科全书出版社1983年版,第503~504页。

[48]　很多国家的人口大都集中到城市,如韩国,人口逾九成住在城市,参见《参考消息》2006年9月2日。

问题。为了解决这些问题,环境科学应运而生。[49]反映到法律上,不但各种环境保护单行法大量出现,还诞生了综合性环境保护基本法,如日本《公害对策基本法》(1967年)、[50]瑞典《环境保护法》(1969年)、美国《环境政策法》(1970年)和我国《环境保护法(试行)》(1979年)等。在国际环境保护领域中,也产生了一系列国际环境保护条约,如《防止海洋石油污染国际公约》(1954年)、《湿地公约》(1971年)、《野生动物迁徙保护公约》(1979年)、《保护臭氧层维也纳公约》(1988年)、《气候变化框架公约》(1992年)、《生物多样性公约》(1992年)、《防治沙漠化公约》(1994年)[51]和《关于持久性有机污染物的斯德哥尔摩公约》(2001年)等。这阶段环境保护法的主要特点是:出现了综合性环境保护基本法、国际环境保护条约和环境保护标准,一些国家的环境保护法将可持续发展作为指导思想,并已成为该国一个独立的法律部门。这些特点表明,作为保护环境重要手段的环境保护法的地位已被社会所公认。随着环境保护法的出现,也诞生了一门生机勃勃的环境保护法学。

第三节 环境保护法学

一、环境保护法学的概念

环境保护法学,是指对环境保护规律、环境保护立法、执法和司法实践进行理论概括的科学。它是法学的一个部门,又是环境科学的一个分支,但总体上是属于一门法学学科。

环境保护法学以环境保护法为研究对象,是在法学和环境科学相互渗透的基础上形成的一门新兴的法学学科。一方面,环境保护法学必须以法学为基础,并不断吸收法理学、宪法学、行政法学、民法学、刑法学、经济法学、[52]国际法学、诉讼法学等邻近法学学科的新成果,这样,环境保护法学才能有牢固的根基;[53]另一方面,环境保护法学也以环境科学为基础,并努力吸收环境科学技术,以及数学、化学、物理学、医学等邻近自然科学的新成果,这样,环境保护法学所面临的任务才能得以顺利解决。特别是紧密联系国内外的环境保护和环境保护法实践,更是环境保护法学得以健康发展和具有生命力的关键。

二、环境保护法学体系

(一)环境保护法学体系的概念

环境保护法学体系,是指环境保护法学的研究范围和分科。环境保护法是随着环境问题的日益加剧而出现,环境问题具有地方性特点。这些都决定了以环境保护法为研究对象的环境保护法学,在不同国家、不同时期具有不同的研究范围和分支学科。

---

[49] 1954年,美国科学家提出“环境科学”概念,20世纪70年代出现了以“环境科学”为书名的著作。引自《中国大百科全书》(环境科学卷),中国大百科全书出版社1983年版,第188、504页。

[50] 1993年日本国会通过了《环境基本法》,同时宣布废止《公害对策基本法》。

[51] 《中国大百科全书》(环境科学卷)(修订版),中国环境科学出版社2002年版,第536~545页。

[52] 一些人将环境保护法学划入经济法学或者行政法学,这是不正确的。参见韩德培:《谈谈合并学科和设立博士点问题》一文中的“二”,此文对上述说法做了正确和有力的批驳。该文载于《法学评论》1996年第6期。

[53] 可以毫不夸张地说,目前环境保护法学中出现的一些问题均与此有关。

当今,我国环境保护法学的研究范围,即研究的基本内容,大体包括以下几个部分:(1)马克思主义关于法的基本理论,关于人与自然关系的基本原理和处理人与自然关系的原则、措施。(2)我国环境问题产生的原因、发展趋势和解决的基本途径;我国环境保护工作进入以环境保护优化经济增长新阶段的必然性、特点、目标、任务和基本措施。(3)我国环境保护法的基本理论、原则、制度和基本措施;制定、修改我国环境保护法的理论、政策、现实依据和立法理由;环境保护法体现可持续发展战略和生态文明建设要求的必要性和步骤。环境保护和环境保护法实践中的经验。(4)其他部门法学和环境科学的新成果。(5)外国和国际的环境保护和环境保护法理论,立法、执法和司法的实践经验。(6)经济全球化、[54]我国《环境保护法》生效后面临的问题、对策和其他法律措施等。

以上所述,主要是从总的意义上来讲我国当前环境保护法学的研究范围。但是,应当明确,一个国家的环境保护法学必须坚持以研究本国的环境保护法为重点。

(二)环境保护法学的分科

环境保护法学的分支学科,大体上可以分为:(1)本国环境保护法学;(2)外国环境保护法学;(3)国际环境保护法学;(4)比较环境保护法学;(5)环境保护法史学。

本国环境保护法学,又可分为环境保护法学总论和环境保护法学分论,即把环境保护法的概念、原则、制度、措施和法律责任等的研究称为总论,把污染防治、保护和改善环境中的具体法律原则、制度、措施等称为分论;也可分为环境保护法学理论、环境污染防治法学、保护和改善环境法学等。

外国环境保护法学,可分为发达国家环境保护法学和发展中国家环境保护法学。前者又可分为美国环境保护法学、欧洲国家环境保护法学、日本环境保护法学等。发展中国家环境保护法学又可分为东南亚国家环境保护法学、中东国家和非洲国家环境保护法学、独联体国家和西欧国家环境保护法学等。

国际环境保护法学,可分为国际环境保护法学总论与国际环境保护法学分论。总论部分包括国际环境保护法学的概念、渊源、原则、制度等;分论部分可分为国际海洋环境保护法学、国际内陆水体环境保护法学、国际大气环境保护法学、国际危险废物和核污染防治法学、国际外层空间环境保护法学、国际野生动植物环境保护法学、国际环境污染损害赔偿法学、国际环境保护纠纷解决程序法学等。

比较环境保护法学,是指对不同国家环境保护法学进行双边或者多边的比较研究,故也可分为中美环境保护比较法学、中日环境保护比较法学、中国与其他发达国家环境保护比较法学、中国与其他发展中国家环境保护比较法学等。

环境保护法史学,按照时代的远近可分为古代环境保护法史学、近代环境保护法史学和现代环境保护法史学等。按照社会历史时期可分为奴隶社会环境保护法史学、封建社会环境保护法史学、资本主义社会环境保护法史学和社会主义社会环境保护法史学等。

我国环境保护法学出现于20世纪70年代。与其他部门法学相比较,历史很短,基础也很单薄,与国外环境保护法制建设比较健全国家的环境保护法学相比较也有很大的差距。

---

〔54〕 据联合国环境规划署在第30个世界环境日即将来临而发表的全球环境综合报告称,经济全球化伴生着污染全球化,贫困国家不得不受贫困和污染的双重压力;在工业化进程中,我们可能被自己不遗余力追求的工业文明所埋葬。转引自陈廷榔:《文明的困境》,载《中国环境报》2002年6月1日。

其中一些分支学科，如比较环境保护法学，近年来虽有进展，作为分支学科的地位也得到公认，但对其进行深入、系统的研究尚嫌不足；环境保护法史学的研究，由于种种原因（包括史料不足）更显得进展缓慢。但是，随着国家环境保护事业和环境保护法制建设的逐步加强，我国环境保护法学也得到了较快的发展，出现了一批新的研究成果、专著、论文和教材。[55]不少法律院校开设了环境保护法学课程，培养了一大批环境保护法学硕士、博士研究生。《环境保护法》第 7 条规定："国家支持环境保护科学技术研究、开发和应用，鼓励环境保护产业发展，促进环境保护信息化建设，提高环境保护科学技术水平。"第 9 条又规定："各级人民政府应当加强环境保护宣传和普及工作，鼓励基层群众性自治组织、社会组织、环境保护志愿者开展环境保护法律法规和环境保护知识的宣传，营造保护环境的良好风气。教育行政部门、学校应当将环境保护知识纳入学校教育内容。培养学生的环境保护意识。新闻媒体应当开展环境保护法律法规和环境保护知识的宣传，对环境违法行为进行舆论监督。"《决定》第 31 条也规定："要加大环境保护基本国策和环境法制的宣传力度，弘扬环境文化，倡导生态文明，以环境补偿促进社会公平，以生态平衡推进社会和谐，以环境文化丰富精神文明……加强环保人才培养，强化青少年环境教育，开展全民环保科普活动，提高全民保护环境的自觉性。"这些体现了国家对环境保护法学在内的环境保护科学教育事业的高度重视，也为我国环境保护法学今后的发展指明了方向。

三、环境保护法学的研究方法

第一，必须掌握正确的研究方法。一定的研究方法是以一定的世界观为基础的。马克思列宁主义、毛泽东思想是党的指导思想，辩证唯物主义和历史唯物主义是党的思想路线。其核心是实事求是，一切从实际出发。这些必然也是我国环境保护法学的指导思想和最根本的研究方法。要从我国的国情出发，紧密地联系环境保护实际，深入地去领会环境保护法的精神实质，从环境保护法的立法（包括制订、修改、补充和废除的整个立法过程）、执法和司法实践中研究，特别是要认真研究、总结环境保护中的新经验和环境保护法的新发展，从中概括出新的理论、原则和制度。绝不能离开这个基础去搞"新理论""新发展"，而是坚持理论从实践中来，实践是检验理论是否正确的唯一标准这个科学真理；坚持在实践的基础上发挥理论的指导作用，并从实践中去检验、补充、修正原来的理论，发现并建立新的理论，[56]使环境保护法学得到健康的发展。

第二，必须进行比较研究。要对经济发达国家和其他发展中国家以及其他社会主义国家、我国港澳台地区和旧中国的环境保护法学理论，环境保护法的立法、执法和司法实践经验进行比较研究，根据我国的国情有分析地加以借鉴，特别是经济发达国家在市场经济活动中保护环境的科学技术和立法经验，有很多值得加以学习。在比较研究中，首先要对本国的环境保护法学进行系统、深入的研究，这是前提条件，切不可只知道别人的东西，对自己的却知之甚少；其次要先做逐个比较，再对同一类型进而对不同类型的环境保护法进行比较，找出共同点与差别

---

〔55〕 改革开放以后，由著名的民法学教授刘经旺先生指导编写的《环境保护法教程》，于 1984 年 8 月由武汉大学出版社出版，该书可以说是我国高等学校第一本环境保护法教科书，是本教程的前身。

〔56〕 一个很具有说服力的例子是，近年来环境保护法学中的"排污收费、超标处罚"原则，是从 1999 年和 2000 年分别修订后颁布施行的《海洋环境保护法》和《大气污染防治法》中概括出来的。

点,并分析其原因、立法背景等,从中得出可以借鉴的东西的科学结论,切不可“断章取义”和不顾经济、技术条件而“照抄照搬”。总之,要坚持“洋为中用”“古为今用”的方针,从分析比较中找出适合国情又能为我所用的东西,以扬长避短,少走弯路,加速自身的发展。

第三,必须努力吸收先进的科学技术特别是其中的环境科学技术。要以环境科学的最新成果,来指导、丰富环境保护法学,要运用现代科学技术方法来革新、充实环境保护法学的研究方法。须知,自然科学和社会科学多种学科的相互渗透和吸取,是发展现代科学和进行理论创新的有效和重要的途径。要在坚持前面所述的传统研究方法的基础上,积极吸取和运用现代科学技术方法来进行环境保护法学的研究,使其日新月异,不断发展。

在宇宙的长河中,环境保护法学的历史很短,但具有极强的生命力。随着人类对环境问题严重性认识的不断加深,对环境保护事业的日益重视和环境保护法制的逐步健全,只要坚持实事求是和理论联系实际的科学态度和研究方法,今后,环境保护法学必将更加快速健康的发展。

思考题

1. 什么是环境?环境科学与环境保护法所称的环境有何关系?
2. 当今世界存在的两类环境问题是什么?环境问题产生的基本原因是什么?我国和你所在地区的环境状况如何?
3. 什么是环境保护?为什么说我国的环境保护工作已进入了以保护环境优化经济增长的新阶段?有何意义?
4. 什么是生态环境?什么是生态文明建设?为什么说环境保护是生态文明建设的主阵地和根本措施?
5. 环境保护有哪些基本手段?为什么说环境保护法是环境保护中较有效的手段?
6. 什么是环境保护法学?我国环境保护法学的研究范围应当包括哪些?环境保护法学的现状如何?试谈你的认识和看法。

第二章　环境保护法概述

第一节　环境保护法的概念

一、环境保护法的定义

环境保护法，是指调整因保护和改善环境，合理开发利用自然资源，防治环境污染和其他公害而产生的社会关系的法律规范的总称。或者说，环境保护法是指对保护和改善环境合理开发利用自然资源，防治环境污染和其他公害的法律、法规、规章的总称。前者是按照调整社会关系的内容，后者是按照法律文件的种类，两者在定义的方法上有差别，但在实质上都是指环境保护法。

（一）环境保护法是调整人们在环境保护中社会关系的法律规范

造成环境问题的基本原因有二：一是自然界的活动，如火山爆发、地震、泥石流等自然灾害所引起的；二是人类的活动，如因生产或者生活向自然界排放污染物，或者因超过承受能力向自然界索取而引起的环境质量恶化或者生态破坏。显然，环境问题的自然成因不属于环境保护法的调整范围，这体现了法律规范与技术规范的不同。众所周知，人们的行为规则在法学中称为规范。规范又分为技术规范和社会规范两大类。前者是调整人与自然之间关系的行为规则，如技术规范、操作规程。后者是调整人与人之间关系的行为规则，包括法律规范、道德规范和社会团体规范等。其中，法律规范与技术规范和其他社会规范的根本区别在于其具有国家强制性。法律规定人们可以做什么，应当做什么，禁止做什么，违反者将受到法律的何种制裁。

法律这种强制性特点决定了作为一个部门法的环境保护法，只调整因人类活动引起的环境问题中人们之间的关系。至于自然成因的环境问题，不是也不需要由环境保护法来调整。因为，首先，法律不是也不应以自然界为惩罚对象；[1]其次，如果需要协调人与自然的关系，必须首先调整人与人之间的关系。正如马克思所指出："人们在生产中不仅仅同自然界发生关系。它们如果不以一定的方式结合起来共同活动，便不能进行生产。为了进行生产，人们便发生一定的联系和关系；只有在这种社会联系和社会关系的范围内，才会有他们对自然界的关系。"[2]所以，把环境保护法说成是"国家调整人类与环境矛盾关系的行为规范的总和"，或者

---

〔1〕 相反，法律（特别是环境保护法）要保护自然界，环境保护法的宗旨是教育人们善待自然；对于污染或者破坏环境者必将依法给予惩罚，以保护自然界。

〔2〕 《马克思恩格斯全集》（第6卷），人民出版社1961年版，第486页。

不分先后地说成“既调整人与人的关系,又调整人与自然环境的关系”[3]的说法是不正确的。因为它混淆了技术规范与法律规范的界限,违背了法的历史和法的国家强制性特点,也与环境保护实践不符。须知,正是由于技术规范不具备这一特点,使一些重要的技术规范必须上升(制定)为法律才更为有效。[4]

(二)环境保护法调整的社会关系具有特定的范围

环境保护法是调整人们在保护和改善生活环境与生态环境,合理开发利用作为环境要素的各种自然资源,防治环境污染和其他公害中产生的社会关系,即环境保护关系。这表明并非一切与环境有关的社会关系都由环境保护法调整。以土地资源为例,与土地有关的法律包括调整土地所有权、经营权、管理权和保护权等的民法、经济法、刑法和环境保护法等。显然,环境保护法只调整其中的土地资源环境保护[5]关系,即调整因合理开发利用土地资源,防止受污染、破坏和浪费而产生的社会关系。又如与海洋有关的法律,包括对海洋所有权(管辖权)、使用权和保护权等,都可以统称为海洋法。但是,海洋环境保护法只调整因保护和改善海洋环境、合理开发利用海洋资源,防止海洋污染损害所产生的社会关系,因此,把海洋法与海洋环境保护法等同起来的说法是不正确的。[6]同理,把环境保护法与同环境有关的法律即所谓“环境法”[7]等同起来也是不妥的。因为这种说法如同将分属于不同部门法的与经济有关[8]的法都称为“经济法”一样,在理论上会造成混乱,对实践也有害。

(三)环境保护法是指一切调整环境保护关系的法律规范的总称

环境保护法即指一切保护和改善生活环境与生态环境,合理开发利用自然资源,防治环境污染和其他公害的法律规范的总称。它包括由全国人民代表大会制定的国家根本法——《宪法》和行政法、民法、刑法等国家基本法中有关环境保护法律规范,由全国人民代表大会常务委员会制定的《环境保护法》,以及各种环境污染防治、自然资源保护单行法;也包括由国务院制定的环境保护行政法规,和国务院各部、委(局)发布的环境保护行政规章;又包括各省、自治区、直辖市人民代表大会及其常委会、省级政府所在地的市和经国务院批准的较大的市人民代表大会及其常委会,以及经全国人民代表大会授权的经济特区人民代表大会及其常委会制定的地方性环境保护法规;还包括地方人民政府依法发布的地方性环境保护规章和具有普遍约束力的环境保护命令、决定。

---

[3] 罗辉汉:《环境法学》,中山大学出版社1986年版,第32页;蔡守秋等:《中国环境法制通论》,学苑出版社1990年版,第26~27页。蔡书还举例说:“禁止向水体排放油类、酸液、碱液,这就是在调整人与水体之间的关系,即人与自然环境的关系。”应当认为,这个例子恰恰说明了只有先调整人与人之间的关系(由国家发布法律禁止人们向水体排放污染物,该水体才免受污染,能向两岸人们提供优质用水),才能协调人与自然的关系。

[4] 如排放标准就是从技术标准依照法定程序制定出来因而具有国家强制性特点,超标排污就是违法,就要受到法律制裁。参见《海洋环境保护法》第73条、《大气污染防治法》第99条,而违反技术标准,在其未上升为法律之前,是不具备这种特点和后果的。

[5] 环境保护法中,“保护”的含义与民法、经济法的不同,主要是为了维持生态平衡,促进经济社会的持续发展。参见本节中的“三”。

[6] 以我国参加的《联合国海洋法公约》为例。该《公约》共分17部分,正文共320条,但属于海洋环境保护与保全的只是其中一部分(集中在第12部分)。

[7] 这里非指环境保护法的简称。

[8] 如法律中的罚款、赔偿损失、罚金和征收排污费,都与经济有关,但它们各自的性质截然不同。罚款属于行政处罚,赔偿损失属于民事责任,罚金是刑罚的一种,征收排污费则是环境保护法中的经济管理手段,并非是法律责任形式。

之所以称《环境保护法》为综合性环境保护基本法，主要是从学理角度出发。从其内容看，既规定了环境保护法的基本原则、基本制度，也规定了保护各种自然资源和防治各种环境污染的基本措施，以及法律责任的基本规定，不同于只规定适用于某一类自然资源保护或者某一类环境污染防治的具体原则、具体制度和具体措施。它是环境保护方面原则性、基础性的一般的法律规定，而不是具体的详尽的法律规定。[9]从其地位看，它仅次于作为国家根本法的《宪法》和民法、刑法等国家基本法，但高于各种自然资源保护和环境污染防治单行法、环境保护行政法规、规章，是它们立法的基本依据。

二、环境保护法的特点

我国环境保护法，是建立在以社会主义公有制占主导地位的经济基础上，由以工人阶级为领导，以工农联盟为基础的人民民主专政的社会主义国家制定的。这些决定了我国环境保护法同国家的其他部门法一样，都是属于社会主义性质的。但是，作为独立法律部门的我国环境保护法，也具有自身的一些特点。[10]

（一）科学技术性

我国环境保护法以马克思主义法学和环境科学为基础，既反映社会主义经济规律（包括价值规律），也反映生态规律的要求。环境保护法的基本原则和基本制度，如环境保护与经济、社会相协调原则，保护优先、预防为主、综合治理、公众参与、损害担责原则等，以及环境影响评价、"三同时"、征收环境资源保护费等制度，都体现了这些客观规律，这就是环境保护法的科学性；环境保护法中有关保护自然资源和防治环境污染的许多措施，如水土保持、土地复垦、植树种草、物种保护、污染物总量控制、排污许可和大量的环境保护标准，以至上述的环境保护基本原则、基本制度，都是从环境科学研究成果和环境保护实践中，由技术规范上升而来的，这就是环境保护法的技术性。可以说，离开了科学技术，就没有环境保护法。

（二）综合性和广泛性

从形成的基础看，环境保护法是以法学和环境科学为基础，是邻近诸部门法和有关自然科学相互交叉、渗透的产物。从法律规范的种类和性质看，既有行政、民事、经济和刑事等实体法规范，也有与之相对应的行政复议、行政诉讼、民事诉讼和刑事诉讼等程序法规范。从立法机关的种类和地位看，既包括中央最高权力机关和最高行政机关，以及各部、委（局），也包括地方权力机关和行政机关。从调整的社会关系所涉及的方面看，包括政治、军事、外交、经济、文化、贸易、交通以至国际交往等社会生产、生活各方面，可以说，很难找到与环境保护无任何关系的人类活动。从保护对象看，环境保护法保护的范围包括15种环境因素，且还将随着经济、科学技术的发展和人们的需求而不断扩大。从调整方法看，是综合型、多种多样的，包括行政、经济、科学技术、宣传教育和法律手段等。从监督管理部门看，除了包括县级以上环境保护行政主管部门之外，还包括海洋、港监、海事、渔业、渔政、军队、公安、交通、铁道、民航以及土地、矿业、林业、农业、水利15个依法行使环境保护监督管理权的行政部门。需要指出的是，现行《环

---

〔9〕 有关环境保护的具体原则、具体制度、具体措施的详尽规定，不是这一层次法律的任务。国外的环境保护立法也是如此。参见美国《国家环境政策法》、日本《环境基本法》等。

〔10〕 这些特点是与其他部门法相比较而言的，并非指其他部门法绝对没有，而是说环境保护法更为明显或者在具体内容上有所不同，即所谓环境保护法具有的特殊性。

境保护法》构建了政府、企业事业单位和公民等多元主体共治的环境保护法治体系,特别是强化了各级政府的环境保护责任,具有特殊的划时代的意义,也充分体现了环境保护法的综合性和广泛性特点。[11]

(三)可持续发展性

在1992年以前,我国环境保护法的一些原则、制度和措施就体现了可持续发展的战略思想。[12]但明确地提出和较充分地体现这一战略思想,是在1992年联合国环境与发展大会以后。从立法目的看,经修订后于1999年年底颁布的《海洋环境保护法》和以后颁布的《大气污染防治法》《土地管理法》《防沙治沙法》《水污染防治法》以及于2015年1月1日起生效施行的《环境保护法》,都明确规定了可持续发展的战略思想。[13]从法律原则看,如前所述,有环境保护与经济、社会相协调原则和预防为主原则等。从法律制度看,有环境影响评价、征收生态补偿费、污染物排放总量控制、淘汰落后设备工艺和实行清洁生产等。从保护和防治措施看,有鼓励开采和使用清洁能源、推广清洁生产工艺,禁止生产、使用有毒建筑装修材料,在长江和黄河上、中游全面停止砍伐林木、保护湿地、退耕还林、还草、还湖,把生态恢复和建设列为开发大西北的首要措施等。从法律责任看,普遍规定了责令限期改正、责令补种、责令限期治理,停业、关闭污染严重的企业等行政处罚形式。所以说,可持续发展战略思想"最早源于环境保护"。[14]

环境保护法的上述特点表明,它是一个新兴的、科学技术性和综合性很强,并最早体现可持续发展战略思想的法律部门。其贯彻实施需要人们不断提高环境保护意识和法制观念,处理好环境保护与经济、社会发展的关系,摒弃以污染环境或者以破坏、浪费自然资源换取经济增长的发展模式,改变不可持续发展的生产、消费方式,善待自然;必须同时具备深厚的法学基础和广泛的环境科学知识,并坚持实事求是和理论联系实际的作风,才能成为一个好的环境保护法学研究、教学人员和环境保护法实际工作者。

三、环境保护法与其他部门法的关系

如前所述,环境保护法是在传统法律部门,如行政法、民法、经济法、刑法和诉讼法等的基础上发展起来的。所以,传统法律部门的很多原则、制度和措施也适用于环境保护法,它们之间具有许多共同之处。但是,由于各自的调整对象不同,也使环境保护法与上述法律部门之间存在明显的区别。弄清这些区别,有利于准确掌握环境保护法的精神实质、内容和特点。

(一)环境保护法与经济法

环境保护法对水、大气、土地、矿藏、森林、草原、湿地和野生动植物的保护,是将其作为环境要素,着眼于对生态系统的保护和改善,减轻或者避免人类活动所造成的环境污染、破坏以至物种灭失,以维护生态平衡,其目的主要在于生态效益,以保障人体健康,推进生态文明建

〔11〕关于人民政府在环境保护方面的责任,本教程将在本章第三节中述及。

〔12〕从《环境保护法(试行)》(1979年颁布)至后来发布的环境保护单行法,都规定有环境保护与经济、社会协调发展原则和环境影响评价制度等。其中的"协调发展"就含有"可持续发展"的思想,而环境影响评价制度则是"可持续发展"的具体要求和体现。

〔13〕如《海洋环境保护法》第1条规定:"为了保护和改善海洋环境,保护海洋资源,防治污染损害,维护生态平衡,保障人体健康,促进经济和社会的可持续发展,制定本法。"又如《环境保护法》第1条规定:"为保护和改善环境,防治污染和其他公害,保障公众健康,推进生态文明建设,促进经济社会可持续发展,制定本法。"

〔14〕《江泽民总书记在第四次全国环境保护会议座谈会上的重要讲话》,载《环境工作通讯》1996年第8期。

设，促进经济社会的可持续发展；经济法对上述自然资源的保护，是将其作为“财源”，即能生财致富的源泉，其目的主要是经济利益——利润。

（二）环境保护法与民法

环境保护法对水、土地等环境因素的保护，是着眼于各种环境因素之间以至每种环境因素内部的相关联性。因为这种相关联性的存在，使其能发挥生态功能的作用，以维持生态平衡和促进人类社会的可持续发展。一旦某种环境因素脱离了环境，就会丧失这种功能和作用，不再是环境保护法的保护对象；民法对水、土地、森林、草原、野生动植物等的保护，是着眼于保护其所有权、使用权关系，[15]并不以其相关联性为条件，也不是以维持生态平衡和发挥其生态功能为主要宗旨。

（三）环境保护法与劳动法

环境保护法所防治的废水、废气、废渣、粉尘、恶臭气体、放射性物质，以及噪声、电磁波辐射污染等，是防止其对生活环境和生态环境的污染和危害。这些有害物质和能量，是人们在生产建设或者其他活动时向周围环境中排放，使环境质量下降进而危害在环境中的人类和其他生物的生存和发展；劳动法是防止劳动、工作过程中不符合国家规定的劳动卫生条件和劳动防护标准，从而避免劳动、工作场所内产生的有害物质和能量危害人体健康和生命安全。

从上述可知，生产活动中产生的有害物质和能量，均是环境保护法和劳动法的防治对象。所不同的是，从危害场所看，前者是指环境，即生产活动产生的污染物和能量危害的劳动、工作场所以外的空间，后者是指劳动、工作场所。从危害方式看，前者是间接的伤害（污染物和能量先使环境质量下降，后才对人体造成伤害，环境成为有害物质和能量伤害人体的媒介）；后者是直接的伤害（有害物质和能量直接对劳动、工作场所内的人们造成伤害，并不以环境为媒介）。从危害活动种类和对象看，前者的危害活动除了生产活动之外，还包括由于排放污染物进入环境的其他活动，[16]危害对象包括一切受污染危害环境中的人体和其他生物体；后者只包括在劳动、工作场所内受污染危害的人员，其范围较小。

可见，在劳动、工作场所内受劳动、工作过程中，污染源排放污染物和能量伤害的人不属于环境污染危害的受害者，不能依据环境保护法向所在单位索赔，或者向人民法院起诉，[17]而必须依据《劳动法》保护其权益。

（四）环境保护法与刑法

从行为特征来看，环境污染的特点是以环境为媒介，使环境质量下降进而危害在环境中的人体和其他生物，不像刑事案件中的投毒、凶杀那样直接伤害人体健康或者生命安全，即前者是间接的，后者是直接的。从主观状态来看，环境污染是伴随着“积极有益活动”而产生的一种有害副作用，[18]这决定了构成环境污染罪的行为人主观上心理状态的形式只能是间接故意或者过失；[19]而伤害、杀人等犯罪，行为人的心理状态可以是直接故意，也可以是间接故意或者过

〔15〕 以森林为例，其被砍伐成为木材之后，就失去了原有作为森林的生态功能，就不再是环境保护法的保护对象，而森林不论是砍伐前者或者是被砍伐后，均是民法作为树林或者木材所有者的物权加以保护。

〔16〕 如生活活动、军事演练。

〔17〕 《环境噪声污染防治法》第3条第2款规定：“因从事本职生产、经营工作受到噪声危害的防治，不适用本法”，即应根据《劳动法》索赔、起诉。此项规定的精神具有普遍的意义，完全适用于其他环境污染防治单行法。

〔18〕 邱聪智：《公害法原理》，三民书局1984年版，第21页。

〔19〕 如果是直接故意，应以投毒罪、杀人罪论处。

失。从社会对其评价和刑罚的轻重看,环境污染罪的危害后果可能会造成多人伤亡,但由于行为人主观上不具备犯罪的直接故意,故社会上对其否定评价比伤害、杀人等犯罪要轻,对其刑罚也有很大差别。[20]

第二节 环境保护法的任务、目的和作用

一、环境保护法的任务

我国环境保护法的任务,一般规定在《宪法》、《环境保护法》和各种环境保护单行法中。

首先看《宪法》有关环境保护任务的规定。《宪法》第 26 条规定:"国家保护和改善生活环境和生态环境,防治污染和其他公害。国家组织和鼓励植树造林,保护林木。"《宪法》第 9 条第 2 款又规定:"国家保障自然资源的合理利用,保护珍贵的动物和植物。禁止任何组织或者个人用任何手段侵占或者破坏自然资源。"《宪法》第 10 条第 5 款还规定:"一切使用土地的组织和个人必须合理地利用土地。"

其次看《环境保护法》和各种环境保护单行法对环境保护任务的规定。《环境保护法》第 1 条规定:"为保护和改善环境,防治污染和其他公害,保障公众健康,推进生态文明建设,促进经济社会可持续发展,制定本法。"《海洋环境保护法》第 1 条规定:"为了保护和改善海洋环境,保护海洋资源,防治污染损害,维护生态平衡,保障人体健康,促进经济和社会的可持续发展,制定本法。"《大气污染防治法》第 1 条规定:"为防治大气污染,保护和改善生活环境和生态环境,保障人体健康,促进经济和社会的可持续发展,制定本法。"《土地管理法》第 1 条规定:"为了加强土地管理,维护土地的社会主义公有制,保护、开发土地资源,合理利用土地,切实保护耕地,促进社会经济的可持续发展,根据宪法,制定本法。"《防沙治沙法》第 1 条规定:"为预防土地沙化,治理沙化土地,维护生态安全,促进经济和社会的可持续发展,制定本法。"国务院《关于落实科学发展观 加强环境保护的决定》规定:"努力让人民群众喝上干净的水、呼吸清洁的空气、吃上放心的食物,在良好的环境中生产生活。"又规定:"以饮水安全和重点流域治理为重点,加强水污染防治。""以强化污染防治为重点,加强城市环境保护。""以降低二氧化硫排放总量为重点,推进大气污染防治。""以防治土壤污染为重点,加强农村环境保护。""以促进人与自然和谐为重点,强化生态保护。""以核设施和放射源监管为重点,确保核与辐射环境安全。""以实施国家环保工程[21]为重点,推动解决当前突出的环境问题。"

从上述规定可知,我国环境保护法具有下列两项任务。

(一)保护和改善生活环境和生态环境

现行《宪法》关于环境保护的规定,与 1978 年《宪法》[22]相比较,改变了将环境与自然资源

---

〔20〕 环境污染罪的刑罚最高为 10 年以下,伤害罪、杀人罪最高刑分别为 10 年以上、无期徒刑或者死刑。

〔21〕 国家重点环保工程包括危险废物处置工程、城市污水处理工程、垃圾无害化处理工程、燃煤电厂脱硫工程、重点生态功能保护区和自然保护区建设工程、农村小康环保行动工程、核与辐射环境安全工程、环境管理能力建设工程。参见国务院《关于落实科学发展观 加强环境保护的决定》中的"(十七)"。

〔22〕 1978 年《宪法》第 11 条第 3 款规定:"国家保护环境和自然资源,防治污染和其他公害。"从环境保护法学看,将环境与自然资源并列,似有不妥。现行《宪法》改变了这种做法。

并列的做法，明确将环境区分为生活环境与生态环境，并突出了对生态环境的保护和改善；[23]对大气、水、海洋、土地、矿藏、森林、草原、湿地、野生动植物等，是作为环境因素加以保护，并且主要是为了保护和改善生活环境和生态环境，强调要合理开发利用自然资源，保护生物多样性，保障生态安全，防止在开发利用过程中造成环境污染和生态破坏。可见，合理开发利用自然资源是保护和改善环境的重要途径，是实现该项任务的重要手段。这些规定不仅从理论上划清了作为环境保护法组成部分的自然资源保护法与经济法中的自然资源管理法之间的界限，还指明了保护和改善环境与合理开发利用自然资源之间的关系，并要求人们在开发利用自然资源中要重视并采取有力措施保护和改善生态环境。[24]这样才能做到既发展了经济，又同时保障了公众健康，从而推进生态文明建设，并促进经济社会的可持续发展。

为了完成环境保护法这一重要任务，必须努力贯彻实施《环境保护法》和《国民经济和社会发展的"十二五"计划纲要》、《全国环境保护"十二五"计划》、《全国生态环境保护纲要》以及国务院《关于落实科学发展观　加强环境保护的决定》中规定的保护和改善生活环境与生态环境的各项要求，认真贯彻执行各种自然资源保护、污染防治单行法的有关规定，加强对城市、农村、海洋以至整个生态环境的保护和改善，特别要坚持生态保护与治理并重，[25]重点控制不合理的自然资源开发活动，优先保护天然植被，坚持因地制宜，重视自然恢复；加强对农业环境的保护，促进农业环境保护新技术的使用，防治土壤污染和土地沙化、盐渍化、贫瘠化、石漠化、地面沉降以及防治植被破坏、水土流失、水体富营养化、水源枯竭、种源灭绝等生态失调现象，推广植物病虫害的综合防治。建设节水型社会，水资源开发利用活动要充分考虑生态用水，加强生态功能保护区和自然保护区的建设与管理，在重点生态功能区、生态环境敏感区和脆弱区等区域划定生态保护红线。对具有代表性的各种类型的自然生态系统区域，珍稀、濒危的野生动植物自然分布区域，重要的水源涵养区域，具有重大科学文化价值的地质构造、著名溶洞和化石分布区、冰川、火山、温泉等自然遗迹，以及人文遗迹、古树名木，应当采取措施予以保护，严禁破坏。做好红树林、滨海湿地、珊瑚礁、海岛等海洋、海岸带典型生态系统的保护工作；积极保护生物多样性、依法惩处和制止乱捕滥猎、乱挖滥采珍贵、濒危野生动植物，摒弃吃野生动物的习俗；还必须建立和完善自然资源有偿使用机制和生态效益补偿机制；等等。

（二）防治环境污染和其他公害

根据《环境保护法》第42条的规定可知，防治环境污染和危害就是指防治在生产建设或者其他活动中产生的废气、废水、废渣、医疗废物、粉尘、恶臭气体、放射性物质对环境的污染，以及防治噪声、振动、光辐射、电磁波辐射对环境的危害。防治"其他公害"则是指防治除前述环境污染和危害之外目前尚未出现而今后可能出现的，或者现在已经出现（如废热）但尚未包括在前述"公害"概念之内的环境污染和危害。

与《环境保护法（试行）》、1989年《环境保护法》和一些在现行《环境保护法》颁布后至今尚未依该法修订的环境保护单行法相比较，现行《环境保护法》在防治环境污染和其他公害的规定中，如前所述，除强化了各级人民政府在环境保护中的责任，"应当对本辖区环境质量负

---

〔23〕 现行《宪法》中有关环境保护的规定，一共有三个条款，均涉及对生态环境的保护。

〔24〕 《环境保护法》第30条规定："开发利用自然资源，应当合理开发，保护生物多样性，保障生态安全。依法制定有关生态保护和恢复治理方案并予以实施。"

〔25〕 国务院《关于落实科学发展观　加强环境保护的决定》中的"（十五）"。

责”,提高了各级环境保护部门的监督管理权限之外,还将现行各种环境保护单行法实施多年并行之有效的环境保护制度加以提升和深化。如对清洁生产制度,要求人民政府从源头抓起:人民政府促进,企业事业单位优先使用,以便从源头减小污染物的排放;对排污单位,除应严格执行环境影响评价、“三同时”缴纳排污税等环境保护制度之外,还要求建立环境保护责任制度,明确单位负责人和相关人员的责任;对重点排污单位,除要求依法安装使用监测设备,自行监测排污情况,严禁通过暗管等逃避监管的方式排污。现行《环境保护法》还增设了农村环境保护的两个条款。其中,除了前述第33条关于加强农业环境保护的规定,还在第49条规定,各级人民政府应当加强对农业面源污染和农村废弃物污染的防治工作。这是现行《环境保护法》增设的又一重要内容,弥补了以往这一层次环境保护法的不足,也即现行《环境保护法》的上述规定,使农村环境保护和农业污染防治这一关系广大农村人民群众健康的问题在环境保护综合性基础法上得到较充分的规定,改变了过去“重城市、轻农村”的态势,这必将有力地推动农村环境保护立法和促进农村环境的污染防治,具有重大的意义。

现行《环境保护法》第6条第2款规定:“地方各级人民政府应当对本行政区域的环境质量负责。”该项规定解决了长期以来未得到明确答案的“谁应当对环境质量负责”的问题。《决定》更明确规定:“地方人民政府主要领导和有关部门主要负责人是本行政区域和本系统环境保护的第一责任人,政府和部门都要有一位领导分管环保工作,确保认识到位、责任到位、措施到位、投入到位。”[26] 环境保护工作涉及面广,任务艰巨,现行《环境保护法》第6条第2款规定:“地方各级人民政府应当对本行政区域的环境质量负责”,主要是指地方各级人民政府对管辖区内的环境保护负总责。但这不意味着不包括中央、国务院和各部、委,而是应当认为,上至中央、下至地方各级人民政府,都应当负责所辖区内的环境保护工作;中央和地方在权限、管辖范围上有差别,但是都应当上、下共同负责起环境保护责任,环境保护法规定的上述两项任务才得以顺利完成。

二、环境保护法的目的

根据《宪法》、《环境保护法》和各种环境保护单行法的前述规定[27]可知,实现环境保护法两项任务的目的是“保障公众健康,推进生态文明建设,促进经济社会可持续发展”。

“保障公众健康”与“推进生态文明建设,促进经济社会可持续发展”,是我国环境保护法的双重目的,也称“二元”目的论。在国外,一些经济发达国家对环境保护法目的的规定与我国不同,如日本1967年施行的《公害对策基本法》第1条第2款规定:“关于前款规定的保护生活环境,是与经济健全发展相协调进行的。”上述规定与该法第1条第1款规定[28]表明,日本当时环境保护法的目的也属于“二元论”。但是,该法公布后,上述规定遭到了社会一些人的反对,认为该款规定为企业不顾环境保护而追求经济发展提供了借口。在群众的压力之下,日本国会于1970年修订《公害对策基本法》时删去了该款,形成了日本环境保护法以保护人体健康为

---

[26] 参见国务院《关于落实科学发展观 加强环境保护的决定》中的“(二十九)”。

[27] 指本节“一”中的有关规定。

[28] 该法第1条第1款规定:“……为了明确企业、国家和地方公共团体对防治公害的职责,确定基本的防治措施,以全面推行防治公害对策,达到保护国民健康和维护其生活环境的目的,特制定本法。”日本著名环境保护法专家野村好弘曾批评说:此项规定(指第2款规定)“明显地反映了工业优先的思想”。参见中国环境管理、经济与法学学会:《日本公害法概论》,1982年版,第75页。

唯一目的的所谓“一元”目的论。1993年，日本国会颁布了《日本环境基本法》，该法第1条规定的“本法的目的”中仍然沿用已同时宣布废止的《公害对策基本法》有关立法目的的规定，并加上了“为造福人类做出贡献”。该法第4条还规定：环境保护必须以健全经济发展的同时实现可持续发展的社会。〔29〕美国《国家环境政策法》第1条也规定：“……联邦政府……采取一切切实可行的手段和措施——包括财政和技术上的援助，发展和增进一般福利，创造和保持人类与自然得以在一种建设性的和谐中生存的各种条件，实现当代美国人以及子孙后代对于社会、经济和其他方面的要求……”为了贯彻上述政策目标，该法第2条第2款还规定：国家能够“保证为全体美国人创造安全、健康、富有生产力并在美学和文化上优美多姿的环境”。从上述规定可知，美国的环境保护法也是以保障人体健康为其立法的唯一目的。

我国是一个发展中国家，人口众多，人均耕地和其他自然资源大大少于世界平均水平，加上我国经济发展总体水平低，国家不可能拿出更多的资金增加环境保护投入。这些国情决定了我国在今后相当长的时间内，只能在发展经济的同时加强环境保护工作，在经济建设的过程中解决环境问题，也即“在发展中解决环境问题”。〔30〕只有“在发展中落实保护，在保护中促进发展，坚持节约发展、安全发展、清洁发展，实现可持续的科学发展”，〔31〕才符合我国环境保护法的目的，〔32〕也是广大人民群众所迫切要求的。

最后，必须指出，《环境保护法》第1条规定了环境保护法的三大立法目的，即保护和改善环境，防治污染和其他公害；保障公众健康；推进生态文明建设，促进经济社会可持续发展。但是综观国内外的环境保护立法以及我国当前的形势，不难看出，环境污染和生态破坏已经成为影响我国公众健康的重要原因，成为制约经济社会持续发展的关键因素。这就要求我国环境保护法必须以保护公众的健康为最根本的目的。很明显，没有公众的健康，其他两项立法目的是难以甚至是不能实现的。

三、环境保护法的作用

第一，环境保护法是实施环境保护监督管理，保障公众健康，推进生态文明建设，促进经济和社会可持续发展的法律依据。进行经济建设，必须走可持续发展之路；否则，将受到大自然的惩罚，这是不以人们的主观意志为转移的客观规律。但是，一些人并未认识到这个道理。有的认为，搞建设要发展而破坏或者污染环境是难免的。有的认为，我国是发展中国家，首先要解决的是吃饭、就业的问题，引进一些污染严重、浪费资源的设备工艺或者项目，先把经济搞上去，其余一切都好办。有的甚至以牺牲环境为代价去换取经济增长。上述的认识和做法显然是造成我国一些地区环境严重污染和生态破坏的主因。要改变这种情况，国家在采取行政、经济、科学技术和宣传教育等手段的同时，必须采取强有力的法律手段。这样，前述的以环境保护优化经济增长的发展模式才得以实现，因为环境保护法可以对以污染环境或者以破坏生态

---

〔29〕 有的翻译为：“一方面要力求发展对环境负荷影响小的健康经济，另一方面要构筑一个可持续发展的社会，并要求在科学知识充实的基础上，预防环境污染。”参见《外国环境法选编》（第一辑）（下册），中国政法大学出版社2000年版，第979页。

〔30〕 参见《决定》中的“（五）”。

〔31〕 参见《决定》中的“（六）”。

〔32〕 尽管日、美等经济发达国家的环境保护法规定了“一元论”的目的，但是在实践中，他们也不得不承认，国家的经济形势经常影响了环境保护工作，这方面，可以从美国前总统里根和克林顿在位时如何对待环境保护工作看出。

换取经济发展中的违法、犯罪者予以追究并依法给予惩罚。当前,我国环境保护法除了有些需要修改完善之外,主要的问题在于严格依法办事。

第二,环境保护法是提高广大干部群众环境保护意识和环境保护法制观念的好教材。环境保护法规定了政府、企事业单位以至公民个人在环境保护中的职责和权利、义务,使大家懂得什么是法律所鼓励或者允许的,什么是法律所反对或者禁止的,从而使人们获得判断是与非、合法与非法犯罪的标准,并明确规定"一切单位和个人都有保护环境的义务",〔33〕特别是各级领导干部,要不断提高对环境保护重要性的认识,"充分认识保护环境就是保护生产力,改善环境就是发展生产力,增强环境忧患意识和做好环境保护工作的责任意识,抓住制约环境保护的难点问题和影响群众健康的重点问题,一抓到底,抓出成效"。〔34〕各级环境保护部门要努力提高监督管理能力,严格执行各项环境保护监管制度,开展环境保护警示教育,鼓励群众参与,发挥新闻媒体的宣传和舆论监督作用。环境保护法在规定一切单位和个人有保护环境的义务的同时,还规定人们有权对污染或者破坏环境的单位和个人进行举报或者控告。〔35〕实践表明,运用环境保护法并结合环境保护工作的新进展新经验,深入开展环境保护宣传教育,对提高广大干部和群众的环境保护意识和法制观念,并从中学会运用环境保护法来保护自身的环境权益具有巨大的作用。

第三,环境保护法是维护我国环境权益的重要武器。温室效应、臭氧层破坏、海洋污染、放射性物质泄漏以至跨界河流污染等,其危害往往涉及国家(地区)间环境权益的维护问题;近年来,随着对外贸易、引进外资和旅游业的迅速发展,一些发达国家或者地区向我国或者内地转嫁污染和掠夺自然资源;我国一些地区还受到外来物种的入侵,一些不法分子内外勾结将我国珍贵、濒危野生动、植物偷运出境。为了维护我国环境权益,我国环境保护法已设置了有关的规定。例如,"引进外来物种以及研究、开发和利用生物技术,应当采取措施,防止对生物多样性的破坏"。〔36〕"造成环境污染的设立合资企业申请不予批准",〔37〕"外商在我国境内投资建设必须遵守我国的环境保护法律、法规和有关规定,防治环境污染和生态破坏,接受环境保护行政主管部门的监督管理",〔38〕"属于对环境造成污染损害,破坏自然资源或者损害人体健康的项目,禁止外商投资",〔39〕"禁止中国境外的固体废物进境倾倒、堆放、处置",〔40〕"坚决禁止境外危险废物和生活垃圾向我国转移",〔41〕等等。这些规定,体现了环境保护法对维护我国环境保护权益的重要作用,有关部门、企事业单位和个人,要结合我国加入世界贸易组织后面临的新形势、新任务和新的环境问题,正确运用环境保护法的有关规定,维护国家、单位和公民个人的环境权益。

第四,环境保护法是促进环境保护的国际交流与合作,保护世界环境的重要手段。20 世纪 80 年代以来,我国政府积极参与国际环境保护事业,签署了多项国际环境保护条约。例如,《海

〔33〕《环境保护法》第 6 条。
〔34〕参见《决定》中的"(二十九)"。
〔35〕《环境保护法》第 57 条、第 58 条。
〔36〕《环境保护法》第 30 条第 2 款。
〔37〕参见《中外合资经营企业法实施条例》第 5 条。
〔38〕参见《关于加强外商投资项目环境保护管理的通知》第 1 条。
〔39〕参见《指导外商投资方向暂行规定》第 7 条。
〔40〕参见《固体废物污染环境防治法》第 24 条。
〔41〕《国务院关于环境保护若干问题的决定》中的"五"。

洋法公约》、《保护臭氧层维也纳公约》及其《议定书》、《控制危险废物越境转移及其处置巴塞尔公约》、《气候变化框架公约》、《生物多样性公约》和《关于持久性有机污染物的斯德哥尔摩公约》等。我国参与了自 1972 年以来的四次联合国环境会议，特别是 1992 年的第三次会议——联合国环境与发展大会，我国政府高级代表团在会上提出了加强环境与发展领域国际合作的五点主张，〔42〕受到会议的重视和国际社会的好评。此外，我国还加强了与周边国家和地区的环境保护交流与合作，履行相应的国际义务，维护国家环境与发展权益。我国代表在各种国际环境保护会议上多次表示，愿为保护和改善全球环境做出积极的贡献，但是不能承诺与我国发展水平不相适应的义务。如前所述，世界环境的恶化主要是发达国家造成的，它们理所当然地应该在这方面多负责任。我国坚决反对一些发达国家借环保问题干涉别国的内政，在国内环境保护法方面也体现了我国政府这一原则立场。例如，《海洋环境保护法》第 96 条规定："中华人民共和国缔结或者参加的与海洋环境保护有关的国际条约与本法有不同规定的，适用国际条约的规定，但是，中华人民共和国声明保留的条款除外。"〔43〕这一规定体现了我国对国际环境保护事业的高度责任心，既促进了国际环境保护的交流与合作，以推动对世界环境的保护和改善，也维护了我国的国家主权和环境权益。

第三节 人民政府的环境保护职责

《环境保护法》强化了人民政府的环境保护职责。这不仅体现在重申 1989 年《环境保护法》关于"地方各级人民政府应当对本行政区域的环境质量负责"的规定，并将其提到该法的总则部分。还增设了大量条款，将"采取措施改善环境质量"的规定加以具体化；在法律责任部分，增设了追究政府相关人员的行政不作为或者滥作为的责任追究条款。这些必将改变长期以来政府"重经济责任""轻环境保护责任"的现象。

除上述之外，《环境保护法》在第 26 条和第 27 条，规定了政府应当将环境保护目标完成情况纳入对本级人民政府负有环境保护监督管理职责的部门及其负责人和下级人民政府及其负责人的考核内容，作为考核评价的重要依据。并要求"考核结果应当向社会公开"。第 27 条还规定，县级以上人民政府应当每年向本级人民代表大会或者其常委会报告环境状况和环境保护目标完成情况，对发生的重大环境事件应当及时向本级人民代表大会常务委员会报告，依法接受监督。从上述规定可知，《环境保护法》明确规定人民政府应当担负起环境保护责任，并与考核挂钩，以克服一些地方政府片面追求经济增长，轻环境保护责任的不可持续发展模式。

此外，《环境保护法》还规定，各级人民政府应当承担以下环境保护责任：

1. 将环境保护工作纳入国民经济和社会发展规划。所谓环境保护规划，就是从现状出发，依据对自然界客观规律的认识，通过人们的主观努力，处理好经济发展与环境保护的关系，达到依据客观实际所规划的理想环境保护目标，实现天蓝、地绿、水清的良好环境。可见，将环境

---

〔42〕《人类环境与发展史上的一次盛会》，载《人民日报》1992 年 6 月 8 日社论。

〔43〕现行的《固体废物污染环境防治法》第 90 条也做了类似的规定。

保护规划纳入国民经济社会发展规划,使前者成为后者的有机组成部分,必将使环境保护规划能够有效地引导国民经济健康发展,避免重走“先污染、后治理”的弯路。

2. 经济、技术政策有利于环境保护和生态建设。《环境保护法》第 14 条规定,国务院有关部门和省、自治区、直辖市人民政府组织制定经济、技术政策,应当充分考虑对环境的影响,听取有关方面和专家的意见。这项规定充分体现了国家关于环境保护与经济建设的新思想。即经济发展要有利于生态保护。对有利于保护天蓝、地绿、水净的事努力去做,对严重危害环境的事就坚决不做。这就改变了数十年来一些地方因经济、技术政策失误而造成环境保护和生态文明建设重大损失的做法。今后,国家的重大方针政策出台前一定要考虑到对环境的影响,这样才能从政策源头避免环境污染和生态破坏的继续发生。

3. 采取有效措施改善环境质量。《环境保护法》第 28 条规定,地方各级人民政府应当根据国家确立的环境保护目标和治理任务,采取有效措施,切实改善环境质量。近年来,国家的很多环境保护工作都实施了目标责任制。如 2013 年国务院发布的《大气污染防治行动计划》第 8 条提出“将重点区域的细颗粒物指标,非重点地区的可吸入颗粒物指标作为经济社会发展的约束性指标,构建以环境质量改善为核心的目标责任考核体系”,未达标地区应限期达标。《环境保护法》还规定,未达到国家环境质量标准的重点区域、流域的有关地方人民政府,应当制定限期达标规划,并采取措施按期达标。

4. 加大财政投入。《环境保护法》第 8 条规定,各级人民政府应当加大保护和改善环境,防治污染和其他公害的财政投入,提高财政资金的使用效益。近年来,我国政府不断增加环境保护资金投入,社会其他方面的资金投入也大量增加。但与发达国家相比还有很大的差距,需要各级政府加大环境保护资金投入水平,确保财政中环境保护资金支出稳步增长,还应不断提高环境保护资金使用效益。坚决克服和打击挤占、挪用环境保护资金的违法犯罪行为,使有限的资金在环境保护中发挥更好的效益。

5. 加强环境保护的宣传和普及工作。《环境保护法》第 9 条规定,各级人民政府应当加强环境保护的宣传和普及工作,鼓励基层群众性自治组织、社会组织、环境保护志愿者开展环境保护宣传和普及工作,营造保护环境的良好风气。该法还规定,教育行政部门、学校应当将环境保护知识纳入学校教育内容,培养学生的环境保护意识;新闻媒体应当开展环境保护法律法规和环境保护知识宣传,对环境违法犯罪行为进行舆论监督。

6. 国家鼓励和引导公众使用绿色产品。《环境保护法》第 36 条规定,国家鼓励和引导公民、法人和其他组织使用有利于保护环境的产品和再生产品,减少废弃物的产生。对于使用国家财政资金的国家机关和其他组织,应当优先采购和使用节能、节水、节材等有利于环境保护的产品、设备和设施。这些规定是为了推动政府进行采购改革,开展节能、节水、节材的活动,并逐步淘汰低能效产品,更不得采购损害人体健康的产品、设备和设施。

7. 采取措施对生活废弃物进行分类处置、回收利用。《环境保护法》第 37 条规定,地方各级人民政府应当采取措施,组织对生活废弃物的分类处置、回收利用。废弃物分生产废弃物和生活废弃物。前者由企业处置,后者则由地方各级人民政府承担责任,采取措施、组织分类处置和回收利用。如统筹安排城乡垃圾收集、运输和合理利用,提高生活垃圾的利用率和无害化处置率,促进生活垃圾产业化发展等。对此,《固体废物污染环境防治法》已有详细的规定,地方各级人民政府应该依法监督其实施。

8. 推广清洁生产和资源循环利用。《环境保护法》第 40 条规定,国家促进清洁生产和资源循环利用。国务院有关部门和地方各级人民政府应当采取措施,推广清洁能源的生产和使用。清洁生产就是从设计、材料选用、工艺技术与设备维修等实行全过程控制,减少或者避免污染物的产生,以达到最好的经济效益和社会效益。资源循环利用就是以最少的资源消耗和最低的环境危害获取最大的经济效益和社会效益。清洁生产和资源循环利用是我国实现可持续发展的战略选择。

9. 做好突发环境事件应急准备。《环境保护法》第 47 条规定,各级人民政府应当按照 2001 年《突发事件应对法》建立突发环境事件应对机制。做好环境突发事件预测、应急准备、控制、处置和事后恢复等工作。该规定要求,县级以上人民政府应当建立环境污染公共监测预警机制,组织制订预警方案;环境受污染,可能影响公众健康和环境安全时,依法及时公布预警信息,启动应急措施。突发环境事件应急处置工作结束后,有关人民政府应当立即组织评估事件造成的环境影响和损失,并及时将评估结果向社会公布。

10. 统筹城乡防治环境污染和生态破坏设施建设。《环境保护法》第 51 条规定,各级人民政府应当统筹城乡建设污水处理设施及配套管网、固体废物的收集、运输和处理等环境卫生设施,危险废物集中处置设施、场所以及其他环境保护公共设施,并保障其正常运行。从上述规定可知,各级人民政府统筹建设的上述设施,都是防治环境污染和生态破坏设施的三个方面。各级人民政府应当着力依法统筹建设并保障其正常运行,避免因管网不配套、运行费用无着落、运行率低甚至停顿的现象发生。一些地方对环境污染和生态破坏防治比较到位,可以扩及其他方面,特别是环境保护工作比较薄弱的农村,以惠及更加急需的广大农民。

11. 接受同级人大及其常委会的监督。《环境保护法》第 27 条规定,县级以上人民政府应当每年向同级人民代表大会或其常务委员会报告工作,并接受其监督。报告的具体内容包括三方面:环境状况、环境保护目标完成情况、重大的环境事件。其中,前两项每年各 1 次,后一项则在发生重大环境事件后尽快报告。报告内容的来源可以是由人大及其常委会在执法检查中发现的重大、突出问题,也可以是本级人大代表对人民政府、检察院、法院工作提出的建议、批评;还可以是本届人大常委会组成人员或者人大专门委员会等在调研中的发现;最后,也可能是人民来信来访时对本地区工作提出的问题等。报告之后,要经会议审议,后转交政府处理,也可以作出处理决定后交政府办理。

《环境保护法》上述关于强化政府环境保护责任的规定具有重大的现实意义,也是国外发达国家所证明的成功经验。通过环境保护立法来明确政府的环境保护责任,规范政府行为,是协调经济建设与环境保护关系并根治环境问题的重大措施。其贯彻实施,必将克服一些地方政府存在的不作为、乱作为,无理干扰环境保护等乱象,更好地推动我国环境保护事业的健康发展。

第四节 环境保护监督管理体制

一、环境保护监督管理体制的概念

(一)环境保护监督管理体制的含义

环境保护监督管理体制,是指国家环境保护监督管理机构的设置以及这些机构之间环境保护监督管理权限的划分。

对于我国的环境保护监督管理体制,《环境保护法》第10条做了如下原则性的规定:"国务院环境保护主管部门,对全国环境保护工作实施统一监督管理;县级以上地方人民政府环境保护主管部门,对本行政区域环境保护工作实施统一监督管理。县级以上人民政府有关部门和军队环境保护部门,依照有关法律的规定对资源保护和污染防治等环境保护工作实施监督管理。"这些部门包括国家海洋行政主管部门、港务监督、渔政渔港监督、军队环境保护部门和各级公安、交通、铁道、民航管理部门,依照有关法律的规定对环境污染防治实施监督管理。县级以上人民政府的土地、矿产、林业、农业、水行政主管部门,依照有关法律的规定对资源的保护实施监督管理。

依上述规定,可将我国环境保护监督管理体制概括为统一监督管理与分级、分部门监督管理相结合的体制。

从上述定义可知,如同环境保护法与环境法有区别一样,环境保护监督管理体制与环境监督管理体制〔44〕不同。两者在机构设置、职责权限等都有严格、明显的区别。

(二)环境保护监督管理体制的特点

首先,统管部门与分管部门都是环境保护方面的行政执法机关。统管部门和分管部门都是属于中央或者地方县级以上人民政府在环境保护方面的职能部门,它们依法实施的环境保护监督管理行为,一般属于具体行政行为,〔45〕即属于国家行政机关和行政机关工作人员行使行政职权,针对特定的公民、法人或者其他组织,就特定的具体事项,做出有关该公民、法人或者其他组织权利、义务的单方行为。在环境保护领域中,这种具体行政行为表现为对污染或者破坏环境者依法给予行政处罚,对符合法定条件的环境影响报告书予以审批,对符合法定条件的排污单位、林木采伐者发放排污许可证、林木采伐许可证等。这些执法行为是代表有关国家行政机关行使的,其合法行为具有国家强制力。根据环境保护法的规定,解决环境保护纠纷的部门还包括人民法院和人民检察院,它们在惩办环境保护方面的违法、犯罪行为起着极为重要的作用,但它们不属于环境保护监督管理机构,而是国家审判机关和检察机关。

其次,统管部门与分管部门的执法地位平等。环境保护监督管理体制中的"统管"部门(统一监督管理部门的简称),是指国务院环境保护行政主管部门(环境保护部)和县级以上地方各级环境保护行政主管部门(一般称某县、某市、某省环境保护局)。它们之间在行政上存在隶属关系,包括领导与被领导、监督与被监督关系。〔46〕分管部门,是指依法分管某一类污染源防治或者某一类自然资源保护监督管理工作的行政部门。统管部门与分管部门之间不是行政上的隶属关系,因而不存在领导与被领导、监督与被监督的关系。〔47〕在行政执法上都是代表国家有关行政机关行使行政执法权,其法律地位是平等的。它们之间只有在环境保护监督管理的分工

〔44〕 非指环境保护监督管理体制的简称。

〔45〕 参见最高人民法院《关于执行(中华人民共和国行政诉讼法)若干问题的解释》中的"一"。个别环境保护监督管理机构享有制定环境保护规章的权力(如环境保护部),其行为属于抽象行政行为。

〔46〕 例如,依据《行政复议法》第9条,排污单位对环境保护行政主管部门的行政处罚决定不服,可在法定时间内,向做出处罚决定的机关的上一级机关申请行政复议。可见,统管部门内部上、下级之间存在监督与被监督的关系。

〔47〕 例如,船舶所有人对港务监督的行政处罚不服而申请行政复议时,依照《行政复议法》的规定,不是向环境保护行政主管部门(即环境保护局)或者海洋行政主管部门提出,而是向做出行政处罚决定的港务监督的上一级行政机关提出。可见,环境保护局、海洋局与港务监督之间不存在监督与被监督、领导与被领导的关系。

上有区别，即监督管理的对象和范围有差异，但都是属于环境保护行政执法机关，其环境保护监督管理的性质和目标是一致的。

现行《环境保护法》对统管与分管部门之间的关系有待进一步具体规定。但从近年来的环境保护实践看，统管部门对分管部门具有“规划”和“协调”的职责，如在制定环境保护规划和环境监测规范时，环境保护行政主管部门处于“牵头”的地位；其他环境保护监督管理部门在监督管理活动中发生意见分歧时，由同级环境保护行政主管部门出面“协调”[48]解决。

（三）环境保护监督管理体制的意义

《环境保护法》第10条规定的环境保护监督管理体制，经过多年的实践表明，这种体制基本上符合我国当时以至今后的环境保护监督管理实际，体现了国家强化环境保护监督管理的思想，在保障环境保护与经济、社会协调发展中起着积极的作用；理顺了人民政府环境保护主管部门与其他依照法律规定行使环境保护监督管理权的部门之间的关系；结束了以往环境保护行政主管部门孤军作战的状态，出现了“千军万马”齐抓共管环境保护监督管理工作的新局面；既保证了环境保护方针、政策、原则、制度的统一，符合环境是一个统一整体的要求，避免政出多门、各自为政，又发挥了其他依照法律规定行使环境保护监督管理权的有关行政部门的积极性和专长，符合环境问题复杂、环境保护任务艰巨，涉及面广和具有地区、行业特点，需要分工合作的要求；有利于各行政部门依照环境保护法规定的职责权限，各司其职、各尽其责，提高环境保护监督管理的效率，从而克服过去因职责权限不清而发生的相互争权或者相互推诿责任的不良现象。

但是，由于《环境保护法》第10条关于环境保护监督管理体制的规定尚不具体，对统管与分管部门之间的关系以及职责权限的划分还不够详尽，一些自然资源保护单行法对环境保护监督管理体制也缺乏相应的条款和明确的规定，致使一些地方、部门之间依然存在相互扯皮、揽权、争权，或者互相推诿等不良现象。要解决上述问题，关键在于深化体制改革，“按照区域生态系统管理方式，逐步理顺部门职责分工，增强环境监管的协调性、整体性。建立健全国家监察、地方监管、单位负责的环境监管体制”。[49]

二、我国环境保护监督管理机构的产生和发展

我国环境保护监督管理机构，从无到有，从弱到强，从不健全到逐步健全，大体上经历了四个发展阶段。

（一）起步阶段（1972～1978年）

1972年联合国人类环境会议之后，1973年8月，我国召开了第一次全国环境保护会议。这次会议对我国的环境保护事业和环境保护监督管理机构的建设起着十分重要的作用。会后，国务院批准发表的国家计划委员会《关于保护和改善环境的若干决定（试行草案）》中要求：“各地区、各部门要设立精干的环境保护机构，给它们以监督、检查的职权。”据此，我国于1974年5月成立了国务院环境保护领导小组，其主要职责是制定国家的环境保护方针、政策和行政

[48] 例如，“新建国家海洋自然保护区，由国家海洋局或国务院有关主管部门会同国家海洋局提出选区的建议，按照规定程序报国务院批准后，由该保护区主管部门负责建设和管理。如有意见分歧，由国家环境保护局进行协调”。参见国务院机构改革办公室《对国家环境保护局、国家海洋局有关海洋环境保护职责分工的意见》，也可参见《野生植物保护条例》第8条的规定。

[49] 参见《决定》中的“（二十）”。

规章,拟定国家环境保护规划,组织协调和监督检查各地区、各部门的环境保护工作。领导小组下设一个办公室,负责处理日常工作。[50]

国务院环境保护领导小组的成立,标志着我国环境保护监督管理机构的诞生。此后,全国一些地区也相继成立了类似的地方性环境保护监督管理机构。但是,由于众所周知的原因,我国环境保护工作步履艰难。

(二)初创阶段(1979~1981年)

中共十一届三中全会以后,我国进入了一个新的发展时期。1979年9月13日,第五届全国人大常委会第十一次会议通过的《环境保护法(试行)》,设专章(第四章)规定了"环境保护机构和职责",内含三个条文,分别规定了国务院设立环境保护机构及其主要职责(第26条);省级人民政府设立环境保护局,市、县级人民政府"根据需要"设立环境保护机构和地方各级环境保护机构的主要职责(第27条);国务院和地方各级人民政府的有关部门,大、中型企业和有关事业单位"根据需要"设立环境保护机构,分别负责本系统、本部门、本单位的环境保护工作(第28条)。根据上述规定,大部分省一级人民政府先后设立了省级环境保护监督管理机构,一些市、县人民政府也根据需要设立了环境保护监督管理机构。与此同时,国务院有关部门,如石油、化工、冶金、纺织等部门和一些大、中型企业,也根据《环境保护法(试行)》的规定设立了环境保护机构,负责本系统、本部门、本单位的环境管理工作。[51]此外,根据《森林法(试行)》(1979年2月)的规定,人民政府林业行政部门也成立了对森林资源保护进行监督管理的机关,即各级林业部门(第8条)。

在这阶段,我国地方各级人民政府已经开始建立防治环境污染或者保护自然资源的环境保护监督管理机构,只是发展不平衡,投入的人力、物力与财力也有限。

(三)徘徊阶段(1982~1987年)

1982年,我国开始了经济体制改革,为了适应经济发展的需要,也对国家机构进行了调整。国务院撤销了国务院环境保护领导小组,其业务并入新建的城乡建设环境保护部,成为该部内设的一个局,称环境保护局。随后,绝大多数地方人民政府也将原设置的环境保护局与城乡建设部门合并。这种调整意在将不上编制的原国务院环境保护领导小组,并入一个较高级别(部级)的常设机构城乡建设环境保护部,以加强环境保护监督管理工作。但是,由于认识不足,合并后反而削弱了环境保护监督管理工作。[52]为了纠正这种现象,国务院于1984年成立了环境保护委员会,以加强对全国环境保护的统一领导和部门间的协调工作。同年年底,原城乡建设环境保护部内的环境保护局对外称"国家环境保护局",享有相对独立性。随后,一些地方的环境保护监督管理机构也做了相应的调整。

这个时期,从机构建设的角度看,是处在徘徊阶段,这种调整(指属于城乡建设环境保护部内的一个局[53]),对环境保护监督管理工作所造成的负面影响,至今仍未完全消除。

---

〔50〕 从其职责权限看,国务院环境保护领导小组及其办公室仍是我国一个不上编制的临时性的机构。

〔51〕 环境管理与环境监督管理不同,前者属守法活动,后者则是执法行为。

〔52〕 因为这样的环境保护局,是属于一个部诸多局中的一个局,没有相对独立性,不能相对独立地开展工作。

〔53〕 人们戏称为"八字"局。城乡建设部门在工作中易引起环境污染或者生态破坏的问题,而环境保护部门的职责正是防止环境污染或者生态破坏。可想而知,作为前者的下属能否对其发挥监督管理职能不无疑问,表明这种体制的不科学性。

（四）发展阶段（1988 年至今）

1988 年，国务院决定将原城乡建设环境保护部中的环境保护局独立出来，成为国务院的直属机关，同时作为国务院环境保护委员会的办事机构，称“国家环境保护局”。

1989 年 12 月 26 日，经修订后颁布施行的《环境保护法》，第一次以综合性环境保护基础法的地位，在该法第 7 条中原则规定了我国的环境保护监督管理体制。这是一种符合我国国情的统一监督管理与分级、分部门监督管理相结合的体制。

根据 1989 年《环境保护法》的规定，除了国务院环境保护行政主管部门和地方县级以上环境保护行政主管部门之外，在国务院有关部门和地方县级以上人民政府有关部门中，如海洋行政主管部门、港务监督、渔政渔港监督、军队环境保护部门和各级公安、交通、铁道、民航管理部门，依照有关法律的规定也先后成立了环境保护监督管理机构，对本部门的环境污染防治实施监督管理；国务院有关部门和县级以上地方人民政府有关部门，如土地、矿产、林业、农业、水利部门，依照有关法律的规定也相继成立了环境保护监督管理机构，对本部门的自然资源保护实施监督管理。

1998 年 4 月，在国务院机构改革中，国家环境保护局升格为国家环境保护总局（正部级），仍为国务院直属机构。同时，国务院环境保护委员会被撤销，其职能由国家环境保护总局承担。

2008 年 3 月，第十一届全国人大第一次会议决定，国家组建环境保护部，不再保留环境保护总局。这标志着我国环境保护行政管理体制的一大发展。环境保护部门将在更高的层次上参与国家事务的重大决策，扩大对国家经济社会发展规划、政策的参与权，使环境保护与整个社会事业真正地结合在一起，使环境保护更好地优化经济、社会发展。

至此，我国环境保护监督管理体制基本形成。目前，全国 31 个省、自治区、直辖市中，除了西藏之外，全部已设立了一级建制的环境保护监督管理机构；全国地、市级城市均设立了独立的环境保护监督管理机构；全国大部分县级也建立了环境保护监督管理机构，在这些地方，环境保护行政执法能力得到了加强；随着一些环境污染防治和自然资源保护单行法的修订，分管部门有所增加，其监督管理范围和权限也有所扩大。[54] 但是，有的省还在削弱环境保护监督管理机构，[55] 这是与加强环境保护事业的潮流相悖的。这些地区，应当坚决依照《国务院关于环境保护若干问题的决定》“县级以上人民政府应设立环境保护监督管理机构”的规定，尽快设置独立行使环境保护监督管理权的机构，还应按照国务院《关于落实科学发展观　加强环境保护的决定》，“县级以上地方人民政府要加强环保机构建设；落实职能、编制和经费”，以适应环境保护事业发展的要求。

三、我国环境保护监督管理机构的职责

根据《环境保护法》第 10 条的规定，我国对环境保护实施监督管理的行政机关，包括环境保护部和国务院其他依照法律规定行使环境保护监督管理权的各部、委，以及县级以上地方人民政府环境保护主管部门和依照法律规定行使环境保护监督管理权的其他行政部门。其监督管理职责如下：

---

〔54〕 参见《海洋环境保护法》第 4 条、《渔业法》第 7 条。这样，使分管部门由原来的 13 个增至 15 个。

〔55〕 其做法如将设置独立行使职权的环境保护局与其他局合并，使其难以进行环境保护监督管理工作。

1. 环境保护部。根据《环境保护法》第10条的规定,国务院环境保护主管部门对全国环境保护实施统一监督管理。又据国务院办公厅《关于国家环境保护总局职能配置、内设机构和人员编制规定》,国务院环境保护主管部门(环境保护部)具体的监督管理职责如下:(1)拟定环境保护的方针、政策、法规和制定环境保护规章;受国务院委托对重大的经济和技术政策、发展规划和重大经济开发计划进行环境影响评价;[56]会同有关部门,根据国民经济和社会发展规划编制国家环境保护规划。[57](2)拟定并组织实施大气、水体、土壤、噪声、固体废物、有毒化学品、机动车等的污染防治法律、法规;指导、协调和监督海洋环境保护工作。(3)监督重大经济建设活动引起生态破坏的活动。(4)指导和协调解决各地方、各部门和跨区域重大环境问题、环境污染纠纷;组织开展环境监理及全国性环境保护执法检查活动。(5)制定和发布国家环境标准,发布国家环境状况公报。(6)制定和组织实施各项环境管理制度,负责农村生态环境保护。(7)组织环境保护科技发展重大科学研究和技术示范工程;组织和实施环境保护资质认可制度,指导和推动环境保护产业发展。(8)负责全国的环境监测、统计、信息,并指导和协调环境保护宣传教育和新闻出版工作,推动公众和非政府组织参与环境保护。(9)拟定国家关于全球环境问题基本原则,开展环境保护国际合作与交流等。(10)负责核安全、辐射环境、放射性废物管理工作;拟定有关方针、政策、法规和标准,对放射性污染防治实施统一监督管理。(11)依法实施行政处罚,代表国家对造成国家重大海洋损失者提出赔偿要求。[58] (12)负责环境保护部机构编制和人事管理、组织开展全国环境保护系统行政管理体制改革。(13)承办国务院交办的其他事项。

2. 县级以上地方人民政府环境保护主管部门。根据《环境保护法》的规定,县级以上地方人民政府环境保护主管部门的职责是:(1)对本辖区的环境保护实施统一监督管理。(2)审批环境影响报告书(表)。(3)验收防治污染设施的"三同时",并监督其正常运行。(4)实施排污申报登记,依法发放排污许可证和临时排污许可证。[59](5)征收排污费和超标排污费。(6)实施现场检查。(7)作出行政复议决定。(8)实施行政处罚。其中,《环境保护法》增设了"查封、扣押"等行政处罚形式,可以更有效地控制偷排等违法行为,还有利于收集证据,及时追究环境犯罪嫌疑人。(9)申请人民法院强制执行行政处罚决定。(10)将环境污染犯罪嫌疑人移送公安部门处理。(11)拟定辖区环境保护规划。(12)发布辖区环境状况公报。(13)调解处理环境污染民事赔偿纠纷。(14)组织开展本辖区内环境保护科学研究和宣传教育工作。(15)承担环境保护部及上级环境保护行政主管部门交办的其他事项。

3. 国家海洋行政主管部门。根据《环境保护法》《海洋环境保护法》《海岛保护法》《海洋石油勘探开发环境保护管理条例》《海洋倾废管理条例》的规定,分管全国防治海洋工程建设项目和海洋倾倒废弃物对海洋污染损害的监督管理。其具体监督管理职责如下:(1)负责海洋环境保护的监督管理,组织海洋环境的调查、监测、监视、评价和科学研究。(2)会同有关部门拟定全国海洋功能区划。(3)建立海洋环境保护区域合作组织,负责实施重点海域区域性海洋环境保护规划,海洋环境污染的防治和海洋生态保护工作。(4)按照国家环境监测、监视规范和标准,管理全国海洋环境的调查、监测、监视,制定具体的实施办法,会同有关部门组织海洋环境

---

〔56〕《环境影响评价法》颁布实施后,可根据该法第8条的规定进行。

〔57〕参见《环境保护法》第13条第2款。

〔58〕参见《环境保护法》第59条至第63条、《海洋环境保护法》第90条第2款。

〔59〕参见《水污染防治法实施细则》第10条、《环境保护法》第45条。

监测、监视网络,定期评价海洋环境质量,发布海洋巡航监视通报。(5)负责管理海洋综合信息系统。(6)接受海洋污染事故或者其他突发性事件报告,进行调查处理。(7)制订全国海洋石油勘探开发重大海上溢油应急计划。(8)在海上实行联合执法,在巡航监视中必要时有权采取有效措施防止污染事态的扩大。对管辖区内排污者进行现场检查。(9)对海岸工程建设项目的环境影响报告书提出审核意见,对海洋工程建设项目环境影响报告书依法予以核准。(10)批准管辖海域内倾倒废弃物申请,编制海洋倾倒废弃物评价程序和标准,划定海洋倾倒区,对符合倾倒条件者发放许可证。(11)对可能发生海难事故的船舶有权强制采取避免或者减少损害的措施。(12)对造成或者可能造成海洋污染损害者依法实施行政处罚。(13)代表国家对造成国家重大海洋损失者提出赔偿要求。(14)承担国务院交办的其他事项。

4. 港务监督行政主管部门。[60] 根据《水污染防治法》《环境噪声污染防治法》《防止拆船污染环境管理条例》的规定,对我国内河船舶、拆船污染港区水域和港区的机动船舶噪声污染防治实施监督管理。

5. 国家海事行政主管部门。根据《海洋环境保护法》《防止拆船污染环境管理条例》的规定,对所辖港区水域内非军事船舶和港区水域外非渔业、非军事船舶污染海洋环境防治实施监督管理,并负责污染事故的调查处理;对在我国管辖海域航行、停泊和作业造成污染事故的外国籍船舶登轮检查处理。[61]

6. 渔政渔港监督管理机构。[62] 根据《渔业法》《海洋环境保护法》《防止拆船污染环境管理条例》的规定,对内河渔业船舶排污、拆船作业污染内河渔业港区水域的污染防治实施监督管理;对在我国海域渔港水域内非军事船舶和渔港水域外渔业船舶污染海洋环境实施监督管理,并负责调查处理内河的渔业污染事故;参与船舶造成海洋污染事故的调查处理。

7. 军队环境保护部门。根据《环境保护法》《中国人民解放军环境保护条例》《军队企业环境保护管理办法》《军队环境噪声污染防治规定》《海洋环境保护法》的规定,对部队在演练、武器试验、军事科研、军事生产和运输、部队生活对环境的污染防治实施监督管理。

8. 各级公安机关。根据《环境保护法》《环境噪声污染防治法》《水污染防治法》《大气污染防治法》《放射性污染防治法》《治安管理处罚法》《放射性同位素与射线装置安全和防护条例》《汽车排气污染监督管理办法》《道路交通管理条例》等的规定,对水污染防治、环境噪声、放射性污染、机动车污染、破坏野生动物和破坏水土保持等环境污染防治与自然资源保护实施监督管理。

9. 各级交通部门的航政机关。根据《环境保护法》《大气污染防治法》《水污染防治法》《环境噪声污染防治法》的规定,对陆地水体船舶的大气污染、水污染和环境噪声污染防治实施监督管理。

10. 铁道行政主管部门。根据《环境保护法》《环境噪声污染防治法》《大气污染防治法》《关于加强铁路噪声污染防治的通知》[63] 的规定,对铁路机车环境污染防治实施监督管理。

11. 民航管理部门。根据《环境保护法》《环境噪声污染防治法》《通用航空管理暂行规定》

---

〔60〕 因篇幅所限,从本监督管理部门起,不再具体写出监督管理事项,读者可依照所列的法律、法规自行归纳。

〔61〕 根据《海洋环境保护法》第5条第3款规定,船舶污染事故给渔业造成损害的,国家海事行政主管部门对其处理时,应当吸收渔业行政主管部门参与调查处理。

〔62〕 根据2000年10月31日经修订后颁布施行的《渔业法》第6条第2款的规定,该机构属于渔业行政主管部门。

〔63〕 该通知于2001年7月25日由国家环境保护总局和铁道部联合发布。

《民用机场管理暂行规定》的规定,对经营通用航空业务的企业和民用机场环境噪声污染防治实施监督管理。

12. 土地资源行政主管部门。[64] 根据《环境保护法》《土地管理法》《农业法》《土地复垦条例》的规定,对国土规划、土地使用、耕地与草地等土地的保护实施监督管理。

13. 矿产资源行政主管部门。根据《环境保护法》和《矿产资源法》的规定,对矿产开发、矿区复垦等矿产资源保护实施监督管理。

14. 林业行政主管部门。根据《环境保护法》《森林法》《野生动物保护法》《野生植物保护条例》《防沙治沙法》的规定,对森林资源、陆生野生动物、野生植物资源保护和防沙治沙工作实施监督管理。

15. 农业行政主管部门。根据《环境保护法》《农业法》《草原法》《野生植物保护条例》《农药管理条例》的规定,对耕地、农田保护区、草原、野生植物保护和农药的安全使用实施监督管理。

16. 水行政主管部门。根据《环境保护法》《水法》《水土保持法》的规定,对水资源的开发、利用和保护以及水土保持工作实施监督管理。

17. 渔业行政主管部门。根据《渔业法》和《野生动物保护法》的规定,对渔业资源(包括陆地水体渔业资源、海洋渔业资源)、水生野生动物资源保护实施监督管理。

此外,在近年颁布的《固体废物污染环境防治法》《野生动物保护法》《野生植物保护条例》《清洁生产促进法》《风景名胜区条例》等法律、法规中,还规定了建设、卫生、海关、工商和国务院经济贸易等行政主管部门,可以依法对某些环境污染防治或者自然资源保护实施监督管理。例如,《固体废物污染环境防治法》第 10 条第 3 款规定,国务院建设行政主管部门和县级以上地方人民政府环境卫生行政主管部门,负责城市生活垃圾清扫、收集、贮存、运输和处置的环境污染防治的监督管理;《野生动物保护法》第 36 条、第 37 条规定,海关行政主管部门和工商行政主管部门可对某些野生动物保护实施监督管理;《野生植物保护条例》第 8 条第 2 款规定,国务院建设行政主管部门对城市园林、风景名胜区内野生植物保护实施监督管理;《清洁生产促进法》第 5 条规定,国务院经济贸易行政主管部门负责组织、协调全国的清洁生产促进工作,《水污染防治法》第 90 条规定,各级公安机关对违反该法构成违反治安管理行为实施监督管理,等等。

从上述规定可知,建设、环境卫生、海关、工商和经济贸易等行政主管部门,在一定范围内也具有环境保护监督管理权;上述规定还表明,随着环境保护事业的发展,我国行使环境保护监督管理权中的分管部门有逐渐扩大的趋势,[65] 以适应加强环境保护监督管理的需要。但是,企业事业单位内部的环境保护机构,尽管它们在保护和改善环境中曾经和正在发挥着重大的作用,它们并不包括在环境保护监督管理体制之内,它们不是执法机构,而是单位内部依法进行环境保护管理工作;此外,统管部门与分管部门之间,也必须依照法律、法规规定的权限进行监督管理,超出范围就是违法。唯有在法定范围内实施其职权,既分工又合作,不包办代替也不放任,才有利于环境保护事业和加强环境保护的监督管理。

---

〔64〕 指县级以上土地行政主管部门。根据《环境保护法》第 10 条第 2 款的规定,也适用于矿产、林业、农业、水行政主管部门。

〔65〕 分管部门在其分管的监督管理中,实际上就是“主管”。例如,农业部门所分管的监督管理范围中有对耕地保护的监督管理,实际上就是主管耕地保护,是耕地保护的主管部门。

近年来，我国环境保护监督管理体制又有新的发展：一是环境保护行政主管部门实行省以下监测监察执法的垂直管理；二是实行省、市、县、乡环境保护四级河长制。前者有利于建立健全条块结合、权责分明、权威高效的地方环境保护监督管理体制，切实落实对地方党政和相关部门的监督责任，增强环境监测监察执法的独立性和有效性；后者可以加强对河湖生态和水资源的保护与管理，坚持生态优先、绿色发展，强化地方党委和政府管水治水责任，营造全社会共同关心和积极保护河湖水环境的良好氛围，实现河湖水清水绿的绿色发展。

四、环境保护机构监测监察执法垂直管理制度

(一)垂直管理制度的概念

1. 中共中央、国务院的指导意见

2016 年 4 月，中共中央办公厅、国务院办公厅印发《关于省以下环保机构监测监察执法垂直管理制度改革试点工作的指导意见》(以下简称《指导意见》)，[66]该指导意见包括总体要求、强化地方党委和政府及其相关部门的环境保护责任、调整地方环境保护管理体制、规范和加强地方环保机构和队伍建设、建立健全高效协调的运行机制、落实改革相关政策措施和加强组织实施七个部分。这是党中央全面深化体制改革精神在环境保护领域的有力体现，是环境保护和生态文明体制改革的重大举措，是为解决环境保护领域中存在的几个突出问题的创新实践，有利于改善我国的环境质量，具有重大的意义。

省以下环保机构监测监察执法垂直管理制度改革中的“垂直管理机构”，是指中央政府或地方政府部门、单位为处理在地方的事务而设置的若干派出机构或分支机构，也称“条管机构”。中央政府或上级政府部门、单位与其派出机构或分支机构是垂直领导关系，其机构设置、人员编制、财务、物资供应等均由上级政府部门直接管理，地方政府对设立在本行政区域内的这些机构、单位没有直接管理关系。

垂直管理主要分为中央政府部门垂直管理、派出机构、省以下垂直管理。其形式如派出机构、派驻机构和双重管理三种。其中的双重管理是指地方政府和上级同类型部门的“双重领导”。根据《指导意见》规定，此次垂直管理对省以下环境保护机构有以下几项重大改革：[67](1)市、县环保部门的职能上收，即其职能将由省级环境保护部门统一行使。通过向市或跨市、县区域派驻等形式实施环境监察。现有的市级环境监测机构将调整为省级环境保护部门驻市监测机构，由省级环境保护部门直接管理，其人员、经费均由省级承担。(2)取消属地管理，市级环境保护局实行以省级环保厅(局)为主的双重管理，虽然仍是市级政府工作部门，但主要领导均由省环保厅(局)提名、审批和任免，而县级环保局将直接调整为市级环保局的派出分局，由市级环保局直接管理。(3)统筹协调跨区域跨流域环境管理、强化综合决策，形成工作合力。

2. 垂直管理制度的指导思想和基本原则

(1)指导思想

改革环境治理基础制度，建立健全条块结合、各司其职、权责明确、保障有力、权威高效的地方环境保护管理体制，切实落实对地方政府及相关部门的监督责任，增强环境监测监察执法的独立性、统一性、权威性和有效性，适应统筹解决跨区域、跨流域环境问题的新要求，规范和

---

〔66〕 参见《中国环境报》2016 年 9 月 23 日。

〔67〕 参见《指导意见》中的“三、调整地方环境保护管理体制”。

加强地方环保机构队伍建设,为建设天蓝、地绿、水净的美丽中国提供坚强体制保障。

(2)基本原则

第一,坚持问题导向。改革试点要"四个有利":一是有利于推动解决地方环境保护管理体制存在的突出问题;二是有利于环境保护责任目标任务的明确、分解及落实;三是有利于调动地方党委和政府及相关部门的积极性;四是有利于新老环境保护管理体制平稳过渡。

第二,强化履职尽责。地方党委和政府对本地区环境保护和生态环境负总责。建立健全职责明晰、分工合理的环境保护责任体系,加强监督检查,推动落实环境保护党政同责、一岗双责。对失职失责的,严肃追究责任。

第三,确保顺畅高效。改革完善体制机制,强化省级环保部门对市县两级环境监测监察的管理,协调处理好环保部门统一监督管理与属地主体责任、相关部门分工负责的关系,提升环境保护与生态环境治理能力。

第四,搞好统筹协调。做好顶层设计,要与生态文明体制改革各项任务相协调,与生态环境保护制度完善相联动,与事业单位分类改革、行政审批制度改革、综合行政执法改革相衔接,提升改革综合效能。

(二)落实地方党委和政府的环境保护责任

党中央、国务院多次强调,地方党委和政府对环境保护和生态环境负总职。如《生态文明体制改革总体方案》提出:实行地方党委和政府领导成员生态文明建设一岗双责制,即党政同责、一岗双责。[68]这是《环境保护法》第6条关于"地方各级人民政府应当对本行政区域的环境质量负责"的发展。《党政领导干部生态环境损害责任追究办法》(试行)第3条进一步明确规定:"地方各级党委和政府对本地区的生态环境和资源保护负总责,党委和政府主要领导成员承担主要责任,其他有关领导成员在职责范围内承担相应责任。"第4条规定:"党政领导干部生态环境损害责任追究,坚持依法依规、客观公正、科学认定、权事一致、终身追究的原则。"《指导意见》进一步规定,要进一步强化和落实地方党和政府的环境保护责任,不能因垂改而弱化、上交地方党委和政府的环境保护责任;要完善领导干部目标责任考核制度,把生态环境质量状况作为党政领导班子考核评价的重要内容;建立和实行领导干部违法违纪干预环境监测执法活动、插手具体环境保护案件查处的责任追究制度,通过建立和实施这些制度来促进和支撑地方党委和政府依法依规履职尽责。

(三)强化地方环境保护部门监测与监察执法

1.强化环境保护部门对环境保护实施统一监督管理职责。习近平总书记在十八届五中全会上提出:"省以下环保机构监测监察执法垂直管理",主要是指省级环境保护部门垂直管理市(地)县的环境监测监察机构,承担其人员和工作经费。其基本精神是环保执法重心向市县级下移,环保执法与环保监察分开,环境保护执法机构列入政府执法部门系列,环境监测与环境执法协同。(1)省级环保部门对全省(自治区、直辖市)环境保护工作实施统一监督管理。在全省范围内统一规划建设环境监测网络,对省级环境保护许可事项等进行执法,对市县两级环境执法机构给予指导,对跨市相关纠纷及重大案件进行调查处理。(2)市级环保部门对全市区域范围内环保工作实施统一监督管理,负责属地环境执法,强化综合统筹协调。(3)县级环境保护部门强化现场环境执法,现有环境保护许可职能上交市级环保部门,在市级环保部门授权范

---

〔68〕 参见《生态文明体制改革总体方案》(中发〔2015〕25号)。

围内承担部分环境保护许可具体工作。(4)制定环保责任清单明确相关部门环保责任。环保责任清单是党委和政府及其相关部门履行环保职责的依据,也是追责和群众监督的依据。环境保护责任清单要坚持"党政同责"和"一岗双责"。要使责任清单明确、公开、可考核、能量化。厘清党委和政府及相关部门的环境保护责任,避免违法违纪干预环保工作,做到管发展就要管环保、管生产就要管环保,使党政同责、一岗双责落到实处,作为环保任务分解、环境监测监察和环保督政的依据。

2. 加强市县级环境保护机构监测监察建设。《指导意见》提出执法重心向市县下移。这是为了相对集中执法权、减少执法层次、加强基层执法队伍建设的需要。在垂直管理改革中,将市域范围内市县两级全部环保执法队伍纳入市级管理,这样可以增强执法能力,减少执法层级。

3. 地方环保机构监察监测职责。《指导意见》第9条明确规定,环境保护执法机构列入政府行政执法部门序列。此项规定改变了以前一些地方不正确地将其作为事业单位的做法。环保执法机构主要是承担环境保护监测和监察。环保监测是指环保机构对环境保护工作的统管、有关部门分管的职责。环保部门同时负有对污染破环境者的行政执法,即对违反环保法而承担行政责任者的单位和个人依法给予行政处罚,以及进行现场检查、行政强制执行等环境保护行政行为。环保监察是指环保部门依法通过设立驻点式监督或者定期巡视、监察党委和政府及相关部门履行环境保护职责,落实党政同责、一岗双责,倒逼其履行环境保护责任。

4. 垂直管理为跨地区跨流域建立高效协调运行机制。我国环境保护形势复杂,任务艰巨,涉及的事项繁多,协调难度大。《指导意见》明确提出地方政府要建立健全环保议事协调机制,研究解决本地区重大环保问题,强化综合决策、统筹协商、重大问题谋划、任务部署安排、工作成效评估等,形成工作合力。过去我国环保行政管理是以行政区划为主的属地管理,但环保问题呈现较强的外部性,超越了单个地方政府管辖范围,常造成区域性影响。要解决区域性影响,需要进行区域性环境管理,针对特定环境系统环境问题的特点和影响范围开展工作。若能进行区域性管理,打破环境保护中的地块性问题,协调不同地方主体间的利益冲突,把分散独立的利益主体打造成区域环境保护利益共同体,可以实现区域环保力量的有机整合,满足生态系统整体性保护的要求。

五、环境保护机构中的河长制度

中共中央办公厅、国务院办公厅联合发布的《关于全面推行河长制的意见》(以下简称《意见》)[69]是为解决我国复杂水问题,维护江河湖泊健康生命的重大举措,对完善我国水治理、保障国家水安全的制度创新和提高河湖生态治理能力具有重大意义,现分述于下。

(一)总体要求

1. 指导思想

认真落实党中央、国务院的决策部署,坚持节水优先、空间均衡、系统治理,两手发力,以保护水资源、防治水污染、改善水环境,修复水生态为主要任务。在全国江河湖泊中全面推行河长制,构建责任明确、协调有序、监管严格,保护有力的河湖保护管理机制,为维护河湖健康生命、实现河湖功能永续利用提供制度保障。

---

[69] 《中共中央办公室厅、国务院办公厅印发〈关于全面推行河长制的意见〉》,载《中国环境报》2016年12月12日。

2. 基本原则

第一,坚持生态优先,绿色发展。牢固树立尊重自然、顺应自然、保护自然的理念,处理好河湖保护与管理的关系,保护管理与开发利用的关系,克服重开发轻保护的思想和行为,强化规划约束,努力促进河湖休养生息,坚决维护河湖的生态功能。

第二,坚持党政领导、部门联动。建立健全以党政领导负责制为核心的责任体系,贯彻党政同责、一岗双责原则,明确各级河长的职责,各级党政主要负责人担任河长,负责辖区河湖治理。

第三,坚持问题导向。因地制宜,立足于不同地区、不同河湖实际,统筹上下游、左右岸,实行一河一策、一湖一策,解决好河湖保护管理的突出问题,克服乱占乱建、乱排乱倒等问题。

第四,坚持强化监督、严格考核。依法治水管水,建立健全河湖保护管理监督考核和责任追究制度。必须把河长制考核纳入政府政责考核内容,细化考核标准,强化地方党委和政府管水治水责任,落实地方党委和政府主要领导成员治水管水责任。对破坏、干预管水治水的干部造成严重后果的要严肃追责,实行终身追责制。做到管发展、管生产就要管治水、管保护水资源,把管水治水作为义不容辞的责任。

3. 组织形式和工作职责

其组织形式为全面建立省、市、县、乡四级河长体系。各省设立总河长,由当地党委或政府主要负责人担任。各河、湖所在的市、县、乡均分级分段设立河长,由同级党、政负责人担任。县级以上河长设置相应河长办公室,具体组成由当地根据实际情况设定。

其工作职责如下:(1)各级河长的职责。负责组织领导相应河湖的保护和管理工作,防止一些单位和个人只重开发、轻保护的思想行为发生。河长制的保护和管理工作,包括水资源保护、水域岸线管理、水污染防治、水环境治理等;牵头组织对侵占河道、围垦湖泊、超标排污、非法采砂、破坏航道、电毒炸鱼等突出问题进行清理整治、协调解决重大问题。(2)对跨行政区域的河湖明晰保护管理责任,协调上下游、左右岸实行联防联控;协调好各方关系,发挥好流域资源调配功能。(3)对相关部门和下一级河长履职情况进行监督,对目标任务完成情况进行考核,强化激励问责。(4)河长制办公室的工作。承担河长制组织实施的具体工作,落实河长确定的事项,各有关部门和单位要按照职责分工、协调推进各项工作。

需要特别强调的是,为推进河长制的顺利开展,除了应当加大财政投入之外,还要构建好与环保、水利等部门之间的密切关系,也应引导和鼓励社会资金投入河湖流域治理保护体系,努力提高保护和管理效率。

(二)主要任务

1. 加强水资源保护。(1)落实最严格的水资源保护与管理制度。严守三条红线,即严守水资源开发利用控制、用水效率控制、水功能区域限纳污控制,强化地方各级党委和政府责任,严格评估考核和监督。(2)实行双控行动。即实行水资源消耗总量和强度双控行动,防止不合理新增取水,切实做到以水定需、量水而行、因水制宜。(3)实行节水优先。全面提高用水效率,对水资源短缺地区和生态脆弱地区要严格限制发展高耗水项目,加快实施农业、工业和城乡节水技术改造,坚决抑制用水浪费。(4)严格水功能区监督。根据水功能区别确定河湖水域纳污容量和限制排污总量,实行污染物达标排放要求,切实监管入河湖排污口,严格控制入河湖排污量。

2. 加强河湖水域岸线保护管理。(1)严格水域岸线等生态空间管理。依法划定河湖保护管理范围，一些地方委托企业界进行流域治理时，应当制定相应的评价标准，并加强管理，以保证治理效果。(2)落实规划岸线分区管理要求。强化岸线保护和节约集约利用。各分区应依法设立分管的河长并相应地配置办公室，依照分区管理河长指定的事项开展保护管理工作。(3)严禁以各种名义侵占河道、围垦湖泊、非法采砂。对岸线乱占滥用、多占少用、占而不用等突出问题开展清理整治，恢复河湖水域岸线。尤其要制定有关保护监督法律法规，组建河湖沿线的警察保卫队伍，以法律手段加强保护，惩罚违法犯罪者，以促使河长制的健康安全发展。

3. 加强水污染防治。(1)严格贯彻《水污染防治法》，落实"水十条"，[70]明确河湖水污染防治目标和任务，统筹水上、岸上污染治理，完善入河湖排污管控机制和考核体系，特别要与当地环境保护部门、水管部门分工和合作，相互支持，做好水污染防治的监督检查工作。(2)排查入河湖污染源，加强综合防治。严格治理工矿企业、城镇生活、畜禽养殖、水产养殖、农业面源、船舶港口等的污染源，以改善水环境质量。(3)优化入河湖排污口布局，实施入河湖排污口整治。

4. 加强水环境治理。(1)强化水环境质量目标管理。按照水功能区确定各类水体的水质保护目标，以确保人民饮水健康和水生生物安全发展。(2)切实保障饮用水水源安全。为此要开展饮用水水源规范化建设，依法清理饮用水水源保护区内违法建筑和排污口，务必使排入河湖的水质达标，严惩超标排污的企业事业单位和个体经营者。(3)加强河湖水环境综合整治。推进水环境、整治网络化和信息化建设，建立健全水环境风险评估排查、预警预报与响应机制。为此必须加快培养相关人才，以适应科学化管理需求。(4)结合城市总体规划，因地制宜建设亲水生态岸线，加大恶臭水体治理力度，实现河湖环境整治优美、水清岸绿。(5)以生活污水处理、生活垃圾处理为重点。综合整治农村水环境，推进安全、美丽乡村建设。

5. 加强生态修复。(1)生态保护和建设是河湖保护和管理中的重中之重。河湖保护和管理任务艰巨复杂，必须提高认识，只有湖河地区的生态环境得到保护和改善，河湖的水质水量才会提高。为此，必须加大财政投入和保护管理力度。(2)推进河湖生态修复和保护，禁止侵占自然河湖、湿地等水源涵养空间。(3)加强水生生物保护。在规划的基础上稳步实施退田还湖、还湿，退渔还湖，恢复河湖水系的自然连通，提高水生生物多样性。(4)开发河湖健康评估。加大对河湖源头区、水源涵养区、生态敏感区的保护力度，对三江源区、南水北调水源区等重要生态保护区实行更加严格的保护。(5)积极推进生态保护补偿机制。针对河湖生态补偿，制定实施专门的法律法规，对水权界定补偿原则标准进行明确，加强水土流失预防监管与综合整治，建设清洁型生态小流域，维护河湖的生态环境。

6. 加强执法监督。(1)建议由国务院发布《河湖长监督管理条例》，明确规定河湖长的职责、权利义务和法律责任等。(2)依法加强对河湖保护监督管理力度。建立健全部门联合执法机制，完善行政执法与司法衔接机制。尤其要联合环境保护、水行政等部门加强对河湖的保护与管理。(3)建立河湖日常监管巡查制度，实行河湖动态监管。严厉打击涉河湖违法犯罪行为，坚决清理整治非法排污、设障、捕捞、养殖、采矿、围湖，侵占水岸线等违法行动。(4)落实河湖管理保护执法监管责任主体、人员、设备和经费，当地党委和政府进行规划和监管。

(三)保障措施

1. 加强组织领导。(1)地方各级党委和政府要切实加强领导。要把执行河长制作为推进生态文明建设的重要举措，狠抓责任落实，抓紧制定出台工作方案。(2)到2018年年底全面建

---

〔70〕《水污染防治行动计划》的简称。

立河长制。要明确工作进度安排,争取企业参与,保证资金和人员按时到位。

2. 健全工作机制。(1)建立河长会议制度、信息共享制度、工作督察制度,协调解决河湖保护与管理中的重点和难点。(2)定期通报河湖保护管理情况。对河长实施情况和河长履职情况进行督察。(3)河长办公室加强组织协调,督促相关部门单位按照职责分工,落实责任,密切配合,协调联动,共同推进河湖保护管理工作。

3. 强化考核问责。(1)将领导干部自然资源资产离任审计结果及整改情况作为考核的重要参考。(2)逐级进行考核。县级以上河长负责组织相应河湖下一级河长进行考核,并将考核结果作为地方党政领导干部综合考核评价的重要依据。(3)实行生态环境损害责任终身追究制。对造成生态环境损害的,严格依照法律法规定追究责任。[71]

4. 加强社会监督。(1)建立河湖保护管理信息发布平台。通过主要媒体向社会公告河长名单,在河湖岸边显著位置竖立河长公示牌,标明河长职责、河湖概况、管护目标、监督电话等内容,接受社会监督。(2)聘请社会监督员对河湖保护管理进行监督和评价。为此,河湖长应向社会监督员汇报河湖保护管理详细信息,包括存在的问题、困难等,还应提供公众参与的各种方便。(3)进一步做好宣传舆论引导,提高全社会对河湖保护管理工作的责任意识和参与意识。(4)各省级党政领导每年 1 月底将上年度贯彻落实河长制情况向党中央、国务院汇报,接受监督检查。

第五节　环境保护法的适用范围

环境保护法的适用范围,是指环境保护法在哪些地方和在什么时间对哪些人有效的问题。或者说,是指环境保护法在空间的适用范围、对人的适用范围和在时间上的适用范围,也称环境保护法的效力范围。

正确认识环境保护法的适用范围,对保障环境保护监督管理相对人的合法权益和正确履行环境保护义务,保障环境保护监督管理部门依法行政、司法部门公正实施环境保护司法权,以及环境保护法学研究的健康发展都具有重要和普遍的意义。

一、环境保护法在空间的适用范围

环境保护法在空间的适用范围,是指环境保护法在哪些地方、区域有效力,也称对地域的适用范围或者对地域的效力范围。

(一)全国性环境保护法律、法规在全国范围内有效

由全国人大及其常委会制定的环境保护法律[72]和由国务院制定的环境保护条例,以及由国务院各部、委(局)制定的环境保护规章,一般均在全国范围内有效。例如,《环境保护法》第

---

〔71〕《党政领导干部生态环境损害责任追究办法》,载《中国环境报》2015 年 8 月 18 日;中共中央办公厅、国务院办公厅:《生态环境损害赔偿制度改革试点方案》,载《中国环境报》2015 年 12 月 4 日。

〔72〕这里所说的由全国人大制定的环境保护法律,实际上是指《宪法》中的环境保护规范和国家基本法(如《民法通则》、《刑法》和各种诉讼法)中适用于环境保护的法律规范。

3 条规定："本法适用于中华人民共和国领域和中华人民共和国管辖的其他海域。"这是我国环境保护法在空间效力上总的规定，表明其效力及于我国的全部领域，包括我国的领陆、领海、[73]领空和延伸意义上的其他领域，如我国驻外使馆、我国领域以外的本国船舶、航空器等。"其他海域"则是指毗连区、专属经济区和大陆架等。[74]需要注意的是，上述环境保护法律、法规（以及规章），虽然在全国范围内有效，但其实际效力只在特定范围内，即环境保护领域内或者该领域的某一方面有效力。例如，《环境保护法》对全国有效，是指对全国的环境保护领域有效，而《水污染防治法》，只适用于环境保护领域中的陆地水体污染防治方面，不适用于环境保护领域中的海洋污染损害的防治。[75]又如《环境噪声污染防治法》只适用于工业生产、建筑施工、交通运输和社会生活的环境噪声污染防治，不适用于农业生产、军事训练等环境噪声和企业、事业单位内部的劳动、工作噪声污染防治。

（二）地方性环境保护法规、规章的效力及于该地区

地方权力机关、行政机关依法制定的地方性环境保护法规、规章（包括少数民族地方自治法规），只在该辖区内的环境保护领域或者该领域的某一方面有效力；某一地方性环境保护法规、规章不能作为处理其他地区环境保护纠纷的法律依据。1995 年 8 月 8 日，国务院发布施行的《淮河流域水污染防治暂行条例》，在环境保护领域中开创了由国家最高行政机关发布，只在特定区域（即淮河流域）内有效力的国家行政法规。按其制定机关的性质，该《暂行条例》不属于地方性法规，但只能在特定地域有效，不适用于其他流域。[76]

（三）我国某些环境保护法律具有域外效力

前述有关我国环境保护法的效力及于国家主权所管辖的领域，称域内效力原则。根据该原则，意味着环境保护法在国家主权管辖的领域内有效力，只是不同层级的环境保护法律、法规、规章在空间上的具体适用范围有差别。

随着对外贸易的发展和国际交往的增多，为防止域外单位或者个人危害我国环境保护权益，国家的某些环境保护法律也适用域外效力原则，即可在本国领域外生效的原则。例如，《海洋环境保护法》和《刑法》就属于这类法律。《海洋环境保护法》第 2 条第 3 款规定："在中华人民共和国管辖海域以外，造成中华人民共和国管辖海域污染的，也适用本法。"也就是说，在我国管辖海域以外的单位或者个人（包括我国和外国的单位或者个人）实施了污染损害我国海洋环境的行为，我国有关机关可依据该条法律规定追究其责任。又如《刑法》有关破坏环境保护罪的规定也具有域外的效力，但具备该法第 7 条或者第 8 条规定的除外。[77]这种域外效力，国外法律也有类似的规定，且一般都必须以同有关国家缔结了多边、双边协定为条件，才得以顺利实施。[78]

---

〔73〕《领海及毗连区法》第 5 条规定，我国对领海的主权及于领海上空，领海的海床及底土。我国领海宽度为 12 海里。参见《中华人民共和国关于领海的声明》，载《人民日报》1958 年 9 月 5 日。

〔74〕《海洋环境保护法规汇编》，中国环境科学出版社 1991 年版，第 111 ~ 114 页；《专属经济区和大陆架法》。

〔75〕参见《水污染防治法》第 2 条第 2 款的规定。

〔76〕有别于在全国陆地水体水污染防治中适用的《水污染防治法》，后者由全国人大常委会制定。

〔77〕即在我境外犯《刑法》规定之罪，但对其刑罚最高刑为 3 年以下的我国公民，或者在我境外犯《刑法》规定之罪的外国人，但按照犯罪地法律不受处罚的除外。

〔78〕我国已于 1996 年 5 月 15 日批准了《联合国海洋法公约》，其他缔约国的单位或者个人违反我国《海洋环境保护法》的，可依照该法对其追究法律责任，至于破坏环境资源保护罪，要追究其刑事责任，除不具备《刑法》第 7 ~ 8 条规定的免责条件之外，还须有我国与该犯罪嫌疑人所在国缔结的《引渡条约》，才得以实施对其刑罚。

(四)我国缔结或者参加的国际条约效力优于国内法

我国缔结或者参加的国际环境保护条约,与国内环境保护法具有同等效力,但国际环境保护条约有不同规定时,适用国际环境保护条约的规定,即“国际法优于国内法”原则,但我国声明保留的条款除外。[79]

(五)国内跨区域环境保护法的适用

对跨行政区域环境保护纠纷案件需要给予行政处罚如何适用环境保护法的问题,原则上应以环境保护违法行为发生地的法律给予行政处罚。[80]对于环境污染赔偿纠纷案件,属于跨省界的“上游省份排污对下游省份造成污染事故的,上游省级人民政府应当承担赔付补偿责任,并依法追究相关单位和人员的责任”。[81]

二、环境保护法对人的适用范围

环境保护法对人的适用范围,是指环境保护法对哪些人发生效力,包括对哪些单位和公民个人发生效力。单位(含在我国领域内的外国和无国籍者的单位)包括法人和非法人的其他组织。法人又分为企业法人和非企业法人。后者包括国家机关、事业单位和社会团体等。非法人的其他组织则是指未取得法人资格的单位。个人是指我国公民、在我国领域内的外国公民和无国籍人。对人的适用范围也称对人的效力范围。

关于法律对人的适用范围,世界各国所确立的原则不尽相同,概括起来有以下几种:(1)属人主义。指凡是本国人(包括自然人、法人和其他组织,下同),不论在国内或者国外,均适用本国的法律(即对本国公民和单位均有效),但对在该国领域内的外国人不适用。(2)属地主义。指一国的法律对其管辖领域内的一切人,不论本国公民或者外国公民以及单位和无国籍人,都具有效力,但在国外的本国人则不受该国法律的约束。(3)保护主义。指本国法律对任何损害该国利益的人都有约束力,而不问此人的国籍或者所在国。(4)以属地主义为主,以属人主义和保护主义为辅。即以属地主义为基础,把属地主义、属人主义和保护主义三者结合起来的原则。这样可以克服各单个原则的不足,是一种集各单个原则优点的综合型原则,因而成为当今世界各国普遍采用的原则,我国也是如此。

根据《宪法》和环境保护法的规定,我国环境保护法对人的适用范围如下。

(一)对我国公民的效力

《宪法》第5条第3款规定:“一切国家机关和武装力量、各政党和各社会团体、各企业事业组织都必须遵守宪法和法律。”《宪法》第33条第2款还规定:“中华人民共和国公民在法律面前一律平等。”从这些规定可知,我国环境保护法作为部门法,一律都适用于我国公民和单位,任何个人和单位都有保护环境的义务,不得享有超越《宪法》和法律(包括环境保护法)的特权。

对于在我国领域外的中国公民和单位,原则上仍受我国环境保护法的保护,同时也有遵守我国环境保护法的义务。但是,由于各国环境保护法的具体规定不尽相同,在适用法律时可能

---

〔79〕 参见《海洋环境保护法》第96条、《固体废物污染环境防治法》第90条的规定。

〔80〕 参见《行政处罚法》第20条的规定。

〔81〕 参见《决定》中的“(二十一)”。该决定使人们明确了赔付补偿责任主体和对其适用污染发生地环境保护法规的问题。但若两地的地方性环境保护法规无差别,则不存在此问题。

发生冲突。这时,应本着既维护国家、单位和公民的合法权益,又尊重所在国主权的原则,参照国际惯例或者根据我国参加、缔结的国际条约妥善予以解决。

(二)对外国人的效力

我国是主权国家,外国人在我国境内必须遵守中国法律,这在新中国成立初期颁布的法律中早就有明文规定。例如,1951 年 11 月 28 日中央人民政府政务院[82]颁布的《外国侨民出入及居留暂行规则》第 4 条规定:"外侨在中国境内居留,应遵守中国人民政府法令。"[83]现行《宪法》也重申了此项规定。《宪法》第 32 条第 1 款规定,"……在中国境内的外国人必须遵守中华人民共和国的法律"。由此可知,在我国境内的外国人(包括无国籍人)必须遵守中国的一切法律(包括环境保护法)。过去某沿海地区曾有个别外商以总公司不在我国境内为借口,企图逃避履行环境保护的义务(拒交依法应当缴纳的超标排污费),这是我国法律所不允许的。

根据国际惯例和条约,外国代表和依国际条约享有外交特权和豁免权的人,我国法律一般对其不具约束力,但如果严重污染或者破坏环境必须依法追究其刑事责任时,可通过外交途径解决。

关于外国人在我国领域外实施危害我国环境的犯罪行为,若依照《刑法》规定应处以 3 年以上有期徒刑的,[84]可以对其适用环境保护法。但是,按照犯罪地的法律规定该行为不属于犯罪因而不应受刑罚的除外。

三、环境保护法在时间上的适用范围

环境保护法在时间上的适用范围,是指环境保护法在什么时间生效和何时终止其效力,以及环境保护法在其颁布之前对污染或者破坏环境者是否有效力的问题,也称在时间上的效力范围。

(一)环境保护法生效时间的三种形式

1. 立即生效。即自公布之日起生效。这种生效形式在环境保护法中比较少见。以 1979 年先后颁布的《森林法(试行)》和《环境保护法(试行)》为例。当时颁布前述两部法律文件的命令中均未规定生效时间,但按照惯例应当认为自公布之日起开始生效。[85]之所以采取立即生效的生效形式,是因为当时实际生活中急需。但是,由于法律是规范人们的行为规则并具有国家强制性特点,法律的遵守执行都需要人们有个学习了解的过程。因此,采取这种生效形式并不能适应复杂多变的社会,反而易带来负面影响,所以后来极少采用。

2. 公布之日起一定期限后生效。这是环境保护法律、法规较普遍的生效形式。其中包括原已颁布施行后经修订和新制定的法律文件。前者如 2014 年 4 月 24 日修订的《环境保护法》(2015 年 1 月 1 日起施行),2000 年 4 月 29 日修订的《大气污染防治法》(2000 年 9 月 1 日起施行)等;后者如 2003 年 6 月 28 日公布的《放射性污染防治法》(2003 年 10 月 1 日起施行)、2001 年 8 月 31 日公布的《防沙治沙法》(2002 年 1 月 1 日起施行)等。之所以采取这种形式,是因为

---

〔82〕 即现在的国务院在新中国成立初期的称谓。

〔83〕 该暂行规则为 1985 年 11 月 22 日全国人大常委会发布的《外国人入境出境管理法》所代替。该法第 5 条规定:"外国人在中国境内,必须遵守中国法律……"

〔84〕 若污染损害海洋环境而触犯《刑法》和《海洋环境保护法》的,不受此限制。

〔85〕 "试行"并非指可以执行也可以不执行,或者可以遵守也可以不遵守,而应当认为该法一经公布就具有法律效力,人们均必须遵守执行。实际情况也是如此。以《环境保护法(试行)》为例,该法公布之后,某法院就曾依据该法追究过污染环境者的刑事责任。参见曾昭度主编:《环境纠纷案件实例》,武汉大学出版社 1989 年版,第 117~118 页。

这些法律、法规的贯彻实施,需要有一定时间做准备,包括思想、业务、组织等方面的准备。值得注意的是,对于已施行后经修订颁布实施的法律、法规,其生效时间的规定有两种形式:一是在修订后颁布的法律文件中规定了生效时间,并同时在公布该法律文件的命令中做出明确的规定;[86]二是在修订后颁布施行的法律文件中对生效时间未作相应的更改,但在修改该法律文件的《决定》中规定了具体生效时间。

3. 颁布试行之后经过一定时间修改才正式生效。这是我国环境保护立法初期采用的生效形式,目前已不再使用。准确地说,这种生效形式是对应着改革开放初期发布的《环境保护法(试行)》和《森林法(试行)》等"试行法"而产生的。当时之所以采用"试行"的立法形式,主要是针对科技性比较强,又需要通过试行的实践积累经验后修订再行颁布使其正式生效。

(二)环境保护法失效时间的三种形式

环境保护法的失效时间一般也有以下三种形式:

1. 经修订的法律明文规定从该法施行之日起相应的原法同时废止。例如,1989 年《环境保护法》第 47 条规定:"本法自公布之日起施行。《中华人民共和国环境保护法(试行)》同时废止。"我国的环境保护立法中,有将原由国务院发布的行政法规经全国人大常委会修改后制定为法律,以提高其法律地位的做法,并通常在新制定的该法律文件中明文规定,原同一类型的行政法规从该法生效之日起同时废止。[87]例如,1996 年 10 月 29 日公布的《环境噪声污染防治法》就属于这种立法形式。该法第 64 条规定:"本法自 1997 年 3 月 1 日起施行。1989 年国务院发布的《中华人民共和国环境噪声污染防治条例》同时废止。"

2. 规定与新法相抵触的原法律规范失效。例如,1982 年 8 月 23 日公布施行的《海洋环境保护法》第 46 条规定:"现行有关海洋环境保护的规定,凡与本法相抵触的,均以本法为准。"[88]又如 1996 年 3 月 17 日公布的《行政处罚法》第 64 条第 2 款规定:"本法公布前制定的法规和规章关于行政处罚的规定与本法不符合的,应当自本法公布之日起,依照本法规定予以修订,在 1997 年 12 月 31 日前修订完毕。"

3. 随着新法的施行,原有同类法律自行失效。例如,前述的《水污染防治法》就属于这种情况。该法是根据 1996 年 5 月 15 日全国人大常委会第十九次会议《关于修改〈中华人民共和国水污染防治法〉[89]的决定》修订的。在该法的内容和公布该法的命令,以及在上述决定中,均没有规定从修订后的新法生效(或者公布)之日起,原同样内容的法律相应地失效。但是,根据惯例,应当认为原《水污染防治法》中与新法相抵触的条款自行失效。[90]

上述三种失效形式中,前两种是属于"明示废止"的情况,即由新法明文规定废止旧法的情况,是"以法废法"的做法,为当今世界大多数国家所采用。后者是"默示废止"的情况,即不是由法律明文规定废止与之相抵触的旧法,而是在实践中认定旧法与新法相抵触,依照"新法优于旧法"的原则或者依照"后颁布的法优于前颁布的法"的原则确认旧法失效。从有利于法律

---

[86] 如《海洋环境保护法》第 98 条等。

[87] 与此不同的,有如《环境影响评价法》颁布施行之后,与其同类的《建设项目环境保护管理条例》仍继续实施,该法并无废止前述《条例》的规定。究其原因,是法与条例在内容上有所分工。这种立法形式可使法律条文简练,但也易使对原条例忽视。立法实践中采用这种做法的比较少见。

[88] 经修订后于 1999 年 12 月 25 日公布的《海洋环境保护法》已删去该条款的内容。

[89] 指 1984 年 11 月 1 日起施行的《水污染防治法》。

[90] 在新的《水污染防治法》生效之后,行政、司法部门在处理水污染纠纷案件时,不应引用旧法。

的稳定性和连续性考虑，立法部门宜多采用“明示废止”的失效形式较妥。

（三）环境保护法的溯及力问题

环境保护法的溯及力问题，是指环境保护法对其生效以前的行为和事件是否有效力的问题。如果有效力，称有溯及力；如果没有效力，则称无溯及力。环境保护法的溯及力问题也称该法是否有溯及既往的效力问题。

关于法律的溯及力问题，从世界各国的情况看，有以下五个原则：（1）从旧原则。指新法对其生效以前的行为和事件没有溯及力。（2）从新原则。指新法对其生效以前的行为和事件有溯及力。（3）从轻原则。指新法与旧法相比较，以对行为人处罚较轻的法律为处罚依据。（4）从旧兼从轻原则。指新法原则上不溯及既往，但新法对行为人处罚较轻者，从新法。（5）从新兼从轻原则。指新法原则上溯及既往，但旧法对行为人处罚较轻者，从旧法。

现代世界各国在法律的溯及力上，大都采用从旧兼从轻原则。我国也是如此，例外的情况是个别法律规定有溯及力，如1982年4月1日起施行的全国人大常委会《关于严惩严重破坏经济的罪犯的决定》中规定：“……凡在1982年5月1日以前对所犯的罪行继续隐瞒拒不投案自首，或者拒不坦白承认本人的全部罪行，也不检举其他犯罪人员的犯罪事实的，作为继续犯罪，一律按本决定处理。”〔91〕

由此可知，《野生动物保护法》第36条的规定也有溯及力。〔92〕但是，从总体看，我国环境保护法一般是没有溯及力的。

第六节　环境保护法体系

一、法律体系的概念

一个国家的法律体系，是指由本国现行的全部法律规范按照调整的不同社会关系组合而成的不同部门法所形成的有机联系的统一整体。

一个国家的法律规范所组合而成的各个部门法，尽管每个部门法所调整的社会关系不同，但是，各个部门法之间是彼此联系、相互协调并共同组成和谐统一的整体，而不是杂乱无章、互不相干甚至是相互冲突的。法律体系的统一性是由其赖以建立的经济基础和国家意志的统一性所决定的。法律体系是法律的内部结构，它包括国内已生效的一切法律规范，也包括正在制定并即将公布施行的重要法律规范，还包括我国参加、缔结并已对我国生效的国际法规范，但不包括已经失效的原国内法规范和我国参加、缔结的已失效的国际法规范，也不包括我国不参加、缔结的国际法规范或者我国声明保留的国际法规范。

二、环境保护法是独立的法律部门

从世界范围看，环境保护法是20世纪60年代以后，随着环境的日益恶化，环境保护逐渐为

---

〔91〕《中华人民共和国法律全书》，吉林人民出版社1989年版，第113页。

〔92〕即对在该法生效以前，非法进出口野生动物或者其产品的，情节严重，构成犯罪的犯罪嫌疑人，在1982年5月1日以前对所犯的罪行继续隐瞒或者不投案自首，或者拒不坦白承认本人的全部罪行，也不检举其他犯罪人的犯罪事实的，审判机关可“作为继续犯罪”而按此决定追究其刑事责任。

各国所关注和环境科学的出现,为了加强环境保护监督管理工作的需要而迅速发展起来的新兴法律部门。但是,时至今日,对于世界大多数国家来说,环境保护法尚未在该国取得独立的地位;[93]有的虽已形成,但尚未取得全社会的公认。[94]只有在经济比较发达,对环境保护事业又比较重视,因而环境保护法制建设进展得比较快的国家,环境保护法作为一个独立的法律部门的地位才得以确认。在这些国家中,一般也形成了比较完善的环境保护法体系。

环境保护法之所以能成为一个独立的法律部门,主要是由于它调整的社会关系的特殊性决定的。环境保护法所调整的社会关系(也称调整对象),是调整因保护和改善生活环境和生态环境,合理开发利用自然资源,防治污染和其他公害所产生的社会关系。至今,如前所述,还有人把环境保护法纳入经济法或者行政法中,这是不正确的。因为部门法主要是根据调整不同的社会关系来划分的。环境保护法与经济法、行政法的调整对象不同。经济法的调整对象是经济关系,即国家与经济组织之间、经济组织与经济组织之间,以及它们与公民个人之间在经济活动中产生的经济关系(主要是纵向关系);行政法是调整在行政管理活动中国家机关相互之间、国家机关同企业事业单位以及与公民个人之间的行政关系(其特点是行政上存在隶属关系)。环境保护法所调整的社会关系中也含有经济关系和行政关系,但主要是环境保护关系;环境保护法调整的社会关系中所涉及的经济关系和行政关系,都是在保护和改善环境中产生,[95]而且都是起着次要、辅助的作用的关系,有的环境保护关系并不包含经济关系或者行政关系(如保障人体健康和生命安全、维持生态系统的良性循环等)。这些都使环境保护法区别于经济法、行政法而成为一个独立的法律部门。

明确环境保护法是一个独立的法律部门,有利于正确理解该法在整个法律体系,以至在国家、社会生活中的重要地位和作用;有利于在环境保护领域中加强法制建设;还有利于促进环境保护法体系及其法学体系的完善。

三、我国环境保护法体系

我国环境保护法体系,是指由调整因保护和改善生活环境与生态环境,合理开发利用自然资源,防治环境污染和其他公害而产生的社会关系的法律规范所形成的有机统一体。或者说,环境保护法体系是由保护和改善生活环境与生态环境,合理开发利用自然资源,防治环境污染和其他公害的法律、行政法规和规章所组成的统一体。

上述两种定义法,前者是按照调整环境保护关系的法律规范来定义的,后者则是按照环境保护法律文件来定义的。按照法律规范的定义法,其优点是包括的内容范围比较广,包括了一切与环境保护有关的法律规范,而不限于环境保护法律文件;按照法律文件的定义法,其优点是文件的法律地位一目了然,比较清楚(而这正是前一种定义法的不足),但它所包括的内容范围有限,不如前一种定义法广泛、全面。

根据对上述环境保护法体系两种定义法的优劣分析可知,宜采用以法律规范为主,以法律

---

〔93〕 在这些国家中,环境保护法只是经济法或者行政法的一部分。

〔94〕 例如,我国1984年9月出版的《中国大百科全书(法学)》中,将环境保护法纳入经济法中,参见该书第287页;1989年出版的《中华人民共和国法律全书》,也将其列入"经济行政"中,参见该书第1728页。但是,早在1984年8月全国第一本公开出版供高等法学院校使用的《环境保护法教程》(本教程的前身)中,就已论述了该法是一个独立的法律部门(参见该教程第47页)。在该教程出版之前,也已有一些学者发表过文章论述这个问题。

〔95〕 如环境保护监督管理部门向企业征收排污费、生态补偿费等。

文件为辅相结合的综合性定义法。于是,可将我国环境保护法体系概括为包括以下八个方面。

(一)《宪法》中有关环境保护的法律规范

现代各国的宪法,大多设置有环境保护规范。我国早在新中国成立初期发布的起着临时宪法作用的《中国人民政治协商会议共同纲领》中,就设有环境保护规范。[96]在1978年和1982年颁布的《宪法》中,也都设有环境保护规范。将1982年颁布的《宪法》第9条第2款、第10条第5款、第22条第2款和第26条有关环境保护的规定,[97]与1978年《宪法》第11条第3款相比较可以看出,国家对环境保护工作提出了更高的目标和要求,并明确规定了环境保护的任务、内容和范围,体现了保护和改善环境是我国的基本国策,是开展环境保护工作,进行环境保护行政监督管理和环境保护司法,制定环境保护法律、法规和规章的根本依据。不足的是,在公民的基本权利和义务一章中尚未设置公民的环境权。

(二)综合性环境保护基本法[98]

这一层次的环境保护法律,是适应环境要素的相关性、环境问题的复杂性和环境保护对策的综合性和科技性的需要而出现的,是对国家环境保护方针、政策、原则、制度和措施的基本规定。其法律规范的特点是原则性和综合型。美国的《国家环境政策法》、俄罗斯联邦的《环境保护法》、日本的《环境基本法》和我国的《环境保护法》均属于这一类。这类环境保护法在整个环境保护法体系中,具有重要的地位和不可代替的作用。[99]其效力仅次于《宪法》和国家基本法,是制定环境保护法体系中的自然资源保护和环境污染防治单行法、环境保护行政法规、规章的基本依据。

(三)环境保护单行法律、法规

这一层次的法律规范,从其内容看,包括自然资源保护和环境污染防治两类单行法律、法规和规章。它们的共同特点是:从立法机关看,这些单行法都与《环境保护法》一样由全国人大常委会制定;从立法宗旨看,都是为了防治某一类污染物或者保护某一类自然资源而制定的,因而谓之环境保护单行法,而与上一层次的综合性基本法相区别;从立法模式看,环境污染防治法律、法规其所组成的法律规范基本上是污染防治方面,但也包含个别的自然资源保护条款,而自然资源保护单行法,其中也含有个别环境污染防治的法律规范。可见,这两类环境保护单行法之间均存在相互交叉的法律规范,只是有主次之别而已。此外,某些环境污染防治法和大多数自然资源保护单行法,还具有自身的一些特点,现分别介绍如下:

1. 环境污染防治单行法律、法规、规章。我国已先后颁布了《大气污染防治法》《水污染防治法》《固体废物污染环境防治法》《环境噪声污染防治法》《放射性污染防治法》《海洋环境保护法》《环境影响评价法》《清洁生产促进法》《侵权责任法》《循环经济促进法》《海岛保护法》。其中,前五部污染防治单行法,是防治某类污染物的牵头和综合的单行法,后六部单行法律则有所不同,它们均包含防治环境污染和自然资源保护规范,只是适用的对象和范围与《环境保

---

〔96〕《共同纲领》第32条、第33条等的规定。

〔97〕有的人将这些《宪法》规范说成是对公民环境权的规定,显然是一种误解。

〔98〕与由全国人大制定的民法、刑法等国家基本法不同,只是学理上的称谓。

〔99〕邱聪智:《公害法原理》,三民书局1984年版,第111~114页。

护法》不同。[100] 为使上述单行法具体化和便于实施,国务院和有关部、委(局)还相应制定了配套的实施细则、条例,如《大气污染防治法实施细则》《水污染防治法实施细则》《淮河流域水污染防治暂行条例》《防治陆源污染物污染损害海洋环境管理条例》《防治海岸工程建设项目污染损害海洋环境管理条例》《海洋石油勘探开发环境保护管理条例》《海洋倾废管理条例》《防治船舶污染海洋环境管理条例》《防止拆船污染环境管理条例》《排污费征收使用管理条例》《排污费资金收缴使用管理办法》《建设项目环境保护管理条例》《建设项目环境影响评价资质管理办法》《建设项目竣工环境保护验收管理办法》《专项规划环境影响报告书审查办法》《危险化学品安全管理条例》《新化学物质环境管理办法》《废弃电器电子产品回收处理管理条例》《农药管理条例》《放射性物品运输安全管理条例》《消耗臭氧层物质进出口管理办法》《秸秆禁烧和综合利用管理办法》等。

2. 自然资源保护单行法律、法规、规章。这类环境保护单行法的突出特点,是在立法模式上一般都采用与自然资源管理(包括自然资源的所有权、使用权、经营、消费等)法律法规合并在一个法律文件。即是说,这类法律文件中,既包括自然资源管理法律规范,又包括自然资源保护法律规范。因此,从立法目的看,[101] 既是为了保护作为环境要素的自然资源,也是为了经营管理作为财富的自然资源。从法律性质看,具有双重性,[102] 既是属于环境保护法体系中的自然资源保护单行法,也属于经济法中的自然资源管理法,故可将这类法律文件称为自然资源法,如《水法》《土地管理法》《农业法》《渔业法》《矿产资源法》《森林法》《草原法》《野生动物保护法》《水土保持法》《防沙治沙法》《节约能源法》《可再生能源法》和《种子法》等。又如《野生植物保护条例》《自然保护区条例》《风景名胜区条例》《水产资源繁殖保护条例》等。为使上述自然资源保护单行法具体化和便于实施,国务院和有关部、委(局)也制定了相配套的实施细则、条例和办法等,如《取水许可和水资源费征收管理条例》《土地管理法实施条例》《土地复垦规定》《基本农田保护条例》《矿产资源法实施细则》《森林法实施条例》《水土保持法实施条例》《渔业法实施细则》《陆生野生动物保护实施条例》《水生野生动物保护实施条例》《森林和野生动物类型自然保护区管理办法》等。

(四)环境保护纠纷解决程序的法律、法规、规章

即有关追究污染或者破坏环境者和违法失职的环境保护监督管理人员的行政责任、民事责任和刑事责任的程序性法律规范。对此,现代各国一般都沿用国家颁布的行政诉讼、民事诉讼和刑事诉讼以及调解、仲裁的有关法律规定。专门制定环境保护纠纷解决程序的国家,仅见于日本 1970 年颁布的《公害纠纷处理法》。

我国的做法与上述大多数国家类似,即环境保护纠纷的解决程序也沿用国家的有关法律、法规和规章,如《行政诉讼法》《刑事诉讼法》,以及《仲裁法》、《行政复议法》、《监察机关处理不服行政处分申诉的办法》和环境保护法中的有关规定。在海洋污染损害民事诉讼方面,还可根

---

[100] 如《海洋环境保护法》适用于海洋方面,《环境影响评价法》适用于区域和开发建设项目的环境保护,《清洁生产促进法》是在生产过程中防止环境污染和破坏,《循环经济促进法》构筑新的发展模式,在环境容量范围内以最小的环境代价获取最大的发展成果为其立法目的,《侵权责任法》则设置"环境污染责任"专章,对归责原则、污染范围和证明责任等作了明确的规定,故也可划入单行法层次。

[101] 例如,《森林法》第 1 条规定:"为了保护、培育和合理利用自然资源,加快土地绿化,发挥森林蓄水保土、调节气候、改善环境和提供林产品的作用,适应社会主义建设和人民生活的需要,特制定本法。"

[102] 故不宜将这类法律文件整个地划入环境保护法体系,而只含其中的自然资源保护规范。

据《中国海事仲裁会仲裁规则》的规定。

为了规范环境保护监督管理部门的行政处罚与行政处分行为,除了执行国家颁布的《行政处罚法》和《环境保护法》外,国务院有关部、委(局)还发布了行政处罚与行政处分规章。如《环境行政处罚办法》《环境保护违法违纪行为处分暂行规定》[103]《环境行政复议办法》《林业行政处罚程序规定》《渔业行政处罚规定》《违章处理程序规定》等。需要注意的是,上述有关自然资源保护纠纷的解决程序中,也具有双重性,即同时是自然资源保护纠纷与自然资源管理纠纷的解决程序;这些部门规章,除上述由国家环境保护总局发布的前两种之外,大多在《行政处罚法》颁布施行前制定的,均面临着依据该法进行修订的任务。在未修订之前,凡与该法矛盾的条款应当认为不再有效。

(五)环境保护标准中的环境保护规范

根据《标准化法实施条例》第18条的规定可知,环境保护标准中的环境质量标准和污染物排放标准是"属于强制性标准"。可见,上述两类环境保护标准是环境保护法体系的组成部分。[104]

经过三十多年的发展,[105]我国环境标准已初具规模,形成了由国家和地方两级构成,包括环境质量标准、污染物排放标准、环境基础标准、环境方法标准、环境标准样品标准和其他环境标准六方面的环境标准体系。国家环境标准方面,已制定了各类国家环境标准841项,空气、水、土壤、噪声和振动等环境质量标准16项,空气、水、土壤、噪声和振动等污染物排放(控制)标准84项,水、空气、土壤、生物等环境标准样品标准251项,核辐射和电磁辐射污染防治标准、环境污染物与有害因素监测方法标准、环境基础标准、建设项目监督管理标准、清洁生产标准、环境标志产品标准、环保产品标准、污染防治技术政策等内容的标准490项。地方环境标准方面,北京、上海、山东等省市共制定了三十余项地方环境质量标准和污染物排放标准。[106]

(六)地方性环境保护法规、规章

这也是我国环境保护法体系的重要组成部分。环境问题的地方性特点和我国地域广阔、人口众多的国情,决定了这一层次的环境保护法律规范具有特殊的意义。20世纪80年代以来,全国各地依据《宪法》和《环境保护法》,结合本地区的实际,先后制定了大量的地方性环境保护法规、规章。其中,有省级、省政府所在地的市和经国务院批准的较大的市以及经济特区的环境保护综合性地方法规,[107]也有以某类环境要素为保护对象,或者以某类污染物为防治对

---

[103] 该暂行规定由监察部和国家环境保护总局于2006年2月20日联合公布。2009年12月30日,环境保护部修订通过了《环境行政处罚办法》,该办法于2010年3月1日起施行。原国家环境保护总局发布的《环境保护行政处罚办法》同时废止。参见《中华人民共和国环境保护部令(第8号)》。

[104] 如《环境空气质量标准》《地表水环境质量标准》《土壤环境质量标准》《声环境质量标准》《渔业水质标准》《农田灌溉水质标准》《核动力厂环境辐射防护规定》《污水综合排放标准》《农药安全使用规定》等。

[105] 蒋蕾蕾:《环境标准制订怎样走向规范化?》,载《中国环境报》2010年4月23日。

[106] 环境保护部会同国家质检总局发布了《锅炉大气污染物排放标准》(GB 13271—2014)、《锡、锑、汞工业污染物排放标准》(GB 30770—2014)和《非道路移动机械用柴油机排气污染物排放限值及测量方法》(中国第三、四阶段)(GB 20891—2014)等国家大气污染和排放(控制)标准。载《中国环境报》2014年6月2日。

[107] 如《内蒙古自治区环境保护条例》(1991年3月23日通过,2012年修正)、《吉林省环境保护条例》(1991年7月13日通过,2004年修正)、《海南省环境保护条例》(1990年2月18日通过,2017年修正)、《西藏自治区环境保护条例》(1992年6月27日通过,2013年修正)、《安徽省环境保护条例》(2010年11月1日)等。

象的地方性环境保护单行法规、规章。[108]其内容相当广泛,规定得也比较具体,可操作性强,在地方环境保护监督管理中起着重要和不可或缺的作用,还为国家环境保护法的完善提供了立法经验。不足之处是发展不平衡,突出地方特点不够,自然资源保护方面的立法滞后,如何在地方一级贯彻可持续发展的战略思想、克服地方保护主义、加强环境保护的监督管理等,都有待各地加大立法力度和继续认真贯彻实施。

(七)其他部门法中的环境保护规范

如行政法中的《行政许可法》《行政复议法》《行政处罚法》中关于行政执法的效力、特点、种类和程序的规定。《民法通则》和《侵权责任法》中关于使用自然资源者有保护、合理利用义务的规定,关于相邻关系和连带责任的规定,关于污染、破坏环境与自然资源者承担民事责任的要件、形式、免责条件和"不可抗力"含义的规定,关于诉讼时效的规定[109]等。《刑法》中关于犯罪的概念、犯罪责任年龄、犯罪者心理状态的形式、[110]犯罪的追诉时效的规定,关于破坏环境保护罪类的规定。"两高"关于办理环境污染刑事案件适用法律若干问题的解释,经济法中关于指导外商投资方向和防止污染转嫁的规定,以及前面提到的国家有关行政、民事和刑事诉讼的规定等。这些法律规范,也是环境保护法体系的重要组成部分。

(八)我国参加和批准的国际法中的环境保护规范

包括我国参加、批准并对我国生效的一般国际条约中的环境保护规范和专门性国际环境保护条约。前者如《联合国海洋法公约》中关于保护海洋环境的国际法律规范;后者如《控制危险废物越境转移及其处置巴塞尔公约》、《保护臭氧层维也纳公约》及其《议定书》、《气候变化框架公约》、《生物多样性公约》、《联合国湿地公约》和《关于持久性有机污染物的斯德哥尔摩公约》等。它们都属于我国环境保护法体系的组成部分。如前所述,这些国际环境保护规范,除我国声明保留的条款之外,其效力优于国内法。需要注意的是,这些国际环境保护规范,只有通过国内法加以规定,[111]才能得以贯彻实施;执法、司法部门不应直接引用这些国际条约作为解决我国环境保护纠纷的依据。

上述是有关我国环境保护法体系的概况。我国环境保护法体系已日臻完善,表现在国家已修订了试行多年的综合性环境保护基本法,特别是2014年4月24日修订通过的《环境保护法》;环境保护法体系的框架已基本形成,各层次的环境保护法律、法规、规章和地方性环境保护法规、规章发展迅速,并已具备相当的规模,调整的范围也在不断扩大;环境保护实体法、程序法也基本配套,使环境保护执法、司法部门有法可依;近年修订和新颁布的环境保护法律、法规更有力地体现可持续发展的战略思想;环境保护法已为越来越多的人所重视和遵守……但是,还存在许多不足之处。一些环境保护单行法是在计划经济向市场经济过渡阶段制定的,其中有不少内容已不适应经济社会发展的需要;某些方面还存在立法空白,一些已颁布多年的环境保护单行法尚待制定相配套的实施条例、细则;某些自然资源法中的自然资源保护条款偏少,在监督管理体制和法律制度方面也有待做出明确规定;一些新出台的法律制度尚缺乏与之

[108] 如《北京市环境噪声污染防治办法》(2006年11月27日)、《巢湖水源保护条例》(1997年11月2日修订)、《深圳经济特区饮用水源保护条例》(2012年10月29日修正)、《山西省农业环境保护条例》(1991年11月19日)、《山西省减少污染物排放条例》(2011年1月1日)等。

[109] 只适用于破坏自然资源者,污染环境者的民事赔偿诉讼时效适用《环境保护法》第66条的规定,即时效为3年。

[110] 即故意犯罪和过失犯罪的概念。

[111] 这是对立法部门的要求,在国家制定或者修订环境保护法律、法规时,应注意反映国际环境保护条约的有关规定。

相配套的法律责任规范；如何运用价值规律和经济手段保护和改善环境，充分体现新形势下环境保护工作的“三个转变”，提供公众参与的法律保障，加大处罚力度，健全行政执法、司法监督和人民政府监管机制等，都是进一步完善我国环境保护法体系亟待解决的课题。

思考题

1. 什么是环境保护法？有何特点？它与经济法、行政法、劳动法、民法和刑法有何区别？
2. 环境保护法的目的是什么？试述其中的一元论与二元论的利弊。
3. 什么是环境保护法的两项任务？它们之间的关系如何？是并重还是以防治污染为重点？并阐述其理由。
4.《环境保护法》关于农村和农业环境保护的基本内容是什么？有何意义？
5.《环境保护法》关于强化地方各级人民政府环境保护责任的主要内容是什么？有何重大意义？
6. 什么是环境保护监督管理体制？统管部门与分管部门的关系如何？试论该体制的完善。
7. 什么是环境保护机构监测监察执法的垂直管理制度？有何意义？
8. 什么是环境监督管理机构中的河长制？有何意义？并简述其主要任务。
9. 我国环境保护法的适用范围是什么？域外效力原则有何意义？对人的适用范围应遵循哪个原则为好？
10. 为什么说环境保护法是一个独立的法律部门？有何意义？
11. 试论我国环境保护法体系的完善。
12. 环境保护法体系与环境保护法学体系有何关系？弄清两者的关系有何意义？

第三章　环境保护法的基本原则

第一节　环境保护法基本原则概述

一、环境保护法基本原则的概念

（一）环境保护法基本原则的定义

环境保护法的基本原则，是环境保护法中规定或者体现的，涉及环境保护法制建设全局的、具有指导意义的根本准则。[1]

由上述可知：(1)它为环境保护法所确认。包括在环境保护法中规定或者对环境保护实行法律调整中所体现，而不是任意确定的。它是环境保护法的本质和根本价值的体现。(2)它涉及环境保护法制建设全局。如调整人与人之间以及协调人与自然的和谐发展，协调经济、社会和环境的全面、可持续发展，健全环境保护监督管理机制等。(3)它是具有普遍指导意义的根本准则。它为制定具体的环境保护法律规范以及处理具体的环境问题提供了基本依据，是适用于环境保护法的一切领域，包括立法、执法、司法和守法等环境保护活动都必须遵循的基本准则。

环境保护法的基本原则和环境保护法的基本制度不同。基本原则是从总体上为人们提供保护和改善环境的行为准则，基本制度则是在总体的某一部分或者某一方面为人们提供行为准则；前者一般是原则性要求，后者则是前者的具体化和表现，实践性较强。

（二）环境保护法基本原则的特征

环境保护法基本原则具有以下主要特征：(1)它普遍适用于整个环境保护法领域，是环境保护法本质和根本价值的体现，贯穿于整个环境保护法领域。它对环境保护法的各项制度和各项法律规范具有整合和指导功能。(2)它是环境保护法所特有的，是环境保护法这一独立的法律部门所特有的基本原则，是区别于其他法律部门的特殊原则，而非与其他法律部门共有的原则。(3)它具有高度概括性、抽象性和明确性。基本原则的内容，只有通过抽象思维才能完整地了解和掌握其精髓。

据此，我国环境保护法的基本原则包括经济社会发展与环境保护相协调原则，保护优先、预防为主、综合治理原则，公众参与原则，损害担责原则。这些基本原则不是彼此孤立、互不相关，而是互相联系、互相制约的。贯彻执行某一原则，同时要求贯彻执行其他原则；违反某一原则，又会影响对其他原则的实施。

---

〔1〕《环境科学大辞典》，中国环境科学出版社1991年版，第219页。

二、环境保护法基本原则的意义

确立和实施环境保护法的基本原则，对于加强环境保护领域的法制建设，增强环境保护执法的自觉性和积极性，提高有关部门和公民的环境保护意识，顺利实现环境保护法的目的和任务具有重要的意义。在制定各项环境保护具体法律原则、法律制度和法律规范时，必须以基本原则为依据，并反映基本原则的精神实质；基本原则可以弥补环境保护法具体条文的局限性。基本原则概括性较强，而具体条文局限性较大，在执法和司法过程中如果碰到一些新情况、新问题，可以根据基本原则的精神进行处理和解决。

第二节 经济社会发展与环境保护相协调原则

一、经济社会发展与环境保护相协调原则的概念

经济社会发展与环境保护相协调的原则，简称协调发展原则，是指环境保护与经济建设和社会发展统筹规划、同步实施、协调发展，实现经济效益、社会效益和环境效益的统一。这一原则正确地反映了经济社会发展与环境保护的关系，同时也指出了如何正确对待和处理它们之间的关系。

环境问题，多半是伴随着经济社会的发展而产生的，与经济活动、社会问题，尤其是人口问题和科学技术的发展有着密切的关系。因为许多环境问题都是在人口急剧增长的压力下产生的，为了维持人们基本生产和生活条件，对自然资源的需求也必将增加，当人们对自然资源的需求超过环境资源的承载能力时，就会导致自然生态环境恶化和影响生态系统的良性循环。同时由于人口的增长，特别是农村人口的增长，这些都会对农村环境和城市环境质量产生不利影响。而环境问题的解决，除了经济条件之外，在很大程度上又受到科学技术水平和劳动者素质的制约。因此，必须正确认识和处理经济社会发展和环境保护的关系。

关于经济社会发展与环境保护的关系问题，国际上曾出现过两种截然不同的观点：一种是主张先发展经济，后治理污染。这种观点实际上是只重视经济发展，而不顾环境保护，以牺牲环境为代价谋求经济的发展。很多工业发达国家就是走了这条"先污染后治理"的道路，我国也曾经历过一段"先污染后治理"和严重浪费资源的道路。另一种是停止发展论。这种观点提出所谓"零增长论"，其著名代表作是罗马俱乐部于 1972 年发表的研究报告《增长的极限》。这种观点受到很多国家，尤其是发展中国家的反对。

上述观点显然是不妥的。因为这些观点都是把经济和社会发展与环境保护割裂开来，片面强调经济和社会发展与环境保护对立的一面，而忽视其相互制约、相互促进的一面。事实上，经济和社会发展与环境保护是对立统一的辩证关系。环境和自然资源是经济和社会发展的物质基础，保护环境，维护生态平衡，促进生态系统良性循环，有利于经济和社会的发展；同时，经济和社会的发展又是防治污染、保护生态的重要保障，它可以给环境保护提供更多的人力、物力和财力支撑。如国家环境保护"十二五"规划中"实施重大环保工程"，全社会环保投资需求约 3.4 万亿元。[2] 如果没有经济来保障，该工程就难得以实现。同时，经济和社会的发展

---

〔2〕 参见《中华人民共和国国务院公报》2012 年第 1 期，第 31 页。

在很大程度上要受环境和自然资源条件的制约,如果不保护好环境,各种自然资源遭受污染和破坏,人体健康受到危害,就会成为经济和社会发展的制约因素;反之,如果在经济和社会发展过程中注意保护环境,节约和合理利用自然资源,就可以保持良好的生态环境,提高资源的再生补给能力,实现资源永续利用,促进经济和社会的持续发展。

协调发展原则,正是基于环境保护与经济社会具有矛盾和统一关系的基础上提出来的。2005 年国务院《关于落实科学发展观　加强环境保护的决定》(以下简称《决定》)中提出了“协调发展、互惠共赢”的原则,要求正确处理环境保护与经济发展和社会进步的关系,在发展中落实保护,在保护中促进发展。所谓协调发展,就是要统筹城乡发展、区域发展、经济社会发展、人与自然和谐发展、国内发展和对外开放;推进生产力和生产关系、经济基础和上层建筑相协调,推进经济、政治、文化建设的各个环节、各个方面的协调。通过推行清洁生产,发展循环经济,依靠环境科技进步,加强环境法制等做到全面、协调和可持续发展。《环境保护法》第 4 条规定,国家采取有利于节约和循环利用资源、保护和改善环境、促进人与自然和谐的经济、技术政策和措施,使经济社会发展与环境保护相协调。从而在环境保护领域综合性、基础性法律中确立了协调发展原则。

二、经济社会发展与环境保护相协调原则的形成和发展

如前所述,尽管“零增长论”受到很多国家,尤其是发展中国家的拒绝和反对,但是,由此而产生的大争论,使人们对传统的增长方式在理论上发生了全面的怀疑,促使人们反思以前的增长方式,探讨新的发展模式。1972 年联合国人类环境会议通过的《人类环境宣言》指出:“为这一代和将来的世世代代保护和改善人类环境,已成为人类一个紧迫的目标,这个目标将同争取和平和全世界的经济与社会发展这两个既定的基本目标共同和协调地实现。”由此可见,该《宣言》已经提出可持续发展的基本思想。1987 年的研究报告《我们共同的未来》中,提出了“可持续发展”的概念。这时,国际社会关注的热点已由单纯注重环境问题逐步转变到环境与发展相互关系上。1992 年的联合国环境与发展大会通过了《里约环境与发展宣言》(也称《地球宪章》)和《21 世纪议程》两个纲领性文件。前者是关于环境、经济和社会可持续发展的宣言,该《宣言》提出了实现可持续发展的 27 条基本原则;后者则是在全球、区域和各国范围内实现可持续发展的行动纲领。这次大会表明人类对环境与发展的认识提高到一个崭新的阶段。

在国际社会对环境与发展的认识不断深化的过程中,我国提出了协调发展的原则。早在 1973 年国务院批转国家计委《关于全国环境保护会议情况的报告》的批文中,就强调“经济发展和环境保护,同时并进,协调发展”。1983 年召开的第二次全国环境保护会议,制定了“经济建设、城乡建设和环境建设要同步规划、同步实施、同步发展,实现经济效益、社会效益、环境效益的统一”的战略方针。1989 年颁布的《环境保护法》第 4 条关于“国家制定的环境保护规划必须纳入国民经济和社会发展计划,国家采取有利于环境保护的经济、技术政策和措施,使环境保护工作同经济建设和社会发展相协调”的规定,使该原则在我国综合性环境保护基本法中得到确认。2002 年颁布的《环境影响评价法》第 1 条明确规定,“促进经济、社会和环境的协调发展”。

我国政府高度重视联合国环境与发展大会,会后不久制定的《中国环境与发展十大对策》中明确提出:“转变发展战略,走可持续发展道路,是加速我国经济发展,解决环境问题的正确选择。”我国政府根据中国国情组织编制的《中国 21 世纪议程——中国 21 世纪人口、环境与发

展白皮书》(以下简称《中国21世纪议程》)全面阐明了中国的可持续发展战略和对策。同时,也充分反映了中国政府为全人类共同事业做出更大贡献的决心。2003年,党的十六届三中全会进一步提出了全面发展、协调发展、可持续发展。2005年国务院发布的《决定》中,提出了"协调发展、互惠共赢"的原则,要求在发展中落实保护,在保护中促进发展,实现可持续的科学发展。

在当今新的时代条件下,应当坚持以人为本,实现全面协调可持续发展的科学发展观,要在科学发展观理念的基础上,正确处理经济社会发展与环境保护的关系。要转变发展观念,创新发展模式,提高发展质量。要以环境保护优化经济增长,推动经济全面协调可持续发展,要把推动经济发展的立足点转到提高质量和效益上来,更多地依靠节约资源和循环经济推动,从而促进经济社会发展与环境保护相协调。经济发展不能超越环境资源的承载能力,当代人的经济发展不能以牺牲下一代人的利益为代价,更不能以破坏环境、浪费资源为代价。要在发展中保护,在保护中发展,实现可持续发展。同时必须牢固树立保护环境就是保护生产力,改善环境就是发展生产力的理念,把调整优化结构、强化创新驱动和保护环境结合起来,推动绿色发展、循环发展和低碳发展,以最小的资源环境代价支撑更大规模的经济社会发展,使经济社会活动对环境损害降到最低,实现经济效益、社会效益和环境效益的统一。

三、经济社会发展与环境保护相协调原则的意义

1. 社会经济规律和自然生态规律的客观要求。在社会主义社会中,有很多社会经济规律发生作用,如价值规律、市场经济规律等,而起主导作用的是社会主义基本经济规律。它决定社会主义生产发展的一切主要方向和主要过程,决定社会主义生产的目标和本质。自然生态规律是处理好人与自然关系的重要规律,人们的活动必须遵循自然生态规律的要求,如果违背这些客观规律,使资源受到破坏、环境遭受污染和生态系统失调,则经济、社会就不可能得到持续发展,人民的生活质量不可能得到提高,社会主义基本经济规律的要求也不可能得到实现。所以,搞好环境保护工作是实施可持续发展的关键。

2. 社会主义现代化建设的需要。进行社会主义现代化建设,必须要有充足的自然资源、良好的生态环境和先进的科学技术。在社会主义现代化建设中,人们向自然界索取的资源,随着建设事业的发展而增加,如果忽视环境保护工作,就会造成环境污染、资源浪费和生态破坏,进而影响经济和社会的发展。只有在经济建设和社会发展的同时做好环境保护工作,才能使经济社会发展与环境保护相协调,实现可持续发展战略。

3. 保障人体健康、发展社会生产力的需要。环境受到污染和破坏,不仅影响工农业生产,而且还会危害人体健康。实现四个现代化,必须大力发展社会生产力,而劳动力是生产力中具有决定性的因素。所以,保护环境是保护生产力,改善环境就是发展生产力,保护和改善环境是保障人体健康,发展社会生产力的需要。

四、经济社会发展与环境保护相协调原则的贯彻

1. 建立环境与发展的综合决策机制。各级决策部门在进行经济和社会发展重大决策过程中,必须对环境保护与经济和社会发展加以全面考虑、统筹兼顾、综合平衡、科学决策。在制定区域和资源开发、城市发展和行业发展规划,调整产业结构和生产力布局等经济建设和社会发展重大决策时,不仅要根据经济和社会发展的需要,同时还要考虑环境和资源的承载能力。要

正确处理经济增长速度和综合效益的统一、生产力布局与资源优化配置、产业结构调整与解决结构性污染、资源开发利用与保护生态环境等问题,从源头控制可能对环境的污染和破坏。这是在社会主义市场经济体制下建立的新型决策模式,是实现可持续发展的重要手段,是促进环境保护与经济和社会协调发展的重要保证。

2. 把环境保护切实纳入国民经济和社会发展规划。环境保护关系到经济能否持续发展,关系到人民的生活质量和子孙后代的生存、繁衍,是社会主义现代化建设的重要组成部分。因此,必须纳入国民经济和社会发展规划,加强计划指导。对此,《环境保护法》第 13 条已经做了明确的规定,这是环境保护规划纳入经济和社会发展计划的法律依据。

3. 采取有利于环境保护的经济、技术政策和措施。环境保护的经济、技术政策,是为了解决一定历史发展阶段的环境问题,落实环境保护战略方针,实现预期的环境保护目标,保障经济社会环境保护协调发展的重要手段。它对于环境保护工作具有诱导、约束和协调的功能。我国制定的环境保护经济政策,主要包括奖励综合利用政策、经济优惠政策、征收环境资源补偿费政策等。2013 年发布的《国务院关于加快发展节能环保产业的意见》,要求通过加大财政投入,拓展融资渠道,完善价格、收费和土地政策支持节能环保产业发展。《环境保护法》将实践中行之有效的环境经济政策加以法律化。如规定:(1)国家采取财政、税收、价格、政府采购等方面的政策和措施,鼓励和支持环境保护技术装备、资源综合利用和环境服务等环境保护产业的发展(第 21 条);(2)企业事业单位和其他生产经营者,在污染物排放符合法定要求的基础上,进一步减少污染物排放的,人民政府应当依法采取财政、税收、价格、政府采购等方面的政策和措施予以鼓励和支持(第 22 条);(3)企业事业单位和其他生产经营者,为改善环境,依照有关规定转产、搬迁、关闭的,人民政府应当予以支持(第 23 条);(4)国家建立、健全生态保护补偿制度;加大对生态保护地区的财政转移支付力度;有关地方人民政府应当落实生态补偿资金,确保其用于生态保护补偿(第 31 条);(5)国家鼓励投保环境污染责任保险(第 52 条);(6)将企业事业单位和其他生产经营者的环境违法信息记入社会诚信档案,及时向社会公布违法者名单,从而成为推行绿色信贷的信息基础(第 54 条)。

第三节 保护优先、预防为主、综合治理原则

一、保护优先、预防为主、综合治理原则的概念

保护优先、预防为主、综合治理原则,是指在环境保护工作中将保护置于优先位置,采取各种预防措施,防止环境问题的产生和恶化,或者把环境污染和生态破坏控制在能够维持生态平衡、保护人体健康和社会物质财富以及保障经济社会持续发展的限度之内,并对已经造成的环境污染和生态破坏积极进行治理。这项原则明确了保护和发展的关系、预防和治理的关系,确定了治理环境污染和修复生态破坏的有效途径和方式。它要求在经济建设活动中把环境保护放在优先位置,从根本上改变重经济增长轻环境保护,以经济指标论英雄的倾向,彻底扭转一些地区边建设边破坏的被动局面。

确立这项原则,是基于环境问题的复杂性、不可逆性和严重性,以及总结国内外防治环境污染和生态破坏的经验教训。从国外的情况来看,西方工业国家在经济发展进程中,大体上都

是走“先污染、后治理”“先破坏、后修复”“先开发、后保护”的道路，并为此付出了沉痛的代价。从而使它们认识到必须改变那种“病重求医、末端治理”的反映性单项治理政策转变为“预防为主、综合治理”的预期性政策，从“浓度控制”转变为“总量控制”、从“末端治理”转变为“源头控制、全过程控制”。从国内的情况来看，主要是由环境问题本身的特点决定的：(1)环境污染和生态破坏是不可逆转的，往往难以消除和恢复，有些甚至是无法补救的，如重金属污染、物种灭绝、原始森林遭受破坏等；(2)环境遭受污染、破坏后再去治理，一般要比采取预防措施所花费的代价高；(3)环境问题的产生主要是在经济社会发展中忽视环境保护的结果，如果在经济建设的前期和过程中重视环境保护，采取预防措施，许多环境问题是可以得到解决的，即使出现一些问题，也可以控制在一定的限度之内；(4)环境污染和生态破坏所造成的后果往往比较严重，对群众健康和社会稳定造成严重威胁。据此，《环境保护法》确立了保护优先、预防为主、综合治理原则。

预防为主就是要把预防环境问题的发生放在首位，而不是在环境污染和生态破坏之后再去治理。要谋事在先，采取事前有效措施，避免、消除对环境带来的损害，做到防患于未然。

综合治理就是要从环境的整体效益出发，运用系统论的方法来处理环境问题。由于造成环境问题的原因是多方面的，且周期较长，采取单打独斗的传统方式是不够的，应当运用各项技术、经济政策和措施，加强环境保护，发挥治理的综合效益。综合治理原则包括四个层次的含义：(1)水、气、声、渣等环境要素的治理要统筹考虑，如治理土壤污染，要同时考虑地下水、地表水、大气的环境保护；(2)综合运用政治、经济、技术等多种手段治理环境；(3)形成环保部门统一监督管理，各部门分工负责，企业承担社会责任，公民提升环保意识，社会积极参与的齐抓共管的环境治理格局；(4)加强跨行政区域的环境污染和生态破坏的防治，由点上的管理扩展到面上的联防联治。[3]

我国目前环境状况恶化趋势还未得到根本遏制，环境矛盾凸显，压力继续加大。一些重点流域、海域水污染严重，部分区域和城市大气灰霾现象突出，很多地区主要污染物排放量超过环境容量，农村环境污染加剧，部分地区生态损害严重，生态系统功能退化，生态环境比较脆弱等，这些已成为威胁人体健康、公共安全和社会稳定的重要因素之一。[4]传统的环境保护是对环境污染和生态破坏造成的后果予以事后补救，对环境问题的事前规范功能有限。确立和实施该原则，加快转变经济发展方式，以环境资源承载能力为基础，在保护中发展，在发展中保护，坚持从源头预防，把环境保护贯穿于规划、建设、生产、流通和消费各个环节，提高可持续发展能力，加强生态保护与修复，做到人与自然和谐共存。

二、保护优先、预防为主、综合治理原则的形成和发展

在20世纪60年代以前，人类还未认识到环境在自身生存和发展中的价值，使环境保护仅仅局限于与人类生活直接相关的环境要素方面。如前所述，西方工业国家在经济发展过程中，大体上都是走的“先污染、后治理”“病重求医、末端治理”的道路。到了70年代，由于世界环境发生了严重的恶化，出现了“环境危机”，对环境问题付出了巨大的代价。这一历史教训使人们逐步从“病重求医、末端治理”的反映性、单项治理性政策转变为“预防为主、综合治理”的预期

〔3〕 信春鹰主编：《〈环境保护法〉学习读本》，中国民主法制出版社2014年版，第66页。

〔4〕 详见《国家环境保护“十二五”规划》，载《国务院公报》2012年第1期。

性政策。1980年发表的《世界自然资源保护大纲》中提出了一系列预期性环境政策,并指出“这些政策要在环境受损害之前便付诸行动”“我们的行动策略应是把治理与预防明智地结合起来”。1982年的《内罗毕宣言》指出:“与其花很多钱、费很多力气在环境破坏之后亡羊补牢,不如预防其破坏”,“只有采取一种综合的并在区域内做到统一的办法”,“才能实现环境无害和持续的社会经济发展”。1992年的《里约环境与发展宣言》中指出:“为了保护环境,各国应按照本国的能力,广泛适用预防措施。”

我国在1973年国务院发布的《关于保护和改善环境的若干规定(试行草案)》中就提出贯彻“预防为主”的原则,以后制定的有关环境保护法律、法规,都体现了这一原则。1996年,在中央人口资源环境座谈会议上,国家确立了“保护优先、预防为主、防治结合”原则,《环境保护法》第5条明确规定了“保护优先、预防为主、综合治理”原则。

三、保护优先、预防为主、综合治理原则的意义

1.获得投资省、收效大的效果。由于国家财力有限,不可能拿出很多资金用于治理环境污染和生态破坏。实行这一原则,可以起到事半功倍的作用,如解决大气污染问题,最根本的办法是使用清洁能源,但根据我国当前财力还办不到,若采取综合治理措施,在煤炭加工利用的各个环节采取有效措施,发展固硫型煤,将低硫、无烟煤优先供给民用,发展城市集中供热、气体燃料和其他清洁能源,装配消烟除尘设施等。这样,既可以提高热效率,又能降低能耗和减少对环境的污染。

2.实现经济效益、社会效益和环境效益相统一的重要保证。我国的环境污染和生态破坏,主要是由于粗放型经济增长方式和不合理开发利用自然资源及工业污染造成的。这种污染和破坏,实质上是资源、能源的浪费。所以,在开发建设活动和工业生产过程中充分注意保护环境,关注环境承载力,资源实行清洁生产,使用清洁的能源和原料,提高资源、能源利用率,减少对环境的污染和破坏,就可以做到在经济和社会发展的同时,保持良好的生活环境和生态环境,实现经济效益、社会效益和环境效益的统一。

3.使我国的环境保护工作由消极的应付转为积极的防治。如果实行先建设、后治理的原则,对建设项目不采取预防措施,等到环境遭受污染、破坏后再去治理,其结果是治不胜治,环境保护工作始终处于被动状态。所以,只有实行这一原则,才能有效地预防新污染和破坏的产生,综合治理老污染和破坏,使我国的环境保护工作由消极的应付转为积极的防治。

四、保护优先、预防为主、综合治理原则的贯彻

1.全面规划,合理布局。全面规划,主要是指制定经济和社会发展规划、国土规划、区域规划、流域规划等,应当对工业、农业、城市、乡村、生产、生活、生态等方面进行科学预测、统筹兼顾、综合规划。既要考虑经济效益、社会效益,又要考虑环境效益,以便获得最佳的综合效益。合理布局,既包括对整个国家生产力的合理分布与组合,也包括某一特定区域的功能区、企业、事业单位和交通线路的合理配置。生产力布局通常是指工业布局、农业布局、交通运输业布局、能源布局等。生产力的合理布局,一般应考虑如下方面:(1)因地制宜,充分发挥各地区的优势,能够有效地利用各种资源;(2)有利于环境保护和维持生态平衡;(3)有利于做到经济效益、社会效益和环境效益的统一。

2.加强建设项目环境保护管理。严格控制新污染和破坏的产生,把环境问题解决在建设

之前或者建设过程之中,要按照有关法律、法规的规定,严格执行环境影响评价制度和“三同时”制度,加强对建设项目的环境保护管理。同时还必须采取措施,治理与该项目有关的原有的环境污染和生态破坏。

3. 积极治理已有的环境污染和生态破坏。对已经产生的环境污染和生态破坏,要采取综合措施积极进行治理和修复;对因污染环境和破坏生态造成损害的,应当依法承担侵权责任;对超过污染物排放标准或者超过重点污染物排放总量控制指标排放污染物的企业事业单位和其他生产经营者,依法责令其采取限制生产、停产整治等措施;情节严重的,依法责令其停业、关闭。

第四节 公众参与原则

一、公众参与原则的概念

公众参与原则,亦称依靠群众保护环境原则或环境民主原则,是指环境保护和自然资源开发利用必须依靠社会公众的广泛参与,公众有权参与解决环境问题的决策过程,参与环境管理,并对环境管理部门以及单位、个人与环境有关的行为进行监督。其目的在于制约和保障政府依法、公正、合理地行使行政权力。

该原则是党的群众路线在环境保护领域中的体现,是民主体制精神在环境管理活动中的延伸,是政府环境决策科学化、民主化的必然要求。它要求国家对环境保护的监督管理与公众的广泛参与相结合,把依法保护环境与人民群众的自觉维护相结合。因为环境质量的好坏直接影响到经济社会的持续发展和人民群众的身体健康,而公众的广泛参与是推动环境保护事业发展的重要力量。只有依靠群众,为了群众,充分发挥各行各业和每个公民的自觉性、积极性和创造性,才能有效地搞好环境保护工作。

二、公众参与原则的形成和发展

自20世纪70年代末以来,英国、美国、日本、新西兰等国家掀起了政府改革的浪潮,并迅速扩展到其他西方国家乃至全世界。这次改革被称为“新公共管理改革”。随着新公共管理改革的蓬勃发展和行政民主化浪潮的逐步发展,加强环境保护行政领域的公众参与已成为世界性发展趋势。1970年发表的《东京宣言》提出:“我们请求,把每个人享有其健康和福利等要素不受侵害的环境的权利和当代人传给后代人的遗产应是一种富有自然美的自然资源的权利,作为一种基本人权,在法律体系中确定下来。”1972年的《人类环境宣言》宣称:“人类有权在一种能够过着尊严和福利生活的环境中,享有自由、平等和充足的生活条件的基本权利,并负有保护和改善这一代和将来的世世代代的环境的庄严责任。”1992年的《里约环境与发展宣言》原则十规定:“环境问题最好是在全体有关市民的参与下,在有关级别上加以处理。在国家一级,每一个人都应能适当地获得公共当局所持有的关于环境的资料,包括关于在其社区内的危险物质和活动的资料,并应有机会参与各项决策进程。各国应通过广泛提供资料来便利及鼓励公众的认识和参与。应让人人都能有效地使用司法和行政程序,包括补偿和补救程序。”《21世纪议程》共有11章的篇幅论述了公众参与的内容,并提出公众的广泛参与和社会团体的真正介入是实现可持续发展的重要条件之一;同时许多国家都把该原则确立为环境保护法的一项基本原则,如加拿大《环境保护法》专设“公众参与”一章,规定公众的环境登记权、自愿报告权、犯罪调查申请权、环境保护诉讼和防止或赔偿损失诉讼等内容。《俄罗斯联邦环境保护法》第11条规定:“每个公民都有享受良好环境的权利,有保护环境免受经济活动和其他活动、自然资源的和生产性的非常情况引起的不良影响的权利,有获得可靠的环境状况信息和得到环境损害赔偿的权利。”

公众参与原则在我国立法中也逐步得到发展。我国《宪法》第2条第3款规定:“人民依照法律规定,通过各种途径和形式,管理国家事务,管理经济和文化事业,管理社会事务。”这是我国实行公众参与环境事务的宪法依据。1989年颁布的《环境保护法》第6条规定:“一切单位和个人都有保护环境的义务,并有权对污染和破坏环境的单位和个人进行检举和控告。”这为我国公众参与环境保护和管理提供了法律依据。1994年编制的《中国21世纪议程》指出:“公众、团体和组织的参与方式和参与程度,将决定可持续发展目标的进程。”有关环境保护的单行法律法规,也对公众参与原则做了规定。1996年国务院发布的《关于环境保护若干问题的决定》中规定:“建立公众参与机制,发挥社会团体的作用,鼓励公众参与环境保护工作;检举和揭发各种违反环境保护法律法规的行为。”2002年颁布的《环境影响评价法》对公众参与做了具体明确的规定。2005年国务院的《决定》中明确提出,实行环境质量公告制度,定期公布各省(区、市)有关环境保护指标,及时发布污染事故信息,为公众参与创造条件。2006年国家环境保护总局发布的《环境影响评价公众参与暂行办法》具体规定了公众参与环评的范围、程序、组织、形式等问题,这对于落实公众参与原则,推进和规范环境影响评价活动中的公众参与具有重要的作用。《环境保护法》第5条规定了公众参与原则,并专章(第五章)规定了信息公开与公众参与。

三、公众参与原则的主要内容

(一)公众的环境权利

公众的环境权利具体包括环境信息知情权、环境保护参与权和环境保护监督权。

1. 环境信息知情权。公众(公民、法人和其他组织)有依法获得相关环境信息的权利。对于行政机关所持有的环境信息,一是行政机关主动公开相关环境信息,二是申请行政机关公开相关环境信息,亦称被动公开环境信息。1998年欧盟通过的《奥胡斯公约》对环境信息知情权作了如下规定:“个人、团体、组织应能够获得政府掌握的关于环境和发展的资料,包括已经或可能对环境产生重大影响的产品和活动的资料,以及有关环境保护事务的资料,有对环境生态状况、决策、工程、项目、产品的知情权,有就具体环境问题向政府询问、得到及时答复的权利”。政府环境信息公开是公众获得环境信息的前提,如果没有信息公开,公众参与很可能就是一种走过场,同时环境信息公开也是公众参与的重要保证。

2. 环境保护参与权。即公众有权按照一定的程序和途径参与环境立法、环境决策、环境执法、环境司法等与其环境权益相关的活动。如依法编制环境影响报告书的建设项目,在编制环境影响报告的草案时,应当向可能受到影响的公众说明情况,充分征求其意见等。

3. 环境保护监督权。即公众有监督环境违法行为的权利。包括对污染环境和破坏生态行为以及行政不作为,公众有权举报;对污染环境、破坏生态,损害社会公共利益的行为,有关社会组织有权向人民法院提起公益诉讼等。

(二)公众参与的形式、时机及参与公众的范围

1. 公众参与的形式。公众参与建设项目环境影响评价是公众参与原则的具体化和重要体现《环境影响评价法》对公众参与的形式作了规定,包括举行论证会、听证会或者采取其他形式,征求有关单位、专家和公众的意见。《规划环境影响评价条例》第13条规定,规划编制机关对可能造成不良环境影响并直接涉及公众环境权益的专项规划,应当在规划草案报送审批前,采取调查问卷、座谈会、论证会、听证会等形式,公开征求有关单位、专家和公众对环境影响报告书的意见。实践中主要有召开公众座谈会、公众意见调查、设立公众信箱及热线电话等形式。

2. 公众参与的时机。《环境影响评价法》第13条规定,在报批建设项目环境影响报告书前要征求公众的意见。而在实践中,建设单位往往在起草完环境影响报告书后再征求公众的意见。这样,公众意见不易被吸收,公众参与容易走过场。因此,《环境保护法》第56条明确规定在编制环境影响报告时就要征求公众的意见。这种规定,有利于发挥公众参与的实效。

3. 参与公众的范围。《环境影响评价法》规定征求有关公众的意见,实践中一些建设单位对"有关公众"进行选择,征求一些关系不大或者支持建设项目的公众的意见,这达不到公众参与的目的。因此,《环境保护法》规定,要对建设项目可能受到影响的公众说明情况,充分征求其意见。

(三)公众参与的保障机制[5]

《环境影响评价法》为了保证公众参与,在第13条规定环境影响报告书应当附具对公众意见采纳或者不采纳的说明。《环境保护法》增设了两项公众参与的保障机制。(1)环境影响报告书全文公开。负责审批建设项目环境影响评价文件的部门在收到建设项目环境影响报告书后,除涉及国家秘密和商业秘密的事项外,应当全文公开,不能只公开报告书的提纲或者简略本。全文公开可以采用书面或者电子数据等形式。全文公开方便受建设项目影响的公众知晓建设项目的存在和基本情况,如果建设项目的环境影响报告书编制未征求公众意见或者征求意见不充分的,可以向审批机关反映情况、提出要求参与的诉求。(2)审批机关发现建设项目未充分征求公众意见的,应当责成建设单位征求公众意见。即审批机关应当将送审的建设项目环境影响报告书退回建设单位,要求重新编制,并开展公众参与相关工作,向可能受到影响的公众说明情况,充分征求意见。

四、公众参与原则的意义

1. 促进环境保护事务决策科学化、民主化的客观需要。全球化和信息化的迅速发展,决定了公众参与的必然性和必要性。环境保护事业是一项公益性事业,涉及各部门、各单位以及公民个人。如果只有政府的行为,而没有公众的参与,则很难达到预期的目的。所以应当采取各种有效形式,创造一切有利条件,积极鼓励公众参与决策活动,听取和认真研究公众提出的各种看法和意见,切实做到环境决策的科学化、民主化。

2. 有利于维护公众的环境权益。2005年国务院《决定》指出:"努力让人民群众喝上干净的水、呼吸清洁的空气、吃上放心的食物,在良好的环境中生产生活。"这是广大公众最关心、最现实、最直接的环境权益。坚持以人为本,把保障人民群众的健康,维护公众的环境权益作为

〔5〕 信春鹰主编:《〈环境保护法〉学习读本》,中国民主法制出版社2014年版,第230页。

基本出发点和最终目的。因此,为了维护公众的环境权益,每个公民应当参与全过程的环境保护监督管理,这样才能了解和掌握有关环境保护的信息,并对污染破坏环境的行为进行举报。同时,公众还可以通过行政复议、行政诉讼等救济程序维护自身的环境权益。

3. 有利于调动全社会的力量,共同搞好环境保护工作。环境保护是一项公益性的全民事业。保护和改善环境,有利于经济和社会的持续发展以及人民群众的身体健康。拥有一个清洁、舒适和良好的环境,是符合每个公民的利益和愿望。因此,吸收公众参与环境保护工作,可以使其认识保护和改善环境的必要性和紧迫性,增强保护和改善环境的责任心,从而提高其保护和改善环境的自觉性、积极性和创造性,为保护和改善环境,促进环境保护与经济社会可持续发展奠定坚实的基础。

五、公众参与原则的贯彻

1. 加强环境保护宣传教育,提高公众的认识水平和参与意识。环境保护关系到各行各业和每个公民的切身利益,是全民族的事业,环境保护宣传教育则是实现国家环境保护意志的一种重要方式。因此,应当加大环境保护基本国策和环境保护法制宣传力度,提高公众意识和法制观念,增强公众的环境保护责任心和参与意识。同时,还应注重环境保护伦理道德的宣传教育,倡导"绿色消费"和"生态消费"的观念。

2. 完善环境信息公开制度,扩大公民的环境知情权。环境信息公开制度,是以公民的环境知情权为基础的。没有环境信息公开,公民不了解政府环境决策的依据、形成过程、基本目标、预期成果及效益等情况,就很难对政府环境决策进行评价,提出自己的意见和建议。因此建立环境信息制度,是公众有效参与的前提条件。2005 年国务院的《决定》对该制度做了较具体的规定,即实行环境质量公告制度,定期公布各省(区、市)有关环境保护指标,发布城市空气质量、城市噪声、饮用水水源水质、流域水质、近岸海域水质和生态状况评价等环境信息。《环境保护法》第 54 条规定,国务院环境保护主管部门统一发布国家环境质量、重点污染源监测信息及其他重大环境信息。省级以上人民政府环境保护等部门定期发布环境状况公报。县级以上人民政府环境保护主管部门和其他负有环境保护监督管理职责的部门,应当依法公开环境质量、环境监测、突发环境事件以及环境行政许可、行政处罚、排污费的征收和使用情况等信息。县级以上地方人民政府环境保护主管部门和其他负有环境保护监督管理职责的部门,应当将企业事业单位和其他生产经营者的环境违法信息记入社会诚信档案,及时向社会公布违法者名单。今后应进一步拓展环境信息公开的广度和深度。

3. 实行环境违法举报制度。我国《宪法》第 41 条规定,公民对于任何国家机关和国家工作人员的违法失职行为,有向有关国家机关提出申诉、控告或者检举的权利,但是不得捏造或者歪曲事实进行诬告陷害。环境保护主管部门很重视举报制度的建设,1997 年,原国家环境保护总局发布了《关于建立全国环境保护举报制度的指导意见》,对环境保护制度的重点和工作推进作了要求和部署,并建立了全国性"12963"环境举报电话,使环境保护领域中的举报有了较好的制度和实践基础。《环境保护法》把举报作为公众参与的一种重要形式。明确规定:(1)公众发现任何单位和个人有污染环境和破坏生态行为的,有权向环境保护主管部门或者其他负有环境监督管理职责的部门举报。(2)公众发现地方各级人民政府、县级以上人民政府及其环境保护主管部门和其他负有环境保护监督管理职责的部门不依法履行职责的,有权向其上级机关或者监察机关举报。(3)接受举报的机关应当对举报人的相关信息予以保密,保护举报人的合法权益。

4. 依法实施环境公益诉讼制度。环境公益诉讼，是指依据法律规定的社会组织，为了维护环境公共利益，对污染环境、破坏生态和损害社会公共利益的行为，向人民法院提起诉讼，由法院依法处理违法行为的司法活动。建立环境公益诉讼制度，可以有效保障公众的环境权利，是实现公众环境违法监督权的有效措施，如果法律确认公众对环境事务有参与监督权，而未给予必要的司法救济，则无法保障环境权利的真正实现。我国《环境保护法》明确规定了环境公益诉讼制度。

5. 发展民间环保组织，加强社会监督。公众参与环境保护事务的主体，可以分为公民、法人和环保组织三种形式。基于公民个人能力和学识的局限性，必须依靠一定的组织形式才能更好地发挥公众参与的功能，对政府和污染环境、破坏生态者施加压力，加强监督。环保组织可以是官方的、半官方的或者非官方的，其中非官方的民间环保组织具有广泛的群众基础，能够起到其他环保组织不可能起到的作用。如“可可西里”“地球之友”“自然之友”等民间环保组织曾发起了保护藏羚羊、保护母亲河及圆明园防渗工程环评，在社会上引起了广泛关注，为公众参与环境保护起到了榜样作用。而从我国目前的实际情况看，绝大多数的环保组织是官方或者半官方的社会团体和学会，民间环保组织很少。因此，要从各方面积极培植、扶持和引导民间环保组织的发展，鼓励和支持其开展环境保护宣传教育、学术交流、环保科技成果推广和环境科学知识咨询等活动，充分发挥公众参与的重要作用，强化社会监督。

第五节 损害担责原则

一、损害担责原则的概念

损害担责原则，是指污染环境、破坏生态造成环境损害，损害者应当为其造成的环境损害依法承担责任。所谓损害，是指有污染环境和破坏生态的行为即为损害，行为人就要承担责任，而非有了损害结果才承担责任。[6] 该原则与国际上通行的污染者负担原则的含义基本相同，只是拓展了其负责的范围，涵盖了环境污染和生态破坏。

关于这个问题，在国外都存在一个认识的过程。从国际范围来看，在一个相当长的时期内，西方工业国家对造成环境污染和破坏者，只要没有对具体的人身健康或者财产造成直接损害，就不承担任何责任。随着环境问题日益恶化，各国政府不断加大财政投入用于污染治理，从而给社会公共财政造成沉重的负担。这种“企业赚钱污染环境，政府出资治理环境”给社会带来了不公平的现象。为了改变这种现象，经济学家认为，必须将治理环境的外部费用内部化，即由损害环境者承担治理环境污染和破坏的费用。这样，有利于促使损害者治理环境污染和破坏。

二、损害担责原则的形成和发展

污染者付费原则，亦称污染者负担原则，是指污染环境造成的损失及治理污染的费用应当

---

〔6〕 信春鹰主编：《〈环境保护法〉学习读本》，中国民主法制出版社 2014 年版，第 68 页。

由污染者承担,而不应转嫁给国家和社会。该原则最先是由联合国经济合作与发展组织理事会于 1972 年提出,后来得到国际上广泛认同和接受,并被很多国家确定为环境保护法的一项基本原则。我国参照这一原则,在 1979 年颁布的《环境保护法(试行)》规定了"谁污染谁治理"原则。该原则只明确了污染者对其造成的污染有责任进行治理,没有包括对污染造成损失的赔偿责任。由于很多专家学者认为该表述不够确切,1989 年的《环境保护法》通过具体规定贯彻了污染者付费原则。1996 年国务院发布的《关于环境保护若干问题的决定》中规定了"污染者付费、利用者补偿、开发者保护、破坏者恢复"原则。有的学者将此原则简称为环境责任原则。[7]本书将此原则概括为损害者付费、受益者补偿原则。《环境保护法》草案二次审议稿、三次审议稿都采用了"污染者担责"的表述,四审修改时有意见提出,污染者担责原则只体现了污染者的责任,不能涵盖生态破坏者的责任。因此,四审时将污染者担责原则修改为损害担责原则。现行《环境保护法》还对损害者的责任做出了具体的规定:企业事业单位和其他生产经营者"对所造成的损害依法承担责任";排放污染物的企业事业单位和其他生产经营者,应当按照国家有关规定缴纳排污费;排放污染物的企业事业单位,应当建立环境保护责任制度;重点排污单位有主动公开信息的责任;因污染环境、破坏生态造成损害的,应当依照《侵权责任法》的有关规定承担侵权责任。[8]

三、损害担责原则的意义

1. 促使企业、事业单位和其他生产经营者加强环境管理,防止环境污染和生态破坏。当前,我国的环境形势相当严峻,而管理不善是重要的原因之一。这项原则,明确了企业、事业单位和其他生产经营者治理环境污染和生态破坏的责任。这样,有利于提高其防止环境污染和生态破坏的责任感,促使其增强环境管理的自觉性,实现经济增长方式由粗放型向集约型转变。

2. 有利于促使企业事业单位和其他生产经营者合理地利用自然资源。实行这项原则有利于增强企业事业单位和其他生产经营者治理污染和破坏、合理利用资源的责任感,促使其把治理污染和发展生产结合起来,正确对待资源开发与保护的关系,自觉执行开发利用与保护增殖并举的方针,为资源的永续利用和国民经济的持续、健康发展创造条件。

3. 为治理环境污染和恢复生态破坏积累资金。实行该原则,有利于拓宽资金渠道,为治理环境污染和恢复生态破坏积累资金,从而减轻国家的财政负担。

四、损害担责原则的贯彻

1. 运用经济手段,促使损害者治理环境污染和修复生态破坏。运用经济手段保护环境是我国行之有效的措施。这些措施主要包括征收排污费、[9]征收资源费和资源税、征收生态补偿费等。通过这些措施,可以促使损害者增强环境保护意识和法制观念,加强防治污染和修复生态的责任,提高其治理污染和修复生态的能力。

2. 实施环境保护奖励政策。《环境保护法》第 22 条规定:"企业事业单位和其他生产经营

---

〔7〕 周珂主编:《环境与资源法学》,法律出版社 2009 年版,第 46 页。

〔8〕 信春鹰主编:《〈环境保护法〉学习读本》,中国民主法制出版社 2014 年版,第 68 页。

〔9〕《环境保护税法》于 2018 年 1 月 1 日起施行之后,将为其所代替。

者,在污染物排放符合法定要求的基础上,进一步减少污染物排放的,人民政府应当依法采取财政、税收、价格、政府采购等方面的政策和措施予以鼓励和支持。”通过实施奖励政策,给企业事业单位和其他生产经营者提供减少污染物排放的动力,从而在总量上减少向环境排放的污染物质,有利于保护和改善环境质量。

3. 建立环境保护共同负担制度。对于防治环境污染和修复生态破坏的费用,除了由损害者负担外,各级人民政府也有承担环境保护费用的责任。因此,各级人民政府应当加大对污染防治和生态保护的财政投入,提高财政资金的使用效益。

思考题

1. 什么是环境保护法的基本原则？有哪些特点？它与环境保护法具体原则、环境保护法基本制度有何关系？
2. 什么是环境保护与经济和社会发展相协调原则？为什么要实行该项原则？协调发展与可持续发展有何关系？
3. 什么是保护优先、预防为主、综合治理原则？有何意义？
4. 什么是公众参与原则？有何意义？
5. 什么是损害担责原则？有何意义？

第四章　环境保护法的基本制度

第一节　环境保护法基本制度概述

一、环境保护法基本制度的概念

环境保护法的基本制度，是指为实现环境保护法的目的和任务，依据环境保护法的基本原则制定的，调整某一类或者某一方面环境保护社会关系的，具有重大意义和起主要作用的法律规范的统称。它是环境保护法的重要组成部分，与环境保护法的基本原则、具体制度和一般规范不同，具有以下基本特征：

1. 具体性。它是环境保护法基本原则的具体化，是贯彻实施环境保护法的制度保障，同时，也是环境保护法律关系主体必须遵循的行为规则。在调整特定环境保护社会关系中，一般都做了明确和具体的规定，具有可操作性。

2. 系统性。它是由一系列调整特定环境保护社会关系的法律规范组成的。这些规范之间互相联系、相互制约、密切配合，共同构成一个相对完整的有机整体。

3. 特定性。它不像环境保护法基本原则那样具有广泛的适用性，即普遍适用于整个环境保护法领域，而是只适用于调整某一类或某一方面的环境保护社会关系。

由上述可知，并不是所有的环境保护法律制度都是基本制度，构成基本制度的是指那些具有重大意义和起主要作用的制度。据此，我国环境保护法的基本制度有：环境保护规划制度；环境标准制度；环境监测制度；环境影响评价制度；“三同时”制度；环境保护目标责任制和考核评价制度；现场检查制度；总量控制制度和区域限批制度；生态保护红线制度；生态补偿制度；排污许可管理制度；突发事件应急预案制度；环境信息公开制度；环境公益诉讼制度等。

二、环境保护法基本制度的意义

环境保护法基本制度的意义在于：(1)是实现环境保护法目的、任务的重要保障。我国《环境保护法》规定的任务是：保护和改善生活环境和生态环境，合理开发利用自然资源，防治污染和其他公害。其目的是：“保障公众健康，推进生态文明建设，促进经济社会可持续发展。”要顺利实现这些任务和目的，必然要求具有特定调整对象的相对完整的制度体系做保障。(2)是有效防治环境污染和生态破坏的重要举措。实施环境影响评价制度、“三同时”制度，可以从源头上预防或者减轻环境污染和生态破坏，避免“先污染后治理、边治理边破坏”的状况，从而使预防为主原则得以实现。(3)是实现协调发展原则的有效手段。协调发展原则要求正确对待和处理环境保护与经发展和社会进步的关系，如果没有有关制度做保障，要实现上述要求是很难达到预期效果的。

第二节　环境保护规划制度

一、环境保护规划制度的概念和意义

（一）环境保护规划制度的概念

环境保护规划，简称环境规划，是指根据国家或者一定地区的环境状况和经济社会发展的需要，对一定时期和一定范围内环境的保护和改善活动所做的总体部署和安排。它是国民经济和社会发展规划的有机组成部分，是人类为使环境与经济社会协调发展而对自身活动和环境所做的在时间和空间上的合理安排，实质上是一种克服人类经济社会活动和环境保护活动出现的盲目性和主观随意性的科学决策活动。其目的是在经济社会发展的同时保护好环境，促进经济社会与环境全面、协调、可持续发展。环境规划具有以下基本特性：

1. 综合性。它集经济社会和自然生态环境于一体，涉及的领域广泛，影响因素众多，对策措施综合，部门协调复杂。它也是生态学、化学、物理学、生物学、工程学、经济学、法学以及系统工程学等多种学科的综合运用。

2. 整体性。它反映在环境的要素和各个组成部分之间构成一个有机整体，还反映在规划过程各技术环节之间关系紧密。因此，规划工作应当从整体出发，单独从某一环节着手并进行简单的串联难以获得有价值的预期效果。

3. 区域性。主要表现在区域的环境系统的结构、变化规律以及社会经济背景条件的差异，环境及其污染控制系统的结构、主要污染物的特征、社会经济发展方向和发展速度、污染控制技术水平、对环境保护投资支撑力度的不同等。因此，环境规划应注重"因地制宜"，体现区域特色。

4. 动态性。环境规划具有较强的时效性，其影响因素在不断变化。根据一定条件制定的环境规划，伴随着社会经济发展方向、速度及环境状况的变化，要求环境规划具有快速响应和调整更新的能力。因此，应建立和完善环境规划的动态编修机制，以适应其不断更新、调整、修订的需要。

5. 约束性。经济社会发展规划中有关指标的规定有两种类型：一是预期性指标，如国内生产总值增长属于预期性指标；二是约束性指标，环境指标属于约束性指标。它是政府必须履行的职责，是考核政府绩效的硬指标，如《中华人民共和国国民经济和社会发展第十一个五年规划纲要》（以下简称《十一五规划纲要》）规定："本规划确定的约束性指标，具有法律效力"。[1] 如果不执行就要承担法律责任。环境指标成为量化的约束性指标，有利于各级政府树立正确的政绩观，将环境保护真正作为优化经济增长的有效手段。

我国在国民经济和社会发展第六个五年计划中，首次将国家环境保护"六五"计划作为一个独立的篇章纳入国家国民经济和社会发展计划。从此，国家制定的各个国民经济和社会发展计划中均将环境保护与经济和社会协调发展、综合平衡作为编制计划的重要指导思想，并专门设置了环境保护篇章。

---

〔1〕 如《十一五规划纲要》规定，5 年之内实现主要污染物排放总量减少 10%，这项减排指标系约束性指标。

环境规划制度,是指有关环境规划目标、任务、指标体系、编制原则和程序以及规划实施的保障措施等所做的法律规定的总称。

(二)环境规划制度的意义

环境规划制度的意义在于:(1)是协调环境保护与经济社会发展的重要手段。《里约环境与发展宣言》要求经济社会与环境协调发展,而环境规划通过建立综合决策机制,能够促进环境保护与经济社会协调发展。(2)为环境保护纳入国民经济和社会发展规划提供了保障。我国政府在实施宏观调控的重要职能中,经济社会发展规划起着十分重要的作用。环境保护是其中的主要组成部分,而环境规划为将环境保护纳入经济社会发展规划提供了制度保障。(3)是开展环境保护工作的重要依据。环境规划具体体现了国家环境保护方针、政策,其中所确定的宏观战略任务和具体措施等,为实现环境目标管理提供了科学依据,并起着决定性的作用。它在环境保护工作中起指导作用,是各级政府及其环境保护部门开展环境保护工作的重要依据。

二、环境规划的类型

(一)长期环境规划、中期环境规划和短期环境规划

按规划期划分,环境规划可以分为长期环境规划、中期环境规划和短期环境规划。(1)长期环境规划,一般跨越时间为10年以上的宏观计划,是依据对长远环境目标和战略措施制定的。(2)中期环境规划,一般跨越时间为5~10年,5年的环境规划一般称五年环境规划,以便于与国民经济和社会发展规划同步,并纳入其中。(3)短期环境规划,是五年环境规划分年度实施的具体安排。

(二)国家环境规划、区域环境规划(含流域、县域)和部门环境规划

按规划范围划分,环境规划可以分为国家环境规划、区域环境规划(含流域、县域)和部门环境规划。(1)国家环境规划,是全国经济社会发展规划的组成部分,对全国的环境保护工作起指导性作用。(2)区域环境规划,其综合性和地域性很强,是国家环境规划的基础,又是制定城市环境规划、大型经济技术开发区环境规划的前提。(3)部门环境规划,包括工业部门环境规划、农业部门环境规划和交通运输部门环境规划等。

(三)污染综合防治规划、生态建设与生态保护规划、环境科技发展规划等

按规划性质划分,环境规划可以分为污染综合防治规划、生态建设与生态保护规划、环境科技发展规划等。(1)污染综合防治规划,亦称污染控制规划,是当前环境规划的重点。按其内容可以分为工业(行业、工业区)污染控制规划、农业污染控制规划和城市污染控制规划。(2)生态建设与生态保护规划,如生态建设规划、自然资源开发与保护规划、生物多样性保护规划、自然保护区规划等。(3)环境科技发展规划,如国家环境保护"十一五"科技发展规划,其主要内容包括环境形势与科技需要、指导思想、规划原则和规划目标、重点领域与优先主题、加强环境科技基础能力建设、保障措施等。

三、环境规划的原则

1. 以人为本、和谐发展原则。环境规划应当充分体现以污染治理化解环境压力,以资源节约优化经济发展,以环境友好促进社会和谐,从而促进改善环境质量、维护人体健康、保障生态

系统安全,实现人与自然的和谐发展。

2. 协调发展、互惠共赢原则。正确处理环境保护与经济发展和社会进步的关系,要在发展中落实保护,在保护中促进发展,坚持节约发展、安全发展、清洁发展,实现可持续的科学发展。

3. 预防为主、综合治理原则。突出预防为主的方针,“防患于未然”,从源头防治环境污染和生态破坏,坚持环境保护与经济社会发展综合决策,综合运用法律、经济、技术和必要的行政手段解决环境问题。

4. 污染防治与生态保护并重原则。应当充分考虑区域和流域环境污染和生态破坏的相互影响和作用,坚持污染防治和生态保护统一规划,同步实施,把城乡污染防治与生态保护有机结合起来,努力实现城乡环境保护一体化。

5. 依靠科技进步保护环境原则。大力发展环境科学技术,积极采用先进适用的科技成果,鼓励引用和推广国外先进技术,以技术创新促进环境问题的解决。

四、环境保护规划的编制和内容

《环境保护法》第 13 条第 2、3 款规定:“国务院环境保护主管部门会同有关部门,根据国民经济和社会发展规划编制国家环境保护规划,报国务院批准并公布实施。县级以上地方人民政府环境保护主管部门会同有关部门,根据国家环境保护规划的要求,编制本行政区域的环境保护规划,报同级人民政府批准并公布实施。”

环境规划的内容应当包括生态保护和污染防治的目标、任务、保护措施等。具体包括环境规划的目标与指标体系、环境现状评价与预测、环境功能区划、环境规划方案的设计和决策、环境规划的实施与管理。其中,环境规划方案的设计与优化决策是环境规划的核心内容。

五、环境规划与其他规划的关系

1. 环境规划与主体功能区规划的关系。主体功能区规划是环境规划在空间布局的基本依据,即根据不同主体功能区的环境承载能力,提出分类管理的环境政策。优化开发区要实行更严格的环境质量标准和污染物排放标准;重点开发区要保持环境承载能力,做到增产减污;限制开发区要坚持保护优先;禁止开发区要依法严格保护。同时,编制主体功能区规划,要以环境规划为支撑,它是以环境承载能力为重要基础。

2. 环境规划与土地利用总体规划的关系。土地利用总体规划必须充分考虑资源环境保护的要求;环境规划中的用地规模,不得超过土地利用总体规划确定的环境建设用地规模;土地利用总体规划中用于环境建设的部分,只有通过环境规划中确定的综合整治措施,才能达到提高土地利用率,增加土地有效使用面积。

3. 环境规划与城乡规划的关系。城乡规划侧重于城市和乡村形态上落实经济社会发展目标,环境的保护和建设是其中的重要内容之一,是城乡规划的重要组成部分。城市和乡村环境规划的制定和实施,可以促进城乡建设的发展,保障城市和乡村功能更好地发挥,保护城市和乡村特色以及居民的健康,从而推进城市和乡村建设走上健康发展的道路。

第三节 环境影响评价制度

一、环境影响评价制度的概念和意义

(一)环境影响评价制度的概念

环境影响评价的概念,是 1964 年在加拿大召开的国际环境质量评价会议上首次提出来的。我国《环境影响评价法》第 2 条规定:“本法所称环境影响评价,是指对规划和建设项目实施后可能造成的环境影响进行分析、预测和评估,提出预防或者减轻不良环境影响的对策和措施,进行跟踪监测的方法与制度。”[2]它是在长期进行环境保护活动的实践中发展起来的一种科学方法和法律制度,具有以下特点:

1. 预测性。环境影响评价和环境质量现状评价不同,是属于一种预测性的环境质量评价,是对规划或者建设项目实施后可能造成的环境影响进行调查分析、预测和评估,并提出相应的对策和措施,从而做到防患于未然。

2. 客观性。由于环境影响评价的结论必须是客观真实的,它只来自对规划和建设项目活动造成的各个环境要素的影响,以及区域环境的总体影响进行的客观分析和科学评价之中。因此进行环境影响评价时,必须从实际出发,遵循客观规律,避免凭借主观想象办事,为决策提供客观、科学的依据。

3. 综合性。环境影响评价是一项综合性的科学技术工作,它不仅要对规划或者建设项目对周围各个环境因素可能造成的环境影响进行全面调查、分析和评价,而且还要对区域环境的总体影响进行系统的分析和评价。它涉及生态学、环境科学和法学等多种学科,要求进行环境影响评价的机构和人员必须具备这些综合知识,并由持有环境影响评价资质证书的设计、科研等单位互相协作,共同完成评价任务。

4. 强制性。在规划编制过程中和建设项目立项之前必须进行环境影响评价。未编写有关环境影响的篇章或者说明的规划草案和专项规划未附送环境影响报告书的,审批机关不予审批;“建设项目依法应当进行环境影响评价而未评价,或者环境影响评价文件未经依法批准,审批部门擅自批准该项目建设的,对直接负责的主管人员和其他直接责任人员,由上级机关或者监察机关依法给予行政处分;构成犯罪的,依法追究刑事责任”。[3]

环境影响评价制度,是指有关环境影响评价的适用范围、评价内容、审批程序、法律后果等一系列规定的总称。它是贯彻预防为主原则,从源头防止新的环境污染和生态破坏的一项重要的法律制度。

(二)环境影响评价制度的意义

环境影响评价制度的意义在于:(1)是促进环境保护与经济社会协调发展的有效途径。环境保护与经济社会发展相协调,是实现可持续发展的基础。实行环境影响评价制度,对规划和建设项目进行环境影响评价,可以从源头预防和减少规划和建设项目实施后对环境造成的不

[2] 参见《环境影响评价法》第 2 条。

[3] 参见《环境影响的评价法》第 32 条。

良影响，从而做到促进环境保护与经济和社会发展相协调。(2)贯彻预防为主原则，预防因规划和建设项目实施后对环境造成的不良影响。在传统的规划和建设活动中，往往只重视经济效益，忽视环境效益，因而出现随着经济发展而环境质量下降的情况。实行环境影响评价制度，在规划审批之前和实施后以及在建设项目兴建之前和建成投产后可能对环境造成的污染和破坏进行预测和评估，提出相应的对策和措施，可以达到预防或减轻该规划或者建设项目实施后对环境造成的不良影响。(3)宏观调控的重要手段。宏观调控是引导和促进经济稳定、健康运行的重要保障。实行环境影响评价制度有利于抑制固定资产投资过快增长的趋势，缓解过剩行业矛盾的压力，优化产业结构，提升经济发展的质量。

二、环境影响评价制度的产生和发展

美国是世界上最先确立环境影响评价制度的国家，其《国家环境政策法》把环境影响评价作为联邦政府在环境管理中必须遵循的一项制度。由于该制度的实施对防止环境污染和生态破坏具有科学的预见性，很快为各国环境立法所借鉴。1969 年瑞典的《环境保护法》、1974 年澳大利亚的《联邦环境保护法》和 1976 年法国的《自然保护法》都规定了环境影响评价制度；英国和日本等国还专门颁布了环境影响的评价法。

我国于 20 世纪 70 年代末开始建立环境影响评价制度。1978 年，中共中央在批转国务院关于《环境保护工作汇报要点》的报告中首次提出了进行环境影响评价工作的意向；1979 年，颁布的《环境保护法(试行)》正式确立了环境影响评价制度。此后，有关环境保护法律、法规和规章也对该制度做了规定。1998 年，国务院发布的《建设项目环境保护管理条例》对环境影响评价制度做了专章规定；2002 年，全国人大常委会通过的《环境影响评价法》对环境影响的评价范围、原则、内容和程序以及法律责任做了全面规定。

2009 年 8 月 17 日，国务院以第 559 号令颁布了《规划环境影响评价条例》，自 2009 年 10 月 1 日起施行。该条例的发布，标志着我国环境保护参与综合决策进入了新的阶段：它要求将区域、流域生态系统整体影响作为规划的着力点，有利于从决策源头解决生产力布局、资源配置不合理造成的环境问题；将经济效益、社会效益与环境效益的统筹作为推进规划环评的出发点，有利于更好地从源头解决关系民生的环境问题。它在《环境影响评价法》原则规定的基础上，进一步明确规定了诸方面评价的内容，即相关区域、流域生态系统产生的整体影响，对环境和人体健康产生的长远影响，经济效益、社会效益与环境效益之间以及当前利益与长远利益之间的关系；细化了规划环评的责任主体、环评文件的编制主体及编制方式、公众参与、实施程序等；明确了专项规划环评的审查主体、程序和效力；确立了区域限批等责任追究和约束性制度等。2016 年，《环境影响评价法》进行了修改：(1)环评审批不再作为核准的前提条件；(2)将环境影响登记表审核改为备案；(3)不再将水土保持方案的审批作为环评的前置条件。《环境保护法》第 19 条规定："编制有关开发利用规划，建设对环境有影响的项目，应当依法进行环境影响评价。未依法进行环境影响评价的开发利用规划，不得组织实施；未依法进行环境影响评价的建设项目，不得开工建设。"上述规定，进一步完善了环境影响评价制度。2017 年 7 月，国务院公布的《建设项目环境保护管理条例》对建设项目环境影响评价制度进一步细化，做了相应的修改：(1)删除对环评单位的资质管理规定；(2)将环境影响登记表由审批制改为备案制；(3)将环境影响报告书、报告表的报批时间由可行性研究阶段调整为开工建设前，"串联改并联"，具体报批时间由建设单位根据自身情况灵活掌握；(4)取消行业主管部门预审、水土保持方案预审等环境影响评价的前置审批;(5)将环境影响评价和工商登记脱钩,落实“证照分离”要求;(6)取消建设项目试生产审批,删除条例关于试生产的规定;(7)取消环境保护部门对建设项目环境保护设施竣工验收的审批,改为建设单位依照规定自主验收。

三、环境影响评价制度的主要内容

(一)环境影响评价的范围

各国对环境影响评价适用范围的规定不尽相同,如美国《国家环境政策法》规定,凡是联邦政府的立法建议或者其他对人类环境有重大影响的联邦行动,都必须进行环境影响评价。《法国环境法典》规定,环境影响评价的范围是由公法人从事的治理工程和项目,或者要求许可证批准以及城市化文件的工程和项目。我国《环境影响评价法》规定,环境影响评价的范围包括规划环境影响评价和建设项目环境影响评价两个方面。规划环境影响评价又分为综合性规划和专项规划。前者是土地利用的有关规划和区域、流域、海域的建设、开发利用规划,后者是工业、农业、畜牧业、林业、能源、水利、交通、城市建设、旅游、自然资源开发的有关专项规划。规划环境影响评价的具体范围,由国务院环境保护主管部门会同国务院有关部门拟订,报国务院批准后执行。

建设项目,是指按照固定资产投资方式进行的一切开发建设活动。包括国有经济、城市集体经济、联营、股份制、外资、港澳台投资、个体经济和其他各种不同经济类型的开发活动。按计划管理体制,建设项目可分为基本建设、技术改造、房地产开发(含开发区建设、新区建设、老区改造)和其他共四个部分的工程和设施建设。按照《建设项目环境保护管理条例》的规定,建设项目环境影响评价的范围,包括一切对环境有影响的基本建设项目、技术改造项目以及区域开发建设项目。

(二)环境影响评价的原则

根据《环境影响评价法》第4条的规定,环境影响评价必须客观、公开、公正,综合考虑规划或者建设项目实施后对各种环境因素及其所构成的生态系统可能造成的影响,为决策提供科学依据。所谓客观,是指进行环境影响评价时,有关单位和个人应从客观事实出发,坚持实事求是的原则,不得带有主观偏见,不得掺杂部门利益、地方利益或者其他可能影响评价质量的因素,严格遵循科学规律,运用科学的方法对客观的各种环境因素进行评价。所谓公开,是指除了国家规定需要保密的以外,环境影响评价活动的有关情况应当依法向社会公开,征求有关单位、专家和公众的意见,吸收公众参与。所谓公正,是指有关单位和人员应当独立的、不偏不倚地进行环境影响评价活动,严格按照法律法规和规章规定的程序和方法进行环境影响评价文件的编写、审批工作,不得厚此薄彼,而应一视同仁。同时,该评价是一个综合性评价,应当综合考虑规划和建设项目对各种环境因素及其所构成的生态系的正面和负面影响,科学的衡量利弊得失,为有关部门的决策提供科学依据。

上述原则贯穿于环境影响评价的全过程,是进行环境影响评价活动必须遵循的基本原则。

(三)环境影响评价的分类管理

1. 规划的环境影响评价。(1)综合性规划。在规划编写过程中组织进行环境影响评价,编写该规划有关环境影响的篇章或者说明,作为规划草案的组成部分一并报送规划审批机关。(2)专项规划。在该专项规划草案上报审批前,组织进行环境影响评价,并向审批该专项规划的机关提出环境影响报告书;专项规划中的指导性规划,按照综合性规划环境影响评价的规定进行环境影响评价。

2. 建设项目的环境影响评价。按照《环境影响评价法》的规定,组织编制环境影响报告书(表)或者填报环境影响登记表(以下统称环境影响评价文件)。(1)可能造成重大环境影响的,应当编制环境影响报告书,对产生的环境影响进行全面评价;(2)可能造成轻度环境影响的,应当编制环境影响报告表,对产生的环境影响进行分析或者专项评价;(3)对环境影响很小,不需要进行环境影响评价的,应当填报环境影响登记表。

(四)环境影响评价文件的形式和内容

依照《环境影响评价法》的规定,环境影响评价文件主要有:综合性规划的有关环境影响的篇章或者说明,专项规划的环境影响报告书,建设项目的环境影响报告书(表)和建设项目环境影响登记表。

综合性规划的有关环境影响的篇章或者说明的主要内容是:对规划实施后可能造成的环境影响做出分析、预测和评估,提出预防或者减轻不良环境影响的对策和措施。

专项规划的环境影响报告书的内容是:(1)实施该规划对环境可能造成的影响分析、预测和评估;(2)预防或者减轻不良环境影响的对策和措施;(3)环境影响评价的结论。

建设项目环境影响报告书的内容是:(1)建设项目概况;(2)建设项目周围环境现状;(3)建设项目对环境可能造成影响的分析、预测和评估;(4)建设项目环境保护措施及其技术、经济论证;(5)建设项目对环境影响的经济损益分析;(6)对建设项目实施环境监测的建议;(7)环境影响评价的结论。建设项目环境影响报告表和环境影响登记表的内容和格式,由国务院环境保护行政主管部门制定。

(五)环境影响评价的程序

1. 规划环境影响评价文件的编制和审批程序

综合性规划的编制机关,应当在规划编制过程中组织进行环境影响评价,编写该规划有关环境影响的篇章或者说明,作为规划草案的组成部分一并报送规划审批机关。对未编写有关环境影响的篇章或者说明的规划草案,审批机关不予审批。

专项规划的编制机关,应当在该专项规划草案上报审批前,组织进行环境影响评价,并向审批该专项规划的机关提出环境影响报告书。专项规划的编制机关在报批规划草案时,应将环境影响报告书一并附送审批机关审查;未附送环境影响报告书的,审批机关不予审批。

设区的市级以上人民政府在审批专项规划草案、做出决策前,应当由人民政府指定的环境保护行政主管部门或者其他部门召集有关部门代表和专家组成审查小组,对环境影响报告书进行审查。审查小组应当提出书面审查意见。由省级以上人民政府有关部门负责审批的专项规划,应根据原国家环境保护总局 2003 年公布的《专项规划环境影响报告书审查办法》的规定,对其环境影响报告书进行审查。

设区的市级以上人民政府或者省级以上人民政府有关部门在审批专项规划草案时,应将环境影响报告书结论以及审查意见作为决策的重要依据。在审批中未采纳环境影响报告书结论以及审查意见的,应当做出说明,并存档备查。

2. 建设项目环境影响评价文件的编制和审批程序

环境影响评价文件的环境影响报告书(表),应当由具有相应环境影响评价资质的机构编制。建设项目的环境影响评价文件,由建设单位报有审批权的环境保护行政主管部门审批;[4] 海洋工程建设项目的环境影响报告书(表),经海洋行政主管部门审核并签署意见后,报环境保护行政主管部门审批。

建设项目环境影响评价文件经批准后,建设项目的性质、规模、地点或者采用的生产工艺发生重大变化的,建设单位应当重新报批建设项目的环境影响评价文件。建设项目环境影响评价文件自批准之日起超过5年才决定该项目开工建设的,其环境影响评价文件应当报原审批部门重新审核。

(六)环境影响评价中的公众参与

环境影响评价是一个为决策提供科学依据的过程,在该过程中鼓励公众参与,可以使社会各方面的利益和看法得到比较充分的考虑,从而推动政府决策的民主化。同时,在环境影响评价过程中,听取有关单位和公众的意见,还能使有关部门更全面地了解和掌握评价对象的环境状况,以便提高环境影响评价的科学性和针对性。根据《环境影响评价法》的规定,除国家规定需要保密的情况以外,要求编制可能造成不良环境影响并且直接涉及公众环境权益的规划和对环境可能造成重大影响的建设项目,应当举行论证会、听证会或者采取其他形式,征求有关单位、专家和公众的意见;对这些意见,有关单位和部门应当认真考虑,在环境影响评价文件中应当附具对意见采纳或者不采纳的说明。2015年颁布的《环境影响评价公众参与办法》对公众参与环境影响评价做了全面具体的规定。

(七)环境影响的跟踪评价、后评价与跟踪检查

对环境有重大影响的规划实施后,编制机关应当及时组织环境影响的跟踪评价,并将评价结果报告审批机关;发现有明显不良环境影响的,应当及时提出改进措施。

在项目建设、运行过程中产生不符合经审批的环境影响评价文件的情形时,建设单位应当组织环境影响后评价,采取改进措施,并报原环境影响评价文件审批部门和建设项目审批部门备案;原环境影响评价文件审批部门也可以责成建设单位进行环境影响的后评价,采取改进措施。

环境保护行政主管部门应当对建设项目投入生产或者使用后所产生的环境影响进行跟踪检查,对造成严重环境污染或者生态破坏的,应当查清原因,查明责任;对确属人为责任因素造成的,应当依法追究法律责任。

第四节 “三同时”制度

一、“三同时”制度的概念和意义

(一)“三同时”制度的概念

建设对环境有影响的一切建设项目,必须依法执行环境保护设施与主体工程同时设计、同时施工、同时投产使用的制度,简称“三同时”制度。

“三同时”制度是我国环境管理工作的一项创举,是我国环境保护法规定的一项基本法律

[4] 详见原环境保护总局2005年11月23日发布的《建设项目环境影响评价文件审批程序规定》。

制度。它与环境影响评价制度相辅相成、互相包含。其目的是根据“预防为主”的原则，落实建设活动对环境产生影响的防治措施，防止新污染源或者破坏源的产生；并根据“以新带老”的原则，促进老污染源或者破坏源的治理，保证建设项目建成后，所排放的污染物符合规定的排放标准，或者不对周围环境造成新的污染和破坏。

（二）“三同时”制度的意义

1. 加强建设项目环境管理的重要手段。环境影响评价制度是项目决策阶段的环境管理，而“三同时”制度是项目实施阶段的环境管理，是防止项目建成后对环境造成新的污染和破坏。前者为后者提出了防治环境污染和破坏的对策措施，后者是前者的继续和实施。

2. 防止产生新的环境污染和生态破坏的主要保证。新的环境污染和生态破坏的产生，主要是由于新建企业、事业单位在建设活动中破坏环境或者在生产过程中排放污染物造成的。严格执行“三同时”制度，就能有效地控制新的污染和破坏，做到在发展生产的同时保护好环境。

3. 防止环境质量继续恶化的有效措施。实行“三同时”制度，既可防止产生新的污染和破坏，又可根据“以新带老”的原则，对和项目有关的原有的污染源或者破坏源进行治理。这样，就可以使我国环境质量继续恶化的趋势得到有效的控制和改善。

二、“三同时”制度的建立和发展

我国的“三同时”制度，经历了一个形成和发展的过程。1972 年，国务院批转的《国家计委、国家建委关于官厅水库污染情况和解决意见的报告》中，首次提出“工厂建设和三废利用工程要同时设计、同时施工、同时投产”的要求。1979 年颁布的《环境保护法（试行）》确认了这项制度。1989 年颁布的《环境保护法》第 26 条规定：“建设项目中防治污染的设施，必须与主体工程同时设计、同时施工、同时投产使用。防治污染的设施必须经原审批环境影响报告书的环境保护行政主管部门验收合格后，该建设项目方可投入生产或者使用。防治污染的设施不得擅自拆除或者闲置，确有必要拆除或者闲置的，必须征得所在地的环境保护行政主管部门同意。”该法第 36 条还对违反“三同时”的法律责任做了规定。1984 年，国务院发布的《关于环境保护工作的决定》中，把“三同时”制度的适用范围扩大到可能对环境造成污染和破坏的一切工程建设项目和自然开发项目。

为了适应形势发展的需要，1986 年，原国家计委、国家经委和国务院环境保护委员会对 1981 年发布的《基本建设项目环境保护管理办法》进行了修改，发布了《建设项目环境保护管理办法》，扩大了“三同时”的适用范围，明确了有关部门和建设单位的职责及管理程序和审查、审批的时限要求，确立了“以新带老”的原则和“建设项目环境保护设施竣工验收报告”制度等。1987 年，原国家计委和国务院环境保护委员会联合发布的《建设项目环境保护设计规定》，对建设项目各设计阶段的污染和环境管理做了具体规定。1990 年，原国家环境保护局发布的《建设项目环境保护管理程序》，对建设项目主要阶段的环境管理及程序做了具体规定。1996 年，国务院发布的《关于环境保护若干问题的决定》中，重申了必须严格执行“三同时”制度，在建设项目审批和竣工验收过程中，对不符合环境保护标准和要求的建设项目，环境保护行政主管部门不得批准环境保护设施竣工验收报告，其他各有关审批机关一律不得批准建设或者投产使用，有关银行不予贷款。凡违反规定的，必须追究有关审批机关和审批人员的责任。1998 年，国务院发布的《建设项目环境保护管理条例》，对“三同时”制度做了明确规定。另外，《水污染防治法》《固体废物污染环境防治法》《环境噪声污染防治法》《水土保持法》等环境保护单行法,也对“三同时”制度做了规定。《环境保护法》第41条规定:“建设项目中防治污染的设施,应当与主体工程同时设计、同时施工、同时投产使用。防治污染的设施应当符合经批准的环境影响评价文件的要求,不得擅自拆除或者闲置。”

三、“三同时”制度的主要内容

(一)“三同时”制度的适用范围

“三同时”制度最初只适用于新建、改建和扩建的企业,后来其适用范围不断扩大,现已由污染防治扩展到防治生态破坏方面,包括:(1)新建、改建、扩建项目;(2)技术改造项目;(3)一切可能对环境造成污染或者破坏的开发建设项目;(4)确有经济效益的综合利用项目。

(二)“三同时”制度的具体内容

1. 建设项目的初步设计,应当按照环境保护设计规范的要求,编制环境保护篇章。其内容包括:环境保护的设计依据,主要污染源和主要污染物及排放方式,计划采用的环境标准,环境保护设施及简要工艺流程,对建设项目引起的生态变化所采取的防范措施,绿化设计,环境保护设施投资概算等。依据批准的环境影响报告书(表)或者登记表,在环境保护篇章中落实防治环境污染和生态破坏的措施以及环境保护设施投资概算。

2. 建设项目的施工,环境保护设施必须与主体工程同时施工。在施工过程中,应当保护施工现场周围的环境,防止对自然环境的破坏,或者减轻粉尘、噪声、震动等对周围生活居住区的污染和危害,并接受环境保护行政主管部门的日常监督检查。

3. 建设项目的主体工程完工后,需要进行试生产的,其配套建设的环境保护设施必须与主体工程同时投入试运行。在试生产期间,建设单位应当对环境保护设施运行情况和建设项目对环境的影响进行监测。

4. 建设项目竣工后,建设单位应当向审批该项目环境影响报告书(表)或登记表的环境保护行政主管部门,申请对该项目需要配套建设的环境保护设施竣工验收,并应与主体工程竣工验收同时进行。分期建设、分期投入生产或者使用的建设项目,其相应的环境保护设施应当分期验收。

5. 建设项目需要配套建设的环境保护设施经验收合格,该建设项目方可正式投入生产或者使用。

(三)建设项目竣工环境保护验收的条件

根据原国家环境保护总局2001年12月27日发布、2010年12月22日修改的《建设项目竣工环境保护验收管理办法》的规定,建设项目竣工环境保护验收的条件共九项。[5]符合验收条件的建设项目,经环境保护行政主管部门验收合格,批准该项目竣工环境保护验收申请报告、申请表或者验收登记卡的,该建设项目方可正式投入生产或者使用。

---

〔5〕《建设项目竣工环境保护验收管理办法》第16条的规定。

第五节 环境保护目标责任制和考核评价制度

一、环境保护目标责任制

(一)环境保护目标责任制的概念

环境保护目标责任制,是指确定环境保护的一个目标及实现该目标的措施,并签订协议、做好考核、明确责任,保障措施得以落实、目标得以实现。该制度明确了一个区域、一个部门乃至一个单位环境保护的主要责任者和责任范围,运用目标化、定量化、制度化的管理方法,从而使改善环境质量的任务能够层层分解落实,达到既定的目标。[6]

该制度是以我国环境现状、公众对改善环境质量要求日益迫切以及经济实力等实际情况为基础,以现行法律法规为依据,以责任制为核心,以行政制约为机制,把责任、权力、利益和义务有机地结合在一起,明确了地方行政首长在改善环境质量上的权力、责任和义务。其具体做法主要是上级人民政府或其委托的部门,根据本地区环境总体目标,结合实际情况制定若干具体目标,分解到所辖地方人民政府、部门和单位,并签订责任书。同时将责任书公开,接受社会监督。

环境保护目标责任制具有以下特点:[7](1)有明确的时间和空间界限,一般以一届政府的任期为时间界限,以行政单位所辖地域为空间界限;(2)有明确的环境质量目标、定量要求和可分解的质量指标;(3)有明确的年度工作指标;(4)有配套的措施、支持保证系统和考核奖惩办法;(5)有定量化的监测和控制手段。

(二)环境保护目标责任制的意义

环境保护目标责任制的意义在于:(1)环境保护目标责任制明确了保护环境的主要责任者、责任目标和责任范围,解决了“谁对环境质量负责”问题。从而有利于加强各级人民政府对环境保护的重视和领导,使环境保护真正列入各级人民政府的议事日程,使其在经济建设和社会发展工作的同时切实搞好环境保护工作,做到经济效益、社会效益和环境效益的统一。(2)环境问题是伴随着经济社会的发展和人口的增长而产生的。一个地区的环境质量的好坏和该地区经济社会发展的决策者、组织者、领导者环境意识的高低密切相关。因此,地方各级人民政府的主要领导人,应当加强对环境保护的领导,充分发挥其宏观控制职能,把环境保护纳入经济社会发展规划,使环境保护在经济、技术政策和措施上得到保证,从而促进经济社会发展与环境保护相协调。(3)环境保护是一项全民的公益性事业,涉及国民经济各个部门、牵连社会各方面的利害关系,带有很强的综合性、政策性和群众性,工作难度较大。仅靠环境保护部门一家孤军作战很难从根本上改变环境质量不断恶化的趋势。只有各级人民政府领导人充分重视,亲自领导,才能有效协调各方面的关系,调动全社会的力量,把环境保护工作做好。(4)实行环境保护目标责任制,有利于把环境保护工作从软任务变成硬指标,实现由一般化管理向科学化、定量化、指标化管理转变。同时增强了环境保护工作的透明度,有利于动员全社会参与

---

〔6〕 信春鹰主编:《〈环境保护法〉学习读本》,中国民主法制出版社2014年版,第132页。

〔7〕 中国环境管理制度编写组编:《中国环境管理制度》,中国环境科学出版社1991年版,第74页。

和监督环境保护工作,并提高全社会、全民族的环境保护意识。

二、考核评价制度[8]

考核评价与目标责任密切相关,考核的是目标的完成情况,并将其作为对人的考察的重要依据。考核对象包括:(1)本级人民政府负有环境保护监督管理职责的部门及其负责人,包括但不限于环境保护主管部门及其负责人;(2)下级人民政府及其负责人。

考核部门一般应配套制定相应的考核办法。如为了实现"十二五"主要污染物减排目标,2013 年环境保护部门与 31 个省级人民政府、新疆建设兵团以及中国石油天然气集团公司等 8 家中央企业签订了"'十二五'主要污染物总量减排目标责任书"。为了保障减排顺利实施,国务院办公厅转发了《"十二五"主要污染物总量减排考核办法》。根据规定,主要污染物总量减排考核内容主要包括三个方面:主要污染物总量减排目标完成情况、主要污染物总量减排统计监测考核体系的建设运行情况、各项主要污染物总量减排措施的落实情况。考核结果报经国务院审定后,交由干部主管部门,作为对各地区领导班子和领导干部综合考核评价的重要依据。

第六节　现场检查制度

一、现场检查制度的概念和意义

(一)现场检查制度的概念

现场检查,是指县级以上人民政府环境保护主管部门及其委托的环境监察机构和其他负有环境监督管理职责的部门,对其管辖范围内排放污染物的企业事业单位和其他生产经营者遵守环境保护法律法规和规章而直接进入现场进行检查的一种行政执法活动。现场检查制度是指有关现场检查主体、现场检查对象、现场检查内容、现场检查程序、现场检查者和被检者的义务等法律规定的总称。该制度在 1989 年《环境保护法》已有规定,2014 年《环境保护法》修改的主要内容是在法律中明确了经环境保护主管部门委托的环境监察机构享有现场检查权;同时,将被检查的单位由"排污单位"修改为"企业事业单位和其他生产经营者"。现场检查权是行政机关进行日常监管活动,实现行政目的的一项具有基础性、普遍性的权力。

该制度具有以下特点:[9](1)执法主体只能由负有环境保护监督管理职责的行政部门或者经环境保护主管部门委托的环境监察机构执行;(2)具有强制性,不需要被检查单位的同意;(3)执法主体只能对管辖范围内的排污企业事业单位和其他生产经营者进行检查,不能检查管辖范围外的,也不能检查与污染物排放无关的单位和个人;(4)现场检查有一定的随机性,有关执法主体可以随时检查;(5)现场的范围和内容应当于法有据,不能任意检查。

(二)现场检查制度的意义

现场检查制度的意义在于:(1)可以督促排放污染物的企业事业单位和其他生产经营者依照有关环境保护法律、法规和规章的规定,采取有效措施,积极防治环境污染和生态破坏。(2)促

---

[8] 信春鹰主编:《〈环境保护法〉学习读本》,中国民主法制出版社 2014 年版,第 133 ~ 135 页。

[9] 信春鹰主编:《〈环境保护法〉学习读本》,中国民主法制出版社 2014 年版,第 125 页。

使排污企业事业单位和其他生产经营者加强管理,减少污染物排放、清除污染事故隐患,及时发现和处理环境保护问题。(3)可以提高排污企业事业单位和其他生产经营者的环境保护意识和环境法制观念,使其自觉履行环境保护义务。

二、现场检查制度的主要内容

(一)现场检查的主体

现场检查的主体包括:(1)县级以上人民政府环境保护主管部门。(2)环境保护主管部门委托的环境监察机构。其行使环境监督管理职权时,不论环境监察机构的性质如何,它依据委托行使职权的性质属于行政执法性质。(3)其他负有环境保护监督管理职责的部门。主要是指依照法律法规履行环境保护监督管理职责的各级公安、交通、铁道、渔业、林业、国土等部门。

(二)现场检查的对象

现场检查的对象是现场检查主体依法对其管辖范围内排放污染物的企业事业单位和其他生产经营者。

(三)现场检查程序

现场检查的程序如下:(1)检查前的准备。检查前的准备工作,应当明确检查的目的任务,确定检查的内容,选择检查的适当方式,提出检查项目及有关要求等。(2)进行现场检查。检查人员进入现场,必须佩戴标志,身着制服,向被检查者明示身份,并出示由法定部门签发的检查证件。检查人员进入现场后,对有关事项逐一进行检查,并提出要求。在检查过程中,检查人员一般应为两个或两个以上,被检查方也应派人负责提供情况,检查人员还应当做好笔录,以便研究、总结。(3)总结、归档。

(四)现场检查部门和被检查者的义务

1. 现场检查部门的义务。(1)只能依照法律、法规的规定对管辖范围内的排污者进行现场检查。对超出管辖范围的排污者,不能进行现场检查;与污染物排放无关的单位和个人,也不能进行现场检查。(2)检查部门有义务为被检查单位保守商业秘密。

2. 被检查者的义务。被检查者应当如实反映情况,提供必要的资料,不得拒绝。

第七节 重点污染物排放总量控制制度和区域限批制度

一、重点污染物排放总量控制制度

(一)重点污染物排放总量控制制度的概念

重点污染物排放总量控制制度,是指通过向一定地区和排污单位分配特定污染物排放指标,将一定地区和排污单位产生的特定污染物数量控制在规定限度内的污染控制方式及其管理规范的总称。实践证明,仅仅依靠污染物排放标准来控制污染物排放浓度的管理模式,无法遏制污染物排放总量的增长,也满足不了改善环境质量的现实需要。很多地区即使所有排污单位实现了达标排放,区域环境质量仍然达不到标准。因此,国家在“十五”提出了控制污染物排放总量的管理模式。[10]

(二)重点污染物排放总量控制制度的建立和发展

1989年《环境保护法》未规定重点污染物排放总量控制制度,《水污染防治法》《大气污染防治法》《海洋环境保护法》规定了该项制度。2008年《水污染防治法》第18条规定,省级人民政府应当按照国务院的规定削减和控制本行政区域的重点水污染物排放总量,并将重点水污染物排放总量控制指标分解落实到市、县人民政府。市、县人民政府根据本行政区域重点水污染物排放总量控制指标的要求,将重点水污染物排放总量控制指标分解落实到排污单位。2000年《大气污染防治法》第3条规定:"国家采取措施,有计划地控制或者削减各地方主要大气污染物的排放总量"。第15条还规定,国务院和省级人民政府对尚未达到规定的大气环境质量标准的区域和国务院批准划定的酸雨控制区、二氧化硫污染控制区,可以划定为主要大气污染物排放总量控制区。《海洋环境保护法》第3条规定,国家建立并实施重点海域排放总量控制制度,确定主要污染物排放总量控制指标,并对主要污染源分配排放控制数量。国务院《关于落实科学发展观　加强环境保护的决定》明确提出,要实施污染物排放总量控制制度,将总量控制指标逐级分解到地方各级人民政府并落实到排污单位。《水污染防治法》把重点水污染物排放总量控制的适用范围扩大到了全国。2014年修订的《环境保护法》第44条第1款规定:"国家实行重点污染物排放总量控制制度。重点污染物排放总量控制指标由国务院下达,省、自治区、直辖市人民政府分解落实。企业事业单位在执行国家和地方污染物排放标准的同时,应当遵守分解落实到本单位的重点污染物排放总量控制指标。"

实施好重点污染物排放总量控制制度的关键是确保国家规定的总量控制指标能够逐级分解得到落实。在实践中,地方人民政府分解落实重点污染物排放总量的步骤是:(1)省级人民政府把国务院规定的本行政区域的重点污染物排放总量控制指标分解落实到市、县人民政府;(2)市、县人民政府再将本行政区域的重点污染物排放总量控制指标分解落实到排污单位。目前,重点污染物排放总量控制指标通常是分配到一定地区和行业中该污染物排放量比较大的排污单位,由其承担在总量上削减和控制重点污染物的任务。[11]

二、区域限批制度

(一)区域限批制度的概念

区域限批,是指一个地区若超过国家重点污染物排放总量控制指标或者未完成国家确定的环境质量目标,省级以上环境保护主管部门有权暂停这一地区所有新增重点污染物排放总量的建设项目的审批,直到该地区完成整改。[12]

(二)区域限批制度的建立和发展

国务院《关于落实科学发展观　加强环境保护的决定》第21条规定:"对超过污染物排放总量控制指标、生态破坏严重或者尚未完成生态恢复任务的地区,暂停审批新增污染物排放总量和对生态有较大影响的建设项目。"2007年5月国务院发布的《节能减排综合性工作方案》(2015年失效)第24条明确要求:"对超过总量指标,重点项目未达到目标责任要求的地区,暂

---

[10] 信春鹰主编:《〈环境保护法〉学习读本》,中国民主法制出版社2014年版,第192~193页。

[11] 信春鹰主编:《〈环境保护法〉学习读本》,中国民主法制出版社2014年版,第192~193页。

[12] 信春鹰主编:《〈环境保护法〉学习读本》,中国民主法制出版社2014年版,第194页。

停环评审批新增污染物排放的建设项目。”2008 年《水污染防治法》第 18 条第 4 款规定:“对超过重点水污染物排放总量控制指标的地区,有关人民政府环境保护主管部门应当暂停审批新增重点污染物排放总量的建设项目的环境影响评价文件。”2013 年 9 月国务院发布的《大气污染防治行动计划》第 28 条明确规定:“对没有完成年度目标任务的,环保部门要对有关地区实施建设项目环评限批。”2014 年修订的《环境保护法》第 44 条第 2 款规定:“对超过国家重点污染物排总量控制指标或者未完成国家确定的环境质量目标的地区,省级以上人民政府环境保护主管部门应当暂停审批其新增重点污染物排放总量的建设项目环境影响评价文件。”

(三)区域限批制度的意义

区域限批制度的意义在于:(1)区域限批是环境保护主管部门在加强对地方政府环保履职监管行为上的创新。如 2007 年 1 月,原国家环境保护总局首次采取“区域限批”措施,对环境问题突出的河北省唐山市、山西省吕梁市、贵州省六盘水市、山东省莱芜市 4 个行政区域,大唐国际、华能、华电、国电 4 个电力集团实施限批,督促这些地区和行业较快地进行了整改。(2)区域限批以解决区域严重环境问题为切入点,推进地区产业结构调整与经济发展模式转变,使过去一些遗留的违法问题得以解决。实践证明,该制度对遏制地方政府不顾环境质量而盲目追求 GDP 具有“撒手锏”的作用。[13]

(四)区域限批制度的事因

《环境保护法》第 44 条第 2 款明确规定了两种区域限批的事因:一种是对超过国家重点污染物排放总量控制指标的地区实施区域限批,另一种是对未完成国家确定的环境质量目标任务的地区实施区域限批。只要该地区超过国家重点污染物排放总量控制指标,或者未完成国家确定的环境质量目标任务,该地区内所有新增重点污染物排放总量的建设项目均应当暂停其环境影响评价文件的审批。

(五)区域限批制度的事项

即对新增重点污染物排放总量的建设项目的环境影响评价文件暂停审批。依照《环境影响评价法》第 23 条规定,国务院环境保护主管部门负责审批三类建设项目:核设施、绝密工程等特殊性质的建设项目,跨省级行政区域的建设项目。上述三类以外的建设项目的环境影响评价文件的审批权限,由省级人民政府规定。

第八节　生态保护红线制度

一、生态保护红线制度的概念与意义

(一)生态保护红线制度的概念

“红线”一词最初起源并应用于城市规划,具有形象化含义,规划部门批准建筑单位的地块,一般用红笔圈在图纸上,故称为“红线”。随着人们认识水平的提高,“红线”的内涵也不断地深化和发展,从最初的空间约束向数量约束拓展,由空间规划向管理制度延伸。

---

〔13〕 信春鹰主编:《〈环境保护法〉学习读本》,中国民主法制出版社 2014 年版,第 194 页。

生态空间,是指具有自然属性以提供生态服务或生态产品为主体功能的国土空间,包括森林、草原、湿地、河流、湖泊、滩涂、岸线、海洋、荒地、荒漠、戈壁、冰川、高山冻原、无居民海岛等。生态保护红线,是指在生态保护范围内具有特殊重要生态功能必须强制性严格保护的区域,是保障和维护国家生态安全的底线和生命线,通常包括具有重要水源涵养、生物多样性维护、水土保持、防风固沙、海岸生态稳定等功能重要区域,以及水土流失、土地沙化、石漠化、盐渍化等生态环境等敏感脆弱区域。[14]

生态保护红线具有以下特征:(1)系统性。生态保护红线的划定与严守是一项综合性很强的系统工程,涉及生态保护、环境管理、资源开发利用等多个领域,需要在国家层面考虑,有序实施。(2)协调性。生态保护红线划定与严守应立足于我国资源环境和生态保护现状,与国家和区域重大区划和规划相协调,与经济、社会发展需求和当前环境管理制度与能力相适应,与人口环境资源相均衡、经济社会生态效益相统一。(3)差异性。基于我国资源环境与经济社会发展水平的区域差异性,生态保护红线划定与严守应因地制宜切合实际,在生态空间保护、环境质量控制与资源利用管理等方面制定和执行与区域特点相适应的政策制度,提出分类、分区与分级管理要求。(4)强制性。生态保护红线一旦划定,必须严格管理。牢固树立生态保护红线观念,制定和执行严格的环境准入制度与管理措施,做到不越雷池一步,否则就应受到惩罚。(5)动态性。生态保护红线划定后并非一成不变,为不断优化和完善国土生态安全格局,生态保护红线可适当进行调整,确保空间面积不减少,保护性质不改变,生态功能不退化。(6)操作性。生态保护红线划定后遵循自然规律和经济社会发展,确保红线本身科学合理,配套的管理制度和政策应具可操作性,规定的红线目标要充分考虑各有关因素,具备可实现性。

生态保护红线制度,是指有关生态保护红线的总体部署、划定原则、划定对象、配套措施、强化组织保障等一系列法律规定的总称。

(二)生态保护红线制度的意义

划定并严守生态保护红线,将生态空间范围内具有特殊重要生态功能的区域加以强制性的严格保护,对于维护国家生态安全,健全生态文明制度体系,推动绿色发展具有十分重要的意义。[15]

1. 留住绿水青山的战略举措。我国大江大河的重要源头区、生态安全屏障区、河湖湿地、各类自然保护区、森林公园、风景名胜区等,是支持国家生态安全格局的重要组成部分,是最需要保留的绿水青山。把这些区域纳入生态保护红线,实施严格保护,将为实现中华民族永续发展奠定坚实的基础,为子孙后代留下金山银山。

2. 提高生态服务功能和生态产品供给能力的有效手段。生态保护红线是保护和维护国家生态安全的底线和生命线,具有特殊重要生态功能。划定并严守生态保护红线,优先保护良好生态系统和重要物种栖息地,分类修复受损生态系统,建立和完善生态廊道,提高生态系统完整性和连通性,对于提高生态系统服务功能和优质生态产品供给能力具有重要的作用。

3. 实施国土空间用途管制的重大支撑。国土空间分为城镇空间、农业空间、生态空间。实施差异化的用途管制,严格控制生态空间转为城镇空间和农业空间,生态保护红线是生态空间的最主要、最核心部分,必须按照禁止开发区域的有关要求,实行最为严格的保护和用途管制。

---

〔14〕 中共中央办公厅、国务院办公厅印发《关于划定并严守生态保护红线的若干意见》。

〔15〕 陈吉宁:《划定并严守生态保护红线　为子孙后代留下天蓝地绿水清的家园》,载《人民日报》2017年2月8日。

划定并严守生态保护红线，是将用途管制扩大到所有自然生态空间的关键环节，有利于健全国土空间用途管制制度，推动形成以空间规划为基础，用途管制为主要手段的国土空间开发保护制度。

二、生态保护红线的形成和发展

2000年，国务院的《全国生态保护纲要》提出了划设重要生态功能区、重点资源开发区、生态良好地区并坚守生态保护底线的要求；2008年，环境保护部、中国科学院联合发布的《全国生态功能区划》(2015年修改)将"三区推进生态保护"的思想进一步细化并落实为国土空间上的三级生态功能区；2010年，国务院印发的《全国主体功能区规划》，将其纳入我国中长期国土空间开发格局。从此，逐渐形成生态保护红线的理念。2011年的《国务院关于加强环境保护重点工作的意见》明确要求，在重要生态功能区、陆地和海洋生态环境敏感区、脆弱区等区域划定"生态红线"。2011年国务院的《国家环境保护"十二五规划"》提出，在重点生态功能区、陆地和海洋生态环境敏感区、脆弱区等区域划定"生态红线"。2013年5月24日，习近平在中共中央政治局集体学习时强调："要划定并严守生态红线构建科学合理的城镇化推进格局、农业发展格局、生态安全格局，保障国家和区域生态安全，提高生态服务功能。要牢固树立生态红线的观念。在生态环境保护问题上，就是要不能越雷池一步，否则就应该受到惩罚。"这些主要论述将生态保护红线的概念和内涵从优化国土空间开发格局扩展到加强生态环境保护、建设生态文明的全局，强调要通过划定生态保护红线建立强有力的生态保护制度，尤其是责任追究机制。十八届三中全会通过的《中共中央关于全面深化改革若干重大问题的决定》提出要"划定生态保护红线"。这些文件，都为生态保护红线的划定工作奠定了基础。为了全面贯彻党的十八大和十八届三中、四中、五中、六中全会精神，深入贯彻习近平总书记系列重要讲话精神和治国理政新理念新思路新战略，2017年2月，中共中央办公厅、国务院办公厅印发了《关于划定和严守生态保护红线的若干意见》。《环境保护法》第29条规定："国家在重点生态功能区、生态环境敏感区和脆弱区等区域划定生态保护红线，实行严格保护。"从此，生态保护红线已成为我国的一项重要的法律制度。

三、生态保护红线制度的主要内容

(一)划定并严守生态保护红线的指导思想

全面贯彻党的十八大和十八届三中、四中、五中、六中全会精神，深入贯彻习近平总书记系列讲话精神和治国理政新理念、新思想、新战略，紧密围绕统筹推进"五位一体"总体布局和协调推进"四个全面"战略布局，牢固树立新发展理念，认真落实党中央国务院决策部署，以改善生态环境质量为核心，以保障和维护生态功能为主线，按照山水林田湖系统保护的要求，划定并严守生态保护红线，实现一条红线管控重要生态空间，确保生态功能不降低、面积不减少、性质不改变，维护国家生态安全，促进经济社会可持续发展。

(二)划定并严守生态保护红线的基本原则

1. 科学界定，切实落地原则。落实环境保护法等相关法律法规，统筹考虑自然生态整体性和系统性，开展科学评估，将生态功能重要性、生态环境敏感性与脆弱性划定生态保护红线，并落到国土空间，系统构建国家生态安全格局。

2. 坚守底线，严格保护原则。牢固树立底线意识，将生态保护红线作为编制空间规划的基础。强化用途管制,严禁任意改变用途,杜绝不合理开发建设活动对生态保护红线的破坏。

3. 部门协调,上下联动原则。加强部门间的协调,国家层面做好顶层设计,出台技术规范和政策措施,地方党委和政府落实划定并严守生态保护红线的主体责任,上下联动,形成合力,确保划得实、守得住。

(三)划定生态保护红线

依托“两屏三带”为主体的陆地生态安全格局和“一带多点”的海洋生态安全格局,采取国家指导地方组织,自上而下和自下而上相结合,科学划定生态保护红线。

1. 明确划定范围和落实生态保护红线边界。环境保护部、国家发改委会同有关部门,制定并发布生态保护红线划定技术规范,明确水源涵养、生物多样性维护、水土保持、防风固沙等生态功能重要区域,以及水土流失、土地沙化、石漠化、盐渍化等生态环境敏感脆弱区域的评价方法,识别生态功能重要区域和生态环境敏感脆弱区域的空间分布。将上述两类区域进行空间叠加,划入生态保护红线,涵盖所有国家级、省级禁止开发区域,以及有必要严格保护的其他各类保护地等。按照保护需要和开发利用现状,主要结合以下几类界线将生态保护红线边界落地:自然边界,主要是依据地形地貌或生态系统完整性确定的边界;自然保护区、风景名胜区等各类保护边界;江河、湖泊以及海岸等向陆域(或向海)延伸一定距离的边界;全国土地调查、地理国情普查等明确的地块边界。将生态保护红线落实到地块,明确生态系统类型、主要功能,通过自然资源统一确权登记明确用地性质与土地权属,形成生态保护红线全国“一张图”。在勘界基础上设立统一规范的标识标牌,确保生态保护红线落地准确、边界清晰。

2. 有序推进划定工作。环境保护部、国家发改委会同有关部门提出各省(自治区、直辖市)生态保护红线空间格局和分布意见,做好跨省域的衔接协调,指导各地划定生态保护红线;明确生态保护红线可保护的湿地、草原、森林等生态系统数量,并与生态安全预警监测体系做好衔接。各省(自治区、直辖市)要按照相关要求,建立划定生态保护红线责任制和协调机制,明确责任部门,组织专门力量,制订工作方案,全面论证、广泛征求意见,有序推进划定工作,形成生态保护红线。环境保护部、国家发改委会同有关部门组织对各省(自治区、直辖市)生态保护红线进行技术审核并提出意见,报国务院批准后由各省(自治区、直辖市)政府发布实施。在各省(自治区、直辖市)生态保护红线基础上,环境保护部、国家发改委会同有关部门进行衔接汇总,形成全国生态保护红线,并向社会发布。鉴于海洋国土空间的特殊性,国家海洋局根据本意见制定相关技术规范,组织制定并审核海洋国土空间的生态保护红线,纳入全国生态保护红线。

(四)严守生态保护红线

落实地方各级党委和政府主体责任,强化生态保护红线刚性约束,形成一整套生态保护红线管控和激励措施。

1. 明确属地管理责任。地方各级党委和政府是严守生态保护红线的责任主体,要将生态保护红线作为相关综合决策的重要依据和前提条件,履行好保护责任。各有关部门要按照职责分工,加强监督管理,做好指导协调、日常巡护和执法监督,共守生态保护红线。建立目标责任制,把保护目标、任务和要求层层分解,落到实处。创新激励约束机制,对生态保护红线保护成效突出的单位和个人予以奖励;对造成破坏的,依法依规予以严肃处理。根据需要设置生态保护红线管护岗位,提高居民参与生态保护积极性。

2. 确立生态保护红线优先地位。生态保护红线划定后,相关规则要符合生态保护红线空间管控要求,不符合的要及时进行调整。空间规划编制要将生态保护红线作为重要基础,发挥生态保护红线对于国土空间开发的底线作用。

3. 实行严格管控。生态保护红线原则上按禁止开发区域的要求进行管理。严禁不符合主体功能定位的各类开发活动,严禁任意改变用途。生态保护红线划定后,只能增加、不能减少,因国家重大基础设施,重大民生保障项目建设等需要调整的,由省级政府组织论证,提出调整方案,经环境保护部、国家发改委会同有关部门提出审核意见后,报国务院批准。因国家重大战略资源勘查需要,在不影响主功能定位的前提下,经依法批准后予以安排勘查项目。

4. 加大生态保护补偿力度。财政部会同有关部门加大对生态保护红线的支持力度,加快健全生态保护补偿制度,完善国家重点生态功能区转移支付政策。推动生态保护红线所在地区和受益地区探索建立横向生态保护补偿机制,共同分担生态保护任务。

5. 加强生态保护与修复。实施生态保护红线保护与修复,作为山水林田湖生态保护和修复的重要内容。以县级行政区域为基本单元建立生态保护红线台账系统,制定实施生态系统保护与修复方案。优先保护良好生态系统和重要物种栖息地,建立和完善生态廊道,提高生态系统完整性和连通性。分区分类开展受损生态系统修复,采取封禁为主的自然恢复措施,辅以人工修复,改善和提升生态功能。选择水源涵养和生物多样性维护为主导生态功能的生态保护红线,开展保护和示范。按照陆海统筹综合治理的原则,开展海洋国土空间生态保护红线的生态整治修复,切实强化生态保护红线及周边区域污染联防联治,重点加强生态保护红线内入海河流综合整治。

6. 建立监测网络和监管平台。环境保护部、国家发改委、国土资源部会同有关部门建设和完善生态保护红线综合监测网络体系,充分发挥地面生态系统、环境、气象、水文水源、水土保持、海洋等监测站点和卫星的生态监测能力,布设相对固定的生态保护红线监控点位,及时获取生态保护红线监测数据。建立国家生态保护红线监管平台。依据国务院有关部门生态环境监管平台和数据,运用云计算、物联网等信息手段,全面掌握生态系统构成、分布与动态变化,及时评估和预警生态风险,提高生态保护红线管理决策科学化水平。实时监控人类干扰活动,及时发现破坏生态保护红线的行为,对监控发现的问题,通报当地政府,由有关部门依据各自职能组织开展现场核查,依法依规进行处理。

7. 开展定期评价。环境保护部、国家发改委会同有关部门建立生态保护红线评价机制。从生态系统格局、质量和功能等方面,建立生态保护红线生态功能评价指标体系和方法。定期组织开展评价,及时掌握全国重点区域、县域生态保护红线、生态功能状况及动态变化,评价结果作为优化生态保护红线布局、安排县域生态保护补偿资金和实行领导干部生态环境损害责任终身追究的依据,并向社会公布。

8. 强化执法监督。各级环境保护部门和有关部门要按照职责分工加强生态保护红线执法监督。建立生态保护红线常态化执法机制,定期开展执法督查,不断提高执法规范化水平。及时发现和依法处罚破坏生态保护红线的违法行为,切实做到有案必查,违法必究。有关部门要加强与司法机关的沟通协调,健全行政执法与刑事司法联动机制。

9. 建立考核机制。环境保护部、国家发改委会同有关部门根据评价结果和目标任务完成情况,对各省(自治区、直辖市)党委和政府开展生态保护成效考核,并将考核结果纳入生态文明建设目标考核体系,作为党政领导班子和领导干部综合评价及责任追究、离任审计的重要参考。

10. 严格责任追究。对违反建设生态保护红线管控要求,造成生态破坏的部门、地方、单位和有关责任人员按照有关法律法规和《党政领导干部生态环境损害责任追究办法(试行)》等规定实行责任追究。对推动生态保护红线工作不力的,区分情节轻重,予以诫勉。责令公开道歉组织处理或党纪政纪处分,构成犯罪的,依法追究刑事责任。对造成生态环境和资源严重破坏的,要实行终身追责,责任人不论是否已调离、提拔或者退休,都必须严格追责。

(五)强化组织保障

1. 加强组织协调。建立由环境保护部、国家发改委牵头的生态保护红线管理协调机制,明确地方和部门责任。各地要加强组织协调,强化监督执行,形成加快划定并严守生态保护红线的工作格局。

2. 完善政策机制。加快制定有利于提升和保障生态功能的土地、产业、投资等配套政策。推动生态保护红线有关立法,各地要因地制宜,出台相应的生态保护红线管理地方性法规。研究市场化、社会化投融资机制,多渠道筹集生态保护资金,发挥资金合力。

3. 促进共同保护。环境保护部、国家发改委会同有关部门定期发布生态保护红线监控、评价、处罚和考核信息,各地及时准确发布生态保护红线分布、调整、保护状况等信息,保障公众知情权和监督权。加大政策宣传力度,发挥媒体、公益组织和志愿者作用,畅通监督举报渠道。

第九节　生态保护补偿制度

一、生态保护补偿制度的概念和意义

(一)生态保护补偿制度的概念

生态保护补偿制度,简称生态补偿制度。通常所称的生态补偿,是指弥补生态系统的损失、消耗,恢复生态系统平衡和生态功能。《环境科学大辞典(修订版)》将生态补偿机制界定为:"为维护、恢复或改善生态系统服务功能,调整相关利益者的环境利益及其经济利益分配关系,以内化相关活动产生的外部成本为原则的一种具有经济激励特征的制度。"[16]《〈环境保护法〉学习读本》把生态补偿界定为:生态补偿主要是指对生态系统和自然资源保护所获得效益的奖励或破坏生态系统和自然资源所造成损失的赔偿。其主要内容包括:(1)对生态系统本身保护(恢复)或破坏的成本进行补偿;(2)通过经济手段将经济效益的外部性内部化;(3)对个人或区域保护生态系统和环境的投入或放弃发展机会的损失进行经济补偿;(4)对具有重大生态价值的区域或对象进行保护性投入。[17]

从实质上说,生态补偿可视为是一种外部化的生态环境成本的负担机制,是一种促进环境保护的利益驱动机制、激励机制和协调机制。通过重新分配环境资源,重新调整经济社会发展中的社会生产关系,实现经济—社会—自然生态复合系统的整体可持续生存和发展。[18]其特征主要是:(1)工具性。它是一种经济调节手段,通过生态补偿,平均分配环境成本及费用,提高

〔16〕《〈环境科学大辞典〉(修订版)》,中国环境科学出版社 2008 年版,第 566 页。

〔17〕信春鹰主编:《〈环境保护法〉学习读本》,中国民主法制出版社 2014 年版,第 154 页。

〔18〕张锋:《生态补偿法律保障机制研究》,中国环境科学出版社 2010 年版,第 10 页。

人们建设和保护生态环境的积极性以及抑制破坏生态平衡的行为，使外部经济性内部化，同时也是实施可持续发展战略的有效工具。(2)广泛性。狭义的生态补偿，是指对生态建设者在恢复、重建生态系统中所付出的成本费用进行的补偿；广义的生态补偿，还包括对预防生态环境恶化的费用的补偿，以及对因建设生态环境而遭受损失和丧失发展机会者的补偿。(3)方式的多样性。主要有资金补偿、实物补偿、政策补偿和智力技术补偿等。

生态补偿制度，是指有关生态补偿的原则、主体、客体、标准、方式以及专项资金的设立和使用规定的总称。

(二)生态补偿制度的意义

生态补偿制度的意义在于：(1)有利于构建和谐社会。通过受益者对生态功能提供者的补偿，协调"发达地区"和"欠发达地区"、上游地区和下游地区以及部门之间的补偿，可以减缓环境不公，进而减轻社会不公，促进社会公平和群体均衡，从而促进构建和谐社会。(2)有利于实现经济社会与生态环境保护可持续发展。如前所述，生态补偿是一种经济调节手段，可以促使生态环境资源开发利用者保护和恢复生态环境资源，从而保障其合理利用和持续发展。实行该制度，可以使企业生产过程的外部不经济性内部化，促使企业改善经营管理，提高技术水平，合理利用资源、能源，减少对生态环境的破坏和污染，实现经济社会与环境保护的可持续发展。(3)为恢复和治理生态环境开辟了一条资金渠道。整治和恢复生态环境需要大量的资金，通过征收生态环境补偿费，可以在一定程度上缓解资金紧张问题。它为建设和保护生态环境提供了一条新的资金渠道，增强了企业治理和恢复生态环境的能力。(4)有利于增强公众的生态保护意识。通过实施生态补偿制度，加强生态保护宣传教育，努力提高人们的生态保护意识，特别是提高各级领导决策者的生态保护意识，增强对生态保护和建设的自觉性和积极性，使经济社会同生态建设保护协调、可持续发展。

二、生态补偿制度的建立和发展

生态补偿制度最先是在外国实行的。19世纪末以来，一些西方发达国家，如美国、德国、日本、瑞士等就通过有关环境保护立法确立了生态补偿制度。美国是世界上生态补偿制度比较成熟的国家，1970年制定的《濒危物种法》、1977年的《露天采矿控制和复原法》、1978年的《合作林业援助法》等都规定了该项制度。

我国政府早在20世纪50年代开始进行了生态补偿制度的实践。1953年，建立林业基金制度。1981年国务院印发的《关于保护森林发展林业若干问题的决定》指出："国家建立林业基金制度"。1993年国务院《关于进一步加强造林绿化工作的通知》(2016年失效)指出："要改革造林绿化资金投入机制，逐步实行征收生态效益补偿制度。"1998年国务院发布的《全国生态环境建设规划》规定："加强已建立的林业基金、牧区育草基金的使用管理，切实用于水土保持、植树种草等生态环境建设，积极开辟新的投资渠道，按照'谁受益、谁补偿，谁破坏、谁恢复'的原则，建立生态补偿制度。"2005年国务院发布的《国务院关于落实科学发展观　加强环境保护的决定》指出："要完善生态补偿政策，尽快建立生态补偿机制。中央和地方财政转移支付应考虑生态补偿因素，国家和地方可以分别开展生态补偿试点。"2007年，原国家环境保护总局发布了《关于开展生态补偿试点工作的指导意见》。《水污染防治法》第8条规定："国家通过财政转移支付等方式，建立健全对位于饮用水水源保护区区域和江河、湖泊、水库上游地区的水环境生态保护补偿机制。"2009年修订的《森林法》第8条规定："国家设立森林生态效益补偿基金,用于提供生态效益的防护林和特种用途林的森林资源、林木的营造、育林、保护和管理。”党的十七大报告要求“建立健全资源有偿使用制度和生态环境补偿机制”。党的十八大报告提出要“建立反映市场供求和资源稀缺程度、体现生态价值和代际补偿的资源有偿使用制度和生态补偿制度”。十八大三中全会通过的《中共中央关于全面深化改革若干重大问题的决定》进一步提出要“坚持谁受益、谁补偿原则,完善对重点生态功能区的生态补偿机制,推动地区间建立横向生态补偿制度”。此外,《土地管理法》《矿产资源法》《水法》《草原法》《渔业法》《野生动物保护法》《可再生能源法》等也对生态补偿制度做了相应的规定。《环境保护法》第31条规定:“国家建立、健全生态保护补偿制度。国家加大对生态保护地区的财政转移支付力度。有关地方人民政府应当落实生态保护补偿资金,确保其用于生态保护补偿。国家指导受益地区和生态保护地区人民政府通过协商或者按照市场规则进行生态保护补偿。”

三、生态补偿制度的主要内容

(一)生态补偿的原则

1. 开发者保护、受益者补偿、损害者修复原则。开发者保护,是指进行开发活动对生态环境造成影响的单位和个人,应当采取有效措施,减轻或者抵销其活动对生态系统造成的影响;受益者补偿,是指政府或者生态系统服务功能的具体受益者应当向为生态保护做出贡献者提供补偿;损害者修复,是指造成生态环境损害或者损失者应当对生态环境进行修复和治理,以保护生态系统服务功能和生态系统价值。通过生态补偿,可以使外部不经济性内部化,抑制生态破坏行为;同时,也可以使外部经济性内部化,鼓励生态保护行为。

2. 统筹协调、共同发展的原则。生态保护地区和部门与生态受益地区和部门都有生存和发展权。生态补偿则是通过经济补偿来弥补生态保护地区和部门因生态保护而丧失发展的机会,并优先考虑最不利地区(部门)基本生存和发展权的需要,受益者不能用生态保护来限制生态保护地区(部门)的发展,而是要扶持该地区(部门)的经济发展。

3. 生态效益与经济效益相结合的原则。生态环境不仅具有生态效益,同时还有经济效益,生态环境的生态效益是其经济效益的基础和前提,只有维护好生态效益,才能实现经济效益;而经济效益又为提高生态效益创造有利条件,也为生态补偿提供经济基础。

4. 政府主导、市场运作的原则。在我国,政府是生态补偿工作的管理者、组织者和推动者。政府通过加大对生态保护地区的财政转移支付力度,为生态补偿的实施提供资金来源,如为配合退耕还林还草工程的实施,中央财政从2000年起设立退耕还林还草转移支付,对地方财政因实施退耕还林政策形成的农业税减收给予适当补助。2006年全面取消农业税后,为了保持政策的公平和有效衔接,中央财政每年继续定额补助有关地区10.6亿元。[19]在发挥政府推动优势的同时,还需要积极调动市场主体参与生态补偿。通过市场运作,从多方面筹集生态补偿资金,扩大生态补偿经费来源,缓解国家财政压力。

(二)生态补偿主体

生态补偿主体可以分为补偿义务主体和受偿权利主体。补偿义务主体包括:(1)生态受益者;(2)生态环境开发利用者。受偿权利主体包括:(1)生态保护者;(2)生态建设者。生态受益者与生态保护者或生态建设者构成对应的补偿与受偿关系。实践中,往往是由受益地政府

---

〔19〕 秦玉才、汪劲主编:《中国生态补偿立法 路在前方》,北京大学出版社2013年版,第278页。

补偿生态保护者或建设者所在地政府，再由政府按照特定标准将补偿款发放给具体的生态保护者或建设者。[20]

(三)生态补偿标准

生态补偿标准，是指在一定社会经济条件和环境公平观念下，对生态补偿进行支付的规范性准则，是生态补偿制度有效实施的技术保障。在确定生态补偿标准时，应考虑以下因素的综合作用和影响：(1)环境行为的性质和程度；(2)生态环境所在的区域或地区；(3)生态环境受影响的范围和程度；(4)生态环境恢复的难易程度等。总之，应当在国家制定统一的标准后，各地根据社会、经济、环境条件制定相应的地方标准，使从事生态保护的单位和个人不仅有资金来源，而且可以得到与从事其他工作一样的利益，以调动全社会参与生态建设的积极性。[21]

(四)生态补偿方式

生态补偿的方式可以分为纵向生态补偿方式和横向生态补偿方式。纵向生态补偿方式，是我国生态补偿实践的主要表现形式，也是未来生态补偿发展的主要方向；横向生态补偿方式，包括流域上下游之间、不同主体功能区之间、自然保护区内外同级别地方政府之间的补偿。当前，我国的生态补偿，一方面是加强行政手段的运用，政府通过财政转移支付等手段，推动生态补偿；另一方面是加强市场手段的运用，达到生态补偿的目的。

1. 国家加大对生态保护地区的财政转移支付力度。有关地方人民政府应当落实生态补偿资金，确保用于生态补偿。资金的安排使用，应当着重向欠发达地区、重要生态功能区、水系源头地区和自然保护区倾斜，优先支持生态环境保护作用明显的区域性、流域性重点环保项目，加大对区域性、流域性污染防治，以及污染防治新技术、新工艺开发和应用的资金支持力度。[22]

2. 国家指导受益地区和生态保护(建设)地区人民政府通过协商或者按照市场规定进行生态补偿。国家应当引导和鼓励生态保护(建设)地区和受益地区之间通过自愿协商实现合理的生态补偿。如2011年3月，财政部、环境保护部印发《关于启动实施新安江流域水环境补偿试点工作的函》，明确提出由中央财政、浙江省和安徽省政府各出一部分资金，通过相互协商，建立合理的生态补偿机制，取得了明显的效果。

第十节 征收环境保护税制度

一、征收环境保护税制度的概念和意义

(一)征收环境保护税的概念

关于环境税的名称，有的主张采用“生态税”或“绿色税”，有的主张采用“环境保护税”，也有的主张采用“庇古税”，因为最早提出环境保护税理论的是英国经济学家庇古。[23]我国采用了“环境保护税”的名称。环境保护税有狭义和广义之分。狭义的环境保护税，是指对环境污

---

〔20〕 王社坤：《〈生态补偿条例〉立法构想》，载《环境保护》2014年第13期。

〔21〕 孟庆渝、李慧：《生态补偿立法问题简论》，载《2006年中国法学会环境资源法研究会年会论文集》，2006年9月20日。

〔22〕 信春鹰主编：《〈环境保护法〉学习读本》，中国民主法制出版社2014年版，第156～157页。

〔23〕 邓保生主编：《环境税开征立法问题研究》，中国税务出版社2015年版，第6页。

染征税,即对环境中释放污染物进行支付的财政措施,通常是以排放污染物质的数量为基础来计算的。也可以理解为国家能限制环境污染的范围程度,而对导致环境污染的企业事业单位和其他生产经营者征收的一种税。广义的环境保护税,是指在税收体系中与环境、自然资源保护和利用有关的各种税种和税目的总称,除环境污染税、自然资源税外,还包括税收优惠政策等。

环境保护税除具有税收一般特征,即法定性、强制性和非直接返还性外,还具有其独有的特征。(1)科学技术性,它通常要通过科学监测,然后才能根据监测数据来确定课税标准,进而征税。(2)交叉性,环境保护税与税法体系中其他具有环境保护功能的税收政策所涵盖的范围有所重合。(3)专用性,其收入是专税专用,只能用于负担环境污染的治理和生态环境的改善等支出,不允许截留或挪作他用。国内外学者多年的研究为环境保护税的实践奠定坚实了理论基础,研究成果主要有外部性理论、公共物品理论、自然资本理论、可持续发展理论等。征收环境保护税制度,是指有关征税的对象、范围,计税依据和应纳税额,税收减免,征收管理等规定的总称。

(二)征收环境保护税制度的意义

环境保护税是一种特殊的税种,在具有一般税收的组织国家财政收入调节社会经济发展和公平社会收入分配等功能的同时,还具有更为明确的目的性和针对性。作为调节经济发展与环境资源的一种政策手段,它在明确环境责任的承担者和寻求责任的公平合理负担,抑制经济发展过程中产生的环境污染,减小环境的负荷等方面,具有重要的意义:(1)筹集财政收入。作为一种税制,它能够为政府筹集一定数量的资金,但与其他税种不同,环境保护税更加注重收入的使用方式,强调将其收入款专用于环境保护支出。(2)有效保护环境。环境保护税是对造成外部不经济的行为征税,引起经济主体的成本和效益的变化,因而引导自然环境和生态资源的使用者选择更为经济的生产和消费方式,减少环境破坏,同时也刺激经济主体开发能减少环境污染的新方法、新技术。由此可见,对外部不经济行为征税可以改变成本和分配方式,优化资源配置,促进资源合理有效利用,从而实现更有效保护环境。(3)促使环境责任公平分担。市场机制并不能保证责任的公平分担,因此,要求社会有一种可以实现公平目标的协调机制。环境保护税与一般税种不同,一般税种针对财产所得和收入等征税,而环境保护税则是将征收的重心转移到污染的行为和产品中,能够针对环境责任的承担者(如排污者),调整相应的负担方式,实现较为公平合理的责任分担。同时依靠环境保护税收入,对生态系统和自然资源中已造成的污染与破坏进行补偿,对因环境保护而丧失发展机会的区域内居民给予政策上的优惠以及资金、技术、实物上的支持,从而达到环境责任的公平分担和协调发展。

二、征收环境保护税制度的形成和发展

新中国成立后,于1950年统一了全国税制,此后又经历了1958年、1973年、1984年、1994年几次重大税制改革,逐步形成了现在的税制体系。特别是改革开放后的两次税制改革中,运用税收手段促进节约资源和保护环境的政策安排明显增多而且比较系统,调控范围越来越广,力度越来越大,初步形成了一套符合中国实际的环境保护税制体系。我国的环境保护税收制度,大致经历了思想启蒙、税制雏形和发展三个阶段。[24]

---

〔24〕 肖绪湖:《中国环境税改革研究》,中国财经出版社2012年版。

（一）环境保护税的思想启蒙阶段

这一阶段是指运用税收手段保护环境和资源这种思想意识的萌芽阶段，大约从1949年新中国成立到1954年工商税制改革前。该阶段国家大力发展采掘业、制造业和农业生产等民生产业和基础产业，需要大批发掘和使用各种矿产资源，大量开发农业用地。国家发展经济的注意力主要集中在发展生产、保障供给上，政府在制定经济发展规划时很少考虑到环境保护问题，在税制和税收政策上也很少有旨在保护环境和节约资源的安排。在这期间国家进行过几次较大规模的税制改革和调整，但鲜有基于保护环境和节约资源目的的税收政策考虑。在计划经济条件下，政府主要依靠行政手段管理经济，税收的宏观调控职能不被重视，税收职能主要还是筹集财政收入和发挥有限的经济调控作用。由于当时经济发展水平和环境保护意识的局限，我国在税制和税收政策的主要安排上都无明确体现出保护环境的意向。

1950年，我国颁布实施了《货物税暂行条例》（已失效），对香烟、白酒、鞭炮等产品分别实行以价征收，税率为20%～120%，对矿产品和原竹、原木实行以价征收，税率为3%～10%。但也主要还是基于筹集财政收入和倡导文明生活方式考虑。随着全国范围内对农业、资本主义工商业和手工业进行社会主义改造的基本完成，我国不断出现新的社会主义生产关系，并相应地进行工商税制改革。1958年国务院发布施行《工商统一税条例（草案）》（已失效），将原来的货物税、商品流通税、营业税和印花税合并成新的工商统一税，并首次规定对利用废品做原料生产的产品给予减免优惠。这在客观上对于节约资源和保护环境具有积极作用，因此可以视为我国环境保护税制的萌芽。

（二）环境保护税制雏形阶段

这一阶段是指环境保护税制从萌芽到逐步成型的实践过程，大约从1954年工商税制税改革到1994年分税制改革前。随着我国经济的快速发展，能源、资源紧缺和环境污染问题日渐凸显，国家开始有意识的运用行政、经济、法律等各种手段谋求解决之道，环境保护税制浮出水面。1984年，为促进城市经济体制改革，我国进行了大规模的工商税制改革，国务院在批转财政部《国营企业第二步利改税试行办法》的同时，发布了《产品税条例（草案）》（1993年失效）、《增值税条例（草案）》（1993年失效）、《营业税条例（草案）》（1993年失效）、《盐税条例（草案）》（1994年失效）、《资源税条例（草案）》（1993年失效）、《国营企业所得税条例（草案）》（1993年失效）等税收条例，初步建立了与发展社会主义商品经济适应的新的税制体系。新税制的很多政策规定对保护环境和资源具有积极的意义。这一时期，我国新出台的税制和税收政策都不同程度地考虑到资源节约和环境保护问题，开始借鉴国外经验，运用税收手段引导生产和消费行为，以达到限制资源浪费和保护环境目的。1984年开征的资源税，1988年开征的城镇土地使用税，促进保护环境和资源有效利用的税制意图更加明确。至此，我国环境保护税制已现雏形。

（三）环境保护税制发展阶段

这一阶段是指环境税制不断完善，形成体系的过程，大约从1994年实行分税制延续至今。1994年，为适应建立社会主义市场经济体制需要，国家进行了分税制财政体制改革，同时也对工商税制进行了新中国成立以来规模最大、范围最广泛、内容最深刻的改革。改革进一步增强了税收的调控职能，税收促进保护环境和节约资源的作用得到加强，整体上提高了税制的绿化程度。改革后的新税制一方面扩大了资源税的征收范围，加大了对清洁生产、节约生产的税收优惠，鼓励节约能源治污技术研发和投入；另一方面，加重了污染环境、浪费资源型产品的税收负担,更加凸显了利用税收保护资源和环境的政策导向,使我国的环境税制有了更大发展。2011年,国务院批准执行的《"十二五"节能减排综合性工作方案》明确提出:"积极推进环境税费改革,选择防治任务重,技术标准成熟的税目开征环境保护税,逐步扩大征收范围。"同年国务院发布《关于加强环境保护重点工作的意见》,明确提出实施有利于环境保护的经济政策,积极推进环境税费改革,研究开征环境保护税。党的十八届三中、四中全会提出"推进环境保护费改税""用严格的法律制度保护生态环境"。为了贯彻落实党中央、国务院决策部署,财政部、税务总局、环境保护部在调查研究的基础上,起草了《环境保护税法送审稿》。国务院法制办多次征求有关部门、各省级人民政府、行业组织、企业和专家的意见。在吸收采纳各方面意见的基础上,反复研究修改形成了《环境保护税法(草案)》。草案于2016年12月25日第十二届全国人民代表大会常务委员会第二十五次会议通过,自2018年1月1日起施行。

三、征收环境保护税制度的主要内容

(一)征收环境保护税制度的原则

1. 税收法定原则。包括征税要素法定原则、征税要素明确原则和程序保障原则。环境保护税作为一种税收,其征收必须符合法定原则的要求。必须由法律来规定征税主体的征税权和纳税主体的纳税义务,特别要强调行使征税权必须在法律规定的范围内,确定征纳双方的权利义务要以法律为依据,双方行使权利和履行义务均不能逾越法律规定。环境保护税的法定原则,既要有利于保护公民纳税权利,防止掌握权力的行政机关随意征税,又要使社会经济活动在法律规定下保持稳定性、可预测性。

2. 税收效率原则。该原则要求环境保护税法的制定和执行必须有利于提高经济运行的效率和税收行政的效率,其调整必须有利于减少纳税主体的奉行成本和额外负担,以降低社会成本。

3. 税收公平原则。该原则要求税收负担必须在依法负有纳税义务的主体之间进行公平分配,在各种税收法律关系中,纳税主体的地位必须平等。依据这一原则,必须普遍征税、平等征税和量能课税。

4. 环境保护税收国际协调原则。经济合作与发展组织(OECD)国家的环境税是从20世纪70年代建立的,最早是依据"污染者付费"进行补偿成本形式的收费。我国的环境保护税既考虑到国内环境保护、资源节约和生态平衡的资金需要,又要考虑与西方发达国家和其他发展中国家规定的环境税负担水平相适应,避免因各国征税范围不同而产生重复征税,避免其他国家转嫁污染,促使本国产品达到低污染、无污染的要求,以应对当前国际贸易体系中的绿色壁垒问题。

(二)征税对象和征税范围

1. 征税对象。征税对象亦称征税客体或课税客体,根据我国《环境保护税法》第3条的规定,征税对象为大气污染物、水污染物、固体废物和噪声税四类。第6条第1款规定,具体税目、税额依照该法所附《环境保护税税目税额》执行。

2. 征税范围。征税范围,是指环境保护税法给征税对象所划定的具体范围,因而征税对象常表现为征税范围。它们在本质上是对同一事物基于不同视角的考察。

根据《环境保护税法》第4条,有下列情形之一的,不属于直接向环境排放污染物,不缴纳相应污染物的环境保护税:(1)企业事业单位和其他生产经营者向依法设立的污水集中处理、生活垃圾集中处理场所排放应税污染物的;(2)企业事业单位和其他生产经营者在符合国家和

地方环境保护标准的设施、场所贮存或者处置固体废物的。依法设立的城乡污水集中处理、生活垃圾集中处理场所超过国家和地方规定的排放标准向环境排放应税污染物的,应当缴纳环境保护税。企业事业单位和其他生产经营者贮存或者处置固体废物不符合国家和地方环境保护标准的,也应当缴纳环境保护税。

(三)计税依据和应纳税额

1. 计税依据。《环境保护税法》第7条规定:“应税污染物的计税依据,按照下列方法确定:(一)应税大气污染物按照污染物排放量折合的污染当量数确定;(二)应税水污染物按照污染物排放量折合的污染当量数确定;(三)应税固体废物按照固体废物的排放量确定;(四)应税噪声按照超过国家规定标准的分贝数确定。”应税大气污染物、水污染物的污染当量值,以该污染物的排放量除以该污染物的污染当量值计算。每种应税大气污染物、水污染物的具体污染当量值,依照本法所附《应税污染物和当量值表》执行。应税大气污染物、水污染物、固体废物的排放量和噪声的分贝数,按照下列方法和顺序计算:(1)纳税人安装使用符合国家规定和监测规范的污染物自动监测设备的,按照污染物自动监测数据计算;(2)纳税人未安装使用污染物自动监测设备的,按照监测机构出具的符合国家有关规定和监测规范的监测数据计算;(3)因排放污染物种类多等原因不具备监测条件的,按照国务院环境保护主管部门规定的排污系数、物料衡算方法计算;(4)不能按照《环境保护法》第10条第1项至第3项规定的方法计算的,按照省、自治区、直辖市人民政府环境保护主管部门规定的抽样测算的方法核定计算。

2. 应纳税额。《环境保护税法》第11条规定:(1)应税大气污染物的应纳税额为污染当量数乘以具体适用税额;(2)应税水污染物的应纳税额为污染当量数乘以具体适用税额;(3)应税固体废物的应纳税额为固体废物排放量乘以具体适用税额;(4)应税噪声的应纳税额为超过国家规定标准的分贝数对应的具体适用税额。

(四)税收减免

税收优惠是一种减免纳税人负担的机制安排,是税收宏观调控政策的重要手段。我国《环境保护税法》第12条规定:“下列情形,暂予免征环境保护税:(一)农业生产(不包括规模化养殖)排放应税污染物的;(二)机动车、铁路机车、非道路移动机械、船舶和航空器等流动污染源排放应税污染物的;(三)依法设立的城乡污水集中处理、生活垃圾集中处理场所排放相应应税污染物,不超过国家和地方规定的排放标准的;(四)纳税人综合利用的固体废物,符合国家和地方环境保护标准的;(五)国务院批准免税的其他情形。”

《环境保护税法》第13条规定:“纳税人排放应税大气污染物或者水污染物的浓度值低于国家和地方规定的污染物排放标准百分之三十的,减按百分之七十五征收环境保护税。纳税人排放应税大气污染物或者水污染物的浓度值低于国家和地方规定的污染物排放标准百分之五十的,减按百分之五十征收环境保护税。”

(五)税收管理

税收管理,是指国家税务征收机关依据税收征管法等有关法律法规的规定,对税款征收过程进行的组织、管理、检查等一系列工作的总称。征收征管是整个税收管理活动的中心环节,是实现税收目标,将潜在的税源变为现实的税收收入的手段,也是贯彻国家产业政策,指导、监督纳税人正确履行纳税义务,发挥税收功能的重要措施和基础性工作。税收管理的详尽性不仅决定了税收的有效性,还决定了它的可接受性。

环境保护税由税务机关,依照《税收征收管理法》和《环境保护税法》的有关规定征收管理,环境保护主管部门依照本法和有关环境保护法律法规的规定负责对污染物的监测管理。县级以上地方人民政府应当建立税务机关,环境保护主管部门和其他相关单位分工协作工作机制,加强环境保护税征收管理,保障税款及时足额入库。

环境保护主管部门和税务机关应当建立涉税信息共享平台和工作配合机制。环境保护主管部门应当将排污单位的排污许可、污染物排放数据、环境违法和受行政处罚情况等环境保护相关信息,定期交送税务机关;税务机关应当将纳税人的纳税申报、税款入库、减免税额、欠缴税款以及风险疑点等环境保护税涉税信息,定期交送环境保护主管部门。

第十一节　排污许可管理制度

一、排污许可管理制度的概念和意义

(一)排污许可管理制度的概念

排污许可管理,是指凡需要向环境排放特定污染物的单位和个人,必须事先向环境保护主管部门办理申领排污许可证手续,经批准获得排污许可证后方能向环境排放污染物。排污许可管理制度,是指有关许可证的申请、发放、许可证内容、排污量核定、发证后实施和监管等规定的总称。该制度的核心是将排污者应当遵守的有关国家环境保护法律法规、政策标准、总量控制目标和环境保护技术规范等方面的要求具体化,有针对性地、具体地、集中地规定在每个排污者排污许可证上,约束排污者的排污行为,要求其持证排污、按证排污。[25]

实行该制度对环境保护主管部门也提出了精细化管理的要求,不仅要在科学掌握辖区的环境容量的基础上,结合环境容量要求,公正地分配排污量,还要对排污情况进行及时有效的监督,需对每一个被许可对象以及排污种类和数量进行连续准确的监测,以确定其排污数量是否符合排污许可证规定,是否按照排污许可证的要求排放污染物。

(二)排污许可证管理制度的意义[26]

排污许可证管理制度的意义在于:(1)实施污染物总量控制的需要。随着我国经济的发展,废气、废水、固体废物的排放量也逐渐增大,虽然不少污染源排出的废水、废气在浓度上已达到国家或地方规定的排放标准,可是污染物的总量还在不断增加,环境质量仍然在恶化。因此,只有在实行排污浓度控制的基础上,对一些重点污染源实施排污总量控制,发放排污许可证,才能从总体上有效控制污染,以保证实现环境质量要求。(2)污染治理与环境质量目标相结合的需要。以往衡量污染源治理是否合格的标准是浓度标准,不管污染源的大小,排放的是何种污染物,也不问污染源所处的位置和排放的总量多少,很少考虑污染物排放密度和环境质量所承受的能力。实行排污许可管理制度,力求从污染物总量控制出发,注重整个区域环境质量的改善,针对不同地区不同的环境质量要求,来确定不同污染源削减不同污染物的排放量,将污染治理与环境质量目标的实现紧密地结合起来。(3)区域污染治理总费用最小的需要。污染治理必须以改善环境质量为前提,浓度控制追求"一刀切"的排放标准,势必造成某些污染

---

〔25〕 信春鹰主编:《〈环境保护法〉学习读本》,中国民主法制出版社2014年版,第197页。

〔26〕 中国环境管理制度编写组:《中国环境管理制度》,中国环境科学出版社1991年版,第113~115页。

源的过度治理,搞“小而全”,增大对治理设施的投资和运行费用。总量控制基础上的排污许可管理制度,与环境质量目标和污染物排放总量相联系,就有可能集中财力、物力和技术、管理力量,抓住重点,首先治理主要污染大户或者比较容易治理的污染源,用较少的代价去最大限度地削减污染物。

二、排污许可管理制度的建立和发展

瑞典是实行排污许可证最早的国家,早在1969年颁布的《环境保护法》中,有将近一半的条款是关于许可证的规定,其主要内容包括许可证颁发的条件、申请办法、对申请的审查、决定及纠正等。澳大利亚于1970年开始实行排污许可证制度,要求被认为会造成重要环境危害的企业需要获得排污许可。美国于1972年修订的《联邦水污染控制法》,规定了所有排入国家通航水体的污染源必须在排放前取得许可,否则就是违法行为,1990年修订的《清洁空气法》增设了许可证专章,强化了空气污染的排污许可证的规定。近年来,美国联邦环保局对排污许可证制度的管理做了一些改革。法国于1973年颁布法令,确定了排污许可证制度,其适用范围在污水排放和生活垃圾处理方面。

我国于1987年在水污染防治领域进行许可证制度的试点工作,1988年3月,原国家环境保护局发布了《水污染物排放许可证管理暂行办法》(2007年10月8日失效),并决定在上海、北京等十八个市(县)开展“水污染物排放许可证”试点工作。1991年,原国家环境保护局决定在上海、天津等十六个城市进行排放大气污染物许可证制度的试点工作。截至1994年,发放排放大气污染物的许可证试点的城市共有16个,同年年底试行水污染物排放许可证制度的城市达到240个。现行《大气污染防治法》和《水污染防治法》均规定了排污许可证制度。现行《环境保护法》第45条规定:“国家依照法律规定实行排污许可管理制度。实行排污许可管理的企业事业单位和其他生产经营者应当按照排污许可证的要求排放污染物;未取得排污许可证的,不得排放污染物。”2016年12月23日,环境保护部印发了《排污许可证管理暂行规定》。从此,该制度成为我国的一项重要的环境管理法律制度。

三、排污许可管理制度的主要内容

(一)排污许可管理的管理模式

环境保护部负责全国排污许可制度的统一监督管理。制定政策、标准、规范,指导地方实施排污许可制度。省级环境保护主管部门负责本行政区域排污许可证制度的组织实施和监督。县级环境保护主管部门负责实施简化管理的排污许可证核发工作。其余的排污许可证原则上由地(市)级环境保护主管部门核定。地方法规另有规定的,从其规定。环境保护主管部门根据污染物产生量、排放量和环境危害程度的不同,在排污许可管理名录中规定对不同行业或同一行业的不同类型排污单位实行排污许可差异化管理。对污染物产生量和排污量较小、环境危害程度较低的排污单位实行排污许可简化管理。县级环境保护主管部门负责实施简化管理的排污许可证核发工作,其余的排污许可原则上由地(市)级环境保护主管部门负责核发。

(二)排污许可证管理原则

1. 持证排放原则。排污单位应当依法取得排污许可证,按照排污许可证的要求排放污染物,应当取得排污许可证而未取得的,不得排放污染物,排污许可证的持有者,必须按照排污许可证核定的污染物种类、控制指标和规定的方式排放污染物。

2. 总量控制原则。在实行污染物排放总量控制的区域,对排污者有污染物排放总量控制指标要求的,排污者不得超过国家和地方规定的排放标准和总量控制指标。

3. 持续削减原则。国家鼓励排污者采取可行的经济、技术或管理等手段实施清洁生产,持续削减其污染物排放强度、浓度和总量。

(三)排污许可证的内容

排污许可证由正本和副本构成,正本载明基本信息,副本载明基本信息、许可事项、管理要求等信息。根据《排污许可证管理暂行规定》第9条,下列许可事项应当在排污许可证副本中载明:(1)排污口位置和数量、排放方式、排放去向等;(2)排放污染物种类、许可排放浓度、许可排放量;(3)法律法规规定其他许可事项。对实行排污许可简化管理的排污单位,许可事项只包括(1)以及(2)中的排放污染物的种类、许可排放浓度。排污单位承诺执行更加严格的排放浓度和排放量并为此享受国家或地方优惠政策的,应当将更加严格的排放浓度和排放量在副本中载明,地方人民政府制定的环境质量限期达标规划、重污染天气应对措施中,对排污单位污染物排放有特别要求的,应当在排污许可证副本中载明。

下列环境管理要求也应当在排污许可证副本中载明:(1)污染防治设施运行、维护,无组织排放控制等环境保护要求;(2)自行监测方案、台账记录、执行报告等要求;(3)排污单位自行监测、执行报告等信息公开要求;(4)法律法规规定的其他事项。

排污许可证正本和副本应载明排污单位名称、注册地址、法定代表人或者实际负责人、生产经营场所地址、行业类别、组织机构代码、统一社会信用代码等排污单位基本信息,以及排污许可证有效期限、发证机关、发证日期、证书编号和二维码等信息。排污许可证副本还应载明主要生产装置、主要产品及产能、主要原辅材料、产生排污环节、污染防治设施、排污权有偿使用和交易等信息。对实行排污许可简化管理的可适当简化。

(四)排污许可证的申请和核发

1. 排污许可证的申请

(1)现有排污单位应当在规定的期限内向具有排污许可证核发权限的核发机关申请领取排污许可证;新建项目的排污单位应当在投入生产或者使用并产生实际排污行为之前申请领取排污许可证。

(2)环境保护部制定排污许可证申请与核发技术规范,排污单位依法按照排污许可证申请与核发技术规范,提交排污许可申请,申报排放污染物的种类、排放浓度等,测算并申报污染物排放量。

(3)排污单位在申请排污许可证前,应当将主要申请内容,包括排污单位基本信息、拟申请的许可事项、产生排污环节、污染防治设施,通过国家排污许可证管理平台或者其他规定途径等便于公众知晓的方式向社会公开。公开时间不得少于5日。对实行排污许可简化管理的排污单位,可不进行申请前信息公开。

(4)排污单位应当在国家排污许可证管理信息平台上填报并提交排污许可证申请,同时向有核发权的环境保护主管部门提交通过平台印制的书面材料。排污单位对申请材料的真实性、合法性、完整性负法律责任。对实行排污许可简化管理的排污单位,上述材料可适当简化。

2. 排污许可证的核发

(1)核发机关收到排污单位提交的申请材料后,对材料的完整性、规范性进行审查,按下列情形分别作出处理:其一,依《排污许可证管理暂行规定》不需要取得排污许可证的,应当即时告知排污单位不需要办理。其二,不属于本行政机关职权范围的,应当即时作出不予受理的决定,并告知排污单位有核发权限的机关。其三,申请材料不齐全的,应当当场或者 5 日内出具一次性告知单,告知排污单位需要补充的全部材料。逾期不告知的,自收到申请材料之日起即为受理。其四,申请材料不符合规定的,应当当场或在 5 日内出具一次性告知单,告知排污单位需要改正的全部内容,可以当场改正的,应当允许排污单位当场改正。逾期不告知的,自收到申请材料之日起即为受理。其五,属于本行政机关职权范围,申请材料齐全,符合规定或者排污单位要求接受全部补正申请材料的,应当受理。核发机关应当在国家排污许可证管理信息平台上作出受理或者不予受理排污许可申请的决定,同时向排污单位出具加盖本行政机关专用印章和注明日期的受理或不予受理告知单。

(2)核发机关根据排污单位申请材料和承诺,对满足下列条件的排污单位核发排污许可证,对申请材料中存在疑问的,可开展现场核查:其一,不属于国家或地方政府明确规定予以淘汰或取缔的;其二,不位于饮用水水源保护区等法律法规明确规定禁止建设区域内;其三,有符合国家或地方要求的污染防治设施和污染物处理能力;其四,申请的排放浓度符合国家或地方规定的相关标准和要求,排放量符合排污许可证申请与核发技术规范的要求;其五,申请表中填写的自行监测方案、执行报告上报频次、信息公开方案符合相关技术规范要求;其六,对新改扩建项目的排污单位,还应满足环境影响评价文件及批复的相关要求,如果是通过污染物排放等量或减量替代削减获得总量指标的,还应审核被替代削减的排污单位排污许可证变更情况;其七,排污口设置符合国家或地方的要求;其八,法律法规规定的其他要求。

(3)核发机关作出准予许可决定的,须向国家排污许可管理信息平台提交审核结果材料并申请获取全国统一的排污许可证编码。核发机关自作出许可决定起 10 日内,向排污单位发放加盖本行政机关印章的排污许可证,并在国家排污许可管理信息平台上进行公告;作出不予许可决定的,核发机关应当出具不予许可书面决定书,书面告知排污单位不许可的理由以及享有依法申请行政复议或提请行政诉讼的权利,并在国家排污许可管理信息平台上进行公告。

(4)在排污许可证有效期内,有下列事项发生变化的,排污单位应当在规定时间内向原核发机关提出变更排污许可证的申请:其一,排污单位名称、注册地址、法定代表人或实际负责人等正本中载明的基本信息发生变更之日起 20 日内;其二,《排污许可证管理暂行规定》第 10 条中排污事项发生变更之日前 20 日内;其三,排污单位在原场址内实施新改扩建设项目应当开展环境影响评价的,在通过环境影响评价审批或者备案后,产生实际排污行为之前 20 日内;其四,国家或地方实施新污染物排放标准的,核发机关应主动通知排污单位进行变更,排污单位在接到通知后 20 日内申请变更;其五,政府相关文件或与其他企业达成协议,进行区域替代实现减量排放的,应在文件或协议规定时限内提出变更申请;其六,需要进行变更的其他情形。

(5)申请变更排污许可证的,应当提交下列材料:排污许可证申请表;排污许可证正本、副本复印件;与变更排污许可证有关的其他材料。排污单位应当书面承诺对变更材料的真实性、合法性、完整性负法律责任以及严格执行变更后排污许可证的规定。核发机关应当对变更申请材料进行审查。同意变更的,在副本中载明变更内容并加盖本行政机关印章,发证日期和有效期与原证书一致。

(6)排污许可证有效期届满后需要继续排放污染物的,排污单位应当在有效期届满前 30 日内向原核发机关提出延续申请。核发机关应当对延续申请材料进行审查。同意延续的,应当自受理延续申请之日起 20 日内作出延续许可决定,向排污单位发放加盖本行政机关印章的排污许可证,并在国家排污许可证管理信息平台上进行公告,同时收回原排污许可证正本、副本。

(7)有下列情形之一的,排污许可证核发机关或其上级机关,可以撤销排污许可决定并及时在国家排污许可证管理信息平台上进行公告:其一,超越法定职权核发排污许可证的;其二,违反法定程序核发排污许可证的;其三,核发机关工作人员滥用职权、玩忽职守核发排污许可证的;其四,对不具备申请资格或者不符合法定条件的申请人准予行政许可的;其五,排污单位以欺骗、贿赂等手段取得排污许可证的;其六,依法可以撤销排污许可决定的其他情形。

(8)有下列情形之一的,核发机关应当依法办理排污许可证的注销手续并及时在国家排污许可证管理信息平台上进行公告:其一,排污许可证有效期届满未延续的;其二,排污单位被依法终止不再排放污染物的;其三,法律规定应当注销的其他情形。

(9)排污许可证发生遗失、损毁的,排污单位应当在30日内向原核发机关申请补领排污许可证,遗失排污许可证的还应同时提交遗失声明;损毁排污许可证的,还应同时交回被损毁的许可证,核发机关应当在收到补领申请后10日内核发排污许可证,并及时在国家排污许可证管理信息平台上进行公告。

(10)禁止涂改、伪造排污许可证。禁止以出租、出售、买卖或其他方式转让排污许可证。排污单位应当在生产经营场所内方便公众监督的位置悬挂排污许可证正本。

(五)排污许可证的实施与监管

1. 排污许可证的实施

排污单位应当严格执行排污许可证的规定,遵守下列要求:(1)排污口位置和数量、排放方式、排放去向、排放污染物种类、排放浓度和排放量、执行的排放标准等符合排污许可证的规定,不得私设暗管或以其他方式逃避监管;(2)按排污许可证规定的监测位点、监测因子、监测频次和机关监测技术规范开展自行监测并公开;(3)落实重污染天气应急管控措施,遵守法律规定的最新环境保护要求等;(4)按规范进行台账记录,主要内容包括生产信息、燃料、原辅材料、使用情况、污染防治设施运行记录、监测数据等;(5)按排污许可证规定,定期在国家排污许可管理信息平台填报信息,编制排污许可证执行报告,及时报送有核发权的环境保护主管部门并公开,执行报告主要内容包括生产信息、污染防治设施运行情况、污染物按证排放情况等;(6)法律规定的其他义务。

2. 排污许可证的监管

(1)环境保护主管部门应依据排污许可证对排污单位排放污染物行为进行监管执法,检查许可事项落实情况,审查排污单位台账记录和许可证执行报告,检查污染防治设施运行、自行监测、信息公开等排污许可证管理要求的执行情况。在国家排污许可管理信息平台上公布监督检查情况,对检查中发现违反排污许可证行为的,应记入企业信用信息公示系统。(2)上级环境保护主管部门可采取随机抽查的方式对具有核发权限的下级环境保护主管部门的排污许可证核发情况进行监督检查和指导。(3)鼓励社会公众、新闻媒体等对排污单位的排放行为进行监督。排污单位应及时公开信息,畅通与公众沟通渠道,自觉接受公众监督。(4)除涉及国家机密或商业秘密之外,排污单位应当按规定,及时在国家排污许可管理信息平台上公开相关信息,环境保护主管部门应当在国家排污许可管理信息平台公开排污许可监督管理和执法信息。

第十二节　突发环境事件应急预案制度

一、突发环境事件应急预案制度的概念和意义

（一）突发环境事件应急预案制度的概念

突发环境事件，是指由于污染物排放或者自然灾害、生产安全事故等因素，导致污染物或者放射性物质等有毒有害物质进入大气、水体、土壤等环境介质，突然造成或者可能造成环境质量下降，危及公众身体健康和财产安全，或者造成生态环境破坏或者造成重大社会影响，需要采取紧急措施予以应对的事件。

这类事件的主要特征是：发生的突然性；形式的多样性；危害的严重性；处理处置的艰巨性。突发环境事件应急预案制度，是指有关突发环境事件编制依据、适用范围、工作原则、事件分级、组织指挥系统、监测预警和信息报告、应急响应、后期工作、应急保障等规定的总称。

（二）突发环境事件应急预案制度的意义

突发环境事件应急预案制度的意义在于：(1)有利于预防和减少突发环境事件的发生，控制、减轻和消除突发环境事件引起的危害。突发环境事件应急预案制度，要求对突发环境事件隐患进行调查、登记，建立存在潜在性突发环境事件的企业档案，加强管理，定期检查，对安全措施不落实的企业单位，责令其停产、整顿或者限期整改，消除不安全因素，从而做好源头控制，防患于未然。(2)有利于提高处理、处置突发环境事件的能力。县级以上环境保护主管部门在本级人民政府统一领导下，若发生突发环境事件时，能迅速调取有关预案资料，指导应急监测和处理处置人员迅速、有序、高效地采取应急措施，最大限度地减少突发环境事件及其造成的人员伤亡和危害。

二、突发环境事件应急预案制度的建立和完善

2004 年，我国修订的《宪法》中增设了紧急状态下的条款，为突发环境事件的应急立法提供了宪法依据。1989 年修订的《环境保护法》第 31 条规定：“因发生事故或者其他突然性事件，造成或者可能造成污染事故的单位，必须立即采取措施处理，及时通报可能受到污染危害的单位和居民，并向当地环境保护行政主管部门和有关部门报告，接受调查处理。可能发生重大污染事故的企业事业单位，应当采取措施，加强防范。”第 32 条规定：“县级以上地方人民政府环境保护行政主管部门，在环境受到严重污染威胁居民生命财产安全时，必须立即向当地人民政府报告，由人民政府采取有效措施，解除或者减轻危害。”此外，《固体废物污染环境防治法》《海洋环境保护法》《放射性污染防治法》《水污染防治法》《大气污染防治法》等也对该制度做了规定。1987 年，原国家环境保护局发布的《报告环境污染与破坏事故的暂行办法》（2006 年失效），为环境事故报告处理制度做了具体规定。

随着工农业的高速发展，各种环境污染日益加剧，突发性环境事件也不断增多。为适应新形势的需要，经国务院批准，2005 年，国务院办公厅印发了《国家突发环境事件应急预案》，该预案于 2014 年做了修改。2014 年，环境保护部公布了《突发环境事件调查处理办法》；2015 年，环境保护部公布了《突发环境预案应急管理办法》。《环境保护法》第 47 条规定：“各级人民政

府及其有关部门和企业事业单位,应当依照《中华人民共和国突发事件应对法》的规定,做好突发环境事件的风险控制、应急准备、应急处置和事后恢复等工作。县级以上人民政府应当建立环境污染公共监测预警机制,组织制定预警方案;环境受到污染,可能影响公众健康和环境安全时,依法及时公布预警信息,启动应急措施。企业事业单位应当按照国家有关规定制定突发环境事件应急预案,报环境保护主管部门和有关部门备案。在发生或者可能发生突发环境事件时,企业事业单位应当立即采取措施处理,及时通报可能受到危害的单位和居民,并向环境保护主管部门和有关部门报告。突发环境事件应急处置工作结束后,有关人民政府应当立即组织评估事件造成的环境影响和损失,并及时将评估结果向社会公布。”

三、突发环境事件应急预案制度的主要内容

(一)应急预案的适用范围

突发环境应急预案适用于我国境内突发事件应对工作。核设施及有关核活动发生的核事故所造成的辐射污染事件、海上溢油事件、船舶污染事件的应对工作,按照其他相关应急预案规定执行。重污染天气应对工作按照国务院《大气污染防治行动规划》等有关规定执行。

(二)突发环境事件工作原则

突发环境事件应当坚持统一领导、分级负责、属地为主、协调联动、快速反应、科学处置、资源共享、保障有力的原则。突发环境事件发生后,地方人民政府和有关部门应立即自动按照职责分工和相关预案开展应急处置工作。

(三)突发环境事件的分级

突发环境事件按照事件严重程度,分为特别重大、重大、较大和一般四级。分级标准为:

1. 凡符合下列情形之一的,为特别重大突发环境事件:(1)因环境污染直接导致30人以上死亡或100人以上中毒或重伤的;(2)因环境污染疏散、转移人员5万人以上的;(3)因环境污染造成直接经济损失1亿元以上的;(4)因环境污染造成区域生态功能丧失或该区域国家重点保护物种灭绝的;(5)因环境污染造成设区的市级以上城市集中式饮用水水源地取水中断的;(6)Ⅰ、Ⅱ类放射源丢失、被盗、失控并造成范围严重辐射污染后果的;放射性同位素和射线装置失控导致3人以上急性死亡的;放射性物质泄漏,造成大范围辐射污染后果的;(7)造成重大跨国影响的境内突发环境事件。

2. 凡符合下列情形之一的,为重大突发环境事件:(1)因环境污染直接导致10人以上30人以下死亡或50人以上100人以下中毒或重伤的;(2)因环境污染疏散、转移人员1万人以上5万人以下的;(3)因环境污染造成直接经济损失2000万元以上1亿元以下的;(4)因环境污染造成区域生态功能部分丧失或该区域国家重点保护野生动植物种群大批死亡的;(5)因环境污染造成县级城市集中式饮用水水源地取水中断的;(6)Ⅰ、Ⅱ类放射源丢失、被盗的;放射性同位素和射线装置失控导致3人以下急性死亡或者10人以上急性重度放射病、局部器官残疾的;放射性物质泄漏,造成较大范围辐射污染后果的;(7)造成跨省级行政区的突发环境事件。

3. 凡符合下列情形之一的,为较大突发环境事件:(1)因环境污染直接导致3人以上10人以下死亡或10人以上50人以下中毒或重伤的;(2)因环境污染疏散、转移人员5000人以上1万人以下的;(3)因环境污染造成直接经济损失500万元以上2000万元以下的;(4)因环境污染造成国家重点保护的动植物物种受到破坏的;(5)因环境污染造成集中式饮用水水源地取水中断的;(6)Ⅲ类放射源丢失、被盗的;放射性同位素和射线装置失控导致10人以下急性重度

放射病、局部器官残疾的；放射性物质泄漏，造成小范围辐射污染后果的；（7）造成设区的市级行政区域影响的突发环境事件。

4. 凡符合下列情形之一的，为一般突发环境事件：（1）因环境污染直接导致 3 人以下死亡或 10 人以下中毒或重伤的；（2）因环境污染、疏散、转移人员 5000 人以下的；（3）因环境污染造成直接经济损失 5000 元以下的；（4）因环境污染造成跨县行政区域纠纷，引起一般性群体影响的；（5）Ⅳ、Ⅴ类放射源丢失、被盗的；放射性同位素和射线装置失控导致人员受到超过年剂量限值的照射的；放射性物质泄漏，造成厂区内或设施内局部辐射污染后果的；铀矿冶、伴生矿超标排放，造成环境辐射污染后果的；（6）对环境造成一定影响，尚未达到较大突发环境事故级别的。

（四）突发环境事件组织指挥体系

1. 国家层面组织指挥机构。环境保护部负责重特大突发环境事件应对的指导协调和环境应急的日常监督管理工作。根据突发环境条件的发展态势及影响，环境保护部或省级人民政府可报请国务院批准，或根据国务院领导同志指示、成立国务院工作组，负责指导、协调、督促有关地区和部门开展突发环境事件应对工作。必要时，成立国家环境应急指挥部，由国务院领导担任总指挥，统一领导、组织和指挥应急处置工作，国务院办公厅履行信息汇总和综合协调职责，发挥运转枢纽作用。

2. 地方层面组织指挥机构。县级以上地方人民政府负责本行政区域内的突发环境事件应对工作，明确相应组织指挥机构。跨行政区域的突发环境事件应对工作，由各有关行政区域人民政府共同负责，或由有关行政区域共同的上一级人民政府负责。对需要国家层面协调处置的跨省级行政区域突发环境事件，由有关省级人民政府向国务院提出请求，或由有关省级环境保护主管部门向环境保护部提出请求。地方有关部门按照职责分工，密切配合，共同做好突发环境事件应对工作。

3. 现场指挥机构。负责突发环境事件应急处置的人民政府根据需要成立现场指挥部，负责现场组织指挥工作。参加现场处置的有关单位和人员要服从现场指挥部的统一指挥。

（五）监测预警和信息报告

1. 监测和风险分析。各级环境保护主管部门及其他有关部门要加强日常监测，并对可能导致突发环境事件的风险信息加强收集、分析和研判。安全监管、交通运输、公安、住房、城乡建设、水利、农业、卫生计生、气象等有关部门按照职责分工，应当及时按可能导致突发环境事件的信息通报同级环境保护主管部门。企业事业单位和其他生产经营者应当落实环境安全主体责任，定期排查环境安全隐患，开展环境安全评估，健全风险防控措施，当出现可能导致突发环境事件的情况时，要立即报告当地环境保护主管部门。

2. 预警。包括预警分级、预警信息发布、预警行动。按照事件发生的可能性大小、紧急程度和可能造成的危害程度，将预警分为四级，由低到高依次用蓝色、黄色、橙色和红色表示。地方各级人民政府或其授权的相关部门，及时通过电视、广播、报纸、互联网、手机短信、当面报告等渠道或者方式向本行政区域公众发布预警信息，并报道可能影响到的相关地区。上级环境保护主管部门要将监测到的可能导致突发环境事件的有关信息，及时报道可能受到影响的下级环境保护主管部门。预警发布后，当地人民政府及其有关部门视情况采取如下措施：（1）分析研判；（2）防范处置；（3）应急准备；（4）舆论引导。发布突发环境事件预警信息的地方人民政府或有关部门，应当根据事态发展情况和采取措施的效果适时调整预警级别；当判断不可能发生突发环境事件或者危险已经消除时,宣布解除预警,适时终止相关措施。

3. 预警报告与通报。突发环境事件发生后,涉及企业、事业单位或者其他生产经营者必须采取应对措施,并立即向当地环境保护主管部门和相关部门报告,同时通报可能受到污染危害的单位和居民。因生产安全事故导致突发环境事件的,安全监管等有关部门应当及时通报同级环境保护主管部门。事发地环境保护主管部门接到突发环境事件信息报告或者监测到相关信息后,应当立即进行核实,对突发环境事件的性质和类别作出初步认定,按照国家规定的时限、程序和要求向上级环境保护主管部门和同级人民政府报告,并报告同级其他相关部门。对以下突发环境事件信息,省级人民政府和环境保护部应当立即向国务院报告:(1)初判为特别重大或重大环境事件;(2)可能或已引发大规模群体性事件的突发环境事件;(3)可能造成国际影响的境内突发环境事件;(4)境外因素导致或者可能导致我国境内突发环境事件;(5)省级人民政府和环境保护部认为有必要报告的其他环境事件。

(六)应急响应

1. 响应分析。根据突发环境事件的严重程度和发展态势,将应急响应设定为Ⅰ级、Ⅱ级、Ⅲ级、Ⅳ级四个等级。初判发生特别重大、重大突发环境事件,分别启动Ⅰ级、Ⅱ级应急响应,由事发地省级人民政府负责应对工作;初判发生较大突发环境事件,启动Ⅲ级应急响应,由事发地设区的市级人民政府负责应对工作;初判发生一般突发环境事件,启动Ⅳ级应急响应,由事发地县级人民政府负责应对工作。突发环境事件发生在易造成重大影响的地区或重要时段时,可适当提高响应级别。应急响应启动后,可视事件损失情况及其发展趋势调整响应级别,避免响应不足或响应过度。

2. 响应措施。突发事件发生后,各有关地方、部门和单位根据工作需要,组织采取如下措施:(1)现场污染处置;(2)转移安置人员;(3)医学救助;(4)应急监测;(5)市场监管和调控;(6)信息发布和舆论引导;(7)维护社会稳定;(8)国际通报和援助。

3. 国家层面应对工作。(1)部门工作组应对;(2)国务院工作组应对;(3)国家环境应急指挥部应对;(4)响应终止。当事件条件已经排除、污染物质已降至规定限值以内,所造成的危害基本消除的,由启动响应的人民政府终止应急响应。

(七)后期工作

1. 损害评估。突发环境事件应急响应终止后,要及时组织开展污染损害评估,并将评估结果向社会公布。评估结论作为事件调查处理、损害赔偿、环境修复和生态恢复重建的依据。

2. 事件调查。突发环境事件发生后,根据有关规定,由环境保护主管部门牵头,可会同监察机关及相关部门,组织开展事件调查,查明事件原因和性质,提出整改防范措施和处置建议。

3. 善后处置。事发地人民政府要及时组织制定补助、补偿、抚慰、抚恤、安置和环境恢复等善后工作方案并组织实施。保险机构要及时开展相关理赔工作。

(八)应急保障

1. 队伍保障。国家环境应急监测队伍、公安消防大队、大型国有骨干企业应急救援队伍及其相关方面应急救援队伍等力量,要积极参加突发环境事件应急监测、应急处置与救援、调查处理等工作。发挥国家环境应急专家组的作用,为重特大突发环境事件应急处置方案、污染损害评估和调查处理工作提出决策建议。县级以上地方人民政府要强化环境应急救援队伍能力建设,加强环境应急专家队伍管理,提高突发环境事件快速响应及应急处置能力。

2. 物资与资金保障。国务院有关部门按照职责分工,组织做好环境应急救援物资紧急生产、储备调拨和紧急配送工作，保障支援突发环境应急事件处置和环境恢复治理工作的需要。县级以上地方人民政府及其有关部门要加强应急物资储备，鼓励、支持社会的应急物资储备，保障应急物资、生活必需品的生产和供给。

3. 通信、交通与运输保障。地方各级人民政府及其通信主管部门要建立健全突发环境事件应急通信保障体系，确保应急期间通信联络和信息传递的需要。交通运输部门要健全公路、铁路、航空、水运等各运输保障体系，保障应急响应所需人员、物资、装备、器材车辆的优先通行。

4. 技术保障。支持突发环境事件应急处置和监测先进技术装备的研发。依托环境应急指挥技术平台，实现信息综合集成、分析处理、污染损害评估的智能化和数字化。

(九)预案管理

预案实施后，环境保护部要会同有关部门组织预案、宣传、培训和演练，并根据实际情况，适时组织评估和修订。地方各级人民政府要结合当地实际制定或修订突发环境事件应急预案。

第十三节　环境信息公开制度

一、环境信息公开制度的概念和意义

(一)环境信息公开制度的概念

关于环境信息的概念，《环境学词典》将其界定为："环境信息是人类活动中产生的多种物质能量流进环境系统之后所引起的环境影响及其后果的反馈性识别信号，为人们正确认识和解决环境问题所必须的认知手段和共享资源。"[27] 根据《环境信息公开办法(试行)》(以下简称《办法》)的规定，环境信息包括政府环境信息和企业环境信息。政府环境信息，是指环境保护部门在履行环境保护职责中制作或者获取的，以一定形式记录、保存的信息。企业环境信息，是指企业以一定形式记录、保存的，与企业经营活动产生的环境影响和企业环境行为有关的信息。

环境信息公开，是指由特定主体依法发布相关环境信息的行为。依据《办法》的规定，特定主体是政府和企业。

环境信息公开制度，是指有关环境信息公开的主体、范围、公开方式和程序、监督与责任等所做的法律规定的总称。

(二)环境信息公开制度的意义

环境信息公开制度的意义在于：(1)维护公众参与环境保护的必然要求。《环境保护法》第53条规定："公民、法人和其他组织依法享有获取环境信息、参与和监督环境保护的权利。"环境信息公开，是实现公众获取环境信息、参与和监督环境保护工作的基础和前提，如果政府不公开环境信息，公众参与环境保护工作就可能流于形式、走过场。(2)保障政府实现环境监督管理权的需要。政府环境监督管理权的实现，离不开一定的环境信息的获取。市场经济要求政府统筹规划、掌握政策、信息引导、组织调查、提供服务及监督检查等都离不开信息。在环境保护领域，如果缺乏信息，政府决策的科学化、民主化很难实现。(3)保障公众环境知情权的需

---

[27] 方如康主编：《环境学词典》，科学出版社2003年版，第535页。

要。环境知情权的实现,有利于提高环境行政效率和社会的和谐稳定。企业向公众公开其环境信息,是公众为保护自身环境权益免受侵害或威胁,实现公众环境知情权的必要举措。(4)公众实现环境监督权和保护社会公共利益的需求。企业在其生产经营活动中难免对周围的生态环境产生影响。因此,企业公开其环境信息,有利于公众对其生产经营活动进行监督,防止或减少污染环境、破坏生态的情况出现,从而保护环境质量,维护公共利益。

二、环境信息公开制度的产生和发展

1991 年德国颁布的《环境信息法》,对环境信息公开的范围、义务主体、申请程序、时限、经费、不公开的例外情形等做了规定。美国将环境信息公开制度融入主要的环境法之中,如《清洁空气法》《清洁水法》设定了企业间环境主管机关报告环境行为信息的义务。墨西哥的《生态平衡和环境保护基本法》规定:“所有人都有权享受一个健康的环境,并且无条件获取保障其生活环境的任何环境信息。”

我国《宪法》第 2 条规定:“中华人民共和国的一切权力属于人民。”“人民依照法律规定,通过各种途径和形式,管理国家事务,管理经济和文化事务,管理社会事务。”据此,我国公民可以广泛参与国家环境管理,而行使管理的前提是知情。1989 年修订的《环境保护法》第 6 条规定:“一切单位和个人都有保护环境的义务,并有权对污染和破坏环境的单位和个人进行检举和控告。”第 11 条则规定了政府有公开环境状况公报的义务。1996 年修订的《水污染防治法》第 13 条规定:“环境影响报告书中,应当有该建设单位所在地单位和居民的意见。”2002 年颁布的《环境影响评价法》第 11 条规定:“专项规划的编制机关对可能造成不良环境影响并直接涉及公众环境权益的规划,应当在该规划草案报送审批前,举行论证会、听证会,或者采取其他形式,征求有关单位、专家和公众对环境影响报告书草案的意见。”2005 年国务院《关于落实科学发展观　加强环境保护的决定》中规定了实行环境质量公告制度,定期公布有关环境保护指标,发布城市空气质量生态状况评价等环境信息,及时发布污染事故信息,为公众参与创造条件。2006 年发布的《环境影响评价公众参与暂行办法》设专节规定“公开环境信息”。2001 年原国家环境保护总局发布了《环境保护信息公开办法(试行)》,对政府信息公开的范围、公开的方式和程序以及企业环境信息公开等做了具体规定。现行《环境保护法》明确规定了环境信息公开制度,并将公开的内容作了较大扩展。

三、环境信息公开制度的主要内容

(一)环境信息公开的管理体制

国务院环境保护主管部门统一发布国家环境质量、重点污染源监测信息及其他重大环境信息。省级以上人民政府环境保护主管部门定期发布环境状况公报。县级以上人民政府环境保护主管部门和其他负有环境保护监督管理职责的部门,应当依法公开环境质量、环境监测、突发环境事件以及环境行政许可、行政处罚等信息。县级以上人民政府环境保护主管部门和其他负有环境保护监督管理职责的部门,应当将企业事业单位和其他生产经营者的环境违法信息记入社会诚信档案,及时向社会公布违法者名单。

(二)环境信息公开的主体

1. 政府环境信息公开的主体

根据《环境保护法》第 54 条规定,政府环境信息公开的主体包括国务院环境保护主管部门、省级以上人民政府环境保护主管部门以及县级以上人民政府环境保护主管部门和其他负有环境保护监督管理职责的部门，如水利部门、农业部门、林业部门、公安部门、交通运输部门、国土资源部门等。

环境信息一方面要依法公开，另一方面要正确、统一，环境信息涉及多个部门，如果一些环境信息内容“打架”，就会给社会带来困扰，不利于环境保护工作的开展，也不利于政府公信力的树立。因此，《环境保护法》第 54 条第 1 款规定了一些重大环境信息由国务院环境保护主管部门和省级以上人民政府环境保护主管部门统一发布。

2. 企业环境信息公开的主体

《环境保护法》第 55 条明确规定重点排污单位是企业环境信息公开的实施主体。即所有重点排污单位都应当依法主动公开本企业的相关环境信息，接受社会监督，这是法定义务，必须履行。本法将企业环境信息公开的主体规定为重点排污单位，一是对象更为明确，各地都有重点排污单位的名单；二是对象范围更宽，扩大了公开的范围；三是更易操作，重点排污单位都需要安装使用监测设备，可以取得相关的排污数据；四是对于超标排放的排污信息也予以公开，并纳入有关政府环境信息公开的范围。

（三）环境信息公开的内容

1. 政府环境信息公开的内容

修改前的《环境保护法》只规定了定期发布环境状况公报，现行《环境保护法》扩大了主动公开的环境信息范围，不仅包括环境保护主管部门的环境信息，还包括其他负有环境保护监督管理职责部门的环境信息；不仅包括宏观层面的国家环境质量信息、环境状况公报，也包括中观的重点污染源监测信息、环境监测信息、排污费的征收和使用情况，还有微观的环境行政许可、行政处罚、突发环境事件；不仅要公开环境行政处罚信息，还要向社会公布违法者名单；不仅要将环境信息向社会公布，还要将环境违法信息记入社会诚信档案，通过社会诚信档案向社会公开。

同时，《办法》第二章政府环境信息公开、第一节公开的范围仍然适用。环境保护部门对政府环境信息不能确定是否可以公开时，应当依照法律、法规和国家有关规定报有关主管部门或者同级保密工作部门确定。

2. 企业环境信息公开的内容

《办法》第 19 条规定，国家鼓励企业自愿公开下列环境信息：(1) 企业环境保护方针、年度环境保护目标及成效；(2) 企业年度资源消耗总量；(3) 企业环保投资和环境技术开发情况；(4) 企业排放污染物种类、数量、浓度和去向；(5) 企业环保设施的建设和运行情况；(6) 企业在生产过程中产生的废物的处理、处置情况，废弃产品的回收、综合利用情况；(7) 与环保部门签订的改善环境行为的自愿协议；(8) 企业履行社会责任的情况；(9) 企业自愿公开的其他环境信息。

《办法》第 20 条规定，污染物排放超过国家或者地方排放标准，或者污染物排放总量超过地方人民政府核定的排放总量控制指标的污染严重的企业名单的企业，应当向社会公开下列信息：(1) 企业名称、地址、法定代表人；(2) 主要污染物名称、排放方式、排放浓度和总量、超标、超总量情况；(3) 企业环保设施的建设和运行情况；(4) 环境污染事故应急预案。

现行《环境保护法》第 55 条规定：“重点排污单位应当如实向社会公开其主要污染物的名称、排放方式、排放浓度和总量、超标排放情况，以及防治污染设施的建设和运行情况，接受社会监督。”因为这些是属于企业环境信息中的核心部分,也是行政监督管理的重点和社会关心的焦点。

(四)环境信息公开的方式和程序

环境信息公开的方式,是指公开环境信息的主体通过哪些形式公开环境信息。

1. 政府环境信息公开的方式和程序

政府环境信息的公开,一种是主动公开,另一种是依申请公开。所谓政府主动公开,是指按照有关法律、法规和规章的规定,对于某些环境信息,政府必须按照一定的方式主动向社会公开,不需要任何人的申请。而依申请公开,是指对于某些环境信息,必须为公众根据自身的需要向环境保护主管部门和其他负有环境保护监督管理职责的部门提出申请,这些部门依据有关法律、法规和规章的规定,按照规定的程序向申请人公开。《办法》第 13 条、第 14 条规定,环境保护主管部门应当将主动公开的政府环境信息,通过政府网站、公报、新闻发布会以及报刊、广播、电视等便于公众知晓的方式公开,应当自该环境信息形成或者变更之日起 20 个工作日内予以公开,法律、法规对公开的期限另有规定的,从其规定。公众依照《办法》第 5 条规定申请提供环境信息的,应当采用信函、传真、电子邮件等书面形式;采取书面形式确有困难的,申请人可以口头提出,由政府环境信息工作机构代为填写政府环境信息公开的申请。对政府环境信息公开的申请,政府有关部门应当根据下列情况分别作出答复:(1)属于公开范围的,应当告知申请人获取该政府环境信息的方式和途径;(2)属于不予公开范围的,应当告知申请人该政府环境信息不予公开并说明理由;(3)依法不属于本部门公开或者该政府环境信息不存在的,应当告知申请人;对于能够确定该政府环境信息公开机关的,应当告知申请人该行政机关的名称和联系方式;(4)申请内容不明确的,应当告知申请人更改、补充申请。

2. 企业环境信息公开的方式和程序

自愿公开环境信息的企业,可以将其环境信息通过媒体、互联网等方式,或者通过公布企业年度环境报告的形式向社会公开。实践中,一些企业在本企业网站上公开其环境信息,未建网站的,在企业的主营业场所公布。污染严重的企业,应当在环境保护主管部门公布名单后 30 日内,在所在地主要媒体上公布其环境信息,并将向社会公开的环境信息报所在地环境保护主管部门备案,以便环境保护主管部门进行核查。

(五)环境信息公开的监督

政府环境信息公开的监督,包括政府系统内部的监督和政府系统外部的监督。系统内部的监督系上级行政机关的监督、信息公开部门的监督和监察部门的监督;系统外部的监督有权力机关的监督、司法机关的监督和社会监督。《办法》对政府信息公开的监督作了专门规定,其主要内容如下:

1. 工作考核和社会评议。《办法》第 24 条规定,环境保护部门应当建立健全政府环境信息公开工作考核制度、社会评议制度和责任追究制度,定期对政府环境信息公开工作进行考核和评议。

2. 在每年 3 月 31 日前公布政府环境信息公开工作年度报告。其主要内容包括:(1)环境保护部门主动公开政府环境信息的情况;(2)环境保护部门依申请公开政府环境信息和不予公开政府环境信息的情况;(3)因政府环境信息公开申请行政复议、提起行政诉讼的情况;(4)政府环境信息公开工作存在的主要问题及改进情况;(5)其他需要报告的事项。

环境保护主管部门不依法履行政府环境信息公开义务,不及时更新政府环境信息内容,在公开环境信息过程中违反规定收取费用或者通过其他组织、个人以有偿服务方式提供政府环境信息等，上级环境保护部门应当责令其改正；情节严重的，对负有直接责任的主管人员和其他直接责任人员给予行政处分。

第十四节　环境公益诉讼制度

一、环境公益诉讼制度的概念和意义

（一）环境公益诉讼制度的概念

公益诉讼是相对于私益诉讼的一种诉讼模式，其目的是维护社会公共利益，最早可以追溯到罗马法的民众诉讼，并在20世纪六七十年代作为“保护扩散性利益，实现市民正义”的手段，在西方国家得到空前发展。公益诉讼这一概念是以诉讼目的为标准而界分出来的，因而并不是一种独立的诉讼形态。理论界与实务界对于公益的诉讼的概念众说纷纭，代表性观点认为，公益诉讼是任何组织和个人根据法律授权，就侵犯国家利益、社会公益的行为提起诉讼，由法院依法处理违法的司法活动。

环境公益诉讼，即有关环境保护方面的公益性诉讼，是指由于自然人、法人或者其他组织的违法行为或不作为使环境公共利益遭受侵害或即将遭受侵害时，法律允许其他的法人、自然人或社会团体为维护公共利益而向人民法院提起的诉讼。环境公益诉讼又可以分为环境民事公益诉讼和环境行政公益诉讼。当损害环境的行为是个人、法人或社会团体做出时，针对这类主体提起的环境公益诉讼是环境民事公益诉讼；当损害环境的行为是行政机关及其工作人员做出时，针对这类主体提起的环境公益诉讼是环境行政公益诉讼。

环境公益诉讼具有以下特征：(1)主体具有特殊性。环境公益诉讼的发起者不一定是与本案有直接利害关系的人。环境公益诉讼的提起者包括社会成员，如公民、企业事业单位和社会团体。提起环境公益诉讼的社会成员，既可以是直接的受害人，也可以是无直接利害关系的人。(2)目的具有特殊性。环境公益诉讼的目的是维护环境公共利益。是为了保护国家利益、社会环境利益及不特定多数人的环境利益，追求社会公正、公平，保障社会可持续发展。(3)具有显著的预防性，同时兼具补救功能。环境公益诉讼的提起及最终裁决并不要求一定有损害事实发生。只要能根据有关情况合理判断出可能使社会公益受到侵害，即可提起诉讼，由违法行为人承担相应的法律责任。(4)对象的特殊性。环境公益诉讼可以是针对民事主体，也可以是针对行政主体。一般民事主体，是指由于在社会生活经济活动中对环境造成破坏或损害即可以成为环境公益诉讼的对象。而对行政主体而言，行政机关作为公共利益的维护者，在个体利益的驱动下往往未履行其法定职责，对环境造成严重的危害。

环境公益诉讼制度，是指有关公益诉讼的起诉主体、管辖法院、举证责任、诉讼程序等规定的总称。

（二）环境公益诉讼制度的意义

环境公益诉讼制度的意义在于：(1)对环境损害实施补救和预防的需要。环境公益诉讼不仅对环境的损害加以补救，更为重要的是其能够对环境的损害进行有效预防。因为在诉讼中，原告的请求不是要求被告对所受损害的简单的金钱赔偿，而是要求其采取有效措施防范环境损害结果的发生，避免或减轻损害的出现和扩大。这样，就可以把环境违法行为消灭在萌芽状

态之中。(2)构建社会主义和谐社会的需要。我国政府高度重视环境保护,可是环境违法事件仍然屡禁不止,某些企业事业单位和其他生产经营者在高额利润的驱动下,为了自身的眼前利益,不惜以牺牲其他单位和地区的资源环境为代价,这种危害行为如果不能得到及时纠正,必将对我国的经济安全运行和社会的长期稳定构成严重威胁。因此,应当设计适当的程序和渠道,通过环境公益诉讼,惩戒环境违法者,保护公众的环境权益,维护社会的和谐稳定。[28](3)促进公众参与环境保护的要求。环境公益诉讼对社会公众参与环境保护具有促进作用,这已为国内外环境保护实践所证明。它是社会公众参与环境保护的一种证明和有效的形式。建立和实施环境公益诉讼制度,不仅为公众参与环境保护提供了制度化渠道,还可以增强公众参与意识,有效促进环境保护事业的健康发展。

二、环境公益诉讼制度的产生和发展

美国1970年公布的《清洁空气法》是最早规定环境公益诉讼的法律。此后绝大多数的联邦环境法律都规定了公民诉讼条款,如《清洁水法》第55条、《噪声控制法》第12条、《深水港口法》第16条、《安全饮用水法》第149条、《环境综合性反应、补偿和责任法》第310条等。瑞典环境公益诉讼的制度基础是个人诉讼请求制度,它不但使环境公益诉讼的范围扩大,而且可以充分发挥公民在环境保护中的作用。德国环境公益诉讼的特色之一是有关原告起诉资格的限定深受大陆法系传统下"法律权利和法律利益资格"的影响,法律只将诉权赋予那些在案件中具有经济利益和类似具体利益的人。俄罗斯环境公益诉讼制度的重要特色在于,由完善的成文法加以确立,如1992年颁布的《联邦环境保护法》第11条规定:"每一个公民都有权保护其健康免受商业和其他行为、事故以及人为自然灾害对自己不利的影响。"印度是第一个引进公益诉讼的发展中国家,其公益诉讼的一个重要组成部分就是环境公益诉讼。主要表现在以下方面:(1)环境公益诉讼对象扩大;(2)法官能动性的运用;(3)原告起诉资格的放宽;(4)诉讼程序的灵活;(5)诉讼程序的职权主义倾向;(6)救济方式独具特色;(7)环境公益诉讼的执行保障。[29]

在我国,《宪法》第26条规定:"国家保护和改善生活环境和生态环境,防治污染和其他公害。国家组织和鼓励植树造林,保护林木。"此外,《宪法》第41条规定也与环境公益诉讼有关。现行《环境保护法》第6条规定:"一切单位和个人都有保护环境的义务,并有权对污染和破坏环境的单位和个人进行检举和控告。"第41条也规定了与环境公益诉讼相关的内容。此外,《大气污染防治法》《水污染防治法》等污染防治单行法和《土地管理法》《草原法》等自然资源保护法也作了类似的规定。国务院《关于落实科学发展观　加强环境保护的决定》中提出:"发挥社会团体的作用,鼓励检举和揭发各种环境违法行为,推动环境公益诉讼。"这种规定推动了环境公益诉讼的研究和立法进程。近年来,社会各界要求建立环境公益诉讼制度的呼声日益高涨,每年"两会"上都成为人大代表和政协委员关注的热点。现行《环境保护法》在第二次审议时增加了环境公益诉讼的规定,以后根据大家提出的意见作了些修改和完善。最高人民法院《关于审理环境民事公益诉讼案件适用法律若干问题的解释》(以下简称《环境公益诉讼解释》)共35个条文,内容涉及环境民事公益诉讼的起诉主体、管辖法院、公益诉讼和各诉讼的关系、行政监管与公益诉讼的衔接、举证责任分担、被告人的责任承担方式、生态环境修复费用款

---

[28] 史玉成、郭武:《环境法的理念更新与制度重构》,高等教育出版社2016年版,第164页。

[29] 徐祥民等:《环境公益诉讼研究——以制度建设为中心》,中国法制出版社2009年版,第152~208页。

项的管理以及司法救助等审判实践中亟须解决的问题。《环境公益诉讼解释》具有如下鲜明特点：[30]

1. 合理认定原告资格，鼓励诉讼和防止滥诉并行不悖。《环境公益诉讼解释》在尊重《民事诉讼法》《环境保护法》等有关环境公益诉讼起诉主体立法规定的同时，最大限度保持原告主体资格的开放性，鼓励具备能力的社会组织积极参与和推动环境民事公益诉讼。

2. 私益诉讼可搭公益诉讼的"便车"，公益诉讼和私益诉讼有序衔接。针对同一污染环境、破坏生态的行为，既可能由法律规定的机关和社会组织提起环境公益诉讼，亦可能由受到人身、财产损害的公民、法人或其他组织提起私益诉讼，二者在诉讼目的、诉讼请求上虽存在区别，但在审理对象事实认定和法律适用等方面又紧密联系。

3. 发挥司法能动作用，适当强化公益诉讼的职权主义色彩。环境民事公益诉讼中，社会公共利益的事项存在，要求当事人不得任意处分自己的诉讼权利。在坚持司法中立选择的同时，《环境公益诉讼解释》适度强化了法院的能动作用，以便充分保护环境公共利益，同时，《环境公益诉讼解释》还规定了法院在调查取证、委托鉴定、移送执行等方面的主动性，并对原告的自认、撤诉和和解进行限制。

4. 加大司法救助力度，合理设置诉讼成本负担机制。环境民事公益诉讼原告系为维护环境公共利益而提起诉讼，且公益诉讼成本高昂已成为制约社会组织提起公益诉讼的主要障碍。为减轻原告的诉讼费用负担，降低诉讼成本，鼓励社会组织提起诉讼，《环境公益诉讼解释》加大了对原告的司法救助力度，设置了合理的诉讼成本负担机制。如《环境公益诉讼解释》第 24 条规定，应由原告负担的调查取证、专家咨询、检验、鉴定等必要费用，可以酌情从生态环境修复费用以及服务功能损失赔偿款项中支付。

三、环境公益诉讼制度的主要内容

（一）环境公益诉讼原告资格

原告资格是原告所享有的，要求法院就其案件实体问题作出裁判的资格，是对原告与诉争案件之间利害关联的描述，其功能在于利用"经济人"的利己心，促进当事人为其案件进行"热心辩护"，以提供法院裁判所必需的信息。我国《环境保护法》第 58 条规定，对污染环境、破坏生态，损害社会公共利益的行为，符合下列条件的社会组织可以向人民法院提起诉讼：（1）依法在设区的市级以上人民政府民政部门登记；（2）专门从事环境保护公益活动连续 5 年以上且无违法记录。该条第 5 款并规定，提起公益诉讼的社会组织不得通过诉讼牟取经济利益。由上述可知，只有符合该法第 58 条规定的社会组织才可以成为环境公益诉讼的主体。

2016 年 2 月 25 日最高人民法院制订的《人民法院审理人民检察院提起公益诉讼案件试点工作实施办法》规定：（1）人民检察院认为被告有污染环境、破坏生态，在食品、药品安全领域侵害众多消费者合法权益等损害社会公共利益的行为，在没有适格主体提起诉讼或者适格主体不提起诉讼的情况下，向人民法院提起民事公益诉讼，符合《民事诉讼法》第 119 条第 2 项、第 3 项、第 4 项规定的，人民法院应当登记立案。（2）人民检察院认为在生态环境和资源保护、国有资产保护、国有土地使用权出让等领域负有监督管理职责的行政机关或者法律、法规、规章授

[30] 最高人民法院环境资源审判庭编著：《最高人民法院关于环境公益民事诉讼司法解释理解与适用》，人民法院出版社 2015 年版，第 2～3 页。

权的组织违法行使职权或不履行法定职责,造成国家和社会公共利益受到侵害,向人民法院提起行政公益诉讼,符合《行政诉讼法》第49条第2项、第3项、第4项规定的,人民法院应当登记立案。上述规定适用于北京、内蒙古、吉林、江苏、安徽、福建、山东、湖北、广东、贵州、云南、陕西、甘肃等十三省、自治区、直辖市。

2017年6月,《民事诉讼法》《行政诉讼法》对检察机关的环境公益诉讼原告资格作出了修改,《民事诉讼法》第55条增加一款,作为第2款:“人民检察院在履行职责中发现破坏生态环境和资源保护、食品药品安全领域侵害众多消费者合法权益等损害社会公共利益的行为,在没有前款规定的机关和组织或者前款规定的机关和组织不提起诉讼的情况下,可以向人民法院提起诉讼。前款规定的机关或者组织提起诉讼的,人民检察院可以支持起诉。”《行政诉讼法》第25条增加一款,作为第4款:“人民检察院在履行职责中发现生态环境和资源保护、食品药品安全、国有财产保护、国有土地使用权出让等领域负有监督管理职责的行政机关违法行使职权或者不作为,致使国家利益或者社会公共利益受到侵害的,应当向行政机关提出检察建议,督促其依法履行职责。行政机关不依法履行职责的,人民检察院依法向人民法院提起诉讼。”

(二)环境公益诉讼的被告

《环境保护法》第58条第1款规定,对污染环境、破坏生态,损害社会公共利益行为,法律规定的社会组织可以向人民法院提起诉讼。该行为一般是在建设和生产经营活动中的行为,行为的主体主要是企业事业单位或者其他生产经营者,对其可以提起诉讼。另外,地方政府及其有关部门的行为直接导致污染环境、破坏生态,损害社会公共利益的,也可以对其提起诉讼。

(三)环境公益诉讼的管辖

环境公益诉讼案件的管辖,是指在人民法院系统内,各级人民法院之间以及同级的各个人民法院之间受理的第一审环境公益诉讼案件的分工和权限。合理的管辖制度可以明确各级人民法院以及同级人民法院受理第一审案件的分工和权限,避免因管理不明出现推诿或者争抢案件的情况;同时可以使当事人明确案件的受理法院,方便当事人通过诉讼解决纠纷,维护其合法权益。

环境公益诉讼在国外起步较早,尤其是发达国家,已经形成了一些符合环境公益诉讼特点的管辖制度。美国环境公益诉讼中的管辖法院依被告的不同而有别。根据《联邦清洁空气法》,以环境保护署署长为被告的诉讼案件由哥伦比亚特区的巡回法院管辖,以污染源为被告的环境诉讼由污染所在地或者违法事实发生地的联邦地方法院管辖。[31] 我国最高人民法院《环境公益诉讼解释》第6条、第7条规定,“第一审环境民事公益诉讼案件由污染环境、破坏生态行为发生地、损害结果地或者被告住所地的中级以上人民法院管辖。中级人民法院认为确有必要的,可以在报请高级人民法院批准后,裁定将本院管辖的第一审环境民事公益诉讼案件交由基层人民法院审理。同一原告或者不同原告对同一污染环境、破坏生态行为分别向两个以上有管辖权的人民法院提起环境民事公益诉讼的,由最先立案的人民法院管辖,必要时由共同上级人民法院指定管辖”。

经最高人民法院批准,高级人民法院可以根据本辖区环境和生态保护实际情况,在辖区内确定部分中级人民法院受理第一审环境民事公益诉讼。中级人民法院管辖环境民事公益诉讼案件的区域由高级人民法院确定。

---

〔31〕 曹明德、王凤远:《美国和印度ENGO环境公益诉讼制度及其借鉴》,载《河北法学》2009年第9期。

最高人民法院关于《人民法院审理人民检察院提起公益诉讼案件试点工作实施办法》第15条规定："人民检察院提起的第一审行政公益诉讼案件由最初作出行政行为的行政机关所在地基层人民法院管辖。经复议的案件，也可以由复议机关所在地基层人民法院管辖。人民检察院对国务院部门或者县级以上地方人民政府所作的行政行为提起公益诉讼的案件以及本辖区内重大、复杂的公益诉讼案件由中级人民法院管辖。"

（四）环境公益诉讼的举证责任

由于环境污染案件专业性强、时间跨度大、隐蔽性高，鉴定成本不菲，所有这些因素导致当事人取证和举证都非常困难。所以原、被告都有举证责任。《环境公益诉讼解释》第13～16条规定："原告请求被告提供其排放的主要污染物名称、排放方式、排放浓度和总量、超标排放情况以及防治污染设施的建设和运行情况等环境信息，法律、法规、规章规定被告应当持有或者有证据证明被告持有而拒不提供，如果原告主张相关事实不利于被告的，人民法院可以推定该主张成立。""对于审理环境民事公益诉讼案件需要的证据，人民法院认为必要的，应当调查收集。对于应当由原告承担举证责任且为维护社会公共利益所必要的专门性问题，人民法院可以委托具备资格的鉴定人进行鉴定。""当事人申请通知有专门知识的人出庭，就鉴定人作出的鉴定意见或者就因果关系、生态环境修复方式、生态环境修复费用以及生态环境受到损害至恢复原状期间服务功能的损失等专门性问题提出意见的，人民法院可以准许。前款规定的专家意见经质证，可以作为认定事实的根据。""原告在诉讼过程中承认的对己方不利的事实和认可的证据，人民法院认为损害社会公共利益的，应当不予确认。"

（五）环境民事公益诉讼被告人承担责任的方式

《环境公益诉讼解释》第18条规定："对污染环境、破坏生态，已经损害社会公共利益或者具有损害社会公共利益重大风险的行为，原告可以请求被告承担停止侵害、排除妨碍、消除危险、恢复原状、赔偿损失、赔礼道歉等民事责任。"

1. 停止侵害、排除妨碍、消除危险等预防性责任方式被列为首选的责任方式，其目的在于贯彻环境保护法规定的预防原则，避免生态环境损害的发生和扩大。

2. 在生态环境已经遭受实质性损害的情况下，则要重视恢复原状这一责任方式的适用。适用恢复原状这一方式应当遵循以下原则：一是生态环境损害发生后，被告首先应当采取措施将生态环境修复到损害发生前的状态和功能；二是出现部分或全部无法原地原样恢复情形，可以准许采用替代性修复方式。

3. 根据损害担责原则，《环境公益诉讼解释》规定被告应当对生态环境修复期间服务功能的损失承担赔偿责任。所谓服务功能损失，是指受损害的生态环境服务于人类或者服务于其他生态环境的功能损失，即环境使用价值的损失。

4. 环境民事公益诉讼中虽然不存在针对特定受害人赔礼道歉问题，但是污染环境、破坏生态的行为可能导致社会公众享有美好生态环境的精神利益遭受损失。所以，将赔礼道歉也纳入环境民事公益诉讼的责任承担方式。

思考题

1. 什么是环境保护法的基本制度？有何特点？
2. 什么是环境规划制度？有何作用？
3. 什么是环境影响评价制度？有何意义？简述规划环评与建设项目环评的关系。
4. 什么是“三同时”制度？它与环境影响评价制度有何关系？
5. 什么是环境保护目标责任制和考核评价制度？有何意义？
6. 什么是现场检查制度？什么是总量控制制度和区域限批制度？
7. 什么是排污许可证制度？并简述其作用。
8. 什么是费改税制度？有何意义和作用？
9. 什么是生态保护红线制度？什么是生态补偿制度？有何意义？
10. 什么是突发环境事件应急预案制度？有何作用？
11. 什么是信息公开制度？有何意义？
12. 什么是环境公益诉讼制度？有何意义？

第五章　环境标准、环境监测和环境监察

第一节　环境标准

一、环境标准的概念和意义

(一)环境标准的概念

“标准”一词与“尺度”“准则”的含义相近,《辞海》对标准的解释是“衡量事物的准则”。[1]环境标准,是指为了防治环境污染,维护生态平衡,保护人体健康,对环境保护工作中需要统一的各种技术规范和技术要求,按照法定程序制定的各种标准的总称,亦称环境保护标准。它是由特定的国家机关在综合考虑本国的自然环境特征、科学技术水平和经济、社会条件的基础上制定的具有法律约束力的各种技术规范。

我国的环境标准,具有如下特征:(1)规范性。它同法律一样是一种具有规范性的行为规则。其特点是不以法律条文形式规定人们的行为模式和法律后果,而是通过一些具体数字、指标、技术规范来表示行为规则的界限,以规范人们的行为。(2)强制性。环境质量标准、污染物排放标准和法律、法规规定必须执行的其他环境标准属于强制性标准,该标准必须执行。[2]强制性环境标准以外的环境标准,属于推荐性环境标准,推荐性环境标准被强制性环境标准引用,必须强制执行,因而这类标准也属于具有法律约束力的技术性规范。(3)严格的制定程序。环境标准与环境保护法规、规章一样,须经授权由有关国家行政机关按照法定程序制定和发布。(4)显著的技术性和时限性。所制定的环境标准,如环境影响评价技术导则、监测技术规范、环境工程技术规范等本身就是技术规范。随着经济的发展、科学技术的进步和环境质量要求的提高,环境标准需要定期进行修改和完善。

(二)环境标准的意义

环境标准在加强环境监督管理、控制环境污染和破坏、改善环境质量和维护生态平衡等方面具有重要的意义:

1. 制定环境保护规划和计划的重要依据,是一定时期环境保护目标的具体体现。制定环境保护规划和计划,必须要有明确的目标,同时还需要有一系列的环境指标。这些目标和指标是以环境标准为依据的,也是用环境标准来表示的。我国环境质量标准就是将环境规划总目标,根据环境组成要素和控制项目的时间上和空间内予以分解并定量化的产物。因而具有明显的阶段性和区域性特征的规划指标。污染物排放标准是根据环境质量目标要求的规划措施,是按照污染控制项目进行分解和定量化,也具有明显的阶段性和地域性特征的控制措施

---

〔1〕 辞海编辑委员会编:《辞海》,上海辞书出版社1980年版,第1280页。

〔2〕《标准化法》第7条和《标准化法实施条例》第18条第1款第4项。

指标。

2. 实施环境保护法律、法规的基本保证,是强化环境监督管理的核心。环境标准用具体的数值来体现环境质量和污染物排放应当控制的界限。我国颁布的《环境保护法》《大气污染防治法》《水污染防治法》《环境噪声污染防治法》等都规定了排放污染物必须符合国家规定的标准,特别是近年来修订后颁布施行的《海洋环境保护法》和《大气污染防治法》还进一步规定,超过国家和地方规定排放标准的行为属于违法,并将因此受到相应的法律制裁。可见,污染物排放标准在这些法律中已成为界定行为是否合法的标准之一。[3]

3. 提高环境质量的重要手段。环境标准是对环境质量和污染物排放所做的硬性规定。通过环境标准的发布和实施,可以促使排污者开展资源、能源的综合利用,结合技术改造防治工业污染,减少污染物的产生量和排放量,从而达到提高环境质量的目的。

4. 推动环境科学技术进步的动力。环境标准的制定,以科学技术和生产实践综合成果为依据,具有科学性和先进性。实施环境标准必然要淘汰落后的技术和设备;反映时限要求的环境标准的制定需要与最佳实用技术相匹配。这样,就使环境标准在某种程度上成为判断污染防治技术、生产工艺与设备是否先进可行的依据,成为筛选、评价环境保护科学技术成果的一个重要尺度,以此推动环境保护科学技术的进步。

二、我国环境标准的产生和发展

我国的环境标准经历了一个从无到有、从少到多、从单一的环境标准发展到基本形成环境标准体系的过程。

我国卫生部和原国家建设委员会于 1956 年颁布第一个带有环境标准性质的设计标准《工业企业设计暂行卫生标准》,1959 年原建筑工程部和卫生部颁发了《生活饮用水卫生规程》,卫生部于 1962 年颁布了《工业企业设计卫生标准》,1963 年颁布了《污水灌溉农田卫生管理试行办法》,上述标准是我国环境标准的雏形。

从 1973 年第二次全国环境保护工作会议召开至 1979 年颁布《环境保护法(试行)》,先后颁布了《工业"三废"排放试行标准》《放射防护规定》《生活饮用水卫生标准》《农田灌溉水质标准》《渔业水质标准》,修订了《工业企业设计卫生标准》等,标志着我国的环境标准已由环境质量标准向污染物排放标准(浓度控制)发展。

原国家环境保护局于 1983 年发布了《环境保护标准管理办法》(1999 年失效),至 1991 年年底,我国先后制定的各种环境标准已达 204 项。其中环境质量标准 12 项,污染物排放标准(含行业排放标准)46 项,环境基础和方法标准 146 项。此外,北京、上海、天津等省市和地区也相继制订了地方性环境标准。这时,我国环境标准体系的雏形已经基本形成。

1991 年,广州环境标准工作座谈会上提出了新的环境标准体系,此后针对污染物排放标准时限和重点污染源控制问题进一步明确了排放标准时间段的确定依据,明确了综合排放标准及行业排放标准之间的关系,并着手修订了综合排放标准和重点行业排放标准,于 1999 年发布了《环境标准管理办法》,2000 年修订的《大气污染防治法》规定了超标排放的行为属于违法,使环境标准在环境管理中的地位进一步明确。

根据环境保护部于 2017 年发布的《国家环境保护标准"十三五"发展规划》,其总体目标是

---

[3] 参见《海洋环境保护法》第 73 条第 1 款第 2 项和《大气污染防治法》第 99 条的规定。

大力推动标准制修订。围绕排污许可及水、大气、土壤等环境管理中心工作，加大在研项目推进力度，制修订一批关键标准。构建基于实测的标准制修订及实施评估方法体系，优化形成内部科学、外部协调的环保标准体系。进一步加强污染物排放标准的实施评估，提升标准的科学性与可操作性。制修订并实施一批标准管理规章制度，形成一支专业扎实、特色明显的环保标准队伍，深化标准信息化建设，提高标准管理的规范性和高效性。加强宣传培训及交流合作，扩大我国环保标准的社会影响。

三、环境标准体系

(一)环境标准体系的概念

环境标准体系，是指根据环境标准的性质、内容和功能，以及它们之间的内在联系，将其进行分级、分类，构成一个有机联系的统一整体。

我国的环境标准体系由两级五类组成，分别为国家级标准和地方级标准，标准类别包括环境质量标准、污染物排放标准、环境监测规范(包括环境监测方法标准、环境标准样品、环境监测技术规范)、管理规范类标准和环境基础类标准(环境基础标准和环境标准制修订技术规范)。环境标准体系的组成，具有协调性、层次性、配套性和发展性的特点。

(二)环境标准的分级

根据制定、批准、发布机关和适用范围的不同，环境标准分为国家级环境标准(含环境保护行业标准)和地方级环境标准二级。

1. 国家级环境标准。是指由国务院环境保护主管部门制定，由国务院环境保护主管部门和国务院标准化主管部门共同发布，在全国范围内适用的标准，如《地表水环境质量标准》(GB3838—2002)、《渔业水质标准》(GBl1607—89)、《污水综合排放标准》(GB8978—1996)、《大气污染物综合排放标准》(GBl6297—1996)等。

2. 国家环境保护总局标准(也称环境保护行业标准)。是指由国务院环境保护主管部门制定并发布的，在全国环境保护行业范围内适用的标准，如《环境影响评价技术导则总纲》(HJ2.1—2016)、《环境空气质量功能区划分原则与技术方法》(HJ/T6—94)、《山岳风景资源开发环境影响评价指标体系》(HJ/T6—94)等。需要在全国环境保护工作范围内统一的技术要求而又没有国家标准，应制定国家环境保护总局标准。国家标准发布后，相应的国家环境保护总局标准自行废止。

3. 地方级环境标准。是指由省级人民政府批准发布的，在该行政区域内适用的标准，如上海市人民政府批准发布的《工业“废气”、“废水”排放试行标准》，只适用于上海市管辖的行政区域。

(三)环境标准的分类

1. 环境质量标准

环境质量标准是评价环境质量状况的尺度，也是在一定时间和空间范围内，对环境质量的要求所做的规定，即在一定时间和空间范围内，对环境中有害物质或者因素的容许浓度所做的规定。它是国家环境政策目标的具体体现，是制定污染物排放标准的依据，也是环境保护主管部门和有关部门对环境进行科学管理的重要手段。环境质量标准可以分为国家环境质量标准和地方环境质量标准两类：

(1)国家环境质量标准。这是国务院环境保护主管部门制定的，在全国范围内实施的环境质量标准,是国家对各类环境中的有害物质或因素在一定条件下的容许浓度所做的规定,是地方各级人民政府环境保护主管部门对环境进行分级、分类管理和评价环境质量的基础。

(2)地方环境质量标准。省级人民政府对国家环境质量标准中未作规定的项目可以制定地方环境质量标准;对国家环境质量标准中已作规定的项目,可以制定严于国家环境质量标准的地方环境质量标准。这样规定,既符合经济发展程度不同的地方,对环境质量的要求也不同的现实状况;也为那些环境原本就不错的地方,通过更为严格的地方环境质量标准,来保障较好的环境不再恶化提供了制度基础。地方环境质量标准制定后,需要报国务院环境保护主管部门备案。

2. 污染物排放标准

《环境保护法》第16条是关于污染物排放标准的规定。污染物排放标准,是为了实现环境质量目标,结合经济、技术条件和环境特点,对排入环境的污染物或者有害因素所做的控制规定。它是实现环境质量目标的主要保证,是控制污染源的重要手段,是判断排污行为是否违法的客观标准和重要依据,对排放污染物的行为具有直接约束力。污染物排放标准也分为国家污染物排放标准和地方污染物排放标准两类:

(1)国家污染物排放标准。这是国务院环境保护主管部门为了实现国家环境质量标准的要求,以全国常见的污染物为主要控制对象所制定的排放标准。分为综合性标准和行业通用标准两类,它直接规定污染物的浓度和数量,适用于全国范围。

(2)地方污染物排放标准。当地方执行国家污染物排放标准不适于当地环境特点和要求时,省级人民政府有权制定地方污染物排放标准,在本行政区域范围内有效。一种情况是对国家污染物排放标准中未做规定的项目所制定的地方污染物排放标准;另一种情况是对国家污染物排放标准中已做规定的项目所制定的严于国家污染物排放标准的地方污染物排放标准。因为国家污染物排放标准是以全国常见的污染物为主要控制对象,其控制指标的确定是以全国的平均水平和要求提出的,不可能包括具有地方特点的污染物,要控制这些特定污染物,必须靠地方环境标准;同时,国家污染物排放标准只能在污染物控制指标与环境质量之间建立一种宏观的定量关系,很难体现区域性环境、经济和社会特点。要切实实行污染控制也必须依靠地方污染物排放标准。

3. 环境监测规范

环境监测规范包括环境监测方法标准、环境标准样品和环境监测技术规范。

环境监测方法标准,是指为监测环境质量和污染物排放、规范采样、分析测试、数据处理等技术所制定的国家环境监测方法标准,如《城市区域环境噪声适用区划技术规范》(GB/T15190—94)、《摩托车和轻便摩托车加速行驶噪声限值及测量方法》(GB/T16169—2005)。

环境标准样品,是指为保证环境监测数据的准确、可靠,对用于量值传递或者质量控制的材料、实物样品所制定的国家环境标准样品,如《水质COD标准样品》《水质BOD标准样品》。

环境监测技术规范,如地表水、环境空气、土壤、污染场地、环境噪声、环境振动、辐射等环境监测技术规范。

4. 环境基础类标准

环境基础类标准包括环境基础标准和标准制修订技术规范。环境基础标准,是对环境保护工作中,需要统一的技术术语、符号、代号(代码)、图形、指南、守则及信息编码等制定的国家环境基础标准，如《制定地方大气污染物排放标准的技术原则和方法》（GB/T3840—91）。标准制修订技术规范，如国家与地方水污染物排放标准制修订技术导则、国家与地方大气污染物排放标准制修订技术导则等。

5. 管理规范类标准

管理规范类标准，是指建设项目和规划环境影响评价、饮用水水源地保护、化学品环境管理、生态保护、环境应急与风险防范等各类环境管理规范。

四、环境标准的制（修）订

（一）环境标准制（修）订工作应遵循的基本原则[4]

环境标准的制（修）订应遵循以下基本原则：（1）以科学发展观为指导，以实现经济、社会的可持续发展为目标，以国家环境保护相关法律、法规、规章、政策和规划为根据，通过制定和实施标准，促进环境效益、经济效益和社会效益的统一；（2）有利于保护生活环境、生态环境和人体健康；（3）有利于形成完整、协调的环境保护标准体系；（4）有利于相关法律、法规和规范性文件的实施；（5）与经济、技术发展水平和相关方的承受能力相适应，具有科学性和实施性，促进环境质量改善；（6）以科学研究成果和实践经验为依据，内容科学、合理、可行；（7）根据中国实际情况，可参照采用国外相关标准、技术法规；（8）制定过程和技术内容应公开、公平、公正。

（二）环境标准的制定程序

制定环境标准应遵循下列基本程序：编制标准制（修）订项目计划；组织拟订标准草案；对标准草案征求意见；组织审议标准草案；审查批准标准草案；按照各类环境标准规定的程序编号发布。

（三）国家环境标准的制定

1. 国家环境质量标准和污染物排放标准。由环境保护部提出计划，国家质量技术监督局下达计划，环境保护部组织制定。环境保护部可以委托具有熟悉国家环境保护法律、法规、标准和拟订环境标准相关业务的专业技术人员的其他组织拟订。标准审批后，由国家质量技术监督局编号，再由环境保护部、国家质量技术监督局联合发布。

2. 环境基础、环境样品两类国家标准。由环境保护部提出计划，组织制定，由质量技术监督局下达计划、审批、编号、发布。

3. 环境监测方法标准。由环境保护部提出计划，组织制定。环境保护部可以委托具有拟订环境监测方法标准相适应的分析实验手段的其他组织拟订。由质量技术监督局下达计划、审批、编号，环境保护部、国家质量技术监督局联合发布。

（四）环境保护行业标准的制定

环境保护行业标准，由环境保护部负责组织制定、审批、编号、发布，向国家质量技术监督局备案。

（五）地方环境标准的制定

地方环境质量标准和污染物排放标准，由省级人民政府环境保护主管部门组织拟订标准草案后与同级标准化主管部门报省级人民政府批准发布。地方制定严于国家排放标准的地方

---

〔4〕 参见《国家环境保护标准制修订工作管理办法》第6条。

机动车污染物排放标准，须报国务院批准。

(六)环境标准的修订与废止

国家环境标准和环境保护部标准实施后，环境保护部应根据环境管理的需要和国家经济、技术的发展适时进行审查，发现不符合实际需要的，应予以修正或者废止。

省级人民政府环境保护主管部门，应当根据当地环境与经济、技术状况以及国家环境标准、环境保护部标准制(修)订情况，及时向省级人民政府提出修订或者废止地方环境标准的建议。

五、环境标准的实施与监督[5]

(一)环境质量标准的实施

县级以上地方人民政府环境保护主管部门在实施环境质量标准时，应结合所辖区域环境要素的使用目的和保护目的划分环境功能区，对各类功能区按照环境质量标准的要求进行相应标准级别的管理；同时应按照国家规定，选定环境质量标准的监测点位和断面；经批准确定的监测点位、断面不得任意变更。各级环境监测站和有关环境监测机构应按照环境质量标准和与之相关的其他环境标准规定的采样方法、频率和分析方法进行环境质量监测；承担环境影响评价工作的单位应按照环境质量标准进行环境质量评价。跨省河流、湖泊以及由大气传输引起的环境质量标准执行方面的争议，由有关省级人民政府环境保护主管部门协调解决，协调无效时，报环境保护部协调解决。

(二)污染物排放标准的实施

1. 县级以上人民政府环境保护主管部门在审批建设项目环境影响报告书(表)时，应根据下列因素或者情形确定该建设项目应执行的污染物排放标准：(1)建设项目所属的行业类别、所处的环境功能区、排放污染物种类、污染物排放去向和建设项目环境影响报告书(表)批准的时间。(2)建设项目向已有地方污染物排放标准的区域排放污染物时，应执行地方污染物排放标准，对于地方污染物排放标准中没有规定的指标，执行国家污染物排放标准中相应的指标。(3)实行总量控制区域内的建设项目，在确定排污单位应执行的污染物排放标准的同时，还应确定排污单位须执行的污染物排放总量控制标准。(4)建设从国外引进的项目，其排放的污染物在国家和地方污染物排放标准中无相应污染物排放指标时，该建设项目引进单位应提交项目输出国或者发达国家现行的该污染物排放标准及有关技术资料，由市(地)人民政府环境保护主管部门结合当地环境条件和经济、技术状况，提出该项目应执行的排污指标，经省级人民政府环境保护主管部门批准后实行，并报环境保护部备案。

2. 建设项目的设计、施工、验收及投产后，均应执行经环境保护行政主管部门在批准的建设项目环境影响报告书(表)中所确定的污染物排放标准。

3. 企业、事业单位和个体工商业者排放污染物，应按所属的行业类型、所处环境功能区、排放污染物种类、污染物排放去向，执行相应的国家和地方污染物排放标准。

(三)国家环境监测方法标准的实施

1. 被环境质量标准和污染物排放标准等强制性标准引用的方法标准具有强制性，必须执行。

---

[5] 参见《环境标准管理办法》第三章。

2. 在进行环境监测时，应按照环境质量标准和污染物排放标准的规定，确定采样位置和采样频率，并按照国家环境监测方法标准的规定测试与计算。

3. 对于地方环境质量标准和污染物排放标准中规定的项目，如果没有相应的国家环境监测方法标准时，可由省级人民政府环境保护主管部门组织制定地方统一的分析方法，与地方环境质量标准或者污染物排放标准配套执行。相应的国家环境监测方法标准发布后，地方统一的分析方法停止执行。

4. 因采用不同的国家环境监测方法标准所得监测数据发生争议时，由上级环境保护主管部门裁定，或者指定采用一种国家环境监测方法标准进行复测。

（四）国家环境标准样品的实施

在下列环境监测活动中应使用国家环境标准样品：（1）对各级环境监测分析实验室及分析人员进行质量控制考核；（2）校准、检验分析仪器；（3）配制标准溶液；（4）分析方法验证以及其他环境监测工作。

（五）国家环境基础标准的实施

在下列活动中应执行国家环境基础标准或者环境保护部标准：（1）使用环境保护专业用语和名词术语时，执行环境名词术语标准；（2）排污口和污染物处理、处置场所设置图形标志时，执行国家环境保护图形标志标准；（3）环境保护档案、信息进行分类和编码时，采用环境档案、信息分类与编码标准；（4）制定各类环境标准时，执行环境标准编写技术原则及技术规范；（5）划分各类环境功能区时，执行环境功能区划分技术规范；（6）进行生态和环境质量影响评价时，执行有关环境影响评价技术导则及规范；（7）进行自然保护区建设和管理时，执行自然保护区管理的技术规范和标准；（8）对环境保护专用仪器设备进行认定时，采用有关仪器设备环境保护部标准；（9）其他需要执行国家环境基础标准或者环境保护部标准的环境保护活动。

（六）环境标准实施的监督

县级以上人民政府环境保护主管部门，负责本行政区域内环境标准实施的监督；在向同级人民政府和上级环境保护主管部门汇报环境保护工作时，应当将环境标准执行情况作为一项重要内容。环境保护部负责对地方环境保护主管部门监督实施污染物排放标准的情况进行检查。违反国家法律和法规的规定，越权制定的国家环境质量标准和污染物排放标准无效。对不执行强制性环境标准的，依据法律和法规有关规定予以处罚。

第二节　环 境 监 测

一、环境监测的概念和意义

（一）环境监测的概念

环境监测，是指人们对影响人类和其他生物生存和发展的环境质量状况进行的监视性测定的活动。[6]它是运用物理、化学和生物等现代科学技术方法监视和测定代表环境质量及变化

---

〔6〕《环境科学大辞典》，环境科学出版社1991年版，第297页。

规律的各种数据的全过程。随着工业和科学技术的发展,环境监测由传统的环境质量监测和污染源监测逐步扩展到对生物、生态变化的监测。环境监测的过程一般是:现场调查、监测方案设计、优化布点、样品采集、运输和保存、分析测试、数据处理和综合评价等。

环境监测的内容主要有下列四个方面:(1)物理指标的测定。包括噪声、振动、电磁波、热能、放射性等水平的监测。(2)化学指标的测定。包括各种化学物质在空气、水体、土壤和生物体内水平的监测。(3)生物监测。利用生物在污染环境中所产生的各种反映信息来判断环境质量变化趋势。包括生物群落监测、生物残毒监测和致突变物监测等。(4)生态监测。是对特定区域范围内的生态系统的类型、结构和功能及其组成要素等进行系统地监测。主要监测由于人类活动引起的生态系统的变化,如乱砍滥伐森林、草原和过度放牧引起的水土流失及土地沙化,二氧化碳和氟氯烃的过量排放引起的温室效应和臭氧层破坏等。

(二)环境监测的特点

由于环境污染、环境质量变化的复杂性,环境监测对象、手段、时间和空间的多变性等,使得环境监测具有以下特点:

1. 综合性。主要表现在:其一,监测手段包括化学、物理、生物、物理化学、生物化学以及生物物理等一切可以表征环境质量的方法,以获取监测数据;其二,监测对象包括空气、水体、土壤、固体废物、生物等客体,只有对这些客体进行综合分析,才能正确描述环境质量状况;其三,对监测数据进行统计处理、综合分析时,需要涉及该地区的自然和社会各方面的情况,因而必须综合考虑才能正确阐明数据的内涵,充分发挥环境监测的效益。

2. 连续性。基于环境污染具有时空性等特点,只有坚持长期测定,才能从大量的数据中揭示其变化规律,预测其发展趋势,检测的数据越多,预测的准确度就越高。因此,必须坚持长期监测。

3. 追踪性。环境监测包括监测目的的确定、监测计划的制订、采样、样品的运送及保存、实验室测定到数据处理等过程,是一个复杂而又有联系的系统,任何一个环节的差错,都将影响最终数据的质量。为使数据具有准确性、可比性、代表性和完整性,需要一个量值追踪体系予以监督。因而,需要建立和完善环境监测的质量保证体系。

(三)环境监测的意义

环境监测是环境保护工作的基础,是实施环境监督管理的重要手段,是制定环境保护政策和法规的重要依据,为环境科学研究提供翔实数据,对整个环境保护事业具有重要的意义:

1. 掌握环境质量状况和发展趋势的重要手段。由于人们的各种活动,使周围的各种环境质量不断发生变化,只有通过对大气、水体、土壤等环境要素进行连续的或定期的监测,获取和积累各种环境数据才能了解和掌握一定地区和全国的环境质量状况及变化趋势,为研究污染物在环境中的迁移转化规律和对人体健康、生态平衡的影响奠定基础。通过环境监测可以弄清污染物种类和分布状况,明确污染途径,预测污染发展变化趋势,分析可能出现的重大环境问题。

2. 科学管理环境和环境执法监督的基础。环境监测是环境保护的基础性工作,必须为环境管理和经济建设服务,及时向环境保护主管部门提供环境质量信息及变化趋势,为有关部门在监督污染物排放、控制新污染源产生以及提高资源、能源利用率等方面提供决策依据。我国为加强环境监督管理而制定的“八项”环境管理制度,绝大多数都涉及指标、质和量等问题,而这些问题都离不开环境监测。同时,环境监测还可以作为环境执法监督的技术依据和技术仲裁,为环境管理决策、环境规划、排污收费、指标考核、监测污染源排污和评价治理措施、效果验收等服务。

3. 正确处理环境污染事故和污染纠纷的技术依据。通过环境污染事故的监测和污染纠纷的仲裁监测，可以确定环境是否受污染、污染危害程度、受何种污染物污染等，这就为正确处理环境污染事故和污染纠纷提供了技术依据。此外，在环境应急情况下，为发现和查明环境污染情况和污染范围而进行应急监测，根据监测结果，综合分析突发环境事件污染变化趋势，并通过专家咨询和讨论，预测并报告突发环境事件发展情况和污染物变化情况，作为突发环境事件应急决策的依据。

二、环境监测的目的、任务和分类

（一）环境监测的目的

环境监测的目的是准确、及时、全面地反映环境质量现状和发展变化趋势，为环境管理、污染源控制、环境规划和环境评价等提供科学依据，具体内容如下：(1)提供代表环境现状的数据，根据环境标准，评价环境质量；(2)根据污染特点、分布情况和环境条件，追踪污染源，研究和提供污染变化趋势，为实现监督管理、控制污染提供服务；(3)根据长期积累的监测资料，为研究环境容量、目标管理、预测预报环境质量提供科学依据；(4)为保障人体健康，保护环境，合理利用自然资源，制定环境法律、法规、标准和规划等。

（二）环境监测的任务

环境监测作为环境保护工作的基础，其主要任务是：(1)对环境各项要素进行经常性监测，掌握和评价环境质量状况及发展变化趋势；(2)进行污染监督方面的监测，为环境管理提供技术支持和服务；(3)进行环境科研和服务方面的监测，促进环境监测技术的发展，为社会多做贡献。

（三）环境监测的分类

环境监测可以按照监测区域、监测对象和监测目的进行分类：

1. 按照监测区域分类，可以分为厂区监测和区域监测。前者是指企业、事业单位，对本单位内部污染源及总排污口的监测，后者是指全国或某地区环境保护部门对大气、水体、海域、流域、风景游览区环境的监测。

2. 按监测对象分类，可以分为水质监测、大气监测、土壤监测、固体废物监测、生物监测、生态监测、噪声和振动监测、电磁辐射监测、放射性监测、热监测、光监测、卫生（病原体、病毒、寄生虫）监测等。

3. 按监测目的分类，可以分为政府授权的公益性环境监测和非政府组织的公共事务环境监测。具体分为：(1)监视性监测，亦称常规监测或例行监测。主要是对在不同功能区内的水、气等环境要素进行长期的定点、定期监测。一般包括对污染物的监督监测和环境质量监测。(2)特定目的监测，亦称特例监测。主要有污染事故监测、纠纷仲裁监测、考核验证监测和咨询服务监测。(3)研究性监测，亦称科研监测。是指针对特定目的的科学研究而进行的高层次、高水平的监测。通过监测，了解污染机制，弄清污染物迁移变化规律，以及对人体和其他生物体的影响危害程度等。这类监测，往往需要多部门、多学科共同进行。

三、环境监测的管理

环境监测管理有狭义和广义两种含义。狭义的环境监测管理，是指使用定性、定量的各种科学技术方法深入研究监测活动的规律,并以监测质量、效率为中心,对环境监测系统整体进行的全过程的科学管理。广义的环境监测管理,是指运用经济、法律、技术、行政等手段,有效动员和配置环境监测资源,科学开展环境监测,确保环境监测及时、准确、全面地反映环境质量及变化趋势,从而达到为环境管理、经济社会发展提供高效服务的目的。《环境保护法》第17条第1款规定:"国家建立、健全环境监测制度。国务院环境保护主管部门制定环境监测规范,会同有关部门组织监测网络,统一规划国家环境质量监测站(点)的设置,建立监测数据共享机制,加强对环境监测的管理。"

(一)环境监测管理对象

依照《环境监测管理办法》(以下简称《办法》)第2条的规定,县级以上环境保护部门对下列环境监测活动实施管理:(1)环境质量监测;(2)污染源监督性监测;(3)突发环境污染事件应急监测;(4)为环境状况调查和评价等环境管理活动提供监测数据的其他环境监测活动。

《办法》第3条规定,环境监测工作是县级以上环境保护部门的法定职责,应当按照数据准确、代表性强、方法科学、传输及时的要求,建设先进的环境监测体系,为全面反映环境质量状况和变化趋势,及时跟踪污染源变化情况,准确预警各类环境突发事件等环境管理工作提供决策依据。

(二)环境监测管理机构和环境监测机构

1. 环境监测管理机构及其职责。《办法》第4条规定了环境监测管理机构及其职责。县级以上环境保护部门对本行政区域环境监测工作实施统一监督管理,履行下列主要职责:(1)制定并组织实施环境监测发展规划和年度工作计划;(2)组建直属环境监测机构,并按照国家环境监测机构建设标准组织实施环境监测能力建设;(3)建立环境监测工作质量审核和检查制度;(4)组织编制环境监测报告,发布环境监测信息;(5)依法组建环境监测网络,建立网络管理制度,组织网络运行管理;(6)组织开展环境监测科学技术研究、国际合作与技术交流。

2. 环境监测机构及其职责。《办法》第5条、第11条规定,环境保护部门所属环境监测机构按照其所属的环境保护部门级别,分为国家级、省级、市级、县级四级。具体承担下列主要环境监测技术支持工作:(1)开展环境质量监测、污染源监督性监测和突发环境污染事件应急监测;(2)承担环境监测网建设和运行,收集、管理环境监测数据,开展环境状况调查和评价,编制环境监测报告;(3)负责环境监测人员的技术培训;(4)开展环境监测领域科学研究,承担环境监测技术规范、方法研究以及国际合作和交流;(5)承担环境保护部门委托的其他环境监测技术支持工作。

(三)环境监测网

基于环境的区域性特征和环境监测的基本职能,为了及时、准确地掌握全国和各个地区的环境质量状况和污染变化动态,必须把全国各方面的监测力量组织起来,分工协作、互相配合,形成全国环境监测网络,共同做好环境监测工作,更好地为经济社会发展和环境管理服务。《办法》第9条规定,县级以上环境保护部门按照环境监测的代表性分别组织建设国家级、省级、市级、县级环境监测网,并分别委托所属环境监测机构负责运行。环境监测网由各环境监测要素的点位(断面)组成;环境监测点位(断面)的设置、变更、运行,应当按照国家环境保护部门有关规定执行;各大水系或者区域的点位(断面),属于国家级环境监测网。

(四)环境监测技术规范、环境监测信息和环境监测标志

1. 环境监测技术规范。《办法》第6条规定,国家环境保护部门负责依法制定统一的国家

环境监测技术规范；省级环境保护部门对国家环境监测技术规范未作规定的项目，可以制定地方环境监测技术规范，并报国家环境保护部门备案。

2. 环境监测信息。《办法》第7条规定，县级以上环境保护部门负责统一发布本行政区域的环境污染事故、环境质量状况等环境信息。有关部门间环境监测结果不一致的，由县级以上环境保护部门报经同级人民政府协调后统一发布。环境监测信息未经依法发布，任何单位和个人不得对外公布或者透露。属于保密范围的环境监测数据、资料、成果，应当按照国家有关保密的规定进行管理。

3. 环境监测标志。《办法》第15条规定，环境监测工作应当使用统一标志。环境监测人员佩戴环境监测标志，环境监测站点设立环境监测标志，环境监测车辆印制环境监测标志，环境监测报告附具环境监测标志。环境监测统一标志由国家环境保护部门制定。

（五）环境监测报告制度

为了加强对环境监测报告的管理，实现环境监测数据、资料管理制度化，确保环境监测信息的高效传递，提高为环境决策与管理服务的及时性、针对性、准确性和系统性，原国家环境保护局于1991年发布了《全国环境监测报告制度》，其主要内容包括：

1. 环境监测报告的种类。环境监测报告分为数据型和文字型两种。数据型报告，是指根据监测原始数据编制的各种报表、软盘等；文字型报告，是指依据各种监测数据及综合计算结果进行文字表述为主的报告。环境监测报告按内容和周期分为环境监测快报、简报、月报、季报、年报、环境质量报告书及污染源监测报告。

2. 环境监测报告的管理。环境监测机构的各类监测报告、数据、资料、成果均为国家所有，任何单位和个人不得占有；属于保密范围的监测数据、资料必须严格按照国家保密制度进行管理，监测数据资料的密级划分及解密时间按国家环境保护部门的有关规定执行；未经市级以上环境保护主管部门许可，任何单位和个人不得向外单位提供、引用和发表尚未正式公布的监测报告、监测数据和相关资料。

第三节　环 境 监 察

一、环境监察的概念和意义

（一）环境监察的概念

环境监察，是指环境保护主管部门依据环境保护法律、法规、规章和其他规范性文件实施的行政执法活动。具体而言，是指由各级人民政府环境保护主管部门委托授权的监察机构，依法对本管辖区排放污染物的企业事业单位和其他生产经营者履行环境保护法律、法规、规章和其他规范性文件的实施情况进行监督、检查和处理的活动。它要求环境监察执法人员赴现场对监察对象进行调查处理，相对于其他环境管理活动而言，具有现场性、直接性和微观性的特点。

（二）环境监察的意义

环境监察对于加强环境行政执法具有重要的意义。它是环境保护主管部门实施统一监督管理、强化环境执法的主要途径之一，是社会主义市场经济条件下实施环境监督管理的重要举措,可以促使企业事业单位和其他生产经营者,依照环境法律、法规和规章的规定以及环境标准的要求,进行生产、建设、开发、利用、经营、消费等活动。

二、环境监察的产生和发展

我国的环境监察经历了由环境监测机构设立环境监察员到环境保护主管部门设立环境监理员再到环境保护主管部门专门设立环境监察机构的过程。1983 年发布的《全国环境监测管理条例》规定,环境监察员是环境监测站对各单位及个人排放污染物情况和破坏或者影响环境质量的行为进行监测和监督检查的代表。该规定明确了环境监测机构的环境监察员具有环境监督检查权。随着环境保护主管部门监督检查执法任务日益加重,为了强化工业污染源、海洋和自然生态环境的监督管理,1991 年原国家环境保护局制定了《环境监理工作暂行办法》规定环境监理的主要任务,是在各级人民政府环境保护主管部门领导下,依法对辖区内污染源排放污染物情况和对海洋及生态破坏事件实施现场监督、检查,并参与处理。为了强化环境执法,查处重大环境违法案件,2003 年原国家环境保护总局专门设立环境监察局,其主要职责是进行环境现场执法、环境行政稽查、环境应急处置等,地方各级人民政府环境保护主管部门也相应地设立了环境监察机构,并于 2012 年发布施行了《环境监察办法》(以下简称《办法》)。这样,以前由环境监理机构行使的环境监督检查执法权全由环境监察机构行使。《环境保护法》第 24 条规定,县级以上人民政府环境保护主管部门及其委托的环境监察机构,有权对排放污染物的企业事业单位和其他生产经营者进行现场检查。同时,明确了环境保护主管部门委托环境监察机构行使环境保护监督管理职权时,不论监察机构的性质如何,它依据委托行使职权的性质属于行政执法性质。

三、环境监察的主要内容

《办法》对环境监察原则、管理体制、主要任务、环境监察机构和人员以及环境监察工作做了规定,现分述于下。

(一)环境监察原则

《办法》第 3 条规定了环境监察应当遵循以下原则:(1)教育和惩戒相结合;(2)严格执行和引导自行守法相结合;(3)证据确凿,程序合法,定性准确,处理恰当;(4)公正、公开、高效。

(二)环境监察管理体制

《办法》第 4 条规定,环境保护部对全国环境监察工作实施统一监督管理。县级以上地方环境保护主管部门负责本行政区域的环境监察工作。各级环境保护主管部门所属的环境监察机构,负责具体实施环境监察工作。

(三)环境监察机构的主要任务

《办法》第 6 条规定了环境监察机构的主要任务包括:(1)监督环境保护法律、法规、规章和其他规范性文件的执行;(2)现场监督检查污染源的污染物排放情况、污染物防治设施运行情况、环境保护行政许可执行情况、建设项目环境保护法律法规的执行情况等;(3)现场监督检查自然保护区、畜禽养殖污染防治等生态和农村环境保护法律法规执行情况;(4)具体负责排放污染物申报登记、排污费核定和征收;(5)查处环境违法行为;(6)查办、转办、督办对环境污染和生态破坏的投诉、举报,并按照环境保护主管部门确定的职责分工,具体负责环境污染和生态破坏纠纷的调解处理;(7)参与突发环境事件的应急处置;(8)对严重污染环境和破坏生态问题进行督查;(9)依照职责,具体负责环境稽查工作;(10)法律、法规、规章和规范性文件规定的其他职责。

(四)环境监察机构和人员

《办法》专章(第二章)规定了环境监察机构和人员,其主要内容如下:

1. 环境监察机构的名称。各级环境监察机构可以命名为环境监察局。省级、设区的市级、县级环境监察机构,也可以分别以环境监察总队、环境监察支队、环境监察大队命名。县级环境监察的分支(派出)机构和乡镇级环境监察机构的名称,可以命名为环境监察中队或者环境监察所。

2. 环境监察机构的设置和人员构成。其机构的设置和人员构成,应当根据本行政区域范围大小、经济社会发展水平、人口规模、污染源数量和分布、生态保护和环境执法任务量等因素科学确定。

3. 环境监察人员。环境监察人员应当符合公务员的有关规定,定期参加培训,参加培训的情况,应当作为其考核、任职的主要依据。环境监察人员进行现场检查时,有权依法采取以下措施:(1)进入有关场所进行勘察、采样、监测、拍照、录音、录像、制作笔录;(2)查阅、复制相关资料;(3)约见、询问有关人员,要求说明相关事项,提供相关材料;(4)责令停止或者纠正违法行为;(5)适用行政处罚简易程序,当场作出行政处罚决定;(6)法律、法规、规章规定的其他措施。

(五)环境监察工作

《办法》专章(第三章)规定了环境监察工作,其主要内容如下:

1. 制定环境监察工作年度计划,组织现场检查。环境监察机构应当根据本行政区域环境保护工作任务、污染源数量、类型、管理权限等,制订环境监察工作年度计划。该年度计划报同级环境保护主管部门批准后实施,并抄送上一级环境监察机构。环境监察机构应当根据环境监察工作年度计划,组织现场检查。现场检查可以采取例行检查或者重点检查的方式进行。

2. 依法核定排放污染物的种类、数量。对排污者申报的排放污染物的种类、数量,环境监察机构负责依法核定。

3. 对环境违法案件,督促有关部门限期办理。对违反环境保护法律、法规,严重污染环境或者造成重大社会影响的环境违法案件,环境保护主管部门可以提出明确要求,督促有关部门限期办理,并向社会公开办理结果。

4. 约谈单位负责人,督促其限期整改。企事业事单位严重污染环境或者造成严重生态破坏的,环境保护主管部门或者环境监察机构可以约谈单位负责人,督促其限期整改。对未完成环境保护目标任务或者发生重大特大突发环境事件的,环境保护主管部门或者环境监察机构可以约谈下级地方人民政府负责人,要求地方人民政府依法履行职责,落实整改措施,并可以提出改进工作的建议。

5. 依法受理案件,按照规定的时限和程序依法处理或者移送有管辖权的部门或机关处理。对依法受理的案件,属于本机关管辖的,环境保护主管部门应当按照规定的时限和程序依法处理;属于环境保护主管部门管辖但不属于本机关管辖的,受理案件的环境保护主管部门应当移送有管辖权的环境保护主管部门处理;不属于环境保护主管部门管辖的,受理案件的环境保护主管部门应当移送有管辖权的机关处理。

6. 通报环境监察执法信息,加强沟通、协调和配合。相邻行政区域的环境保护主管部门应当相互通报环境监察执法信息,加强沟通、协调和配合。同一区域、流域内的环境保护主管部门应当加强信息共享,开展联合检查和执法活动。环境监察机构应当加强信息统计,并以专题报告、定期报告、统计报表等形式,向同级环境保护主管部门和上级环境监察机构报告本行政区域的环境监察工作情况。环境保护主管部门应当依法公开环境监察的有关信息。

7. 对环境监察工作中的有关材料进行整理,立卷归档。对环境监察工作中形成的污染源监察、建设项目检查、排放污染物申报登记、行政处罚等材料,应当及时进行整理、立卷归档。

思考题

1. 什么是环境标准?颁布和实施环境标准有何意义?环境质量标准与污染物排放标准的法律地位如何?
2. 什么是环境监测?它在环境保护监督管理工作中的地位和作用如何?
3. 什么是环境监察?环境监察机构的主要任务有哪些?

第六章　自然资源保护法概述

第一节　自然资源与自然资源保护法

一、自然资源的概念、特征和分类

（一）自然资源的概念

按照《辞海》的解释，自然资源“一般指天然的财富”。[1]《环境科学大辞典》中所称的自然资源是指“在一定的技术经济条件下，自然界中对人类有用的一切物质和能量，土、水、气、森林、草原、野生动植物等”。[2] 1972年联合国环境规划署对“自然资源”一词解释为：“在一定时间条件下，能够产生经济价值、提高人类当前和未来福利的自然环境因素的总称。”总之，它是人类生存和发展的基础条件。

（二）自然资源的特征

1. 整体性。自然资源是自然环境的重要组成部分，各种自然资源之间彼此相互关联、相互影响，共同构成一个有机联系的统一整体。其中任何一种自然资源发生变化，将会对其他资源的存在和功能的发挥产生影响，甚至影响到生态系统的良性循环。它要求人们开发利用某种自然资源时，必须考虑对其他资源以及生态系统的影响，防止因开发利用自然资源而造成生态系统失调。

2. 区域性。自然资源的分布，由于受太阳辐射、大气环流、地质构造等因素的影响，在不同地区的分布是不均衡的，存在着明显的地域差异性，如我国北方的煤炭资源就比南方多，而水资源却比南方贫乏，形成北煤南运，南水北调。这一特征对于发展区域经济具有重大影响，因此在开发利用时，应当充分考虑保持自然资源区域分布的相对稳定和可持续发展的要求。

3. 多用性。是指自然资源一般都具有多种功能和用途，如土地资源，既可以用于农业、林业、畜牧业，也可以用于工业、交通业、旅游业。自然资源的多用性，要求人们在开发利用时，应统筹考虑其多种功能，充分发挥其综合效能。

4. 有限性。自然资源不是取之不尽、用之不竭的，其数量或者可利用的能力是有限的，如不可再生的矿产资源，其总储量是有限的，随着人们的开采利用而减少，最终趋于耗竭。又如森林、草原等可再生自然资源，如果过度开发利用，超过其更新恢复能力，丧失其再生性，也会导致资源退化或者趋于耗竭。这一特征要求人们应当节约和合理利用自然资源，保障经济社会的可持续发展。

---

〔1〕《辞海》（缩印本），上海辞书出版社1980年版，第1486页。

〔2〕《环境科学大辞典》，环境科学出版社1991年版，第871页。

(三)自然资源的分类

自然资源按照不同的划分标准,可以进行多种分类。按其用途可以分为生产资源、风景资源和科研资源等;按其属性可以分为土地资源、水资源、矿产资源、森林资源、草原资源、野生动植物资源等;按其再生程度可以分为可再生资源、不可再生资源和取之不尽资源。

1. 可再生资源,亦称可更新资源。是指被开发利用后通过自然作用或者人工经营再生,能够被人类继续利用的资源,如土地资源、水资源、生物资源。

2. 不可再生资源,亦称不可更新资源。是指被开发利用后在现阶段不可能再生的资源,主要是指经过漫长的地质年代形成的矿产资源,包括金属矿产和非金属矿产资源。

3. 取之不尽的资源。是指那些在自然界大量存在,被开发利用后贮量不会减少的资源,如太阳能、风能、潮汐能。

二、自然资源保护的概念及其与环境保护的关系

自然资源保护,是指国家和社会为了确保自然资源的合理开发和可持续利用而采取的各种措施的总称。其主要任务是确保自然资源的合理开发利用,防止浪费和避免对生态环境的破坏。所采取的手段,主要有经济的、法律的、行政的、技术的和宣传教育的手段等。目前对自然资源的保护,通常是采取统一规划、合理布局、综合勘察、综合开采、综合利用、回收利用和开发可替代资源以及对可再生资源实行培植、适度开发等方法。

自然资源保护与环境保护的关系体现在:(1)自然资源保护是环境保护的组成部分。环境保护包括自然(资源)保护和防治环境污染两大任务,自然保护只是环境保护一个方面的内容。(2)二者目的的一致性。自然资源保护的目的是保证其永续利用,维护自然生态系统平衡,促进经济社会的可持续发展;而环境保护的目的则是保障人体健康,促进经济社会的可持续发展。

三、自然资源保护法的概念和组成

(一)自然资源保护法的概念

自然资源保护法,是指由国家制定或者认可,并由国家强制力保证其实施的,调整人们在自然资源开发、利用、保护和管理等活动中所产生的各种社会关系的法律规范的总称,是一个国家环境保护法体系的重要组成部分(是该体系的子体系)。其目的是规范人们开发利用自然资源的行为,防止对自然资源的过度开发,保护和改善人类赖以生存和发展的自然基础条件,协调人类与自然的关系,实现人与自然和谐发展,推进生态文明建设,保障经济和社会的可持续发展。

(二)自然资源保护法的组成

自然资源保护法是一部综合性的法,它是由各种自然资源单行法中的自然资源保护规范组成的。

我国尚未颁布自然资源保护综合性的法律。在国家综合性的基础法——《环境保护法》对自然资源保护作了原则规定。《环境保护法》第29条规定:“国家在重点生态功能区、生态环境敏感区和脆弱区等区域划定生态保护红线,实行严格保护。各级人民政府对具有代表性的各种类型自然生态系统区域、珍稀、濒危的野生动植物自然分布区域,重要的水源涵养区域,具有重大科学文化价值的地质构造、著名溶洞和化石分布区、冰川、火山、温泉等自然遗迹,以及人文遗迹、古树名木,应当采取措施予以保护,严禁破坏。”第30条又规定:“开发利用自然资源,

应当合理开发,保护生物多样性,保障生态安全,依法制定有关生态保护和恢复治理方案并予以实施。引进外来物种以及研究、开发和利用生物技术,应当采取措施,防止对生物多样性的破坏。”第35条还规定:“城乡建设应当结合当地自然环境的特点,保护植被、水域和自然景观,加强城市园林、绿地和风景名胜区的建设与管理。”各种自然资源保护法具体包括《土地资源保护法》《水资源保护法》《矿产资源保护法》《森林资源保护法》《草原资源保护法》《野生动植物资源保护法》《海洋资源保护法》《渔业资源保护法》《自然保护区法》《风景名胜区法》《国家公园法》《节约能源法》《可再生能源法》等单行法中的自然资源保护规范。

第二节　自然资源保护法的原则

如前所述,自然资源保护法是环境保护法的重要组成部分,因此,环境保护法的基本原则和基本制度,完全适用于自然资源保护法。此外,自然资源保护法还具有自身的一些法律原则和法律制度,现分述如下。

一、开发利用和保护相结合的原则

自然资源的开发利用必须遵循自然生态规律,按照自然资源的性质和特征的客观要求,克服长期以来人们对其认识不足,存在重开发、轻保护,重经济效益、轻生态效益及资源保护的倾向,应当坚持开发利用与保护相结合的原则。因为开发利用与保护是互相联系、互相影响、互相制约的,不能将其割裂开来。开发利用的目的在于满足人类生产和生活的需要,而保护则是使这种需要能够持续下去,它是开发利用的前提和基础。所以,要在保护中开发,在开发中保护,避免盲目开发、过度开发而造成资源退化和生态失调。当开发利用和保护发生矛盾时,应当权衡利弊,综合考虑经济社会效益和环境生态效益,把保护置于首要位置,坚持保护优先。该原则要求人们正确认识和处理经济社会发展和自然资源保护的关系,正确处理局部利益和全局利益、当前利益和长远利益的关系。

二、因地制宜,合理开发利用的原则

由于受地域分异规律的作用和影响,使各个地区自然资源的种类、数量、质量等都具有明显的地域差异性。自然资源的地域性和有限性,要求其开发利用必须因地制宜、合理开发、节约使用。因地制宜,是指对自然资源的开发利用,应当与特定地域的生态系统的结构和功能相适应。合理开发,要求人们根据地区环境条件的特点,制定和实施科学合理的开发方案。对于可再生资源,进行适度开发,维护其自身的更新能力,确保其永续利用;对于不可再生资源,应坚持综合利用、高效利用、节约使用,合理控制资源耗竭速度,提高资源利用率。和一些工业发达国家相比,我国自然资源利用率还比较低,资源浪费相当大,所以节约使用自然资源具有极其重要的意义。国家提倡建立资源节约型、环境友好型社会,节约使用也是保护自然资源的一种有效途径。

三、统筹兼顾、综合利用、循环利用原则

自然资源都是在一定范围组成相互联系、相互促进、相互制约的自然综合体,有些自然资源还具有共生、伴生的特点。因此对其开发利用不能单打一,必须综合利用,如土地资源是农业的基本生产资料,它可以生产畜牧业所需的饲料,畜牧业可以供给农业有机肥料;而林业除了本身具有综合效益外,还可以保护农牧业生产的顺利进行。因此,开发利用某一地区的土地资源时,不能仅考虑耕地资源的利用,还要考虑林地、草地及其他土地资源的开发利用,实现一业为主,农林牧业多种经营,全面发展。实行综合利用,可使资源得到合理、充分、有效利用,取得最大的经济效益、最佳的生态效益和最好的社会效益。

国务院《关于落实科学发展观　加强环境保护的决定》提出,"制订和实施循环经济推进计划,加快制定促进发展循环经济的政策、相关标准和评价体系","完善再生资源回收利用体系"。而发展循环经济是以自然资源的循环利用为前提的,它要求资源"减量化、再使用、可循环"。资源的循环利用就是对那些被人们利用后将其"废弃"的部分,通过回收使其再利用。实行资源的综合利用和循环利用,可以消除或者减少自然资源(含能源)因未能充分利用而造成的浪费和对生态环境带来的污染和破坏,获得最佳的综合效益。

第三节　自然资源保护法的制度

一、自然资源规划制度

(一)自然资源规划制度的概念和意义

自然资源规划,是指根据国家或者地区的自然资源状况和特点以及国民经济发展的要求,在一定规划期内对辖区各类自然资源的开发、利用、保护、恢复和管理所做的总体部署和安排。其目的是从宏观上协调自然资源开发利用与生态保护的矛盾,处理好当前利益与长远利益的关系以及资源的合理分配问题,以最优的方式开发利用自然资源,促进经济社会的可持续发展。

自然资源规划制度,是指有关自然资源规划目标、任务、对象、内容、编制原则和程序,以及规划实施的保障措施等所做规定的一系列法律规范的总称。

制定自然资源规划,对于协调自然资源开发利用与保护管理,进行科学、合理开发,防止过度开发、保护生态环境、保障自然资源的持续、永续利用,实现人与自然和谐发展以及促进经济社会的可持续发展等方面,都具有极其重要的意义。

(二)编制自然资源规划的原则

1. 保护和改善生态环境,保障和促进自然资源持续利用原则。在自然资源规划中应当充分体现开发利用自然资源必须首先考虑保护和改善生态环境的需要,避免只注重经济利益而盲目、过度开发自然资源的现象。我国《土地管理法》《草原法》对此做了明确规定。[3]

2. 生态效益、经济效益和社会效益相结合原则。自然资源具有多种功能和效益,在规划中

---

〔3〕 参见《土地管理法》第19条第1款第4项、《草原法》第19条第1款第1项。

必须体现这三种效益的结合和统一,发挥自然资源的综合效益,从而使自然资源得到充分利用、合理利用和节约利用。

3. 因地制宜、合理开发原则。在规划过程中应根据各地的实际情况和资源的具体状况,结合国民经济和社会发展的需要,进行科学、合理、有序的开发活动。

(三)自然资源规划的制定与修改

1. 自然资源规划的制定。通常先由各自然资源主管部门根据资源现状,会同其他有关部门起草资源规划草案,经广泛讨论,征求有关部门、单位、专家意见,并由同级计划主管部门综合平衡后,报同级人民政府批准实施,或者报上一级人民政府批准。制定自然资源规划还应当以国民经济和社会发展规划以及上一级自然资源规划为依据。

2. 自然资源规划的修改。自然资源规划应当随着经济社会情况发生变化以及自然资源本身情况的变化而做出相应的修改。自然资源规划的修改,须经原批准机关批准。经批准的自然资源规划具有法律效力,有关部门、单位和个人必须严格贯彻执行。

二、自然资源许可制度

自然资源许可制度,亦称自然资源许可证制度,是指在从事开发利用自然资源活动之前,向有关管理机关提出申请,经审查批准,发给许可证后方可进行该项活动的有关规定的总称。它是自然资源行政许可的法律化,是管理机关对自然资源进行有效保护和监督管理的重要手段。实行这项制度,可以使自然资源的开发事先得到审查和控制,有利于发证机关对持证人进行有效的监督管理,从而实现人与自然、自然资源与经济社会的协调发展。

按照自然资源的不同性质,可以将其分为:(1)资源开发许可证,如采矿许可证、采砂许可证、林木采伐许可证、捕捞许可证、采集证等。(2)资源利用许可证,如取水许可证、草原使用许可证、养殖使用证。(3)资源进出口许可证,如野生动植物进出口许可证。

许可证制度一般程序分为申请、审查、决定、监督和处理五个程序。

三、自然资源禁限制度

自然资源禁限制度,是指根据自然资源的特点和保护的需要,对其进行利用的方式、对象、时间、范围、工具等所做的禁止或者限制的法律规范的总称。

自然资源禁限可作如下分类:(1)按照自然资源禁限的内容,可分为资源用途的禁限、利用工具的禁限、利用方式的禁限、利用时间的禁限、利用区域的禁限、利用对象的禁限等。(2)按照自然资源的种类,可分为地事禁限、水事禁限、矿事禁限、林事禁限、渔事禁限、草原利用禁限等。

四、自然资源有偿使用制度

(一)自然资源有偿使用制度的概念和意义

自然资源有偿使用制度,是指国家采取强制手段,使开发利用自然资源的单位和个人支付一定费用才能开发利用自然资源的法律规范的总称。它是由于自然资源的稀缺性,一些自然资源的不可再生性和自然资源日益枯竭而建立和发展起来的一项法律制度,是自然资源价值在法律上的体现和确认。

自然资源有偿使用制度的意义在于:(1)有利于促进自然资源的合理开发和节约使用。如前所述,长期以来,人们误认为自然资源是没有价值的,是取之不尽、用之不竭的,因而形成人们不珍惜自然资源,产生过度开发和浪费的情况,同时对生态环境带来不利影响。实行该制度,要求开发利用自然资源者支付一定的费用才能获得开发利用权。这样,就可以促使开发利用者珍惜自然资源,科学、合理开发和节约使用自然资源,避免或者减轻对生态环境的污染和破坏。(2)有利于自然资源的恢复和保护,并可为开发新的自然资源筹集资金。按照各有关自然资源法的规定,资源有偿使用费上缴后,其中一部分专项用于保护和恢复自然资源以及开发新的自然资源,如《土地管理法》第55条等。(3)有利于保障自然资源的可持续利用,从而促进经济社会的可持续发展。

(二)自然资源有偿使用的形式

根据我国自然资源法律、法规的规定,自然资源有偿使用的形式有两种:

1. 自然资源税。是国家对一切开发利用自然资源的单位或者个人,根据其开发利用的程度所征收的一种税种。其目的是调节由于资源开发条件的差异而形成的级差收入,促进开发者加强经济核算,有效管理和节约、合理利用自然资源。它与自然资源费的区别在于:首先,前者是国家税务机关依法无偿取得财政收入的一种手段;后者则是由负责自然资源管理的特定行政机关,为了防止生态破坏向开发利用者征收一定数额的费用。其次,征收的税额全部上缴国库,而资源费一部分由该行政机关统一支配,专项用于资源的开发、保护和管理,而非全部上缴国库。目前,我国自然资源税范围较窄,主要是矿产资源税。从广义的资源税概念出发,还应包括土地使用税、耕地使用税、土地增值税、林特产品税、水产品税等。1993年国务院发布2011年修订的《资源税暂行条例》,对资源税的纳税人、应税范围、税目、税额、减税免税条件等做了具体规定。

2. 自然资源费。是指对各种自然资源开发利用和保护管理所征收的一定费用的统称。不同的资源种类,其收费种类的名称也不相同。归纳起来,大致可分为四种:(1)自然资源使用费。是指单位或者个人对资源进行开发、利用和收益过程中向法定机关缴纳的一定费用,如土地使用费、水资源使用费。(2)自然资源补偿费。是指单位或者个人,因其开发利用自然资源的行为造成或者可能造成自然资源减少或者破坏的,应向法定机关缴纳的一定费用,如水土流失补偿费、矿产资源补偿费。(3)自然资源保护管理费。是指开发利用自然资源者和自然资源利益享有者向法定机关缴纳的保护管理自然资源的费用,如野生动植物资源保护管理费、渔业资源增值保护费。(4)惩罚性收费。是指法定机关对开发利用自然资源者不按规定要求开发利用资源时使其依法缴纳的具有经济制裁性质的费用,如缴纳耕地闲置费。

思考题

1. 什么是自然资源?有何特点?什么是自然资源保护法?它与环境保护法有何关系?
2. 什么是自然资源保护法的原则?它与环境保护法基本原则有何关系?
3. 简述开发利用与保护相结合原则的基本内容和意义。
4. 简述自然资源有偿使用制度的基本内容和意义。

第七章　保护土地、水和矿产资源的法律规定

第一节　保护土地的法律规定

一、土地的概念和保护土地的意义

(一)土地的概念

《土地管理法》所称的土地,是指中华人民共和国境内的一切土地,包括:[1](1)农用地,即直接用于农业生产的耕地、林地、草地、农田水利用地、养殖水面等;(2)建设用地,即城乡住宅和公共设施用地、工矿用地、交通水利设施用地、旅游用地、军事设施用地等;(3)未利用地,是指农用地和建设用地以外的土地,即尚没有明确用途或者人类未以生物技术或者工程措施进行改造利用的土地。

土地资源,是指在当前和可预见的未来,可以为人类利用的土地。而戈壁、冰川、石山、高寒荒漠等难以被人类利用,因而不属于土地资源。

土地具有以下基本特性:

1. 面积的有限性。土地的总面积基本上是固定的。人类通过劳动只能改变土地的用途,促进土地质量的变化,但不能改变其总的面积。某一种用地面积的增多,必然导致其他用地面积的减少。这就要求人们必须十分珍惜和节约用地,合理利用和保护土地,提高土地利用率,使有限的土地资源生产出更多的物质财富,以满足人类社会发展的需要。

2. 位置的固定性。土地具有特定的空间位置和一定的形态特征,即每块土地所处的经纬度、海拔高度、气象带等都是固定的。它既不能移动,也不能调换,只能就地利用。这一特征要求利用土地时,必须坚持因地制宜的原则,确定合理的土地利用结构。

3. 功能的不可替代性。土地作为人类生活的场所或者作为生产资料,都不能用其他物质来代替。这就要求人们在开发利用土地时,必须根据土地的自然特性,搞好土地的保护和利用工作。

4. 生产能力的永久性。土地不像某些生产资料在使用过程中会磨损、消耗,甚至报废。只要利用合理,其生产能力就会不断提高;反之,就会导致肥力下降、破坏土壤。土地的这一特性,要求人们遵循自然生态规律,正确处理用地和养地的关系,采取有效措施,改良土壤,提高肥力,实现土地资源的永续利用。

(二)保护土地的意义

土地是构成自然环境的基本要素,是珍贵的自然资源,也是国家宝贵的物质财富。我国幅

---

〔1〕 参见《土地管理法》第4条第2款。

员辽阔、土地类型多样,山地多、平地少,人均耕地面积小,土地生产力地区间差异大,耕地后备资源不足。同时存在着管理不善、土地浪费严重、利用不当、土地质量退化等问题。因此,保护土地具有重要的意义:(1)土地是人类赖以生存和发展的基本环境条件,它为人类的生活和生存提供必需的活动场所。正如马克思所指出的人类生存和发展都离不开土地,“因为它给劳动者提供立足之地,给他的过程提供劳动场所”。[2]（2)土地是人类进行物质生产不可缺少的生产资料,同时它还为人类提供所需的食物、原料和其他生活资料。所以马克思把劳动和土地看成是一切财富的源泉,他引用威廉·配第的话说:“劳动是财富之父,土地是财富之母”。[3]（3)土地是植物生长发育和动物栖息繁衍的场所,离开了土地,各种动植物就无法生存。

二、土地保护的法律规定

1953年,原政务院公布了《国家建设征用土地办法》(1987年废止);1981年,国务院发布了《关于制止农村建房侵占耕地的紧急通知》;1982年,国务院发布了《村镇建房用地管理条例》(1986年废止)和《国家建设征用土地条例》(2016年废止);1988年,第七届全国人大常委会第五次会议通过了《关于修改〈土地管理法〉的决定》,对1986年的《土地管理法》进行了第一次修正;同年,国务院发布了《土地复垦规定》(2011年失效)。随着改革的深入和形势的发展,原《土地管理法》的若干规定已不能适应加强土地管理、切实保护耕地的需要,于是,1998年8月29日第九届全国人大常委会第四次会议通过了《土地管理法》(修订),自1999年1月1日起施行。2004年8月28日第十届全国人大常委会第十一次会议通过了《关于修订〈中华人民共和国土地管理法〉的决定》第二次修正。修订、修正后的《土地管理法》对原法做了全面、重大的修改,在指导思想、法律原则、保护范围和具体措施等方面都增添了新的内容,体现了新的要求,反映了新的特点。同年,国务院发布了《土地管理法实施条例》和《基本农田保护条例》;2014年,国土资源部发布了《节约集约利用土地规定》。另外,与土地保护有关的还有《农业法》《矿产资源法》《水土保持法》《防沙治沙法》《环境保护法》等。现将主要内容分述如下。

(一)土地用途管制制度的规定

土地用途管制制度,是指国家为了保证土地资源的合理利用,使经济、社会和环境协调发展,通过编制土地利用总体规划划定土地用途区域,确定土地使用限制条件,土地所有者、使用者严格按照国家确定的用途利用土地的法律规定。1986年《土地管理法》采用分级限额审批制度,实践证明已难以有效控制建设用地总量,一些地方人民政府采用“化整为零”“下放土地审批权”等办法以扩大审批土地的权力,致使建设用地供应总量失控。《土地管理法》第4条规定,国家实行土地用途管制制度。国家编制土地利用总体规划,规定土地用途,将土地分为农用地、建设用地和未利用地;严格限制农用地转为建设用地,控制建设用地总量,对耕地实行特殊保护。使用土地的单位和个人,必须严格按照土地利用总体规划确定的用途使用土地。

土地用途管制制度是修订后的《土地管理法》新增加的重要内容之一。该制度与用地分级限额审批制度的主要区别在于,主动依据土地利用总体规划划定土地用途,并依法规定土地利用行为,划分土地管理权限,控制土地用途变更。

---

[2]《马克思恩格斯全集》(第23卷),第205页。

[3]《马克思恩格斯全集》(第23卷),第57页。

（二）土地调查统计制度的规定

土地调查，是指国家有关部门对本行政区域内土地自然条件、资源状况以及开发利用情况进行勘测，从而弄清本行政区域内土地的基本状况的工作。土地调查的目的，是全面查清土地资源和利用状况，掌握真实准确的土地基础数据，为科学规划、合理利用、有效保护土地资源，实施最严格的耕地保护制度，加强和改善宏观调控提供依据，促进经济社会持续健康发展。土地统计是国家对土地数量、质量、分布、利用和权属状况进行调查、汇总、统计分析和提供统计资料的工作。建立土地调查统计制度，是为了保证科学地组织土地调查统计工作，保障调查统计资料的准确性、及时性，为编制土地利用总体规划提供依据。

1. 国家建立土地调查制度。县级以上人民政府土地行政主管部门会同同级有关部门进行土地调查，土地所有者或者使用者应当配合调查，并提供有关资料。根据调查成果，规划土地用途和国家制定的统一标准，评定土地等级。

2. 国家建立土地统计制度。县级以上人民政府土地行政主管部门和同级统计部门共同制订统计调查方案，依法进行土地统计，定期发布土地统计资料。土地所有者或者使用者应当提供有关资料，不得虚报、瞒报、拒报或者迟报。

（三）土地利用总体规划的规定

土地利用总体规划，是指在一定区域内，根据国民经济和社会发展对土地的需求及当地的自然、经济和社会条件，对该地区范围内全部土地的利用所做的长期的、战略性的总体布局和安排。它是实施土地用途管制制度的依据，也是保护和改善生态环境以及土地可持续利用的重要保障。土地利用总体规划一经批准，具有法律效力，必须严格执行。

（四）节约集约利用土地的规定

节约集约利用土地，是指通过规划引导、布局优化、标准控制、市场配置、盘活利用等手段，达到节约土地、减量用地、提升用地强度、促进低效废弃地再利用、优化土地利用结构和布局、提高土地利用效率的各项行为与活动。[4] 土地管理和利用应当遵循以下原则：（1）节约优先原则。各项建设少占地、不占或者少占耕地，珍惜和合理利用每一寸土地。（2）合理使用原则。盘活存量土地资源，构建符合资源国情的城乡土地利用新格局。（3）市场配置原则，妥善处理好政府与市场的关系，充分发挥市场在土地资源配置中的决定性作用。（4）改革创新原则，探索土地管理新机制，创新节约集约用地新模式。

县级以上地方国土资源主管部门应当加强与发展改革、财政、城乡规划、环境保护等部门的沟通协调，将土地节约集约利用的目标和政策措施纳入地方经济社会发展总体规划和考核评价体系。国土资源主管部门应当建立节约集约用地制度，开展节约集约用地活动，组织制定节地标准体系和相关标准规范，探索节约集约用地新机制，鼓励采用节约集约用地新技术和新模式，促进土地利用效率的提高。在节约集约用地方面成效显著的市、县人民政府，由国土资源部按照有关规定给予表彰和奖励。

（五）耕地保护的规定

我国是一个人口大国，且耕地后备资源贫乏。因此，保护耕地是关系到国家前途命运和子孙后代生存发展的大事，保护耕地就是保护我们的生命线。修订后的《土地管理法》对耕地保

---

〔4〕 参见《节约集约利用土地规定》第2条。

护设了专章(第四章)规定,其主要内容是:

1. 实行占用耕地补偿制度。为了防止耕地减少,实现耕地总量动态平衡,国家对耕地实行特殊保护,非农业建设经批准占用耕地的,应按照"占多少,垦多少"的原则,[5]由占用耕地的单位负责开垦与所占用耕地的数量与质量相当的耕地;没有条件开垦或者开垦的耕地不符合要求的,应当按照省级人民政府的规定缴纳耕地开垦费,专款用于开垦新的耕地。地方人民政府可以要求占用耕地的单位将所占用耕地耕作层的土壤,用于新开垦耕地、劣质地或者其他耕地的土壤改良。

2. 确保耕地总量不减少。省级人民政府应当严格执行土地利用总体规划和土地利用年度计划,采取措施,确保本行政区域内耕地总量不减少;耕地总量减少的,由国务院责令在规定期限内组织开垦与所减少耕地的数量与质量相当的耕地,并由国务院土地行政主管部门会同农业行政主管部门验收。个别省、直辖市确因土地后备资源匮乏,新增建设用地后,新开垦耕地的数量不足以补偿所占用耕地的数量的,必须报经国务院批准减免本行政区域内开垦耕地的数量,进行易地开垦。

3. 实行基本农田保护制度。[6]划定基本农田保护区,对基本农田实行严格管理和特殊保护。

4. 节约使用土地,禁止闲置、荒芜耕地。(1)非农业建设必须节约使用土地,可以利用荒地的,不得占用耕地;可以使用劣地的,不得占用好地。(2)禁止占用耕地建窑、建坟或者擅自在耕地上建房、挖砂、采石、采矿、取土等。(3)禁止占用基本农田发展林果业和挖塘养鱼。(4)禁止任何单位和个人闲置、荒芜耕地。

5. 鼓励开发未利用的土地。有利用价值的土地,如果不开发利用,则失去其利用价值。因此,要按照土地利用总体规划,在保护和改善生态环境、防止水土流失和土地荒漠化的前提下,开发未利用的土地;适宜开发为农用地的,应当优先开发成农用地。国家鼓励单位和个人开发未利用的土地,并依法保护开发者的合法权益。

6. 鼓励土地整理,提高耕地质量。土地整理是对既有的耕地追加投入和劳动,进行综合整治。它要求乡(镇)人民政府应当组织农村集体经济组织,按照土地利用总体规划,对田、水、路、林、村综合整治,提高耕地质量,增加有效耕地面积,改善农业生产条件和生态环境;要求地方各级人民政府采取措施,改造中、低产田,整治闲散地和废弃地。这是一项见效快、质量高、投入少的系统工程,是增加有效耕地面积,实现耕地总量动态平衡的重要途径。

7. 进行土地复垦,优先用于农业。(1)土地复垦的范围。凡是在生产建设过程中因挖损、塌陷、压占等造成破坏而废弃的土地,如因从事开采矿产资源、烧制砖瓦、燃煤发电等生产建设活动,造成破坏而废弃的土地,均属复垦的范围。(2)土地复垦实行"谁损毁、谁复垦"的原则。[7]用地单位和个人承担复垦义务,也可由其他有条件的单位和个人按合同承包复垦;没有条件复垦或者复垦不符合要求的,应当缴纳土地复垦费,专项用于土地复垦;复垦的土地应当优先用于农业。(3)土地复垦的规划。是土地利用总体规划的组成部分,由有关行政管理部门负责制定,其基本任务是根据经济合理原则、自然条件和土地破坏状态,确定复垦方法、措施以

---

〔5〕 参见《土地管理法》第31条第2款。

〔6〕 有关基本农田保护的内容参见本教程第十一章第二节。

〔7〕《土地复垦条例》第3条的规定。

及复垦后土地的用途。在城市规划区内,复垦后的土地利用应当符合城市规划。(4)土地复垦的途径。有复垦任务的建设项目,土地复垦要与生产建设统一规划,设计任务书中应当包括土地复垦内容,工艺设计应当兼顾土地复垦的要求,土地复垦应当充分利用邻近企业的废弃物充填挖损区、塌陷区和地下采空区;利用废弃物作为土地复垦充填物,应当防止造成新的污染。(5)复垦后的土地达到复垦标准,并经土地行政主管部门会同有关行业管理部门验收合格后,方可交付使用。

8. 防止土地退化、污染和破坏。当前,土地荒漠化、盐渍化、水土流失和污染是我国很多地区的耕地受到的主要威胁,因此要求各级人民政府采取措施,维护排灌工程设施,改良土壤,提高地力,防止土地荒漠化、盐渍化、水土流失和污染土地。

(六)控制建设用地的规定

建设用地是指建造建筑物、构筑物的土地,一般分为国家建设用地、乡(镇)村建设用地和其他用地三类。基于土地资源的有限性和不可替代性,以及土地资源受到污染和破坏后很难恢复其原有的功能等特性,必须严格控制建没用地。《土地管理法》对建设用地设了专章(第五章)规定,其主要内容是:

1. 建立严格的农用地转用和征地审批制度。凡是建设占用土地,涉及农用地转为建设用地的,应当办理农用地转用审批手续。征用土地的,应当按照被征用土地的原用途给予补偿。征用耕地的补偿费用包括土地补偿费、安置补助费以及地上附着物和青苗的补偿费。征用城市郊区的菜地,除缴纳上述费用外,还应当缴纳新菜地开发建设基金。

2. 实行国有土地有偿使用制度。国家实行国有土地有偿使用制度,除了法律规定的范围内划拨国有土地使用权外,建设单位使用国有土地,应当以出让等有偿使用方式取得,并按照国务院规定的标准和办法,缴纳土地使用权出让金等土地有偿使用费和其他费用后,方可使用土地。土地有偿使用费用,30%上缴中央财政,70%留给有关地方人民政府,二者都专项用于耕地开发。

3. 严格控制乡(镇)村建设用地。乡(镇)村建设用地是指在乡(镇)村范围内进行的乡镇企业建设用地、乡(镇)村公共设施和公益事业建设用地、农村村民住宅建设用地。过去由于对乡(镇)村建设用地控制不严,致使乡镇企业和农村建房乱占耕地、滥用土地的现象普遍存在,这将对国家建设和人民生活造成严重后果。为此,必须严格控制乡(镇)村建设用地:(1)严格按照规划用地。(2)控制乡(镇)村公用设施、公益事业建设用地。(3)控制农村村民建住宅用地。农村村民一户只能拥有一处宅基地,其面积不得超过省、自治区、直辖市规定的标准。农村村民建住房,应当符合乡(镇)土地利用总体规划,并应尽量使用原有的宅基地和村内空闲地。农村村民住宅用地,经乡(镇)人民政府审核,由县级人民政府批准;农村村民出卖、出租住房后,再申请宅基地,不予批准。

(七)土地管理监督检查的规定

土地管理监督检查,是指县级以上人民政府土地行政主管部门,依法对本行政区域内土地管理法律、法规的执行情况进行监督检查,并对违法者实施法律制裁的活动。它是实现土地管理法制化的重要途径,也是保证土地用途管制实施和提高公民和单位法律意识的有效手段。修订后的《土地管理法》增设了监督检查一章(第六章),其主要内容是:

1. 土地管理监督检查人员必备的条件。土地管理监督检查人员应当熟悉土地管理法律、法规,忠于职守,秉公执法。

2. 赋予土地行政主管部门履行监督检查职责时所享有的权力和可采取的措施:(1)要求被检查的单位或者个人提供有关土地权利的文件和资料,进行查阅或者予以复制;(2)要求被检查的单位或者个人就有关土地权利问题做出说明;(3)进入被检查单位或者个人非法占用的土地现场进行勘测;(4)责令非法占用土地的单位或者个人停止违反土地管理法律、法规的行为。

3. 要求有关单位和个人支持和配合土地管理监督检查人员依法执行职务。有关单位和个人对县级以上人民政府土地行政主管部门就土地违法行为进行的监督检查应当支持和配合,并提供工作方便,不得拒绝与阻碍土地管理监督检查人员依法执行职务。

4. 要求土地行政主管部门严格执法。县级以上人民政府土地行政主管部门在监督检查工作中发现国家工作人员的违法行为,应当依法予以处理;发现土地违法行为构成犯罪的,应当将案件移送有关司法机关,依法追究刑事责任。

第二节　保护水的法律规定

一、水的概念和保护水的意义

(一)水的概念

水是自然环境的基本要素,又是一种宝贵的自然资源,它在自然界中以固态、液态和气态三种聚集状态存在。水和水资源是两个不同的概念。水包括资源水和商品水;水资源一般是指处于自然状态下的水,包括江河、湖泊、冰川等地表水和位于地壳上部岩石中的浅层地下水。

水具有以下基本特性:(1)有限性。地球上总的水量虽然很大,但能够被人类利用的淡水量仅占全球总水量的2.45%,其中能够被人们直接利用的淡水量则更少。加之这些淡水在时空分布上极不均衡,因此不少地区水资源匮乏,不能满足人们生活和生产的需要。(2)流动性。水在全球范围内不停地运动着,通过蒸发、降水、径流,形成不断循环再生的水资源系统。(3)分布不均匀性。地球上的降水量和径流量分布很不均匀,全球约有1/3的陆地少雨、缺水;在多雨地区或者多雨季节,经常发生洪涝灾害。(4)多功能性。水具有保障工农业生产、发展水运、水电、调节气候、美化环境等多种功能。

(二)保护水的意义

保护水的意义在于:(1)水是人类生存不可缺少的基本物质,是生命的源泉,是构成人体细胞和组织的主要成分,也是人体进行新陈代谢的介质,没有水,人类就不能生存。(2)水是工农业生产的基本条件。它在经济社会发展中具有极为重要的作用。没有水,工业生产就无法进行,农作物也不可能生长繁殖。所以说,水是工业的饮料,是农业的命脉。(3)水是发展水电、水运和水产事业的基本前提。水电、水运和水产事业的发展,对于改善人们的生活和促进经济社会的发展具有重要的意义。而要发展这些事业,没有水,就根本不可能。

二、水保护的法律规定

基于水在国民经济和社会发展中的重要性,各国都重视水的法律保护。新中国成立以来,先后颁布了有关水保护管理的法律、法规。1988年,第五届全国人大常委会第二十四次会议审议通过了《水法》,同年国务院发布了《河道管理条例》。1993年,国务院发布了《取水许可制度实施办法》。1997 年,全国人大常委会审议通过了《防洪法》。2000 年,国务院发出《关于加强城市供水节水和水污染防治工作的通知》。2002 年,第九届全国人大常委会第二十九次会议对《水法》做了较为全面的修改,2009 年、2016 年又分别对《水法》进行了修订。2006 年,国务院公布了《取水许可和水资源费征收管理条例》。现将有关内容分述如下。

(一)水资源管理体制的规定

水资源管理体制是国家管理水资源的机构设置及其权限划分。《水法》第 12 条规定,“国家对水资源实行流域管理与行政区域管理相结合的管理体制”。这是《水法》修改的一项重要内容。1988 年《水法》第 9 条规定,“国家对水资源实行统一管理与分级、分部门管理相结合的制度”。这种管理体制忽视了水资源流域自然属性的特征,没有明确流域管理机构的职责和权限,因而导致部门之间职能交叉、错位的现象并存,“多龙治水”的情况仍然存在。《水法》根据水资源自身的特点和我国水资源的实际情况,借鉴国外一些国家水资源管理的经验,按照水资源管理与水资源开发利用管理相分离的原则,确立了流域管理与行政区域管理相结合的管理体制。具体内容是:“国务院水行政主管部门负责全国水资源的统一管理和监督工作。国务院水行政主管部门在国家确定的重要江河、湖泊设立的流域管理机构(以下简称流域管理机构),在所管辖的范围内行使法律、行政法规规定的和国务院水行政主管部门授予的水资源管理和监督职责。县级以上地方人民政府水行政主管部门按照规定的权限,负责本行政区域内水资源的统一管理和监督工作。”

这种管理体制有利于统一管理和监督,有关部门各司其职、密切配合,共同把水资源管好、用好、保护好,有利于实现水资源的可持续利用,适应经济和社会持续发展的需要。

(二)水资源规划的规定

《水法》对水资源规划做了专章(第二章)规定。我国水资源规划分为全国水资源战略规划、流域规划和区域规划;流域规划包括流域综合规划和流域专业规划;区域规划包括区域综合规划和区域专业规划。

全国水资源战略规划,主要是在查清我国水资源及其开发利用现状、分析评价水资源承载能力的基础上,根据水资源的分布和经济社会发展整体布局,计划水资源的配置和综合治理问题。流域、区域的综合规划,是指根据经济社会发展的需要和水资源开发利用现状编制的开发、利用、节约、保护水资源和防治水害的总体部署。流域、区域的专业规划是指防洪、治涝、灌溉、航运、供水、水力发电、竹木流放、渔业、水资源保护、水土保持、防沙治沙、节约用水等规划。流域范围内的区域规划应当服从流域规划,专业规划应当服从综合规划。有关水资源规划应当与国民经济和社会发展规划、土地利用总体规划、城市总体规划和环境保护规划相协调。

(三)水资源开发利用的规定

《水法》对水资源的开发利用做了专章(第三章)规定。

1. 水资源开发利用原则的规定

水资源开发利用应遵循以下原则:(1)统筹兼顾、综合利用原则。(2)水资源开发利用和节约、保护相结合原则。(3)生活用水优先、兼顾其他用水原则。

2. 水资源开发利用的规定

(1)跨流域调水的规定。跨流域调水是水资源开发利用的一种重要手段,它对于改变流域与区域之间水资源分布不均,缓解重点缺水地区的水资源供需矛盾,具有重要的意义。《水法》第 22 条规定,“跨流域调水,应当进行全面规划和科学论证,统筹兼顾调出和调入流域的用水需要,防止对生态环境造成破坏”。

(2)水能资源和水运资源开发利用的规定。《水法》第26条规定,国家鼓励开发利用水能资源和水运资源。在水能丰富的河流,应当进行多目标梯级开发;建设水力发电站,应当保护生态环境,兼顾防洪、供水、灌溉、航运、竹木流放和渔业等方面的需要。在水生生物洄游通道、通航或者竹木流放的河流上修建永久性拦河闸坝,建设单位应当同时修建过鱼、过船、过木设施;在不通航的河流或者人工水道上修建闸坝后可以通航的,闸坝建设单位应当同时修建过船设施或者预留过船设施位置。

(3)引水、截(蓄)水、排水产生的相邻关系的规定。引水、截(蓄)水、排水都会给上、下游或左、右岸产生一定的影响。如果一方不当用水,就可能给另一方的合法权益造成损害。所以《水法》第76条规定:“引水、截(蓄)水、排水,损害公共利益或者他人合法权益的,依法承担民事责任。”

(4)水工程建设移民安置的规定。移民安置是水工程建设中必须妥善解决的一个重要问题,事关移民的生产、生活和社会的稳定。《水法》第29条规定,国家对水工程建设移民实行开发性移民的方针,按照前期补偿、补助与后期扶持相结合的原则,妥善安排移民的生产和生活,保护移民的合法权益。移民安置应当与工程建设同步进行。

(四)水资源、水域和水工程保护的规定

1. 水资源保护的规定

(1)保护水量及生态用水。在制定水资源开发、利用规划和调度水资源时,应当注意维持江河的合理流量和湖泊、水库以及地下水的合理水位,维护水体的自然净化能力。

(2)保护水资源功能。《水法》第32条对水功能区划分类、拟定原则和主体、拟定及批准程序做了规定,并对水功能区实行排污总量控制及对其水质状况进行监测。这是对水功能区实行有效管理和保证水功能区水质目标的重要手段之一。

(3)建立饮用水水源保护区制度,保证城乡居民饮用水安全。省级人民政府应当划定饮用水水源保护区,采取措施,防止水源枯竭和水体污染;禁止在保护区内设置排污口;在江河、湖泊新建、改建或者扩大排污口,应当经过有管辖权的水行政主管部门或者流域管理机构同意,由环境保护行政主管部门负责对该建设项目的环境影响报告书进行审批。

(4)保护地下水资源。《水法》第36条规定,在地下水超采地区,县级以上地方人民政府应当采取措施,严格控制开采地下水;在地下水严重超采地区,经省级人民政府批准,可以划定地下水禁止开采或者限制开采区;在沿海地区开采地下水,应当经过科学论证,并采取措施,防止地面沉降和海水入侵。

2. 水域保护的规定

(1)禁止妨碍河道行洪的活动。禁止在江河、湖泊、水库、运河、渠道内弃置、堆放阻碍行洪的物体和种植阻碍行洪的林木及高秆作物;禁止在河道管理范围内建设妨碍行洪的建筑物、构筑物以及从事影响河势稳定、危害河岸堤防安全和其他妨碍河道行洪的活动。

(2)实行河道采砂许可制度。在河道管理范围内采砂,影响河势稳定或危及堤防安全的,有关县级以上人民政府水行政主管部门应当划定禁采区和规定禁采期,并予以公告。2001年,国务院颁布了《长江河道采砂管理条例》,明确规定了长江河道采砂管理机构,加大了对非法采砂行为的处罚力度。

(3)禁止围湖造地和围垦河道。已经围垦的,应当按国家规定的防洪标准有计划地退地还湖;确需围垦的,应当经过科学论证,经省级人民政府水行政主管部门或者国务院水行政主管部门同意后,报本级人民政府批准。

3. 水工程保护的规定

水工程的建设和保护,关系到我国水资源的合理分配、有效利用、水害防治以及人民的生命财产安全。国家所有的水工程,应按规定划定工程管理和保护范围。在水工程保护范围内,禁止从事影响水工程运行和危害水工程安全的爆破、打井、采石、取土等活动。单位和个人有保护水工程的义务,不得侵占、毁坏堤防、护岸、防汛、水文监测、水文地质监测等工程设施。

(五)水资源配置和节约使用的规定

水资源是紧缺和有限的自然资源,对其合理配置和节约使用,关系到提高水资源的使用效率,实现水资源的可持续利用,建设节水型社会问题。因此,《水法》专章(第五章)规定了"水资源的配置和节约使用"。

1. 水资源配置的规定

水资源配置的主要内容为:(1)制定水中长期供求规划、水量分配方案和水量调度预案。(2)实行用水总量控制和定额管理相结合制度。(3)实行取水许可制度和水资源有偿使用制度。2006年国务院公布、2017年修订的《取水许可和水资源费征收管理条例》,对取水许可制度的组织实施和监督管理机构,水资源费的征收、管理和监督水资源费的征收、使用、监督管理和法律责任等做了明确具体的规定。

2. 节约用水的规定

我国是水资源贫乏的国家,水的供需矛盾十分突出,全社会节水意识和节水管理工作薄弱、水价偏低、用水浪费严重。所以,节约用水是解决我国水资源紧缺、减少污水排放、保护水资源的一项基本措施。

2016年修订的《水法》把节约用水放在突出位置。在总则和第五章中都对节约用水做了规定,其主要内容如下:(1)国家厉行节约用水,大力推行节约用水措施,建立节水型社会。单位和个人有节约用水的义务。(2)实行用水计量及计量收费和超定额累进加价制度。计量收费,能够激励用水户通过节约用水减少水费支出,使用水的多少与用户的经济利益直接挂钩。实行超定额累进加价制度,即在定额以内的用水量实行平价收费,超过定额以外的用水量,实行平价基础上累进加价收费,这样就能进一步促进用水户节约用水。(3)推广节约用水新技术、新工艺,发展节水型工业、农业和服务业。工业用水应当采用先进技术、工艺和设备,增加循环用水次数,提高水的重复利用率,逐步淘汰耗水量高的工艺、设备和产品;农业用水应当推行节水灌溉方式和节水技术,对农业蓄水、输水工程采取必要的防渗漏措施,提高农业用水效率;城市用水应推广节水型生活用水器具,降低城市供水管网漏失率,提高生活用水效率和污水再生利用率。加强城市污水集中处理。(4)新建、扩建、改建建设项目,应当制订节水措施方案,配套建设节水设施。

(六)水事纠纷处理的规定

《水法》专门对水事纠纷处理程序做了规定:(1)不同行政区域之间水事纠纷的处理。先由当事人双方协商解决;当事人双方协商不成的,由上一级人民政府裁决。[8]有关各方必须遵照

---

〔8〕《水法》的上述规定表明,该项争议属于行政争议,与下述"2"纠纷的性质不同,后者的争议属于民事争议,解决的程序也不一样。

执行。(2)单位之间、个人之间、单位与个人之间水事纠纷的处理。先由当事人之间协商解决;当事人不愿协商或者协商不成的,可以申请县级以上地方人民政府或者其授权的部门调解;当事人不愿协商或者协商、调解不成的,可以直接向人民法院提起民事诉讼。

为了保证当事人的合法权益,防止纠纷激化,在水事纠纷解决前,当事人不得单方面改变现状。此外,县级以上人民政府或者其授权的部门在处理水事纠纷时,有权采取临时处置措施,有关各方或者当事人必须服从。

第三节 保护矿产资源的法律规定

一、矿产资源的概念和保护矿产资源的意义

(一)矿产资源的概念

矿产资源,是指天然存在于地壳内部或者地球表面,由地质作用形成,具有利用价值,呈固态、液态、气态的自然资源。根据《矿产资源法实施细则》的规定,我国矿产资源分为能源矿产、金属矿产、非金属矿产和水气矿产四类。

矿产资源的基本特点是:(1)有限性。地球上矿产资源的总储量是有限的,开采一点就少一点,无法得到补充。随着人类对矿产资源需求量的增长,其储量日益减少,有的矿种已开始耗竭。(2)不可再生性。矿产资源是经过漫长的地质年代形成的,不像生物资源那样,一次利用以后经过再生还可以再次利用,而矿产资源是一种不可更新的自然资源。(3)分布不均匀性。就世界范围来看,锡矿储量75%集中在中国、加拿大和原苏联,石油剩余储量60%在中东。以国内的情况看,矿产资源在我国东、中、西部及各省(区、市)的分布也是很不均衡,这对资源的合理配置及生产力的合理布局有着重大影响。

(二)保护矿产资源的意义

矿产资源是重要的自然资源和国家宝贵的财富。从一定意义上来说,一个国家矿产资源的丰富程度及对其开发利用程度,往往反映一个国家的经济实力,甚至决定该国的战略地位。所以,保护和合理利用矿产资源具有重要的战略意义:(1)矿产资源是工业和建筑业的重要原料和材料。(2)矿产资源是交通运输和人民生活不可缺少的重要条件。(3)矿产资源是国家安全的重要物质保证。在经济竞争激烈、局部战争不断的国际形势下,为了维护国家安全,使经济建设有一个和平环境,必须要有充足的矿产资源做保证。

二、矿产资源保护的法律规定

1950年,原政务院发布了《矿业暂行条例》(1987年失效);1956年,国务院批转了《矿产资源保护试行条例》(1987年失效);1978年,国务院批转了《小煤矿管理试行办法》;1986年,第六届全国人大常委会第十五次会议通过了《矿产资源法》;1987年,国务院发布了《矿产资源勘查登记管理暂行办法》(1998年废止)、《全民所有制矿山企业采矿登记管理暂行办法》(1998年废止)、《矿产资源监督管理暂行办法》;1994年,发布《矿产资源补偿费征收管理办法》;1998年,发布《矿产资源勘查区块登记管理办法》(2014年修订)、《矿产资源开采登记管理办法》(2014年修订)、《探矿权采矿权转让管理办法》(2014年修订);2012年,国土资源部发布了《矿

产资源规划编制实施办法》。

1986年颁布实施的《矿产资源法》,在加强矿产资源勘查、开采的监督管理,打击乱采滥挖和破坏矿产资源的行为,治理整顿矿业秩序,促进矿产资源的合理开发利用和有效保护,维护国家权益等方面发挥了重要的作用,但有的规定已不能适应形势发展的要求。1996年第八届全国人大常委会第二十一次会议通过了《关于修改〈矿产资源法〉的决定》,2009年第十一届全国人大常委会第十次会议《关于修改部分法律的决定》第二次修正。修改后的《矿产资源法》,为适应改革、开放和社会主义市场经济体制的需要,以建立科学有序的矿业管理制度,促进矿业实现可持续发展,保障国民经济对矿产品的需求为宗旨,对矿业权法律制度、矿业监督管理制度和矿业法律责任等做了重大修改和完善,现将有关内容分述如下。

(一)矿产资源监督管理体制的规定

我国的矿产资源实行主管与协管相结合的监督管理体制,即国务院地质矿产主管部门主管全国矿产资源勘查、开采和保护的监督管理工作;国务院有关主管部门协助国务院地质矿产部门进行矿产资源勘查、开采和保护的监督管理工作;省级人民政府地质矿产主管部门主管本行政区域内矿产资源勘查、开采和保护的监督管理工作,省级人民政府有关主管部门协助同级地质矿产主管部门进行矿产资源勘查、开采和保护的监督管理工作。[9]

(二)矿产资源勘查、开发方针的规定

《矿产资源法》第7条规定:"国家对矿产资源的勘查、开发实行统一规划、合理布局、综合勘查、合理开采和综合利用的方针。"这个方针体现了《宪法》关于矿藏资源属于国家所有,国家保障自然资源的合理利用的规定,体现了国家关于"放开、搞活、管理"的开发地下资源的总方针和国家对集体矿山企业和个体采矿实行"积极支持、合理规划、正确引导、加强管理"的方针,它对于合理开发利用和有效保护矿产资源具有重要的意义。

(三)矿产资源规划的规定

矿产资源规划,是指根据矿产资源禀赋条件、勘查开发利用现状和一定时期内国民经济和社会发展对矿产资源的需求,对地质勘查、矿产资源开发利用和保护等作出的总量、结构、布局和时序安排。[10]它是落实国家矿产资源战略、加强和改善矿产资源宏观管理的重要手段,是各级人民政府国土资源主管部门依法审批和监督管理地质勘查、矿产资源开发利用和保护活动的重要依据。依据《矿产资源法》和《矿产资源规划编制实施办法》的规定,矿产资源规划的主要内容如下。

1. 矿产资源规划的编制和实施应当遵循的原则

应当遵循市场经济规律和地质工作规律,体现地质勘查和矿产资源开发的区域性、差异性等特点,鼓励和引导社会资本进入风险勘查领域,推动矿产资源勘查开发。

2. 矿产资源规划的分类和管理

矿产资源规划分为矿产资源总体规划和矿产资源专项规划。矿产资源总体规划包括国家级、省级、设区的市级和县级矿产资源总体规划。

国土资源部负责全国的矿产资源规划管理和监督工作;地方各级国土资源主管部门负责本行政区域内的矿产资源规划管理和监督工作。

---

[9] 参见《环境保护法》第10条第2款和《矿产资源法》第11条。

[10] 参见《矿产资源规划编制实施办法》第3条。

3. 矿产资源规划的编制

(1)编制主体。国土资源部负责组织编制国家级矿产资源总体规划和专项规划;省级国土资源主管部门负责组织编制本行政区域的矿产资源总体规划和专项规划;设区的市级、县级国土资源主管部门根据省级人民政府的要求或者本行政区域内矿产资源管理需要,负责组织编制本行政区域的矿产资源总体规划和专项规划。

(2)编制原则。一是贯彻节约资源和保护环境的基本国策,正确处理保障发展和保护资源的关系;二是符合法律法规和国家产业政策的规定;三是符合经济社会发展实际情况和矿产资源禀赋条件,切实可行;四是体现系统规划、合理布局、优化配置、整装勘查、集约开发、综合利用和发展绿色矿业的要求。

(3)规划期限。矿产资源总体规划期限为 5 年至 10 年;专项规划期限根据需要确定。

(4)矿产资源总体规划内容。一是背景与形势分析,矿产资源供需变化趋势预测;二是地质勘查、矿产资源开发利用与保护的主要目标与指标;三是地质勘查总体安排;四是矿产资源开发利用方向和总量调控;五是矿产资源勘查、开发、保护与储备的规划分区和结构调整;六是矿产资源节约和综合利用的目标、安排和措施;七是矿山地质环境保护与治理恢复、矿区土地复垦的总体安排;八是重大工程;九是政策措施。

矿产资源专项规划的内容根据需要确定。

4. 矿产资源规划的实施

下列矿产资源规划,由国土资源部批准:(1)国家级矿产资源专项规划;(2)省级矿产资源总体规划和专项规划;(3)依照法律法规或者国务院规定,应当由国土资源部批准的其他矿产资源规划。省级矿产资源规划经省级人民政府审核后,由国土资源部会同有关部门按规定程序批准;设区的市级、县级矿产资源规划的审批,按照各省、自治区、直辖市的有关规定办理。对不符合法律法规规定和国家有关规程的,不得批准。矿产资源规划一经批准,必须严格执行。

调整矿产资源规划,应当由原编制机关向原批准机关提交有关材料,经原批准机关同意后进行。矿产资源总体规划调整后,涉及调整专项规划的,有关国土资源主管部门应当及时作出相应调整。

(四)矿产资源管理制度的规定

1. 探矿权、采矿权有偿取得和依法转让制度

探矿权,是指在依法取得的勘查许可证规定的范围内,勘查矿产资源的权利;采矿权,是指在依法取得采矿许可证规定的范围内,开采矿产资源和获得所开采的矿产品的权利。《矿产资源法》第 5 条规定,国家实行探矿权、采矿权有偿取得制度;对探矿权、采矿权有偿取得的费用,可以根据不同情况规定予以减缴、免缴。

实行该项制度,有利于加强对矿产资源勘查、开采的管理,制约矿业权投机行为,维护国家对矿产资源的所有权,同时也有利于加强对探矿权、采矿权转让的管理,保护探矿权、采矿权人的合法权益,促进矿业持续发展。

2. 矿产资源勘查区块登记管理制度

《矿产资源法》第 12 条规定:“国家对矿产资源勘查实行统一的区块登记管理制度。”实行这项制度,可以避免矿产资源勘查作业区的范围相互交叉、重叠,减少探矿权属纠纷,增加矿产资源勘查工作的透明度,有利于加强对矿产资源勘查的管理,实现勘查管理工作科学化、规范化。

3. 矿产资源开采登记管理制度

根据《矿产资源法》和《矿产资源开采登记管理办法》的规定，该项制度的主要内容是：(1)按照矿产资源重要程度和矿种的不同，矿产资源开采的审批登记及颁发许可证分别由国务院、省、地(市)、县四级地质矿产行政管理机关负责。(2)采矿权申请人申请办理采矿许可证时，应当向登记管理机关提交规定的有关资料。登记管理机关收到采矿申请后准予登记的，采矿申请人应当自收到通知之日起30日内，按规定缴纳费用，办理登记手续，领取采矿许可证，成为采矿权人。(3)登记管理机关应当对本行政区域内的采矿权人合理开发利用矿产资源、保护生态环境及其他应履行的法定义务等情况依法进行监督检查，采矿权人应当如实报告有关情况，并提交年度报告。任何单位和个人，未办理登记手续及未领取采矿许可证擅自采矿的，由登记管理机关依法予以处罚。

实行该项制度，有利于加强对矿产资源开采的管理，保护采矿权人的合法权益，维护矿产资源开采秩序，促进矿业持续发展。

4. 矿产资源补偿费制度

实行矿产资源补偿费制度，是矿产资源国家所有权在经济上的体现，是采矿权人为补偿国家矿产资源的消耗而向国家缴纳的一定费用；征收矿产资源补偿费，是利用经济手段促进矿产资源合理开发、综合利用、有效保护的重要举措，也是为保护管理矿产资源积累资金的一条重要途径。根据《矿产资源法》和《矿产资源补偿费征收管理规定》，该制度的主要内容是：(1)矿产资源补偿费按照矿产品销售收入的一定比例计征。(2)矿产资源补偿费由采矿权人缴纳，由地质矿产主管部门会同财政部门征收。(3)征收的矿产资源补偿费，应当及时全额就地上缴中央国库。中央与省、直辖市矿产资源补偿费的分配比例为5∶5；中央与自治区矿产资源补偿费的分配比例为4∶6。矿产资源补偿费纳入国家预算，实行专项管理，主要用于矿产资源勘查。

(五)集体矿山企业和个体采矿的规定

《矿产资源法》规定，国家对集体矿山企业和个体采矿实行积极扶持、合理规划、正确引导、加强管理的方针，鼓励集体矿山企业开采国家指定范围内的矿产资源，允许个人采挖零星分散资源和只能用作普通建筑材料的砂、石、粘土以及为生活自用采挖少量矿产。矿产储量规模适宜由矿山企业开采的矿产资源，国家规定实行保护性开采的特定矿种和国家规定禁止个人开采的其他矿产资源，个人不得开采。集体矿山企业和个体采矿应当提高技术水平和矿产资源回收率。禁止乱挖滥采，破坏矿产资源。这些规定是促进集体矿山企业和个体采矿健康发展以及防止破坏矿产资源和污染环境的重要保证。

(六)开采矿产资源和保护生态环境的规定

矿山企业在开采矿产资源过程中排放的“三废”会影响周围环境和生态平衡。《矿产资源法》规定，开采矿产资源，必须遵守有关环境保护的法律规定，防止污染环境。同时应当节约用地，耕地、草原、林地因采矿受到破坏的，矿山企业应当因地制宜地采取复垦利用、植树种草或者其他利用措施。关闭矿山，必须提出土地复垦利用、环境保护的资料。非经国务院授权的有关主管部门同意，不得在重要河流、堤坝两侧一定距离内以及国家划定的自然保护区、重要风景名胜区、国家重点保护的不能移动的历史文物和名胜古迹所在地开采矿产资源。在勘查、开采过程中，发现具有重大科学文化价值的罕见地质现象以及文化古迹，应当加以保护并及时报告有关部门。

思考题

1. 我国耕地的状况如何?《土地管理法》关于保护耕地的基本内容是什么?有何意义?
2. 为什么要加强对水资源的保护?简述《水法》对水资源保护的基本内容,并谈谈你对我国应当如何加强水资源保护的看法。
3. 什么是矿产资源补偿费制度?有何意义?我国矿产资源开发利用中存在哪些基本问题?并谈谈你对解决这些问题的意见。

第八章　保护森林、草原、野生动植物和渔业资源的法律规定

第一节　保护森林的法律规定

一、森林的概念和保护森林的意义

（一）森林的概念

森林，是指由比较密集生长在一起的乔木及其他木本植物占优势的植物群落。森林资源，包括森林、林木、林地以及依托森林、林木、林地的野生动物、植物和微生物。森林，包括乔木林和竹林；林木，包括树木和竹子；林地，包括郁闭度0.2以上的乔木林地以及竹林地、灌木林地、疏林地、采伐迹地、火烧迹地、未成林造林地、苗圃地和县级以上人民政府规划的宜林地。[1]

森林的主要特性是：(1)生长的长周期性。从种植到成熟一般需要几年到几十年，森林在成长过程中容易遭受自然灾害和人为活动的破坏。(2)利用的可持续性。森林是一种可再生的自然资源，只要采伐合理，及时更新，就可以使森林资源不断增长，持续利用。(3)功能的多样性。森林具有蓄水保土、调节气候、改善环境和提供林产品等多种功能；这些功能是人类生存和发展不可缺少的环境要素，是社会主义现代化建设的必要条件，因此必须充分发挥森林的这些功能。

（二）保护森林的意义

保护森林的意义在于：(1)保护和改善环境，增强人体健康的需要。森林是陆地生态系统中面积最大、结构最复杂、功能最稳定、生物量最高的生态系统，具有调节净化功能，表现在能吸收二氧化碳、释放氧气和贮存水分。(2)满足国家建设和人民生活的需要。森林是国家进行社会主义现代化建设和人民生活不可缺少的重要的自然资源，它可以生产出具有商品价值的各种有用的产品，如能够为国家建设提供木材和各种林产品，后者包括松脂、香料油、蜡、木本油料、食用菌类、药材等。此外，林木在现阶段还是我国广大农村的重要燃料。(3)保障农牧业发展的需要。森林具有蓄水保土、防风固沙和调节气候等多种功能，它对保护农牧业免受风沙、干旱等灾害，保障农牧业稳产高产提供了生态屏障。(4)保存林区生物物种的需要。我国拥有丰富的陆生野生珍稀动物资源，如果森林遭到破坏，将导致野生动物的灭绝。所以，为了保存生物物种及保持生物多样性，就必须保护好森林资源。

二、森林保护的法律规定

新中国成立以来，国家为了保护、培育和合理利用森林资源，颁布了一系列法律、法规。

---

〔1〕 参见《森林法实施条例》第6条。

1952年原政务院公布了《关于严防森林火灾的指示》,1953年原政务院发布了《关于发动群众开展造林、育林、护林工作的指示》;1956年国务院公布了《关于保护和发展竹林的通知》(1986年失效),1957年公布了《关于进一步加强护林防火工作的通知》(1986年失效),1963年发布了《森林保护条例》;1979年第五届全国人大常委会第六次会议通过了《森林法(试行)》;1980年国务院发出了《关于坚决制止乱砍滥伐森林的紧急通知》(1986年失效);1981年第五届全国人大第四次会议通过了《关于开展全民义务植树运动的决议》,1982年国务院发布了《关于开展全民义务植树运动的实施办法》;1984年第六届全国人大常委会第七次会议通过了《森林法》,1986年经国务院批准,林业部发布了《森林法实施条例》,1987年经国务院批准,林业部发布了《森林采伐更新管理办法》,1988年国务院发布了《森林防火条例》,1989年又发布了《森林病虫害防治条例》。1998年4月29日第九届全国人大常委会第二次会议通过了《关于修改〈中华人民共和国森林法〉的决定》,同日颁布了经第一次修正的《森林法》,自1998年7月11日起施行。2009年,根据2009年8月27日中华人民共和国主席令第十八号,第十一届全国人民代表大会常务委员会第十次会议《关于修改部分法律的决定》第二次修正。2000年1月29日,国务院发布了《森林法实施条例》,后根据2011年1月8日《国务院关于废止和修改部分行政法规的决定》第一次修订,根据2016年2月6日《国务院关于修改部分行政法规的决定》第二次修正。现将有关主要内容分述如下。

(一)林业建设方针的规定

《森林法》第5条规定:"林业建设实行以营林为基础,普遍护林,大力造林,采育结合,永续利用的方针。""以营林为基础",是指要把营林、造林工作作为林业建设的基础,把培育、发展森林资源放在林业建设的首位。它要求纠正过去以原木生产为中心的思想,正确处理好培育与利用的关系;培育是基础,持续利用是目的。"普遍护林",是指要提高全社会的护林意识,要求社会各方面都要切实保护现有的森林资源。"大力造林",是指要在切实保护现有森林资源的基础上,积极开展植树造林,培育新的森林资源,扩大森林面积,提高森林覆盖率。"采育结合",是指要把采伐森林和培育森林资源有机地结合起来,纠正过去只采不造、采多于造的做法,在不断扩大森林面积的基础上有计划地采伐森林,在有计划采伐森林的同时,不断扩大森林面积。"永续利用",是指在合理利用森林资源的基础上,通过培育新的森林资源,使其保持平衡和稳定的发展状态,达到不断地发挥森林的经济效益、社会效益和生态效益。我国的林业建设方针是互相联系、相互制约的统一整体,是在遵循自然生态规律和社会经济规律的前提下,总结国内外林业建设经验的基础上提出来的。贯彻这个方针,必将推进我国林业建设持续、稳定发展,实现青山常在、永续利用的林业发展目标。

(二)林业长远规划的规定

林业长远规划,是指一个地区、一个部门或者一个单位在某一较长时期内的林业生产、发展战略目标、方针和措施的总体布局和安排。它是林业发展的主要依据,一般包括林业发展的战略目标、重点、步骤及具体措施。

林业长远规划的制定原则为:(1)保护生态环境和促进经济的可持续发展;(2)以现有森林资源为基础;(3)与土地利用总体规划、水土保持规划、城市规划、村庄和集镇规划相协调。

林业长远规划的内容包括:(1)林业发展目标;(2)林种比例;(3)林地保护利用规划;(4)植树造林规划。

（三）森林保护的规定

森林保护是各级人民政府及其林业主管部门的一项重要任务，也是每个公民应尽的义务。根据《森林法》的规定，森林保护的主要内容有：

1. 建立林业基金制度。林业基金由国家对林业的投资、各级财政的拨款、银行的贷款、按照规定提取的育林基金和更新改造资金、接收的捐赠款、经过批准的其他资金等组成，主要用于营林生产性支出，由各级林业部门按照规定权限分级管理，专款专用，年终结余允许跨年度使用。[2]

2. 设立森林生态效益补偿基金。《森林法》规定，国家设立森林生态效益补偿基金，用于提供生态效益的防护林和特种用途林的森林资源、林木的营造、抚育、保护和管理。森林生态效益补偿基金必须专款专用，不得挪作他用。这一规定是基于我国生态公益林占全国森林总面的一半以上，这些森林资源只有生态效益和社会效益，造林营林的投入无法通过市场交换得到回收和补偿。因而，只有通过设立森林生态效益补偿基金来保证从事生态公益林建设者投入的积极性，从而达到林业生态公益事业正常运转和持续、稳定发展。

3. 征收森林植被恢复费。《森林法》第18条规定，进行勘查、开采矿藏和各项建设工程，应当不占或者少占林地；必须占用或者征用林地的，经县级以上人民政府林业主管部门审核同意后，依照有关土地管理法律、行政法规办理建设用地审批手续，并由用地单位依照国务院有关规定缴纳森林植被恢复费。[3]森林植被恢复费专款专用，由林业主管部门依照有关规定统一安排植树造林，恢复森林植被，植树造林面积不得少于因占用、征用林地而减少的森林植被面积。

4. 建立护林组织，负责护林工作。森林保护是一项社会性很强的工作，需要调动社会各方面的力量进行。因此，地方各级人民政府应当组织有关部门建立护林组织，负责护林工作。根据实际需要在大面积林区增加护林设施，加强森林保护，督促有林的和林区的基层单位，订立护林公约，组织群众护林，划定护林责任区，配备专职或者兼职护林员。依照国家有关规定在林区设立的森林公安机关负责维护辖区社会治安秩序，保护辖区内的森林资源，并可依法在国务院林业主管部门授权的范围内代行行政处罚权。武装森林警察部队执行国家赋予的预防和扑救森林火灾的任务。

5. 防治森林火灾。指对森林、林木和林地火灾的预防和扑救。防治森林火灾工作实行“预防为主，积极消灭”的方针。其主要措施是：(1)规定森林防火期，在森林防火期内，禁止在林区野外用火，因特殊情况需要用火的，必须经县级人民政府或者其授权的机关批准；(2)在林区设置防火设施；(3)发生森林火灾，必须立即组织当地军民和有关部门扑救；(4)扑救森林火灾负伤、致残、牺牲的，国家职工由所在单位给予医疗、抚恤，非国家职工由起火单位按照国务院有关主管部门的规定给予医疗、抚恤，起火单位对起火没有责任或者确实无力负担的，由当地人民政府给予医疗、抚恤。

6. 防治森林病虫害。指对森林、林木、林木种苗以及木材、竹材的病害和虫害的防治。根据国务院1989年发布的《森林病虫害防治条例》第3条的规定，森林病虫害防治实行“预防为主，综合治理”的方针和“谁经营、谁防治”的责任制度。各级林业主管部门负责组织森林病虫

〔2〕 参见1991年中共中央、国务院发布的《关于保护森林发展林业若干问题的规定》。

〔3〕 参见1992年《国务院办公厅转发林业部等部门关于进一步加强林地保护管理工作请示的通知》、《森林法》第18条。

害防治工作,规定林木种苗的检疫对象,划定疫区和保护区,对林木种苗进行检疫。建立健全森林病虫害预测预报制度;发生森林病虫害时,在一般情况下由林木经营者及时除治;发生严重的森林病虫害时,当地人民政府应当采取紧急除治措施,防止蔓延。

7. 禁止毁林行为。《森林法》第 23 条规定,禁止毁林开垦和毁林采石、采砂、采土以及其他毁林行为;禁止在幼林地和特种用途林内砍柴、放牧。进入森林和森林边缘地区的人员,不得擅自移动或者损坏为林业服务的标志。

8. 建立自然保护区。《森林法》第 24 条规定,国务院林业主管部门和省级人民政府,应当在不同自然地带的典型森林生态地区、珍贵动物和植物生长繁殖的林区、天然热带雨林区和具有特殊保护价值的其他天然林区,划定自然保护区,加强保护管理。

(四)植树造林的规定

植树造林是扩大森林资源、提高森林覆盖率、改善生态环境的基本途径之一,《森林法》及其实施条例对植树造林做了全面具体的规定,其主要内容是:

1. 制定植树造林规划。《森林法》第 26 条第 1 款规定:“各级人民政府应当制定植树造林规划,因地制宜地确定本地区提高森林覆盖率的奋斗目标。”森林覆盖率,是指全国或一个地区森林面积占土地面积的百分比,它反映一个国家或者地区森林的多少和绿化程度。森林面积,包括郁闭度 0.2 以上的乔木林地面积和竹林地面积、农田林网以及村旁、路旁、水旁、宅旁林木的覆盖面积。

2. 组织植树造林,完成造林任务。《森林法》第 26 条第 2 款规定,各级人民政府应当组织各行各业和城乡居民完成植树造林规划确定的任务。

3. 组织封山育林。封山育林,是指利用林木天然更新的能力,采取封禁措施以恢复森林。《森林法》第 28 条规定,新造幼林地和其他必须封山育林的地方,由当地人民政府组织封山育林。

(五)森林采伐的规定

森林采伐,是指对森林群落进行择伐、皆伐和渐伐的活动。它是抚育利用森林资源的重要环节。森林采伐是否合理,关系到森林的更新和生长,也关系到森林综合效益的发挥。《森林法》设专章(第五章)对森林采伐做了如下规定:

1. 制定森林年采伐限额。森林年采伐限额,是指制定年采伐限额的单位,依照法律、法规规定的程序和方法,对其经营范围内的森林和林木进行科学测算,并经国家批准的年度采伐森林的最大限量。制定年采伐限额的原则是“用材林的消耗量低于生长量”。

2. 制定木材年度生产计划。《森林法》第 30 条规定:“国家制定统一的年度木材生产计划。年度木材生产计划不得超过批准的年采伐限额。计划管理的范围由国务院规定。”

3. 规定森林和林木的采伐方式。《森林法》第 31 条规定:(1)成熟的用材林应当根据不同情况,分别采取择伐、皆伐和渐伐方式。(2)防护林和特种用途林中的国防林、母树林、环境保护林、风景林,只准进行抚育和更新性质的采伐。(3)特种用途林中的名胜古迹和革命纪念地的林木、自然保护区的森林,严禁采伐。

4. 实行林木采伐许可证制度。这是保证森林年采伐限额和年度木材生产计划能够得到全面落实的一项有效制度,其主要内容是:(1)除农村居民采伐自留地和房前屋后个人所有的零星林木外,采伐林木必须申请采伐许可证。(2)国有林业企业事业单位申请采伐许可证时,必须提出伐区调查设计文件;其他单位申请采伐许可证时,必须提出有关采伐的目的、地点、林种、林况、面积、蓄积量、采伐方式和更新措施等内容的文件;个人还应当提交包括采伐的地点、面积、树种、株数、蓄积量、更新时间等内容的文件。(3)林木采伐许可证由所在地县级以上林业主管部门或者有关主管部门依照规定审核发放。(4)采伐林木的单位或者个人,必须按照采伐许可证规定的面积、株数、树种、期限完成更新造林任务,更新造林的面积和株数不得少于采伐的面积和株数。

5.禁止、限制出口珍贵树木及其制品、衍生物。我国珍贵树木种类繁多,由于长期大量出口珍贵树木所生产的木材及其制品、衍生物,导致珍贵树种资源破坏严重,致使一些珍贵树种处于濒危或者趋于灭绝状态。为了保护珍贵树木资源,加强对珍贵树木及其制品、衍生物的出口管理,《森林法》第38条规定,国家禁止、限制出口珍贵树木及其制品、衍生物。禁止、限制出口的珍贵树木及其制品、衍生物的名录和年度限制出口总量,由国务院林业主管部门会同有关部门制定,报国务院批准。

(六)退耕还林的规定

退耕还林对于改善生态环境、防治水土流失、优化农村产业结构等方面具有重要的意义。所以,《森林法实施条例》第22条规定,25度以上的坡耕地应当按照当地人民政府制定的规划逐步退耕、植树和种草。2000年国务院下发了《国务院关于进一步做好退耕还林还草试点工作的若干意见》,2002年又下发了《国务院关于进一步完善退耕还林政策措施的若干意见》(2015年失效),同年公布了《退耕还林条例》,现将有关内容简述如下:

1.退耕还林原则。(1)统筹规划、分步实施、突出重点、注重实效;(2)政策引导和农民自愿退耕相结合,谁退耕、谁造林,谁经营、谁受益;(3)遵循自然规律,因地制宜,宜林则林,宜草则草,综合治理;(4)建设和保护并重,防止边建设边破坏;(5)逐步改善退耕还林者的生活条件。

2.实行省级人民政府负责制和目标责任制。省级人民政府应当组织有关部门采取措施,保证退耕还林中央补助资金的专款专用,组织落实补助粮食的调运和供应,加强退耕还林的复查工作,按期完成国家下达的退耕还林任务,并逐级落实目标责任,签订责任书,实现退耕还林任务。县级以上地方人民政府有关部门应当与退耕还林工程项目负责人和技术负责人签订责任书,明确其应当承担的责任。

3.制定退耕还林规划。退耕还林总体规划由国务院林业行政主管部门编制,经国务院西部开发工作机构协调、国务院发展计划部门审核后,报国务院批准实施。省级人民政府林业行政主管部门根据退耕还林总体规划会同有关部门编制本行政区域的退耕还林规划,经本级人民政府批准,报国务院有关部门备案。退耕还林必须依照批准的规划进行。未经批准机关同意,不得擅自调整退耕还林规划。

此外,还对造林、管护与检查验收,资金和粮食补助,其他保障措施和法律责任做了规定。

第二节 保护草原的法律规定

一、草原的概念和保护草原的意义

(一)草原的概念

草原,是指在中纬度地带大陆性半湿润半干旱气候条件下,由多年生耐旱、耐低温的以禾草占优势的植物群落的总称。[4]《草原法》所称的草原是指天然草原和人工草地。天然草原包括草地、草山和草坡,人工草地包括改良草地和退耕还草地,不包括城镇草地。[5]

草原的基本特性是:(1)构成的整体性。草原是由土地、气候、生物等自然因素组成的综合体。(2)分布的区域性。由于不同地区具有不同的草原生态环境,所以出现不同类型的草原,如南方的热带、亚热带草原,北方的干旱草原。(3)生产潜力的可更新性。只要合理利用,其生产潜力可以不断地得到更新。(4)数量的有限性。地球上的草原,在一定时间内,其数量是一定的;在一定的社会发展阶段和经济技术条件下,人们能够利用的草原范围和类型也是有限的。

(二)保护草原的意义

保护草原的意义在于:(1)改善生态环境和维护生物多样性的需要。草原具有生态功能,它对于涵养水源、调节气候、防沙治沙、保持水土等方面具有重要的作用;草原也是世界上主要的生态系统之一,具有丰富的生物多样性,特别是草原自然保护区为维护生物多样性起到特殊重要的作用。(2)发展现代畜牧业的需要。草原是发展畜牧业的物质基础和主要基地。面对日益恶化的草原生态环境和农业结构调整的新形势,只有改变传统畜牧业的生产方式,发展现代畜牧业,才是保证草原生态系统健康发展的根本途径。而只有保护和发展牧草资源,才能保障现代畜牧业的持续发展,不断满足人们对畜产品的需要。(3)促进少数民族地区团结,保持边疆安定和社会稳定,维护生态安全,加快牧区经济发展和提高广大牧民生活水平的需要。

二、草原保护的法律规定

1960年全国人大第二次会议通过的《1956年到1967年全国农业发展纲要》提出了"在牧区要保护草原,改良和培植牧草,特别注意开辟水源"的要求。1973年国务院批转的《关于保护和改善环境的若干规定》第7部分规定:"加强草原保护,不得任意破坏"。1979年颁布的《环境保护法(试行)》第14条规定:"保护和发展牧草资源。积极规划和进行草原建设,合理放牧,保护和改善草原的再生能力,防止草原退化,严禁滥垦草原,防止草原火灾。"1985年第六届全国人大常委会第十一次会议通过了《草原法》,1993年国务院发布了《草原防火条例》,1996年国务院发布的《关于环境保护若干问题的决定》第六部分作出了"恢复发展草原植被,防止过量放牧,禁止在草原和沙化地区砍挖灌木、药材及其他固沙植物,积极采用防沙、固沙技术,防治土地荒漠化"的规定。2000年又发布了《关于进一步做好退耕还林还草试点工作的若干意见》,2002年发布了《关于加强草原保护和建设的若干意见》,同年第九届全国人大常委会第三十一次会议对《草原法》做了重大修改,2013年6月29日第十二届全国人民代表大会常务委员会第三次会议对《草原法》第二次修正。现将有关内容分述如下。

(一)草原保护、建设和利用方针的规定

《草原法》第3条规定:"国家对草原实行科学规划、全面保护、重点建设、合理利用的方针,促进草原的可持续利用和生态、经济、社会的协调发展。"

(二)草原保护、建设、利用规划的规定

草原保护、建设、利用规划是指在一定时期和一定地区范围内,根据草原现状以及国家或

---

〔4〕《环境科学大辞典》,中国环境科学出版社1991年版,第39页。

〔5〕参见《草原法》第2条第2款和第74条。

者地区国民经济和社会发展规划,对草原保护、建设、利用工作在空间和时间上所做的统筹安排和总体部署。它是保护、建设和合理利用草原的重要依据。1985年《草原法》对此未做具体规定,修订后的《草原法》对草原保护、建设、利用规划设专章(第三章)规定:"国家对草原保护、建设、利用实行统一规划制度"。

编制草原保护、建设、利用规划,应当依据国民经济和社会发展规划并遵循下列四项原则:(1)改善生态环境,维护生物多样性,促进草原的可持续利用;(2)以现有草原为基础,因地制宜,统筹规划,分类指导;(3)保护为主、加强建设、分批改良、合理利用;(4)生态效益、经济效益、社会效益相结合。

为了保证草原保护、建设、利用规划的不断完善和更好地实施,《草原法》还确立了草原调查制度、草原分等定级制度、草原统计制度和草原生产、生态监测预警制度作为草原保护、建设、利用规划的重要环节。

(三)草原建设的规定

针对当前我国普遍存在的对草原重利用轻建设以及草原基础设施和服务体系建设滞后等问题,修订后的《草原法》对草原建设作出专章(第四章)规定,主要内容如下:

1. 增加草原建设投入。规定县级以上人民政府应当增加草原建设的投入,支持草原建设。并按照"谁投资、谁受益"的原则,鼓励单位和个人投资建设草原,保护草原投资建设者的合法权益。

2. 稳定和提高草原生产能力。《草原法》第6条规定,国家鼓励与支持人工草地建设、天然草原改良和饲草饲料基地建设;县级以上地方人民政府应当支持草原水利设施建设,发展草原节水灌溉,改善人畜饮水条件;县级以上人民政府应当支持、鼓励和引导农牧民开展草原围栏、饲草饲料储备、牲畜圈舍、牧民定居点等生产生活设施建设,加强草种基地建设,鼓励选育、引进、推广优良草品种;县级以上人民政府草原行政主管部门应当依法加强对草种生产、加工、检疫、检验的监督管理,保证草种质量。

3. 加强草原防火设施建设,确保防火需要。草原火灾是造成草原破坏的重要原因之一,草原防火应当贯彻"预防为主,防消结合"的方针。县级以上人民政府应当有计划地进行火情监测、防火物资储备、防火隔离带等草原防火设施的建设,确保防火需要。

4. 加快退化草原的治理。对退化、沙化、盐碱化、石漠化和水土流失的草原,地方各级人民政府应当按照草原保护、建设和利用规划,划定治理区,组织专项治理。大规模的草原综合治理,列入国家国土整治计划。

(四)草原利用的规定

1. 合理利用草原,保持草畜平衡。草原承包经营者应当合理利用草原,不得超过草原行政主管部门核定的载畜量;同时应当采取种植和储备饲草饲料、增加饲草饲料供应量、调剂处理牲畜、优化畜群结构,提高出栏率等措施,保持草畜平衡。

2. 实行划区轮牧制度。牧区的草原承包经营者应当实行划区轮牧,合理配置畜群,均衡利用草原。划区轮牧,是指将放牧场划分为若干区,规定放牧顺序、放牧周期和分区放牧时间,以科学控制放牧强度的一种放牧方式。均衡利用草原,是指同一草原上放牧强度均衡或者根据不同地点草原的总体生产能力,通过控制放牧强度达到均衡利用。

3. 推行牲畜圈养制度。国家提倡在农区、半农半牧区和有条件的牧区实行牲畜圈养。国家对实行舍饲圈养的给予粮食和资金补助。

4. 实行轮割轮采制度。县级以上地方人民政府草原行政主管部门对割草场和野生草种基地应当规定合理的割草期、采种期以及留茬高度和采割强度,实行轮割轮采。

5. 对非牧业征用、利用草原的规定。(1)进行矿藏开采和工程建设,应当不占或者少占草原;确需征用或者使用草原的,必须经省级以上人民政府草原行政主管部门审核同意后,依照有关土地管理的法律、法规办理建设用地审批手续。(2)因建设征用集体所有的草原或者使用国家所有的草原的,应当依法给予补偿,并应缴纳草原植被恢复费。(3)需要临时占用草原的,应当经县级以上地方人民政府草原行政主管部门审核同意。

(五)草原保护的规定

《草原法》对草原保护做了专章(第六章)规定,具体内容如下:

1. 实行基本草原保护制度。《草原法》第 42 条规定,国家实行基本草原保护制度。把重要放牧场,割草地,用于畜牧业生产的人工草地、退耕还草地以及改良草地、草种基地,对调节气候、涵养水源、保持水土、防风固沙具有特殊作用的草原,作为国家重点保护野生动植物生存环境的草原,草原科研、教学试验基地等划为基本草原,实行严格管理。

2. 建立草原自然保护区。对具有代表性的草原类型、珍稀濒危野生动植物分布区、具有重要生态功能和经济科研价值的草原,国务院草原行政主管部门或者省级人民政府可以按照自然保护区管理的有关规定,建立草原自然保护区。

3. 实行以草定畜、草畜平衡制度。根据区域内草原在一定时期提供的饲草饲料量,确定牲畜饲养量,实行以草定畜、草畜平衡。

4. 禁止开垦草原。对水土流失严重、有沙化趋势,需要改善生态环境的已垦草原,应当有计划、有步骤地退耕还草;已造成沙化、盐碱化、石漠化的,应当限期治理。对在国务院批准规划范围内实施退耕还草的,按照国家规定给予粮食、现金、草种费补助。

5. 实行禁牧、休牧制度。对严重退化、沙化、盐碱化、石漠化的草原和生态脆弱区的草原,实行禁牧、休牧制度,禁止破坏草原植被活动。

6. 防止人为活动对草原植被的破坏。(1)禁止在荒漠、半荒漠和严重退化、沙化、盐碱化、石漠化、水土流失的草原以及生态脆弱区的草原上采挖植物和从事破坏草原植被的其他活动。(2)在草原上从事采土、采砂、采石等作业活动,应当报县级人民政府草原行政主管部门批准;开采矿产资源的,应当依法办理有关手续。经批准在草原上从事上述活动的,应当在规定的时间、区域内,按照准许的采挖方式作业,并采取保护草原植被的措施。(3)在草原上开展经营性旅游活动,应当符合有关草原保护、建设、利用规划,并事先征得县级以上地方人民政府草原行政主管部门的同意,方可办理有关手续。从事上述活动,不得侵犯草原所有者、使用者和承包经营者的合法权益,不得破坏草原植被。(4)禁止机动车辆离开道路在草原上行驶,破坏草原植被(抢险救灾和牧民搬迁的机动车辆除外)。因从事地质勘探、科学考察等活动确需离开道路在草原上行驶的,应当向县级人民政府草原行政主管部门提交行驶区域和行驶路线方案,经确认后执行。

7. 草原防火和防治草原生物灾害。(1)草原防火。草原防火工作应当贯彻"预防为主、防消结合"的方针。《草原防火条例》对有关草原防火的制度和措施做了具体规定。(2)防治草原生物灾害。《草原法》第 54 条规定,县级以上地方人民政府应当做好草原鼠害、病虫害和毒害草防治的组织管理工作;县级以上人民政府草原行政主管部门应当采取措施,加强草原鼠害、病虫害和毒害草监测预警、调查以及防治工作,组织研究和推广综合防治的办法。此外,为了防止草原环境污染，维护生态平衡，还规定“禁止在草原上使用剧毒、高残留以及可能导致二次中毒的农药”。

(六)监督检查的规定

1. 设立草原监督管理机构。国务院草原行政主管部门和草原面积较大的省、自治区的县级以上地方人民政府草原行政主管部门设立草原监督管理机构，负责草原法律、法规执行情况的监督检查，对违反草原法律、法规的行为进行查处。

2. 草原监督检查人员履行监督检查职责时，有权采取下列措施：(1)要求被检查单位或者个人提供有关草原权属的文件和资料，并进行查阅或者复制；(2)要求被检查单位或者个人对草原权属等问题做出说明；(3)进入违法现场进行拍照、摄像和勘测；(4)责令被检查单位或者个人停止违反草原法律、法规的行为，履行法定义务。

3. 有关单位和个人对草原监督检查人员的监督检查工作应当给予支持、配合，不得拒绝或者阻碍草原监督检查人员依法执行职务。

4. 对违反草原法律、法规的行为，应当依法做出行政处理，有关草原行政主管部门不做出行政处理的，上级草原行政主管部门有权责令有关草原行政主管部门做出行政处理决定，或者直接做出行政处理决定。

第三节　保护野生动植物的法律规定

一、保护野生动物的法律规定

2016年7月2日修订通过并公布的《野生动物保护法》，于2017年1月1日起实施。这次对该法的修订，更加突出了野生动物保护的立法目的，坚持保护优先、规范利用、严格监管的原则。其中，加强了野生动物栖息地的保护，限制和规范野生动物的利用，重视野生动物所致的损害补偿，推动保险机构开展对野生动物致害赔偿保险业务，以通过保险制度来解决损害的赔偿，特别是规定了更加严格的法律责任，并对失职、渎职的政府官员规定了更重的惩罚措施。这些必将更加有效地推动野生动物保护事业的发展，现分述于下。

(一)野生动物的概念和保护野生动物的意义

一般所称的野生动物，是指非人工驯养、在自然状况下生长的各种动物，包括哺乳动物、爬行动物、两栖动物、鸟类、鱼类及其他动物。《野生动物保护法》所保护的野生动物是：(1)珍贵、濒危的陆生、水生野生动物。如大熊猫、白鳍豚、金丝猴、华南虎、中华鲟、扬子鳄等。(2)有重要生态、科学、社会价值的陆生野生动物，如鸟类、蛙类和蛇类。野生动物及其制品，是指野生动物的整体(含卵、蛋)部分及其衍生物。(3)我国政府签署的或者加入的国际公约、双边协定中规定保护的野生动物。由此可见，不是所有的野生动物都需要法律保护。珍贵、濒危野生动物以外的其他水生野生动物的保护，适用于《渔业法》等有关法律的规定。

野生动物是自然生态系统的重要组成部分，是国家的重要财富，保护野生动物具有极其重要的意义：

1. 具有重要的生态价值。野生动物对维护生态平衡具有非常重要的作用。它在自然生态系统中既是初级消费者，又是次级消费者。初级消费者如藏羚羊、鹿、大熊猫等，这类草食动物消耗生态系统的初级生产;次级消费者如虎、豹、狼等,此类肉食动物以捕食草食动物为生。其中一个物种资源的变动就会通过食物链对其他物种产生影响,进而对整个生态系统产生影响。所以,保护野生动物资源对维护生态系统平衡具有无法估量的价值。

2. 具有重要的社会价值:(1)研究价值。它是科学研究,如野生动物标本对科研、教学、宣传教育、执法活动等发挥了重要作用。同时,研究野生动物在动物学、进化学、仿生学、生态学、遗传学、现代医学等科学领域也发挥着重要的作用。(2)外交价值。我国特有的野生动物大熊猫、金丝猴、东北虎、朱鹮等,既是世界级濒危野生动物,也是各国人民极为喜爱和渴望参观的珍稀动物。对外赠送或赴外展出这些野生动物,对发展国家间政经关系,促进文化交流,增进民间友谊等具有重要作用。

3. 具有药用价值。有些野生动物身上的一部分或几部分可做药用,我国传统医学就是在研究和利用野生动植物基础上发展起来的。据调查,可以入药的野生动物达千种以上。

4. 为人类提供物种基因和遗传资源。我国有着丰富的野生动物资源,这些资源可以为人类提供丰富的物种基因和遗传资源。

(二)野生动物保护的规定

早在1956年,中央人民政府发布了《关于稀有生物保护办法》(1987年失效),1988年第七届全国人大常委会第四次会议通过了《野生动物保护法》(2004年、2009年、2016年三次修订);经国务院批准,1992年原林业部发布了《陆生野生动物保护实施条例》(2011年、2016年二次修订);1993年原农业部发布了《水生野生动物保护条例》(2011年、2013年二次修订)。1989年,经国务院批准,林业部和农业部联合发布了《国家重点保护野生动物保护名录》;2000年国家林业局发布了《国家保护的有益的或者有重要经济、科学研究价值的陆生野生动物名录》;2006年国务院公布了《濒危野生动植物进出口管理条例》;2005年国务院公布了《重大动物疫情应急条例》(2017年修订)。此外,《环境保护法》《海洋环境保护法》《森林法》《草原法》《渔业法》等也对野生动物保护做了相应的规定。现分述于下。

1. 野生动物保护原则的规定

《野生动物保护法》第4条规定:"国家对野生动物实行保护优先、规范利用、严格监管的原则,鼓励开展野生动物科学研究、培养公民保护野生动物的意识、促进人与自然和谐发展"。

(1)保护优先。野生动物及其种群是生态系统和环境的重要组成部分,把保护优先确立为野生动物保护的原则,符合生态文明建设的部署要求。

(2)规范利用。人类是自然生态系统的组成部分,动植物是人类的基本食物来源,是工农业生产的重要原料。因此,世界各国和国际社会逐步加强了对野生动物利用的规范和管理,特别是对野生动物的猎捕及其制品的利用和贸易活动采取了相应的禁止和限制性法律规范措施,以期达到有效保护的目的。

(3)严格监管。监督管理是国家行政机构履行公共管理的职责、规制各种社会活动的基本制度和措施。通过严格监督管理,实现有效保护和规范利用野生动物的目的。

(4)鼓励开展野生动物的科学研究。野生动物是基础科学和应用科学的重要研究对象和领域。开展对其研究,对于保护自然生态系统和环境,改善人体健康,促进经济社会的发展,具有很重要的价值和作用。

(5)培育公民保护野生动物的意识。这对于有效贯彻实施《野生动物保护法》的各项规定,推进我国保护野生动物事业的发展,具有重要的意义和作用。

2. 野生动物管理体制的规定

《野生动物保护法》第7条规定："国务院林业、渔业主管部门分别主管全国陆生、水生野生动物保护工作。县级以上地方人民政府林业、渔业主管部门分别主管本行政区域陆生、水生野生动物保护工作。"从目前来看，国务院林业主管部门是国家林业局。根据国家林业局的"三定方案"，它是负责"组织、指导陆生野生动植物资源的保护和合理开发利用"工作；国务院渔业行政主管部门是农业部渔业局，根据农业部的"三定方案"，农业部渔业局负责"组织渔业水域生态环境及水生野生动植物保护"等工作。

3. 野生动物及其栖息地保护的规定

(1)野生动物保护实行分类分级保护。《野生动物保护法》第10条规定："国家对野生动物实行分类分级保护。国家对珍贵、濒危的野生动物实行重点保护。国家重点保护的野生动物分为一级保护野生动物和二级保护野生动物。国家重点保护野生动物名录，由国务院野生动物保护主管部门组织科学评估后制定，并每五年根据评估情况确定对名录进行调整。国家重点保护野生动物名录报国务院批准公布。地方重点保护野生动物，是指国家重点保护野生动物以外，由省、自治区、直辖市重点保护的野生动物。地方重点保护野生动物名录，由省、自治区、直辖市人民政府组织科学评估后制定、调整并公布。有重要生态、科学、社会价值的陆生野生动物名录，由国务院野生动物保护部门组织科学评估后制定、调整并公布。"

(2)野生动物及其栖息地状况进行调查、监测和评估。《野生动物保护法》第11条规定："县级以上人民政府野生动物保护主管部门，应当定期组织或者委托有关科学研究机构对野生动物及其栖息地状况进行调查监测和评估，建立健全野生动物及其栖息地档案。对野生动物及其栖息地状况的调查、监测和评估应当包括下列内容：(一)野生动物野外分布区域、种群数量及结构；(二)野生动物栖息地的面积、生存状况；(三)野生动物及其栖息地的主要威胁因素；(四)野生动物人工繁育等其他需要调查、监测和评估的内容。"

(3)野生动物重要栖息地名录及对栖息地划定和管理。《野生动物保护法》第12条规定："国务院野生动物主管部门应当会同国务院有关部门，根据野生动物及其栖息地状况调查、监测和评估结果，确定并发布野生动物重要栖息地名录。省级以上人民政府依法制定相关自然保护区域，保护野生动物及其重要栖息地，保护、恢复和改善野生动物生存环境。对不具备划定相关自然保护区域条件的，县级以上人民政府可以采取划定禁猎(渔)区、规定禁猎(渔)期等其他形式予以保护。禁止或者限制在相关自然保护区域内引入外来物种、营造单一纯林、过量施洒农药等人为干扰、威胁野生动物生息繁衍的行为。相关自然保护区域，依照有关法律法规的规定划定和管理。"

(4)为保护野生动物栖息地对规划及建设项目提出具体要求。《野生动物保护法》第13条规定："县级以上人民政府及其有关部门在编制有关开发利用规划时，应当充分考虑野生动物及其栖息地保护的需要，分析、预测和评估规划实施可能对野生动物及其栖息地保护产生的整体影响，避免或者减少规划实施可能造成的不利后果。禁止在相关自然保护区域建设法律法规规定不得建设的项目。机场、铁路、公路、水利水电、围堰、围填海等建设项目的选址选线，应当避让相关自然保护区域、野生动物迁徙洄游通道；无法避让的，应当采取修建野生动物通道、过鱼设施等措施，消除或者减少对野生动物的不利影响。建设项目可能对相关自然保护区域、野生动物迁徙洄游通道产生影响的，环境影响评价文件的审批部门在审批环境影响评价文件时，涉及国家重点保护野生动物的，应当征求国务院野生动物保护主管部门意见；涉及地方重点保护野生动物的,应当征求省、自治区、直辖市人民政府野生动物保护主管部门意见。”

(5)对野生动物疫源疫病的防控。《野生动物保护法》第16条规定:“县级以上人民政府野生动物保护主管部门、兽医主管部门,应当按照职责分工对野生动物疫源疫病进行监测,组织开展预测、预报等工作,并按照规定制定野生动物疫情应急预案,报同级人民政府批准或者备案。县级以上人民政府野生动物保护主管部门、兽医主管部门、卫生主管部门,应当按照职责分工负责与人畜共患传染病有关的动物传染病的防治管理工作。”我国已建立疫源疫病监测防控体系。

(6)对野生动物遗传资源的保护。野生动物遗传资源,是指野生动物个体的核酸、基因、基因组、细胞、组织、器官及其制品等的资源材料和由其产生的遗传信息资料。《野生动物保护法》第17条规定:“国家加强对野生动物遗传资源的保护,对濒危野生动物实施抢救性保护。国务院野生动物保护主管部门应当会同国务院有关部门制定有关野生动物遗传资源保护和利用规划,建立国家野生动物遗传资源基因库,对原产我国的珍贵、濒危野生动物遗传资源实行重点保护。”将野生动物遗传资源纳入保护管理,一是制定野生动物遗传资源保护和利用规划,二是建立野生动物遗传资源基因库。建立基因库是保护野生动物遗传资源的重要方式,是管理野生动物遗传资源的基础和手段。

(7)对野生动物损害的补偿。《野生动物保护法》第19条规定:“因保护本法规定保护的野生动物,造成人员伤亡、农作物或者其他财产损失的,由当地人民政府给予补偿。具体办法由省、自治区、直辖市人民政府制定。有关地方人民政府可以推动保险机构开展野生动物致害赔偿保险业务。有关地方人民政府采取预防、控制国家重点保护野生动物造成危害的措施以及实行补偿所需经费,由中央财政按照国家有关规定予以补助。”

4. 野生动物管理的规定

(1)猎捕以及其他妨碍野生动物生息繁衍活动的管理。《野生动物保护法》第20条规定:“在相关自然保护区域和禁猎(渔)区、禁猎(渔)期内,禁止猎捕以及其他妨碍野生动物生息繁衍的活动,但法律法规另有规定的除外。野生动物迁徙洄游期间,在前款规定区域外的迁徙洄游通道内,禁止猎捕并严格限制其他妨碍野生动物生息繁衍的活动。迁徙洄游通道的范围以及妨碍野生动物生息繁衍活动的内容,由县级以上人民政府或者其野生动物保护主管部门规定并公布。”

(2)猎捕、杀害国家重点保护野生动物的管理。《野生动物保护法》第21条规定:“禁止猎捕、杀害国家重点保护野生动物。因科学研究、种群调控、疫源疫病监测或者其他特殊情况,需要猎捕国家一级保护野生动物的,应当向国务院野生动物保护主管部门申请特许猎捕证;需要猎捕国家二级保护野生动物的,应当向省、自治区、直辖市人民政府野生动物保护主管部门申请特许猎捕证。”

(3)猎捕非国家重点保护野生动物的管理。《野生动物保护法》第22条规定:“猎捕非国家重点保护野生动物的,应当依法取得县级以上地方人民政府野生动物保护主管部门核发的狩猎证,并且服从猎捕量限额管理。”非国家重点保护野生动物包括地方重点保护野生动物和有重要生态、科学、社会价值的野生动物。

(4)对国家重点保护野生动物和国家非重点保护野生动物猎捕行为的管理。《野生动物保护法》第23条对猎捕野生动物的种类、数量、地点、工具、方法、期限作出明确规定,从而确保猎捕活动对野生动物种群及其栖息地生境不造成不必要的不良影响。

(5)对野生动物猎捕工具和方法的规定。《野生动物保护法》第24条规定,禁止使用毒药等八种猎捕工具和夜间照明行猎等六种猎捕方法。因为使用这些工具和方法将严重威胁该区域所有野生动物的安全,对野生动物栖息地造成污染和破坏,甚至危及人身安全,所以必须予以禁止。

(6)对人工繁育国家重点保护野生动物和开展国家重点保护野生动物放生野外环境工作的管理。《野生动物保护法》第25条、第26条有详细规定。人工繁育是野生动物保护的一种重要手段,通过开展人工繁育可以扩大野生动物种群数量,所以国家支持有关科研机构因物种保护目的人工繁育国家重点保护的野生动物,除此以外的人工繁育国家重点保护野生动物,应当经省级人民政府野生动物保护主管部门批准,取得人工繁育许可证。省级以上人民政府野生动物保护主管部门可以根据保护国家重点保护野生动物的需要,组织开展国家重点保护野生动物放归野外环境工作,从而推动野生动物野外种群的恢复和壮大。

(7)对将野生动物放生至野外环境的管理。《野生动物保护法》第38条规定:"任何组织和个人将野生动物放生至野外环境,应当选择适合放生地野外生存的当地物种,不得干扰当地居民的正常生活、生产,避免对生态系统造成危害。随意放生野生动物,造成他人人身、财产损害或者危害生态系统的,依法承担法律责任。"放生与"放归"的含义不同。"放归"是指将人工繁育、救护受伤后的野生动物等放到其生存的野外状态;"放生"是指将野生动物放到野外环境的行为。

(8)对经营、利用国家重点保护野生动物及其制品的管理。《野生动物保护法》第27条、第29条、第30条至第34条对此作了规定。其主要内容是:其一,禁止出售、购买、利用国家重点保护野生动物及其制品。因科学研究、人工繁育、公众展示展演、文物保护或者其他特殊情况,需要出售、购买、利用国家重点保护野生动物及其制品的,应当经省、自治区、直辖市人民政府野生动物保护主管部门批准,并按照规定取得和使用专用标识,保证可追溯;出售、利用非国家重点保护野生动物的,应当提供狩猎、进出口等合法来源证明。其二,利用野生动物及其制品的,应当以人工繁育种群为主,有利于野外种群养护,符合生态文明建设的要求,尊重社会公德,遵守法律法规和国家有关规定。作为药品经营和利用的,还应当遵守有关药品管理的法律法规。其三,禁止生产、经营使用国家重点保护野生动物及其制品制作的食品,或者使用没有合法来源证明的非国家重点保护野生动物及其制品制作的食品;禁止为食用非法购买国家重点保护的野生动物及其制品。其四,禁止为出售、购买、利用野生动物或者禁止使用的猎捕工具发布广告。禁止为违法出售、购买、利用野生动物制品发布广告。其五,禁止网络交易平台、商品交易市场等交易场所,为违法出售、购买、利用野生动物及其制品或者禁止使用的猎捕工具提供交易服务。其六,运输、携带、寄递国家重点保护野生动物及其制品出县境的,应当持有或者附有规定的许可证、批准文件的副本或者专用标识,以及检疫证明。其七,县级以上人民政府野生动物保护主管部门应当对科学研究、人工繁育、公众展示展演等利用野生动物及其制品的活动进行监督管理;县级以上人民政府其他有关部门,应当按照职责分工对野生动物及其制品出售、购买、利用、运输、寄递等活动进行监督检查。

(9)对珍贵、濒危野生动物及其制品进出口活动的管理。主要有:其一,我国缔结或者参加的国际公约禁止或者限制贸易的野生动物或者其制品名录,由国家濒危物种进出口管理机构制定、调整并公布。其二,国家组织开展野生动物保护及相关执法活动的国际合作与交流。建立防范、打击野生动物及其制品的走私和非法贸易的部门协调机制,开展防范、打击走私和非法贸易行动。其三,从境外引进野生动物物种的,应当经国务院野生动物保护主管部门批准。

从境外引进列入名录的野生动物，还应当依法取得允许进口证明书，依法实施进境检疫。其四，禁止伪造、变造、买卖、转让、租借特许猎捕证、狩猎证、人工繁育许可证及专用标识，禁止出售、购买、利用国家重点保护野生动物及其制品的批准文件，或者允许进出口证明书、进出口等批准文件。其五，外国人在我国对国家重点保护野生动物进行野外考察或者在野外拍摄电影、录像，应当经省级人民政府野生动物保护主管部门或者其授权的单位批准，并遵守有关法律法规规定。

二、保护野生植物的法律规定

(一)野生植物的概念和保护野生植物的意义

《野生植物保护条例》所保护的野生植物，是指原生地天然生长的珍贵植物和原生地天然生长并具有重要经济、科学研究、文化价值的濒危、稀有植物。

保护野生植物具有重要的意义：(1)具有重要的经济效益。人们的衣、食、住、行以及药物、工业品等，很多都是取之于野生植物。(2)是培育新品种的重要源泉。为了发展农业的需要，必须培育优质高产并具有抗病虫害能力强，能适应各种不同的生存环境的新品种，而农作物的原始种群及其野生的亲缘种具有这一特性。(3)在科学研究上具有重大的价值。许多野生植物为药物合成提供了条件；另外，水杉、银杏、银杉等孑遗植物，对于研究地球发展史和生物进化史具有重要的科学价值。

(二)野生植物保护的法律规定

1956年中央人民政府发布了《关于稀有生物保护办法》，1984年原国务院环境保护委员会公布了《国家重点植物保护名录》，1991年我国编写了《中国植物红皮书》，1987年国务院发布了《野生药材资源保护管理条例》对国家重点保护的野生药材物种做了保护性的规定，1996年发布了《野生植物保护条例》，1997年发布了《植物新品种保护条例》(2014年修订)，原农业部于2002年发布了《农业野生植物保护办法》(2017年修订)。此外，在《森林法》《草原法》《防沙治沙法》《自然保护区条例》等法律、法规中也做了相应的规定。现将主要内容分述如下。

1. 野生植物监督管理体制的规定

我国野生植物的管理实行分部门管理的监督管理体制。国务院林业行政主管部门主管全国林区内野生植物和林区外珍贵野生树木的监督管理工作；国务院农业行政主管部门主管全国其他野生植物的监督管理工作；国务院建设行政主管部门负责城市园林、风景名胜区内野生植物的监督管理工作；国务院环境保护行政主管部门负责对全国野生植物环境保护工作的协调与监督；国务院其他部门依照职责分工负责有关野生植物的保护管理工作。县级以上地方人民政府负责野生植物监督管理工作的部门及其职责，由省级人民政府根据当地具体情况规定。

2. 野生植物保护的规定

(1)保护国家和地方重点保护野生植物的规定。国家重点保护野生植物和地方重点保护野生植物，禁止任何单位和个人非法采集。国家重点保护野生植物分为国家一级保护野生植物和国家二级保护野生植物。国家重点保护野生植物名录，由国务院野生植物行政主管部门商国务院环境保护、建设等有关部门制定，报国务院批准公布。地方重点保护野生植物，是指国家重点保护野生植物以外，由省、自治区、直辖市保护的野生植物。地方重点保护野生植物名录，由省级人民政府制定并公布，报国务院备案。

(2)保护野生植物生长环境的规定。国家保护野生植物的生长环境，禁止任何单位和个人破坏。其一，建立自然保护区，加强保护管理。在国家重点保护野生植物物种和地方重点保护野生植物物种的天然集中分布地区，建立自然保护区；在其他区域，县级以上地方人民政府野生植物行政主管部门和其他有关部门，可以根据实际情况建立国家重点保护野生植物和地方重点保护野生植物的保护点或者设立保护标志。其二，监视、监测环境对重点保护野生植物生长的影响。野生植物行政主管部门及其他有关部门应当监视、监测环境对国家重点保护野生植物生长和地方重点保护野生植物生长的影响，并采取措施，维护和改善国家重点保护野生植物和地方重点保护野生植物的生长条件。其三，实行环境影响评价制度。建设项目对国家重点保护野生植物和地方重点保护野生植物的生长环境产生不利影响的，建设单位提交的环境影响报告书中必须对此做出评价；环境保护部门在审批环境影响报告书时，应当征求野生植物行政主管部门的意见。

（三）野生植物管理的法律规定

1. 野生植物采集管理的规定

野生植物采集管理规定主要包括：（1）禁止采集国家一级保护野生植物。因特殊需要，采集国家一级保护野生植物的，必须经采集地的省级人民政府野生植物行政主管部门签署意见后，向国务院野生植物行政主管部门或者其授权的机构申请采集证。采集国家二级保护野生植物的必须经采集地的县级人民政府野生植物行政主管部门签署意见后，向省级人民政府野生植物行政主管部门或者其授权的机构申请采集证。采集城市园林或者风景名胜区内的国家一级或者二级保护野生植物的，须先征得城市园林或者风景名胜区管理机构同意，再分别按规定程序申请采集证。（2）采集国家重点保护野生植物的单位和个人，必须按照采集证规定的种类、数量、地点、期限和方法进行采集。（3）县级人民政府野生植物行政主管部门，对本行政区域内采集国家重点保护野生植物的活动，应当进行监督检查，并及时报告批准采集的野生植物行政主管部门或者其授权的机构。

2. 野生植物经营利用管理的规定

野生植物经营利用管理规定主要包括：（1）禁止出售、收购国家一级保护野生植物。出售、收购国家二级保护野生植物的，必须经省级人民政府野生植物行政主管部门或者其授权的机构批准。（2）野生植物行政主管部门应当对经营利用国家二级保护野生植物的活动进行监督检查。（3）出口国家重点保护野生植物或者进出口中国参加的国际公约所限制进出口的野生植物的，必须经进出口者所在地的省级人民政府野生植物行政主管部门审核，报国务院野生植物行政主管部门批准，并取得国家濒危物种进出口管理机构核发的允许进出口证明书或者标签。海关凭进出口证明书或者标签查验放行。（4）禁止出口未定名的或者新发现并有重要价值的野生植物。（5）外国人不得在中国境内采集或者收购国家重点保护野生植物。

第四节　保护渔业资源的法律规定

一、渔业资源的概念和保护渔业资源的意义

（一）渔业资源的概念

渔业，是指从事养殖、捕捞、采集水生动植物的产业。按其作业地域的不同，可分为淡水渔

业和海洋渔业;前者是指利用江河、湖泊、水库等进行水生动植物养殖和采捕的渔业,后者是指利用海滩、浅海、海港和海洋进行水生动植物养殖和采捕的渔业。

渔业资源,则是指具有经济开发价值的可供渔业养殖和采捕利用的水生动植物资源。渔业资源还包括渔业水域。渔业水域,是指我国管辖水域中鱼、虾、蟹、贝类的产卵场、索饵场、越冬场、洄游通道和鱼、虾、蟹、贝、藻类及其他水生动植物的养殖场所。

(二)保护渔业资源的意义

保护渔业资源,对于满足全社会对水产品的需求,改善人们的生活条件,维护水生生态平衡,促进科学研究及渔业生产可持续发展等方面都具有重要的意义。

二、渔业资源保护的法律规定

1955 年国务院发布了《关于渤海、黄海及东海机轮拖网渔业禁渔区的命令》,1979 年国务院发布了《水产资源繁殖保护条例》,1986 年第六届全国人大常委会颁布了《渔业法》,1987 年经国务院批准,原农牧渔业部发布了《渔业法实施细则》,1988 年原农业部等部门联合制定了《渔业资源增殖保护费征收使用办法》(2011 年修正)。根据《渔业法》实施中出现的新情况、新问题,2000 年 10 月 31 日,第九届全国人大常委会第十八次会议通过了《关于修改〈渔业法〉的决定》,对 1986 年《渔业法》在重要养殖水面的保护、捕捞限额制度、捕捞许可证制度、水产种质资源保护以及法律责任等方面都做了补充、修改和完善,2004 年、2009 年、2013 年又先后做了三次修正。2001 年经国务院批准,农业部发布了经修订后的《渔业法实施细则》。现将有关主要内容分述如下。

(一)渔业生产基本方针的规定

《渔业法》第 3 条规定:“国家对渔业生产实行以养殖为主,养殖、捕捞、加工并举,因地制宜,各有侧重的方针。”该规定明确了养殖、捕捞、加工三者之间的关系,体现了大力发展人工养殖,增殖、保护渔业资源的指导原则。为了实施这一原则,还要求各级人民政府应当把渔业生产纳入国民经济发展计划,采取措施,加强对水域的统一规划和综合利用。

(二)渔业资源监督管理体制的规定

国家对渔业的监督管理,实行统一领导、分级监督管理的体制。国务院渔业行政主管部门主管全国的渔业工作;县级以上地方人民政府渔业行政主管部门主管本行政区域内的渔业工作。海洋渔业,除国务院划定由国务院渔业行政主管部门及其所属的渔政监督管理机构监督管理的海域和特定渔业资源渔场外,由毗邻海域的省级人民政府渔业行政主管部门监督管理。江河、湖泊等水域的渔业,按照行政区划由有关县级以上人民政府渔业行政主管部门监督管理;跨行政区域的,由有关县级以上地方人民政府协商制定管理办法,或者由上一级人民政府渔业行政主管部门及其所属的渔政监督管理机构监督管理。

国家渔政渔港监督管理机构对外行使渔政渔港监督管理权。外国人、外国渔业船舶进入我国管辖水域,从事渔业生产或者渔业资源调查活动,必须经国务院有关主管部门批准,并遵守我国有关法律、法规的规定;同我国订有条约、协定的,按照条约、协定的规定办理。

(三)关于养殖业的规定

《渔业法》对养殖业设专章(第二章)规定,其主要内容是:

1. 实行养殖使用证制度。单位和个人使用国家规划确定用于养殖业的全民所有的水域、滩涂的，使用者应当向县级以上地方人民政府渔业行政主管部门提出申请，由本级人民政府核发养殖证，许可其使用该水域、滩涂从事养殖生产。集体所有的或者全民所有由农业集体经济组织使用的水域、滩涂，可以由个人或者集体承包，从事养殖生产。县级以上地方人民政府在核发养殖证时，应当优先安排当地的渔业生产者。

2. 加强对重要养殖水域的保护。国家建设征用集体所有的水域、滩涂，按照《土地管理法》有关规定办理。县级以上地方人民政府应当采取措施，加强对商品鱼生产基地和城市郊区重要养殖水域的保护。

3. 水产新品种及苗种的管理。国家鼓励和支持水产优良品种的选育、培育和推广；水产新品种必须经全国水产原种和良种审定委员会审定，由国务院渔业行政主管部门公告后推广。水产苗种的进口、出口由国务院渔业行政主管部门或者省级人民政府渔业行政主管部门审批；水产苗种的进口、出口必须实施检疫，防止病害传入境内和传出境外，引进转基因水产苗种必须进行安全性评价。

4. 推行养殖生产禁限制度。从事养殖生产不得使用含有毒有害物质的饵料、饲料，从事养殖生产应当保护水域生态环境，科学确定养殖密度，合理投饵、施肥、使用药物，不得造成水域的环境污染。

（四）关于捕捞业的规定

《渔业法》对捕捞业做了专章（第三章）规定，其主要内容是：

1. 实行捕捞限额制度。为了有效保护、合理养护渔业资源，实现渔业资源的永续利用，修改后的《渔业法》增设了捕捞限额制度的规定，即国家根据捕捞量低于渔业资源增长量的原则，确定渔业资源的总可捕量，实行捕捞限额制度。捕捞限额总量的分配应当体现公平、公正原则，分配办法和分配结果必须向社会公开，并接受监督。

2. 实行捕捞许可证制度。这是保护和合理利用渔业资源，控制捕捞强度，维护渔业生产秩序，保护渔业生产者的合法权益，实现渔业资源可持续发展的一项重要措施。《渔业法》第23条规定，国家对捕捞业实行捕捞许可证制度。

（五）渔业资源增殖和保护的规定

渔业资源是一种可再生的自然资源，只要采捕合理，就能保持资源的再生能力，保证渔业资源的持续发展。《渔业法》对渔业资源的增殖和保护做了专章（第四章）规定，其主要内容是：

1. 实行征收渔业资源增殖保护费制度。渔业资源的增殖和保护需要一定的资金投入，确立征收渔业资源增殖保护费制度是从法律上确定了资金来源的有效保障。《渔业法》第28条规定，县级以上人民政府渔业行政主管部门应当对其管辖的渔业水域统一规划，采取措施，增殖渔业资源，并可向受益的单位和个人征收渔业资源增殖保护费，专门用于增殖和保护渔业资源。

2. 建立水产种质资源保护区。国家保护水产种质资源及其生存环境，并在具有较高经济价值和遗传育种价值的水产种质资源的主要生长繁育区域建立水产种质资源保护区。未经国务院渔业行政主管部门批准，任何单位和个人不得在水产种质资源保护区内从事捕捞活动。

3. 实行捕捞禁限制度。(1)禁止使用炸鱼、毒鱼、电鱼等破坏渔业资源的方法进行捕捞；禁止制造、销售、使用禁用的渔具；禁止在禁渔区、禁渔期进行捕捞；禁止使用小于最小网目尺寸的网具进行捕捞；捕捞的渔获物中的鱼不得超过规定的比例；在禁渔区或者禁渔期内禁止销售非法捕捞的渔获物。(2)禁止捕捞有重要经济价值的水生动物苗种。因养殖或者其他特殊需要,捕捞有重要经济价值的苗种或者禁捕的怀卵亲体的,必须经国务院渔业行政主管部门或者省级人民政府渔业行政主管部门批准,在指定的区域和时间内,按照限额捕捞。在水生动物苗种重点产区引水用水时,应当采取措施,保护苗种。

4. 保护和改善渔业水域的生态环境。各级人民政府应当采取措施,保护和改善渔业水域的生态环境,防止污染。(1)在鱼、虾、蟹洄游通道建闸、筑坝,对渔业资源有严重影响的,建设单位应当建造过鱼设施或者采取其他补救措施;(2)用于渔业并兼有调蓄、灌溉等功能的水体,有关主管部门应当确定渔业生产所需的最低水位线;(3)禁止围湖造田,沿海滩涂未经县级以上人民政府批准,不得围垦,重要的苗种基地和养殖场所不得围垦;(4)进行水下爆破、勘探、施工作业,对渔业资源有严重影响的,作业单位应当事先同有关县级人民政府渔业行政主管部门协商,采取措施,防止或者减少对渔业资源的损害;造成渔业资源损失的,由有关县级以上人民政府责令赔偿。

5. 对珍贵、濒危水生野生动物实行重点保护。国家对白鳍豚等珍贵、濒危水生野生动物实行重点保护,防止其灭绝。禁止捕杀、伤害国家重点保护的水生野生动物。因科学研究、驯养繁殖、展览或者其他特殊情况,需要捕捞国家重点保护的水生野生动物的,依照《野生动物保护法》的规定执行。

思考题

1. 为什么要保护森林资源?如何正确认识森林的生态效益?
2. 什么是草原?保护草原有何意义?
3. 什么是野生动物?保护野生动物有何意义?
4. 什么是野生植物?什么是渔业资源?对其保护有何意义?

第九章　水土保持和防沙治沙的法律规定

第一节　水土保持的法律规定

一、水土保持的概念和意义

水土流失，是指土壤在水的侵蚀和冲击的作用下，土壤结构发生破碎和松散，随水流动而散失的现象。水土流失通常发生在山区、丘陵区，因为在这些地区雨水不能就地消纳，而顺着沟坡下流冲刷，造成水分和土壤同时流失。水土流失的原因有自然因素和人为因素两个方面，而人为因素一般是水土流失发生、发展的主要原因。自然因素包括地貌起伏不平、坡陡沟多、暴风雨多、植被稀少等；人为因素主要是指不合理开发利用自然资源，如乱砍滥伐森林、滥垦乱牧草原、陡坡开荒、破坏天然植被等。

水土保持，是指对自然因素和人为活动造成水土流失所采取的预防和治理措施。[1]其目的是预防和治理水土流失，保护和合理利用水土资源，减轻水、旱、风沙灾害，改善生态环境，保障经济和社会的可持续发展。

搞好水土保持工作，对于预防和治理水土流失，对于山区和丘陵地区的发展，改善农业生产条件和生态环境，从根本上进行国土整治和江河治理，以及促进我国经济社会全面、协调、可持续发展等方面具有重要的意义。

二、水土保持的法律规定

我国很重视水土保持工作。早在1952年，原政务院发出了《关于发动群众继续开展防旱、抗旱运动并大力推行水土保持工作的指示》，1957年国务院发布了《水土保持暂行纲要》（1986年失效），1982年又发布了《水土保持工作条例》，1988年经国务院批准，由原国家计委、水利部发布了《开发建设晋陕蒙接壤地区水土保持的规定》，1991年第七届全国人大常委会第二十次会议通过了《水土保持法》，1993年国务院发布了《水土保持法实施条例》。2010年12月25日，第十一届全国人大常委会第十八次会议通过了《水土保持法》（修订），自2011年3月1日起施行。另外，《环境保护法》《土地管理法》《防沙治沙法》《水法》《森林法》《草原法》等法律中也对水土保持做了相应的规定，现将有关主要内容分述如下。

（一）水土保持工作方针的规定

《水土保持法》第3条规定："水土保持工作实行预防为主、保护优先、全面规划、综合治理、因地制宜、突出重点、科学管理、注重效益的方针"。该方针具有以下特点：(1)把保护放在首要

〔1〕 参见《水土保持法》第2条第2款。

位置,强调保护优先;(2)突出重点,对水土流失潜在危险较大的区域和水土流失严重的区域,划定重点预防区和重点治理区,进行重点预防和治理。

(二)水土保持监督管理体制的规定

《水土保持法》第5条规定:“国务院水行政主管部门主管全国的水土保持工作。国务院水行政主管部门在国家确定的重要江河、湖泊设立的流域管理机构(以下简称流域管理机构),在所管辖范围内依法承担水土保持监督管理职责。县级以上地方人民政府水行政主管部门主管本行政区域的水土保持工作。县级以上人民政府林业、农业、国土资源等有关部门按照各自职责,做好有关的水土流失预防和治理工作。”

(三)水土保持规划的规定

水土保持规划是对水土保持工作的总体部署和安排,规划的编制、实施直接关系到水土保持工作的综合、长远成效。《水土保持法》第二章对水土保护持规划的编制依据、编制主体、规划内容和种类、编制要求等做了如下的规定:

1. 确立水土流失调查制度。国务院水行政主管部门和省级人民政府水行政主管部门负责水土流失调查并公告调查结果;县级以上人民政府应当依据水土流失调查结果划定并公告水土流失重点预防区和重点治理区。

2. 规划的编制依据。水土保持规划应当在水土流失调查结果及水土流失重点预防区和重点治理区划定的基础上,遵循统筹协调、分类指导的原则编制。

3. 规划的编制主体及程序。县级以上人民政府水行政主管部门会同同级人民政府有关部门编制水土保持规划,报本级人民政府或者其授权的部门批准后,由水行政主管部门组织实施。水土保持规划一经批准,必须严格执行;经批准的规划根据实际情况需要修改的,应当按照规划编制程序报原批准机关批准。

4. 规划的内容、种类及编制要求。水土保持规划的内容应当包括水土流失状况、水土流失类型划分、水土流失防治目标、任务和措施等。水土保持规划包括对流域或者区域预防和治理水土流失、保护和合理利用水土资源作出的整体部署,以及根据整体部署对水土保持专项工作或者特定区域预防和治理水土流失作出的专项部署。

水土保持规划应当与土地利用总体规划、水资源规划、城乡规划和环境保护规划等相协调。编制水土保持规划,应当征求专家和公众的意见。

(四)水土流失预防的规定

针对水土流失预防措施不够完善问题,《水土保持法》专章(第三章)设置了水土流失的预防,对其做了进一步规定。

1. 特定区域的水土保持措施。规定在水土流失严重、生态脆弱的地区,应当限制或者禁止可能造成水土流失的生产建设活动,严格保护植物、沙壳、结皮、地衣等。在侵蚀沟的沟坡和沟岸、河流的两岸以及湖泊和水库的周边,应当营造植物保护带;禁止开垦、开发植物保护带。禁止在25度以上陡坡地开垦种植农作物;在25度以上陡坡地种植经济林的,应当科学选择树种,合理确定规模,采取水土保持措施,防止造成水土流失。禁止毁林、毁草开垦和采集发菜。禁止在水土流失重点预防区和重点治理区铲草皮挖树兜或者滥挖虫草、甘草、麻黄等。

2. 对生产建设活动造成水土流失的预防措施。规定生产建设项目选址、选线应当避让水土流失重点预防区和重点治理区;无法避让的,应当提高防治标准,优化施工工艺,减少地表扰动和植被损坏范围,有效控制可能造成的水土流失。对生产建设活动中排弃的砂石、土、矸石、尾矿、废渣等应当综合利用；不能综合利用，确需废弃的，应当堆放在水土保持方案确定的专门存放地，并采取措施保证不产生新的危害。

3. 生产建设项目水土保持方案管理制度。在山区、丘陵区、风沙区以及水土保持规划确定的容易发生水土流失的其他区域开办可能造成水土流失的生产建设项目，生产建设单位应当编制水土保持方案，报县级以上人民政府水行政主管部门审批；水土保持方案应当包括水土流失预防和治理的范围、目标、措施和投资等内容；未编制水土保持方案或者水土保持方案未经水行政主管部门批准的，生产建设项目不得开工建设。县级以上人民政府水行政主管部门、流域管理机构，应当对生产建设项目水土保持方案的实施情况进行跟踪检查，发现问题及时处理。

4. 对水土保持设施的管护要求。水土保持设施的所有权人或者使用权人应当加强对水土保持设施的管理与维护，落实管护责任，保障其功能的正常发挥。

（五）水土流失治理的规定

针对水土流失治理措施不够完善问题，《水土保持法》设专章（第四章）规定了水土流失的治理，完善了水土流失治理措施，并强化了对不同类型水土流失的综合治理。

1. 鼓励社会力量参与水土流失治理。国家鼓励单位和个人按照水土保持规划参与水土流失治理，并在资金、技术、税收等方面予以扶持。国家鼓励和支持承包治理荒山、荒沟、荒丘、荒滩，防治水土流失，保护和改善生态环境，促进土地资源的合理开发和可持续利用，并依法保护土地承包合同当事人的合法权益。

2. 水土流失治理和补偿制度。开办生产建设项目或者从事其他生产建设活动造成水土流失的，应当进行治理。在山区、丘陵区、风沙区以及水土保持规划确定的容易发生水土流失的其他区域开办生产建设项目或者从事其他生产建设活动，损害水土保持设施、地貌植被、不能恢复原有水土保持功能的，应当缴纳水土保持补偿费，专项用于水土流失预防和治理。

3. 不同类型地区水土流失的治理措施。（1）水力侵蚀地区。地方各级人民政府及其有关部门应当组织单位和个人，以天然沟壑及其两侧山坡地形成的小流域为单元，因地制宜地采取工程、植物和保护性耕作等措施，进行坡耕地和沟道水土流失综合治理。（2）风力侵蚀地区。应当组织单位和个人，因地制宜地采取轮封轮牧、植树种草、设置人工沙障和网络林带等措施，建立防风固沙防护体系。（3）重力侵蚀地区。应当组织单位和个人，采取监测、径流排导、削坡减载、支挡固坡、修建拦挡工程等措施，建立监测、预防、预警体系。（4）饮用水水源保护区。应当组织单位和个人，采取预防保护、自然修复和综合治理措施，配套建设植物过滤带，积极推广沼气，开展清洁小流域建设，严格控制化肥和农药的使用，减少水土流失引起的面源污染，保护饮用水水源。

4. 生产建设活动的水土保持要求。对生产建设活动所占用土地的地表土应当进行分层剥离、保存和利用，做到土石方挖填平衡，减少地表扰动范围；对废弃的砂、石、土、矸石、尾矿、废渣等存放地，应当采取拦挡、坡面防护、防洪排导等措施。生产建设活动结束后，应当及时在取土场、开挖面和存放地的裸露土地上植树种草、恢复植被，对闭库的尾矿库进行复垦。在干旱缺水地区从事生产建设活动，应当采取防止风力侵蚀措施，设置降水蓄渗设施，充分利用降水资源。

5. 加强对水土保持重点工程的建设和管护。县级以上人民政府水行政主管部门应当加强对水土保持重点工程的建设和管理，建立和完善运行管护制度。

(六)水土保持监测和监督的规定

水土保持监测是水土保持工作的重要组成部分,针对我国目前水土保持监测体系和监督措施不能满足在新形势下水土保持监督管理的需要,《水土保持法》设专章(第五章)做了进一步规定:

1. 水土保持监测和公告制度。国务院水行政主管部门应当完善全国水土保持监测网络,对全国水土流失进行动态监测;省级以上人民政府水行政主管部门应当根据水土保持监测情况,定期公告水土流失类型、面积、强度、分布状况和变化趋势,以及水土流失造成的危害、水土流失的预防和治理等情况;县级以上人民政府水行政主管部门应当加强水土保持监测工作,发挥水土保持监测工作在政府决策、经济社会发展和社会公众服务中的作用。

2. 生产建设单位水土流失的监测义务。对可能造成严重水土流失的大中型生产建设项目,生产建设单位应当自行或者委托具备水土保持监测资质的机构,对生产建设活动造成的水土流失进行监测,并将监测情况定期上报当地水行政主管部门。

3. 监督检查措施。执法人员依法实施监督检查时,有权要求被检查单位或者个人提供有关文件、证照和资料;对预防和治理水土流失的有关情况作出说明;可以进入现场调查、取证。被检查单位或者个人拒不停止违法行为,造成严重水土流失的,报经水行政主管部门批准,可以查封、扣押实施违法行为的工具及施工机械、设备等。被检查单位或者个人对水土保持监督检查工作应当给予配合,如实报告情况,提供有关文件、证照和资料;不得拒绝或者阻碍水行政监督检查人员依法执行公务。

4. 水土流失纠纷解决机制。不同行政区域之间发生水土流失纠纷应当协商解决;协商不成的,由共同的上一级人民政府裁决。

第二节　防沙治沙的法律规定

一、防沙治沙的概念和意义

一般所称的土地沙化,是指因气候变化和人类活动所导致的天然沙漠扩张和沙质土壤上植被破坏、沙土裸露的过程。造成土地沙化有自然原因和人为原因。《防沙治沙法》所称的土地沙化,是指主要因人类不合理活动所导致的天然沙漠扩张和沙质土壤上植被及覆盖物被破坏,形成流沙及沙土裸露的过程,如盲目开垦、过度放牧、乱砍滥伐、滥挖野生中药材等沙生植物、滥开矿藏、不合理开发利用水资源等,不包括原生沙漠和戈壁。沙化土地,包括已经沙化的土地和具有明显沙化趋势的土地。[2] 防沙治沙,是指预防土地沙化和治理沙化土地的活动。

所谓土地沙漠化,是指在"干旱、半干旱及干旱亚湿润区内,由于气候变化与人类活动等因素作用下所产生的一种以风沙活动为主要标志的土地退化过程"。[3] 由此可见,土地沙化与土地沙漠化是有区别的:(1)在时空尺度上,沙化无类似沙漠化的时空限定,可以发生在任何自然地带和时期;(2)在作用营力上,沙化可以是风力、水力、重力等各种营力单独或综合作用的结

〔2〕 参见《防沙治沙法》第2条第4款。

〔3〕 董玉祥:《"荒漠化"与"沙漠化"》,载《科技术语研究》2000年第4期。

果，而沙漠化仅是指风力的作用；(3)沙化过程和沙漠化过程也不完全一样。

土地沙化与水土流失也有区别。水土流失，是指以水为主要外营力引起的土壤侵蚀现象，强调水的流失和土的流失紧密联系；土地沙化，是指以风为主要外营力所引起的土壤侵蚀现象，强调土壤植被破坏后，在风力作用下造成土壤有机质的损失，出现类似沙漠的现象。此外，水土保持和防沙治沙的治理区域、治理对象也不一样。水土保持工作主要是针对山区、丘陵地区的水土流失问题，其治理重点是大江、大河流域；而防沙治沙工作主要是针对平原和干旱、半干旱地区的风蚀问题，防沙治沙的重点则是土地沙化和沙化土地。

防沙治沙，对保护农牧业的发展，增加农、牧民的收入，维护生态安全，促进经济社会的可持续发展等方面都具有重要的意义。

二、防沙治沙的法律规定

由于我国土地沙化问题严重，为了防沙治沙，国家在《环境保护法》《土地管理法》《矿产资源法》《农业法》《森林法》《草原法》等有关法律中，分别对防沙治沙工作设置了一些原则性的规定，取得了一定的成绩，但未能从根本上遏制土地沙化扩张的趋势。为了预防土地沙化，治理沙化土地，维护生态安全，促进经济和社会可持续发展，第九届全国人大常委会第二十三次会议于 2001 年通过了《防沙治沙法》，现将其主要内容分述如下。

(一)防沙治沙工作原则的规定

《防沙治沙法》第 3 条规定，防沙治沙工作应当遵循以下原则：(1)统一规划，因地制宜，分步实施，坚持区域防治与重点防治相结合；(2)预防为主，防治结合，综合治理；(3)保护和恢复植被与合理利用自然资源相结合；(4)遵循生态规律，依靠科技进步；(5)改善生态环境与帮助农牧民脱贫致富相结合；(6)国家支持与地方自力更生相结合，政府组织与社会各界参与相结合，鼓励单位、个人承包防治；(7)保障防沙治沙者的合法权益。

这些原则是根据我国沙化土地和土地沙化的实际和特点以及防沙治沙工作的需要确定的，对防沙治沙工作具有普遍的指导意义，在防沙治沙工作中只有严格遵循这些原则，才能保证防沙治沙预期目标的实现。

(二)防沙治沙监督管理体制的规定

防沙治沙监督管理体制，是指防沙治沙的组织、协调、指导部门的设置及其职责的划分。《防沙治沙法》第 5 条规定："在国务院领导下，国务院林业行政主管部门负责组织、协调、指导全国防沙治沙工作。国务院林业、农业、水利、土地、环境保护等行政主管部门和气象主管机构按照有关法律规定的职责和国务院确定的职责分工，各负其责，密切配合，共同做好防沙治沙工作。县级以上地方人民政府组织、领导所属有关部门，按照职责分工，各负其责，密切配合，共同做好本行政区域的防沙治沙工作。"从上述规定可知，国务院林业行政主管部门是全国防沙治沙工作的主管机关，居于组织协调和指导的地位。国务院有关部门按照法律规定的职责，各司其责，密切配合，共同做好防沙治沙工作。

(三)防沙治沙规划的规定

防沙治沙规划，是指一定时期和一定区域范围内，根据土地开发利用现状、沙化程度以及国民经济和社会发展规划，对土地沙化的预防和沙化土地的治理等工作所做的统筹安排和合理布局。该规划是从事防沙治沙活动的基本依据，应当实行统一规划，对遏制土地沙化扩张趋势的有关内容做出明确规定，并将具体实施方案纳入国民经济和社会发展五年规划和年度计划,确保防沙治沙规划的实施。

1. 防沙治沙规划的编制和审批。防沙治沙规划分为国家、省(自治区、直辖市)和市、县三个等级。防沙治沙规划的修改,必须经原批准该规划的机关批准;未经批准,任何单位和个人不得改变其规划。

2. 防沙治沙规划的编制依据和要求。编制防沙治沙规划,应当根据沙化土地所处的地理位置、土地类型、植被状况、气候和水资源状况、土地沙化程度等自然条件及其所发挥的生态、经济功能,对沙化土地实行分类保护、综合治理和合理利用。在规划期内不具备治理条件的以及因保护生态的需要不宜开发利用的连片沙化土地,应当规划为沙化土地封禁保护区,实行封禁保护。

3. 防沙治沙规划的主要内容。包括遏制土地沙化扩张趋势,逐步减少沙化土地的时限、步骤和措施。针对土地沙化的实际情况,为落实规划确定的目标、任务和步骤,应当采取哪些措施必须有明确的规定。

4. 防沙治沙规划与土地利用总体规划的关系。土地利用总体规划是对一定区域内土地的开发、利用、整治和保护在空间和时间上所作的安排,是在研究、分析土地利用现状的基础上,综合平衡各行各业用地需求,以保证本辖区范围内经济社会的持续发展。防沙治沙规划是土地利用专项规划的一种,是针对防沙治沙的特殊情况制定的。因此,防沙治沙规划应当与土地利用总体规划相协调、相衔接,不得与其冲突。同时,防沙治沙规划中确定的沙化土地的用途,应当符合本级人民政府的土地利用总体规划。

(四)土地沙化预防的规定

土地一旦沙化,再恢复植被或者恢复原有的生态状况是极为困难的,因此必须坚持预防为主的原则,切实做好土地沙化的预防工作。《防沙治沙法》专章(第三章)规定了土地沙化的预防,其主要内容是:

1. 土地沙化的监测和预报。土地沙化的监测是防沙治沙的一项基础性工作,它为编制防沙治沙规划提供了重要依据。气候干旱和沙尘暴对生态环境和生活环境具有严重的危害性,因此,应当组织对其进行监测和预报。对此,该法第 14 条做了具体的规定。

2. 加强植被的营造和管护。(1)沙化土地所在地区的县级以上地方人民政府按照防沙治沙规划,因地制宜地营造防风固沙林网、林带,种植多年生灌木和草本植物;对防风固沙林网、林带只允许进行抚育更新性质的采伐,采伐前必须在其附近预先形成接替的林网和林带;对林木更新困难地区已有的防风固沙林网、林带,不得批准采伐。(2)沙化土地所在地区的县级人民政府,应当制定植被管护制度,严格保护植被,并根据需要在乡(镇)、村建立植被管护组织,确定管理人员;在沙化土地范围内,各类土地承包合同应当包括植被保护责任的内容。禁止在沙化土地上砍挖灌木、药材及其他固沙植物。

3. 加强草原的管理和建设,实行以草定畜制度。草原地区的地方各级人民政府,应当加强草原的管理和建设,由农(牧)业行政主管部门负责指导、组织农牧民建设人工草场,控制载畜量,调整牲畜结构,改良牲畜品种,推行牲畜圈养和草场轮牧,消灭草原鼠害、虫害,保护草原植被,防止草原退化和沙化。草原实行以产草量确定载畜量的制度,由农(牧)业行政主管部门负责制定载畜量的标准和有关规定,并逐级组织实施,明确责任,确保完成。

4. 加强流域和区域水资源的统一调配和管理,合理利用水资源。在编制流域和区域水资源开发利用规划和供水计划时,须考虑整个流域和区域植被保护的用水需求,防止因地下水和上游水资源过度开发利用导致植被破坏和土地沙化。沙化土地所在地区的地方各级人民政府应当节约用水,发展节水型农牧业和其他产业。

5. 防止开垦造成土地沙化。不得批准在沙漠边缘地带和林地、草原开垦耕地;已经开垦并对生态产生不良影响的,应当有计划地组织退耕还林还草。

6. 对开发建设活动进行环境影响评价。在沙化土地范围内从事开发建设活动,必须事先就该项目可能对当地及相关地区生态产生的影响进行环境影响评价,依法提交环境影响报告书;该报告书应当包括有关防沙治沙的内容。

7. 封禁保护。(1)在沙化土地封禁保护区范围内,禁止一切破坏植被的活动。(2)禁止在沙化土地封禁保护区范围内安置移民;对封禁保护区范围内的农牧民,县级以上地方人民政府应当有计划地组织迁出,并妥善安置;对尚未迁出的农牧民的生产生活,由封禁保护区主管部门妥善安排。(3)未经国务院或其指定的部门同意,不得在沙化土地封禁保护区范围内进行修建铁路、公路等建设活动。

(五)沙化土地治理的规定

《防沙治沙法》专章(第四章)规定了沙化土地的治理,其主要内容是:

1. 因地制宜,综合治理。沙区人民政府应当按照防沙治沙规划,组织有关部门、单位和个人,因地制宜地采取各种措施,恢复和增加植被,治理已经沙化的土地。主要包括:(1)人工造林种草;(2)飞机播种造林种草;(3)封沙育林育草;(4)合理调配生态用水。

2. 开展公益性治沙活动。国家鼓励单位和个人在自愿的前提下,捐资或者以其他形式开展公益性治沙活动;县级以上地方人民政府林业或者其他有关行政主管部门,应当为公益性治沙活动提供治理地点和无偿技术指导。

3. 对土地使用权人和承包经营权人治沙活动的管理。使用已经沙化的国有土地的使用权人和农民集体经济组织所有土地的承包经营权人,必须采取措施治理,改善土地质量,确无能力完成治理任务的,可以委托他人治理或者与他人合作治理;委托或者合作治理,应当签订协议,明确各方的权利和义务。

4. 对营利性治沙活动的管理。(1)从事营利性治沙活动的单位和个人,应当先与土地所有权人或者使用权人签订协议,依法取得土地使用权。(2)在治理活动开始前,治理者应当向治理项目所在地的县级人民政府林业行政主管部门或者人民政府指定的其他行政主管部门提出治理申请,并提交被治理土地权属的合法证明文件和治理协议以及符合防沙治沙规划的合法证明方案以及治理所需的资金证明,并按照治理方案进行治理。(3)治理者完成治理任务后,应向受理治理的行政主管部门提出验收申请。经验收合格的,由验收机关发给证明文件;验收不合格的,治理者应当继续治理。

5. 实行单位治理责任制。已经沙化的土地范围内的铁路、公路、河流和水渠两侧,城镇、村庄、厂矿和水库周围,实行单位治理责任制,由县级以上地方人民政府下达治理责任书,由责任单位负责组织造林种草或者采取其他治理措施。

(六)防沙治沙保障措施的规定

防沙治沙需要国家和地方人民政府制定优惠政策和财政支持,也需要社会各界广泛集资。《防沙治沙法》专章(第五章)规定了保障措施,其主要内容是:

1. 防沙治沙的财政支持。国务院和沙化土地所在地区的地方各级人民政府,应当在本级财政预算中按照防沙治沙规划通过项目预算安排资金,用于本级人民政府确定的防沙治沙工程;在安排扶贫、农业、水利、道路、矿产、能源、农业综合开发等项目时,应当根据具体情况,设立若干防沙治沙子项目。

2. 防沙治沙的政策优惠。(1)国务院和省级人民政府应当制定优惠政策,鼓励和支持单位和个人防沙治沙。(2)使用已经沙化的国有土地从事治沙活动的,经县级以上人民政府依法批准,可以享有不超过70年的土地使用权。(3)国家根据防沙治沙的需要,在有关的科学研究与技术推广并给予资金补助、税费减免等政策优惠。

3. 防沙治沙的经济补偿。因保护生态的特殊要求,将治理后的土地批准划为自然保护区或者沙化土地封禁保护区的,批准机关应当给予治理者合理的经济补偿。

4. 防沙治沙资金使用的监督。任何单位和个人不得截留、挪用防沙治沙资金。县级以上人民政府审计机关,应当依法对防沙治沙资金使用情况实施审计监督。

思考题

1. 什么是水土保持?有何意义?简述预防水土流失的基本内容。
2. 什么是土地沙化?什么是防沙治沙?简述防沙治沙工作七个原则中三个原则。
3. 谈谈你对我国防沙治沙工作的认识和建议。

第十章　保护特殊自然区域的法律规定

第一节　保护特殊自然区域概述

一、特殊自然区域的概念和保护的意义

（一）特殊自然区域的概念

特殊自然区域，是指依照法定程序批准建立并受到国家法律、法规、规章特殊保护的，在科学、文化、教育、历史、美学、旅游等方面具有特殊价值和重大意义的自然区域的总称。它是相对于一般自然区域（如水域、流域、海域等）而言的。所谓特殊保护，是指对这些区域国家制定专门的法律、法规、规章，设置专门的管理机构进行保护，和一般自然区域相比，其要求更高，采取的保护措施更严格。

我国环境保护法规定，特殊自然区域主要有自然保护区、风景名胜区、森林公园、地质公园、湿地、海洋特别保护区、禁猎区、禁渔区。本章仅介绍前五类特殊自然区域。

（二）保护特殊自然区域的意义

保护特殊自然区域的意义在于：（1）是科学文化发展的需要。在一些特殊自然区域内，保存着一些自然环境的天然"本底"，可以为人类研究和探讨自然界的发展演变规律和人类对自然界的影响提供客观的依据，为人类研究历史和文化的发展历程提供基本条件。（2）有利于保护和改善生态环境，维护生态平衡。特殊自然区域本身具有保持水土，涵养水源，调节气候，改善生活环境和生态环境，促进农、牧业生产发展等生态效能，对改善区域环境质量有显著的作用。此外，特殊自然区域环境，还具有保护生物多样性的功能。（3）有利于促进经济、社会的可持续发展。特殊自然区域因其保留着优美的自然景观和丰富的历史文化遗产，可供人们游览和观赏，是发展旅游业的重要场所。随着旅游业的发展，必然推动地区的交通、轻工、工商、建筑、园林、餐饮等相关行业的发展，从而促进地区经济、社会的可持续发展。

二、特殊自然区域的法律保护

特殊自然区域的法律保护，是指国家通过法律手段，对特殊自然区域进行保留、保护、管理和恢复等措施的总称，其目的在于保障特殊自然区域的正确建立并使其得到有效保护，充分发挥该区域对人类的长期生存和发展的积极作用。这些措施一般包括划定区域范围、确定保护对象、设立保护管理机构、制定保护规划、实行分级分类保护、采取封禁措施、限制人为活动等。

第二节　保护自然保护区的法律规定

一、自然保护区的概念和保护的意义

(一)自然保护区的概念

《自然保护区条例》所称的自然保护区,是指“对有代表性的自然生态系统、珍稀濒危野生动植物物种的天然集中分布区、有特殊意义的自然遗迹等保护对象所在陆地、陆地水体或者海域,依法划出一定面积予以特殊保护和管理的区域”。由上述规定可知,自然保护区是依照法定程序建立的,其目的在于有效保护和管理在科学、文化、教育、历史等方面具有重要意义和特殊价值的自然地域,是对生态环境和自然资源进行特殊保护和管理的一种地域保护形式。

自然保护区有广义和狭义之分。广义的自然保护区,是指由国家法律、法规加以特殊保护的各种自然地域的总称,它不仅指自然保护区本身,还包括风景名胜区、国家公园、自然遗迹地等各种保护地区;狭义的自然保护区,是指以保护特殊生态系统进行科学研究为主要目的而划定的自然保护区,即严格意义上的自然保护区。本节所称的自然保护区,系指狭义的自然保护区。

(二)保护自然保护区的意义

保护自然保护区的意义在于:(1)能为人类提供生态系统的天然“本底”。它为衡量人类活动对自然界产生的影响提供了评价的准绳;同时,也为人类探讨某些自然生态系统的合理发展指明了途径,便于人类按需要控制其演化方向。(2)是就地保护生物多样性的有效措施。因为在自然保护区保存着完整的自然生态系统和丰富的生物物种,这些生态系统和生物物种受到法律的严格保护。(3)是进行科学研究的天然实验室。在自然保护区保存有完整的生态系统和丰富的生物物种及其赖以生存的环境条件,这就为进行各种科学研究,如对自然生产潜力、自然生态平衡、最优生态结构、仿生学和环境本底的研究等,提供了天然的实验室。(4)有助于保护和改善生态环境,保持地区生态平衡。自然保护区大多保留了完好的天然植被及其组成的自然生态系统,这有助于保持水土、涵养水源、保护和改善生态环境,维护地区生态平衡和国家生态安全,促进人与自然的和谐发展。

二、保护自然保护区的法律规定

早在1979年,原林业部、中国科学院、国家科委、国家农委、国务院环境保护领导小组、农业部、国家水产总局、地质部联合发出了《关于加强自然保护区管理、区划和科学考察工作的通知》;1985年经国务院批准,原林业部公布了《森林和野生动物类型自然保护区管理办法》;1991年,国务院办公厅转发国家环境保护局《关于国家级自然保护区申报审批意见报告的通知》;1994年,国务院发布了《自然保护区条例》(先后于2011年、2017年修订);1995年,原国家海洋局发布了《海洋自然保护区管理办法》;1997年,原农业部发布了《水生动植物自然保护区管理办法》(先后于2013年、2014年修订);2006年,原国家环境保护总局公布了《国家级自然保护区监督检查办法》(2017年修订)。另外,《环境保护法》《海洋环境保护法》《森林法》《草原法》《野生动物保护法》等,也设有自然保护区的规定。

（一）自然保护区管理体制的规定

自然保护区的管理体制，是指国家关于自然保护区管理机构的设置及其职责权限的划分。国外自然保护区的管理模式，大致可以分为三种类型：[1]（1）由专门的部门统一管理，如英国在1949年成立的自然管理委员会，后由按地理分区重新组建的自然保护管理机构所取代，如英格兰自然保护委员会等。（2）由环境保护部门主管，如澳大利亚，其联邦保护区是由澳大利亚环境部下设的澳大利亚公园局负责管理。（3）多部门分散管理模式，如美国的保护区，主要由联邦内政部和商业部负责。

我国根据《自然保护区条例》的规定，确立了综合管理与分部门管理相结合的管理体制。国务院环境保护行政主管部门负责全国自然保护区的综合管理；国务院林业、农业、地质矿产、水利、海洋等有关行政主管部门在各自的职责范围内主管有关的自然保护区。县级以上地方人民政府负责自然保护区管理的部门的设置和职责，由省、自治区、直辖市人民政府根据当地具体情况确定。

（二）自然保护区规划的规定

我国的自然保护区规划分为发展规划和建设规划两种。发展规划是对各类自然保护区的建立、保护和管理的总体规划；建设规划是对某一具体自然保护区的建设和保护管理的规划。《自然保护区条例》第17条规定："国务院环境保护行政主管部门应当会同国务院有关自然保护区行政主管部门，在对全国自然环境和自然资源状况进行调查和评价的基础上，拟订国家自然保护区发展规划，经国务院计划部门综合平衡后，报国务院批准实施。"

自然保护区管理机构或者该自然保护区行政主管部门应当组织编制自然保护区的建设规划，按照规定的程序纳入国家的、地方的或者部门的投资计划，并组织实施。

（三）自然保护区建设的规定

1. 建立自然保护区的条件

《自然保护区条例》第10条规定，凡具有下列条件之一的，应当建立自然保护区：（1）典型的自然地理区域、有代表性的自然生态系统区域以及已经遭受破坏但经保护能够恢复的同类自然生态系统区域；（2）珍稀、濒危野生动植物物种的天然集中分布区域；（3）具有特殊保护价值的海域、海岸、岛屿、湿地、内陆水域、森林、草原和荒漠；（4）具有重大科学文化价值的地质构造、著名溶洞、化石分布区、冰川、温泉等自然遗迹；（5）经国务院或者省、自治区、直辖市人民政府批准，需要予以特殊保护的其他自然区域。

2. 自然保护区的分类

根据自然保护区保护对象，将其分为三个类别、九个类型。（1）自然生态系统类自然保护区。是指以具有一定代表性、典型性和完整性的生物群落，和非生物环境共同组成的生态系统作为主要保护对象的一类自然保护区，下分五个类型：森林生态系统类型自然保护区、草原与草甸生态系统类型自然保护区、荒漠生态系统类型自然保护区、内陆湿地和水域生态系统类型自然保护区、海洋和海岸生态系统类型自然保护区。（2）野生生物类自然保护区。是指以野生生物物种，特别是珍稀、濒危物种种群及其生境为主要保护对象的一类自然保护区，下分两个类型：野生动物类型自然保护区和野生植物类型自然保护区。（3）自然遗迹类自然保护区。是指以具有特殊意义的自然地质遗迹和古生物遗迹作为主要保护对象的一类自然保护区，下分

[1] 王灿发：《国外自然保护区立法比较与我国立法的完善》，载《环境保护》2006年第11期。

两个类型:地质遗迹类型自然保护区和古生物遗迹类型自然保护区。[2]

3. 自然保护区的分级

根据自然保护区的重要程度及其在国内外影响的大小,我国自然保护区分为国家级自然保护区和地方级自然保护区两级:(1)国家级自然保护区。是指在国内外有典型意义,在科学上有重大国际影响或者有特殊科学研究价值的自然保护区。(2)地方级自然保护区。是指列为国家级自然保护区以外的其他具有典型意义或者重要科学研究价值的自然保护区。地方级自然保护区,又可以分为省级、市级和县级自然保护区。

4. 自然保护区的分区

为了对自然保护区实行有效保护和科学管理,需要将自然保护区进行功能分区,实行分区保护管理。《自然保护区条例》规定,自然保护区可以分为核心区、缓冲区和实验区。自然保护区内保存完好的天然状态的生态系统以及珍稀、濒危动植物的集中分布地,应当划为核心区,禁止任何单位和个人进入;除依法定程序和条件经批准外,也不允许进入从事科学研究活动。核心区外围可以划定一定面积的缓冲区,只准进入从事科学研究观测活动。缓冲区外围划为实验区,可以进入从事科学试验、教学实习、参观考察、旅游以及驯化、繁殖珍稀、濒危野生动植物等活动。批准建立自然保护区的人民政府认为必要时,还可以在自然保护区的外围划定一定面积的外围保护地带。

5. 建立自然保护区的审批程序

《自然保护区条例》规定,国家级自然保护区的建立,由自然保护区所在的省、自治区、直辖市人民政府或者国务院有关自然保护区行政主管部门提出申请,经国家级自然保护区评审委员会评审后,由国务院环境保护行政主管部门进行协调并提出审批建议,报国务院批准。地方级自然保护区的建立,由自然保护区所在的县、自治县、市、自治州人民政府或者省、自治区、直辖市人民政府有关自然保护区行政主管部门提出申请,经地方级自然保护区评审委员会评审后,由省、自治区、直辖市人民政府环境保护主管部门进行协调并提出审批建议,报省、自治区、直辖市人民政府批准,并报国务院环境保护行政主管部门和国务院有关自然保护区行政主管部门备案。跨两个以上行政区域的自然保护区的建立,由有关行政区域的人民政府协商一致后提出申请,并按上述规定程序批准。建立海上自然保护区,须经国务院批准。

6. 自然保护区的撤销和变更

《自然保护区条例》规定自然保护区的撤销及其性质、范围、界线的调整或者改变,应当经原批准自然保护区的人民政府批准。任何单位和个人,不得擅自移动自然保护区的界标。

(四)自然保护区管理的规定

1. 自然保护区管理机构及其职责

《自然保护区条例》规定,有关自然保护区行政主管部门应当在自然保护区内设立专门的管理机构,配备专业技术人员,负责自然保护区的具体管理工作。其主要职责是:(1)贯彻执行国家有关自然保护的法律、法规和方针、政策;(2)制定自然保护区的各项管理制度,统一管理自然保护区;(3)调查自然资源并建立档案,组织环境监测,保护自然保护区内的自然环境和自然资源;(4)组织或者协助有关部门开展自然保护区的科学研究工作;(5)进行自然保护的宣传教育;(6)在不影响保护自然保护区的自然环境和自然资源的前提下,组织开展参观、旅游等活动。

---

〔2〕《自然保护区的类型与级别划分原则》,载《中国环境标准汇编》,中国环境标准出版社2000年版,第276~278页。

自然保护区所在地的公安机关，可以根据需要在自然保护区设置公安派出机构，维护自然保护区内的治安秩序。

2. 对自然保护区内开展活动的限制

(1)在自然保护区内的单位、居民和经批准进入自然保护区的人员，必须遵守自然保护区的各项管理制度，接受自然保护区管理机构的管理。(2)禁止在自然保护区内进行砍伐、放牧、狩猎、捕捞、采药、开垦、烧荒、开矿、采石、挖沙等活动；法律、法规另有规定的除外。(3)禁止任何单位或者个人进入自然保护区的核心区。因科学研究的需要，必须进入核心区从事科学研究观测、调查活动的，应当按规定申请批准。(4)禁止在自然保护区的缓冲区开展旅游和生产经营活动。因教学科研的目的，需要进入缓冲区从事非破坏性的科学研究、教学实习和标本采集活动的，应当按规定申请批准。

3. 对自然保护区开展参观、旅游活动的管理

在国家级自然保护区的实验区开展参观、旅游活动的，由自然保护区管理机构提出方案，经省级人民政府有关自然保护区行政主管部门审核后，报国务院有关自然保护区行政主管部门批准；在地方级自然保护区的实验区开展参观、旅游活动的，由自然保护区管理机构提出方案，经省级人民政府有关自然保护区行政主管部门批准。

在自然保护区组织参观、旅游活动的，必须按照批准的方案进行，并加强管理；进入自然保护区参观、旅游的单位和个人，应当服从自然保护区管理机构的管理。严禁开设与自然保护方向不一致的参观、旅游项目。

4. 对自然保护区建设生产设施等的管理

在自然保护区的核心区和缓冲区内，不得建设任何生产设施。在自然保护区的实验区内，不得建设污染环境、破坏资源或者景观的生产设施；建设其他项目，其污染物排放不得超过国家或者地方规定的污染物排放标准。在自然保护区的实验区已经建成的设施，其污染物排放超过国家或者地方规定的排放标准的，应当限期治理；造成损害的，必须采取补救措施。

在自然保护区的外围保护地带建设的项目，不得损害自然保护区内的环境质量；已造成损害的，应当限期治理。

5. 对自然保护区污染和破坏事故的报告和处理

因发生事故或者其他突然性事件，造成或者可能造成自然保护区污染或者破坏的单位和个人，必须立即采取措施处理，及时通报可能受到危害的单位和居民，并向自然保护区管理机构、当地环境保护行政主管部门和自然保护区行政主管部门报告，接受调查处理。

(五)国家级自然保护区监督检查的规定

2006 年，原国家环境保护总局公布了《国家级自然保护区监督检查办法》(2017 年修改)，内容包括国家级自然保护区的建设和管理状况的定期评估和执法检查。其目的在于加强对国家级自然保护区的监督管理，防止不合理的资源开发和工程建设的影响和破坏，促进保护区建设和管理水平的不断提高。

国务院环境保护行政主管部门组织对国家级自然保护区的建设和管理状况进行定期评估。评估结果分为优、良、中、差四个等级，并在媒体上予以公布。执法检查的主要内容包括：保护区的设立、范围和功能区的调整以及名称的更改是否符合有关规定；是否存在法律法规禁止的活动；是否存在违法的建设项目及超标排污情况；是否存在破坏、侵占、非法转让保护区土地或者其他自然资源的行为；参观、旅游活动方案是否经过批准，是否符合法律法规规定和规

划要求;管理机构是否依法履行职责;建设和管理经费的使用是否符合国家有关规定等。[3]对于保护对象受到严重破坏、不再符合国家级自然保护区条件的,依法予以降级,以确保自然保护区保护目标的实现和保护功能的发挥。

第三节 保护风景名胜区的法律规定

一、风景名胜区的概念和保护的意义

(一)风景名胜区的概念

《风景名胜区条例》第2条规定,风景名胜区,是指具有观赏、文化或者科学价值,自然景观、人文景观比较集中,环境优美,可供人们游览或者进行科学、文化活动的区域。

风景名胜区和旅游区是两个不同的概念,其主要区别是:(1)性质不同。风景名胜区是国家宝贵的自然和文化遗产,具有明显的社会公益性,有明确的法定地理区划界线;旅游区则是以旅游观光、娱乐为主的综合性实体。(2)风景名胜区的保护、建设和管理,是按照批准的规划实施的,具有法律效力;而旅游区,既无法定的管理机构,也无法定的管理权限。(3)风景名胜区是一项资源保护型的社会公益事业,主要是以满足人们不断提高的物质和文化生活的需要,不以追求和获取最大经济利益为目的,强调保护优先、持续利用;而旅游业是新型经济产业,其最终目的是追求获取最大的经济效益,往往忽视资源保护。

(二)保护风景名胜区的意义

保护风景名胜区的意义在于:(1)维护国土风貌、优化生态环境的重要保证。我国绚丽多彩的国土风貌,是国家和民族的宝贵财富,通过建立风景名胜区,使其受到法律保护,制止可能导致污染、破坏的人为活动。(2)弘扬民族文化、激发爱国热情的重要场所。风景名胜区内还有文化古迹、革命纪念地、历史遗迹、园林、古建筑、古代工程等。人们通过游览、观赏这些人文景物,可以得到丰富的历史知识,激发爱国热情,促进社会主义物质文明和精神文明建设事业的发展。(3)扩大对外开放、促进旅游事业发展的物质基础。改革开放以来,国内、国际旅游业得到蓬勃发展,丰富了人们的精神文化生活,推动了相应地区和地区之间的经济交流,繁荣和振兴地方经济。

二、保护风景名胜区的法律规定

为了加强对风景名胜区的管理,更好地保护、利用和开发风景名胜资源,国务院于1985年发布了《风景名胜区管理暂行条例》(2006年失效),原城乡建设环境保护部于1987年发布了《风景名胜区管理暂行条例实施办法》(2016年失效),原建设部于1993年发布了《风景名胜区建设管理规定》。2006年,国务院公布了《风景名胜区条例》(以下简称《条例》)。此外,《环境保护法》、《国务院关于环境保护若干问题的决定》(1996年)等也设有关于保护风景名胜区的规定,其主要内容如下。

---

[3] 参见《国家级自然保护区监督检查办法》第13条。

（一）风景名胜区保护管理原则的规定

《条例》第3条规定，“国家对风景名胜区实行科学规划、统一管理、严格保护、永续利用的原则”。“科学规划”是做好风景名胜区工作的前提和基础。制定规划必须根据国家的规定和风景名胜的特点，因地制宜地突出风景名胜区的特色。“统一管理”则要求统一监督管理部门，建立统一的监督管理制度，明确主管部门和其他分关部门的职责分工，各负其责，互相配合。“严格保护”要求对风景名胜区的景观和自然环境实行严格保护，不得破坏或者随意改变。“永续利用”是风景名胜资源保护的最终目的。要实现永续利用，必须把经济利益和生态效益结合起来，以严格保护风景名胜资源为前提，适当开展一些风景名胜资源的开发利用活动。这项原则从四个方面阐明了风景名胜区规划、管理、保护和利用之间的辩证关系，是风景名胜区各项工作应遵循的行为准则。

（二）风景名胜区监督管理体制的规定

国务院建设主管部门负责全国风景名胜区的监督管理工作；国务院其他有关部门按照国务院规定的职责分工，负责风景名胜区的有关监督管理工作。省、自治区人民政府建设主管部门和直辖市人民政府风景名胜区主管部门，负责本行政区域内风景名胜区的监督管理工作；省、自治区、直辖市人民政府其他有关部门按照规定的职责分工，负责风景名胜区的有关监督管理工作。风景名胜所在地县级以上地方人民政府设置的风景名胜区管理机构，负责风景名胜区的保护、利用和统一管理工作。

这种管理体制体现了风景名胜区实行统一管理的原则，明确了主管部门和其他有关部门在风景名胜区监督管理工作职权的划分。

（三）风景名胜区的设立及分级的规定

风景名胜区的设立及分级规定主要有：(1)风景名胜区的设立应当有利于保护和合理利用风景名胜资源。(2)风景名胜区划分为国家级风景名胜区和省级风景名胜区。自然景观和人文景观能够反映重要自然变化过程和重大历史文化发展过程，基本处于自然状态或者保持历史原貌，具有国家代表性的，可以申请设立国家级风景名胜区；具有区域代表性的，可以申请设立省级风景名胜区。(3)申请设立风景名胜区应当提交有关材料并按程序报批。(4)保护风景名胜区内自然资源和房屋财产的所有权人、使用权人的合法权益。因设立风景名胜区对风景名胜区内的土地、森林等自然资源和房屋等财产的所有权人、使用权人造成损失的，应当依法给予补偿。

（四）风景名胜区规划的规定

风景名胜区规划是开展风景名胜区工作的重要依据，分为总体规划和详细规划两种。风景名胜区总体规划的编制，应当体现人与自然和谐相处、区域协调发展和经济社会全面进步的要求，坚持保护优先、开发服从保护的原则，突出风景名胜资源自然特性、文化内涵和地方特色。

（五）风景名胜区保护措施的规定

1. 严格保护风景名胜区内的景观和自然环境。应当根据可持续发展原则，严格保护，不得破坏或者任意改变。风景名胜区管理机构应当建立健全风景名胜资源保护的各项管理制度，对风景名区的重要景观进行调查、鉴定，并制定相应的保护措施。风景名胜区的居民和游览者应当保护风景名胜区的景物、水体、林草植被、野生动物和各项设施。

2. 在风景名胜区内禁止和限制的活动。(1)在风景名胜区内禁止进行下列活动：开山、采石、开矿、开荒、修坟立碑等破坏景观、植被和地形地貌的活动;修建储存爆炸性、易燃性、放射性、毒害性、腐蚀性物品的设施;在景物或者设施上刻画、涂污;乱扔垃圾。(2)禁止违反风景名胜区规划,在风景名胜区内设立各类开发区和核心景区内建设宾馆、招待所、培训中心、疗养院以及与风景名胜资源保护无关的其他建筑物;已经建设的,应当按照风景名胜区规划,逐步迁出。进行上述禁止以外的建设活动,应当依法办理审批手续。

3. 风景名胜区内的建设项目应当符合风景名胜区规划,并与景观相协调,不得破坏景观、污染环境、妨碍游览。

4. 建立风景名胜区管理信息系统和信息告知制度。

(六)风景名胜区利用和管理的规定

1. 风景名胜区管理机构职责的规定。风景名胜区管理机构的重要职责,就是要在保护好风景名胜资源的基础上,综合考虑风景名胜区的各种因素,满足广大人民群众精神文化方面的需要。所以,风景名胜区管理机构应当根据风景名胜区的特点,保护民族民间传统文化,开展健康有益的游览观光和文化娱乐活动,普及历史文化和科学知识;根据风景名胜区规划,合理利用风景名胜资源,改善交通、服务设施和游览条件;在风景名胜区内设置风景名胜区标志和路标、安全警示等标牌;建立健全安全保障制度,加强安全管理,保障游览安全,并督促风景名胜区内经营单位接受有关部门依法进行的监督检查;禁止超过允许容量接纳游客和在没有安全保障的区域开展游览活动。此外,风景名胜区管理机构不得从事以营利为目的的经营活动,不得将规划、管理和监督等行政管理职能委托给企业或者个人行使。风景名胜区管理机构的工作人员,不得在风景名胜区内的企业兼职。

2. 对风景名胜区的门票收入和资源有偿使用费的规定。风景名胜区的门票是风景名胜区实行有效保护和管理的重要经济来源,是政府实行统一管理的重要手段。门票由风景名胜区管理机构负责出售,门票价格依照有关价格的法律法规的规定执行。风景名胜区内的交通、服务等项目,采用招标等公平竞争的方式确定经营者。经营者应当缴纳风景名胜资源有偿使用费。

风景名胜区的门票收入和资源有偿使用费,实行收支两条线管理,专门用于风景名胜资源的保护和管理以及风景名胜区内财产的所有权人、使用权人损失的补偿。

第四节 保护国家公园的法律规定

一、国家公园概述

国家公园,一般是指以保护自然生态系统和自然景观的原始状态,同时又作为科学研究、科学普及和供公众游览娱乐,了解和观赏大自然奇特景观的场所。它是对自然环境和自然资源进行法律保护的一种地域保护形式。各国对国家公园的名称也不统一,欧美国家一般多称国家公园,保加利亚称人民公园,我国现阶段建立和发展的主要是森林公园和地质公园。美国于1872年建立了世界上第一个国家公园——黄石公园。第二次世界大战后,由于生态保护运动的开展,以及世界各国旅游业的兴起,国家公园有了更大的发展。一百多年来,国家公园的理念已为世界各国所接受,并已成为全人类的共同事业。

二、保护森林公园的法律规定

(一)森林公园的概念和保护的意义

森林公园,是指森林景观优美,自然景观和人文景观集中,具有一定规模,可供人们游览、休息或者进行科学、文化、教育活动的场所。自然景观一般包括具有观赏价值的自然资源、地球历史变迁遗迹、生物进化资源和野外娱乐资源;人文景观包括文物古迹、革命历史纪念地、古文化遗址、古墓葬、古建筑、石窟寺、摩崖石刻等。我国现阶段建立的森林公园,是国家公园的一种类型。

保护森林公园的意义在于:(1)是保存和合理利用森林风景资源的需要。合理开发、充分利用这些风景资源,对于丰富人们的文化精神生活,扩大对外开放、增收创汇和促进地方经济发展,提高当地人民的生活水平等方面具有重要的作用。(2)是发展森林旅游业的需要。森林旅游业是独具特色的新兴旅游业,是一项投资少、见效快、社会效益好的绿色产业,也是陶冶情操、唤起人们热爱大自然、保护大自然的崇高产业。

(二)保护森林公园的法律规定

原林业部1994年发布了《森林公园管理办法》(2016年修订),2005年公布了《国家级森林公园设立、撤销、合并、改变经营范围或者变更隶属关系审批管理办法》,其主要内容如下:

1. 森林公园管理体制的规定。县级以上人民政府林业主管部门主管全国和本行政区域内的森林公园工作。在国有林业局、国有林场、国有苗圃、集体林场等单位经营范围内建立森林公园的,依法设立管理机构;但在国有林场、国有苗圃经营范围内建立森林公园的,其经营管理机构也是森林公园的管理机构,其性质仍然属于事业单位。森林公园经营管理机构的主要职责是负责森林公园的规划、建设、经营和管理,对依法确定其管理的森林、林木、林地、野生动植物、水域、景点景物、各类设施等实施经营管理权。

2. 森林公园分级的规定。森林公园按其森林景观和人文景物的观赏、科学、文化价值和旅游条件以及知名度等,划分为三级:国家级、省级和县级森林公园。建立森林公园,必须事先做好森林风景资源的调查和评价工作,依照规定的程序进行申报、审批和公布。森林公园的撤销、合并及变更,必须经原审批单位审批。

3. 森林公园规划与建设的规定。(1)规划要在保护以森林为主要资源的前提下,充分利用森林资源的各种功能,要对森林景观资源的开发目的、方针、规模、容量、旅游区划、设施、管理措施和投资效益等作出决策,并正确处理保护与利用、远期与近期、整体与局部、旅游利用与其他利用等关系,做到公园内部与外界有关事业协调发展。(2)森林公园的建设,必须以森林公园规划为依据,有计划地实施。在珍贵景观、重要景点和核心景区,除了必要的保护和附属设施外,不得建设宾馆、招待所、疗养院和其他工程设施。

4. 森林公园保护的规定。(1)禁止在森林公园毁林开荒和毁林采石、采砂、采土以及其他毁林行为。采伐森林公园的林木,必须遵守有关林业法规、经营方案和技术规程的规定。(2)占用、征用或者转让森林公园经营范围的林地,必须依法办理占用、征用或者转让手续,交纳有关费用,报有审批权的人民政府批准。(3)依法做好植树造林、森林防火、森林病虫害防治、林木林地和野生动植物资源保护等工作。

5. 森林公园管理的规定。(1)对进入森林公园进行游览等活动的单位和个人,可以收取门票及有关费用;在森林公园设立网点,必须经森林公园经营管理机构同意,并按规定向其交纳有关费用。(2)森林公园范围内的单位、居民和进入森林公园内的游人,应当保护园内各项设施,遵守有关管理制度。(3)森林公园经营管理机构,应当按规定设置防火、卫生、环保、安全等设施和标志,维护旅游秩序。(4)森林公园的治安管理工作,由所在地林业公安机构负责。

三、保护地质公园的法律规定

(一)地质公园的概念和保护地质公园的意义

地质公园是联合国教科文组织在2000年为了更好地保护地质遗产而提出来的概念,是指具有特殊价值和典型意义,以保护地质遗迹景观为核心内容,依法批准建立的,可供人们游览观光、文化娱乐以及进行教学、历史、文化教育的场所。地质遗迹,是指在漫长的地质演化的地质时期,由于地球的内外力的地质作用形成、发展并遗留下来的珍贵的、不可再生的地质自然遗产。

保护地质公园的意义在于:(1)是保护地质遗产的需要。地质公园内一般都具有珍贵的地质遗产资源,它是世界遗产的重要组成部分。地质遗产资源的不可再生性决定了其保护的重要性,如黄山、黄龙、九寨沟、张家界等,既是世界遗产,又是国家地质公园所在地。(2)是满足人民群众特别是旅游者文化享受和文化教育的需要。地质公园内含有珍贵的地质遗产景观,系天然的自然博物馆和地质博物馆。(3)有利于发展地方经济和增加当地财政收入。(4)是创新资源利用和生态建设的新模式。[4] 制定和实施地质公园规划和计划,可以对地质遗产的开发利用,从单纯的物质产品形式拓展到物质精神文化享受并举,从损耗性的物质资源开发利用转变到地质遗迹景观保护开发协调利用,拓宽地质遗迹资源保护利用方式。

(二)保护地质公园的法律规定

到目前为止,我国还未出台专门保护地质公园的法律法规。但已颁布的法律法规中有不少涉及保护地质遗迹的内容。《环境保护法》第29条第2款规定:"各级人民政府对具有代表性的各种类型的自然生态系统区域……具有重大文化价值的地质构造、著名溶洞和化石分布区、冰川……应当采取措施予以保护,严禁破坏。"《海洋环境保护法》第20条规定,保护有重大科学文化价值的海洋自然历史遗迹和自然景观。1995年,原地质矿产部发布的《地质遗迹保护管理规定》(以下简称《管理规定》)适用于地质公园。现简介于下:

1. 地质遗迹保护区发展规划的规定。国务院地质矿产行政主管部门拟订国家地质遗迹保护区发展规划,经国务院环境保护行政主管部门审查签署意见,由国务院计划部门综合平衡后,报国务院批准实施。县级以上地方人民政府地质矿产行政主管部门拟订本辖区内地质遗迹保护区发展规划,经同级环境保护行政主管部门审查并签署意见,由同级计划部门综合平衡后,报同级人民政府批准实施。

2. 地质遗迹保护规定。地质遗迹是国家的宝贵财富,应当实行"积极保护、合理开发"的原则,对下列地质遗迹予以保护:(1)对追溯地质历史具有重大科学研究价值的典型层型剖面(含副层型剖面)、生物化石组合带地层剖面、岩性岩相建造剖面及典型地质构造剖面和构造形迹;(2)对地球演化和生物进化具有重要科学文化价值的古人类与古脊椎动物、无脊椎动物、微体古生物等化石与产地以及重要古生物活动遗迹;(3)具有重大科学研究和观赏价值的岩溶、丹霞、黄土、雅丹、花岗岩奇峰、石英砂岩峰林、火山、冰川、陨石、鸣沙、海岸等奇特地质景观;

---

[4] 李玉辉:《地质公园研究》,商务印书馆2006年版,第20~21页。

(4)具有特殊科学研究和观赏价值的岩石、矿物、宝玉石及其典型产地;(5)有独特医疗、保健作用或者科学研究价值的温泉、矿泉、矿泥、地下水活动痕迹以及有特殊地质意义的瀑布、湖泊、奇泉;(6)具有科学研究意义的典型地震、地裂、塌陷、沉降、崩塌、滑坡、泥石流等地质灾害遗迹;(7)需要保护的其他地质遗迹。

3. 地质遗迹保护区建设的规定。对具有国际、国内和区域性典型意义的地质遗迹,可以建立国家级、省级、县级地质遗迹保护区、地质遗迹保护段、地质遗迹保护点或者地质公园(以下统称地质遗迹保护区)。

4. 地质遗迹保护区管理的规定。(1)地质遗迹保护区管理机构的主要职责。贯彻执行国家有关地质遗迹保护的方针、政策和法律、法规;制定管理制度,管理在保护区内从事的各种活动,包括开展有关科研、教学、旅游等活动;对保护区内进行监测、维护,防止遗迹被破坏和污染;开展地质遗迹保护的宣传、教育活动。(2)对保护对象有损害活动的管理。任何单位和个人不得在保护区内及可能对地质遗迹造成影响的一定范围内进行采石、取土、开矿、放牧、砍伐以及其他对保护对象有损害的活动。未经管理机构批准,不得在保护区内采集标本和化石。(3)对在保护区内修建与地质遗迹保护无关的建筑设施的管理。不得在保护区内修建与地质遗迹保护无关的厂房或者其他建筑设施;对已建成并对地质遗迹造成污染或者破坏的设施,应限期治理或者停业外迁。(4)对在保护区内从事科研、教学及旅游活动的管理。管理机构可以根据地质遗迹的保护程度,批准单位或者个人在保护区范围内从事科研、教学及旅游活动。所取得的科研成果应向地质遗迹保护机构提交副本存档。

四、保护沙漠公园的法律规定

(一)沙漠公园的概念和意义

沙漠公园是以沙漠景观为主体,以保护荒漠生态系统为目的,在促进防沙治沙和保护生态功能的基础上,合理利用沙区资源,开展公众游憩、旅游休闲和进行科学、文化、宣传和教育活动的特定区域。[5]

沙漠公园不仅具有特色的旅游产品,也是防沙治沙事业的重要组成部分,它的建设在带动区域经济发展方面已显示出强大的潜力。对改善沙区生态状况,加强生态文明建设,促进经济社会可持续发展等方面均具有十分重要的意义。

(二)沙漠公园建设的原则

1. 科学规划原则。根据当地自然资源现状和经济社会发展水平,因地制宜地统筹规划辖区内沙漠公园发展规模、建设重点,避免盲目发展和低水平建设。

2. 保护优先原则。要充分认识荒漠生态系统的脆弱性和复杂性,把保护放在优先位置,建立国家沙漠公园保护管理制度,对影响荒漠生态系统的各种人为活动进行有效管理,避免因国家沙漠公园建设对当地生态造成新的破坏。

3. 合理利用原则。正确处理保护和利用、生态效益和经济效益之间的关系,实现生态效益、经济效益和社会效益的统一,避免对沙区资源的过度开发利用。

4. 持续发展原则。要从维护荒漠生态系统结构和功能的基本要求出发,全面保护和合理利用沙区资源,充分发挥荒漠生态系统的多种效益,促进国家沙漠公园持续健康发展。

---

〔5〕　参见《国家沙漠公园试点建设管理办法》第2条。

(三)保护沙漠公园的法律规定

1. 沙漠公园管理体制的规定。原国家林业局依照国家有关规定对国家沙漠公园进行指导、监督和管理。县级以上地方人民政府林业主管部门负责本辖区内国家沙漠公园的指导和监督。跨行政区域的应由相应的上级人民政府和主管部门负责指导和监督。

2. 国家沙漠公园建设申报程序的规定。由省级林业行政主管部门将拟进行国家沙漠公园试点建设的相关材料报国家林业局。省级林业行政主管部门报送相关材料时,应当提交拟建国家沙漠公园的总体规划、反映拟建国家沙漠公园现状的图片资料及专家评审意见。

3. 国家沙漠公园试点建设的规定。国家沙漠公园试点建设要发挥以保护、教育、培训、科研和游憩等为标志的生态公益功能,做好合理的功能分区,实行分区管理。主要包括沙地保育区、宣教展示区、沙漠体验区、服务管理区等。(1)沙地保育区主要是利用现有人员和技术手段开展沙漠公园的植被保护工作,实行最严格的生态保护和管理,建立必要的保护设施,提高管理水平,巩固建设成果,对具有植被恢复条件的和可能退化并对沙漠公园整体功能造成严重影响的区域,可以采取以生物措施为主的综合性治理措施,持续提高沙漠公园的生态功能。(2)宣教展示区主要开展以沙漠生态系统展示、科普教育为主的活动,修建必要的基础设施和道路、展示牌及科普教育设施等。(3)沙漠体验区开展以不损害沙漠生态系统功能的生态旅游等游憩活动,建设必要的旅游装备设施和景点。(4)管理服务区主要开展管理、接待和服务等活动,做好基础设施建设,完善服务功能,提高服务水平。

各林业行政主管部门应当定期对辖区内的资源开展调查和动态监测,建立档案,并根据监测情况采取相应的管理措施。

第五节 保护湿地的法律规定

一、湿地的概念和保护的意义

(一)湿地的概念

1971年通过的《关于特别是作为水禽栖息地的国际重要湿地公约》(以下简称《湿地公约》)中对“湿地”的定义为国际公认的具有高度科学性的定义:不论其为天然或人工、长久或暂时性的沼泽地,泥炭地或水域地带,静止或者流动的淡水、半咸水、咸水水体,包括低潮时水深不超过6米的水域;同时,还包括邻接湿地河湖沿岸、沿海区域以及位于湿地范围内的岛屿或低潮时水深不超过6米的海水水体。我国湿地主管部门(原国家林业局)将湿地定义为:湿地系指天然或人工、长久或暂时性沼泽地、湿原、泥炭地或水域地带,带有静止或流动淡水、半咸水水体者,包括低潮时水深不超过6米的滨岸海域。[6]

湿地是处于陆地生态系统和水生态系统之间的过渡性自然综合体,它与森林、海洋并称为全球三大生态系统,被喻为“地球肾”“生命摇篮”“物种基因库”等,是自然界生物多样性最丰富的自然景观和人类最重要的生存环境。

---

〔6〕 参见《国家城市公园管理办法(试行)》第2条。

（二）保护湿地的意义

保护湿地的意义在于：（1）湿地拥有巨大的生态功能。它具有保持水源、净化水系、蓄洪防旱、防风护堤、调节气候和保护生物多样性等作用。（2）湿地具有不可替代的经济功能。它提供的可直接利用的水源，是我国工农业生产和城乡生活用水的重要来源；湿地营养物资丰富，具有发展农业、畜牧业、副业的巨大潜力；此外，它可以为人类提供大量的动植物资源和多种矿产资源。（3）湿地具有重要的社会功能。它拥有独特的景观和丰富的鸟类，可为人们提供旅游、观赏、娱乐和科研、教学的场所。

二、湿地保护的法律规定

目前，我国尚未制定专门的湿地保护法律、法规。但已颁布实施的有关法律、法规已涉及湿地资源的保护和合理利用。如前所述，《环境保护法》第29条第2款关于各级人民政府应当采取措施予以保护具有代表性的各种类型的自然生态系统区域的规定；《水法》关于禁止围湖造地和围垦河道的规定，有力地保护了湿地水资源。《土地管理法》《农业法》《草原法》《渔业法》《野生动物保护法》的有关规定，也涉及湿地相关要素的保护。《自然保护区条例》明确规定了湿地保护，其中第10条第1款第3项规定："具有特殊保护价值的海域、海岸、岛屿、湿地、内陆水域、森林、草原和荒漠"应当建立自然保护区。《海洋自然保护区管理办法》第6条第4款规定，"具有特殊保护价值的海域、海岸、岛屿、湿地"应当建立海洋自然保护区。另外，有的省、市还专门制定了湿地保护的地方性法规，如《黑龙江省湿地保护条例》《甘肃省湿地保护条例》《江西省鄱阳湖湿地保护条例》《上海市九段沙湿地自然保护区管理办法》等。2004年，国务院办公厅发出了《关于加强湿地保护管理的通知》，现将有关内容简述如下：（1）进一步提高认识，把湿地保护作为改善生态的重要任务来抓。（2）采取有效措施，坚决制止随意侵占和破坏湿地的行为。坚持保护优先的原则，对现有的自然湿地资源实行普遍保护，严格控制开发占用自然湿地，凡是列入国际重要湿地和国家重要湿地名录，以及位于自然保护区内的自然湿地，一律禁止开垦占用或者随意改变用途。依法做好湿地登记、确权、发证等基础工作，强化对自然湿地开发利用的管理，组织力量对违法占用、开垦、填埋以及污染自然湿地的情况进行检查，依法制止、打击各种破坏湿地的违法行为等。（3）抓好规划编制工作，促进湿地保护事业健康发展。（4）采取多种形式，加快推进自然湿地的抢救性保护。（5）加强对湿地保护管理工作的组织领导。

三、湿地公园保护的法律规定

（一）湿地公园的概念和保护的意义

湿地公园，是指以保护湿地生态系统、合理利用湿地资源为目的，可供开展湿地保护、恢复、宣传、教育、科研、监测、生态旅游等活动的特定区域。国家鼓励公民、法人和其他组织捐资或者自愿参与湿地公园保护工作。

城市湿地公园，是指在城市规划区范围内，以保护城市湿地资源为目的，兼具科普教育、科学研究、休闲游览等功能的公园绿地。

保护湿地公园的意义如下：（1）是保护湿地生态系统的需要。保护湿地生态系统，对于维护生态平衡，改善生态状况，实现人与自然和谐，促进经济社会全面协调和可持续发展，具有十分重要的意义。（2）是保护和合理利用湿地资源的需要。在湿地公园内，具有丰富的生物多样性和优美的自然景观及人文景观,如杭州西溪国家湿地公园总面积约为11.5平方公里,比西湖还大,内有三堤十景,是我国集城市湿地、农耕湿地和文化湿地于一体的罕见湿地。保护和合理利用湿地资源,对于保护生物多样性和自然及文化遗产,丰富人们的精神文化生活等方面具有重要的意义。

(二)湿地公园保护的法律规定

2017年,原住房城乡建设部颁布了《城市湿地公园管理办法》;原国家林业局发布了《国家湿地公园管理办法》。其主要内容如下。

1. 湿地公园保护利用原则的规定

国家湿地公园的建设和管理,应当遵循"全面保护、科学修复、合理利用、持续发展"的基本原则。[7]

城市湿地保护是生态公益事业,城市湿地公园的保护应遵循"全面保护、生态优先、合理利用、良性发展"的基本原则。[8]

2. 湿地公园监督管理体制的规定

国家湿地公园由县级以上林业主管部门负责指导、监督和管理。

住房城乡建设部负责国家城市湿地公园的设立和保护管理工作的指导监督。省级住房城乡建设(园林绿化)主管部门负责本地区城市湿地资源保护与修复以及城市湿地公园规划建设管理的指导监督。县级以上城市人民政府园林绿化主管部门负责本地区城市湿地资源保护以及城市湿地公园的规划、建设和管理。

3. 湿地公园建设的规定

设立国家湿地公园需具备《国家湿地公园管理办法》第5条规定的具体条件,由省级林业主管部门向国家林业局提出申请。国家林业局对申请材料进行审查,组织专家实地考察,召开专家评审会,并在所在地进行公示,经审核后符合晋升条件的设立为国家湿地公园。

《国家湿地公园管理办法》第11条规定,国家湿地公园应划定保育区。根据自然条件和管理需要,可划分恢复重建区、合理利用区,实行分区管理。

设立国家城市湿地公园需具备《城市湿地公园管理办法》第6条规定的具体条件,由县级以上城市人民政府提出申请,经省、自治区住房城乡建设主管部门推荐后报住房城乡建设部。直辖市由城市园林绿化主管部门提出申请,经城市人民政府同意后,报住房城乡建设部。

4. 湿地公园保护管理的规定

(1)国家湿地公园的保护管理。其一,设置宣教设施,建立和完善解说系统,宣传湿地功能和价值,普及湿地知识,提高公众湿地保护意识。其二,定期组织开展湿地资源调查和动态监测,建立档案,并根据监测情况采取相应的保护管理措施。其三,建立和谐的社区共管机制,优先吸收当地居民从事湿地资源管护和服务等活动。其四,禁止擅自征收、占用国家湿地公园的土地。确需征收、占用的,用地单位应当征求省级林业主管部门的意见后,方可依法办理相关手续。由省级林业主管部门报国家林业局备案。其五,除国家另有规定外,禁止下列行为:开(围)垦、填埋或者排干湿地;截断湿地水源;挖沙、采矿;倾倒有毒有害物质、废弃物、垃圾;从事房地产、度假村、高尔夫球场、风力发电、光伏发电等任何不符合主体功能定位的建设项目和开

---

〔7〕 参见《国家湿地公园管理办法》第4条的规定。
〔8〕 参见《城市湿地公园管理办法》第3条的规定。

发活动;破坏野生动物栖息地和迁徙通道、鱼类洄游通道,滥采滥捕野生动植物;引入外来物种;擅自放牧、捕捞、取土、取水、排污、放生等。

(2)城市湿地公园的保护管理。城市湿地公园及保护地带的重要地段不得设立开发区、度假区,禁止出租转让湿地资源,禁止建设污染环境、破坏生态的项目和设施,不得从事挖湖采沙、围护造田、开荒取土等改变地貌和破坏环境、景观的活动。

第六节　海岛保护的法律规定

一、海岛的概念和保护的意义

(一)海岛的概念

海岛,通常是指海洋中的岛屿。《海岛保护法》所称的海岛,是指“四面环海水并在高潮时高于水面的自然形成的陆地区域,包括有居民海岛和无居民海岛”。[9]从上述规定可以看出,它与内陆岛、半岛、人工岛、低潮高地相区别。低潮高地,是指在低潮时四面环海水并高于水面但在高潮时没入水中的自然形成的陆地区域。海岛是海洋的重要组成部分,它在海洋生态系统中起着重要的作用,是我国经济和社会发展中的一个特殊区域。

根据《海岛保护法》第2条第3款的规定,海岛保护包括海岛及其周边海域生态系统保护、无居民海岛自然资源保护和特殊用途海岛的保护三个方面的内容。

(二)海岛保护的意义

海岛保护的意义在于:(1)是保护海岛生态系统,维护海岛及其周边海域生态平衡的需要。与陆地相比,海岛面积狭小,地理环境独特,生态脆弱。如果盲目开发利用海岛资源,滥捕、滥猎海岛上的珍稀生物资源,任意在海岛上倾倒垃圾和有毒有害废物,必将严重损害海岛生态系统,破坏海岛及其周边海域的生态平衡。因此,保护海岛生态系统,维护海岛及其周边海域的生态平衡极其重要。(2)是合理开发利用海岛自然资源,促进经济社会持续发展的需要。海岛蕴藏着丰富的自然资源,它在海洋的可持续发展中占有重要的地位。(3)是维护国家海洋权益的要求。海岛具有独特的区位优势,我国大部分领海基点都划在海岛上,作为领海基点的海岛一旦被破坏或者消失,将直接危及国家主权及海洋权益。因此,依法加强对海岛的保护,对维护国家海洋权益具有非常重要的意义。

二、海岛保护的法律规定

(一)海岛保护和利用原则的规定

《海岛保护法》第3条第1款规定:“国家对海岛实行科学规划、保护优先、合理开发、永续利用的原则。”“科学规划”就是政府及其有关部门首先应当制定海岛保护规划,作为海岛保护和开发利用的依据。“保护优先”是把海岛保护、生态建设放在优先位置。“合理利用”是指在开发海岛中,合理利用海岛资源,不能搞掠夺式开发利用。“永续利用”是指开发利用海岛要保

---

〔9〕　参见《海岛保护法》第2条第2款。

证海岛资源的永续利用,造福子孙后代。

(二)海岛保护管理体制的规定

《海岛保护法》第5条规定:“国务院海洋主管部门和国务院其他有关部门依照法律和国务院规定的职责分工,负责全国有居民海岛及其周边海域生态保护工作。沿海县级以上地方人民政府海洋主管部门和其他有关部门按照各自的职责,负责本行政区域内有居民海岛及其周边海域生态保护工作。国务院海洋主管部门负责全国无居民海岛保护和开发利用的管理工作。沿海县级以上地方人民政府海洋主管部门负责本行政区域内无居民海岛保护和开发利用管理的有关工作。”

(三)海岛保护规划的规定

1. 制定规划的原则。(1)有利于保护和改善海岛及其周边海域生态系统。(2)促进海岛经济社会可持续发展。

2. 海岛保护规划的公众参与和信息公开。(1)海岛保护规划应当具有科学性,而充分的专家论证和广泛的社会公众参与是规划科学性的有效保障。(2)为了保障公众知晓海岛保护规划信息,防止政府及有关部门、建设单位随意改变规划,规划经批准后应当及时向社会公布,便于公众获取和了解(涉及国家秘密的除外)。

(四)海岛保护的规定

《海岛保护法》第三章分别对有居民海岛生态系统的保护、无居民海岛的保护、特殊用途海岛的保护做出了具体规定,主要内容如下。

1. 一般规定。(1)保护海岛的自然资源、自然景观以及历史、人文遗迹。(2)保护海岛植被和淡水资源。(3)支持利用海岛开展科学研究活动。(4)依法保护管理海岛生物物种。(5)国家支持在海岛建立可再生能源开发利用、生态建设等实验基地。(6)安排海岛保护专项资金。(7)保护海岛的军事设施和公益设施。

2. 有居民海岛生态系统的保护。(1)开发建设应当遵守有关法律法规的规定。(2)开发建设依法进行环境影响评价。(3)进行工程建设应当坚持先规划后建设、生态设施保护优先建设或者与工程项目同步建设的原则。(4)严格限制在海岛沙滩建造建筑物或者设施以及采挖海砂的活动。(5)严格限制填海、围海行为和填海连岛工程建设。

3. 无居民海岛的保护。(1)严格禁止和限制有关活动。未经批准利用的无居民海岛,应当维持现状;禁止采石、挖海砂、采伐林木以及进行生产、建设、旅游等活动。严格限制在海岛采集生物和非生物样本;因教学、科学研究确需采集的,应当报经海岛所在县级以上地方人民政府海洋主管部门批准。(2)从事规划确定的可利用无居民海岛的开发利用活动,应当采取严格的生态保护措施。(3)依法缴纳使用金。(4)建造建筑物或者设施,应当与周围植被和景观相协调。(5)开展旅游活动,不得建造居民定居场所和从事生产性养殖活动。

4. 特殊用途海岛的保护。(1)对具有特殊用途或者特殊保护价值的海岛,实行特别保护。(2)禁止在领海基点保护范围内进行工程建设和其他不利的活动。(3)禁止破坏国防用途海岛。禁止破坏国防用途无居民海岛的自然地形、地貌和有居民海岛国防用途区域及其周边的地形、地貌;禁止将国防用途无居民海岛用于与国防无关的目的。(4)对具有特殊保护价值的海岛,可以设立海洋自然保护区或者海洋特别保护区。

(五)监督检查的规定

1. 监督检查机构及其职责。(1)县级以上人民政府有关部门应当依法对有居民海岛保护和开发、建设进行监督检查；(2)海洋主管部门应当依法对无居民海岛保护和合理利用情况进行监督检查；(3)海洋主管部门及其海监机构依法对周边海域生态系统保护情况进行监督检查。

2.海洋主管部门依法履行监督检查时有权采取的措施。(1)要求被检查单位和个人就海岛利用的有关问题作出说明，提供海岛利用的有关文件和资料；(2)进入被检查单位和个人所利用的海岛实施现场检查。

思考题

1.什么是特殊自然区域？什么是自然保护区？加强对自然保护区的保护有何意义？

2.什么是风景名胜区？试结合《无极》剧组事件谈谈你对风景名胜区保护的认识。

3.什么是森林公园？什么是地质公园？什么是湿地？并简述保护湿地的意义。

4.什么是海岛保护？有何意义？

第十一章　节约能源和可再生能源的法律规定

第一节　节约能源的法律规定

一、节约能源的概念和意义

（一）节约能源的概念

能源通常是指自然界中可以为人类提供能量的各种物质资源，包括煤炭、石油、天然气、生物质能和电力、热力以及其他直接或者通过加工、转换而取得有用能的各种资源。[1]自然界中能源的种类很多，可以按照不同的方法进行分类。按照生成方式不同，可以分为一次能源和二次能源；按照是否可以再生，可分为可再生能源和不可再生能源；按照利用状况不同，可分为常规能源和新能源。

根据《节约能源法》第3条的规定，节约能源（以下简称节能），是指加强用能管理，采取技术上可行、经济上合理以及环境和社会可以承受的措施，从能源生产到消费的各个环节，降低能耗、减少损失和污染物排放、制止浪费，有效、合理地利用能源。由上述规定可知：(1)节能首先是加强用能管理，还可以实行有利于节能的产业政策，调整产业结构、企业结构、产品结构和能源消费结构，淘汰落后的生产能力，从总体上减少能源消耗，提高能源利用效率。(2)节能措施，应当符合技术上可行，经济上合理以及环境和社会可以承受的原则。(3)节能应当体现在从能源生产到消费的各个环节，降低能耗，减少损失和污染物排放，制止浪费，从而达到有效、合理利用能源。

（二）节约能源的意义

节约能源的意义在于：(1)是合理利用能源，提高能源利用效率的有效手段。加强用能管理，实行有利于节能的产业政策、调整产业结构、企业结构、产品结构和能源消费结构，淘汰落后的耗能过高的产品、设备和生产工艺，采用先进的节能技术，是有效、合理利用能源，缓解能源供需矛盾，提高能源利用效率的有效手段。(2)是提高企业经济效益，保护和改善环境的重要措施。企业通过加强节能管理，采用先进的节能技术、设备和生产工艺，降低生产经营过程的能耗，提高能源利用效率，从而达到降低产品成本，提高企业经济效益。同时，由于能源的不合理开发利用，向大气中排放大量的二氧化碳、二氧化硫、粉尘以及其他有害气体，造成对环境的污染和生态破坏，而要防治大气污染和生态破坏，保护和改善环境，只有通过节能减排措施，才能达到预期效果。(3)是应对全球气候变化，促进经济社会全面协调可持续发展的需要。全球气候变化，对自然生态系统和人类产生不利影响，加强节能减排工作，是应对全球气候变化的需要，也是我国应当承担的责任。中国在发展中国家中最早制定实施应对气候变化国家方案，2014年

---

〔1〕杨景宇观、李飞主编：《节约能源法适用指南》，中国市场出版社2007年版，第23页。

又出台《国家应对气候变化规划》，确保实现2020年碳排放强度比2005年下降40%～45%的目标。

二、节约能源的法律规定

1986年，国务院发布了《节约能源管理暂行条例》（已失效）和《国务院关于加强节能工作的决定》；1997年，全国人大常委会通过了《节约能源法》；2005年，原建设部发布了《民用建筑节能管理规定》。由于当时《节约能源法》已经不能完全适应节能工作要求，2007年10月28日第十届全国人大常委会第三十次会议修订了《节约能源法》（以下简称《节能法》），自2008年4月1日起施行。2016年对《节能法》作出了修订，修改了原法第15条以及第68条第1款。另外，与《节能法》有关的还有《矿产资源法》《煤炭法》《电力法》《清洁生产促进法》《可再生能源法》等。现将有关内容分述如下。

（一）节能监督管理体制的规定

《节能法》第10条规定，我国节能监督管理实行主管与分管相结合的体制。即国务院管理节能工作的部门（指国家发展与改革委员会）主管全国的节能监督管理工作；国务院有关部门（包括建设部、铁道部、交通部、民航总局、国家质检总局等）在各自职责范围内负责节能监督管理工作，并接受国务院管理节能工作的部门的指导。县级以上地方各级人民政府管理节能工作的部门负责本行政区域内的节能监督管理工作，县级以上地方各级人民政府有关部门在各自的职责范围内负责节能监督管理工作，并接受同级管理节能工作的部门的指导。

（二）节能原则的规定

《国务院关于加强节能工作的决定》中，对节能原则做了如下规定：[2]（1）坚持节能与发展相互促进，节能是为了更好地发展，实现科学发展必须节能。（2）坚持开发与节约并举，节能优先，效率为本。（3）坚持把节能作为转变经济增长方式的主攻方向，从根本上改变高耗能、高污染的粗放型经济增长方式。（4）坚持发挥市场机制作用与实施政府宏观调控相结合，努力营造有利于节能的体制、政策和市场环境。（5）坚持源头控制与存量挖潜、依法管理与政策激励、突出重点与全面推进相结合。

（三）节能制度的规定

1. 节能规划、计划制度。节能规划，是指县级以上各级人民政府根据国民经济和社会发展规划的要求，以及能源消费特点和利用状况，对一定时期和一定范围内的节能工作所做的统筹部署和安排。节能计划，是指县级以上各级人民政府对年度的节能工作所做的部署和安排。节能规划制度，是指有关节能工作战略、指导方针、主要任务、目标和主要政策措施等所做的规定。节能计划制度，是有关年度节能任务和具体措施等所做的规定。《节能法》第5条规定："国务院和县级以上地方各级人民政府应当将节能工作纳入国民经济和社会发展规划、年度计划，并组织编制和实施节能中长期专项规划、年度节能计划。"《节能法》第24条还规定，"用能单位应当按照合理用能的原则，加强节能管理，制定并实施节能计划和节能技术措施，降低能源消耗"。

2. 节能目标责任制和节能考核评价制度。指将节能目标明确化、具体化、定量化，并根据节能

---

〔2〕　参见《国务院关于加强节能工作的决定》"二（四）"。

目标和任务,加强对能源管理负责人、能源管理机构和人员以及用能单位人员考核的制度。

3. 节能标准制度。指依法制定并适时修订的在节能工作中需要统一的各种技术指标和规范的总称,包括节能国家标准、行业标准以及地方节能标准和企业节能标准。节能标准分为强制性节能标准和推荐性节能标准两类。

4. 固定资产投资项目节能评估和审查制度。国家实行固定资产投资项目节能评估和审查制度。不符合强制性节能标准的项目,建设单位不得开工建设;已经建成的,不得投入生产、使用。政府投资项目不符合强制性节能标准的,依法负责项目审批的机关不得批准建设。

5. 用能产品、设备和生产工艺淘汰制度。指对不符合有关法律、法规的规定,严重浪费资源、污染环境的落后工艺技术、用能设备及产品,由国务院有关主管部门按照一定的程序公布名录,要求在规定的期限内,停止生产、销售、进口和使用的制度。

6. 节能产品认证制度。指符合该种产品有关的质量、安全等方面的标准要求,在使用中与同类产品相比,其能耗指标处于国际或国内先进水平的用能产品。

(四)节能技术进步的规定

节能技术进步的规定主要有:(1)发布节能技术政策大纲,指导节能技术研究、开发和推广运用。(2)各级人民政府支持节能技术进步。[3] 其一,把节能技术研究开发作为政府科技投入的重点领域。其二,支持科研单位和企业开展节能技术进步工作。(3)政府有关部门促进节能技术进步的措施。[4] 其一,制定并公布节能技术、节能产品的推广目录,引导用能单位和个人使用先进的节能技术、节能产品。其二,组织实施重大节能科研项目、节能示范项目、重点节能工程。(4)加强农业和农村的节能工作。[5] 其一,加强因地制宜、多功能互补、综合利用、讲求效益的原则。其二,增加对农村和农村节能技术、节能产品推广运用的资金投入。其三,支持、推广在农业生产、农产品加工储运等方面应用节能技术和节能产品,鼓励更新和淘汰高耗能的农业机械和渔业船舶。其四,鼓励、支持在农村大力发展沼气,推广生物质能、太阳能和风能等可再生能源利用技术,推广节能型农村住宅和炉灶,大力发展薪炭林等能源林;等等。

(五)节能激励措施的规定

节能激励措施的规定主要有:(1)国家安排节能专项资金支持节能工作。(2)国家对节能技术、节能产品实行税收优惠和进行财政补贴。(3)国家采取措施促进能源资源的节约及其开采利用水平的提高。其一,国家实行有利于节约能源资源的税收政策。其二,健全能源矿产资源有偿使用制度。(4)国家在进口环节采取措施推动节能。《节能法》第63条规定:"国家运用税收等政策,鼓励先进节能技术、设备的进口,控制在生产过程中耗能高、污染严重的产品出口。"(5)制定节能产品、设备政府采购目录,优先列入取得节能产品认证证书的产品、设备。(6)国家采取有效措施激励金融机构和社会有关方面在资金上支持节能。(7)国家运用财税、价格等政策引导用能单位和个人节能。其一,实行有利于节能的价格政策。其二,运用财税、价格等政策,支持推广电力需求管理、合同能源管理、节能自愿协议等节能办法。其三,实行有利于节能的电价政策。实行峰谷分时电价、季节性电价和可中断负荷电价制度;对主要耗能行

〔3〕 参见《节能法》第57条。
〔4〕 参见《节能法》第58条。
〔5〕 参见《节能法》第59条。

业的企业实行差别电价政策。(8)政府对在节能活动中有显著成绩以及检举严重浪费能源行为的单位和个人,给予表彰和奖励。负责审批政府投资项目的机关,对不符合强制性节能标准的项目予以批准建设的,对直接负责的主管人员和其他直接责任人员依法给予处分。

第二节　可再生能源的法律规定

一、可再生能源的概念和意义

(一)可再生能源的概念

《可再生能源法》第 2 条第 1 款规定:"本法所称可再生能源,是指风能、太阳能、水能、生物质能、地热能、海洋能等非化石能源。"其中,生物质能是指利用自然界的各种植物、人畜排泄物以及城乡有机废物转化成的能源,如薪柴、沼气、生物气化气、生物柴油、燃料乙醇、林业加工废弃物、农作物秸秆、城市有机垃圾、工农业有机废水和其他野生植物等。生物质能经过燃烧利用后虽然消失,但只要生存环境适宜或者通过栽培即可继续萌发、繁衍,并提供人类永续利用,所以也属于可再生能源。

可再生能源具有以下特征:[6](1)资源丰富,可以再生,可供人类永续利用;(2) 能量密度低,开发利用通常需要较大空间;(3)不含碳或含碳量很少,对环境影响小;(4)分布广泛,有利于小规模分散式利用。它与化石能源相比的优点是,资源量不因使用而减少,可永续利用,对环境危害极小,且适宜就地开发。其不足之处是具有间歇性,波动性大,对连续使用不利。

可再生能源已成为继煤炭、石油和天然气之后的新一代能源。

(二)可再生能源的意义

可再生能源的意义在于:(1)是缓解能源供需矛盾,保障能源安全的实际需求。加强可再生能源的开发利用,推动其迅速发展,对于缓解我国能源供需矛盾、保障能源安全、实现经济社会全面、协调、可持续发展将发挥重要的作用。(2)是防治大气污染,应对全球气候变化,保护和改善环境的需要。《京都议定书》生效后,使我国在温室气体排放问题上产生巨大的压力。而大力发展可再生能源,对防治大气污染,应对全球气候变化以及保护和改善环境有重要意义。(3)是改善农村和偏远地区生产生活条件的重要途径。我国农村地区,大多主要依靠直接燃烧秸秆、薪柴等生物质能提供生活用能,这些地区能源利用效率低,能源短缺严重,特别是电力短缺,已成为该地区发展生产和生活水平提高的主要制约因素。因此,推动生物质能的开发利用,有助于减少林木砍伐,促进农村发展生产和改善农村生态环境。

二、可再生能源的法律规定

各国都重视可再生能源的立法工作,如 1998 年西班牙颁布了《关于可再生能源、垃圾或生物质能发电的皇家法令》,2002 年英国颁布了《英格兰和威尔士可再生能源义务条例》,2009 年德国联邦议院通过了《优先利用可再生能源法(可再生能源法)》(2004 年、2009 年修改)等。我国原水利部于 1990 年颁发了《地方中小水电建设与管理暂行办法》,1994 年原电力工业部制

---

〔6〕 黄建初主编:《中华人民共和国可再生能源法释义》,法律出版社 2010 年版,第 8 页。

定了《风力发电场并网运行管理规定(试行)》,2005 年 2 月 28 日第十届全国人大常委会第十四次会议通过了《可再生能源法》,2009 年 12 月 26 日公布了经修订的《可再生能源法》,自 2010 年 4 月 1 日起施行。现将主要内容分述如下。

(一)可再生能源管理体制的规定

《可再生能源法》第 5 条规定:"国务院能源主管部门对全国可再生能源的开发利用实施统一管理。国务院有关部门在各自的职责范围内负责有关的可再生能源开发利用管理工作。县级以上地方人民政府管理能源工作的部门负责本行政区域内可再生能源开发利用的管理工作。县级以上地方人民政府有关部门在各自的职责范围内负责有关的可再生能源开发利用管理工作。"这种管理体制,既有利于可再生能源开发利用工作的组织领导,又有利于发挥各方推动可再生能源开发利用工作的积极性。

(二)可再生能源法律制度的规定

1. 能源资源调查制度。可再生能源资源调查,是进行科学管理和合理有效利用可再生能源的重要手段。《可再生能源法》第 6 条规定:"国务院能源主管部门负责组织和协调全国可再生能源资源的调查,并会同国务院有关部门组织制定资源调查的技术规范。国务院有关部门在各自的职责范围内负责相关可再生能源资源的调查,调查结果报国务院能源主管部门汇总。"

2. 总量目标制度。是用法律形式对可再生能源的总量或者在能源结构中的比例所做出的强制性规定。总量目标可以是绝对目标,也可以是相对目标。世界上有不少国家通过法律手段,明确规定总量目标制度,促进可再生能源的开发利用,我国也具备了提出可再生能源总量目标的政策和法律框架基础,如现行《电力法》《节能法》《大气污染防治法》等法律中,都有关鼓励开发利用清洁能源、包括可再生能源的原则规定。《可再生能源法》第 7 条作出具体规定。

3. 开发利用规划制度(亦称发展规划制度)。《可再生能源法》第 8 条、第 9 条规定了可再生能源开发利用规划的有关规定,主要内容包括编制原则、规划内容、公众参与和规划编制审批程序。为了保证可再生能源开发利用中长期总量目标的实现和开发利用规划的有效实施,国务院有关部门应当制定有利于促进全国可再生能源开发利用中长期总量实现的相关规划。如农业部制定了《全国农村沼气建设工程规划》《农业生物质能产业发展规划(2007 ~ 2015)》,原国家林业局编制了《全国能源林建设规划》等。

4. 强制上网制度。强制上网是发达国家在可再生能源发电方面普遍采取的一项措施,如德国、西班牙通过实施强制上网制度,保障可再生能源发电的全部上网,促进了这些国家可再生能源发电的迅速发展。《可再生能源法》第 13 条、第 14 条规定了国家鼓励和支持可再生能源并网发电。实行该制度,可以降低可再生能源项目的交易成本,提高项目融资的信誉度,有利于可再生能源产业的迅速发展。

5. 分类上网电价制度。简称分类电价制度,是根据采用不同的可再生能源技术发电的社会平均成本,分门别类地制定相应的上网电价,并向社会公布。考虑到可再生能源较常规能源成本高,可再生能源企业还不具备参与市场竞争的条件,所以需要建立政府定价性质的分类上网电价制度。《可再生能源法》第 19 条规定上网电价由国务院价格主管部门确定,并根据可再生能源开发利用技术的发展适时调整。实行该项制度,可以保证在不同地区、不同时段开发利用不同可再生能源获得大体上相同的投资回报,保障其再生能源电力能够获得比较均衡的发展。

6. 费用补偿制度。目前除水电可以与煤炭等常规能源发电相竞争外，其他可再生能源的开发利用成本都相对较高，还难以与煤炭等常规能源发电技术相竞争。如果可再生能源发电的较高上网电价全部由当地企业和居民承担，而该地区用电量又相对较少，必将影响发挥当地的积极性，所以，需要建立一种相应的补偿制度。该制度的核心是要求各个地区的电力消费者相对公平地承担发展可再生能源的额外费用。《可再生能源法》第 20 条作出具体规定。

7. 发展基金制度。可再生能源发展基金为国家财政设立的政府性基金，是国际上很多国家推进可再生能源发电所采用的一种有效措施。《可再生能源法》第 24 条规定了对发展基金制度的主要内容，包括资金来源、基金的用途和使用范围以及基金的征收、使用和管理。

(三)经济激励与监督措施的规定

1. 经济激励的规定。依据《可再生能源法》第 24 ~ 26 条的规定，经济激励措施主要是：(1)国家财政设立可再生能源发展基金(前已述及，此处从略)。(2)财政贴息优惠贷款。对列入国家可再生能源产业发展指导目录、符合信贷条件的可再生能源开发利用项目，金融机构可以提供有财政贴息的优惠贷款。(3)税收优惠。包括减税、免税，是国家根据一定时期经济、社会发展的需要，对列入可再生能源产业发展指导目录的项目给予减少税收或者免除征收应纳税款义务的鼓励性措施。

2. 监督措施的规定。《可再生能源法》第 27 条规定："电力企业应当真实、完整地记载和保存可再生能源发电的有关资料，并接受电力监管机构的检查和监督。"电力监管机构依法履行职责，可以依法采取必要的监督检查措施。

思考题

1. 什么是节约能源？有何意义？

2. 什么是可再生能源？有何特征？大力发展可再生能源有何意义？

第十二章　保护城乡环境和农业环境的法律规定

第一节　保护城乡环境的法律规定

一、保护城市环境的法律规定

（一）城市环境的概念和保护城市环境的意义

城市环境，是指以城市居民为中心的城市区域范围内各种天然的和经过人工改造的自然因素的总体，包括城市的土地、大气、水、动植物、交通、道路、设施、构筑物等。它是人类利用和改造环境而创造出来的高度人工化的生态系统，是城市经济、社会发展的基本条件，也是人们居住、休息、工作和交往的中心场所。城市环境质量的好坏，在一定程度上反映着一个国家环境保护工作的水平。

保护城市环境的意义在于：（1）是保证城市经济、社会发展的需要。城市是我国经济、政治、科学技术、文化教育的中心，是现代工业和人口集中的地区，是社会主义物质文明和精神文明建设的主要基础之一，它在社会主义现代化建设中起着主导作用，只有保护和改善城市环境，加强城市建设和管理，为城市人民的工作和生活创造良好的生活环境和生态环境，才能适应对内搞活、对外开放的需要。（2）是保障城市人民身体健康的需要。如前所述，城市是工业和人口集中的地区。近年来，城市环境质量日趋恶化，一些城市的地方病、多发病、常见病的发病率也明显提高，严重影响了城市广大人民群众的身体健康。随着社会主义现代化建设事业的发展、人民生活水平的提高，对环境质量的要求也越来越高。为了保障城市人民的身体健康，维护社会的安定团结，必须保护和改善城市环境。

（二）保护城市环境的法律规定

新中国成立以来，党和国家一直重视城市环境的法律保护，早在1973年经国务院批准的《关于保护和改善环境的若干规定（试行草案）》中就提出，要逐步改善老城市的环境，城市的工业要合理布局，重点抓好北京、上海、天津等18个城市的环境保护。1981年，国务院《关于在国民经济调整时期加强环境保护工作的决定》中提出，要搞好首都北京和杭州、苏州、桂林的环境保护。各省、市、自治区人民政府，都要抓好一两个城市的环境保护工作，改善城市环境质量。1987年，国务院发出《关于加强城市建设工作的通知》（2016年失效）提出，坚持城市建设与经济建设协调发展，采取综合治理措施，使城市普遍存在的大气、水、噪声和垃圾污染逐步得到控制和改善，重点城市的环境质量有所提高。1989年颁布的《环境保护法》和《城市规划法》（2007年失效），对城市环境保护做了规定。1990年，国务院《关于进一步加强环境保护工作的决定》中，要求城市人民政府应当积极开展城市环境综合整治工作。1992年，国务院办公厅转发国家环保局、建设部《关于进一步加强城市环境综合整治工作的若干意见》，对城市环境保护工作提出了全面要求。同年,国务院发布的《城市绿化条例》和原城乡建设环境保护部发布的《城市园林绿化管理暂行条例》对城市绿化和园林绿化做了具体规定。1996年,国务院《关于环境保护若干问题的决定》中提出,城市人民政府要加强城市环境综合整治工作,重点防治废水、废气、废渣和噪声污染。2000年,国务院发布的《全国生态环境保护纲要》,提出要把城乡污染防治与生态环境保护有机结合起来,努力实现城乡环境保护一体化。并提出,到2030年,30%以上的城市要达到生态城市和园林城市标准。[1] 2005年国务院《关于落实科学发展观　加强环境保护的决定》提出,加强城市环境保护,城市建设应注重自然和生态条件,尽可能保留天然林草、河湖水系、滩涂湿地、自然地貌及野生动物等自然遗产,努力维护城市生态平衡。[2] 2007年,第十届全国人大常委会第三十次会议通过了《城乡规划法》,对城乡规划的制定、实施、修改、监督检查和法律责任做了规定。[3] 其主要特点是强调城乡统筹,强化监督职能,落实政府责任。

制定和实施城乡规划,应当遵循城乡统筹、合理布局、节约土地、集约发展和先规划后建设的原则,改善生态环境,促进资源、能源节约和综合利用,保护耕地等自然资源和历史文化遗产,保护地方特色、民族特色和传统风貌,防止污染和其他公害,并符合区域人口发展、国防建设、防灾减灾和公共卫生、公共安全的需要。现将有关主要内容分述于下。

1. 城市、镇规划的规定

城市、镇规划的规定包括:(1)城市、镇总体规划的编制和审批程序(《城乡规划法》第14~15条)。(2)城市、镇总体规划的内容、强制性内容和期限(第17条)。(3)城市、镇控制性详细规划(第19~20条)。(4)城市、镇修建性详细规划(第21条)。(5)城市、镇规划的实施、修改、监督检查和法律责任。

2. 城市环境综合整治的规定

国务院《关于进一步加强城市环境综合整治工作的若干意见》中,对城市环境综合整治作了以下规定:(1)明确城市环境综合整治责任,健全城市环境管理机制;(2)完善城市环境综合整治规划,实现城市环境保护目标;(3)结合调整产业结构和企业技术改造,进一步防治工业污染;(4)积极推行污染集中控制,提高防治效益;(5)加强城市基础设施建设,提高综合防治污染能力;(6)疏通、拓宽资金渠道,扩大资金来源;(7)加强城市环境管理,健全监督执法队伍。

3. 城市绿化的规定

《城市绿化条例》对城市绿化做了具体规定,其主要内容是:

(1)城市绿化管理体制。国务院设立全国绿化委员会,统一组织领导全国城乡绿化工作,其办公室设在国务院林业行政主管部门。国务院城市建设行政主管部门和林业行政主管部门等,按照国务院规定的职权划分,负责全国城市绿化工作;地方绿化管理体制,由省级人民政府根据本地实际情况规定。

(2)城市绿化规划。城市人民政府应当组织城市规划行政主管部门和城市绿化行政主管部门等共同编制城市绿化规划,并纳入城市总体规划。

(3)城市绿化建设。包括城市绿化工程设计、施工、验收和交付使用等内容。

---

〔1〕参见《全国生态环境保护纲要》中的“二”。

〔2〕参见《关于落实科学发展观　加强环境保护的决定》中的“(十二)”。

〔3〕《城乡规划法》实施后,《城市规划法》即废止。而《村庄和集镇规划建设管理条例》中关于村庄、集镇规划的制定与实施的内容为《城乡规划法》取代。

(4)城市绿化的保护和管理。其一,城市公共绿地、风景林地、防护绿地、行道树及干道绿化带绿地,由城市人民政府绿化行政主管部门管理;居住区绿地的绿化,由城市人民政府绿化行政主管部门根据实际情况确定管理单位;城市苗圃、草圃和花圃等,由其经营单位管理。其二,任何单位和个人不得擅自占用城市绿化用地,不得擅自改变城市绿化规划用地性质或者破坏绿化规划用地的地形、地貌、水体和植被,不得损害城市树木、花草和绿化设施。其三,城市绿地管理单位,应当建立、健全管理制度,保持树木、花草繁茂及绿化设施完好。其四,对城市古树名木实行统一管理,分别养护。

二、保护乡村环境的法律规定

(一)乡村环境的概念和保护乡村环境的意义

乡村环境,是指以农村居民为中心的乡村区域范围内各种天然的和经过人工改造的自然因素的总体,包括该区域范围内的土地、大气、水、动植物、交通、道路、设施、构筑物等。

保护乡村环境的意义在于:(1)是保证农村经济、社会持续、稳定、协调发展的需要。乡村是农村经济、政治、文化教育和生活服务的场所,是乡村区域范围内的交通、能源、工商业和文化教育等的所在地。它在保证农村农、林、牧、副、渔业全面发展中起着重要的作用,是农村经济、社会持续、稳定、协调发展的基本物质条件。(2)是保障农村居民身体健康的需要。乡村环境质量的好坏,直接关系到农村居民的身体健康,进而影响农业生产的发展。为了保障农村居民的身体健康,维护社会的安定团结,必须保护和改善乡村环境。

(二)乡村环境保护的法律规定

1. 乡、村庄规划的规定。(1)《城乡规划法》第22条规定,乡、镇人民政府组织编制乡规划、村庄规划,报上一级人民政府审批。村庄规划在报送审批前,应当经村民会议或者村民代表会议讨论同意。(2)《城乡规划法》第18条规定,编制乡规划、村庄规划应当从农村实际出发,尊重村民意愿,体现地方和农村特色。

2. 乡村建设用地的规定。有关乡村建设用地,在第七章中已做了介绍,不再赘述。

3. 乡(镇)村环境综合整治的规定。小城镇和村庄的环境整治是农村生态环境保护的重点。各地环境保护部门应当结合本地特点和村镇建设规划的实施,开展以基础设施建设、饮用水及其水源地保护、农村能源建设、生活污水及垃圾处理、农业有机废物处理、村容镇貌建设等为主要内容的"环境优美城镇(村镇)"或"环境保护先进城镇(村镇)"的创建工作。

4. 乡镇企业环境管理的规定。乡镇企业是农村经济的重要支柱和国民经济的重要组成部分。《乡镇企业法》规定:(1)发展无污染、少污染和低资源消耗的企业。乡镇企业应当按照国家产业政策,在当地人民政府的统一指导下,采取措施,积极发展无污染、少污染和低资源消耗的企业,切实防治环境污染和生态破坏,保护和改善环境。(2)乡镇企业建设应遵守有关建设项目环境管理的规定。乡镇企业建设对环境有影响的项目,必须严格执行环境影响评价制度和"三同时"制度。(3)依法合理开发和利用自然资源。乡镇企业开采矿产资源,必须依照有关法律规定,经有关部门批准,取得采矿许可证、生产许可证,实行正规作业,防止资源浪费,严禁破坏资源。(4)不得采用严重污染环境的生产工艺和设备以及生产和经营严重污染环境的产品。排放污染物超过国家和地方规定的标准,严重污染环境的,必须限期治理,逾期未完成治理任务的,依法关闭、停产或者转产。国务院《关于环境保护若干问题的决定》中,也对乡镇企业的环境管理做了规定。

第二节　保护农业环境的法律规定

一、农业环境的概念和保护的意义

(一)农业环境的概念

农业环境,是指影响农业生物生存和发展的各种天然的和经过人工改造的自然因素的总体,包括农业用地、农业用水、大气和生物等。它是农业生产和农业可持续发展的基本物质条件,其质量的好坏,直接影响到农业生产力的水平和农业产品的质量和产量。

农业环境具有以下一些基本特征:(1)整体性。农业环境是由各种农业环境要素组成的统一整体,其中某一环境要素发生变化,会引起其他环境要素甚至整个农业环境发生相应的变化。(2)地域性。不同地域组成的农业环境要素之间存在差异性,这就要求因地制宜地发展农业生产,保护和改善农业环境。(3)变动性。农业环境在自然因素和人为因素的作用下,其结构和状态处于一种不断变化的过程中。当人们的活动使农业环境的改变超过一定限度时,系统的自动调节能力就会失控,导致农业环境质量退化。

(二)保护农业环境的意义

保护农业环境的意义在于:(1)是保护农业生产持续、稳定、协调发展的需要。当前,我国工业"三废"和乡镇企业废弃物的排放,不合理地使用农药、化肥以及滥用农业自然资源等,造成农业环境污染和生态破坏相当严重,成为制约农业发展的一个重要因素。为了保证农业持续、稳定、协调发展,必须保护和改善农业环境。(2)是促进农业生态系统良性循环的需要。当农业环境受到污染和破坏,就会影响农业生态系统的良性循环,严重的还会造成系统的恶性循环,最终影响农业的发展。所以说,保护农业环境,有利于促进农业生态系统的良性循环。(3)是保证农、畜、水产品质量和保障城乡人体健康的需要。农业环境受污染,会影响农、畜、水产品的质量,最终影响城乡人民的身体健康。因为组成农业环境的各种要素受到污染后,它们通过"食物链"的传递,最终会造成对人体健康的危害。

二、农业环境保护的法律规定

《环境保护法》对保护农业环境做了基本的规定,2002 年修订的《农业法》对农业资源与农业环境保护做了专章规定,2012 年修订的《农业法》也专章规定了农业资源与农业环境保护。国务院于 1994 年发布了《基本农田保护条例》(2011 年修改),其他有关自然资源法律、法规也对农业环境保护做了规定。其主要内容如下。

(一)保护和改善农业生态环境的规定

《农业法》规定,发展农业和农村经济必须合理利用和保护土地、水、森林、草原、野生动植物等自然资源,合理开发和利用水能、沼气、太阳能、风能等可再生能源和清洁能源,发展生态农业,保护和改善生态环境。县级以上人民政府应当制定农业资源区划或者农业资源合理利用和保护的区划,建立农业资源监测制度。2005 年的《国务院关于落实科学发展观　加强环境保护的决定》提出,合理使用农药、化肥,防治农用薄膜对耕地的污染;积极发展节水农业与生态农业,加大规模化养殖业污染治理力度。[4]生态农业,是指按照生态学原理和自然生态规律以及社会经济规律的要求,以系统工程的方法指导、组织和经营管理农业的生产和建设,把传统农业的精华和现代科学技术相结合的一种新型农业。它是通过提高太阳能的利用率、生物能的转化率和废弃物的再循环率来提高农业生产力和农产品的品质,以满足人民群众对农产品的需求;也是实现我国农业生产和环境保护协调发展的一种新型生产方式。实践证明,建设生态农业可以使农业生态环境得到明显改善,荒山荒坡得到治理,森林覆盖率得到提高,水土流失有所控制,土壤有机质含量有所提高,农业生态系统抗灾能力有所增强。

(二)防治农业环境污染的规定

《环境保护法》第33条规定,各级人民政府应当加强对农业环境的保护,促进农业环境保护新技术的使用,加强对农业污染源的监测预警,统筹有关部门采取措施,防止土壤污染和土地沙化、盐渍化、贫瘠化、石漠化、地面沉降以及防治植被破坏、水土流失、水体富营养化、水源枯竭、种源灭绝等生态失调现象,推广植物病虫害的综合防治。县级、乡级人民政府应当提高农村环境保护公共服务水平,推动农村环境综合整治。第49条也有具体规定。《农业法》第58条及第65条对化肥、农药、农用薄膜的使用以及农产品采收后的秸秆及其他剩余物质,畜禽等动物规模养殖的粪便、废水及其他废弃物,水产养殖的投饵、施肥和使用药物等作出规定。《农业法》第66条还规定,县级以上人民政府应当采取措施,督促有关单位进行治理,防治废水、废气和固体废弃物对农业生态环境的污染。《水污染防治法》第58条对向农田灌溉渠道排放工业废水和城市污水及化肥和农药的使用作出规定。

(三)基本农田保护的规定

基本农田,是指按照一定时期人口和社会经济发展对农产品的需求,依据土地利用总体规划确定的不得占用的耕地。基本农田保护区,是指为对基本农田实行特殊保护而依据土地利用总体规划和依照法定程序确定的特定保护区域。

《农业法》首次规定了"县级以上各级地方人民政府应当划定基本农田保护区,对基本农田保护区内的耕地实行特殊保护"。《土地管理法》明确规定了"国家实行基本农田保护制度"。

2011年经国务院修改发布的《基本农田保护条例》,对基本农田保护的方针、管理体制、保护区的划定、保护措施和监督管理做了具体的规定,其主要内容是:

1. 基本农田保护管理体制。国务院土地行政主管部门和农业行政主管部门按照国务院规定的职责分工,负责全国的基本农田保护管理工作;县级以上地方各级人民政府土地行政主管部门和农业行政主管部门按照本级人民政府规定的职责分工,负责本行政区域内的基本农田保护管理工作;乡(镇)人民政府负责本行政区域内的基本农田保护管理工作。

2. 基本农田保护区的划定。是指基本农田有关保护区的划区定界,对基本农田的面积及基本农田保护规划图实地确定界线,并落实保护标志位置的活动。省、自治区、直辖市划定的基本农田,应当占本行政区域内耕地总面积的80%以上。划入基本农田保护区的耕地是:(1)经国务院有关主管部门或者县级以上地方人民政府批准确定的粮、棉、油生产基地内的耕地;(2)有良好的水利和水土保护设施的耕地,正在实施改造计划以及可以改造的中、低产田;(3)蔬菜生产基地;(4)农业科研、教学试验田;(5)国务院规定应当划入基本农田保护区的其

---

〔4〕 参见《国务院关于落实科学发展观 加强环境保护的决定》中的"(十四)"。如前所述,农业污染物排放对水环境的影响较大,畜禽养殖业排放物是造成农村环境污染的主因之一。

他耕地。

3. 基本农田的保护。(1)基本农田保护实行全面规划、合理利用、用养结合、严格保护的方针。确保基本农田总量不减少,质量不降低,用途不改变。(2)2003 年原国土资源部下发的通知中,规定了基本农田的“五不准”,即不准占用基本农田进行植树造林、发展林果业和搞林粮间作以及超标准建设农田林网;不准以调整农业结构为名,在基本农田上挖塘养鱼、建设用于畜禽养殖的建筑物等严重破坏耕作层的生产经营活动;不准违法占用基本农田进行绿色通道和城市绿化隔离带建设;不准以退耕还林为名违反土地利用总体规划,将基本农田纳入退耕范围;除法律规定的国家重点建设项目外,不准非农建设项目占用基本农田。(3)基本农田的保护,可以分为数量保护和质量保护两个方面。土地行政主管部门侧重于数量保护,农业行政主管部门侧重于质量保护。(4)因发生事故或者其他突然性事件,造成或者可能造成基本农田环境污染事故的,当事人必须立即采取措施处理,并向当地环境保护行政主管部门和农业行政主管部门报告,接受调查处理。

4. 基本农田保护的监督管理。(1)实行基本农田保护责任制度。在建立基本农田保护区的地方,建立层层责任制。县级以上地方人民政府应当与下一级人民政府签订基本农田保护责任书;乡(镇)人民政府应当根据与县级人民政府签订的基本农田保护责任书的要求,与农村集体经济组织或者村民委员会签订基本农田保护责任书。(2)建立基本农田保护监督检查制度。县级以上地方人民政府应当建立基本农田保护监督检查制度,定期组织土地行政主管部门、农业行政主管部门以及其他有关部门对基本农田保护情况进行检查,并将检查情况书面报告上一级人民政府。被检查的单位和个人应当如实提供有关情况和资料,不得拒绝。(3)对破坏基本农田的行为的处理。县级以上地方人民政府土地行政主管部门、农业行政主管部门对本行政区域内发生的破坏基本农田的行为,有权责令纠正。

思考题

1. 什么是城市环境?什么是乡村环境?加强对城乡环境的保护有何意义?
2. 什么是基本农田保护区?为什么要加强对基本农田的保护?

第十三章　环境污染防治法概述

第一节　关于防治对象的法律规定

一、环境污染和其他公害的概念

（一）环境污染和其他公害的定义

“公害”是与“公利”相对应的概念。最早出现于日本1896年的《河川法》中，其含义是指河水侵蚀、洪水泛滥等阻碍水流畅通或者妨碍航行的现象，指河水对河道、船舶航行的物理性侵害，并没有考虑到水体污染。[1]以后日本颁布的法律中，也有涉及“公害”一词的，如1911年的《工厂法》、1949年的《工厂公害防治条例》，其中1967年的《公害对策基本法》第2条规定：“本法所称‘公害’，是指由于工业或人类其他活动所造成的相当范围的大气污染、水质污染（包括水质、水的其他情况以及江河湖海及其他水域的水底状况，以下同，第9条第1款除外）、[2]土壤污染、噪声、振动、地面下沉（矿井钻掘所造成的下陷除外，以下同）和恶臭气味，以致危害人体健康和生活环境的状况。”这给公害下了较完整的定义。从上述规定可知，日本环境保护法所称的公害，是指大气污染、水质污染、土壤污染、噪声、振动、地面沉陷及恶臭对人体健康和生活环境所造成的危害。1993年11月19日，日本公布了《环境基本法》，[3]该法也沿用了上述《公害对策基本法》关于“公害”的定义。

我国法律首次出现“公害”一词，是在1978年的《宪法》，但未对其含义做出规定。1979年《环境保护法（试行）》、1982年《宪法》、1989年《环境保护法》，以至2014年修订的《环境保护法》，也都采用“公害”一词，并均未对其含义做出规定。不过从2014年修订的《环境保护法》第42条的规定可以看到，我国环境保护法所称的“公害”，是指由于人们在生产建设或者其他活动中产生的废气、废水、废渣、粉尘、恶臭气体、放射性物质等对环境的污染，以及噪声、振动、电磁波辐射等对环境的危害。而“其他公害”则是指除前述的环境污染和危害之外，现在尚未出现而今后可能出现的，或者现在已经出现但尚未包括在2014年修订的《环境保护法》第24条所列举的九种环境污染和危害之中的公害，如废热、光污染。2014年修订的《环境保护法》并未对“公害”一词下定义，但从该法的精神和第42条规定可知，该法仍沿用1989年《环境保护法》所规定的含义。

---

〔1〕［日］野村好弘：《日本公害法概论》，中国环境管理、经济与法学学会编印，1982年版，第1页。

〔2〕日本《公害对策基本法》第9条第1款规定：“政府应就保护人体健康和维护生活环境所必须维持的有关大气、水质和土壤的污染以及噪声的环境标准作出规定。”

〔3〕日本《环境基本法》由当时日本总理大臣细川护照以第九十一号法律公布，并以第九十二号法律宣布同时废止《公害对策基本法》。

（二）公害的特点

公害的特点，即公害所固有的属性，是与其他不法侵害相比较而言的。其特点如下：[4]

1. 公害是人类正常活动的有害副作用。工矿企业、事业单位向环境排放废气、废水、废渣、噪声等，总是伴随着人们的生产、生活等对社会有益的正常活动而出现的对人体健康、社会经济发展有害的一种副作用（公害与公利相对应的含义由此而来）。但是，当今社会要完全避免环境污染，实现所谓"零排放"，还需时日。公害这种特点与投毒、伤害、杀人等行为本身就属于犯罪而对社会有害的行为不同。

2. 公害以环境为媒介对不特定人群造成危害。即人类活动排放的污染物和能量进入环境，使其质量下降之后，受污染的环境才对人体健康、生命安全造成危害，而且是对不特定人群的侵害。这种间接性（以环境为媒介）和不确定性（对不特定人群）侵害的特点，使其与投毒、杀害等对直接和特定对象的侵害行为不同。

3. 公害具有综合性和积累性。造成公害的原因是多种多样的，且往往是综合起作用；公害还具有积累性、连续性特点。以日本水俣事件即含水银废水污染为例，从工厂排放甲基水银到连续发生人畜中毒，前后经历了十多年，[5]这与传统侵害的原因较单一和多为一次性侵害有别。

4. 公害往往同时侵害多种权益。不仅表现为同时侵害不特定的人群，还表现为往往同时侵害多种权益。如污染大气、水体、土壤、动植物、建筑物，危害人体健康、生命安全，造成人体健康权、生命权、财产和环境保护权益的损害。[6]

5. 公害危及的范围广。不仅可以污染一条河流、一个地区、一个国家，还可以波及几个国家、整个大洲，甚至几个大洲，几个大洋，并扩及整个地球，如农药污染、[7]大气污染、海洋污染、放射性污染等。

6. 公害引起的疾病往往难以发现和治疗。医学表明，人类的疾病多与环境污染和生态破坏有关，但病理复杂，短时间难以发现和治疗。有的甚至不能根治有的还会危及下一代，如恶性肿瘤、畸形儿等。

"公害"的上述特点对人们的启示是：一方面，从"公害"的伴生性、间接性等特点，可以将公害与传统的侵害行为区别开来，人们在对其做出评价、定性和对有关责任者处罚时不应混淆；另一方面，从"公害"的连续性、积累性、广泛性和能同时侵害多种权益等特点，则要求人们提高对其危害性的认识，必须采取"预防为主"的原则，使环境保护从单纯的解决环境问题转向将发展与环保协调起来，环境保护由末端治理向生产、消费的各个领域延伸，以源头预防、全过程控制和废弃物资源化来代替末端治理，并综合运用法律、经济、技术、宣传教育和必要的行政办法，[8]才能遏制"公害"的继续蔓延和危害。

---

〔4〕 邱聪智：《公害法原理》，辅仁大学法学丛书编辑委员会1984年版，第19～22页；[日]原田尚彦：《环境法》，法律出版社1999年版，第4～5页。

〔5〕 从1950年发现"自杀猫"到1967年8月，对400只猫以醋酸厂废水做试验，结果发现猫全部都患了水俣病，厂方因而不得不承认是该厂含水银废水所致，前后一共花了近18年。

〔6〕 公害往往同时侵害多种权益这一特点，使得一些人主张用"环境权"来概括而遇到难以克服的困难，也使立法机关难以在《宪法》和法律中做出规定。另外，现行法律关于侵害人身权、生命权、财产权的刑罚显然比侵害所谓"环境权"要重得多。

〔7〕 科学家们发现生活在北冰洋的企鹅体内含有DDT农药；苏联切尔诺贝利核泄漏扩及很多欧洲国家。

〔8〕 《论历史性转变》，载《中国环境报》2006年5月17日。

二、我国防治公害的对象和重点

(一)防治公害的对象

从污染和能量的种类来说,我国防治公害的对象就是废气、废水、废渣、医疗废物、粉尘、恶臭气体、放射性物质以及噪声、振动、光辐射、电磁波辐射11种污染物质和能量对环境的污染和危害。如果从排放单位来说,主要是指工矿企业的排污者。近年来,交通、饮食、娱乐和旅游等行业的迅猛发展和社会生活污染源大量增加,而废弃物越境或者跨地区转移,农村中过量使用农药、化肥,畜禽和近海渔业养殖,则是加重我国环境污染的新行业,也是防治环境污染的对象。

(二)公害的防治重点

1996年8月3日发布的《国务院关于环境保护若干问题的决定》规定,我国在"九五"期间防治污染的重点是"三河"、"三湖"和"二区",即淮河、海河、辽河,太湖、巢湖、滇池以及酸雨区和二氧化硫严重污染区。[9]"十五"期间,治理环境污染的重点是水污染和大气污染。重点是要"继续抓好'三河'、'三湖'、酸雨和二氧化硫控制区、北京市、渤海、三峡库区、南水北调等重点地区和重点项目的污染防治"。[10] 2005年12月3日,国务院《关于落实科学发展观　加强环境保护的决定》中提出了环境保护的目标,"到2010年,重点地区和城市的环境质量得到改善,生态环境恶化趋势基本遏制","到2020年,环境质量和生态状况明显改善"。该决定明确提出环境保护需要"切实解决七项突出的环境问题":[11](1)以饮水安全和重点流域治理为重点,加强水污染防治。(2)以强化污染防治为重点,加强城市环境保护。(3)以降低二氧化硫排放总量为重点,推进大气污染防治。(4)以防治土壤污染为重点,加强农村环境保护。(5)以促进人与自然和谐为重点,强化生态保护。(6)以核设施和放射源监管为重点,确保核与辐射环境安全。(7)以实施国家环保工程为重点,推动解决突出的环境问题。

第二节　关于防治公害的法律制度

《环境保护法》《大气污染防治法》《水污染防治法》《海洋环境保护法》《固体废物污染环境防治法》《环境噪声污染防治法》《放射性污染防治法》《清洁生产促进法》规定了防治环境污染和其他公害的具体法律制度,如淘汰落后工艺和设备制度、清洁生产制度和污染物排污总量控制制度等。连同《环境保护法》在防治污染和其他公害设置的并已实行多年的排污申报登记制度、现场检查制度等,它们虽不属于环境保护法的基本制度,但却是在防治环境污染和其他公害中普遍适用的,因而在防治公害的监督管理中具有重要的地位和作用。为区别于环境保护法的基本制度,可将这些法律制度称为防治公害的具体法律制度。现分述如下。

一、淘汰落后工艺、设备制度

淘汰落后工艺、设备制度,是指国家对严重污染环境的落后生产工艺、生产设备,限期禁止

[9]《抓住污染重点突出治理成效——论贯彻落实国务院决定》,载《中国环境报》1996年9月14日。

[10]《江泽民在中央人口资源环境工作座谈会上的重要讲话》,载《中国环境报》2002年3月11日。

[11] 这部分的资料来自《关于落实科学发展观　加强环境保护的决定》中的"四"。

生产、销售和使用,也不得转让给他人使用的法律规定。这是由单纯的末端治理逐步转变为向生产、消费全过程控制的重要举措,也是推行清洁生产、实现可持续发展战略的重要内容。该项法律制度最先在1995年发布施行的《固体废物污染环境防治法》中设置,后来,在《环境噪声污染防治法》和《水污染防治法》《大气污染防治法》《海洋环境保护法》中,也都设置了该项制度。〔12〕

为实施淘汰落后工艺设备制度,要求国务院经济综合主管部门会同国务院有关部门制定并公布限期淘汰的严重污染环境的生产工艺名录和限期禁止生产、销售、进口、使用严重污染环境的设备名录。〔13〕生产者、销售者、进口者或者使用者,必须在规定的期限内分别停止生产、销售、进口或者使用列入上述名录中的生产工艺、设备;任何单位或者个人不得将被淘汰的设备转让给他人使用,否则将依法受到惩处。

《环境保护法》对淘汰制度做了严格的要求,该法第46条规定:"国家对严重污染环境的工艺、设备和产品实行淘汰制度。任何单位和个人不得生产、销售或者转移、使用严重污染环境的工艺、设备和产品。"

二、清洁生产制度

清洁生产制度,是指不断采取改进设计、使用清洁的能源和原料,采用先进的工艺技术与设备、改善管理、综合利用等措施,从源头削减污染,提高资源利用效率,减少或者避免生产、服务和产品使用过程中污染物的产生和排放,以减轻或者消除对人体健康和环境的危害〔14〕的法律规定。

2002年6月29日通过的《清洁生产促进法》,分别对清洁生产的科研、税收、限期淘汰、推行计划、经济布局、资源高效循环利用、导向目录、生产指南、产品标志、政府采购和监督管理等方面规定了上自国务院、下至地方各级政府在促进清洁生产中的职责;规定了建设项目环境影响评价、企业技术改造、大型机电设备和机动运输工具、农业生产、服务行业、强制回收报废产品和包装、有毒有害原料生产和排污审核、污染严重企业公布主要污染物排放情况等方面进行清洁生产的要求,并设专章(第四章)规定国家对在清洁的生产、研究等方面做出突出成绩的单位和个人给予奖励的"清洁生产表彰奖励制度";对开展清洁生产的中小企业设立的"发展基金"中安排适当数额支持其实施清洁生产。还设第五章规定了法律责任条款,对违反该法规定未标注产品材料成分或者不如实标注,生产、销售有毒有害物质超过国家标准的建筑和装修材料者,不实施清洁生产审核或者虽经审核但不如实报告审核结果者,未按规定要求公布污染物排放情况者分别规定了相应的处罚条款。这些规定表明了清洁生产制度已在我国正式确立。〔15〕《清洁生产促进法》的贯彻实施,必将"提高资源利用效率,减少和避免污染物的产生,保

---

〔12〕《固体废物污染环境防治法》第28条、《环境噪声污染防治法》第18条、《水污染防治法》第41条、《大气污染防治法》第27条、《海洋环境保护法》第13条。

〔13〕上述部门已公布了《淘汰落后生产能力、工艺和产品的名录》(第一批和第二批),还公布了《第一批严重污染环境(大气)的淘汰工艺与设备名录》。参见《中国环境保护法规全书(1997.7~2001.4)》,化学工业出版社2001年版,第127~136页。

〔14〕参见《清洁生产促进法》第1条。

〔15〕根据《清洁生产促进法》的规定,在大气、水、环境噪声、海洋环境、农药、放射性、有毒化学品、固体废物、矿产开采等方面,均应依照该法的规定实施清洁生产的要求。

护和改善环境”,[16]以保障人体健康和促进经济社会的可持续发展。不足之处是,该法对推行清洁生产者的渎职行为未设置处罚规范,监督管理力度也不够。

《环境保护法》除了肯定清洁生产制度,还在第40条中进一步规定:国家促进清洁生产和资源循环利用。要求国务院有关部门和地方各级人民政府应当采取措施,推广清洁能源的生产和使用。并要求企业应当优先使用清洁能源,以减少污染物的排放;还应当采用资源利用率高,污染物排放量少的工艺、设备以及废弃物综合利用技术和污染物无害化处理技术,以减少污染物的产生。

思考题

1. 什么是公害?什么是其他公害?有何特点?
2. 试比较中、日两国关于公害概念的异同点,并简述其理由。
3. 我国防治公害的对象和重点是什么?试谈谈你的看法。
4. 什么是淘汰落后工艺、设备制度?有何意义?
5. 什么是清洁生产制度?它与淘汰落后工艺、设备制度有何关系?简述该项制度的意义。

〔16〕 参见《清洁生产促进法》第1条。

第十四章　防治大气污染和水污染的法律规定

第一节　防治大气污染的法律规定

一、大气污染的概念

大气是人类以至其他生物赖以生存和发展的基本环境要素。一切生命过程都离不开大气,大气具有热量调节功能,为一切生物提供适宜的温度;大气通过自身的运动完成生态平衡所需要的热量、动量和水、汽的交换以及水源分布的循环、调节过程;大气还阻挡和稀释、吸收有害的宇宙射线和紫外线。

(一)大气污染的定义

大气污染,是指由于人们的生产或者其他活动,向环境排入有毒、有害物质和能量,使其物理、化学、生物或者放射性特性改变,导致生活环境或者生态环境质量下降,进而危害人体健康、生命安全或者财产损失的现象。其特点是污染速度快,范围大,持续时间也较长,是人类社会常见的公害之一。[1]

(二)大气污染的类型和范围

大气污染的类型主要取决于采用能源的种类和方式,概括起来,大体可分为:(1)由燃煤所造成的煤烟型污染;(2)生产、使用石油及其制品所造成的石油型污染;(3)工矿企业、建筑施工的废气、粉尘所造成的混合型污染;(4)突发性污染事故,如印度博帕尔农药厂泄漏异氰酸甲脂和苏联切尔诺贝利核电站泄漏等突发性事故造成的大气污染。

大气污染的范围,可分为局部性、地区性和全球性污染三种。但是,这种区分是相对的,局部性的大气污染会因大气有快速扩散特性而波及整个地区,甚至达到全球,如酸雨污染、温室气体引起的温室效应。大气污染这种特性启示人们,要提高对其危害性的认识,从源头抓起,尽可能减少大气污染物的排放量。

(三)我国大气污染的状况

2015 年是《大气污染防治行动计划》(以下简称《大气十条》)实施的第三年,我国绝大多数城市空气质量持续改善,[2]但 PM2.5 超标情况仍然普遍存在,一些区域还面临臭氧污染加剧的问题。[3] 2015 年,我国城市的空气质量较前一年整体有所改善。然而,城市空气质量超标情

---

〔1〕 震惊世界的十大公害事件中,有五件属于大气污染。参见《历史上的公害事件》,载《中国环境报》1997 年 1 月 23 日。

〔2〕 参见《空气质量改善,指标有喜有忧》,载《中国环境报》2016 年 9 月 23 日。

〔3〕 PM2.5 是指大气中小于或等于 2.5 微米的颗粒物,也称为可入肺的颗粒物。PM2.5 粒径小,富含大量的有毒有害物质,且在大气中的停留时间长,输送距离远。因而,对人体健康和大气环境质量的影响更大。参见《中国环境报》2011 年 11 月 29 日。

况依然普遍,特别是冬季重度污染频发。报告称,161 个城市的平均超标天数为 99 天。京津冀及周边地区仍是全国空气超标最严重、重污染发生频率最高的地区。PM2.5 仍是大部分城市面临的首要问题;同时,臭氧污染进一步加剧,74 个重点城市年均浓度继续上升。此外,秸秆露天焚烧不仅危害人体健康,造成环境污染,还会加剧气候变化。

二、大气污染的危害

大气污染的危害主要表现在如下方面:

1. 对人体健康的危害。大气污染对人体健康的危害可分为急性(如伦敦的烟雾事件)、慢性(如对呼吸道系统的危害)和远期危害(如致畸、致癌)三类。恶性肿瘤、心脏病和呼吸道系统的疾病均与环境有关。

2. 对工业生产的危害。大气污染物会侵蚀建筑物、腐蚀金属制品,使高压线短路,大气污染物对油漆涂料、皮革制品、纸制品、纺织制品、橡胶塑料制品以至精密仪器、高科技产品的危害也很大。

3. 对农业生产的危害。大气污染会使农作物生长减缓、发育受阻、品质下降、产量减少,污染严重的还会造成农作物大批死亡失收。研究表明,酸雨可使农作物大幅减产,特别是小麦,在 PH 值为 2.5 的酸雨影响下,可减产 34% 。

4. 对动植物的危害。大剂量的大气污染物,会使野生动物、家畜大批死亡;在低剂量大气污染物作用下,会使鸟类、爬行动物、家禽的呼吸道感染而患病,大气污染物也会使动物发生畸变、癌变,遗传基因受破坏。大气污染还会使大片森林、草原枯黄致死。重庆市从 20 世纪 60 年代到 90 年代末,街道的树种已换过三次,仍然未能抵御酸雨污染导致的死亡。

5. 对自然生态的危害。大气污染对自然生态的危害主要表现为使全球变暖和使臭氧层变薄。气候变暖将导致海平面升高,人类赖以生存的土地和自然资源将锐减,并可能引起社会冲突;[4] 人们排放到大气层中的氟氯烃不断增加,使臭氧层变薄,从而导致到达地球表面的太阳紫外线增加,使农作物受损,皮肤癌增多;紫外线还会破坏人们的免疫系统,引起白内障,使动植物的生长遭受危害。

三、大气污染防治的法律规定

(一)大气污染防治立法概况

新中国成立以来,与大气污染防治有关的立法,最先是 1956 年 5 月 25 日国务院发布的《关于防止厂矿企业中的矽尘危害的决定》,但这只是防止企业内部空气中矽尘对职工危害的劳动法规,还不能算是环境保护法。20 世纪 70 年代,国家有关部委发布了《工业“三废”排放试行标准》《工业企业设计卫生标准》,其中规定了工业污染物排放标准和对超标排污的锅炉进行改造,开展了以消烟除尘为主要内容的属于环境保护意义上的大气污染防治。1979 年 9 月 13 日,《环境保护法(试行)》公布施行,该法对大气污染防治的原则、制度和措施做了基本的规定。根据该法,国家防治大气污染的重点指向改变城市的能源结构和煤炭的加工利用方面。有关部委先后发布了《大气环境质量标准》《锅炉烟尘排放标准》《汽油车怠速污染物排放标准》《钢

---

[4] 《天气变化将成人类头号“公敌”》,载《中国环境报》2004 年 2 月 24 日;《历史研究表明气候变化诱发饥饿和战争》,载《参考消息》2007 年 11 月 24 日。

铁工业污染物排放标准》《水泥工业污染物排放标准》《沥青工业污染物排放标准》等。但是，《环境保护法(试行)》有关防治大气污染的规定毕竟比较原则，也难以操作。随着经济建设的发展，我国的大气污染仍然相当严重，并有继续发展的趋势。为了加强对大气污染的防治和监督管理，第六届全国人大常委会第二十二次会议于1987年9月5日制定了《大气污染防治法》，并于1988年6月1日起施行。

但是，随着经济的快速发展，能源消耗量不断增长，这些新情况要求扩大该法的适用范围和突出污染防治的对象，加上其是在计划经济向市场经济转轨过程中制定的，其中一些带有计划经济特征的法律规定已不适应市场经济的要求。为此，第八届全国人大常委会第十五次会议于1995年8月29日通过了《关于修改〈大气污染防治法〉》的决定，这是对该法的第一次修改。此次修改，《大气污染防治法》从原来6章41条增加到6章50条。2000年4月29日，第九届全国人大常委会第十五次会议通过了新的《大气污染防治法》，这是我国对该法的第二次修订。该法增加到共7章66条，增设了"防治机动车船排放污染"一章。

2015年8月29日，第十二届全国人大常委会第十六次会议经三次会议对《大气污染防治法》进行了再次修订。经修订的现行《大气污染防治法》设8章129条，条文几乎增加了一倍。新法加大了处罚力度，法律责任部分占了30条(比原法增加10条)，具体的处罚行为和种类近90种，从而提高了新法的权威性和可操作性。

(二)立法目的

明确将保障公众健康，推进生态文明建设，促进经济社会发展作为立法目的。

在环境保护单行法中，《大气污染防治法》率先依照《环境保护法》，明确将"生态文明建设"作为其立法目的，体现了党中央、国务院和习近平主席关于加快生态文明建设的思想，要求我们努力实现绿色发展、循环发展、低碳发展，以保障公众健康，促进经济社会的全面发展，意义重大。

(三)大气污染防治的目标、原则和基本措施

防治大气污染的目标是改善大气环境质量。《大气污染防治法》第2条明确规定"防治大气污染，应当以改善大气环境质量为目标"，表明防治大气污染，要从注重防治大气污染转向以改善大气环境质量为目标。

防治大气污染的原则包括：(1)源头治理原则。指防治大气污染应当从产生污染的源头治起，使污染源减少污染物的排放量。这是改变多年来"先污染，后治理"的根本途径。(2)"规划先行"原则。防治大气污染，应当先制定防治规划，如环境保护规划、限期达标规划、综合性防治规划等。(3)转变经济发展方式，优化产业结构和布局原则。从根本上转变经济发展方式，着力提高资源能源利用效率，促进产业向清洁安全和绿色方向发展，实现高效、清洁能源、资源节约型发展模式。(4)调整能源结构原则。我国当前的能源消费，以煤炭为主(占三分之二)，这导致其对环境的污染极为严重，为改变这种情况，需要调整能源结构，从源头上根治大气污染。

《大气污染防治法》第2条第2款规定了防治大气污染的基本措施：一是加强对燃煤、工业、机动车船、扬尘、农业等大气污染的综合防治；二是推行区域大气污染联合防治；三是对颗粒物、二氧化硫、氮氧化物、挥发性有机物、氨等大气污染物和温室气体实施协同控制。

(四)各级人民政府防治大气污染职责

《大气污染防治法》第3条对各级人民政府在防治大气污染中的基本责任作了规定：(1)县级以上人民政府应当将大气污染防治工作纳入国民经济和社会发展规划，加大对大气污染防

治的财政投入。(2)县级以上人民政府应当对本辖区的大气环境质量负责。与原法相应条文的比较可知,现行《大气污染防治法》在“地方各级人民政府”和“对本行政区域的大气环境质量负责”的中间,加上了“应当”两字。这项新规定明确、有力地解决了长期以来人们所关注的“谁应当对环境质量负责”的问题;环境保护部门、排污单位等当然应当负责,但是首先和最大应当负责的是各级人民政府。(3)各级人民政府应当采取措施使大气环境质量得到逐步改善。最低要求是达标排放,达标之后还要做到使大气环境质量逐步改善,以便能更好地保护公众健康和生态安全。

(五)大气污染防治的监督管理体制

《大气污染防治法》第5条分两款规定了我国大气污染防治的监督管理体制。

统管部门是国家的环境保护部和地方的环境保护厅、局;分管部门则是中央一级的国务院经济综合部门和质量监督、认证认可监督、交通运输、住房城乡建设、市容环境卫生、国土资源等部门,根据所分管的职责做好大气污染防治工作。此外,出入境检疫、能源、工业、工商行政、海关、渔业、机动车生产、住房城乡建设、农业、水、公安等行政部门,应当依照《大气污染防治法》的有关规定,对大气污染防治执法工作予以配合。

(六)大气污染防治的监督管理制度

1. 大气污染防治的总要求

(1)依法进行环境影响评价。防治大气污染应当进行环境影响评价。《大气污染防治法》第18条规定,排放大气污染物可能对大气环境造成影响的,企业事业单位和其他生产者应当依照《环境影响评价法》第1条的规定,组织进行环境影响评价,并向审批该项规划的机关提交环境影响报告书。未依法进行环境影响评价的单位或者环境影响评价报告书未获批准而擅自开工建设的单位,负有环境保护监督管理权的环境保护部门可依法给予行政处罚,对拒不执行责令停止建设的单位,县级以上环境保护部门和其他有关部门可将案件移送公安机关,对其直接负责的主管人员处以行政拘留。

(2)达标排放和遵守总量控制要求。《大气污染防治法》第18条还规定,向大气环境排放污染物的单位,“应当符合大气污染物排放标准,遵守重点大气污染物排放总量控制要求”。该法的法律责任部分并规定,超过大气污染物排放标准或者超过重点大气污染物排放总量控制指数排放污染物的单位,将受到法律制裁。这也是《大气污染防治法》第三次修订的一大亮点,[5]值得肯定。

2. 排污许可制度

排污许可制度,是指需要向环境排放特定污染物的单位,应当事先向主管部门申请,经批准后方可排放污染物的法律规定。其作用是使排放的污染物得以事前控制,是一种能改善环境质量的较有效的制度,在党的十八届三中全会公报中就明确提出。

原《大气污染防治法》第15条“排污总量控制制度”中规定,国家在划定主要大气污染物总量控制地区内实行排放总量控制大气污染物排放许可证,而其他一般地区则实行“排污收费”。可见,现行《大气污染防治法》将排污许可证的适用范围扩大到一般大气污染物排污单位。这在《大气十条》中就已提出,《重点区域大气污染防治“十二五规划”》中也明确提出要求全面推行排污许可制度。可见,排污许可制度在环境管理中处于关键的重要地位,是一种综合的、全

---

〔5〕 即从原法规定超标排污只需缴纳排污费改为受法律制裁(参见《大气污染防治法》第99条的规定)。

面的、长效的统一管理。它可以将环境影响评价、总量控制、限期治理、排污收费等贯穿起来集于排污许可管理中，是其中任何一种管理制度所不能代替的。

3. 总量控制制度

总量控制制度，是指国家对重点污染物排放实行总量控制，其控制目标由环境保护部在征求有关部门意见后，会同经济综合部门报国务院批准实施；省级人民政府应当按照国务院下达的总量控制目标，控制或者削减本行政区域的重点污染物排放总量。我国自20世纪70年代就在一些地方提出过总量控制的目标，开展总量控制的试点，但到“九五”期间，总量控制才在全国正式实施。“十一五”规划首次提出将主要污染物排放总量削减10%作为约束性指标（主要污染物为二氧化硫），“十二五”期间主要污染物新增了氮氧化物。国外一些经济发达国家如美国1990年的《清洁空气法修正案》就规定了二氧化硫总量控制和排污权交易。欧洲先后签署了《赫尔辛基协议》等，2012年联合国欧洲经济委员会修订了《哥德堡协议》，提出到2020年以前削减各种主要大气污染物，一些北欧国家后来也参与其中。

4. 排污权交易制度

《大气污染防治法》第21条第5款规定：“国家逐步推行重点大气污染物排污权交易”。这是该法新增的一项制度，是指在总量控制的要求下，为促进环境资源高效配置，排污权以有偿方式在政府与排污单位、排污单位之间相互流转。这是运用市场机制将排污权相互流转来优化总量控制指标，以促进排污单位减排和珍惜资源的法律制度。排污权交易应在自愿、公平、有利于环境质量改善等原则下进行。

5. 约谈和区域限批制度

《大气污染防治法》第22条规定，对超过总量控制指标或者未完成国家下达的大气环境质量改善目标的地区，省级以上环境保护部门应当会同有关部门约谈该地区人民政府主要负责人。约谈是一种内部监督的行政措施，以防止地方人民政府不作为、滥作为和违法行政。

区域限批制度，是指超过国家重点大气污染物排放总量控制指标或者未完成国家下达的大气环境质量改善目标的地区，省级以上人民政府环境保护部门暂停审批该地区新增重点大气污染物排放总量建设项目的环境影响评价文件，直至该地区完成整改任务之后。这是《环境保护法》第44条第2款的规定。实践表明，该项制度在解决区域性、重大环境污染问题上具有良好的作用，对盲目追求发展而不顾及环境保护的地区也具有很强的鞭策作用。

6. 淘汰制度

《大气污染防治法》第27条规定，国家对严重污染大气环境的工艺、设备和产品实行淘汰制度。该项制度在2008年修订的《水污染防治法》（第41～43条）、《固体废物污染环境防治法》（第28条）、《环境噪声污染防治法》（第18条）、《水法》（第51条）、《清洁生产促进法》（第11～12条）、《循环经济促进法》（第18条）均先后作了规定，但限于条件未能得到大力贯彻。现行《大气污染防治法》明确规定了该项制度，并在法律责任中规定了比原法更重的处罚条款。

淘汰对象包括严重污染大气环境的工艺、设备和产品。淘汰的期限由国务院经济综合部门会同国务院有关部门规定。被淘汰的设备和产品禁止转让。

7. 损害评估制度

损害评估制度，是指环境保护部门会同有关部门运用经济、技术等手段，对造成大气污染损害的事实依法进行鉴定、测算，并出具书面评估报告，为环境保护监督管理以至司法部门提供服务的总称。只有做好环境损害评估工作，才能真正落实污染者负担原则，准确而全面追求污染破坏环境者的损害赔偿责任。

2014年,环境保护部编制了《环境损害鉴定评估推荐方法》,供开展环境损害评估时参考。该项推荐方法适用于因环境污染或生态破坏行为(包括突发性环境事件)导致人身、财产、生态环境损害等的鉴定评估。环境损害鉴定评估的主要内容包括污染物的属性鉴别、损害确认、因果关系判定和损害数额量化等。

突发环境事件应急处置阶段污染损害评估,是指对突发环境事件应急处置阶段的环境污染损害评估,主要是指所造成的直接经济损失,包括受大气污染造成人身伤害、财产损害和应急处置费等。对此,环境保护部先后发布了《突发环境事件调查处理办法》和《突发环境事件应急管理办法》。为有效开展对突发环境事件应急处置阶段的污染损害评估工作,环境保护部门可以委托有关司法鉴定机构或者专门环境污染损害评估机构开展此项工作,编制评估报告,并组织专家对评估报告进行审核,最高人民法院《关于审理环境侵权责任适用法律若干问题的解释》(法释〔2015〕12号)已有类似的规定。

(七)大气污染防治措施

本部分包括对燃煤污染、工业污染、农业污染、餐饮服务、火葬、消耗臭氧层物质污染等大气污染的防治,现分述于下。

1. 燃煤和其他能源污染防治

《大气污染防治法》第32条规定,国务院有关部门和地方各级人民政府应当采取措施,调整能源结构,推广清洁能源的生产和使用;优化煤炭使用方式,推广煤炭清洁高效利用,逐步降低煤炭在一次能源消费中的比重,减少煤炭生产、使用、转化过程中的大气污染物排放。如通过洗选、优质加工提高煤炭质量、用先进燃烧技术和烟气处理技术减少煤炭污染物排放量、加大煤炭转化成清洁的油气产品。国家还采取有利于煤炭清洁高效的政策措施,鼓励和支持洁净煤的开发和推广,禁止加工、销售和燃用不符合质量标准的煤炭;要求存放煤炭、煤渣、煤灰等物料的单位采取防燃、防尘措施,以防止产生新的大气污染。

2. 工业污染防治

(1)对粉尘、硫化物和氮氧化物的管理。对特定工业排放污染物,如粉尘、硫化物和氮氧化物等的生产过程,要采取清洁生产、除尘、脱硫、脱硝等控制大气污染物排放的管理措施,还应当进行技术改造,以提高产品质量,促进产品升级换代,降低成本,提高经济效益。

(2)挥发性有机物含量应当符合标准。挥发性有机物,是指常温状态下以蒸气形状存在于大气中的有机物。可分为非甲烷碳氢化合物,含氮、含硫化合物等。挥发性有机物如苯、甲苯等,能危害人体健康,有的还能致癌。挥发性有机物来源广泛,对其治理应当遵循源头和过程控制与末端治理相结合的综合防治原则。

(3)使用有机溶剂应减少泄漏和及时收集处理。石油、化工等生产,使用有机溶剂的企业应当采取措施对管道、设备进行日常维护、维修,以减少物料泄漏;对已泄漏的,应及时收集处理;运输过程中应当安装油气回收装置并保持其能正常使用。

(4)严格控制粉尘和气态污染物排放。钢铁、建材、石油、化工、矿山开采等,应当加强精细化管理,采取集中收集处理等措施,严格控制粉尘和气态污染物的排放,工业生产企业应当采取密闭、遮盖、洒水等措施以减少其对大气的污染危害。

(5)回收利用可燃性气体。[6] 工业生产、垃圾填埋或者其他活动产生的可燃性气体应当回收利用,不具备回收利用条件的,应当进行污染防治处理。

3. 机动车船等污染防治

《大气污染防治法》第四章第三节规定了机动车船等污染大气环境的防治。特别需要指出的是,该法规定了各级人民政府在机动车船等大气污染防治中的责任。如倡导低碳、环保出行,大力发展城市公共交通;推广应用节能环保型和新能源机动车船、非道路移动机械;限制高油耗、高排放机动车船、非道路移动机械的发展,以减少石油能源消耗,从源头上防治机动车船的大气污染。此外,在条件具备的地区,可提前执行国家机动车污染物排放标准中的相应限值。总之,城市各级人民政府应当改善并加强城市交通管理。

(1)低碳、环保出行,减少机动车使用量。

(2)减少在用车污染物排放量。在条件具备的地区,省级人民政府可依法提前执行国家机动车大气污染物排放标准中相应阶段的排放限值。这是现行《大气污染防治法》增设的条款。

(3)优化道路设置和保障道路畅通。这也是现行《大气污染防治法》增设的新要求。各级人民政府应当科学设置道路交通线路,推广智能交通系统,完善标志、标线、交通信号等设施,强化道路交通的安全管理,推行错峰上下班、潮汐车道等缓解交通拥堵的措施。

(4)机动车船、非道路移动机械不得超标排放大气污染物。如前所述,超标排放大气污染物是违法行为,将依法受到环境保护行政主管部门处罚。此外,还将受到检验机构对其进行排放检验,经检验合格方可上路行驶。

(5)检验机构的职责和对其监管的规定。机动车排放检验机构应当依法通过计量认证,使用经依法检定合格的机动车排放检验设备。环境保护主管部门和认证认可监督管理部门应当对机动车排放检验机构的排放检验情况进行监督检查。

(6)机动车生产、进口企业公开大气污染物排放信息。包括排放检验、污染控制技术和维修技术信息;之所以要公开上述信息是为了方便广大群众进行监督,也为执法部门提供便利,促进这些企业之间公平竞争,从而提高其生产、维修技术水平,有利于在用车的行车安全和尾气达标排放。

(7)非道路移动机械大气污染物排放的监督检查。非道路移动机械在我国应用非常广泛,其排放的污染物每年在200万吨以上,而对其发动机污染物排放的控制技术相对于汽车较为落后,故存在减排的潜力。

(8)机动车、非道路移动机械的环保召回制度。需要注意的是,这种缺陷是在正常保养和使用并在规定寿命时限内超标排放污染物。召回的方式可以是由生产、进口方自行发现,也可以由国务院质量监管部门会同环境保护部门当发现生产、进口部门的机动车、非道路移动机械存在环保缺陷而生产、进口部门又未采取主动召回措施时,按照规定程序予以召回。前者称主动召回,后者称强令召回。

(9)重型汽车等应当加载或者更换符合要求的污染控制装置。柴油发动机虽然有良好的燃油经济性、动力性和耐久性,因而广泛被人们应用于机动车及非道路移动机械,但其所排放的氮氧化物和颗粒物却远高于汽油发动机。因此,它们一般都需要加装污染控制装置以实现

---

〔6〕 可燃性气体,指石油化工、煤炭开采等工业生产过程中产生的焦炉气、石油化工尾气、煤矿矿井原料和垃圾填埋活动中产生的甲烷等。

达标排放。

(10)强制报废制度。在用机动车排放大气污染物超过标准的,应当进行维修;经维修或者采用污染控制技术后,大气污染物排放仍不符合国家标准的,应当强制报废。机动车所有人应当将该机动车交给报废机动车回收拆解企业,由其按照国家有关规定进行登记、拆解、销毁等处理,并将报废的机动车登记证、号牌、行驶证交公安机关交通管理部门注销。需要注意的是,机动车所有人不得自行拆解处理。

(11)经检验符合国家排放标准的船舶可以营运。这表明船舶营运必须经过检验,达到国家规定标准方可以营运。船舶以柴油或者重油为主要燃料,具有耗油量大、单机大气污染物排放大的特点。故《大气污染防治法》规定,经检验符合国家排放标准的船舶才准予营运。

4. 扬尘污染防治

扬尘,是指道路、建筑工地、荒地、垃圾堆放地以及农田等方面的颗粒物,也称地质材料尘。它区别于粉尘,后者是工业生产中粉末状态的固体颗粒物。《大气污染防治法》第四章第四节"扬尘污染防治"中规定,地方各级人民政府应当加强对建筑施工和运输的管理,保持道路清洁,控制料堆和渣土堆放,扩大陆地、水面、湿地和地面铺装面积,防治扬尘污染。与原法第43条相比较可知,现行《大气污染防治法》扩大了适用范围,明确规定防治扬尘污染的责任主体不仅是城市各级人民政府,还包括农村各级人民政府。

(1)建设单位应当将防治扬尘污染的费用列入工程价,并在施工合同中明确规定施工单位防治扬尘污染的责任。

(2)防止未开工建设用地扬尘污染。施工单位应当采取覆盖、分段作业等措施,有效防止扬尘污染;暂时不能开工超过3个月的,应当进行绿化、铺装或者遮盖;对工程开工后的渣土、建筑垃圾还应当进行资源化处理。

(3)对施工单位控制扬尘污染的技术要求。2007年9月,原建设部发布的《绿色施工导则》对施工单位控制扬尘污染提出了技术要求,如运送建筑材料时不污损场外道路,土方作业应采取洒水、覆盖,对建筑垃圾进行资源化处理等。

(4)施工单位信息公开、接受监督。施工单位应当在施工工地公示扬尘污染防治措施、负责人名单、扬尘监督管理主管部门的信息。根据《环境保护法》第53条第1款的规定,施工单位有义务公示本单位防治扬尘污染的措施等环境保护信息,群众若发现施工单位可能对其造成扬尘污染等行为,有权依法向环境保护主管部门或者其他负有环境保护监督管理权的部门举报。

(5)交通扬尘污染防治。《大气污染防治法》第70条至第72条,分别对运输装卸物料、河道运输、贮存煤炭等易产生扬尘的物料等场所防治扬尘污染、扩散做了规定。

5. 农业和其他污染防治

《大气污染防治法》第四章第五节规定了对农业和其他污染的防治。众所周知,我国是农业大国,农业人口占全国总人口的大多数,农业生产事关国家可持续发展的大事,防治农业生产的大量污染是广大农民健康的切身要求。

(1)加强对农业源大气污染防治。农业源大气污染多种多样,尤以过量施用化肥和农药为最。《大气污染防治法》规定,各级地方政府应做好以下三项工作:一是推动转变农业生产方式。通过农村经济规模化和集约化来提高农业生产的科学水平,合理使用农药、化肥,降低其对农村环境的危害;二是发展农业循环经济,加大对农业生产废弃物综合处理的支持力度;三是加大对农业活动排放污染物的控制和利用,变废为宝。

(2)减少农药、化肥对大气的污染。我国使用化肥、农药不科学是农业源大气污染的重要原因。因此,法律要求使用者严格按照化肥、农药的使用方法,科学合理施肥,按照使用说明使用农药。《大气污染防治法》第74条第2款还特别规定,禁止在人口集中地区对树木、花草喷洒剧毒农药。

(3)畜禽养殖场、养殖小区防止恶臭污染大气。这也是现行《大气污染防治法》增设的内容。畜禽养殖场设立条件规定,畜禽粪便、废水应当进行综合利用,其养殖场、养殖小区的选址、建设和管理应当符合有关法律、法规的规定;对畜禽粪便和污水等废弃物应当进行科学处理,如进行收集、贮存、清运和无害化处理。

(4)秸秆综合利用和财政补贴的规定。为减少秸秆焚烧对大气环境的危害,各级人民政府及其农业行政等有关部门应当鼓励、支持采用先进技术,对秸秆、落叶等进行综合利用,并加大财政补贴力度。此外,为减少秸秆焚烧引起的烟尘污染,省级人民政府应当划定区域,禁止露天焚烧秸秆、落叶。

(5)风险管理有毒有害大气污染物。环境保护部应当会同卫生行政部门,根据大气污染物对公众健康和生态环境的危害与影响程度,公布有毒有害大气污染物名录,实行风险管理。该名录由国务院统一制定,在全国统一实施。风险管理的责任主体首先是排放有毒有害大气污染物的企、事业单位。它们有义务采取有效措施来降低事故伤害风险。这些措施如建设预警体系、先期预测、开展评估,最后是采取有效措施净化处置,实现达标排放,从而消除危险。

(6)持久性有机污染物达标排放。持久性有机污染物具有毒性、难以降解、能在生物体内蓄积并长期积累的特点。可能向环境排放的持久性有机污染物分两类:一是在生产、使用过程中向大气环境排放,二是涉及有机物质和氯的热处理过程中形成和排放的化学物质,如二噁英类物质。由于其生成过程复杂,影响因素又多,对其宜采用源头预防,采取有利于减少排放,并配置有效净化处理装置,使其能达标排放,减少大气污染。

(7)防治恶臭气体。恶臭,是指一切刺激嗅觉器官引起人们不愉快及损坏生活环境的气体物质。恶臭污染物能持续散发恶臭的物质,一共有数千种,但从来源看,可分为农牧业、工业和城市公共设施三大类。防治恶臭气体的主体是向大气排放恶臭气体的企、事业单位和其他生产经营者;防治措施要多管齐下,如科学选址、使处理设施远离城市,还可以安装净化装置。

(8)文明、绿色祭祀。我国很多地区,在祭祀祖先行动中,会大量设置祭品,烧纸、燃放烟花爆竹等,极易引起火灾,也危害人体健康。提倡文明、绿色祭祀,如鲜花祭奠、植树祭奠、网上祭奠、居家祭扫、社区公祭、集体共祭等。一是可以减少费用,二是节省土地,三是有利于环境和生态保护。

(9)保护臭氧层。臭氧层,指大气层中臭氧浓度最大的一层,位于距地表20～25公里的高度。大气臭氧层中的一层能大量吸收太阳紫外线,使该层增温,同时还可使地面上的生物免受过多紫外线之害。大气臭氧层臭氧的增减,会引起紫外线和热力平衡的变化,从而引起生态和气候变化。人们使用的冰箱、空调、灭火器等会消耗臭氧层物质,其中的哈龙破坏性最大。保护臭氧层就是要减少消耗臭氧层的物质向大气环境排放。国际社会于1985年制定了《保护臭氧层维也纳公约》。1987年又制定了《保护臭氧层物质的蒙特利尔议定书》,我国于1989年9月加入了该公约,2010年颁布了《消耗臭氧层物质管理条例》,后又发布了《中国受控消耗臭氧层物质清单》,为减少破坏臭氧层物质向大气环境排放,有关单位应当研制和应用这些物质的替代品。《大气污染防治法》第85条第2款规定,国家对消耗臭氧层物质的生产、使用、进口实行总量控制和配额管理。

(八)重点区域大气污染联合防治

1. 联防联控机制的含义

由于经济的快速发展,我国近年来大气污染日益严重,油烟污染与机动车尾气污染的复合已成为大中城市以至区域性大气污染的突出问题,加上一些地区雾霾天气频发,已严重制约我国经济社会发展,还加重了对人体健康的危害。这种复合型和区域性的大气污染问题也成为单个城市、省份难以有效解决的问题,需要探索建立区域联合防治体系,以协调解决日益严重的大气污染问题。2010 年,环境保护部等部门《关于促进大气污染联防联控工作 改善区域空气质量的指导意见》中,要求到 2015 年建立大气污染联防联控机制,2015 年起实施的《环境保护法》第 20 条规定:“国家建立跨行政区域的重点区域、流域环境污染和生态破坏联合防治协调机制,实行统一规划、统一标准、统一监测、统一防治的措施。”

2. 重点区域的划定

重点区域指的是功能相对敏感,大气污染又相当严重的地区。根据《关于促进大气污染联防联控工作 改善区域空气质量的指导意见》,这些区域包括京津冀、长三角和珠三角地区,辽宁中部、山东半岛、武汉及其周边、长株潭、成渝、台湾海峡西岸等区域以及山西中北部、陕西关中、甘宁、新疆乌鲁木齐等 13 个重点区域。这些地区大气污染物正在不同城市间传输扩散,相互影响十分严重。划定为国家大气污染防治重点区域,可以通过联防联控机制等特殊措施有效地解决重点区域的大气污染。

3. 联防联控机制

这种机制工作制度的重点区域内有关省级人民政府,应当确定牵头的地方人民政府,定期召开联席会议,按照规划、标准、监测、防治措施“四个统一”的要求,开展大气污染联合防治,落实其防治目标责任。通过召开联席会议来协调解决区域合作的问题,是当前我国区域合作中使用得比较成功的协调方式。联合会议每年召开一次,遇到重大事项时也可随时举行。这种方式对实现区域大气污染统一防治具有很好的作用。

4. 重点区域大气污染联合防治行动计划

环境保护部会同国务院有关部门,根据重点区域经济社会发展和大气环境承载能力,制定重点区域大气污染防治行动计划,即根据区域环境空间大小和资源状况,结合当地经济发展状况和目标,分析大气环境对人口承载能力及其对经济活动支撑能力的大小,对区域大气环境进行预估,并据此制定本区域大气污染联合防治行动计划。现实生活中,工业源、交通源、能源结构三者是影响城市大气环境质量的关键领域,这就决定了重点区域大气污染防治行动计划的内容,应当有明确的控制目标、优化区域经济布局、统筹交通管理、发展清洁能源、重点防治任务和措施等。行动计划的最终目的,是促进重点区大气环境质量的改善。

(九)重污染天气应对

近年来,我国大气环境质量有所改善,但城市空气质量超标情况依然普遍。特别是冬季重度污染频发。2015 年报告覆盖的 164 个城市中,平均超标天数为 99 天,其中 74 个重点城市平均超标天数为 105 天,京津冀及周边地区仍然是全国空气超标最严的地区。[7] 我国现阶段部分地区大气污染物的排放总量已经远远超过环境的承载力,大范围、大面积、长时间的雾霾天

[7] 亚洲清洁空气中心:《大气中国 2016:中国大气污染防治过程》,载《中国环境报》2016 年 8 月 23 日。

气已严重损害了人体健康。[8] 对于频繁出现的严重大气污染,需要强化防范意识,提高城市应对能力。而早发现、早预报以便早作准备,则能减少大气污染的危害。《环境保护法》第47条规定,县级以上人民政府应当建立环境污染公共监测预警机制,组织制定预警方案,及时公布预警信息,启动应急措施。《大气十条》也明确提出建立监测预警应急体系。监测预警在应急响应中非常重要,《大气污染防治法》第93条明确规定,"国家建立重点污染天气监测预警体系"。

(1)建立重点区域重污染天气监测预警机制。我国当前重污染天气预警工作响应的应急措施,存在缺乏合作和系统性、预警等级的标准也不一致等问题。不合理的预警分级容易发生应急措施滞后或者超前,不合实际。《大气十条》明确要求,建立区域协作机制、统筹区域环境治理,并在建立监测预警体系中规定,各级环境保护部门要加强与气象部门合作,建立重污染天气监测预警体系。《大气污染防治法》进一步规定,环境保护部会同国务院气象机构等有关部门、国务院大气污染防治重点区域内有关省级人民政府,建立重点区域重污染天气监测预警机制,统一预警分级标准。

(2)建立突发事件应急管理体系。《大气污染防治法》第94条规定,县级以上地方人民政府应当将重污染天气应对纳入突发事件应急管理体系。这主要是为使地方政府对重污染天气有所准备。因为将重污染天气应急响应纳入政府突发事件应急管理体系,成立应急指挥部,明确任务分工,建立工作机制,开展应急演练,就能熟识应对流程,就能在突发重污染天气发生时积极主动应对,避免不必要的损失。需要指出的是,《大气污染防治法》并未统一要求所有县级地方人民政府都应当制定重污染天气应急预警,而只规定对可能发生重污染天气的县级人民政府应当制定重污染天气应急预案,防患于未然。

(3)对重污染天气及时发出预报和预警。《大气污染防治法》第95条规定,省人民政府和设区的市人民政府应当会同气象主管机构建立会商机制,进行大气环境质量预报。这种"三联合"工作机制,会使预测结果更加科学。对所发出的信息,应当综合分析气象条件、可能造成的污染程度等,按照突发污染事件发生的紧急程度、发展势态和可能造成的危害程度进行分级(共分一、二、三、四级,分别用红、橙、黄和蓝色标示),提前发出预警信息,以便及时采取防范措施,从而减轻可能造成的损害。

第二节　防治水污染的法律规定

一、水污染的概念

水污染,是指由于人们的生产和其他活动,使污染物或者能量进入水环境,导致其物理、化学、生物或者放射性特征的改变,造成水质恶化,影响水体的有效利用,危害人体健康、生命安全或者破坏生态的现象。[9]

常见的水体污染物,从化学角度看,包括无机有毒物质、有机有毒物质和病原体等。从环

---

〔8〕《全球1/7儿童深受空气污染之害》,载《参考消息》2016年11月1日。

〔9〕参见《水污染防治法》第102条第1项的规定。该法关于水污染的定义与本书略有不同,后者认为法学所研究的主要是人的行为造成的水污染。

境工程学看,包括植物营养物质污染物(如生活污水和某些工业废水中的磷和氮)、需氧物质污染物(如蛋白质、碳水化合物)、病原体污染物、石油污染物、农药污染物和放射性污染物等。我国城市河流主要污染物为氮、磷、高锰酸盐和石油类等。

环境保护部于2017年6月5日公布的《2016年中国环境状况公报》称,全国地表水1940个评价、考核、排名断面中,四类、五类和劣五类水质断面分别占16.8%、6.9%和8.6%,共占32.3%;地下水水质监测中,以地下水含水系统为单元,潜水为主的浅水层地下水和承压水为主的中深层地下水为对象的6124个地下水水质监测中,较差级和极差级的监测点分别占45.4%和14.7%,共占60.1%。可见,我国的水污染相当严重。

二、水污染的危害

水污染的危害表现在如下方面:

1. 对人体健康的危害。人直接饮用含有病菌、病毒或者寄生虫的污水后,会引起疾病蔓延,如病菌引起的痢疾、霍乱;病毒引起的传染性肝炎;寄生虫引起的血吸虫病、姜虫病等。有毒有害物质污染水体之后,经过人的饮用而危害人体健康甚至危及人的生命。长期饮用汞、铬、铅、砷、氯等重金属污染的水和食用受到有机氯等农药污染的鱼、蔬菜和粮食后,虽然其含量极低但经过食物链富集也会引起中毒,如日本的"水俣病"就是长期食用受汞污染的鱼鲜引起的。

2. 对工农业生产的危害。水污染直接影响工农业生产,如使产品质量下降,有的被迫停产、绝收,有的地区粮食、蔬菜、肉类、茶叶等因含毒物质过高而不能食用,还影响对外贸易。

3. 对渔业生产的危害。生长在受污染的水体中的鱼类,鱼肉有异味,体形畸变。严重的水质污染会使鱼类大批死亡甚至灭绝。

4. 对其他方面的危害。水污染加剧了水资源短缺的矛盾。我国是一个水资源短缺的国家,城市缺水问题尤其突出。全国平均每年因缺水受旱耕地面积近2600万公顷,缺水每年给我国工农业造成的损失高达3500亿元。[10]

三、水污染防治的法律规定

(一)水污染防治立法概况

建国初期,我国就开始了水污染防治工作,如防治官厅水库水污染、治理天津蓟运河污染,对白洋淀、松花江、挥河、西湖、奎河等流域也开始了水污染防治,还发表了《关于淮河污染情况和治理意见的报告》。但环境保护法领域仅颁布过一些环境保护标准,如《生活饮用水卫生标准(试行)》、《农田灌溉水质标准(试行)》、《渔业水质标准(试行)》和《工业"三废"排放试行标准》等。1979年公布施行的《环境保护法(试行)》,对防治水污染的原则、制度、措施以至法律责任等做了基本的规定。1984年5月11日,第六届全国人大常委会第五次会议通过了《水污染防治法》。该法是我国防治陆地水体污染方面的综合性单行法。为了贯彻该法,国务院于1989年7月12日发布了《水污染防治法实施细则》。国家有关部门还先后发布了《地面水质标准》[11]和多种水污染物排放标准(后来都纳入《污水综合排放标准》)。这些法律、法规、标准

---

〔10〕《提高生态文明水平是重大的战略任务》,载《中国环境报》2010年11月8日。

〔11〕1999年7月20日为《地表水环境质量标准》所取代。

的颁布施行,使我国的水污染防治工作取得一定的成效,“局部地区的水污染恶化趋势有所控制”。[12]

但是,进入20世纪90年代,随着我国经济的高速增长,水污染在总体上仍呈恶化的趋势,水污染防治领域出现了很多新情况和新问题,需要通过立法加以解决。第八届全国人大常委会第十九次会议于1996年5月15日通过了《关于修改〈水污染防治法〉的决定》,并于同日公布施行。此次修订工作本着适应社会主义市场经济新体制,促进经济和社会的持续发展,抓住关键、突出重点,着力解决水污染方面的主要问题的原则,对原《水污染防治法》进行大量的修改。共改动、增加了23条,由原来的7章46条修改为7章62条。为了适应和实施该法,2000年3月20日,国务院颁布了经过全面修改的《水污染防治法实施细则》。对18个条款做了修改,新增了20个条款,总条款数由原来的39条增加至49条。

该法实施二十多年,所确立的水污染防治原则、制度,如水污染防治与水资源保护相结合、水污染防治统一规划、环境影响评价、排污收费、重点污染物排放的总量控制、生活饮用水水源保护区等,都是切实可行的,因而在防治水污染上起着积极的作用。但是,随着我国经济的持续快速增长,水污染物排放一直没有得到有效控制,水污染防治和水环境保护面临着旧账未清、又欠新账的局面。松花江水污染事故发生后,在吸取各方面意见的基础上,对该法有关条文作了修改,形成了《水污染防治法(修订草案)》,于2008年2月28日由第十届全国人大常委会第三十二次会议修订通过。2008年6月1日起施行的《水污染防治法》,共8章92条。

2017年6月27日再次修订并公布施行的《水污染防治法》,突出体现了防治水污染是为了保护水生态、保障饮用水安全、维护公众健康、促进经济社会可持续发展的立法目的,明确规定各级人民政府应当对本行政区域水环境质量负责,及时采取措施防治水污染;坚持预防为主、防治结合、综合治理的原则;要求当地人民政府应当组织编制饮用水安全突发事件应急预案,采取有效措施保障公众饮水安全;以国家法的高规格规定省、市、县、乡建立河长制,分级分段组织领导本行政区域内江河、湖泊的水资源保护与管理;国家对重点污染物实行总量控制和排污许可证制度。对超标排污或者未完成水环境质量改善地区实行约谈制度,可暂缓审批新增重点污染物排放的环境影响评价文件;直接或者间接向水体排放污染物的应当事先取得排污许可证;在法律责任部分,贯彻了《环境保护法》的有关规定。2017年修订的《水污染防治法》的贯彻实施,必将更有效地保护和提高我国的水环境质量,造福于广大人民。

(二)立法目的

2017年修订的《水污染防治法》将立法目的定为“为了保护和改善环境,防治水污染,保护水生态,保障饮用水安全,维护公众健康,推进生态文明建设,促进经济社会可持续发展”。与原法比较,[13]新法突出了“保护水生态,保障饮用水安全,维护公众健康”。这不只是文字上更加明确,其立法宗旨也体现得更加明白。水生态得到保护,饮用水得到保障,公众健康才能真正得到维护,才能促进经济社会可持续发展。

(三)水污染防治的原则

1.预防为主、防治结合、综合治理原则。《水污染防治法》坚持了原法行之有效的水污染防

---

〔12〕《强化水污染防治的有力武器》,载《中国环境报》1996年6月16日。

〔13〕原法的立法目的是:“为了防治水污染、保护和改善环境,保障饮用水安全,促进经济社会全面协调可持续发展。”参见该法第1条的规定。

治的原则。该法第3条规定:“水污染防治应当坚持预防为主、防治结合、综合治理的原则,优先保护饮用水水源,严格控制工业污染、城镇生活污染,防治农业面源污染,积极推进生态治理工程建设,预防、控制和减少水环境污染和生态破坏。”由此可知,该法继续将预防为主、防治结合、综合治理规定为防治水污染的原则。

2. 优先保护饮用水水源。保护饮用水水源一直是我国水污染防治和水资源保护的重点。现行《水污染防治法》第63条规定,国家建立饮用水水源保护区制度。饮用水水源保护区分为一级保护区和二级保护区;必要时,可以在饮用水水源保护区外围划定一定的区域作为准保护区。在饮用水水源保护区内,禁止设置排污口。禁止在饮用水水源一级保护内新建、改建、扩建与供水设施和保护水源无关的建设项目;已建成的与供水设施和保护水源无关的建设项目,由县级以上人民政府责令拆除或者关闭。与原法相比较,可以看出,现行法提高了划定保护区的政府的行政等级,并规定了更加严厉的监督管理和处罚措施,以利于更好地保护饮用水水源免受污染,体现了将饮用水水源优先保护的立法精神。

3. 严格控制工业污染、城镇生活污染。工业污染是造成我国环境污染包括水污染的主要污染源;随着经济社会的发展,城镇生活污水已逐渐成为造成水环境污染的另一重要污染源。自2001年以来,城镇生活污水的年排放量已经超过工业污水,成为水环境污染的最大污染源。[14] 因此,现行《水污染防治法》将严格控制工业污染、城镇生活污染作为该法一项防治水污染的举措。

4. 建立河长制,维护江河湖泊的健康发展。河长制是我国完善水保护与治理、保障水安全的重要法律制度。现行《水污染防治法》在总则部分的第5条,明确要求全国各省、市、县、乡建立河长制,分级分段组织领导本行政区域内江河、湖泊的水资源保护、水域岸线管理、水污染防治、水环境治理等工作。

5. 积极推进生态治理工程建设,预防、控制和减少环境污染和生态破坏。生态建设中要坚持保护优先、预防为主,生态保护要与生态建设并重同步。现行《水污染防治法》要求,在推进生态工程建设的同时,要积极预防、控制和减少水环境污染和生态破坏。并在该法第五章中规定,禁止在饮用水水源一级保护区内设排污口或者从事一切可能污染饮用水水源的建设项目和其他活动;在准保护区内采取工程措施或者建造湿地、水源涵养林等生态保护措施,必须防止水污染物直接排入饮用水水体,以确保饮用水安全。

6. 禁止从事污染饮用水水体和其他特殊水体活动。现行《水污染防治法》除了规定在饮用水水源保护内禁止设置排污口之外,还禁止在饮用水水源一级保护区内从事网箱养殖、旅游、游泳、垂钓或者其他可能污染饮用水水源的活动;禁止在饮用水水源二级保护区内新建、改建、扩建排放污染物的建设项目;已建成的排放污染物的建设项目,由县级以上人民政府责令拆除或者关闭;改建的建设项目,不得增加排污量。

7. 国家建立水环境质量监测和污染物排放监测制度。国务院环境保护部门负责制定水环境监测规范,统一发布国家水环境状况信息,会同国务院水行政等部门组织监测网络。

(四)各级人民政府的水污染防治职责

现行《水污染防治法》第4条、第6条至第8条,还概括地规定了人民政府在防治水污染中的基本职责。

---

[14] 参见2001年以来《全国环境统计公报》。

1. 将水环境保护工作纳入计划并对水环境质量负责。《水污染防治法》第 4 条规定："县级以上人民政府应当将水环境保护工作纳入国民经济和社会发展规划。地方各级人民政府对本行政区域的水环境质量负责，应当及时采取措施防治水污染"。

2. 国家建立健全水环境生态保护补偿机制。国家通过财政转移支付等方式，建立健全对位于饮用水水源保护区区域的江河、湖泊、水库上游地区的水环境生态补偿机制。生态补偿机制是指以保护生态环境、促进人与自然和谐为目的，根据生态系统服务价值、生态保护成本和发展机会成本，综合运用行政和市场手段，调整生态环境保护和建设相关各方之间利益关系的环境经济政策。建立生态补偿机制有利于推进资源的可持续利用，加快环境友好型社会建设，实现不同地区、不同利益群众的和谐发展。

3. 国家实行水环境保护目标责任制和考核评价制度，将水环境保护目标完成情况作为对地方人民政府及其负责人考核评价的内容。

4. 按照流域或者区域进行水污染防治的统一规划。国家确定的重要江河、湖泊的流域水污染防治规划，由环境保护部会同国务院经济综合宏观调控，水行政等部门和有关省、自治区、直辖市人民政府编制，报国务院批准。经批准的水污染防治规划是防治水污染的基本依据，规划的修订须经原批准机关批准；县级以上地方人民政府应当根据依法批准的江河、湖泊流域水污染防治规划，组织制定本行政区域的水污染防治规划。有关市、县级人民政府应当按照水污染防治规划确定水环境质量改善目标的要求，制定限期达标规划，采取措施按期达标。有关市、县人民政府还应当将限期达标规划报上一级人民政府备案，并向社会公开。市、县人民政府每年在向本级人民代表大会或者其常委会报告环境状况和环境保护目标完成情况时，应当同时报告水环境质量限期达标规划执行情况，并向社会公开。

5. 国家建立重要江河、湖泊流域的环境保护联合协调机制，实行统一规划、统一标准、统一监测、统一的防治措施。为实现上述"四个统一"的水污染防治措施，环境保护部和省级环境保护厅（局）应当会同同级有关部门根据流域生态功能的需要，明确流域生态环境保护要求，组织开展流域环境资源承载能力监测、评价，实施流域环境资源承载能力预警。为此，县级以上地方人民政府应当根据流域生态功能需要，因地制宜建设人工湿地、水源涵养林、沿河沿湖植被缓冲带和隔离带等生态环境治理与保护工程，整治黑臭水体，提高流域环境资源承载能力。

（五）水污染防治的监督管理体制

现行《水污染防治法》第 9 条对我国水污染防治的监督管理体制做了规定："县级以上人民政府环境保护主管部门对水污染防治实施统一监督管理。交通主管部门的海事管理机构对船舶污染水域的防治实施监督管理。县级以上人民政府水行政、国土资源、卫生、建设、农业、渔业等部门以及重要江河、湖泊的流域水资源保护机构，在各自的职责范围内，对有关水污染防治实施监督管理。"从上述规定可知，现行《水污染防治法》关于水污染防治监督管理机构及其职责的规定，比原法更加明确、合理。其中删去了"协同环境保护部门对水污染防治实施监督管理"中"协同"两个字，表明这些行政部门是依据法律设定的职责独立进行有关的水污染防治的监督管理职责。这些部门是水污染防治的分管部门，其地位是与统管部门平等的，只有分工的差别，并无监督与被监督、领导与被领导的法律关系。这种规定，有利于调动有关行政部门的主动性、积极性，更好地与环境保护行政主管部门密切配合，既分工又合作，共同做好水污染防治的监督管理工作。

(六)水污染防治的标准和规划

现行《水污染防治法》第12~15条,详细规定了水环境质量标准和水污染物排放标准的制定机关、制定条件、程序以至修改程序。

我国对江河、湖泊水资源的保护和水污染防治,长期以来一直按照流域或者区域水污染防治或者水资源保护进行统一规划,经批准的江河、湖泊水污染防治规划和水资源保护规划,是该地区防治水污染或者进行水资源保护的基本依据,具有法律的强制性,有关部门和单位必须严格执行。对此,原《水污染防治法》第10条和《水法》第14条已作了明确的规定。现行《水污染防治法》重申了上述规定,并细化了跨省、跨县江河、湖泊流域水污染防治规划的编制、批准和备案程序,即将原《水污染防治法》第10条中的第2款,分别按照跨省或者跨县江河、湖泊的流域水污染防治规划的编制程序做出规定,层次更加分明。[15]

县级以上地方人民政府应当根据依法批准的江河、湖泊的流域水污染防治规划,组织制定本行政区域的水污染防治规划。

(七)水污染防治的制度

现行《水污染防治法》第三章"水污染防治的监督管理"中,第19条至第29条依次规定了水污染防治的环境影响评价、"三同时"、重点水污染物排放总量控制、重点水污染物排放总量控制指标和严重污染水环境的企业予以公布、排污许可证、排污申报登记、按规定设置排污口排污、重点排污单位安装自动监测设备、水环境质量和水污染物排放监测报告、现场检查和跨行政域水污染纠纷协调解决等11项水污染防治监督管理制度。其中大多数制度前已述及,下面着重介绍该法所特有或者新规定(修改)的制度。

1. 重点水污染物排放的总量控制制度

重点水污染物排放的总量控制制度,是指在特定的时期内,综合经济、技术、社会等条件,采取通过向排污源分配水污染物排放量的形式,将一定空间范围内排污源产生的水污染物的数量控制在水环境容许限度内而实行的污染控制方式及其管理规范的总称。[16]过去相当长的时期内,我国对污染物的环境管理主要采取污染物排放浓度控制,浓度达标便视为合法。这种做法的结果表明其不能遏制环境污染加剧的趋势。近年来,污染物排放总量控制在我国已得到重视;在环境保护法领域中率先做出规定的,是1996年5月15日经第一次修订后公布施行的《水污染防治法》。该法第16条规定,"省级以上人民政府对实现水污染物达标排放仍不能达到国家规定的水环境质量标准的水体,可以实施重点污染物排放总量控制制度"。经第二次修改后公布施行的《水污染防治法》第18条有更进一步规定。经第三次修订后,现行《水污染防治法》第20条第3款规定,省级以上人民政府环境保护行政主管部门应当会同有关部门约谈该地区人民政府的主要负责人,并暂停审批新增重点水污染排放总量的建设项目的环境影响评价文件。这项新规定表明,对超过重点水污染物排放总量或者未完成水环境质量改善目标的地区,省级以上人民政府环境保护行政主管部门可采取上述行政措施,以促使有关人民政府履行环境保护职责,从而达到控制、减少重点水污染物排放量。

2. 排污许可证制度

排污许可证制度,是指直接或者间接向水体排放废水和污水的企业、事业单位,应当取得

---

〔15〕 参见现行《水污染防治法》第16条第2款。

〔16〕 黄建初主编:《〈中华人民共和国水污染防治法〉释义及实用指南》,中国民主法制出版社2008年版,第97~98页。

排污许可证并按照规定要求方可排污的法律规定。排污许可证制度对落实污染物排放总量控制制度、加强水污染物排放的监督、推行排放权交易等都有重大的作用。现行《水污染防治法》第21条明确规定，直接或者间接向水体排放工业废水和医疗废水以及其他按照规定应当取得排污许可证方可排放的废水、污水的企业事业单位和其他生产经营者，应当取得排污许可证；城镇污水集中处理设施的运营单位，也应当取得排污许可证。从该法的法律责任的规定可知，国家禁止未依法取得排污许可证而向水体排放污染物，也禁止超过水污染排放标准或者超过重点水污染物排放总量控制指标排放水污染物。

3. 禁止超标排污制度

也称超标违法制度，是指排放水污染物的单位和个体经营者，不得超过国家或者地方规定的水污染物排放标准和重点水污染物排放总量控制指标排放污染物的法律规定。长期以来，我国对向环境排放污染物的单位实行征收排污费的制度。可见，法律未将超标排污者的超标排放污染物行为界定为非法，因而也不负法律责任，即所谓“超标排污不违法”。近年来，我国环境状况继续恶化，表明排污收费制度在遏制环境污染的作用减弱，为了改变这种现象，必须加重对超标排污行为的处罚力度。现行《水污染防治法》第10条规定：“排放水污染物，不得超过国家或者地方规定的水污染物排放标准和重点水污染物排放总量控制指标”。可见，该法体现了“超标违法”的立法精神，比《大气污染防治法》和《海洋环境保护法》更加严格。只要排污单位超过国家或者地方排放水污染物标准或者超过重点水污染物排放总量控制指标排放污染物者，将依法承担行政责任，由所在地县级以上人民政府环境保护主管部门责令改正或者责令限制生产、停产整治，并处10万元以上100万元以下罚款，情节严重的，报经有批准权的人民政府批准，责令停业关闭。

现行《水污染防治法》关于超标排污违法的规定，不仅表明超标排污是违法行为，而超过重点水污染物排放总量控制指标排放水污染物的，也属于违法行为；体现了预防为主原则，有利于从源头削减污染物的排放量和对排污行为全过程进行控制；加重了处罚力度，提高了超标违法制度在环境污染防治中的积极作用。

(八)水防染防治措施

现行《水污染防治法》适应新形势下水污染防治的要求，扩大了该法的调整范围，严格了水污染的防治要求，具体并细化了水污染的防治措施，突出了水污染的防治重点。尤其是将一般性的防治措施概括地规定在第四章最前面(第一节)，更具针对性，便于操作和贯彻实施。

1. 一般规定

(1)防止地表水污染。地表水，[17]是指地球表面的水体。如江、河、湖、池、塘、运河、渠道、水库等流动或者积聚的水，是相对于地下水而言的。其一，禁止向水体排放、倾倒有毒有害物质。这些物质包括油类、酸液或者剧毒废液，放射性固体废物或者含有高、中放射性物质的废水，工业废渣、城镇垃圾和其他废物，含有汞、镉、砷、铬、氰化物、黄磷等的可溶性剧毒废渣。此外，禁止将装贮过油类或者有毒污染物的车辆和容器在水体中清洗；禁止在水体最高水位线以下的滩地和岸坡堆放、存贮固体废物和其他废物。其二，对地表水排放其他污染物必须符合标

---

〔17〕 现行《水污染防治法》在结构上改变了原法的形式，一方面，可以突出对饮用水水源等特殊水体的保护；另一方面，可以依照不同污染源规范防治的内容。但是，在突出对特殊水体的保护之后，在一般性防治措施中，还是可以分为对地面水与地下水的污染防治。

准。《水污染防治法》第33～38条对防止含低放射性物质废水、含热废水、含病原体废水污染地表水做了规定。

(2)防止地下水污染。地下水,是指地壳以下的承压水和潜水。具有温度变化小,能在水循环中得到补充和分布广等优点,但受污染过程长,不易发现,一旦受污染又很难治理。[18] 此外,由于地表水和地下水之间存在循环补给的关系,地表水一旦受污染就会在水循环中把污染物传入地下,使地下水体受污染。所以防止地下水受污染在很大程度上依赖于防止地表水污染。因此,在前述有关防止地表水体受污染的条款中,也含有不少防止地下水受污染的规定。此外,《水污染防治法》还在第39～43条专门规定了防止污染地下水体的条款:其一,防止地面渗漏污染地下水体。其二,防止开发、回灌和地下工程活动污染地下水体。其三,禁止篡改、伪造监测数据或者不正常运行水污染防治设施等逃避监管的方式排放污染物。

2. 工业水污染防治

(1)各级人民政府在防治企业水污染中的职责。包括合理规划工业布局,从产业结构上防止水污染;要求清洁生产,对落后技术和生产工艺进行技术改造,从源头减少水的用量;开展废水的综合利用和循环利用,既增加工业生产量,又减少废水和污染物的排放量,既提高生产效益,又保护环境,从而实现各级人民政府在水污染防治中的职责。

(2)实行淘汰制度。国家对严重污染水环境的落后工艺和设备实行淘汰制度。国务院经济综合宏观调控部门会同国务院有关部门,公布限期禁止采用严重污染水环境的工艺名录和生产、销售、进口、使用严重污染水环境的设备名录。为防止被淘汰设备继续使用而污染水环境,依照规定被淘汰的设备,工业企业"不得转让给他人使用"。

(3)禁止新建严重污染水环境的生产项目。国家禁止新建不符合国家产业政策的小型造纸、制革、印染、染料、炼焦、炼硫、炼砷、炼汞、炼油、电镀、农药、石棉、水泥、玻璃、钢铁、火电以及其他严重污染水环境的生产项目。正是这些不符合国家产业政策的企业,一开工生产就必然造成周围水体、大气、土地等自然生态环境的严重污染和破坏,不在源头上加以禁止,是难以遏制的。[19]

(4)排放水污染物的企业应收集处理产生的全部废水。这是2017年修订的《水污染防治法》增加的规定。要求一切排放工业废水的企业,应当采取有效措施,收集和处理产生的全部废水,防止污染环境。对含有毒有害水污染物的工业废水应当分类收集和处理,不得稀释排放。工业集聚区应当配套建设相应的污水集中处理设施,安装自动监测设备,与环境保护主管部门的监控设备联网,并保证监测设备正常运行。其目的是防止新的水污染,避免恶化周围的水环境。

(5)企业应当采用清洁工艺,并加强处理。即采用原材料利用率高、污染物排放量少的清洁工艺,以便减少水污染物的产生。

3. 城镇水污染防治

(1)城镇污水应当集中处理。为了集中处理水污染物,国务院有关部门和地方各级人民政府应当有计划地建设城镇污水处理设施及配套管网,并向排污企业提供有偿服务。之所以应

---

〔18〕 世界观察研究所研究员帕亚·萨姆帕特在《地下水的冲击》一文中称:"跟江河里的水不一样,泉水和井水的污染通常是不可逆转的。"转引自《地层深处的危机——地下水污染问题亟待解决》,载《参考消息》2000年5月6日。

〔19〕 不足之处是,现行《水污染防治法》对违反该法规定,建设不符合国家产业政策的严重污染水环境的生产项目的责任者的处罚偏轻,只是"责令关闭"而已(这与原法的处罚力度基本相同)。

当集中处理，是因为由每个企业单独设置污水处理设施不经济，也影响效率；城镇的中、小企业多因与居民区混杂，部分工厂的废水需要排入城镇下水道，也应集中处理；城镇污水处理设施建设尚未得到城镇地方人民政府的重视，已建成的为数不多的污水处理设施也因资金不足而未能正常运转，一些地方的污水处理厂变成了集中排污厂。[20] 可见，将建设城镇污水集中处理设施工作规定为县级以上地方人民政府的职责，是国家为加强防治城镇水污染的重要举措。

（2）向集中处理设施达标排放水污染物。《水污染防治法》第50条对向集中处理设施排放水污染物、出水水质责任和环境保护部门的职责等做了规定：其一，向城镇污水集中处理设施排放水污染物的企业事业单位所排放的水污染物应当符合国家或者地方规定的水污染物排放标准。超过水污染物排放标准的，应当依法承担法律责任。其二，城镇污水集中处理设施出水水质应当达到国家或者地方规定的水污染物排放标准。超过规定标准的，应承担相应的法律责任。其三，城镇污水集中处理的营运单位，依法应当对该设施出水水质负责。其四，当地环境保护主管部门应当对管辖区内城镇污水集中处理设施的出水水质和水量依法进行监督检查。

（3）安全处理处置污泥。污泥，是指污水处理过程中产生的半固态或者固态物质。《水污染防治法》第51条规定，城镇污水集中处理设施的运营单位或者污泥处理处置单位应当安全处理处置污泥，保证处理处置后的污泥符合国家标准，并对污泥的去向等进行记录。这是该法新设的规定，是为了防止污泥造成的第二次污染危害。

4. 农业和农村水污染防治

第一次全国污染源普查成果表明，农业源污染物排放对水环境的影响较大。其化学需氧量排放量占化学需氧量总量的43.7%，农业源也是总氮、总磷排放的主要来源，其排放量分别占排放总量的57.2%和67.4%。[21] 现行《水污染防治法》增设了农村污水、垃圾处理设施建设、制定化肥、农药等质量标准应当适应水环境保护要求，指导农业生产者科学、合理施用农药、化肥，水产养殖应当保护水域生态环境等新内容，具有很强的针对性和适用性。

（1）国家支持农村污水、垃圾集中处理。国家支持农村污水、垃圾处理设施的建设，提倡、推动农村污水、垃圾的集中处理，如给予政策上的优惠、财政上的支持等。这些必将有力推动农村集中处理污水、垃圾事业的快速发展，改善农民饮用水源的健康水平。

（2）农药、化肥质量和使用标准符合水环境保护要求。如标准过高，必然影响、阻碍化肥、农药产业的发展；相反如果过低，也必然危害其在生产、使用中的质量，进而危害水环境质量，影响广大群众的身体健康，以至生命安全。因此，这项规定要求我国制定和使用农药、化肥的质量标准的部门应当严格遵守，务必使其适用水环境保护要求，保障公众健康和安全。

（3）安全使用农药。《水污染防治法》第54条规定："使用农药，应当符合国家有关农药安全使用的规定和标准。运输、存贮农药和处置过期失效农药，应当加强管理，防止造成水污染。"这些规定和标准，如《农药管理条例》及《农药管理条例实施办法》、《农药安全使用规定》、《农业转基因生物安全管理条例》、《农药安全使用标准》等，以及在《农业法》、《农产品质量安全法》和《基本农田保护条例》中有关安全使用农药的规定和标准等。2017年3月16日修订发

---

〔20〕《污水处理厂变成集中排污厂》，载《中国环境报》2009年2月3日。该文还分析了不认真处理污水的原因，值得深思。

〔21〕《摸清污染家底 强化污染减排——环保部、国家统计部、农业部有关负责人在国务院新闻办新闻发布会上答记者问》，载《中国环境报》2010年2月10日。

布的《农药管理条例》对农药生产、经营和使用等作了具体的规定。县级以上地方人民政府农业部门和其他有关部门,应当采取措施,指导农业生产者科学、合理地施用化肥、农药,控制化肥和农药的过量使用,防止造成水污染。

(4)国家支持畜禽养殖排放物综合利用。《水污染防治法》第56条规定:“国家支持畜禽养殖场、养殖小区建设畜禽粪便、废水的综合利用和无害化处理设施。”在畜禽养殖场和养殖小区建设方面,应从提高科技水平入手,大力开展沼气池项目建设、配套改厨、改厕、改圈,使畜禽粪便通过沼气池的分层过滤和处理实现养殖废水的零排放;国家有关部门则应在资金、技术(包括制定技术规范)税收优惠政策等方面予以支持,采取国家扶持与农村自筹相结合的投入机制,推动农村逐步建设畜禽粪便、废水的综合利用或者无害化处理设施。

(5)水产养殖者应当科学、合理养殖,防止污染水环境。我国是世界上水产养殖业发达国家之一。《水污染防治法》第57条规定,“从事水产养殖应当保护水域生态环境,科学确定养殖密度,合理投饵和使用药物,防止污染水环境”。饲养的物料过多,会使水体有机物过量而恶化水质,毒害水产物,不但影响产量,也会使食用的人畜受害。合理使用药物,是指为消毒、防病而合理投放养殖场的药物。很明显,对其过量投放也会污染水体,进而危害人体健康。

(6)农田灌溉用水应当符合水质标准。《水污染防治法》第58条规定:“农田灌溉用水应当符合相应的水质标准,防止污染土壤、地下水和农产品。”一是要求向农田灌溉渠道排放工业和城镇污水的企业事业单位,应当保证做到达标排放,即保证其下游最近的灌溉取水点的水质符合国家颁布的《农田灌溉水质标准》(GB5084—2005)。二是利用工业废水和城镇污水进行灌溉的农业生产者,应当防止因利用废、污水灌溉而污染土壤、地下水和农产品。

5. 船舶水污染防治

这是《水污染防治法》为了适应我国日益发展的内河航运业所带来的水污染而增设的。

(1)船舶排污应当符合标准。船舶排放含油污水、生活污水,应当符合船舶污染物排放标准;进入内河和港口的海洋船舶,也应当遵守内河船舶污染物排放标准排放污染物。船舶的残油应当回收,禁止向水体排放残油和生活垃圾;装载油类或者有毒货物应当采取防范措施。包括防止溢流、渗漏或者落入水体,以免污染水环境,毒害人体健康和其他生物,危害渔业生产。

(2)船舶应当配置防污设备和有关文书。船舶应当按照国家有关规定配置相应的防污设备和器材,并持有合法有效的防止水环境污染的证书与文件。航行在内河的船舶应当配备符合国家规定的防污设备和器材,并持有船舶检验部门签发的合格证书,还应当持有海事管理机构规定的防污文书或者防污记录书。

(3)港口、码头、装卸站和船舶修造厂应当配置足够的污染物、废弃物接收设施。从事船舶污染物、废弃物接收作业,或者从事装载油类、污染危害性货物船舶清洗作业的单位,应当具备与运营规模相应的接收处理能力。

(4)船舶进行残油、含油污水和污染危害货物接收、清洗、过驳和拆解、打捞等作业应当报请有关部门批准。船舶进行下列活动,应当编制作业方案,采取有效的安全和防污染措施,并报作业地海事管理机构批准:一是进行残油、含油污水、污染危害性货物残留物的接收作业,或者进行装载油类、污染危害性货物船舱的清洗作业;二是进行散装液体污染危害性货物的过驳作业;三是进行船舶水上拆解、打捞或者其他水上水下船舶施工作业。

(九)饮用水水源和其他特殊水体保护

现行《水污染防治法》,为突出饮用水水源水体的重要地位,设专章并以8个条款规范了对其特殊的保护。现分述于下。

1. 建立饮用水水源保护区制度

饮用水水源保护区制度，是指市、县人民政府为加强饮用水水源的保护，可依法在本行政区域内划定一定面积的饮用水水源的水域及陆域，并对其进行严格监督管理的法律规定。

（1）保护区分为三级

饮用水水源保护区分一级、二级和准保护区三级。一级保护区的水质不得低于《地面水环境质量标准》中的二类标准，并须符合《生活饮用水卫生标准》。在饮用水地表水源一级保护区外划定一定的水域和陆域作为饮用地表水源二级保护区。二级保护区的水质标准不得低于国家规定的《地面水环境质量标准》中的三类标准。根据需要可在饮用水地表水源二级保护区外划定一定的水域及陆域作为饮用水水源准保护区。准保护区的水质标准应保证二级保护区的水质满足规定的标准。

（2）保护区的划定

由有关市、县人民政府提出方案，报省级人民政府批准；跨市、县饮用水水源保护区，由有关市、县人民政府协商提出方案，报省级人民政府批准；协商不成的，由省级人民政府环境保护部门会同同级水行政、国土资源、卫生、建设部门提出方案，征求同级有关部门的意见后，报省级人民政府批准；跨省的饮用水水源保护区，由有关的省级人民政府有关流域管理机构划定；协商不成的，由国务院环境保护主管部门会同同级水行政、国土资源、卫生、建设等部门提出划定方案，征求国务院有关部门意见后，报国务院批准。

国务院和省级人民政府可以根据保护饮用水水源的实际需要，调整饮用水水源保护区的范围，确保饮用水安全。有关地方人民政府应当在饮用水水源保护区的边界设立明确的地理界标和明确的警示标志，以利于保护和管理。

（3）保护区水体的保护

第一，对饮用水水源一级保护区的保护。在饮用水水源保护区内，禁止设置排污口；禁止在饮用水水源一级保护区内新建、改建、扩建排放污染物的建设项目；已建成的与供水设施和保护水源无关的建设项目，由县级以上人民政府责令拆除或者关闭。禁止在饮用水水源保护区内从事网箱养殖、旅游、游泳、垂钓或者其他可能污染饮用水水体的活动。

第二，对饮用水水源二级保护区的保护。禁止在饮用水水源二级保护区内新建、扩建、改建排放污染物的建设项目；已建成的排放污染物的建设项目，由县级以上人民政府责令拆除或者关闭；在饮用水水源二级保护区内从事网箱养殖、旅游等活动，应当按照规定采取措施，防止污染饮用水水体。

第三，对饮用水水源准保护区的保护。禁止在饮用水水源准保护区内新建、扩建对水体污染严重的建设项目；改建建设项目，不得增加排污量。

第四，对准保护区采取生态保护措施。县级以上地方人民政府应当根据保护饮用水水源的实际需要，在准保护区内采取工程措施或者建造湿地、水源涵养林等生态保护措施，防止污染物直接排入饮用水水体，确保饮用水安全。

第五，防止供水安全受威胁的特殊保护措施。当饮用水水源受到污染可能威胁供水安全时，当地环境保护主管部门应当责令有关企业事业单位采取停止或者减少排放污染物等措施。

第六，国务院和省级人民政府对饮用水水源保护区的特殊保护措施。国家行政机关授权省级以上行政机关，当关系人民健康安全的饮用水源受到磷、化肥、农药等高污染化学品威胁饮用水水质时,或者受到高耗水量的种植、养殖业威胁供水安全时,可以根据水环境保护的需要,在饮用水水源保护区采取禁止或者限制使用上述高污染化学物质或者限制种植业、养殖业者减少使用饮用水水源保护区内的水体。

2. 风景名胜区水体、重要渔业水体和其他具有特殊经济文化价值水体保护区的特殊保护

(1)县级以上人民政府可以划定特殊水体保护区。根据《水污染防治法》第74条的规定,为了保护具有特殊经济文化价值的水体,如风景名胜区水体、重要渔业水体、主要温泉水体"具有特殊保护价值"的湿地水体、"珍稀、濒危的野生动植物自然分布区域水体、重要的水源涵养区域"[22]等,国家在重点生态功能区、生态环境敏感区和脆弱区等区域划定生态保护红线,实行严格保护。这些措施如划定保护区范围,即保护区水体的水域与陆域界限,树立保护区标志;设立保护机构,完善保护体制;分类分级保护,合理开发利用;采取封禁措施,限制人为活动等,以保证保护区的水质符合规定用途的水环境质量标准。

(2)在特殊经济文化价值水体保护区内禁止新设排污口。根据《水污染防治法》第75条的规定,禁止在保护区内新设排污口;已有排污口则必须达到国家或者地方规定的水污染物排放标准和重点水污染物排放总量控制指标,超过上述标准和控制指标的排污口则应当拆除或者关闭;在保护区附近,企业事业单位需要新建排污口的,应当做到达标排放和不超过重点水污染物排放总量控制指标。该项规定的不足是缺乏配套的法律责任条款。也就是说,如果在特殊水体保护内的企事业单位新设了排污口,其所排放的污染物又符合国家或者地方规定的排放标准和重点水污染物排放总量控制指标,根据现行《水污染防治法》,该排污单位只要依法缴纳排污费,就不承担法律责任,倘若如此,"不得新建排污口"的规定就难以贯彻落实,需要立法部门在今后修订该法时予以解决。[23]

(十)水污染事故处置

《水污染防治法》第六章共3个条款,规范了水污染事故的处置。现分述于下。

1. 各级人民政府及有关部门应当做好应对突发水污染事故准备工作。根据《突发事件应对法》的规定,突发事件,是指"突然发生,造成或者可能造成严重社会危害,需要采取应急处置措施予以应对的自然灾害、事故灾难、公共卫生事件和社会安全事件"。这类事件分为特别重大、重大、较大和一般四级。水污染事故显然属于突发事件。如2005年11月13日松花江污染事件、2009年6月23日山东省太公湖污染事件、2006~2007年北京地下水污染事件[24]等。《突发事件应对法》规定,国家建立健全突发事件应急预案体系,制定预案应当针对突发事件的性质、特点和可能造成的社会危害,具体规定突发事件应急管理工作。如水污染事故,是人为破坏或是自然灾害引起的,水体受污染的危害性、受污染水源的流向、范围,对流经河段的危害程度、饮用水体的保护、补救措施,附近市、县的协调、救援等。

2. 可能发生水污染事故的企业事业单位的职责。《水污染防治法》第77条规定:"可能发生水污染事故的企业事业单位,应当制定有关水污染事故的应急方案,做好应急准备,并定期进行演练。生产、储存危险化学品的企业事业单位,应当采取措施,防止在处理安全生产事故

---

[22] 参见《环境保护法》第29条。

[23] 在此之前,也可由最高人民法院做出司法解释,比照《水污染防治法》第75条的规定给予行政处罚。

[24] 参见《100吨苯类污染物进入松花江》,载《武汉晚报》2005年11月25日;《30吨废焦油流入太公湖》,载《中国环境报》2009年9月25日;《倾倒6500吨污泥 造成上亿元损失 法院以重大污染事故罪判刑》,载《中国环境报》2010年11月18日。

过程中产生的可能严重污染水体的消防废水、废液直接排入水体。”从上述规定可知，企业事业单位对可能发生的水污染事故负有防止的主要责任，在平时要做好应急准备，特别要防止在处理已发生的可能严重污染水体的消防废水、废渣直接流入周围江河、湖泊、水库，避免生产、储存化学品等有毒有害物质污染水体。这就需要在事先制定的有关水污染事故的应急方案中，设置各种防护、阻隔与分流等措施。

3. 企业事业单位发生突发性水污染事故应当立即启动应急方案并向有关主管部门报告。根据《水污染防治法》第78条的规定，应当向事故发生地县级以上地方人民政府或者环境保护主管部门报告。环境保护主管部门接到报告后，应当及时向本级人民政府报告，并抄送有关部门。造成渔业污染事故或者渔业船舶造成水污染事故的，应当向事故发生地的渔业主管部门报告。其他船舶造成水污染事故的，应当向事故发生地的海事管理机构报告。

思考题

1. 什么是大气污染？我国大气环境的状况如何？大气污染有何危害？
2. 新的《大气污染防治法》的目标有何特点？防治大气污染的原则有哪些？有何意义？
3. 什么是排污许可制度？它在我国环境管理中处于何种地位？
4. 什么是约谈和区域限批制度？试述其作用和意义。
5. 什么是农药、化肥和恶臭？试述其对大气环境的危害并简述其防治措施。
6. 保护臭氧层的意义有哪些？如何减少消耗臭氧层物质对环境和人体健康的危害？
7. 什么是水污染？我国水污染的状况如何？请结合本地实际谈谈如何加强水污染防治？
8. 防治水污染的原则有哪些？试结合本地实际简述一个原则。
9. 什么是水环境生态保护补偿机制？有何重要作用？
10. 什么是饮用水水源保护区制度？如何加强对饮用水水源保护区的保护与管理？
11. 什么是水污染事故？对突发水污染事故应如何处理？

第十五章　海洋环境保护和防治环境噪声污染的法律规定

第一节　海洋环境保护的法律规定

一、海洋环境与海洋环境污染损害

（一）海洋环境

海洋，指分布于地球表面除内陆水域以外的连绵不绝的盐水总水域，分为海和洋，[1]包括海水水体，生活于其中的海洋生物，邻接海面的空间，以及围绕海洋周缘的海岸和海床与底土所组成的统一体。[2] 我国《海域使用管理法》基于国内法的属性，采用了"海域"的用语，其第2条规定："本法所称海域，是指中华人民共和国内水、领海的水面、水体、海床和底土。"

海洋环境除包括海域外，溶解和悬浮于海水中的物质、海底沉积物亦属于海洋环境的组成部分，还包括海岸带，[3]海岛、滨海湿地等海洋自然生态系统，人工岛屿、海堤、鱼礁等海上人工设施系统或构造物，以及与海岸相连或者通过管道、沟渠、设施直接或间接向海洋排放污染物及其相关活动的沿海陆地区域。

海洋生态包括红树林、珊瑚礁、滨海湿地、海岛、海湾、入海河口、重要渔业水域等具有典型性、代表性的海洋生态系统，珍稀、濒危海洋生物的天然集中分布区，具有重要经济价值的海洋生物生存区域及有重大科学文化价值的海洋自然历史遗迹和自然景观。《海岛保护法》并将海岛视为特殊的海洋生态系统，海岛当属海洋环境的范围。

海洋是地球的主要自然地理区域和特殊的环境要素，人类正在把生产和生活空间向海上推进和扩张，辽阔的海洋为人类的生存和发展提供新的广域空间，是沿海国家包括经济、文化、生态等要素的国家安全门户和重要战略领域。随着陆地战略资源的日益短缺，沿海各国强化了开发利用海洋资源的力度和强度。同时，人类对海洋资源的无序、不合理、过度的开发利用，使海洋资源已在多方面显现衰退乃至枯竭现象，海洋生物多样性锐减，海洋生态已受到有充分事实证明的人类活动的严重不良影响和污染。随着海洋作用的加强与深化，海洋环境保护已成为海洋事业的重要组成部分和不可或缺的内容。

---

〔1〕 全球海洋的总面积为3.62亿平方公里，占地球表面积71%；海洋中含有的水，约占地球上总水量的97%。全球海洋一般被分为洋和海。洋是海洋主体。世界大洋的总面积，约占海洋面积的89%。大洋离陆地遥远，不受陆地的影响。每个大洋都有自己独特的洋流和潮汐系统。海在洋的边缘，是大洋的附属部分。海的面积约占海洋面积的11%。海临近大陆，受大陆、河流、气候和季节的影响。海可以分为陆缘海、陆间海和内陆海。

〔2〕 屈广清主编：《海洋法》，中国人民大学出版社2005年版。

〔3〕 海岸带是海洋和陆地相互作用的地带，即由海洋向陆地的过渡地带。包括海水运动对于海岸作用的最上限及其邻近的陆地，以及海水对于潮下带岸坡剖面冲淤变化所影响的范围。由海岸、潮间带、水下岸坡三个基本单元组成。

我国是海洋大国，拥有包括大陆岸线和岛屿岸线在内的总长度达3.2万多公里的海岸线，众多的岛屿，包括内海、领海领域和专属经济区、大陆架等管辖海域在内的总面积为473万平方公里（其中领海面积38万平方公里）的辽阔海域。海洋问题历来是国家战略问题。2020年中国海洋发展战略研究报告的基本思想是：立足国家经济社会发展实际，把握国际海洋事务发展新动向，树立海洋发展全球观。所提出的海洋发展的中长期工作指导方针是：科学开发海洋资源，积极开拓海洋发展新空间；切实保护海洋生态环境健康，努力保障海上战略通道安全，坚决捍卫国家海洋权利和利益。[4]我国已经把海洋视为争取生存与可持续发展的基础要素。

（二）海洋环境污染损害的概念与特点

《海洋环境保护法》第94条的"用语解释"中第1项规定："海洋环境污染损害，是指直接或者间接地把物质或者能量引入海洋环境，产生损害海洋生物资源、危害人体健康、妨害渔业和海上其他合法活动、损害海水使用素质和减损环境质量等有害影响。"所称的"直接或者间接"的"引入"行为包括：(1)排放；(2)倾倒；(3)海上焚烧。所称的"物质或者能量"是指造成或可能造成对海洋环境的有害影响的物质和能量，包括：(1)油类；(2)油性混合物；(3)陆源污染物，指由陆地污染源排放的污染物；(4)船舶、航空器、平台或者其他载运工具产生的污染物；(5)违反规定要求向海洋处置的废弃物和其他有害物质。所称的"有害影响"，包括造成或可能造成对人体健康、海洋、自然资源、海洋利用、海洋生态系统的结构和功能、海洋环境质量和环境优美性等方面产生污染或破坏等有害影响。《联合国海洋法公约》规定的海洋环境污染的概念是"人类直接或间接把物质或者能量引入海洋环境，其中包括河口岸，以致造成或可能造成损害生物资源和海洋生物、危害人类健康、妨碍包括捕鱼和海洋的其他正当用途在内的各种海洋活动、损害海水使用质量和减损环境优美等有害影响"。可见，我国法律关于海洋环境污染的概念的规定与《联合国海洋法公约》的规定是一致的。

海洋环境污染的基本特点是：(1)污染源广。造成海洋污染的污染源多且复杂，分布广泛，污染途径和损害方式多样。(2)污染物种类多。海洋污染物种类繁多且排放量大，危害后果严重。(3)污染扩散范围大。地球上的海域连接成一片整体，不停流动的海水形成海流，将污染物扩散到各个角落。(4)污染危害持久性强且难以消除。治理海洋污染要比治理陆地污染的难度更大，费时更久。

二、海洋环境污染的危害

海洋环境污染具有如下危害：(1)严重的海洋环境污染危害人体健康。大量污染物排放入海，直接或间接对人体健康产生危害。(2)大量污染物排放入海，损害海水水质。(3)大量有毒有害物质进入海洋，破坏了海洋生物的栖息环境，损害了海洋生态环境和海洋生物资源，也给海洋渔业生产带来了严重损失。(4)不合理的海上和海岸工程对近岸的海洋环境造成严重损害。形成海岸非正常侵蚀，造成岸线后退，水土流失，破坏鱼虾等栖息、繁殖场所，使海涂湿地、红树林、珊瑚礁、河口三角洲等多种类型的生态系统急剧减少，资源受到破坏，使滨海地区的生态平衡失调，自然灾害加剧。(5)海水的富营养化。浮游生物在短时间暴发性增殖或高度聚集

---

[4] 海洋权利和利益（海洋权益），是指海洋权利和有关海洋利益的总称，包括海洋主权、海洋管辖权、海洋管制权、海洋利用权等海洋政治、经济、科技、安全、环境方面的所有、使用和收益权益等。参见刘中民：《世界海洋政治与中国海洋发展战略》，时事出版社2009年版。

造成海水改变颜色的生态异常现象称“赤潮”,是海洋污染加重、海洋环境质量严重下降的重要表现,且已是全球规模的现象。

三、海洋环境保护的法律规定

在20世纪20年代,一些沿海国家通过国际社会尝试运用法律防止船舶排放油污造成的海洋石油污染。不过,海洋环境保护法的产生和迅速发展则在第二次世界大战后,起初是为了防止海洋石油污染,尔后扩及至其他领域,再形成为生态保全保护、污染防治与资源保护管理相结合的整体性的综合性立法。20世纪五六十年代,海洋污染日益加重,沿海国家相继制定了保护海洋环境的法律。如日本在1967年制定了《船舶油类污染海洋防治法》,1970年制定了《海洋污染防止法》(1976年更名为《海洋污染及海上灾害防止法》)、《濑户内海环境保全特别措施法》等,在《港湾法》等相关法律中也规定有关海洋环境保护的内容。美国在1972年制定了《海洋倾倒法》、《海洋保护、研究和禁区法》和《海岸带管理法》。爱尔兰在1956年制定了《海洋油污法》。法国从1964年开始制定了一系列的海洋环境保护法律,英国、西班牙、瑞典、挪威、加拿大等国也制定了有关海洋环境保护的法律。海洋污染是全球性的环境问题,引起国际社会的关注和重视,为此国际社会制定了诸多保护海洋环境的国际法律文件。如1954年的《国际防止海上油污公约》、1973年的《防止船舶污染海洋公约》以及防止陆源污染海洋、海洋倾废等公约、协定。1982年通过的《联合国海洋法公约》对海洋环境保护,尤其是公海环境保护和保全、海洋生物资源保护等作出了比较全面、系统的规定。该公约正文有320条,其中海洋环境保护部分有45条。

我国自20世纪70年代以来,陆续颁布了有关保护海洋环境、防止海洋污染损害的法律、法规。如1974年国务院颁布了《防止沿海水域污染暂行规定》;1982年8月23日,第五届全国人大常委会第二十四次会议通过了海洋环境保护的综合性法律《海洋环境保护法》,次年3月1日起施行。为实施该法,国务院先后颁布了《防止船舶污染海域管理条例》(1983年)、《海洋石油勘探开发环境保护管理条例》(1983年)、《海洋倾废管理条例》(1985年)、《防止拆船污染环境管理条例》(1988年)、《防治陆源污染物污染损害海洋环境管理条例》(1990年)和《防治海岸工程建设项目污染损害海洋环境管理条例》(1990年)等。

由于《海洋环境保护法》的制定时值改革开放初期,当时对海洋及海洋环境保护的认识有局限性,立法规定的内容主要限于污染防治,且注重于防止单个工业污染源污染损害海洋环境,未从整体上对保护海洋环境特别是保护海洋生态做出明确、具体规定,对城市生活污水、农业废水排海、赤潮、病毒和养殖污染等防治事宜或未做规定,或规定得过于原则,使该法的适用范围受到限制。我国在该法制定实施后,相继批准加入了《1969年国际油污损害民事责任1992年议定书》《1990年国际油污防备、反应和合作公约》《南极条约》等国际海洋环境保护公约,特别是在1996年批准加入《联合国海洋法公约》,使我国在国际海洋事务中的权利和义务发生变化,既享有国际公约赋予参加国的权利和利益,亦须履行我国作出的国际承诺,对此应在我国相关法律中予以体现。此外,该法所规定的部分法律制度的科学性和合理性不足,特别是对海洋环境监督管理体制的规定不够完备、具体,使海洋环境监督管理执法机构责权分散,严重影响了该法的实施效力。因此,1999年12月25日,第九届全国人大常委会第十三次会议通过了该法的修订决定,对该法进行了大规模修订。修订后的《海洋环境保护法》将立法目的修改为:“为了保护和改善海洋环境,保护海洋资源,防治污染损害,维护生态平衡,保障人体健康，促进经济和社会的可持续发展”，这不仅在文字上较原法准确、严谨，扩大了该法的适用范围，更标志着我国海洋环境保护战略和指导思想的重大转变。

除专门性的海洋环境保护法律法规，在《环境保护法》《水污染防治法》《固体废物污染环境防治法》《海域使用管理法》《海岛保护法》《渔业法》《海上交通安全法》《海商法》等法律中也有关于海洋环境保护的规定。此外，我国自1982年以来，颁布了《海水水质标准》《船舶污染物排放标准》《海洋石油开发工业含油污水排放标准》《污水海洋处置工程污染控制标准》《渔业水质标准》《景观娱乐用水水质标准》（已作废）等海洋环境保护的国家标准，以及《海洋调查规范》《海洋监测规范》等海洋环境保护规范。我国还积极参加了海洋环境保护的国际合作，先后加入了《国际油污损害民事责任公约》《关于干预公海油污事件的国际公约》《防止倾倒废弃物及其他物质污染海洋的公约》《国际防止船舶污染公约》《联合国海洋法公约》等国际海洋环境保护公约。

我国海洋环境保护法律、法规的主要内容如下。

（一）适用范围的法律规定

《海洋环境保护法》第2条规定，该法的空间适用范围是我国的内水、领海、毗连区、专属经济区、大陆架以及中华人民共和国管辖的其他海域。其中“内水”是指我国领海基线向内陆一侧的所有海域。按此义理解，内水的范围应包括海湾、海峡、岛屿、岬角、海港、河口湾、测算领海的基线与海岸之间的海域、被陆地所包围或通过狭窄水道连接海洋的海域。“领海”是指领海基线以外、领海外部界线以内的一定宽度的海域。《领海及毗连区法》第3条规定，我国领海宽度为12海里，我国对领海的主权及于领海上空、海床及底土。《领海及毗连区法》第4条规定，我国的毗连区为领海以外邻接领海的一带海域，宽度为12海里。该法规定我国有权在毗连区内行使管辖权，海洋环境保护和保全属其范围。《专属经济区和大陆架法》第2条规定，我国的专属经济区为领海以外并邻接领海的区域，从测算领海基线量起延至200海里。我国对专属经济区和大陆架享有主权性权利，有权保护和保全专属经济区和大陆架的海洋环境及其资源。

《海洋环境保护法》第2条第3款是关于该法在管辖海域外效力的特别规定。由于海洋水体是流动的整体且交换频繁，排放和倾倒到海洋的污染物在海洋中稀释扩散或者迁移不会受沿海国确定的管辖海域范围的限制，造成的海洋污染可能向其他国家海域扩散；同时，尽管某些排放、倾倒污染物质的行为，虽不发生在我国管辖海域内，但该行为产生的损害后果却直接及于我国的管辖海域，对我国海洋环境权益造成危害，是应该承担相应的责任。因此，为保护我国的海洋权益，我国的法律有必要规定域外效力，故该法特别规定了我国对跨界海洋环境污染的管辖权。该项规定与《联合国海洋法公约》的相关规定是一致的。[5]

关于对人的适用范围，《海洋环境保护法》第2条第2款规定：“在中华人民共和国管辖海域内从事航行、勘探、开发、生产、旅游、科学研究及其他活动，或者在沿海陆域内从事影响海洋环境活动的任何单位和个人，都必须遵守本法。”

（二）海洋环境保护监督管理的法律规定

1. 海洋环境监督管理体制的法律规定。根据《海洋环境保护法》第5条的规定，我国海洋

---

〔5〕《联合国海洋法公约》在“海洋环境的保护和保全”部分中规定：“各国应采取一切必要措施，确保其管辖或控制下的活动的进行不致使其他国家及其环境遭受污染的损害，并确保在其管辖或控制范围内的事件或活动所造成的污染不致扩大到其按照本公约行使主权权利的区域之外。”

环境监督管理体制按“统一监督管理,分工分级负责”的原则构建。这是根据海洋环境的特点确定的。海洋是统一的整体,对其保护不应受行业和行政区域的限制,实行统一监督;同时海洋功能、生态和污染原因的多样性,使各个海区的环境保护要求及所采取的措施呈现区域性、行业性的特点,因而又必须采取部门分工和地方分级监督管理的方法,才能充分发挥各部门和沿海地方的积极性,既分工又合作,提高效率,便于有效管理,切实保护好海洋环境。国务院环境保护行政主管部门是对全国海洋环境保护实施统一监督管理的主管部门,对全国海洋环境保护工作实施指导协调和监督,并负责全国防治陆源污染物和海岸工程建设项目对海洋污染损害的环境保护工作。

有的海洋环境保护工作需要两个以上地方或部门共同承担,《海洋环境保护法》第 9 条规定,跨区域的海洋环境保护工作,由有关沿海地方人民政府协调解决,协调不成的,由其共同的上一级人民政府协调解决。跨部门的重大海洋环境保护工作,由国务院环境保护行政主管部门协调,协调未能解决的,由国务院做出决定。

2. 重点海域排污总量控制制度的规定。《海洋环境保护法》第 3 条第 2 款规定,国家建立并实施重点海域排污总量控制制度,确定主要污染物排海总量控制指标,并对主要污染源分配排放控制数量。重点海域,是指国家重点保护海域和已受到严重污染的海域。受控的主要污染物种类是对海域环境质量恶化起主要作用的污染物。该法第 29 条规定,向海域排放陆源污染物,必须严格执行国家和地方规定的标准和有关规定。根据该法第 3 条的规定,在实行总量控制的重点海域,水污染物排放标准的制定除将国家和地方海洋环境质量标准作为重要依据之一,还应将主要污染物排海总量控制指标作为重要依据。此规定确定了在实施总量控制海域所执行的“标准和有关规定”既有浓度控制的要求,还有总量控制的要求,即“双达标”的强制性要求。

3. 海洋功能区划制度的规定。海洋功能区划是根据海域区位、自然资源、环境条件和开发利用的要求,按照海洋功能标准,将海域划分为不同类型的功能区。海洋功能区,是指根据海洋的自然资源条件、环境状况和地理位置,综合考虑海洋开发利用现状和社会、经济发展与环境保护的要求所划定的,具有特定主导功能,适应不同开发方式,能够发挥海洋最佳综合效益的区域。实行海洋功能区划制度有利于科学合理地利用海洋功能和使用海域,宏观指导海洋的开发活动,建立良好的开发秩序,充分利用海洋资源和空间,发挥其综合效益,形成合理的产业结构和生产布局,保护海洋环境,确定海洋水质类型,维持良好的海洋生态系统,以取得最佳综合效益。这是海洋环境保护的一项先导性和基础性的法律制度。2001 年的《海域使用管理法》对海洋功能区划制度做了更为具体的规定。国务院于 2002 年 8 月批准了《全国海洋功能区划》,以合理开发海域,保护海洋环境为主线,将全国海洋功能区分为五大类,即开发利用区、治理保护区、自然保护区、特殊功能区和保留区,划定了港口航运区、渔业资源利用与养护区、旅游区、海水资源利用区、工程用海区、海洋保护区、特殊利用区、保留区十种主要海洋功能区,并提出了每种海洋功能区的开发保护重点和管理要求。

4. 海洋环境保护规划制度的规定。《海洋环境保护法》第 7 条规定,国家根据全国海洋主体功能区规划拟定全国海洋功能区划,报国务院批准。第 8 条第 2 款规定,毗邻重点海域的有关沿海省级人民政府及其有关部门,可以建立海洋环境保护区域合作组织,负责实施重点海域区域性海洋环境保护规划。

5. 征收排污费和倾倒费制度的规定。《海洋环境保护法》第 12 条规定,直接向海洋排放污染物的单位和个人,必须按照国家规定缴纳排污费。向海洋倾倒废弃物,必须按照国家规定缴纳倾倒费。征收的排污费、倾倒费,必须用于海洋环境污染的整治,不得挪作他用。

6. 重大海上污染事故应急制度的规定。重大海上污染事故是指重大海上溢油事故,主要包括:(1)海洋石油钻井船、钻井平台和采油平台及其海上有关设施发生的海洋石油勘探开发重大海上溢油事故;(2)船舶特别是大型和超大型油轮因碰礁、触礁、搁浅、火灾、爆炸、影响适航性能的机件或重要属具的损坏或灭失、船舶沉没等海难事故造成的船舶重大海上溢油事故;(3)海洋石油勘探开发、船舶、港口、码头、装卸站和船舶修造厂在油类运输装卸作业活动造成的可能导致沿海部分区域海洋环境污染的沿海重大海洋污染事故。《联合国海洋法公约》《1990 年国际油污防备、反应和合作公约》等国际海洋环境保护公约均对重大海上污染事故应急制度做了规定。《海洋环境保护法》第 18 条和第 19 条也规定了这一制度,主要包括重大海上污染事故应急计划制定与实施和海洋环境执法与事故处理两个方面。此外,我国还实行赤潮灾害应急预案和风暴潮、海啸、海冰灾害应急预案等海洋灾害应急预案制度。

7. 海洋环境监测和监视信息管理制度的规定。《海洋环境保护法》第 14 条规定,国家海洋行政主管部门按照国家环境监测、监视规范和标准,管理全国海洋环境的调查、监测、监视,制定具体的实施办法,会同有关部门组织全国海洋环境监测、监视网络,定期评价海洋环境质量,发布海洋巡航监视通报。其他依法行使海洋环境监督管理权的部门分别负责各自所辖水域的监测、监视。其他有关部门根据全国海洋环境监测网的分工,分别负责对入海河口、主要排污口的监测。据此,国家海洋行政主管部门已实行了中国海洋环境质量公报、中国海洋灾害公报、中国海洋工程环境保护海洋倾废管理公报、中国海域使用管理公报、中国海洋行政执法公报及主要港口潮汐预报、海浪预报、海温预报和海冰等海洋灾害预报制度。

(三)海洋生态保护的法律规定

海洋生态环境是海洋生物和人类生存和发展的基本条件,随着海洋经济的发展,海洋开发利用活动对海洋生态环境的破坏日益严重,成为制约海洋环境可持续利用的重要因素,必须采取措施加强海洋生态环境保护。为此,《海洋环境保护法》新设专章(第三章)做了规定:

1. 国务院和沿海地方各级人民政府对海洋生态保护责任的规定。国务院和沿海地方各级人民政府应当采取有效措施,保护红树林、珊瑚礁、滨海湿地、海岛、海湾、入海河口、重要渔业水域等具有典型性、代表性的海洋生态系统,珍贵、濒危海洋生物的天然集中分布区,具有重要经济价值的海洋生物生存区域及有重大科学文化价值的海洋自然历史遗迹和自然景观;应当根据保护海洋生态的需要,选划、建立海洋自然保护区;沿海地方各级人民政府应当结合当地自然环境的特点,建设海岸防护设施、沿海防护林、沿海城镇园林和绿地,对海岸侵蚀和海水入侵地区进行综合治理。

2. 海洋生态保护制度和措施的规定。《海洋环境保护法》第 22 条规定,凡具有下列条件的,应当建立海洋自然保护区:(1)典型的海洋自然地理区域、有代表性的自然生态区域以及遭受破坏但经保护能恢复的海洋自然生态区域;(2)海洋生物物种高度丰富的区域,或者珍贵、濒危海洋生物物种的天然集中分布区域;(3)具有特殊保护价值的海域、海岸、岛屿、滨海湿地、入海河口和海湾等;(4)具有重大科学文化价值的海洋自然历史遗迹所在区域;(5)其他需要予以特殊保护的区域。另外,凡具有特殊地理条件、生态系统、生物与非生物资源及海洋开发利用特殊需要的区域,可建立海洋特别保护区,采取有效的保护措施和科学的开发方式进行特殊管理。

3. 避免危害海洋生态系统,改善海洋生态状况的规定。国务院和沿海地方各级人民政府应当采取有效措施,对具有重要经济、社会价值的已遭到破坏的海洋生态,应当进行整治和恢复。新建、改建、扩建海水养殖场,应当进行环境影响评价。开发利用海洋资源者,应当根据海洋功能区划合理布局,不得造成海洋生态环境破坏。引进海洋动植物物种,应当进行科学论证,避免对海洋生态系统造成危害。开发海岛及周围海域的资源,应当采取严格的生态保护措施,不得造成海岛地形、岸滩、植被以及海岛周围海域生态环境的破坏。禁止毁坏海岸防护设施、沿海防护林、沿海城镇园林和绿地。国家鼓励发展生态渔业建设,推广多种生态渔业生产方式,改善海洋生态状况。海水养殖应当科学确定养殖密度,并应当合理投饵、施肥,正确使用药物,防止造成海洋环境的污染。

(四)防治海岸工程建设项目对海洋环境污染损害的法律规定

海岸工程建设项目,是指位于海岸或者与海岸连接,为控制海水或者利用海洋完成部分或者全部功能,并对海洋环境有影响的基本建设项目、技术改造项目和区域开发工程建设项目。不合理的海岸工程建设项目会破坏海岸带生态系统,污染损害海洋环境,如引起港口、航道淤积,破坏海洋生物的生存环境。《海洋环境保护法》设专章(第五章)对防治海岸工程建设项目污染损害做出了原则性的规定,《防治海岸工程建设项目污染损害海洋环境管理条例》(2017年修订)做了具体的规定:

1. 海岸工程建设项目海洋环境保护基本要求的规定。兴建海岸工程建设项目,必须遵守国家有关建设项目环境保护管理的规定,并把防治污染所需资金纳入建设项目投资计划。在依法划定的海洋自然保护区、海滨风景名胜区、重要渔业水域及其他需要特别保护的区域,不得从事污染环境、破坏景观的海岸工程建设项目或者其他活动。

2. 编报审批环境影响报告书的规定。兴建海岸工程建设项目的建设单位,必须在可行性研究阶段,编制计划任务书前,编制环境影响报告书。环境影响报告书经海洋行政主管部门提出审核意见后,报环境保护行政主管部门审查批准。环境保护行政主管部门在批准环境影响报告书之前,必须征求海事、渔政和军队环境保护部门的意见,以便合理安排海岸工程建设项目,控制新的污染和破坏。

3. 海岸工程建设项目环境保护设施的规定。海岸工程建设项目环境保护设施必须严格遵守"三同时"制度;禁止在沿海陆域内新建不具备有效治理措施的化学制浆造纸、化工、印染、制革、电镀、酿造、炼油、岸边冲滩拆船以及其他严重污染海洋环境的工业生产项目。

4. 保护野生动植物和海洋水产资源的规定。兴建海岸工程建设项目,必须采取有效措施,保护国家和地方重点保护的野生动植物及其生存环境和海洋水产资源,如选址时要避开鱼虾贝类产卵和育肥场所;施工时避免采取爆炸或者含有毒化学物质方法;闸坝阻碍鱼蟹类回游时,要建造过鱼设施等。

5. 围海和海岸沙石采挖工程管理的规定。《海洋环境保护法》第46条第2款规定:"严格限制在海岸采挖砂石。露天开采海滨砂矿和从岸上打井开采海底矿产资源,必须采取有效措施,防止污染海洋环境。"《防治海岸工程建设项目污染损害海洋环境管理条例》对围海造地做了具体规定。

(五)防治海洋工程建设项目对海洋环境污染损害的法律规定

海洋石油勘探开发等海洋工程建设项目可能对工程开发区域和周围海域的环境和自然资源造成污染损害,对海产养殖、海洋捕捞、海上交通运输及游泳等活动产生不良影响。为此,

《海洋环境保护法》设专章（第六章）对防治海洋工程建设项目的污染损害做出了以下规定：

1. 编制环境影响报告书的规定。《海洋环境保护法》第 47 条规定，海洋工程建设项目必须符合海洋功能区划、海洋环境保护规划和国家有关环境保护标准，在可行性研究阶段，编报海洋环境影响报告书，由海洋行政主管部门核准，并报环境保护行政主管部门备案，接受环境保护行政主管部门监督；海洋行政主管部门在核准海洋环境影响报告书之前，必须征求海事、渔业行政主管部门和军队环境保护部门的意见。

2. 环保设施和工程建设项目材料的规定。海洋工程建设项目的环境保护设施，必须与主体工程同时设计、同时施工、同时投产使用。环境保护设施未经海洋行政主管部门检查批准，建设项目不得试运行；环境保护设施未经海洋行政主管部门验收，或者验收不合格的，建设项目不得投入生产或者使用；海洋工程建设项目，不得使用含超标准放射性物质或者易溶出有毒有害物质的材料。

3. 防止爆破作业破坏渔业资源的规定。《海洋环境保护法》第 50 条规定："海洋工程建设项目需要爆破作业时，必须采取有效措施，保护海洋资源。"可选用电花火、空气枪等非爆破性勘探方法，避开鱼类产卵、繁殖、捕捞期间和场所；作业前须报告主管部门，作业时应有明显的标志、信号等。

4. 防止废物污染的规定。《海洋环境保护法》第 51 条、第 52 条规定，残油、废油应当回收、不准排放入海；不得直接排放含油污水和油类混合物，经回收处理符合国家规定的排放标准后，方准予排放；钻井所使用的油基泥浆和其他有毒复合泥浆不得排放入海，水基泥浆和无毒复合泥浆及钻屑的排放，必须符合国家有关规定。不得向海域处置含油的工业垃圾；处置其他工业垃圾和生活垃圾不得对海洋环境造成污染损害；以倾倒方式处置大宗工业垃圾须经批准获得倾废许可证。

5. 防止油污染事故的规定。在发生油污染事故时，应积极采取围油、回收措施，只有在可能发生火灾或者危及人身和财产安全情况下，才能使用化学消油剂，但须经主管部门批准，事后还要详细报告使用情况。

（六）防治陆源污染物对海洋环境污染损害的法律规定

排入海洋的各种污染物质，有 80% 以上来自陆源。影响近海水质的主要陆源污染物是无机氮、无机磷和石油类及重金属。为防治陆源污染物污染海洋环境，《海洋环境保护法》设专章（第四章）做了规定，1990 年国务院颁布的《防治陆源污染物污染损害海洋环境管理条例》做了以下具体规定：

1. 排污单位一般义务的规定。任何单位和个人向海域排放陆源污染物，必须严格执行国家或者地方的排放标准和有关规定；按规定进行排污申报登记，治理所造成的污染；对造成海洋环境严重污染损害的限期治理。

2. 防止放射性废水污染海洋环境的规定。禁止向海域排放高、中水平放射性废水；严格限制向海域排放低水平放射性废水；确需排放的必须严格执行国家辐射防护规定。

3. 防止病原体污染的规定。《海洋环境保护法》第 34 条规定："含病原体的医疗污水、生活污水和工业废水必须经过处理，符合国家有关排放标准后，方能排入海域。"

4. 防止海水富营养化的规定。《海洋环境保护法》第 35 条规定："含有机物和营养物质的工业废水、生活污水，应当严格控制向海湾、半封闭海及其他自净能力较差的海域排放。"

5. 防止热污染对水产资源危害的规定。《海洋环境保护法》第 36 条规定："向海域排放含热废水,必须采取有效措施,保证邻近渔业水域的水温符合国家海洋环境质量标准,避免热污染对水产资源的危害。”这些措施包括改进电厂向海洋直接排放冷却水,循环使用冷却水以减少废热水排放,设置废热水排污口要远离渔业水域等。

6. 防止化学农药污染海洋环境的规定。为防止化学农药污染,《海洋环境保护法》和《防治陆源污染物污染损害海洋环境管理条例》规定,沿海农田、林场施用化学农药,必须执行国家农药安全使用的规定和标准。禁止将失效或者禁用的药物及器具弃置岸滩。

7. 防治固体废物污染海洋环境的规定。禁止在岸滩擅自堆放、弃置和处置固体废物;确需临时堆放,处理固体废物的,须经批准;经批准在岸滩设置废物堆放场和处理场的,必须建造防护堤和防渗漏、防扬尘等设施,并经验收合格后方可使用。获准使用的堆放处理场内,不得堆放、弃置未经批准的其他种类的废物。不得露天堆放或者作为最终处置方式非露天堆放(如填埋)危险废物。

8. 防止有毒废水废液污染的规定。禁止在岸滩采用不正当的稀释、渗透方式排放有毒、有害废水;禁止向海域排放油类酸液、碱液和毒液。

9. 防止沿海城市污水污染海洋环境的规定。《海洋环境保护法》第 40 条规定:“沿海城市人民政府应当建设和完善城市排水管网,有计划地建设城市污水处理厂或者其他污水集中处理设施,加强城市污水的综合整治。”

10. 防止大气污染海洋环境的规定。大气是把有害物质传入海洋的重要途径,为此,国家应当采取必要措施,防止、减少和控制来自大气层或者通过大气层造成的海洋环境污染损害。

(七)防止船舶及有关作业对海洋环境污染损害的法律规定

航行于海上或停留在港口的各种船舶,经常产生油类、油类混合物、废弃物和其他有毒有害物资,需要实行严格控制而不能让其任意排入海域。为此,《海洋环境保护法》设专章(第八章)做了规定,国务院发布的《防止船舶污染海洋环境管理条例》做了以下具体的规定:

1. 配备船舶防污文书及设备的规定。150 总吨以上油轮和 400 总吨以上非油轮应配备油类记录簿等防污文书和证书,准确记载油类装载量、转驳、装卸、油轮清洗、残油回收及处理等情况,以随时供主管部门检查;并设置机舱污水和压舱水分别使用的不同管系、油污储存舱、标准排放接头、油水分离设施或者过滤系统、排油监控装置等防止油污染设备。不足以上吨数的油轮或非油轮应设有回收残油、废油的专业容器。载运 2000 吨以上散装货油的船舶,还须备有《油污损害民事责任保险或其他财务保证书》或者《油污损害民事责任信用证书》,或提供其他财务信用保证使其在发生油污染事故后能履行责任。

2. 船舶排污控制的规定。船舶排放污染物,必须符合国家有关船舶污染物排放标准。

3. 含油污水污染防治的规定。《防止船舶污染海洋环境管理条例》第 15 条规定,到港船舶的压舱、洗舱、机舱等含油污水,由港口污水处理设施接收处理;确需排放的须经批准,并按规定条件和在指定区域内排放。

4. 船舶装运危险货物污染防治的规定。船舶装运易燃、易爆、腐蚀、有毒害和放射性危险货物,应采取必要的安全和防污染措施,并应悬挂规定的信号;在港口进行装卸时,必须采取防止货物落水的预防措施。

5. 防止船舶垃圾污染的规定。船舶垃圾不得任意倒入港区水域,应按规定由海港专门接收设施处理。装载有毒害货物以及粉尘飞扬的散装货物的船舶,不得任意在港内冲洗甲板或舱室,或者以其他方式将残油排入港内。确需冲洗的,须事先申请并经港务监督批准,还应采取安全和防污染措施。

6. 船舶修造、打捞和拆船工程防治污染的规定。水上、水下船舶修造、打捞和拆船单位，均应备有足够的防止污染的器材和设备。施工时，应采取防止散落水上的油类、油类混合物和其他废物污染的设施。修造过程中的工业垃圾应进行回收处理，不得投弃入海。

(八)防止倾倒废弃物对海洋环境污染损害的法律规定

倾倒，是指通过船舶、航空器、海上平台或者其他运载工具，向海洋处置废弃物和其他有害物质的行为，包括向海洋弃置船舶、航空器、平台及其辅助设施和其他浮动工具的行为。[6]向海洋倾废是常见的一种费用低、简便易行的利用海水净化能力处置废弃物的方式，但如方式不当或者管理不妥，则极易造成海洋污染损害，必须严加控制。为此，《海洋环境保护法》设专章(第七章)做了原则性规定，国务院发布的《海洋倾废管理条例》做了具体的规定：

1. 划定海洋倾废区的规定。海洋倾废区由国家海洋行政主管部门按科学、合理、安全和经济的原则选划，报国务院批准确定。

2. 废弃物分类的规定。根据废弃物的毒性、有害物质含量和对海洋环境的影响等因素，废弃物分为三类：第一类为禁止倾倒的物质，包括长期不能分解或剧毒，或严重妨碍航行、渔业及其他海上活动的物质；第二类为需要获得特别许可证才能倾倒的废弃物，包括对海洋生物没有剧毒性，但能在其体内富集，污染水产品，危害航行、渔业及其他活动的废弃物质；第三类指不属于前两类的其他低毒或无毒的废弃物。

3. 倾废许可证的规定。任何单位和船舶、航空器、平台及其他载运工具向海洋倾废，均需事先向国家海洋局申请批准并发给倾废许可证后，方可从事倾废活动。我国的海洋倾废许可证，对应着三类废弃物，分为三种：第一种是紧急许可证，适用于第一类废弃物，该类废弃物本系禁止倾倒的物质，但当出现紧急情况，在陆地处置该类废弃物会严重危及人体健康时，经批准获得紧急许可证，可到指定海区按规定的方法倾倒。第二种是特别许可证，适用于第二类废弃物。第三种是普通许可证，适用于第三类废弃物。

4. 倾废单位的义务的规定。需要倾废的单位须事先提出申请并附报拟倾倒废弃物的特性和成分检验单；领取许可证后，在装载废弃物时，应通知主管部门核实，并按许可证规定的期限和条件，到指定的海区倾废。倾倒时要如实填写记录上报主管部门；运载工具应有明显标志和信号；因倾废活动造成海洋污染损害的，应承担损害赔偿责任。

5. 倾废活动主管部门的职责的规定。海洋倾废活动主管部门是国家海洋局及其派出机构。主管部门在签发许可证时要严格审查，在倾废单位装载废弃物时应予以核实，如发现实际装载与许可证所注明的内容不符，应责令停止装运；情节严重的，应终止或者吊销许可证；对倾倒活动进行监视和监督，处理因倾废引起的污染损害纠纷等。

(九)防止拆船污染损害海洋环境的法律规定

拆船包括岸边拆船和水上拆船，是指对废船停靠拆船码头或者在船坞或者废船冲滩拆解或者对完全处于水上的废船进行拆解。拆船是综合利用废旧物资的一种形式，但如管理不当，也会造成污染。为防止拆船污染损害海洋环境，《海洋环境保护法》做了原则性规定，国务院发布的《防止拆船污染环境管理条例》做了以下具体的规定：

1. 统筹规划、合理设置拆船场的规定。《防止拆船污染环境管理条例》第5条规定，地方人

---

〔6〕《海洋环境保护法》第94条第1款第11项。

民政府应结合本地区特点、环境状况和技术条件,统筹规划、合理设置拆船场;并规定在饮用水源地、海水淡化取水点、盐场、重要渔业水域、海水浴场、风景名胜区及其他需要特别保护的区域,不得设置拆船厂。

2. 编制环境影响报告书的规定。设置拆船厂,必须编制环境影响报告书(表)。报告书(表)未经批准者,不得建设拆船厂;拆船公司不得对其提供废船。

3. 防污设施的规定。拆船单位必须配备或者设置防止拆船污染必需的拦油装置、废油接收设备、含油污水接收处理设施或者设备、废弃物回收处置场等,并经批准环境影响报告书(表)的环境保护部门验收合格后方可进行拆解。

4. 拆解作业污染防治规定。拆船单位在废船拆解前,必须清除易燃、易爆和有毒物质,采取防止油污水外溢的措施,垃圾、油类、含油混合物等废弃物必须送到岸上集中处理,不得采取渗坑、渗井的处理方式;必须进行洗舱、排污、清舱、测爆等工作,经检查核准后方可拆解;在拆解过程中,必须采取防止污染的措施,排放洗舱水、压舱水和舱底水,必须符合排放标准;拆下的船舶部件或者废弃物,不得投弃或者存放水中;船舶拆解完毕,应及时清理拆船现场;拆船单位关闭或者搬迁,必须及时清理遗留的污染物,并由监督拆船污染的主管部门检查验收。

第二节　防治环境噪声污染的法律规定

一、环境噪声的概念和特点

环境噪声,是指在工业生产、建筑施工、交通运输和社会生活中所产生的干扰周围生活环境的声音。噪声来源于物体的振动,按其产生的机理可分为机械噪声、气体动力噪声和电磁性噪声等。环境噪声按干扰区域可分为城市环境噪声、农村环境噪声和海洋环境噪声等;按噪声源可分为固定噪声源、流动噪声源。城市环境噪声又可分为工业噪声、建筑施工噪声、交通运输噪声和社会生活噪声等。

环境噪声具有如下特点:(1)噪声是感觉性公害。噪声是人们不需要、使人烦躁或者对人体有害的声音其达到或者超过一定的程度(限值,以分贝计)。因此,世界上各国只将超过一定限制的噪声作为环境噪声而实行控制和进行法律调整。(2)噪声是局部性和多发性公害。噪声对周围环境的影响范围和辐射距离呈局部性现象,而不像大气污染、海洋污染等公害那样范围广泛。噪声源种类繁多、排放方式多样且分布分散,有着多发性的特点。(3)噪声污染的暂时性。当噪声源停止振动或者声源被隔离或者移动一定的距离之后,噪声的污染就会立即停止或者明显减弱,不像其他公害那样残留任何污染物,也不会积累。

二、噪声污染的危害与主要控制路径

(一)环境噪声污染的概念

环境噪声污染,是指所产生的环境噪声超过国家规定的环境噪声排放标准,并干扰他人正常生活、工作和学习的现象。这表明,界定环境噪声污染须同时具备两个条件:一是超标,即超过国家规定的环境噪声排放标准(我国《环境噪声污染防治法》只规定环境噪声的国家标准,无地方标准);二是扰民,即干扰他人正常生活、工作和学习。

噪声污染自20世纪70年代以来日益严重，被称为城市四大公害之一。在我国，20世纪80年代后，环境噪声总体水平长期居高不下，环境噪声污染已成为严重扰民的突出问题。在城市居民反映环境污染的投诉中，有关环境噪声投诉已成为占投诉比重最大的主要污染问题。

（二）环境噪声污染的危害

1. 影响人们工作和学习，干扰睡眠和休息。适宜于人们正常生活、工作和学习的比较安静的环境的声级为30分贝到40分贝；超过50分贝的噪声则破坏安静，对人们的学习、休息产生干扰；60分贝以上的噪声使人烦躁不安，会使大多数人难以入睡；70分贝以上的噪声使人们精神不振，身体乏力，难以集中精力；90分贝以上的强声级噪声则会造成人们反应迟钝，导致生产和交通事故增多。

2. 危害听觉。在强声级噪声环境中，会引起人们的听觉疲劳。长期接受90分贝以上的噪声，会造成听觉迟钝甚至导致噪声性耳聋。140分贝以上的噪声会使鼓膜破裂，致使双耳完全失聪。

3. 引发疾病和其他危害。噪声还能影响人的神经、心血管和胃肠消化系统，引起记忆力减退、失眠、心跳加快、心律不齐、消化不良、食欲下降等。长期受强噪声污染的人，会使身体疲乏、精神紧张、健康水平下降。175分贝以上的噪声甚至可致人死亡。

4. 危害财物。强噪声会造成机械疲劳，损伤机器设备，震裂墙壁，使自动化仪器失灵，从而危害生产、科研和国防建设等。

（三）环境噪声污染控制的技术路径

基于环境噪声污染危害的特点，对噪声源或传播途径采取合理的屏蔽、隔离或移动等控制措施，将其限制在一定程度或范围，或者对受影响对象采取合理保护措施，使人们感觉不到或无明显感觉，就可以减轻、降低乃至消除噪声的危害。因此，对噪声污染控制，通常采用控制声源和控制传声途径和敏感建筑物防护三种途径。如采取隔声消声设施装备、转移噪声源、降低声级、限制排放噪声的时间或范围、使用防护装备等措施；在噪声敏感建筑物集中区域和敏感时段通过采取限鸣（含禁鸣）、限行（含禁行）、限速等措施，合理控制道路交通参数（车流量、车速、车型等），降低交通噪声。

三、环境噪声污染防治的法律规定

我国在1979年颁布的《环境保护法（试行）》中，对城市区域、工业和交通运输的环境噪声的污染防治做出了原则性的规定。之后，在国务院《关于结合技术改造防治工业污染的几项规定》（已失效）、《关于加强乡镇、街道企业环境管理的规定》（已失效）以及《中国人民解放军空军关于减轻飞机噪声的影响的通知》和《治安管理处罚条例》中，也设有关于防治环境噪声污染的规定。国务院于1989年发布了《环境噪声污染防治条例》。为进一步严格控制环境噪声，促进声环境质量的改善，保障人民群众的身体健康，第八届全国人大常委会第二十二次会议于1996年10月通过了《环境噪声污染防治法》。此外，在有关公路、铁路、民用航空、水上交通、道路交通管理和建筑施工管理的法律、法规中也设有防治交通运输和建筑施工噪声的内容。2005年的《治安管理处罚法》规定，将社会生活噪声污染作为妨害社会管理的行为予以处罚。国家还颁布了一系列声环境质量标准和环境噪声排放标准，很多省、市制定了地方性环境噪声污染防治法规和规章。我国现行有关环境噪声污染防治法律规定的主要内容如下。

（一）环境噪声污染防治的监督管理体制

《环境噪声污染防治法》第6条根据环境噪声源的种类及其污染的特点,对我国环境噪声污染防治的监督管理体制做出了规定:(1)国务院环境保护行政主管部门对全国环境噪声污染防治实施统一监督管理。(2)地方人民政府环境保护部门对本行政区域内的环境噪声污染防治实施统一监督管理。(3)各级公安、交通、铁路、民航等主管部门和港务监督机构,根据各自的职责,对交通运输和社会生活噪声污染防治实施监督管理。如《治安管理处罚法》第58条规定,违反关于社会生活噪声污染防治的法律规定,制造噪声干扰他人正常生活的行为,由公安机关依照《治安管理处罚法》的规定予以处罚。

（二）关于城市规划和建设布局的环境噪声污染防治要求的规定

环境噪声污染同城市规划和建设布局有着极为密切的关系,规划和布局的合理与否直接作用于环境噪声污染的程度和范围,尤其是交通运输噪声和社会生活噪声。《环境噪声污染防治法》第5条规定:“地方各级人民政府在制定城乡建设规划时,应当充分考虑建设项目和区域开发、改造所产生的噪声对周围生活环境的影响,统筹规划,合理安排功能区和建设布局,防止或者减轻环境噪声污染。”该法第12条中还具体规定:“城市规划部门在确定建设布局时,应当依据国家声环境质量标准和民用建筑隔声设计规范,合理划定建筑物与交通干线的防噪声距离,并提出相应的规划设计要求。”第13条和第14条分别对新建、改建、扩建的可能产生环境噪声污染的建设项目执行环境影响评价制度和建设项目环境噪声污染防治设施与主体工程的“三同时”制度提出了明确的要求。

（三）关于噪声排放标准与城市功能分区控制环境噪声的规定

《环境噪声污染防治法》第10条和第11条规定,国务院环境保护行政主管部门分别对不同的功能区制定国家声环境质量标准,并根据国家声环境质量标准和国家经济、技术条件,制定国家环境噪声排放标准。与其他污染防治法律、法规中关于环境标准的规定所不同的是,《环境噪声污染防治法》只规定了国家声环境质量标准和环境噪声排放标准,而未规定地方的声环境质量标准和环境噪声排放标准。这是由于国家的有关标准已经涵盖了环境噪声污染的各个方面且比较严格,基本上不存在需要另行制定地方标准的情况。

我国已颁布的声环境标准主要是《城市区域环境噪声标准》和《声环境质量标准》。前者于1982年制定,1993年修订,2008年被后者废止。它规定了城市五类区域的环境噪声最高限值(按昼间和夜间),并规定乡村生活区域可参照该标准执行。其他声环境标准还有《机场周围飞机噪声环境标准》《城市港口及江河两岸区域环境噪声标准》《铁路边界噪声限值及其测量方法》等。

《环境噪声污染防治法》第10条规定,县级以上地方人民政府根据国家声环境质量标准,划定本行政区域内各类声环境质量标准的适用区域,并进行管理,及实行城市声环境功能分区控制制度。国家制定了《声环境功能区划技术规范》《声环境质量标准》等。

我国已颁布了一系列环境噪声排放标准。其中主要有:《工业企业厂界噪声标准》,适用于工厂极有可能造成噪声污染的企事业单位的边界,并按城市功能分区(分为四类)规定了各类厂界噪声标准值(按昼、夜间)。《建筑施工场界噪声标准》对土石方、打桩、结构、装修等不同施工阶段,分别按昼、夜间规定了作业噪声限值。《机动车辆允许噪声标准》对载重汽车、轻型越野车、公共汽车、轿车、摩托车、60马力以下轮式拖拉机、手扶拖拉机等机动车辆加速行驶时,车外最大允许噪声级分别做出了限值规定。此外,国家还制定了这些排放标准所适用的噪声测量方法等标准。

(四)关于设备、产品的噪声控制的规定

为从源头防治噪声污染,《环境噪声污染防治法》对设备、产品的噪声控制作了规定。该法第18条规定:“国家对环境噪声污染严重的落后设备实行淘汰制度。”并规定制定、公布限期禁止生产、销售、进口的环境噪声污染严重的设备名录;生产者、销售者或者进口者必须在规定期限内分别停止生产、销售或者进口名录中所列的设备。该法第26条规定:“国务院有关主管部门对可能产生环境噪声污染的工业设备,应当根据声环境保护的要求和国家的经济、技术条件,逐步在依法制定的产品的国家标准、行业标准中规定噪声限值。”该条还规定可能产生环境噪声污染的工业设备运行时发出的噪声值应在有关技术文件中予以注明。《环境噪声污染防治法》第32条规定:“禁止制造、销售或者进口超过规定的噪声限值的汽车。”

(五)工业噪声污染防治的规定

工业噪声,是指在工业生产活动中使用固定的设备时产生的干扰周围生活环境的声音。为防治工业噪声污染,《环境噪声污染防治法》设专章(第三章)做了如下的规定:

1. 达标排放的要求。《环境噪声污染防治法》第23条规定:“在城市范围内向周围生活环境排放工业噪声的,应当符合国家规定的工业企业厂界环境噪声排放标准。”第25条规定:“产生环境噪声污染的工业企业,应当采取有效措施,减轻噪声对周围生活环境的影响。”

2. 工业噪声排放申报登记制度。在工业生产中因使用固定设备造成环境噪声污染的企业,必须按国务院环境保护行政主管部门的规定,申报拥有的造成环境噪声污染的设备的种类、数量以及在正常作业条件下所发出的噪声值和防治环境噪声污染的设施情况,并提供防治噪声污染的技术资料。

3. 偶发性强烈噪声排放的申请和公告制度。偶发性强烈噪声排放具有突发性和不规则性,对人体健康和生活环境危害很大,《环境噪声污染防治法》第19条规定:“在城市范围内从事生产活动确需排放偶发性强烈噪声的,必须事先向当地公安机关提出申请,经批准后方可进行。当地公安机关应当向社会公告。”

(六)建筑施工噪声污染防治的规定

建筑施工噪声,是指在建筑施工过程中产生的干扰周围生活环境的声音。《环境噪声污染防治法》设专章(第四章)规定了建筑施工噪声污染防治,其主要内容有:

1. 达标排放。《环境噪声污染防治法》第28条规定:“在城市市区范围内向周围生活环境排放建筑施工噪声的,应当符合国家规定的建筑施工场界环境噪声排放标准。”

2. 噪声排放申报登记制度。《环境噪声污染防治法》第29条规定,在城市市区范围内,建筑施工过程中使用机械设备,可能产生环境噪声污染的,施工单位必须在工程开工15日前向工程所在地环境保护行政主管部门申报该工程的项目名称、施工场所和期限、可能产生的环境噪声值以及所采取的环境噪声污染防治措施的情况。

3. 禁止夜间在噪声敏感建筑物集中区域进行建筑施工作业。噪声敏感建筑物集中区域是指医疗区、文教科研和以机关或者居民住宅为主的区域。为保证这些区域的安静,《环境噪声污染防治法》第30条规定:“在城市市区噪声敏感建筑物集中区域内,禁止夜间进行产生环境噪声污染的建筑施工作业,但抢修、抢险作业和因生产工艺上要求或者特殊需要必须连续作业的除外。”这里的“夜间”是指晚22点至晨6点。该条还规定,因特殊需要必须连续作业的,必须有县级以上人民政府或者其有关主管部门的证明,并必须公告附近居民。

(七)交通运输噪声污染防治的规定

交通运输噪声,是指机动车辆、铁路机车、机动船舶、航空器等交通运输工具在运行时所产生的干扰周围生活环境的声音。由于机动车辆数量猛增,但对车辆运行噪声缺乏有效控制,道路建设和规划失当,道路和基础设施的质量不足以承受日益增长的交通运输工具通过量,致使交通运输噪声污染呈日益恶化的严重态势,已成为环境噪声污染防治的重点。环境保护部2010年发布实施的《地面交通噪声污染防治技术政策》规定地面交通噪声污染防治应遵循如下原则:(1)坚持预防为主原则,合理规划地面交通设施与邻近建筑物布局;(2)噪声源、传声途径、敏感建筑物三者的分层次控制与各负其责;(3)在技术经济可行条件下,优先考虑对噪声源和传声途径采取工程技术措施,实施噪声主动控制;(4)坚持以人为本原则,重点对噪声敏感建筑物进行保护。

《环境噪声污染防治法》对此做了专章(第五章)规定,其主要内容有:

1. 对运行中的交通运输工具的噪声污染防治要求和措施。在城市市区范围内行驶的机动车辆的消声器和喇叭必须符合国家规定的要求;机动车辆必须加强维修和保养,保持技术性能良好;机动车辆在城市市区内行驶,机动船舶在市区内河航道航行,铁路机车驶经或者进入市区、疗养区时,必须按规定使用声响装置;警车、消防车、工程抢险车、救护车等机动车辆安装、使用警报器,必须符合公安部门的规定;在执行非紧急任务时,禁止使用警报器。

2. 禁行、禁鸣区域和时间的规定。城市人民政府公安机关可以根据本地城市市区区域声环境保护的需要,划定禁止机动车辆行驶和禁止其使用声响装置的路段和时间并向社会公告。

3. 对道路和基础设施建设的噪声污染防治措施。建设经过已有的噪声敏感建筑物集中区域的高速公路和城市高架、轻轨道路的,应当设置声屏障或者采取其他有效控制噪声污染的措施;在已有的城市交通干线两侧建设噪声敏感建筑物的,应当按照国家规定间隔一定距离,并采取减轻、避免交通噪声影响的措施;在车站、铁路编组站、港口、码头、航空港等交通枢纽指挥作业时使用广播喇叭的,应当控制音量,减轻噪声对周围生活环境的影响。

4. 对铁路机车运行的噪声污染防治措施。穿越城市居民区、文教区的铁路,因铁路机车运行造成噪声污染的,当地人民政府应当组织铁路部门和其他部门,制定减轻噪声污染的规划,并采取有效措施,减轻环境噪声污染。

5. 对航空器噪声污染防治的措施。除起飞、降落或者依法规定的情形以外,民用航空器不得飞越城市市区上空。城市人民政府应在航空器起飞、降落的净空周围划定限制建设噪声敏感建筑物的区域;在该区域建设噪声敏感建筑物的,应当采取减轻、避免航空器运行时产生的噪声影响的措施。

(八)社会生活噪声污染防治的规定

社会生活噪声,是指人为活动所产生的除工业噪声、建筑施工噪声和交通运输噪声之外的干扰周围生活环境的声音。为解决这方面的污染问题,《环境噪声污染防治法》设专章(第六章)作出规定,其主要内容有:

1. 噪声排放申报登记的规定。在城市市区噪声敏感建筑物集中区域内,因商业经营活动中使用固定设备造成环境噪声污染的企业,必须按照国务院环境保护行政主管部门的规定,向所在地的县级以上环境保护行政主管部门申报拥有的造成环境噪声污染的设备状况和防治环境噪声污染设施的情况。

2. 达标排放的规定。新建营业性文化娱乐场所的边界噪声必须符合国家规定的环境噪声排放标准;不符合标准的,文化行政主管部门不得核发文化经营许可证,工商行政管理部门不得核发营业执照;经营中的文化娱乐场所的边界噪声不得超过国家规定的噪声排放标准;在商业经营活动中使用空调器、冷却塔等可能产生环境噪声污染的设备、设施的,其边界噪声不得超过国家规定的环境噪声排放标准。

3. 控制声响器材的规定。禁止在商业经营活动中使用高音广播喇叭或者采用其他发出高噪声的方法招揽顾客;禁止任何单位、个人在城市市区噪声敏感建筑物集中区使用高音广播喇叭;在城市市区街道、广场、公园等公共场所组织娱乐、集会等活动,使用音响器材可能产生干扰周围生活环境的过大音量的,必须遵守当地公安机关的规定;使用家用电器、乐器或者进行其他室内娱乐活动时,应当控制音量或者采取其他有效措施,避免对周围居民造成环境噪声污染。

4. 限制室内装修活动噪声的规定。在已竣工交付使用的住宅楼进行室内装修活动,应当限制作业时间,并采取减轻、避免周围居民造成环境噪声污染的有效措施。

思考题

1. 什么是海洋环境污染损害？有何特点？为什么要加强对海洋环境的保护？
2.《海洋环境保护法》关于海洋生态保护的规定有何意义？并简述其基本内容。
3. 什么是“倾倒”？简述《海洋环境保护法》关于防止倾倒废弃物对海洋环境污染损害的基本规定。
4. 什么是环境噪声污染？有何特点？《环境噪声污染防治法》对交通运输噪声污染防治和社会生活噪声污染防治有哪些规定？并简述其基本内容。

第十六章　防治固体废物污染和危险化学品污染的法律规定

第一节　防治固体废物污染的法律规定

一、固体废物的概念和特点

(一)固体废物的概念

固体废物,是指在生产、生活和其他活动中产生的丧失原有利用价值或者虽未丧失利用价值但被抛弃或者放弃的固态、半固态和置于容器中的气态的物品、物质以及法律、行政法规规定纳入固体废物管理的物品、物质。[1]

根据上述概念可知,固体废物包括工业固体废物、城市生活垃圾和危险废物,并非只限于呈固态形状的废弃物质,还包括半固态废物,即泥状废物和高浓度液体废物,诸如工业生产建设中产生的污泥、泥浆、废油、废酸、废碱、废溶剂、废沥青,在城市生活和其他活动中产生的下水道污泥、厨房垃圾、废农药、人畜粪便等。这些半固体废物不属于大气污染防治法的"废气"和水污染防治法的"废水"的调整范围,而且其特性、来源、分布和对其进行收集、贮存、处置等方面的要求与固体废物的特点及其污染防治要求相似,将其列入固体废物范围内加以管制较为方便、合理和经济。

(二)固体废物的特点

同废水、废气相比,固体废物的主要特点是:

1. 量大面广、种类繁多、性质复杂。就数量而言,我国固体废物的年产生量、排放量以及历年累积堆放量数量巨大。就产生来源而言,几乎所有的社会生产和生活活动都可能成为固体废物的产生源和排放源。就性质而言,固体废物的品种和类型众多,各种废物特别是危险废物的物理、化学、生物性质复杂。

2. 具有污染环境和可利用的双重性质。固体废物具有多方面的环境污染危害性质,是主要的环境污染物质之一。长期露天堆存和非安全性、非无害化的地下填埋、焚烧固体废物特别是危险废物,能污染土壤、水体(地表水和地下水)和大气;固体废物能通过贮存或处置时产生恶臭、毒气、微粒扩散或者自燃等方式污染大气,会对环境卫生和市容市貌产生影响,恶化城市居民生活条件,对人体健康形成威胁;向环境不当排放固体废物,占用大量土地、水面,造成土地和水资源的污染、破坏和浪费。但是,固体废物还具有另一种重要特性,即可利用性。固体废物的大量产生,是人们对资源、能源和其他物质材料未能充分、合理利用的结果。在一定条

---

〔1〕 参见《固体废物污染环境防治法》第88条第1款第1项。

件下，作为某一生产过程结果之一产生的废物却可能成为另一生产过程开始的原料。由于固体废物所具有的这种可以作为二次原料或者再生资源利用的性质，所以被认为是"放错了地方的资源"。固体废物的这种危害和可利用兼具的双重性质，使在防治固体废物污染时，既要控制其危害性，又要开发其可利用性。

3. 具有可转移性、处置的多样性和可与环境隔离性。其一，固体废物的固态和半固态形态，使其可以并易于进行异地转移处置，污泥、高浓度液体废物等也可经脱水、浓缩、压缩或固化处理，使其易于运输转移。这种可转移性使得对固体废物的污染防治可以实行区域控制，对固体废物处置可以实行集中处置。其二，对固体废物处置方式并非如废气、废水只需净化处理即可，而是具有处置方式的多样性。处置一般分为陆地处置和海洋处置。陆地处置是依托土地的特性对固体废物采取的与环境隔离的方式进行处置，包括垃圾处理场、土地填埋、深井灌注、废矿井矿坑回填、人造假山和利用山体的尾矿库坝和洞穴处置等。海洋处置包括海上焚烧、海洋倾废或者利用固体废物填海造地等。处置方式的多样性要求对固体废物的污染防治必须根据废物的特性，实行分类控制。其三，就废气、废水而言，无论对其如何进行净化处理，其最终仍需通过排放方式进入环境（除少量的回收利用或再利用外）。固体废物则不同，部分固体废物可以再利用而实现资源化，或以焚烧方式处置后成为气体排入环境，或以利用有净化能力的海洋倾倒处置，其余的特别是危险废物则须采取与环境永久隔离的处置方式，如地下填埋、矿山回填的处置方式和其他隔离封存处置方式和措施。

固体废物的转移性、处置方式的多样性和可与环境隔离性，要求必须根据废物特性对固体废物实行全过程、重点、分类和集中管理。

4. 具有长期潜在性和迟滞性。固体废物对环境污染的危害，除突发性污染事故外，通常是经过比较缓慢的过程，其危害可能在数年后才能表现出来，而且一旦造成污染危害，由于其具有的反应呆滞性和生物难降解性，往往难以清除。

二、固体废物的污染危害

我国固体废物的产生量和历年累计堆存量呈增加趋势，造成了严重的环境污染危害和经济损失。

经统计，2016 年，214 个大、中城市一般工业固体废物产生量为 14.8 亿吨，工业危险废物产生量为 3344.6 万吨，医疗废物产生量为 72.1 万吨，生活垃圾产生量为 18850.5 万吨。其中，一般工业固体废物综合利用量 8.6 亿吨，处置量 3.8 亿吨，贮存量 5.5 亿吨，倾倒丢弃量 11.7 万吨。工业危废方面，处置量 1535.4 万吨，贮存量 380.6 万吨。医疗废物方面，处置量 72.0 万吨，大部分城市的医疗废物处置率都达到了 100%。城市生活垃圾方面，处置量 18684.4 万吨，处置率达 99.1%。[2]

三、固体废物污染防治的法律规定

（一）国外固体废物污染防治的立法概况

固体废物对环境的污染，很早就受到人们的关注，各国都采取一系列管理措施，制定有关污染防治的法律规定。在早期，对固体废物的管理，一般是作为公共卫生、环境卫生或者工业

〔2〕 参见《2017 年全国大中城市固体废物污染环境防治年报》。

安全卫生的问题,并没有作为环境污染对待。直到20世纪五六十年代,由于固体废物污染环境问题日趋严重,同时自然资源的减少和频繁发生的能源危机,迫切要求对废物再生利用,促使很多国家制定了防治固体废物污染环境的专门法律、法规。英国在1958年制定了《垃圾法》,1972年制定了《有毒废物倾倒法》。荷兰在1973年制定了《化学废物处理法》,1975年制定了《废物处置法》。美国1965年制定了《固体废物处置法》(1970年修改为《资源回收法》,1976年修改为《资源保护和回收法》,1984年修改为《资源保护再生法》),1980年制定《废油回收法》和专门解决危险废物排放、处置、赔偿责任及其信托基金的《环境反应、赔偿和责任综合法》。德国在1991年制定了《垃圾减量法》,1996年制定了《循环经济法》,要求对原材料进行最大限度的循环利用,从源头上减少废物的产生。日本1970年制定了《废弃物处理和清扫法》,强调固体废物的收集和处理处置的管理,1993年制定了《资源有效利用促进法》(2000年修改),1995年制定了《包装容器再生法》,1998年制定了《家用电器再生法》,2000年制定了《建设循环型社会基本法》《食物废品再生法》《建设废材再生法》《绿色采购法》等配套法律。

国际社会对固体废物污染防治的注意力主要集中在海洋倾废和控制固体废物越境转移方面,并制定了相应的国际法律文件,如1972年的《海洋倾废公约》和1989年的《控制危险废物越境转移及其处置的巴塞尔公约》(我国均已加入)。

(二)我国固体废物污染防治法的立法过程

我国为防治固体废物污染,制定了专门的法律、法规。在防治工业固体废物污染方面,国家环境保护局于1991年制定了《防治尾矿污染管理规定》(2010年修改),国家环境保护局、能源部于1991年发布了《防止含多氯联苯电力装置及其废物污染环境的规定》,国家环境保护局、化工部于1992年颁布了《关于防治铬化合物生产建设中环境污染的若干规定》等。在防治生活垃圾污染方面,国务院于1992年颁布了《城市市容和环境卫生管理条例》(2017年已修改),城乡建设部于1993年颁布了《城市生活垃圾管理办法》(2007年修改)等。在鼓励综合利用固体废物方面,国家有关部门也制定了相关的规定,如国家经济委员会在1985年发出《关于开展资源综合利用若干问题的暂行规定》(2001年已失效),国务院于1996年批转了国家经济贸易委员会、财政部、国家税务总局的《关于进一步开展资源综合利用的意见》和其他优惠政策规定。

此外,在其他环境保护法律、法规中,亦有防治固体废物污染的规定。经过长达10年的起草过程,1995年10月30日,第八届全国人大常委会第十六次会议通过了《固体废物污染环境防治法》。依据该法,国家环境保护总局于1999年制定了《危险废物转移联单管理办法》和《废物进口环境保护管理暂行规定》,[3]并发布国家限制进口的可用作原料的废物目录,2001年颁布了《畜禽养殖污染防治管理办法》(2016年已失效)和控制城市建筑、拆迁和市政等施工的扬尘污染的《关于有效控制城市扬尘污染的通知》,发布《危险废物污染防治技术政策》。国务院于2001年颁布了《报废汽车回收管理办法》。财政部、国家税务总局还颁布了资源综合利用及其产品和废旧物质回收经营业务的增值税等系列税收优惠政策。此外,国家还颁布了《危险废物焚烧污染控制标准》《生活垃圾焚烧污染控制标准》《进口废物环境保护控制标准》《有色金

[3] 《废物进口环境保护管理暂行规定》由国家环保局、对外贸易经济合作部、海关总署、国家工商局和国家商检局于1996年3月发布,国家环境保护总局1999年7月修正,2016年失效。

属工业固体废物腐蚀性试验方法标准》《城镇垃圾农用控制标准》《农用粉煤灰中污染物控制标准》《危险废物鉴别标准》等几十项固体废物污染排放标准。其中,《固体废物污染环境防治法》于2004年进行了修订,并于2013年、2015年和2016年进行了三次修正。

（三）关于防治固体废物污染环境的原则的规定

防治固体废物污染,除应遵循环境保护法基本原则之外,《固体废物污染环境防治法》根据固体废物污染防治的特点,确立了若干具体原则。

1. 全过程管理原则。固体废物污染防治全过程,是指包括固体废物的产生、收集、贮存、运输、利用、处置等环节的全过程。通常称为"从产生到最终处置"的全过程或者"从摇篮(产生)到坟墓(处置)"的全过程。《固体废物污染环境防治法》第16条规定:"产生固体废物的单位和个人,应当采取措施,防止或者减少固体废物对环境的污染。"第17条规定:"收集、贮存、运输、利用、处置固体废物的单位和个人,必须采取防扬散、防流失、防渗漏或者其他防止污染环境的措施;不得擅自倾倒、堆放、丢弃、遗撒固体废物。"

2. "三化"管理原则。"三化",是指固体废物减量化、资源化、无害化。(1)固体废物减量化,亦称废物最小量化,是指减少固体废物的产生。努力控制固体废物的产生,是积极从源头控制污染的指导思想的要求。实行这一原则,不仅可以减轻污染的危害,也可以提高资源能源的利用率。(2)固体废物资源化,亦称资源综合利用,是指通过回收、加工、循环利用、交换等方式,对固体废物进行综合利用,使之转化为可利用的二次原料或再生资源。(3)固体废物无害化,是指对固体废物进行无害化处置。对不能利用或者暂时不能利用的固体废物,特别是危险废物,必须按照环境保护的要求,进行安全、卫生贮存、处置,以防止或者减轻对环境和人体健康的危害。"三化"原则是各国防治固体废物污染立法中普遍适用和富有成效的原则。实行这一原则,可以做到既防治污染,改善环境,又节约和合理开发利用资源,使固体废物得以变废为宝,化害为利,实现经济效益、环境效益、社会效益的统一。

3. 禁止排放固体废物和强制处置原则。为防治固体废物的污染,充分利用固体废物的可安全处置和可利用的特性,实现固体废物对环境的无害化,促进固体废物资源化,必须对向环境排放的固体废物实行严格的控制,对排放行为予以强制管制。其一,禁排并非污染防治的最终手段和目的,对已产生的固体废物进行处置便成为重要措施。因此,禁排的要求应与鼓励对固体废物的资源化利用和强制处置的制度措施相结合。工业固体废物和危险废物的产生者必须将废物进行综合利用,并对不能利用或者不能全部用尽的废物实行无害环境的处置。处置,是指将固体废物焚烧和用其他改变固体废物的物理、化学、生物特性的方法,达到减少已产生的固体废物数量、缩小固体废物体积、减少或者消除其危险成分的活动,或者将固体废物最终置于符合环境保护规定要求的场所或者设施并不再取回的活动。处置并不能消除固体废物,只是改变其危害性质或者将其长期隔离封存。对无法利用的固体废物实施无害于环境的最终处置,是固体废物污染防治的最后措施。其二,基于禁止排放与强制处置的相辅相成作用和不可分割的联系,《固体废物污染环境防治法》将两者结合起来并突出要求和强调强制处置。在该法中并未直接做出禁止向环境排放工业固体废物和危险废物的规定,而是以规定工业固体废物和危险废物产生者的强制处置的义务予以体现。

4. 集中处置与分散防治相结合的原则。防治固体废物污染,对其产生的固体废物进行利用和处置,是企业、事业单位的强制性义务。在鼓励、扶持和强制企业、事业单位自行防治的同时,为提高治理污染的效益,还应实行集中收集和处置。这样既可以有效控制污染,降低环境风险,提高污染防治效益,节约投资,又便于监督管理。在我国,固体废物污染的集中防治主要有三种形式:(1)鼓励企业、事业单位将其拥有的固体废物利用、贮存、处置设施,在保证利用、贮存、处置本单位产生的固体废物的条件下,可将剩余的防治能力向他人开放,接受他人提供的需要利用、贮存、处置的废物。(2)区域性集中收集、处置方式,即建设区域(在一行政区域或者跨行政区域)的专门性和专业性的固体废物(特别是城市生活垃圾和危险废物)利用、贮存、处置设施,把一些分散在各单位的固体废物,按一定要求和条件集中在一起利用、贮存和处置。(3)推行“废物交换”。废物交换是根据一个生产过程产生的废物可能成为另一生产过程的原料的特性,通过交换方式,使废物产生者与利用者之间进行物质传输,以比较经济的方式实现固体废物资源化。因此,企业、事业单位应将不能自行利用或者自用有余的废物,提供或者交给他人使用。交换既可以是有偿的,也可以是无偿的。

5. 对危险废物实行特别严格的控制和重点防治的原则。《固体废物污染环境防治法》第88条第1款第4项规定:“危险废物,是指列入国家危险废物名录或者根据国家规定的危险废物鉴别标准和鉴别方法认定的具有危险特性的固体废物。”危险废物具有爆炸性、易燃性、易氧化性、毒性、腐蚀性或者易传染疾病等危险特性,如果随意弃置,对环境的危害极大。因此,国外废物管理立法都把危险废物作为废物管理的重点,采取一切措施保证危险废物得到妥善处理、处置。〔4〕 由于危险废物可能造成对人体健康和环境的严重危害,必须对其实行比其他固体废物更严格的控制和重点防治,《固体废物污染环境防治法》第四章“危险废物污染环境防治的特别规定”做了专门的规定,突出了重点,确立了对危险废物实行特别严格管制的原则。

6. 污染者承担污染防治责任原则。《固体废物污染环境防治法》第5条规定:“国家对固体废物污染环境防治实行污染者依法负责的原则。产品的生产者、销售者、进口者、使用者对其产生的固体废物依法承担污染防治责任。”第18条第2款又规定:“生产、销售、进口依法被列入强制回收目录的产品和包装物的企业,必须按照国家有关规定对该产品和包装物进行回收。”它要求生产者不仅对其生产过程中的环境污染承担法律责任,还要求对其生产的产品的整个生命周期内的环境污染和破坏承担法律责任,包括废弃产品的回收、处置责任,以及所造成污染损害承担赔偿等法律规定的责任。该原则若能得到全面贯彻落实,必将有助于从根本上解决固体废物污染环境的问题,意义重大。

(四)关于防治固体废物污染环境的制度的规定

1. 环境影响评价制度。《固体废物污染环境防治法》第13条规定:“建设产生固体废物的项目以及建设贮存、利用、处置固体废物的项目,必须依法进行环境影响评价,并遵守国家有关建设项目环境保护管理的规定。”一切产生固体废物(包括固体废物、危险废物、生活垃圾等)的建设项目都应当依法进行环境影响评价。

2. 申报登记制度。《固体废物污染环境防治法》第32条规定:“国家实行工业固体废物申报登记制度。产生工业固体废物的单位必须按照国务院环境保护行政主管部门的规定,向所在地县级以上地方人民政府环境保护行政主管部门提供工业固体废物的种类、产生量、流向、贮存、处置等有关资料。前款规定的申报事项有重大改变的,应当及时申报。”需要注意的是,申报登记的对象仅指工业固体废物,不包括生活垃圾,而危险废物的申报登记则应按照该法第

---

〔4〕 解振华:《关于〈中华人民共和国固体废物污染环境防治法(草案)〉的说明》,载国家环境保护局编:《中华人民共和国固体废物污染环境防治法学习材料》,中国环境科学出版社1995年版。

53 条规定进行；申报的内容明确规定为工业固体废物的种类、产生量、流量、贮存和处置等；只要其中任何一项发生重大改变，均应及时如实申报。

（五）关于固体废物污染防治监督管理体制的规定

《固体废物污染环境防治法》第 10 条对固体废物污染防治监督管理体制的规定如下：(1)国务院环境保护行政主管部门对全国固体废物污染环境的防治工作实施统一监督管理。国务院有关部门在各自的职责范围内负责固体废物污染环境防治的监督管理工作。(2)县级以上地方人民政府环境保护行政主管部门对本行政区域内固体废物污染环境的防治工作实施统一监督管理。县级以上地方人民政府有关部门在各自职责范围内负责固体废物污染环境防治的监督管理工作。(3)国务院建设行政主管部门和县级以上地方人民政府环境卫生行政主管部门负责生活垃圾清扫、收集、贮存、运输和处置的监督管理工作。

可见，我国对固体废物污染环境防治的监督管理体制，仍然是实行统一监督管理与分级、分部门监督管理相结合的体制。

（六）关于防治固体废物污染环境的一般规定

1. 产生固体废物者防治义务的规定。产生固体废物的单位和个人，应当采取措施，防止或者减少固体废物对环境的污染；收集、贮存、运输、利用、处置固体废物的单位和个人，必须采取防扬散、防流失、防渗漏或者其他防止污染环境的措施；不得擅自倾倒、堆放、丢弃、遗撒固体废物，以免污染危害环境。

2. 禁止向水体等倾倒、堆放固体废物的规定。禁止任何单位和个人违法向江河、湖泊、运河、渠道、水库及其最高水位线以下的滩地和岸坡等法律、法规规定禁止倾倒、堆放废弃物的地点倾倒、堆放固体废物。其中，“法律、法规的规定”，是指《防洪法》《水污染防治法》的有关规定。

3. 产品包装物的环境保护要求和回收利用的规定。使用后丢弃的产品包装物是对环境造成污染的物质。防止弃置包装物的污染，不仅应当做到尽可能回收利用，还应使包装物的生产适应回收利用的要求，使包装物易回收、重复使用和再生利用，易处理和降解，这样既可以从源头控制和减少污染，又可以实现物料合理循环和回收，减少原材料的使用和损失。《固体废物污染环境防治法》第 18 条规定：“产品和包装物的设计、制造，应当遵守国家有关清洁生产的规定。国务院标准化行政主管部门应当根据国家经济和技术条件、固体废物污染环境防治状况以及产品的技术要求，组织制定有关标准，防止过度包装造成环境污染。生产、销售、进口依法被列入强制回收目录的产品和包装物的企业，必须按照国家有关规定对该产品和包装物进行回收。”其中“有关清洁生产的规定”，是指《清洁生产促进法》第 20 条的规定：“产品和包装物的设计，应当考虑其在生命周期中对人类健康和环境的影响，优先选择无毒、无害、易于降解或者便于回收利用的方案。企业应当对产品进行合理包装，减少包装材料的过度使用和包装性废物的产生。”

4. 防治农用薄膜污染的规定。农用薄膜技术对发展农业生产有重要作用，故被称为“白色革命”。但是，在许多地方，农民使用农膜时只覆盖而不清理，致使大量废旧农膜碎片残留土壤中。这些用化学物质制成的残旧农膜，在自然条件下难以分解，造成严重的污染危害，给农业环境造成了“白色危机”。因此，《固体废物污染环境防治法》第 19 条规定：“国家鼓励科研、生产单位研究、生产易回收利用、易处置或者在环境中可降解的薄膜覆盖物和商品包装物。使用农用薄膜的单位和个人，应当采取回收利用等措施，防止或者减少农用薄膜对环境的污染。”

5. 从事畜禽规模养殖者应当防止污染环境的规定。《固体废物污染环境防治法》第 20 条规定:"从事畜禽规模养殖应当按照国家有关规定收集、贮存、利用或者处置养殖过程中产生的畜禽粪便,防止污染环境。""国家有关规定"是指《畜禽养殖业污染物排放标准》等。此外,畜禽养殖场的兴建,必须依法进行环境影响评价,遵守"三同时"排污申报登记等制度,在收集、贮存、利用或者处置畜禽粪便时防止渗漏、散落、溢流、雨水淋湿、恶臭气味等对周围环境的污染。在利用和处置方面,则应采取将畜禽粪便发酵,制成有机肥,经过无害化处理后作为农田肥料加以利用。

6. 加强管理和维护固体废物处理设施、设备和场所的规定。《固体废物污染环境防治法》第 21 条规定:"对收集、贮存、运输、处置固体废物的设施、设备和场所,应当加强管理和维护,保证其正常运行和使用。"这是对已建成的固体废物收集、贮存、运输、处置设施、设备和场所的要求。这就要求有关行政部门严格执行《一般工业固体废物贮存、处置场污染控制标准》《危险废物贮存污染控制标准》等,发现收集、贮存、运输、处置设施、设备、场所损坏或者不能正常运行,应当及时检修、维护,以保证其正常运行使用。

7. 控制固体废物污染转移的规定。固体废物污染转移,包括境内转移和境外转移。境内转移,是指将固体废物的污染跨行政区域转移,主要表现为异地转移、由城市向农村转移、由经济发达地区向经济欠发达地区转移、由一企业向另一企业转移。境外转移包括从境(国)外转移到境内,从境内转移到境外,即废物进口或者出口,还包括经我国境内管辖区域过境转移,固体废物污染转移不只是转移固体废物,还包括转移可能产生严重污染的固体废物的工艺或设备。在一定条件下,转移废物是必要且有益的,如对城市生活垃圾,若不允许将其从城市向农村转移进行处置,而将其全部贮存、堆放在市区内,则会造成严重的污染,阻碍城市的发展和建设。转移对于废物交换、综合利用废物和实行集中处置,也是必要的。但是,如果控制不当,固体废物转移可能造成污染的扩散,所以,必须对转移进行严格控制。《固体废物污染环境防治法》对固体废物污染转移做了严格控制的规定:[5] (1)跨省转移固体废物需经批准。(2)禁止或者严格限制固体废物进口。我国对境外废物向我国境内转移即废物进口、分类实行禁止和限制管制。(3)禁止过境转移危险废物。

(七)工业固体废物污染环境防治的规定

工业固体废物,是指在工业生产活动中产生的固体废物。《固体废物污染环境防治法》对工业固体废物污染环境的防治设专节做了规定,其主要内容如下:

1. "黑名单"和污染工艺、设备淘汰制度的规定。工业技术水平低和设备落后,是造成环境污染的重要原因。为了从根源上防治污染,必须大力开发有利于环境的先进技术。为此,《固体废物污染环境防治法》第 28 条规定了鼓励科技进步和开发无废、少废工艺的内容,建立了"限期淘汰产生严重污染环境的工业固体废物的落后生产工艺、落后设备的名录"(黑名单)的制度。

2. 有关行政部门防治工业固体废物污染职责的规定。《固体废物污染环境防治法》第 29 条规定:"县级以上人民政府有关部门应当制定工业固体废物污染环境防治工作规划,推广能够减少工业固体废物产生量和危害性的先进生产工艺和设备,推动工业固体废物污染环境防

〔5〕 现行的《固体废物污染环境防治法》,将有关固体废物越境转移、进出口等事项从旧法的第四章前移至第三章第一节,使其适用范围包括工业固体废物、城市生活垃圾和危险废物的污染防治,是很合理的。

治工作。”

3. 产生工业固体废物者防治污染职责的规定。建立、健全责任制度。《固体废物污染环境防治法》第 30 条规定:“产生工业固体废物的单位应当建立、健全污染环境防治责任制度,采取防治工业固体废物污染环境的措施。”其中的“污染环境防治责任制度”,是指按照工业固体废物污染防治的要求和实际情况,将污染防治责任层层落实到具体的有关单位或者个人,使其依法承担责任,并能充分发挥其作用,共同做好防治环境污染的法律规定。产生工业固体废物的单位,在建立、健全防治责任制度之后,应根据工业固体废物产生量、性质、危害程度等,采取切实可行的防治措施。

4. 采用清洁能源、材料和先进生产工艺、设备的规定。《固体废物污染环境防治法》第 31 条规定:“企业事业单位应当合理选择和利用原材料、能源和其他资源,采用先进的生产工艺和设备,减少工业固体废物的产生量,降低工业固体废物的危害性。”实践中存在生产单位使用新工艺、设备后,工业固体废物的产生量减少了,但其中所含的有毒有害物反而增加,给环境造成的污染危害并未减少的情况。现行《固体废物污染环境防治法》针对这种情况,要求生产单位在选择原材料、能源和生产工艺、设备时,必须同时做到减少工业固体废物的产生量和降低其对环境的污染危害性。

5. 回收利用和安全处置工业固体废物的规定。《固体废物污染环境防治法》第 33 条规定:“企业事业单位应当根据经济、技术条件对其产生的工业固体废物加以利用;对暂时不利用或者不能利用的,必须按照国务院环境保护行政主管部门的规定建设贮存设施、场所,安全分类存放,或者采取无害化处置措施。建设工业固体废物贮存、处置设施、场所,必须符合国家环境保护标准。”

6. 关闭、闲置或者拆除防治设施须经核准的规定。《固体废物污染环境防治法》第 34 条规定:“禁止擅自关闭、闲置或者拆除工业固体废物污染环境防治设施、场所;确有必要关闭、闲置或者拆除的,必须经所在地县级以上地方人民政府环境保护行政主管部门核准,并采取措施,防止污染环境。”其中的“确有必要关闭、闲置或者拆除”,一般是指原设施使用期限届满,已失去防治作用,或者经使用先进生产工艺、设备,所排放的工业固体废物量已大为减少,不需要原设施、设备或者场所。

7. 产生工业固体废物者终止或者变更后污染防治责任的规定。《固体废物污染环境防治法》第 35 条规定了产生工业固体废物的单位需要终止或者发生变更后,对其贮存、处置设施、场所应当如何安全处置及其应负的污染防治责任。归纳起来,其防治污染的责任可分为三种:(1)产生工业固体废物的单位终止时的污染防治责任。所谓“终止”,是指该单位发生了不能继续存在的事由,法律上不再视为民事责任主体时,如被撤销或者依法宣告破产等。这时,需要由产生单位采取妥善措施,如将未处置的工业固体废物运送至已决定继续使用的贮存、处置设施、场所,并承担继续治理、维护的责任;如若原贮存、处置设施依照协议予以关闭的,则应将未经安全处置的工业固体废物运送至其他贮存、处置设施、场所进行贮存或者处置。(2)产生工业固体废物的单位发生变更后的污染防治责任。所谓“变更”,一般是指合并或者分立。但不论属于其中任何一种,原单位工业固体废物污染防治责任,一般均由变更后的单位负责。需注意的是,当事人之间的约定只是变更后的单位对原单位未处置的工业固体废物及其贮存、处置设施、场所的污染防治责任,至于原单位其他防治工业固体废物污染环境义务、变更后单位自身的工业固体废物污染环境的防治义务,以及当事人依照该法所应承担的防治环境污染的其他义务,均不得通过约定来免除。(3)该法实施前已终止的单位的污染防治责任。可分为如下情况:已终止的单位未处置的工业固体废物及其贮存、处置的设施、场所进行安全处置的费用,由有关人民政府承担;该单位享有的土地使用权依法转让的,由土地使用权受让人承担处置费用;当事人另有约定的,从其约定,但是,也不得免除当事人的污染防治义务。

8. 处理废弃电器产品和废弃机动车船应当防止污染环境的规定。《固体废物污染环境防治法》第 37 条规定,拆解、利用、处置废弃电器产品和废弃机动车船,应当遵守有关法律、法规的规定,采取措施,防止污染环境。首先,要求拆解、利用、处置单位严格遵守国家有关法律、法规的规定,防止造成二次污染。例如,《报废汽车回收管理办法》第 6 条规定,国家对报废汽车回收业实行特种行业管理和资格认定制度。除已取得资格认定的企业之外,其他单位和个人不得从事报废汽车回收活动;依法进行该项活动的企业还必须在公安部门的监督下进行,并遵守环境保护法的规定,采取防止污染的措施。其次,尽快出台废弃家用电器回收管理法规,以遏制日益严重的废弃家用电器造成的环境污染。

(八)生活垃圾污染环境防治的规定

生活垃圾,是指在日常生活中或者为日常生活提供服务的活动中产生的固体废物以及法律、法规规定为生活垃圾的固体废物。[6]《固体废物污染环境防治法》第三章第三节对生活垃圾污染环境防治做了规定,其主要内容如下:

1. 县级以上人民政府和卫生部门职责的规定。该法第 38 条和第 39 条分别对县级以上人民政府和卫生部门在生活垃圾污染环境防治中的职责做了规定:(1)县级以上人民政府在生活垃圾污染环境防治中的职责如下:一是统筹安排建设城乡生活垃圾收集、运输、处置设施;二是提高生活垃圾的利用率和无害化处理率,以减少对环境的污染;三是促进生活垃圾收集、处置的产业化发展;四是逐步建立和完善生活垃圾污染环境防治的社会服务体系。(2)县级以上地方人民政府卫生部门在城市生活垃圾污染环境防治中的职责如下:一是应当组织对城市生活垃圾进行清扫、收集、运输和处置,尽快改变任意堆放和处置过程中造成二次污染的现象,努力提高综合利用水平;二是可以采用招标等市场经济形式选择条件较好的单位从事生活垃圾清扫、收集、运输和处置。

2. 不得任意倾倒、抛撒或者堆放城市生活垃圾的规定。《固体废物污染环境防治法》第 40 条规定:"对城市生活垃圾应当按照环境卫生行政主管部门的规定,在指定的地点放置,不得随意倾倒、抛撒或者堆放。"其中的"在指定的地点放置",是指在当地卫生部门指定的城市生活垃圾收集设施、设备或者场所内放置。如在所设置的密闭式垃圾容器内放置,任何单位和个人不得任意倾倒、抛撒或者堆放。

3. 清扫、收集、运输城市生活垃圾应当遵守国家有关规定。《固体废物污染环境防治法》第 41 条规定:"清扫、收集、运输、处置城市生活垃圾,应当遵守国家有关环境保护和环境卫生管理的规定,[7]防止污染环境。"例如,从事清扫、收集、运输城市生活垃圾服务的单位必须具备法定的审批条件;机械清扫车辆应当具有自动洒水、防尘、防遗撒、安全警示等功能,并具有合法的经营许可证、车辆行驶证等。

4. 及时清运、分类收集、运输和合理利用、无害化处置的规定。《固体废物污染环境防治

[6] 参见《固体废物污染环境防治法》第 88 条第 1 款第 3 项。

[7] 指《城市生活垃圾管理办法》《城市生活垃圾处理及污染防治技术政策》《生活垃圾填埋场污染控制标准》等。

法》第 42 条规定:"对城市生活垃圾应当及时清运,逐步做到分类收集和运输,并积极开展综合利用和实施无害化处置。"

5. 改进燃料结构、组织净菜进城、合理安排生活垃圾收购网站的规定。《固体废物污染环境防治法》第 43 条对城市人民政府在城市生活垃圾污染环境防治的职责做了如下的规定:(1)应当有计划地改进燃料结构,发展城市煤气、天然气、液化气和其他清洁能源,以逐步改变燃煤为主的燃料结构,减少煤渣的产生和对环境的污染;(2)组织净菜进城,以减少生活垃圾的产生量,还可以缓解运输紧张的压力;(3)统筹规划,合理安排生活垃圾收购网点,以促进生活垃圾的回收利用。

此外,该法第 44 条至第 48 条,还分别对城市生活垃圾处置设施、场所的建设、关闭或者闲置,城市生活垃圾回收标准和建筑工程施工单位生活垃圾的收集、清运等方面做了具体的规定。

(九)危险废物污染环境防治的特别规定

《固体废物污染环境防治法》设专章(第四章)对危险废物污染防治做出了特别严格的规定,其主要内容有:

1. 危险废物名录和鉴别制度的规定。为便于实施严格管理,应明确划分、界定危险废物的种类和范围。世界各国多采用名录制度,将经过实验鉴别的具有危险特性的废物列入名录,实行特别管理,采取特别的污染防治措施。因此,名录制度又称为危险废物黑名单。但是,名录所列的废物只能包括现有的危险废物,而未能包含以后可能出现的危险废物。因此,除名录制度外,还需实行危险废物鉴别制度,对列入名录但需进一步鉴别和未列入名录但可能具有危险特性的废物进行鉴别,经鉴别认定具有危险特性的废物,才属危险废物。对危险废物的鉴别,应有统一的标准,按统一的方式进行。为此,《固体废物污染环境防治法》第 51 条规定:"国务院环境保护行政主管部门应当会同国务院有关部门制定国家危险废物名录,规定统一的危险废物鉴别标准、鉴别方法和识别标志。"

2. 危险废物识别标志制度的规定。识别标志,是指以文字、图像、色彩等综合形式表明危险废物的特性和种类。实行危险废物识别标志制度旨在发挥标志的特殊功能,使人们对危险废物引起重视并采取防范措施,以防止发生污染事故。《固体废物污染环境防治法》第 52 条规定:"对危险废物的容器和包装物以及收集、贮存、运输、处置危险废物的设施、场所,必须设置危险废物识别标志。"

3. 制定管理计划和申报危险废物的规定。为了对危险废物的产生、收集、贮存、运输、利用、处置等进行监控,《固体废物污染环境防治法》第 53 条规定,产生危险废物的单位必须按照国家有关规定制定管理计划,并向所在地县级以上环境保护行政主管部门申报危险废物的种类、产生量、流向、贮存、处置等有关资料。所制订的危险废物管理计划,其内容应当包括减少危险废物的产生量和危害性的措施以及对其贮存、利用、处置措施。这些措施应当符合危险废物的有关国家标准和技术。

4. 编制规划和建设危险废物集中处置设施、场所的规定。《固体废物污染环境防治法》第 54 条规定,国务院环境保护行政主管部门会同国务院经济综合宏观调控部门组织编制危险废物集中处置设施、场所的建设规划,报国务院批准后实施。县级以上地方人民政府根据上述规划组织建设危险废物集中处置设施、场所。集中处置是较为安全有效处置危险废物的方式,西方发达国家早在 20 世纪七八十年代就已普遍建立,我国则于 90 年代开始引进国外先进技术,对危险废物进行安全填埋和焚烧。现行《固体废物污染环境防治法》要求有关部门组织编制和建设危险废物集中处置设施、场所,因为这种处置方式可以节约人力、物力、财力,还可以取得较好的处置效果。目前已有的危险废物集中处置设施、场所的建设规划是经国务院批准的《全国危险废物和医疗废物处置设施建设规划》。

5. 强制处置、达标处置和代为处置的规定。由于危险废物所具有的危险特性,如果任其随意弃置,对环境和人体健康的危害极大,甚至引发对公共安全的威胁。因此,《固体废物污染环境防治法》规定了对危险废物实行强制处置和达标处置,并为使所有的危险废物都能得到安全处置,还引入了代为处置的制度。达标处置,是指必须按照国家有关标准和规定,安全、卫生、对环境无害的处置危险废物。不符合标准和规定的,为未达标或者超标,实行代为处置。代为处置主要针对两种情形:一是危险废物产生者不履行处置危险废物的义务,并经环境保护行政主管部门责令限期改正,逾期仍不处置的;二是危险废物产生者虽然自行处置其产生的危险废物,但处置不符合国家有关标准和规定的,其不当处置也造成或者可能造成危险废物污染危害。

6. 缴纳危险废物排污费和预提退役费的规定。以填埋方式处置危险废物不符合国务院环境保护行政主管部门规定的单位,应当向其缴纳危险废物排污费和预提重点危险废物集中处置设施、场所的退役费。排污费的征收,是因为这种处理方式在不合标准的情况下会污染危害环境,需要产生者通过缴纳排污费方式负责治理。征收的排污费不得挪作他用,具体办法由国务院规定。[8]对预提重点危险废物处置设施、场所的退役费用的规定,是因为这些处置设施、场所的退役费非常高,事先预提可以得到可靠的资金保证。

7. 危害废物污染防治经营活动许可证制度的规定。危险废物的危险性决定了并非任何单位和个人都可以从事危险废物的收集、贮存、处置等污染防治经营活动。有一些单位和个人在无污染防治技术、措施和能力的情况下,从事危险废物的收集、贮存、处置活动,造成了严重的环境污染事故。《固体废物污染环境防治法》第 57 条明确规定对危险废物污染防治实行经营许可证制度,并且规定危险废物收集、贮存、处置的经营活动只限于单位进行。

8. 分类控制、安全处置的规定。危险废物的种类不同,特性各异,必须按不同种类危险废物的不同特性采取与其相应的防治措施,特别是对其有不相容性质的危险废物,如果不适当地进行混合收集、贮存、处置,非但不能防治污染,反而可能加重危害。《固体废物污染环境防治法》第 60 条和第 61 条分别做出了规定。

9. 危险废物转移联单制度的规定。从一地往另一地转移危险废物,如果措施不当,极易造成污染,必须对其施行严格控制。出于保证危险废物安全运输和控制危险废物流向的目的,许多国家实行危险废物转移控制制度,其主要措施是实行危险废物转移联单(或称危险废物流向报告单、运输货单)制度。我国也采取了这一有效的管理制度。转移危险废物的,必须按照国家有关规定填写危险废物转移联单,并向危险废物移出地设区的市级以上地方人民政府环境保护行政主管部门提出申请。危险废物移出地设区的市级以上人民政府环境保护行政主管部门,有责任及时通知沿途经过的设区的市级以上地方人民政府环境保护行政主管部门。

10. 制定意外事故的防范措施和应急预案的规定。产生、收集、贮存、运输、利用、处置危险废物的单位,应当预先制定在可能发生意外事故时拟采取的防范措施和应急预案。例如,建立

---

〔8〕 指《排污费征收使用管理条例》和《排污费资金收缴使用管理办法》。

相关组织、事故防范的规章制度,配备控制、减轻或者消除污染危害所需的设备、器材和物资等,并向当地县级以上环境保护行政主管部门备案。环境保护行政主管部门则应当对其进行检查,并督促其认真落实。

11. 发生突发性事件报告和处理的规定。产生单位必须立即采取措施消除或者减轻对环境的污染危害,及时通报可能受到污染危害的单位和居民,并向所在地的县级以上地方环境保护行政主管部门和有关部门报告,接受调查处理。上述行政部门在接到报告之后,必须立即向本级人民政府和上一级人民政府有关行政主管部门报告,由人民政府采取防止或者减轻危害的有效措施。有关人民政府可以根据需要责令停止导致或者可能导致环境污染事故的作业。其中的"立即"一般指48小时以内,其基本精神是不得在时间上有任何延误;"报告"包括产生突发性事件单位向环境保护部门报告,及后者向当地同级人民政府报告。

第二节 防治危险化学品污染的法律规定

一、危险化学品的概念

危险化学品,亦称危险化学物质、有毒化学品或者有毒物质,是指进入环境后通过环境蓄积、生物累积、生物转化或者化学反应等方式损害人体健康和环境,或者通过接触对人体具有严重危害和具有潜在危险的化学制品,包括爆炸品、压缩气体和液化气体、易燃液体、易燃固体、自燃物品和遇湿易燃物品、氧化剂和有机过氧化物、有毒害品、腐蚀品等。在我国,危险化学品的范围系指以国家标准形式公布的《危险货物品名表》[9]所列的化学品;剧毒化学品目录和未列入该表的其他危险化学品,由国家经济贸易委员会会同国务院公安、环境保护、卫生、质检、交通部门确定、公布,但不包括食品添加剂、医药、兽药、化妆品和放射性物质。

通常的危险化学品主要基于公共安全性,按化学反应方式来定义和分类。污染防治法意义上的危险化学品,与其有着一定的区别,包括通常的危险化学品和依据生态保护和环境质量要求需要予以管制的其他化学品,范围更为广泛。

二、危险化学品的污染危害

人类生活中没有化学物质是无法想象的,但生产和使用化学物质会给人体健康和环境带来损害风险。人类已了解其中的一些风险,但还存在至今仍不甚了解的另一些风险。化学品种类繁多,数量巨大,用途广泛,使用频繁且方法多样。目前,在世界范围内已经生产或者使用的化学物质已达700多万种,其中大部分对人体健康或者环境或多或少存在不利影响。危险化学品性质复杂,危险性质差异极大,且不少化学品对人体、环境的损害存在科学上的不确定

---

[9] 国家标准编号为GB12268—90。该标准包括九类近5万种危险化学品品名。有关危险化学品的国家标准还有对常用危险化学品按其主要危险特性分类,规定了危险类别划分标准及危险品包装标志的《常用危险化学品的分类及标志》(GB13690—92),列举了500多种剧毒化学物品的名称及编号的《剧毒物品品名表》(GB7494—1993),以及《化学品安全标签编写规定》(GB15258—1999)、《化学品安全技术说明书编写规定》(GB16483—2000)等。

性,其在环境中的迁移转化也难以控制,从而给危险化学品的污染防治带来极大的困难。

与废水、废气、固体废物等污染物质不同,危险化学品本身并非污染物质,其危险主要是就其性质和风险而言,如管理得当和科学使用,并不一定会造成环境污染。但由于危险化学品是生物难以降解的物质,对人体或者环境的损害具有潜在性、持久性、生物转化性等特点,某些化学品在研究、试验、生产、运输、销售、贮存、使用或者废弃处置过程中,如果管理不善或者使用不当,导致泄漏、溢出、渗透、流失、扩散而进入环境,则会造成对环境和对人体健康的损害甚至严重的持久性损害,一旦发生污染,通常难以或者不能消除。因此,对危险化学品污染的控制,关键在于源头控制和风险控制,实行风险预防,重点在于预先防范、科学使用。

危险化学品污染事故,具有突发性强,扩散速度快且范围广,持续时间长,性质严重,危害极强等特点。因此,在危险化学品污染事故发生后,其快速应急救援极为重要。

化学工业是我国国民经济的重要基础产业部门。我国已建立门类比较齐全、具有相当规模、独立完整的化工体系,是化学品生产、使用和进出口大国,我国化学物质的生产和使用过程中造成的对人体健康的损害和环境污染非常严重。[10] 此外,某些发达国家的企业将其本国所禁止的或者严格限制生产、销售、使用的化学品向包括中国在内的发展中国家转产、转销;我国部分地区和部门、企业也违法引入国外污染严重的危险化学品生产项目或者进口污染严重的危险化学品,对我国的环境安全和公众健康已形成严重威胁。

三、危险化学品污染防治的法律规定

对危险化学品的安全控制,许多国家采取禁止或者限制危险化学品的生产、贸易、使用等严格措施。20 世纪 70 年代以后,发达国家相继制定并不断完善化学物质的环境管理法律、法规。从发展过程来看,大都是从对农药的安全管理和污染控制开始,尔后又扩及对危险化学品污染防治,再而进到全面控制,实行综合管理。美国在 1910 年就制定了《杀虫剂法》,1938 年制定了《食品、药品和化妆品法》,1972 年修订了《杀虫剂法》,将其扩展为《杀虫剂、杀菌剂和杀鼠剂法》,1972 年制定了《环境农药控制法》,1976 年制定了综合性的《有毒物质管理法》,对化学物质的生产、使用、扩散和处置的环境管理的基本制度(如产前申报、化学品名录、环境风险评价)做了规定。日本在 1948 年制定了《农药管理法》,1950 年制定了《毒品和剧毒物品管理法》,并在 1970 年及其后进行多次修改,尔后又制定了《化学物质控制法》。瑞典在 1973 年制定了《有害健康和环境的产品法》,1985 年修改为《化学品管理法》。英国在综合性、法典性的《污染控制法》(1974 年)和《环境保护法》(1990 年)中列专篇规定了化学物质污染的控制,1999 年制定了《危害健康的化学物质控制条例》、《重大危险物质事故控制条例》。加拿大在综合性的《环境保护法》(1999 年)中专章(第五章)规定了有毒物质的环境管理。20 世纪 90 年代后期,这些国家的化学品环境管理政策和立法从重点对化学品的污染控制扩张为促进化学工业清洁生产和生态化,减少化学品对人体健康和环境的有害影响,实行源头控制与污染防治结合的一体化环境管理政策和法律原则、制度。

国际社会也制定了若干有关化学品的国际公约。联合国粮食及农业组织于 1985 年通过了《农药的销售与使用国际行为守则》。为加强对危险化学品信息的收集、交流和控制管理,防

---

〔10〕 据全国职业中毒报告统计,全国每年职业中毒约 5 万例;另据 1989 ~ 1999 年食物中毒报告,共发生化学性中毒 12719例。参见国家环境保护总局:《化学品环境安全管理国家档案》(2000 年 8 月)。

止环境污染和保护人体健康，联合国环境规划署于1987年6月通过了《关于化学品国际贸易资料交流的伦敦准则》（以下简称《伦敦准则》，1989年5月修订）。该文件后发展为1998年《关于在国际贸易中对某些危险化学品和农药采用事先知情同意程序的鹿特丹公约》。2001年，联合国通过了《关于持久性有机污染物的斯德哥尔摩公约》。[11]欧盟1993年制定了《现有化学物质条例》和有关对新化学物质实行登记、测试和风险评估、化学品销售和使用、危险化学品配制品、危险物质、农药、杀虫剂（非农业用）、消毒剂、清洗剂产品的环境管理等一系列相关条例和指令，还公布了《欧洲现有商业化学物质清单》。[12]

我国在20世纪50年代颁布了关于农药管理的规定。1961年，国务院批准了国家经济委员会、化工部、铁道部、公安部等部门联合制定的危险化学物品的生产、储存、经营、使用、运输、防火六个有关化学危险品的安全管理规定。进入70年代，危险化学品的管理从只限于安全管理向环境保护方面扩展。1979年的《环境保护法（试行）》中，对危险化学品污染防治做了原则规定。为加强危险化学品的安全管理，保障人民生命、财产安全，保护环境，国务院于1987年颁布了《化学危险品安全管理条例》，2002年1月26日，该条例经全面修改为《危险化学品安全管理条例》，对生产、经营、储存、运输、使用危险化学品和处置废弃危险化学品等方面的安全管理做了全面性的具体规定，明确提出了若干化学品的环境保护要求，2002年、2011年国务院又分别对该条例进行了两次修订。此外，我国在药品管理、食品卫生、兽药管理、农药管理、监控化学品管理等方面所制定的若干法律、法规，对医药、兽药、农药、食品添加剂、化妆品和可用于化学武器生产原料的监控化学品等化学品的管理也做了专门的规定。在水污染、大气污染、海洋污染、固体废物污染防治等法律法规中，还设有对危险化学品污染防治的具体规定。综合这些法律、法规的规定，我国关于危险化学品污染防治的主要内容如下。

（一）*危险化学品污染防治的原则*

1. 全面管理，重点控制原则。各种化学物质都可能对人体健康和环境产生即时性或潜在性损害，因此，必须对所有天然的或者人工合成的化学元素及其化合物质和制品实施全面的环境管理。化学物质的全面环境管理是依据化学物质的特性，按一般化学物质和危险化学品，实行分类控制，合理管理。对全部现有的化学物质实行登记制度的管理，以掌握其生产、使用情况及流向；对一般化学物质实行信息知情管理；对人体健康和环境有严重危害性质的化学物质，则列为危险化学品，实行严格控制，要求国家采取积极的强制干预措施，包括禁止和严格限制这两种程度不同的强制性措施。

2. 全过程管制原则。防治危险化学品污染的最优化办法是减少可能产生污染的化学品的生产和使用，或在这些化学品进入环境之前予以妥善处理。在危险化学品的生产、经营、使用、储存、运输、使用和处置废弃危险化学品的全过程和各个环节都有可能产生污染，因此危险化学品的环境管理必须涉及各个环节，对危险化学品实行全过程管制。

3. 风险控制原则。由于危险化学品所具有的即时性和潜在性生态风险，发达国家普遍将风险控制作为危险化学品管理的指导思想和原则，实行危险化学品风险评估制度。对危险化学品实行环境风险管理的重点在于对危险化学品的安全性要求和事故风险控制。我国《危险

〔11〕 我国均加入了这些国际公约。

〔12〕 该清单包括从1971年1月至1981年9月在欧洲市场上的十万余种化学物质，除此以外的化学物质均属“新化学物质”。

化学品安全管理条例》也规定实行安全评价制度。把污染事故的预防和应急救援及善后处理作为重点,以减少危险化学品污染环境的发生率,减轻事故后果的危害。

4. 污染防治与安全管理、质量管理相结合原则。危险化学品污染的发生大多与管理不善或所采取的安全措施不足、不当有关,某些污染事故的发生也与危险化学品质量低劣有关。因此,危险化学品的污染防治和环境管理,必须与安全管理、质量管理相结合,在污染防治的要求中有安全、质量方面的内容,必须把"安全第一"作为污染防治和环境管理的基本要求;在危险化学品的安全管理和质量管理中,要有环境保护要求,必须把环境因素作为安全性考虑的必要内容。

(二)危险化学品安全监督管理体制

《危险化学品安全管理条例》第5条对危险化学品安全监督管理体制做了具体规定。国务院和地方人民政府经济贸易综合管理部门负责危险化学品安全监督管理工作,负责危险化学品生产、储存企业设立及其改建、扩建的审查,危险化学品包装物、容器(包括用于运输工具的槽罐)专业生产企业的审查和定点,危险化学品经营许可证的发放,国内危险化学品的登记,危险化学品事故应急救援的组织和协调等。公安部门负责危险化学品的公共安全管理,负责发放剧毒化学品购买凭证和准购证,审查核发剧毒化学品公路运输通行证等。质检部门负责发放危险化学品及其包装物、容器的生产许可证及其质量监督。环境保护部门负责废弃危险化学品处置的监督管理,调查重大危险化学品污染事故和生态破坏事件,有毒化学品事故现场的应急监测和进口危险化学品的登记等。铁路、民航、交通部门负责危险化学品运输单位和运输工具的安全管理及监督检查。卫生部门负责危险化学品的毒性鉴定和事故伤亡人员的医疗救护工作。工商行政管理部门依据有关部门的批准、许可文件,核发危险化学品生产、经营、储存、运输单位营业执照,监督危险化学品市场经营活动。邮政部门负责邮寄危险化学品的监督检查。

(三)危险化学品生产、储存和使用的规定

1. 危险化学品生产、储存审批制度的规定。《危险化学品安全管理条例》第11~14条规定,国家对危险化学品的生产和储存实行统筹规划、合理布局,并对危险化学品生产、储存实行审批制度;未经审批,任何单位和个人不得生产、储存危险化学品。该条例规定了危险化学品生产、储存企业必须具备的条件;规定设立剧毒化学品的生产、储存企业必须向省级经济贸易管理部门或者设区的市级负责危险化学品安全监督管理综合工作的部门提出申请,经受理申请的部门审查后,报本级人民政府批准。

2. 危险化学品生产许可制度的规定。危险化学品生产许可证包括危险化学品生产许可证和在生产中的使用许可。《危险化学品安全管理条例》第14条、第31条规定,实行化学危险品生产许可证制度;未取得生产许可证的,不得开工生产。第5条规定,任何单位和个人不得生产、经营、使用国家明令禁止的危险化学品。禁止用剧毒化学品生产灭鼠药以及其他可能进入人体日常生活的化学产品和日用化学品。第28条规定,使用危险化学品从事生产的单位必须依照有关法律、法规的规定取得相应的许可。

3. 控制重大危险源的规定。重大危险源,是指生产、运输、使用、储存危险化学品或者处置危险化学品,且危险化学品的数量等于或者超过临界量的单位,包括场所和设施。危险化学品的生产装置和储存数量构成重大危险源的储存设施,必须与重点保护区域或者设施保持符合国家标准或者规定的距离。重点保护区域或者设施主要包括居民区、商业中心、公园等人口密集区域，学校、医院、影剧院、体育场（馆）等公共设施，供水水源、水厂及水源保护区，车站、码头、机场以及公路、铁路、水路交通干线、地铁风亭及出入口，基本农田保护区、畜牧区、渔业水域和种子、种畜、水产苗种生产基地，河流、湖泊、风景名胜区和自然保护区，军事禁区、军事管理区，法律、法规规定予以保护的其他区域。

4. 生产、储存、使用危险化学品的安全和污染防治具体措施的规定。（1）设置安全设施的规定。生产、储存、使用危险化学品，应根据危险化学品的种类、特性，设置相应的监测、通风、防晒、调温、防火、灭火、防爆、泄压、防毒、消毒、中和、防潮、防雷、防静电、防腐、防渗漏、防护围堤或隔离操作等安全设施、设备和通讯、报警装置，并按国家标准和规定进行维护、保养，保证符合安全运行要求或者在任何情况下处于正常适用状态。（2）安全评价的规定。生产、储存、使用剧毒危险化学品的单位，应当对生产、储存装置每年进行一次安全评价；生产、储存、使用其他危险化学品的单位，应当对生产、储存装置每两年进行一次安全评价。安全评价中发现生产、储存装置存在现实危险的，应立即停止使用，予以更换或修复。（3）危险化学品的包装和安全技术说明书的规定。危险化学品的包装必须符合国家的有关规定和标准的要求。包装的材料、形式、规格、方法和单件质量（重量），应与所包装的危险化学品的性质和用途相适应，便于装卸、运输和储存；应在包装中附有与危险化学品完全一致的化学品安全技术说明书，并在包装上加贴或拴挂与包装内危险化学品完全一致的化学品安全标签。（4）记录的规定。剧毒化学品的生产、储存、使用单位应对剧毒化学品的产量、流向、储存量和用途如实记录，采取防止剧毒化学品被盗、丢失或者误售、误用的保安措施。发现剧毒化学品被盗、丢失或者误售、误用的，必须立即向当地公安部门报告。（5）储存危险化学品的规定。危险化学品必须储存在符合国家标准的专用仓库、场地或者专用储存室。储存方式、方法与数量必须符合国家标准，并由专人管理。剧毒化学品以及储存数量构成重大危险源的其他危险化学品必须在专用仓库单独存放，实行双人收发、保管制度。（6）危险化学品的生产、储存、使用单位转产、停产、停业或者解散的，应采取有效措施，处置危险化学品的生产、储存设备、库存产品及生产原料，不得留有事故隐患。

（四）危险化学品经营的规定

1. 危险化学品经营销售许可制度的规定。国家对危险化学品经营销售实行许可制度。未经许可，任何单位和个人不得经营销售危险化学品。

2. 危险化学品的经营管制的规定。经营危险化学品的，不得从未取得危险化学品生产许可证或者经营许可证的企业采购危险化学品，不得经营国家明令禁止的危险化学品和用剧毒化学品生产灭鼠药以及其他可能进入人体日常生活的化学产品和日用化学品，不得销售没有化学品安全技术说明书和安全标签的危险化学品。危险化学品的生产单位不得向未取得危险化学品经营许可证的单位和个人销售危险化学品。

3. 危险化学品购买许可的规定。单位需凭证购买危险化学品。经常使用剧毒化学品的单位，应向公安部门申请购买凭证；临时需要购买剧毒化学品的单位，应申请准购证。不得伪造、变造、买卖、出借或者以其他方式转让购买凭证、准购证，不得使用作废的购买凭证、准购证。个人不得购买农药、灭鼠药、灭虫药以外的剧毒化学品。剧毒化学品的生产、经营单位不得向个人或者无购买凭证、准购证的单位销售危险化学品。

（五）危险化学品运输的规定

1. 运输资质认定制度的规定。国家对危险化学品的运输实行资质认定制度。未经资质认定,不得运输危险化学品。

2. 运输人员资格的规定。危险化学品运输的驾驶员、船员、装卸管理人员、押运人员必须按规定取得上岗资格证。

3. 托运的规定。托运人托运危险化学品,应向承运人说明运输的危险化学品的情况,不得在托运的普通货物中夹带危险化学品,不得将危险化学品匿报或者谎报为普通货物。

4. 公路运输通行证的规定。通过公路运输危险化学品,只能委托有危险化学品运输资质的运输企业承运,托运人应向公安部门申请办理公路运输通行证。通过公路运输危险化学品,必须配备押运人员,不得超装、超载,不得进入禁止通行的区域。

5. 航运的规定。禁止利用内河以及其他封闭水域等航运渠道运输剧毒化学品以及国家规定禁止运输的其他危险化学品。

(六)危险化学品登记的规定

《危险化学品安全管理条例》第66条规定,国家实行危险化学品登记制度。危险化学品生产、储存企业以及使用剧毒化学品的数量构成重大危险源的其他危险化学品的单位,应向危险化学品登记机构办理危险化学品登记。2002年10月8日国家安全生产监督管理总局局长办公会议审议通过的《危险化学品登记管理办法》,对登记制度做了具体规定。

(七)危险化学品事故应急救援的规定

消除危险化学品突发性污染事故和在事故发生时采取紧急救援措施,是世界各国共同关心的问题,我国一直对突发性紧急事故的预防、应急和救援工作给予高度重视。《危险化学品安全管理条例》设专章(第六章)规定了危险化学品事故应急救援制度,规定了危险化学品事故应急救援预案制度,危险化学品突发性紧急事故的应急救援工作由地方人民政府负责组织、协调和实施,应急措施包括营救受害人员、撤离或者采取其他措施保护危害区域内的其他人员,控制、减少和消除污染的措施,如控制危害源,对危害进行检验、监测,针对事故对人体、动植物、土壤、水源、空气造成的现实危害和可能产生的危害,迅速采取封闭、隔离、洗消等措施,对事故造成的危害进行预测、处置,直至符合国家环境保护标准。

(八)危险化学品进出口环境管理的规定

我国对危险化学品进出口的环境管理主要分为两类:一类是针对新化学品即未曾在我国登记的首次进口的化学品;另一类针对进出口的重点管理的危险化学品即禁止或者严格限制的危险化学品。其主要内容有:

1. 实行进出口化学品名录制度。根据《伦敦准则》和为加强危险化学品进出口管理所制定的《化学品首次进出口及危险化学品进出口环境管理规定》,国家环境保护总局制定中国禁止或者严格限制的危险化学品名录,对列入名录的危险化学品采取严格管制。禁止的化学品,是指因损害健康和污染环境而被完全禁止使用的危险化学品。严格限制的化学品,是指因损害健康和污染环境而被禁止使用,但经特别批准在特殊情况下仍可使用的化学品。

2. 对首次进口化学品的登记审查制度。首次进口化学品时,其经营出口的外商或其代理人必须事先向国家环境保护总局提交化学品首次进口环境管理登记申请,并提交规定的资料和样品。国家环境保护总局对其申请进行审查,认为不适合进口的,不予登记;对符合我国环境管理规定和要求的,准予登记或者临时登记,并发放准许进口的化学品进口环境管理登记证或者临时登记证。

3. 危险化学品进口管理的规定。对列入《中国禁止或严格限制的有毒化学品名录》中所列的化学品，在每批次进口前，均须向国家环境保护总局提交危险化学品进口环境管理登记申请。国家环境保护总局在审查后，对准予进口的，发放《化学品进（出）口环境管理登记证》和《危险化学品进（出）口环境管理放行通知单》。该通知单实行一批一证制，每份通知单在有效时间内只能报关使用一次。

4. 危险化学品出口管理的规定。拟出口《中国禁止或严格限制的有毒化学品名录》中所列的化学品，必须向国家环境保护总局提交出口环境管理登记申请。国家环境保护总局受理申请后，应通知进口国主管部门；在收到同意出口的通知后，发放准许出口的危险化学品出口环境管理登记证。

思考题

1. 我国防止固体废物污染环境的原则有哪些？并简述其含义。
2. 简述我国关于控制固体废物污染转移法律规定的基本内容。
3. 什么是固体废物、危险废物、危险化学品？试比较对其污染防治措施的异同，并简述其理由。
4. 简述危险化学品事故应急救援法律规定的基本内容和意义。

第十七章　防治放射性污染、农药污染和电磁辐射污染的法律规定

第一节　防治放射性污染的法律规定

一、放射性污染的概念

放射性污染，是指由于人类活动造成物料、人体、场所、环境介质表面或者内部出现超过国家标准的放射性物质或者射线。[1] 放射性物质，是指核材料、密封放射源、乏燃料、放射性废物等。放射性污染主要来自核能开发、核技术应用和伴生放射性矿物资源开发利用，包括核电站等核设施运行、放射性同位素和射线装置应用以及伴生放射性矿物资源开发利用与放射性废物处置活动中，因放射性进入环境或者贯穿辐射造成的放射性污染。放射性污染物主要指人工合成、生产的放射性物质，也包括经人工开采、运输、冶炼和储存的天然放射性物质，还包括含有放射性物质的废水、废气、废液和固体废物等。

随着科学技术的发展，人类对放射性物质的认识和利用更为深入，原子能工业发展迅速，同位素广泛应用于医学、工业、农业、科研、教育和军事等各个领域，在某些领域甚至是不可缺少或不可替代的。但是，由于管理不善、防护措施不当或者不足，在同位素应用过程中，经常出现放射源丢失、放射性物质泄漏、放射性辐射剂量超过限制等放射性污染事故。放射性矿山开采、冶炼后残留的含放射性物质的尾矿、废石、废渣和同位素应用后产生的废放射源、废水、废气等，数量很大，对其贮存、运输、处置不当，也会产生严重的环境污染。尽管核电站、研究型反应堆和放射性废物库等核设施的安全防护极为严格，加强辐射环境管理的任务依然繁重。我国放射性环境尚好，但各类放射性污染源对人体健康和环境的潜在危害依然存在。防治放射性污染已成为环境保护的重要任务。

二、放射性污染的危害

1. 引起人体多种疾病。放射性物质对人体照射[2] 到一定积存量时，对人体健康产生损害，引起多种疾病。放射性污染物能使人体发生放射性损伤、皮炎、皮癌、白血病、肺癌、肝癌等。

2. 缩短人的寿命。放射性污染能破坏人体免疫功能，降低肌体的防疫能力，增加毛细管、黏膜、皮肤和其他防御器官的通透性，易使病人并发感染，缩短寿命，导致死亡。

---

〔1〕《放射性污染防治法》第 62 条第 1 款第 1 项。

〔2〕分内照射和外照射两种。内照射指放射性物质通过食入、吸入或者从伤口进入人体内构成的照射。外照射指辐射源从外部对人体的照射。

3. 急性大剂量照射[3]能使人死亡。放射性物质大剂量泄漏和排向环境，会造成大范围的伤亡损害。1986年4月26日，原苏联（现为乌克兰）切尔诺贝利核电站因发生爆炸造成反应堆芯熔毁、石墨砌体燃烧，大量放射性物质外泄，致使30余人短期内死亡。至1992年，乌克兰政府宣布已有7000余人死于该事故的放射性污染，10万人患癌症。在事故发生后，从危险区撤离、疏散13.53万人，造成经济损失120亿美元。事故对苏联西部和周围国家造成不同程度的污染，是迄今为止最为严重的核污染事故。

4. 对孕妇和胎儿的危害。X射线和各种放疗射线能导致妇女流产，胎儿死亡。

5. 损伤遗传物质。主要表现为引起基因突变和染色体畸变，并遗传给后代。在第一代子女中放射性对遗传的损伤通常表现为流产、死胎、先天性缺陷和婴儿死亡率增加，以及胎儿体重减轻和改变两性比例等。

6. 其他危害。放射性物质会对大气、水、土壤、农作物、畜禽类、鱼虾类以致建筑物、器具等造成放射性污染。放射性物质通过生物富集后经过食物链进入人体形成内照射，从而危害人体健康。

三、放射性污染防治的法律规定

放射性污染具有特别严重的危害性且又难以治理和清除。因此，各国均将其作为特殊污染，采取特别严格的污染防治措施，制定专门性的法律、法规和标准。

我国对放射性污染防治十分重视。1974年国家计委、国家建委、国防科委、卫生部颁布了《放射防护规定》。国务院1986年发布《民用核设施安全监督管理条例》，1987年发布《核材料管理条例》，1989年发布《放射性药品管理办法》和《放射性同位素与射线装置放射防护条例》，1993年发布《核电站核事故应急管理条例》。城乡建设环境保护部在1984年发布《核电站建设环境保护管理办法》。国家环境保护局在1987年发布《城市放射性废物管理办法》，1990年发布《放射环境管理办法》。为进一步做好放射性污染防治工作，2003年6月28日，第十届全国人大常委会第三次会议通过了《放射性污染防治法》，于同年10月1日起施行。2005年9月14日，国务院颁布了《放射性同位素与射线装置安全和防护条例》（2014年修订）。2006年1月18日，国家环境保护总局颁布了《放射性同位素与射线装置安全许可管理办法》。在其他环境保护法律、法规中，对放射性废水、废气、废渣等的污染防治也有相关的具体规定。国家还颁布了《核辐射环境质量评价一般规定》《辐射防护规定》《低中水平放射性固体废物的浅地层处置规定》《放射性废物分类标准》等放射性环境保护标准。现将《放射性污染防治法》的基本内容分述如下。

（一）《放射性污染防治法》适用范围的规定

《放射性污染防治法》适用于我国领域和管辖的其他海域的核设施选址、建造、运行、退役和核技术、铀（钍）矿、伴生放射性矿开发利用过程中发生的放射性污染的防治活动。不涉及电磁辐射污染防治问题。

（二）放射性污染防治方针的规定

该法第3条规定："国家对放射性污染的防治，实行预防为主、防治结合、严格管理、安全第

---

[3] 大剂量外照射对人体半致死吸收剂量为400拉德，致死剂量为600拉德。拉德系辐射剂量单位，任何类型的辐射，在1克任何物质中被吸收的能量为100尔格，辐射剂量为1拉德。

一的方针。”由于放射性污染具有无色、无味,能以无形的形态污染危害人体健康和破坏生态系统,且一旦发生污染则难以治理和恢复,[4]故对其防治必须实行“预防为主、安全第一”的方针。为了做到安全第一,国家在核设施和铀(钍)矿和伴生放射性矿开发利用的污染防治方面,实行许可制度、环境影响评价和“三同时”、核事故应急、核设施退役计划和费用预提等制度;在放射性废物管理方面,实行排放申请、分类管理、代为处置和经营许可证等制度。

(三)放射性污染防治监督管理体制的规定

该法第8条对放射性污染防治的监督管理体制做了明确的规定:“国务院环境保护行政主管部门对全国放射性污染防治工作依法实施统一监督管理。国务院卫生行政部门和其他有关部门依据国务院规定的职责,对有关的放射性污染防治工作依法实施监督管理。”根据该法的有关规定,国家环境保护总局的“统一监督管理职责”包括:制定并联合标准化行政主管部门发布放射性污染防治标准;会同国务院有关部门组织环境监测网并对放射性污染实施监测管理;对核设施、铀(钍)矿开发利用中的放射性污染防治进行监督检查;负责核设施营运单位、核技术利用单位、铀(钍)矿开发利用单位环境影响评价文件的审批,对放射废物的监督管理等。“其他有关部门”是指公安、国防科工委和交通部门。

(四)放射性污染防治制度和措施的规定

该法设专章(第二章)规定了放射性污染防治的监督管理制度和措施,如放射性污染监测制度、现场检查制度、预防和治理责任制度、资格和资质管理制度、设置标志制度、产品和材料符合控制标准等。现将该法所特有的制度和措施分述如下:

1. 资格和资质管理制度的规定。该法第14条规定:“国家对从事放射性污染防治的专业人员实行资格管理制度;对从事放射性污染监测工作的机构实行资质管理制度。”之所以规定国家对从事放射性污染防治的专业人员实行资格管理,是因为放射性污染防治工作专业性和技术性强,危险程度高,社会敏感性也很大。因此,一方面,国家必须对其工作人员的身体健康、安全负责;另一方面,要求从事该项工作的人必须具备一定的专业知识和素质。“对从事放射性污染监测工作的机构实行资质管理制度”,实质上是一种行政许可。放射性污染监测不仅是为放射污染防治的监督管理服务,更是直接关系到公众利益。因此,其监测机构必须具有一定的资质,并取得有关部门许可之后才能从事监测工作。同时,如同其他污染防治的监测机构一样,其监测所得的数据均为环境污染防治服务。因此,必须制定一系列管理规范,使其能遵守执行,以保证监测活动的科学性和监测数据的准确性。

2. 放射性物质和射线装置应当设置明显标识和警示说明的规定。该法第16条规定:“放射性物质和射线装置应当设置明显的放射性标识和中文警示说明。生产、销售、使用、贮存、处置放射性物质和射线装置的场所,以及运输放射性物质和含放射源的射线装置的工具,应当设置明显的放射性标志。”放射性物质具有肉眼不能识别,危险性又极高等特性,必须让广大群众明了,避免不必要地靠近、接触,以保证其免受放射性物质和射线装置的放射性污染危害,保护公众的健康和生命安全。有关放射性物质标识和警示标志及其设置要求,《电离辐射防护与辐射源安全基本标准》已做了明确的规定。

3. 含放射性物质的产品和建筑、装修材料应当符合国家标准的规定。该法第17条第1款规定:“含有放射物质的产品,应当符合国家放射性污染防治标准;不符合国家放射性污染防治

[4] 《赶走核幽灵　还需一百年》,载《环球时报》2000年4月28日。

标准的，不得出厂和销售。使用伴生放射性矿渣和含有天然放射性物质的石材做建筑和装修材料，应当符合国家建筑材料放射性核素控制标准。"其中的"含放射性物质的产品"，是指因功能或者制造工艺需要将少量放射性物质加入其中，或者以密封源形式装配在内，或者因所采用的原材料与生产工艺而具有一定放射性比活度的产品，如烟雾探测器、荧光度盘及离子发生管等。[5]

（五）核设施放射性污染防治的规定

核设施，是指核动力厂（核电厂、核热电厂、核供汽供热厂等）和其他反应堆（研究堆、实验堆、临界装置等），核燃料生产、加工、贮存和后处置设施，放射性废物的处理和处置设施等。[6]

该法第三章，对核设施的放射性污染防治做了如下的规定：

1. 核设施选址、建造、运行和退役须经环境影响评价的规定。这种分阶段进行环评，能针对各阶段可能产生的环境影响进行分析、预测和评估，提出各阶段预防和避免或者减轻环境的影响的对策和措施，可以更有效地防止各阶段可能造成的放射性污染危害。例如，核设施选址的环境影响评价，是确保核设施安全的第一个关口。对此，《核电厂厂址选择安全规定》和《电离辐射防护与辐射源安全基本标准》已做了明确的规定。

2. 核设施建造、运行许可证和装料、退役审批的规定。该法第 19 条规定，核设施营运单位在进行核设施建造、装料、运行、退役等活动前，必须按照《民用核设施安全监督管理条例》和《核电厂安全许可证的申请和颁发》的规定，向国家环境保护总局申请，取得相应的安全许可证或者批准文件，方可进行相应的建造、装料、运行、退役等活动。之所以做如此规定，是为了使审批机关经过组织评审，评估为进行这些活动而提交的应对材料是否符合安全要求并能确保核设施厂区人员、周围群众免受放射性污染。

3. 进口核设施应当符合国家标准的规定。该法第 22 条规定："进口核设施，应当符合国家放射性污染防治标准；没有相应的国家放射性污染防治标准的，采用国务院环境保护行政主管部门指定的国外有关标准。"其中的"国家放射性污染防治标准"是指除了通常的国家标准之外，还包括技术规范、有关的技术导则和技术文件。国家没有标准的，则应符合国家环境保护总局指定的出口国的标准或者国际通用的标准，如大亚湾核电站必须满足法国的 RCC 规范等。[7]

4. 划定规划限制区的规定。该法第 23 条规定："核动力厂等重要核设施外围地区应当划定规划限制区。规划限制区的划定和管理办法，由国务院规定。"所谓"规划限制区"，是指将核动力厂外围一定宽度划为缓冲地带。其作用是，在该缓冲地带限制某些活动，如限制人口大量迁入、禁止建设危险项目等。这样，一旦发生重大放射性污染事故，可以有效地实施疏散、救援等应急措施，以减轻甚至避免造成周围群众的放射性污染危害。

5. 总量监测和监督性监测的规定。核设施营运单位应当对其周围环境中所含的放射性核素的种类、浓度以及核设施流出物中放射性核素总量实施监测，并定期向国家环境保护总局和所在地省级环境保护局报告监测结果。

国家环境保护总局负责对核动力厂等主要核设施进行监督性监测。这不仅表明环境保护部门对其所进行的监测与核设施营运单位监测的性质、作用有所区别，也表明国家对重要核设

---

〔5〕 曹康泰等主编：《中华人民共和国放射性污染防治法释义》，法律出版社 2003 年版，第 26 页。

〔6〕 《放射性污染防治法》第 62 条第 1 款第 2 项。

〔7〕 曹康泰等主编：《中华人民共和国放射性污染防治法释义》，法律出版社 2003 年版，第 33 页。

施要求进行双重性监测,以确保监测数据的准确性、客观性。

6. 建立健全安全保卫制度和核事故场内应急计划的规定。核设施营运单位应当建立健全安全保卫制度,加强安全保卫工作,并接受公安部门的监督指导。核设施营运单位应当按照核设施的规模和性质制订核事故场内应急计划,当出现核事故应急状态时,立即采取有效的应急措施控制事故,并向其主管部门和环保、卫生、公安及其他有关部门报告,以取得对事故的监管,防止事故对周围群众的放射性污染。

7. 国家建立健全核事故应急制度的规定。核事故应急制度,是指国家为防止核事故发生所做的应急准备与应急响应的有关法律规定。《核电厂核事故应急管理条例》规定,核电厂应当预先制定核事故应急计划,成立应急组织机构,省级人民政府应当采取应急防护措施,并根据核事故应急响应的需要采取地区封锁、对受照射人员进行救护等,以控制、减轻核事故对人体和其他生物的放射性污染危害。核设施主管部门、环保、卫生、公安以及其他有关部门,应当在本级人民政府的组织领导下,按照各自的职责依法做好核事故应急工作,不得互相推诿或者放任。

8. 核设施营运单位制定核设施退役计划的规定。该法第27条规定:"核设施营运单位应当制定核设施退役计划。核设施的退役费用和放射性废物处置费用应当预提,列入投资概算或者生产成本。核设施的退役费用和放射性废物处置费用的提取和管理办法,由国务院财政部门、价格主管部门会同国务院环境保护行政主管部门、核设施主管部门规定。"〔8〕由于放射性核素的寿命很长(从几十年到几万年不等),为防止核设施运行和退役过程中产生的放射性废物和乏燃料中的放射性核素造成的放射性污染危害,需要很长时间的监管。我国对此实行由核设施企业提供资金,交由国家统一使用。资金的提取包括核设施的退役费和放射性废物处置费。

(六)核技术利用放射性污染防治的规定

核技术利用,是指密封放射源、非密封放射源和射线装置在医疗、工业、农业、地质调查、科学研究和教学等领域中的使用。〔9〕

1. 核技术利用的许可证和登记制度的规定。该法第28条第1款规定:"生产、销售、使用放射性同位素和射线装置的单位,应当按照国务院有关放射性同位素和射线装置放射防护的规定申请领取许可证,办理登记手续。"这是国家为了加强对放射性同位素和射线装置的污染防治及安全管理所实行的重要制度。国家环境保护总局制定的《放射性同位素与射线装置安全许可管理办法》规定,〔10〕在我国境内生产、销售、使用放射性同位素与射线装置的单位(以下简称辐射工作单位)应当依照该办法的规定,取得辐射安全许可证。申请之前,应当编制环境影响评价文件。该文件除了按照国家有关环境影响评价的要求编制或者填报外,还应当包括对辐射工作单位从事相应辐射活动的技术能力、辐射安全和防护措施进行评价的内容。该办法还具体规定了生产、销售、使用单位申请辐射安全许可证必须具备的条件、审批程序等。辐射工作单位获得该许可证之后,还应依法办理登记手续。

2. 放射工作场所的放射防护设施"三同时"制度的规定。该法第30条规定:"新建、改建、

〔8〕 据有关资料记载,核电厂一般寿命为60年,要比核素衰变所需时间短得多,故该法规定由行政部门监管是必要和合理的。

〔9〕 参见《放射性污染防治法》第62条第1款第3项。

〔10〕 该办法于2005年12月30日通过,自2006年3月1日起施行,2008年、2017年进行了2次修正。

扩建放射工作场所的放射防护设施应当与主体工程同时设计、同时施工、同时投入使用。放射防护设施应当与主体工程同时验收,主体工程方可投入生产或者使用。”其中的“放射工作场所”,是指放射性同位素或者射线装置的生产、销售、使用的场所。“放射防护设施”,是指在放射工作场所内用以保护工作人员与公众,防止放射性污染、辐射监测、辐射屏蔽以及按规定对产生的放射性废物进行收集、包装、贮存的设施、设备,包括放射工作场所人口控制设备、安全联锁装置、报警装置或者工作信号〔11〕等。

3. 放射性同位素存放安全防护措施的规定。该法第 31 条规定,放射性同位素应当单独存放,不得与易燃、易爆、腐蚀性物品等一起存放,其贮存场所应当采取有效的防火、防盗、防射线泄漏的安全防护措施,并指定专人负责保管。贮存、领取、使用、归还放射性同位素时,应当进行登记、检查,做到账物相符。

4. 辐射工作单位对其产生的放射性废物应当依法处理的规定。该法第 32 条第 1 款规定:“生产、使用放射性同位素和射线装置的单位,应当按照国务院环境保护行政主管部门的规定,对其产生的放射性废物进行收集、包装、贮存。”其中的“放射性废物”〔12〕,是指含有放射性核素或者被放射性核素污染,其浓度或者比活度大于国家确定的清洁解控水平,预期不再使用的废弃物。例如,对放射性废气的收集是通过过滤、吸收等方式使其符合国家标准;对放射性废液的收集是进行净化处理,达到国家标准后排放;对放射性固体废物的收集是先将其与非放射性固体废物分开,将短寿命与长寿命的放射性固体废物分别收集,以便于进一步处理和防止其在被收集中流失而污染环境。生产、使用放射源的单位负有回收废旧放射源的责任。“放射源”,是指除研究堆和动力堆核燃料循环范畴的材料以外,永久密封在容器中或者有严密包层并呈固态的放射性材料。〔13〕生产放射源的单位,应当按照国务院环境保护行政主管部门的规定,对售出的放射源,在其退役后加以回收,并尽量加以再利用,对不具备再利用的废旧放射源则应妥善加以包装、贮存并最后交处置场处置;使用单位也应将废旧放射源交回生产单位或者送交专门从事放射性固体废物贮存、处置的单位。

(七)铀(钍)矿和伴生放射性矿开发利用放射性污染防治的规定

1. 开发、利用、关闭放射性矿的规定。该法第五章对铀(钍)矿和伴生放射性矿开发利用的放射性污染防治做了专章的规定。其中有关防治的法律制度,如环境影响评价(第 34 条)、“三同时”(第 35 条)、环境监测(第 36 条)等制度,在基本内容上与前述类似,不再赘述。

2. 铀(钍)矿和伴生放射性矿尾矿处理、处置的规定。该法第 37 条规定:“对铀(钍)矿和伴生放射性矿开发利用过程中产生的尾矿,应当建造尾矿库进行贮存、处置;建造的尾矿库应当符合放射性污染防治的要求。”由于铀(钍)矿在开发利用过程中会产生大量的含天然放射性的废矿石和矿渣,它们虽然属于放射性活度水平较低,但一般都超过国家标准中规定的豁免水平;铀(钍)矿的放射性核素衰变期长,对周围环境中的人体健康会造成长期的潜在危害;加上其产生量极大。因此,不能像对一般固体废物那样进行贮存和处置,也不能像一般低、中放射性固体废物那样建造贮存库暂存一段时间后送交国家的低、中放射性固体废物处置场处置,而必须选择符合该类矿石、尾矿特性的地点建造贮存和处置场所,以防止在贮存、处置过程中污

〔11〕 曹康泰等主编:《中华人民共和国放射性污染防治法释义》,法律出版社 2003 年版,第 41 页。
〔12〕 参见《放射性污染防治法》第 62 条第 1 款第 8 项。
〔13〕 参见《放射性污染防治法》第 62 条第 1 款第 5 项。

染危害人体健康。对此,国家已颁布了《铀、钍矿冶放射性废物安全管理技术规定》。

(八)放射性废物管理的法律规定

该法第六章对放射性废物管理做了如下的规定:

1. 尽量减少放射性废物产生量的规定。该法第39条规定,核设施营运单位、核技术利用单位、铀(钍)矿和伴生放射性矿开发利用单位,应当合理选择和利用原材料,采用先进的生产工艺和设备,尽量减少放射性废物的产生量。其中包含两方面的要求:(1)开发利用和营运单位应当合理选择和利用原材料,如减少材料利用量和循环利用原材料;(2)采用先进的生产工艺和设备,加强经营管理,从源头抓好放射性固体废物污染防治,选用合理的运行、开采、利用程序和退役计划,尽可能减少放射性废物的产生量,以利于贮存、处置,减轻对环境的污染危害。

2. 达标排放和符合规定方式排放的规定。该法第40条规定:"向环境排放放射性废气、废液,必须符合国家放射性污染防治标准。"第42条第2款规定:"产生放射性废液的单位,向环境排放符合国家放射性污染防治标准的放射性废液,必须采用符合国务院环境保护行政主管部门规定的排放方式。"其中的"排放方式",是指国家环境保护总局批准的排放方式,如采用槽式排放方式。[14]

3. 对不得向环境排放的放射性废液进行处理或者贮存的规定。该法第42条第1款规定:"产生放射性废物的单位,必须按照国家放射性污染防治标准的要求,对不得向环境排放的放射性废液进行处理或者贮存。"其中的"处理",是指将放射性废液通过专用设备进行蒸发、沉降、吸附、过滤等方式使废液中的放射性物质转变为固态后予以贮存或者交由有关处置单位予以贮存、处置。

4. 对放射性废气、废液实行申请排放量的规定。该法第41条规定:"产生放射性废气、废液的单位向环境排放符合国家放射性污染防治标准的放射性废气、废液,应当向审批环境影响评价文件的环境保护行政主管部门申请放射性核素排放量,并定期报告排放计量结果。"其申请的内容,包括确定拟排放放射性核素的特性、活度及排放位置、方式,以及计划排放的放射性废气、废液可能对周围群众的放射性污染危害,并在所提交的环境影响评价文件中提出防护对策和措施。如应当对其排放的放射性废气、废液进行环境监测,并定期向上述环境保护部门报告排放计量结果,若发生超过限值的排放,则应及时报告,接受调查处理。

5. 放射性固体废物处置方式的规定。该法第43条规定:"低、中水平放射性固体废物在符合国家规定的区域实行近地表处置。高水平放射性固体废物实行集中的深地质处置。α放射性固体废物依照前款规定处置。"这是因为中、低放射性固体废物虽然占整个放射性固体废物总体积的90%,但其放射性活度只占1%,若采取适当的工程措施使其与环境隔离300年左右,就可以衰变至对人体无害,所以可以采用在符合国家规定[15]的区域实行近地表处置。高放射性固体废物和α放射性固体废物由于毒害性大、衰变期长,虽然只占放射性固体废物总体积约10%,为了保证人体安全,必须使其与人类环境永久隔离,故应当由国家集中在深地质处置。

6. 编制放射性固体废物处置场所选址规划的规定。该法第44条规定:"国务院核设施主管部门会同国务院环境保护行政主管部门根据地质条件和放射性固体废物处置的需要,在环境影响评价的基础上编制固体废物处置场所选址规划,报国务院批准后实施。有关地方人民

---

〔14〕 曹康泰等主编:《中华人民共和国放射性污染防治法释义》,法律出版社2003年版,第54页。

〔15〕 参见《放射性废物管理规定》有关规定。

政府应当根据放射性固体废物处置场所选址规划，提供放射性固体废物处置场所的建设用地，并采取有效措施支持放射性固体废物的处置。”

7. 对从事放射性固体废物贮存、处置的单位实行许可证制度的规定。该法第 46 条规定：“设立专门从事放射性固体废物贮存、处置的单位，必须经国务院环境保护行政主管部门审查批准，取得许可证。具体办法由国务院规定。禁止未经许可或者不按照许可的有关规定从事贮存和处置放射性固体废物的活动。禁止将放射性固体废物提供或者委托给无许可证的单位贮存和处置。”

第二节　防治农药污染的法律规定

一、农药污染的概念

因生产、运输、销售、存放或者施用化学农药而污染环境，以致影响生态系统的平衡，引起人和动、植物急性或者慢性中毒的现象，称农药污染。

农药，是指用于预防、消灭或者控制危害农业、林业的病、虫、草和其他有害生物以及有目的地调节植物、昆虫生长的化学合成或者来源于生物、其他天然物质的一种或者几种物质的混合物及其制剂。主要分为杀虫剂、杀菌剂、除草剂，包括预防、消灭或者控制危害农业、林业的病、虫（包括昆虫、蜱、螨）、草和鼠、软体动物等有害生物的，调节植物、昆虫生长的，用于农业、林业产品防腐或者保鲜的，预防、消灭或者控制蚊、蝇、蜚蠊、鼠和其他有害生物的，或危害河流堤坝、铁路、机场、建筑物和其他场所的有害生物的农药。农药在农业生产中有重要的作用。化学农药是农、林、牧业病、虫、草、鼠害的克星，是保障农业丰收的重要生产资料和救灾物资，而且在杀灭商业仓储害虫、木材防腐、公共卫生、白蚁防治等非农业方面也有着广泛的用途。然而，化学农药又是有毒物质，与人体健康和环境安全息息相关。大量使用农药也会给人类带来严重问题。农药能对人体健康和环境造成危害，是由其特点决定的：

1. 具有毒性是化学农药的基本属性。农药是为了控制、消灭对农、林、牧业等构成危害的有害生物而发明、生产、使用的，可以说是“以毒攻毒”，无毒则达不到预期目的。所以农药基本上是有毒物质，其中有些品种还具有剧毒性。由于管理不善或者使用不当、不合理，会造成人员的农药中毒和大量益虫、益鸟、益兽被杀死。农药的有毒性使其不仅杀死害虫，同时也将大量的害虫“天敌”、传粉的昆虫甚至益鸟一起杀死，从而破坏了生态平衡和物种多样性。

2. 最广泛、最直接暴露于环境是化学农药的最终归宿。凡有现代农业之处，化学农药就有可能被使用。因此，化学农药是对陆地生态系统具有最为宽广面的污染物。化学农药被直接施用于环境中，并被环境所接纳。从这个意义上讲，生产、施用农药，是把特定有毒物质生产出来并投放于特定环境要素中使其直接暴露于环境。

3. 扩散、残留、富集是化学农药不可避免且难以克服的对环境的影响。进入环境的农药会随着大气和水的运动进行长距离迁移，并且通过食物链影响到距农药使用地很远的地区的人和其他动物。一些农药的化学性质比较稳定，在施用时，由于结构、降解速率等方面的原因，以各种形式残留于农作物和其他环境要素，一些持久性残留品种在使用后经过很长时间也难以消失。这些性质稳定、高残留性的农药，会污染土壤、农作物、地下水等环境介质，进而危害人类。一些农药水溶性差,但脂溶性强,如“滴滴涕”在脂肪中的溶解度高达每公斤100克,相当于在水中溶解度的5000万倍。这样,通过在生物体脂肪内的积累和浓集,构成对人类的威胁。

我国是世界上农药生产和使用大国。此外,我国在农药管理方面较为薄弱,生产流通秩序混乱,环境安全隐患多。有的地方开办的小农药加工厂,不具备基本的技术、设备、标准、检测等生产条件,产品质量无保障。在农药使用中缺乏技术指导和安全使用意识,不按规定盲目加大药量或者违规混配、短期作物上施用禁用的剧毒高残留农药,对废农药或者农药废物未加处置,也加剧了农药污染,经常发生农药污染中毒事故。各种非生产性农药中毒,包括误食、误用、投毒、自杀等也时有发生。

二、农药污染的危害

农药污染具有如下危害:

1. 农药对大气的污染。在农业和卫生喷洒农药时会产生农药漂浮物,尤其是飞机、气雾弹和烟剂施药时,可造成大量农药在空气中扬散、漂浮。此外,作物、土壤和水中残留农药的挥发、农药厂的排气、工业和商业使用的防蛀、防毒剂的挥发,都对大气造成污染。

2. 农药对水体的污染。农药对水体的污染主要包括农药厂排入的废液、洗涤施药工具、农田喷洒过程中散落和随雨水流入水体等方式。除污染地表水外,农药还通过渗透等方式污染地下水。由于地下水受到污染后无法进行更新和处理,使农药对饮用水安全的威胁比工厂排污更为严重。

3. 农药对土壤的污染。农药污染土壤的途径很多,如随雨水冲刷流失或者随尘埃降入土壤,或者由于对土壤进行消毒而直接施入土壤等。其中重金属农药因剧毒和高残留,在土壤中残留时间长又难以消除,因而危害特别巨大。有的耕地因无法消除重金属农药的污染,只得完全放弃。

4. 农药对农、畜产品和动植物的污染。农药对动物的危害远比对植物大,如影响群体数目、种类、组成,改变栖息地和习惯,刺激或者抑制其生长,降低繁殖能力,改变食物营养成分等。高浓度剧毒农药会造成动物立即大量死亡;低浓度农药也会通过生物富集在体内逐渐积累,达到一定剂量进而危害动物。

5. 农药对人体健康的危害。农药污染会造成急性或者慢性中毒。急性中毒如因生产、运输、使用过程中操作不当或者管理不善而直接食入、吸入或者大量接触剧毒农药,受害者出现头昏、恶心、乏力、呕吐、盗汗,而后发展为视力模糊、抽筋、呼吸困难、大小便失禁,严重的发展为昏迷甚至死亡。引起人们更大关注的是农药的慢性中毒,即残留在环境中的农药经过生物富集和食物链进入人体所引起的毒害。在大气、水源、农作物、畜禽、鱼类中残留的农药经生物富集可使农药浓度提高几万倍甚至几十万倍,从而给人类造成危害,特别是可以致癌、致畸、致突变。

三、农药污染防治的法律规定

农药污染是世界性的环境问题之一,全世界各国都非常重视,通过立法采取严格控制措施,包括对农药的研制、生产、加工、运输、贮存、销售、使用、废农药和农药废物的处置等,均以环境安全性为原则施以管制,采用了对农药品种、剂型、常用剂量、最高限量、使用范围、施用对象、使用方法和次数、安全间隔期、最高残留和再残留限量、农药禁施区域、生产许可等限制性或者禁止性的严格措施,以保护人体健康和环境安全。

我国对农药管理非常重视。1982 年有关部门联合发布了《农药安全使用规定》和《农药登记规定》,1984 年发布了《农药安全使用标准》和《农药合理使用准则》等。1997 年,国务院发布了《农药管理条例》,2001 年 11 月 29 日又进行了较全面的修改,2017 年 2 月 8 日重新修订,自 2017 年 6 月 1 日起施行。除直接控制农药使用外,国家有关部门还采取措施鼓励研制、生产低毒、低残留农药,提倡使用生物农药和进行农业综合防治,开展生态农业建设,推广绿色食品、有机(天然)食品、无公害蔬菜等无污染农产品。此外,在《环境保护法》等环境保护法律、法规和《农业法》、《农业技术推广法》中也有防治农药污染的条款。我国关于防治农药污染法律规定的主要内容如下。

(一)农药管理的原则

《农药管理条例》第 6 条规定,国家鼓励和支持研制、生产和使用安全、高效、经济的农药。所谓"高效",是指农药的药效高,毒性小、残留期短;所谓"安全",既指农药毒性低,对人畜无害,也指在使用农药时要严格遵守使用范围、剂量和方法,减少对环境的污染;所谓"经济",是指费用低,用少量的经济支出可以取得较高的防治效果。实行这一原则旨在科学、合理、安全使用,避免不计后果的大量盲目施药,充分发挥农药的有益效能,减少其副作用,使农药使用最终既在经济上有效,又能符合人体健康和生态保护的要求。

(二)农药登记的规定

《农药管理条例》第 7 条规定,国家实行农药登记制度。生产(包括原药生产、制剂加工和分装)和进口农药,必须进行登记。农药登记制度的实质是农药生产、销售、使用或者进口的许可制度。实行这一制度是为了控制农药的环境风险,实施农药安全评审,改进农药品种结构,提高农药的质量和科学用药的水平,保持良好的农业生态环境,保护人体健康。

《农药管理条例》第三章规定,国内首次生产的和首次进口的农药,按田间试验、临时登记和正式登记三个阶段进行登记。申请登记的农药经批准后方可进行田间试验、试销或者作为正式商品流通。任何单位和个人不得生产、经营、进口或者使用未取得农药登记证或者临时登记证的农药。

(三)农药生产的规定

1. 开办农药生产企业的审批制度的规定。开办农药生产企业(包括联营、设立分厂和非农药生产企业设立农药生产车间),应具备《农药管理条例》规定的条件,须经省级工业产品许可管理部门审核同意,并报国务院工业产品许可管理部门批准。

2. 农药生产许可制度的规定。国家实行农药生产许可制度,生产有国家或者行业标准的农药的,应按规定获得农药生产许可证。生产尚未制定国家或者行业标准的农药的,应按规定获得农药生产批准文件。任何单位和个人不得生产、经营、进口或者使用未取得农药生产许可证或者农药生产批准文件的农药。

3. 农药产品包装的规定。农药产品包装必须贴有标签或者附具说明书,注明农药名称、企业名称、产品批号和农药生产登记证号或者农药临时登记证号,以及农药的有效成分、含量、重量、产品性能、毒性、用途、使用技术、使用方法、生产日期、有效期和注意事项等。分装的,还应注明分装单位。

(四)农药经营的规定

1. 农药经营单位的规定。农药经营属限制性经营。《农药管理条例》第四章规定,农药经营者应具备法定条件,并按照国务院农业主管部门的规定向县级以上地方人民政府农业主管部门申请农药许可证。

2. 农药购销的规定。农药经营单位购进、销售农药,应将农药产品与产品标签或者产品说明书、产品质量合格证核对无误,并进行质量检验。禁止收购、销售无农药登记证或者临时登记证、无农药生产许可证或者生产批准文件、无产品质量标准和产品质量合格证和检验不合格的农药。禁止经营产品包装上未附加标签或者标签残缺不清的农药。

(五)农药使用的规定

1. 农药使用指导的规定。县级以上各级地方农业部门应组织推广安全、高效农药,加强对安全、合理使用农药的指导,根据本地区农业病、虫、草、鼠害发生情况,制定农药轮换使用规划,有计划地轮换使用农药,减缓病、虫、草、鼠的抗药性,提高防治效果。林业、粮食、卫生部门应加强对林业、粮食、卫生用农药安全、合理使用的指导。

2. 安全、合理使用农药的规定。使用农药必须严格执行农药安全使用规定和标准。《农药安全使用规定》《农药安全使用标准》《农药合理使用准则》等对农药具体品种的制剂、常用剂量、使用范围、适用对象、使用方法、使用次数、安全间隔期等做了具体的规定。

3. 废农药和农药废物管理的规定。废农药,是指过期、失效的农药和被禁止而需要安全处置的农药。农药废物,是指农药施用后弃置的农药包装物、容器和废旧的农药喷洒工具。废农药和农药废物都属于有毒害性的废物,若对其管理不善,极易产生污染,因此,必须严格控制。对废农药和农药废物管理的规定,散见于各环境保护法律、法规中。例如,在《固体废物污染环境防治法》中,废农药和农药废物属于危险废物的范畴,对其污染防治应适用有关危险废物污染防治的特别规定。在《水污染防治法》中,废农药和农药废物属剧毒废液、废渣,是被禁止向水体排放或者利用水体进行处置的。《海洋环境保护法》中明文规定,废农药及农药废物属陆源有毒、有害废液、废物,禁止将失效或者禁用的药物及药具弃置于岸滩。

第三节 防治电磁辐射污染的法律规定

一、电磁辐射污染的概念

电磁辐射污染,是指因发射或者应用电磁辐射时,造成改变环境电磁辐射水平,使环境质量恶化,危害人体健康或者破坏生态环境的现象。电磁辐射,是指以电磁波形式通过空间传播的能量流,且限于非电离辐射,包括信息传递中的电磁波发射,工业、科学、医疗应用中的电磁辐射,高压送变电中产生的电磁辐射。

电磁辐射被广泛应用于各个领域,但也会对环境带来污染危害。电磁辐射污染的危害是由肉眼看不见的射线引起的,射线对人体的过量或长期辐射可能损伤或者破坏细胞和机体组织,对人体和动植物造成污染损害。[16]产生电磁辐射污染的建设项目和设备主要包括电视、广播、无线电台、雷达系统、移动通信等电磁发射系统,高压送变电(电压在100千伏以上)、轻轨和电气化铁道、强工频设备(如电流在100安培以上的工频设备)等工频强辐射系统,工业、科

〔16〕《高压线使三姐妹变疯了》,载《文摘报》2004年3月11日;《全国首例电磁辐射伤害案开审》,原载《北京晚报》,转引自《楚天都市报》2004年11月7日。

研、医疗设备的电磁能应用，如介质加热设备、感应加热设备、豁免水平以上的电疗设备、工业微波加热设备、射频溅射设备等。

二、电磁辐射污染防治的法律规定

为防治电磁辐射污染，有效保护环境，保障人体健康，国家环境保护局于1997年发布了《电磁辐射环境保护管理办法》。此外，我国还制定了《电磁辐射防护规定》（GB8702－88）等电磁辐射污染控制标准。

1. 电磁辐射建设项目和设备名录制度的规定。为有效控制电磁辐射污染，界定电磁辐射环境监督管理的范围，在电磁辐射环境保护管理中实行电磁辐射建设项目和设备名录制度。国家环境保护局已于1997年发布了这一名录。列入名录的电磁辐射建设项目和拥有名录所列设备的单位应遵守有关电磁辐射环境保护管理规定。

2. 电磁辐射建设项目和设备申报登记制度的规定。建设或者使用《电磁辐射建设项目和设备名录》所列的建设项目或者设备的单位和个人，在建设项目立项前或者购置设备前，必须向有环境影响报告书（表）审批权的环境保护部门办理环境保护申报登记手续。环境保护部门应根据申报的建设项目所在地城市发展规划、电磁辐射项目和设备的规模及所在区域环境保护要求，对电磁辐射建设项目和设备申报登记分别作出处理意见。对污染严重、工艺设备落后、资源浪费和生态破坏严重的电磁辐射建设项目和设备，禁止建设或者购置；对符合城市发展规划要求、豁免水平〔17〕以上的电磁辐射建设项目，要求其履行环境影响报告书的审批手续；对有关工业、科学、医疗应用中的电磁辐射设备，要求单位和个人履行环境影响报告表的审批手续。

3. 电磁辐射建设项目和设备的环境影响报告制度的规定。按规定必须编制环境影响报告书（表）或者登记表的单位和个人，必须对电磁辐射可能造成的环境影响进行评价，编制环境影响报告书（表）或者登记表，并按规定程序报相应的环境保护部门审批。环境影响报告书的编制分两个阶段。第一阶段编制可行性阶段环境影响报告书，必须在建设项目立项前完成。第二阶段编制实际运行阶段环境影响报告书，必须在环境保护设施竣工验收前完成。工业、科研、医疗应用中的电磁辐射设备，必须在使用前完成环境影响报告表的编写。

4. 电磁辐射建设项目和设备环境保护设施竣工验收管理的规定。从事电磁辐射活动的单位和个人必须遵守国家有关环境保护设施竣工验收管理的规定，在电磁辐射建设项目和设备正式投入生产和使用前，向环境保护部门提出环境保护设施竣工验收申请，提交验收报告。验收合格的，环境保护部门批准验收申请，颁发电磁辐射环境验收合格证。

5. 从事电磁辐射活动的单位和个人污染防治义务的规定。从事电磁辐射活动的单位和个人必须定期检查电磁辐射设备及其环境保护设施的性能，及时发现隐患并及时采取补救措施。在集中使用大型电磁辐射发射设施或者高频设备的周围，按环境保护和城市规划要求划定的规划限制区内，不得修建居民住房和幼儿园等敏感建筑物。

---

〔17〕 豁免水平，是指环境保护部门对伴有电磁辐射活动规定的免于管理的限值。

思考题

1. 什么是放射性污染？有何特点？我国防治放射性污染的方针是什么？
2. 什么是农药污染？有何特点？简述《农药管理条例》关于安全使用农药的基本规定。
3. 什么是电磁辐射污染？简述防治电磁辐射污染的要点。

第十八章　行 政 责 任

环境保护法中的法律责任，是指违反环境保护法，破坏或者污染环境的单位或者个人所应承担的责任。依照环境保护法的规定，该法的法律责任分为行政责任、民事责任和刑事责任三种。

环境保护法中的法律制裁，是指国家对承担法律责任的单位或者个人依法实施的惩罚措施。与法律责任相对应，法律制裁也分为行政制裁、民事制裁和刑事制裁三种。

法律责任与法律制裁，是既有密切联系又有严格区别的两个概念。凡是实施了破坏或者污染环境的违法行为，就应当依法承担法律责任；而追究违法者的法律责任，一般都对其实施法律制裁。但是，对承担某一法律责任者，可以根据违法行为的性质、情节，给予多种法律制裁，从重、从轻、减轻甚至免予法律制裁。可见，法律责任与法律制裁是不同的，不应加以混淆。

第一节　行政责任概述

一、行政责任的概念

所谓行政责任，是指违反环境保护法，实施了破坏或者污染环境行为的单位或者个人所应承担的行政方面的法律责任。

上述定义中的“单位”，是指法人和其他组织。“其他组织”，是指未取得法人资格的社会组织。“个人”，是指到达法定年龄并具有民事行为能力的自然人，包括我国公民和在我国境内的外国人以及无国籍人。

承担行政责任者还包括具有环境保护违法违纪行为[1]的国家行政机关及其工作人员中的直接责任人员，依法具有环境保护监督管理职责的国家行政机关及其工作人员中违法违纪行为[2]的直接责任人员，企业中具有环境保护违法违纪行为的直接负责的主管人员和其他直接责任人员中的由国家行政机关任命的人员。

二、行政责任的构成要件

行政责任构成要件，是指承担行政责任者所必须具备的法定条件。即依法追究行政责任时，违法者所必须具备的主、客观条件，这些条件是由环境保护法所规定的。

根据环境保护法的规定，行政责任的构成要件[3]包括行为违法、行为有危害后果、违法行

〔1〕 参见《环境保护违法违纪行为处分暂行规定》中的第4～11条。

〔2〕 指违反环境保护法律、法规、规章的行为。

〔3〕 这里实际上是沿用刑法中犯罪构成的理论。

为与危害后果之间有因果关系和行为者有过错。

(一)行为违法

行为违法,是指行为人(包括单位和自然人,下同)实施了破坏或者污染环境的行为而违反了环境保护法。这些违法行为,如超过排放标准排放污染物的(《环境保护法》第60条)、不公开或者不如实公开环境信息的(《环境保护法》第62条)等。

关于排污单位超过国家或者地方规定标准排放污染物是否属于违法行为的问题,在1999年年底以前,应当认为一般不属于违法行为,因而也不应承担行政责任。只有在一定条件下,即排污单位擅自拆除或者闲置防治污染设施,所排放的污染物的浓度又超过规定的标准时,才算违法,并要承担相应的行政责任。经修订后的《海洋环境保护法》《大气污染防治法》和《水污染防治法》[4]则明文规定,超过规定标准向海洋、大气或者陆地水环境排放污染物,属于违法行为。但在其他领域中,即在固体废物、环境噪声等,只有在相关的法律做了同样的修改之后,才能将超标排污者的行为界定为违法。

(二)行为有危害后果

危害后果,是指违法行为造成了破坏或者污染环境的后果。例如,采伐林木者未按照规定完成更新造林任务,造成水土流失者;排污单位擅自闲置或者拆除防治污染设施致使排放的污染物超标,造成农作物或者鱼类死亡等。

值得注意的是,《环境保护法》和环境保护单行法的很多行政责任规范中,并未将危害后果规定为承担行政责任的必要条件,如《环境保护法》第60条、第61条和第62条的规定等。这体现了环境保护法"预防为主"的基本原则,并表明只要行为者实施了破坏或者污染环境的行为,即使未造成危害后果,也应追究其行政责任,给予相应的行政制裁。

可见,"危害后果"的法律意义不尽相同。在一些场合,即在法律明文规定的情况下,它是承担行政责任的构成要件;在另一些场合,它不是承担行政责任的构成要件,只是对违法者给予行政制裁的从重情节。还在另一些场合,只有在情节严重时,危害后果才成为追究有关责任人员行政责任的构成要件。

(三)违法行为与危害后果有因果关系

因果关系,是指违法行为与该行为所造成的破坏或者污染环境后果之间存在内在的、必然的联系,而不是表面的、偶然的联系。例如,某鱼塘鱼类的大批死亡,经环境监测确认系由附近某化工厂因发生事故大量超标排放污染物所致,而不是其他单位的排污行为或者其他行为(如投毒)所造成。这时才可认定该化工厂的排污行为是造成鱼类大批死亡的原因,该鱼塘的鱼类死亡便成为化工厂排污行为造成的危害后果。它们之间存在必然的因果关系。

但是现实生活中的因果关系往往比较复杂,多因一果、多因多果的情况比较常见。因此必须坚持从客观事物的内在、必然联系出发,排除非人为(如自然灾害)的因素,正确区分因果关系锁链中的主、次环节(主因与次因)、原因与条件(如鱼塘内的污染物种类、浓度与当时气候异常)的界限。

确定行政责任构成要件中的因果关系,必须坚持直接的因果关系,不适用环境污染赔偿责

---

[4] 参见《大气污染防治法》第13条和第48条、《海洋环境保护法》第73条第1款第2项、《水污染防治法》第74条。

任中的"因果关系推定"[5]原则。在不以危害后果为行政责任构成要件的场合,则不需要确认因果关系的问题。

(四)行为者有过错

过错,是指行为者实施破坏或者污染环境违法行为时的心理状态,分为故意与过失两种。行政法律责任中过错的概念,一般参照《刑法》的规定。[6] "故意",是指行为者明知自己的行为会造成破坏或者污染环境的危害后果,并且希望或者放任这种危害后果的发生。从上述定义可知,故意分直接故意和间接故意两种。如果行为者希望危害后果发生,称直接故意;如果放任其发生,则称间接故意。"过失",是指行为者应预见自己的行为可能发生破坏或者污染环境的危害后果,因为疏忽大意而没有预见,或者已经预见而轻信可以避免,以致发生这种危害后果的心理状态。从上述定义可知,过失也分疏忽大意过失与过于自信过失两种。因疏忽大意本应预见而没有预见致使危害后果发生的,称疏忽大意过失;因轻信可以避免而未能避免致使危害后果发生的,称过于自信过失。

我国现行环境保护法,对故意实施破坏或者污染环境行为,一般都规定应当追究其行政责任。对过失行为,在一定条件下则规定不予追究。需要注意的是,一些违法行为既可以是故意也可以是过失造成的。区分故意与过失心理状态的意义在于,过错的形式不同,对其惩罚的程度也应有区别。故意表明行为者"明知故犯",比之过失行为的社会危害性大。在同等损害后果的场合,对其处罚应比过失重。过错形式影响处罚程度,是行政责任与环境污染赔偿责任的重要区别之一。

从上述可知,行为违法和有过错是承担行政责任的必备条件;危害后果和违法行为与危害后果之间的因果关系,则只有在法律明文规定的场合才成为行为者承担行政责任的必要条件。故可将前者称为承担行政责任的"必要条件",后者则称为"选择条件"。

三、行政制裁的概念

(一)行政制裁的定义

行政制裁,是指环境保护监督管理部门对违反环境保护法而承担行政责任者,依法实施的惩罚措施。

对环境保护监督管理相对人(以下简称相对人)的行政制裁,是为了申明环境保护义务的严肃性,惩罚恣意破坏或者污染环境者,教育人们自觉地保护和改善环境,恢复受到违法行为侵害的环境保护权益和监督管理秩序。对环境保护违法违纪行为的国家行政机关及其工作人员中的直接责任人员,具有环境保护监督管理职责的国家行政机关及其工作人员违法违纪行为的行政制裁,则是为了严肃法纪,惩治其违法违纪行为,使其警醒,并对其他人员以震慑,从而提高依法行政的法律意识和责任感,忠于职责,公正实施环境保护监督管理权;对企业中有环境保护违法违纪行为的直接责任人员的行政制裁,是为了严肃国家纪律,惩罚其违纪行为,使其在今后企业的生产经营中严格遵守环境保护法,更好地履行环境保护义务。

(二)行政制裁的特点

环境保护法中的行政制裁,与其他部门法的行政制裁具有许多共同点,如遵循"责任法定"

---

〔5〕 对环境污染赔偿责任因果关系的确定,国外环境保护法大多采用该原则,我国环境保护法至今尚未做出如此规定,但在实践中已有采用该原则的案例。详见本教材的第十九章第一节。

〔6〕 参见《刑法》第14条第1款和第15条。

原则"责任的大小与制裁的轻重相当"原则,实施制裁的目的都具有"惩罚与教育相结合"的双重性,都必须由特定的行政机关并依照法定的程序实施等。此外,也具有自身的一些特点:

1. 行政制裁必须体现环境保护法的立法目的。保障公众健康,促进经济社会的可持续发展是环境保护法的目的。毫无疑问,它也必然是该法行政制裁的目的,也就是说,行政制裁不仅是为了惩罚和教育违法者,还要通过制裁来保障公众健康、促进经济社会持续发展。这需要通过"利益衡量"来处理好保障公众健康、促进经济社会持续发展与行政制裁的关系,务必使行政制裁有利于环境保护法目标的实现,尤其在具体适用行政制裁的形式时,更是如此。

2. 行政制裁必须体现推进生态文明建设和可持续发展的指导思想。推进生态文明建设和可持续发展要求环境保护监督管理部门在依法实施行政制裁时必须做到:凡是破坏环境而依法应令其恢复时,绝不能只罚款了事。例如,《森林法》对盗伐、滥伐林木尚未构成犯罪者,除规定没收、罚款、赔偿损失等制裁措施之外,还规定由林业主管部门责令其补种盗伐、滥伐株数若干倍的树木。这时,执法部门必须依法责令其补种,以恢复被破坏的植被。又如,凡是污染严重的单位依法应当关闭的,就必须坚决关闭,绝不手软。

3. 行政制裁必须严格区分制裁的主体和对象。众所周知,环境保护法规定实施行政制裁的主体因制裁的种类而别。行政处罚由环境保护监督管理部门实施;行政处分则由受处分者的单位或者上级行政机关、监察部门实施;行政制裁的对象包括相对人和环境保护监督管理者。前者是破坏或者污染环境的单位和个人,后者则是应当依法履行环境保护职责而渎职的公职人员。环境保护法规定对他们的行政制裁种类也是不同的。对单位和非履行环境保护职责的个人是行政处罚,对履行环境保护职责的公职人员则是行政处分或者纪律处分。两种制裁种类的指导思想、目的、作用,制裁的形式、情节、程序以及制裁的救济措施、时效期限等都有严格的区别,不应混淆。

第二节　行 政 处 罚

一、行政处罚的概念

(一)行政处罚的定义

行政处罚,是指环境保护监督管理部门对违反环境保护法而破坏或者污染环境,但又不够刑事惩罚的单位或者个人实施的一种行政惩罚措施。

环境保护监督管理部门,是指《环境保护法》第10条所规定的县级以上人民政府环境保护主管部门和其他依照法律规定行使环境保护监督管理权的部门。其中对环境污染防治实施监督管理的有海洋、海事、港监、公安、交通、铁道、民航管理部门;对自然资源保护实施监督管理的有县级以上人民政府的土地、矿产、林业、农业、渔业、水行政主管部门。根据《环境保护法》第60条的规定,在某些环境保护违法行为中,县级以上人民政府也行使行政处罚权。例如,对经责令限制生产、停产整治的违法排污单位,情节严重的,报经有批准权的人民政府批准,责令停业、关闭。[7]

从上述定义可知，受到行政处罚的行为，是属于违反环境保护法中的行政规范的行为，即“不够刑事惩罚”的行为，而不是属于违反环境保护法中的刑事规范，即与犯罪行为相比较，行政处罚是对违法情节或者危害后果较轻的行为实施。行政处罚的对象是实施了破坏或者污染环境的行为，因而违反了环境保护法的单位和个人，但不包括正在履行环境保护公职的国家机关、企业事业单位中的工作人员。因为根据环境保护法的规定，这些工作人员造成环境破坏或者污染事故，情节较重的，将受到行政处分，而不是行政处罚。[8]

(二)行政处罚的特点

行政处罚的特点如下：

1. 行政处罚的主体是国家特定的行政机关和法律、法规授权的组织。“特定的行政机关”，是指在环境保护领域中依法享有行政处罚权的行政机关；享有环境保护行政处罚权的行政机关也只能在法定监督管理范围内实施行政处罚，否则就是违法，其行政处罚决定无效。[9] 根据《行政处罚法》的规定，环境保护监督管理机关可以依据法律、法规或者规章的规定，授权给具有管理公共事务职能的组织，或者委托给符合法定条件的组织实施行政处罚权，被授权或者受委托的组织必须在法定范围内实施行政处罚，否则属于违法。

2. 行政处罚的对象是相对人中的违法者。因破坏或者污染环境而违反了环境保护法应受到行政处罚的单位或者个人，与监督管理部门之间存在着被监督管理与监督管理的行政法律关系。与此不同，民事争议的对象是平等民事法律关系主体的一方。行政处罚对象与民事争议对象的差别，决定了对行政处罚决定不服与对民事争议调解处理不成向人民法院起诉程序上的区别，前者属于解决行政机关与相对人行政争议的行政诉讼，后者则属于解决平等当事人民事纠纷的民事诉讼。

3. 行政处罚的性质是行政制裁。它不仅与民事制裁、刑事制裁的性质不同，也与环境保护监督管理部门的其他具体行政行为有别。这些具体行政行为如审批环境影响报告书(含报告表、登记表)、环境保护设施竣工验收、现场检查等。这些行为虽与行政处罚同属于行政部门的具体行政行为，但在行为的性质、作用、对象、内容以及程序、时效等方面，都有明显的区别。

4. 行政处罚是行政机关单方性强制性行为。行政处罚是环境保护监督管理部门对于承担行政责任者给予惩罚的单方行动，不依相对人的意志为转移。倘若当事人不履行处罚决定，又不申请复议，也不向人民法院起诉，行政机关可在时效期限内申请人民法院强制其履行。这与环境污染民事赔偿纠纷的调解处理不同，后者经行政部门调解，当事人可凭自己的意愿达成协议，如果调解不成或者达成调解协议之后一方不履行，行政机关无权向人民法院申请强制执行。

5. 行政处罚具有时效性。环境保护领域中行政处罚的时效，是指环境保护监督管理部门对承担行政责任者给予行政处罚的有效期限。超过此期限，则不得给予行政处罚。《行政处罚

---

[7] 这种处罚措施之所以应当由有批准权的人民政府批准(实质上就是由政府决定)，是由于这种处罚非常严厉，关系到企业的生死存亡。由政府决断可以更有利于保护生态和促进经济社会的可持续发展。

[8] 参见《水污染防治法》第92条、《海洋环境保护法》第91条、《森林法》第45条、《土地管理法》第76条等。

[9] 例如，根据《环境噪声污染防治法》的规定，社会生活噪声污染防治由公安部门实施监督管理，并依法行使行政处罚权。当地环境保护局则无此处罚权，如果擅自做出行政处罚决定，其决定无效。参见《行政处罚法》第3条、第15条。

法》第29条规定:"违法行为在二年内未被发现的,不再给予行政处罚。法律另有规定的除外。前款规定的期限,从违法行为发生之日起计算;违法行为有连续或者继续状态的,从行为终了之日起计算。"[10] 其中的"行为有连续或者继续状态",是指行为人连续实施同一违法行为,如排污单位擅自拆除或者闲置水污染物防治设施并连续超过规定标准排放污染物的,这种行为便属于"连续"或者"继续"状态,对其行政处罚时效的计算,应从其最后一次超标排污行为起算。

二、行政处罚的原则

行政处罚原则,是指立法机关设置行政处罚规范和执法、司法部门实施行政处罚时必须遵循的指导思想。它贯穿于整个行政处罚过程,是具有约束力必须普遍遵守的法律规范,也是使行政机关的行政处罚决定合法和适当的法律保障。

根据《行政处罚法》和《环境行政处罚办法》等的规定精神,可将行政处罚原则概括为依法实施行政处罚原则,公正、公开原则,行政处罚轻重与行政责任大小相当原则,处罚与教育相结合原则,受行政处罚不免除民事责任原则等。

(一)依法实施行政处罚原则

依法实施行政处罚,也称行政处罚法定或者合法性原则,是指环境保护监督管理部门必须严格依照环境保护法规定的处罚依据、形式、幅度和程序对承担行政责任者实施行政处罚。该项原则包含以下三方面的内容:

1. 行政处罚必须有法定的依据。(1)实施行政处罚的机关必须依法享有行政处罚权(包括对该违法行为的管辖权)。(2)法有明文规定方可给予行政处罚。该违法行为依照环境保护法的规定应当给予行政处罚,而不是给予其他法律制裁。

2. 必须严格依照环境保护法规定的形式与幅度给予行政处罚。执法机关不得任意处以其他行政处罚形式。又如,环境保护法在一些场合授权执法机关可以自由裁量,[11] 确定处罚形式和幅度。这时,也必须根据违法者的情节在法定的形式和幅度内给予行政处罚,避免畸轻畸重、显失公正。

3. 必须依照法定程序实施行政处罚。《行政处罚法》和《环境行政处罚法》规定了简易程序和一般的处罚程序,并规定了管辖、立案调查、检查、回避、听证、审查、决定、告知诉权等具体制度和程序,以保证行政处罚程序的合法、公正,环境保护监督管理机关及其执法人员如若违反,如做出处罚决定之前依法需要举行听证而当事人又要求听证,执法机关无正当理由不予采纳的,行政处罚决定无效。[12]

(二)行政处罚轻重与行政责任大小相当原则

行政处罚轻重与行政责任大小相当原则也称过罚相当原则,是指设定或者实施行政处罚,必须根据破坏或者污染环境行为的事实、性质、情节以及社会危害程度决定给予行政处罚轻重的程度。该项原则包含以下三方面的内容:

---

〔10〕 我国现行《环境保护法》尚无此规定。

〔11〕 指法律授权执法机关根据具体情况做出决定的权利。在环境保护领域中,自由裁量表现为对危害后果大小的确认,对行政处罚形式、罚款幅度内数额多寡的确定等。这种权利的行使必须符合公正、合理原则。

〔12〕 参见《行政处罚法》第3条第2款。

1. 设定的行政处罚规范必须与义务性规范相当。这是对立法机关的要求。立法机关在设定这类规范时,必须使违法者所应承担的法定义务大小与违反该义务性规范并应受到行政处罚的轻重相一致,既不能疏漏,也不应前后不配套。

2. 必须全面认定事实和正确适用法律。这是对执法、司法者的要求。违法事实包括违法行为的性质、违法行为造成或者可能造成的危害后果、违法者的心理状态、违法后的表现等。这些都需要全面收集、仔细分析和判断证据,避免"先入为主",偏听偏信,这样才能正确适用法律。实践中存在将损害后果的大小作为处罚轻重的主要甚至是唯一依据,而不问违法者的心理状态如何的做法,这是不正确的。因为在同等损害后果的情况下,故意行为要比过失的社会危害性大,在某些情况下,过失行为不负行政责任。

3. 行政处罚的轻重必须在法定的处罚形式和幅度之内。环境保护法根据不同违法行为的危害程度,规定了相应的不同处罚形式与罚款的幅度。其中也有规定对同一违法行为可以根据不同情节在几种处罚形式中确定其中的一种,任凭执法人员自由裁量。在这种场合,应当依照法律的精神,正确地把握事实,准确量罚。

(三)公正、公开原则

公正、公开原则,是指环境保护监督管理部门在对违法者提起行政处罚程序,确认其承担行政责任的要件和情节,以及决定行政处罚时,必须客观、平等、不偏不倚、不隐瞒,做到公平和有透明度。

该项原则包含以下八个方面的内容:(1)作为行政处罚依据的法律、法规和规章必须公布,让群众了解,避免"不教而诛"。(2)在做出行政处罚之前,应告知当事人做出处罚决定的事实、理由和依据,并告知其依法享有的权利,如陈述、申辩、听证、申请回避、申请复议或者提起行政诉讼等权利。(3)在进行调查、检查时,执法人员不得少于两人,并应向当事人或者有关人员出示有效证件。(4)案件调查人与行政处罚决定人应当分开,对情节复杂或者重大违法行为需要给予较重的行政处罚时,行政机关的负责人应当集体讨论决定,避免个人独断。(5)执法人员与当事人有直接利害关系的应当回避。[13]例如,执法人员是当事人本人或者是其近亲属时,因本案的处理结果会影响其利益,故应退出对本案的调查与处理。(6)听证由行政机关指定的非该案调查人员主持,避免"先入为主"。(7)执法人员当场做出行政处罚决定的,应当向受处罚人或者有关人员出示执法身份证件。(8)必须客观地听取当事人的意见、陈述和辩解,并认真制作笔录。笔录应当交当事人查核无误后签字或者盖章。

(四)处罚与教育相结合原则

处罚与教育相结合原则,是指环境保护监督管理部门依法实施行政处罚时,应当坚持处罚与教育相结合,目的是使违法的企业事业单位或者个人认识到污染或者破坏环境行为的危害性,今后自觉遵守环境保护法,而不是为了处罚而处罚。

该项原则包含以下六个方面的内容:(1)对污染或者破坏环境者给予行政处罚,使其行为得到遏制。(2)使周围公民自觉遵守和维护环境保护法,自觉保护和改善环境。(3)使社会公众提高对环境保护和环境保护法的认识、努力参加社会绿化和节能减排等活动。(4)环境保护主管部门坚持惩罚与教育相结合,兼顾惩罚违法与教育违法、纠正违法相结合。(5)坚持服务与管理相结合,引导公民、法人和其他组织服从环境保护监督管理。(6)对违法行为轻微并及

---

〔13〕 回避由当事人提出,也可由执法人员自行回避。参见《行政处罚法》第37条第3款和第42条第1款第4项和《环境行政处罚办法》第8条。

时纠正,没有造成危害后果的,不予行政处罚。

此外,还有不得以行政处罚代替刑罚原则,对同一违法行为不得给予两次以上罚款原则,[14]不得因当事人申辩而加重处罚原则,以事实为根据和以法律为准绳原则,依法维护当事人合法权益原则等。

三、行政处罚的情节

(一)行政处罚情节的定义

行政处罚情节,是指环境保护监督管理部门对破坏或者污染环境者实施行政处罚时,作为处罚轻重和免予处罚的各种情况。这些情况概括起来可分为从轻、减轻或者免予处罚情节和从重处罚情节两大类。

行政处罚情节对确定行为者是否违法,违法行为属于何种性质,是否应当给予行政处罚和给予何种行政处罚形式,是否应从重、从轻或者免予处罚等,都具有重大的作用。

(二)行政处罚情节的种类

《行政处罚法》、《治安管理处罚法》、《环境行政处罚办法》和《规范环境行政处罚自由裁量权若干意见》对环境保护领域中行使环境保护行政处罚权的情节及其种类做了系统、明确的规定。

1. 从重处罚情节

从重处罚情节,是指在法定限度内,给予违法者适用较重的行政处罚形式或者较大数额罚款的情节。《行政处罚法》对从重处罚情节未做出规定,但根据《治安管理处罚法》和《环境行政处罚办法》以及《规范环境行政处罚自由裁量权若干意见》,可将环境保护领域中行政处罚的从重情节归纳为:(1)主观恶意的,从重处罚。恶意的环境污染或者破坏行为,常见的有"私设暗管"偷排的,用稀释手段"达标"排放的,非法排放有毒物质的,建设项目"未批先建""批小建大""未批即建成投产"以及"以大化小"骗取审批的,拒绝、阻挠现场检查的,为规避监管私自改变自动监测设备的采样方式、采样点的,涂改、伪造监测数据的,拒报、谎报排污申报登记事项的等。(2)后果严重的,从重处罚。环境污染或者破坏造成饮用水中断的,严重危害人体健康的,群众反映强烈以及造成其他严重后果的,从重处罚。(3)区域敏感的,从重处罚。环境污染或者破坏行为对生活饮用水水源保护区、自然保护区、风景名胜区、居住功能区、基本农田保护区等环境敏感区造成重大不利影响的,从重处罚。(4)屡罚屡犯的,从重处罚。环境违法行为人被处罚后12个月内再次实施环境违法行为的,从重处罚。

此外,对于具有下列情节的污染或者破坏环境者,也应当从重处罚:(1)威胁、诱骗他人或者教唆不满18周岁的人污染或者破坏环境的;(2)妨碍环境保护监督管理人员现场检查或者其他执法活动的;(3)对检举人、证人打击报复尚不构成犯罪的;等等。

2. 从轻、减轻处罚情节

从轻处罚情节,是指在法定限度内适用较轻的处罚形式或者较少的罚款金额的情节;减轻处罚情节,是指在法定的限度以下适用较轻的处罚形式或者较少的罚款金额的情节。

《行政处罚法》第27条对从轻或者减轻处罚情节做了如下的规定:当事人有下列情形之一

---

〔14〕《行政处罚法》第24条规定,对当事人的同一个违法行为,不得给予两次以上罚款的行政处罚。这与传统的"一事不再罚"原则不同。对同一违法行为,依法给予一次罚款,并吊销营业执照、排放许可证等是允许的。

的,应当依法从轻或者减轻行政处罚:(1)主动消除或者减轻违法行为危害后果的;(2)受他人胁迫有违法行为的;(3)配合行政机关查处违法行为有立功表现的;(4)其他依法从轻或者减轻行政处罚的。

环境保护部《规范环境行政处罚自由裁量权若干意见》还提出如下的情节可以从轻处罚:(1)主动改正或者及时中止环境违法行为的;(2)环境违法行为所致环境污染轻微、生态破坏程度较小或者尚未产生危害后果的;(3)一般性超标或者超总量排污的。

需要注意的是,行政处罚的轻重,应当与违法者违法事实、性质、情节和社会危害程度相当,故在考虑采用从轻或者减轻处罚的手段时,要全面综合考虑违法者违法行为的具体情况和悔改的情节,对于法定只能从轻不能减轻处罚的,不能给予减轻处罚;对于法定可以给予从轻处罚的,也应坚持在法定幅度内从轻处罚。

3. 免予处罚情节

免予处罚,是指行为人的行为已符合行政法行为的构成要件,但因具备法律所规定的特定条件,故不再追究其法律责任因而免予行政处罚。《行政处罚法》第 27 条第 2 款规定:"违法行为轻微并及时纠正,没有造成危害后果的,不予行政处罚";《环境行政处罚办法》第 7 条也做了类似的规定:"违法行为轻微并及时纠正,没有造成危害后果的,不予行政处罚。"从上述规定可知,行为人实施了违法行为,但存在法律规定的特殊情节,如行为轻微并及时纠正没有造成危害后果等而免予处罚。

(三)正确把握和运用行政处罚情节

由于情节在确定行政责任、行政处罚形式和幅度等方面具有重要作用,因此如何正确把握和运用情节便成为环境保护监督管理部门能否合法、适当行使行政处罚权的重要课题。

1. 应当严格依照法律的规定把握和运用行政处罚情节。必须根据法律规定的情节来确定是否给予行政处罚,给予哪一种或者哪几种行政处罚或者免予处罚,还必须在法定的限度内从重、从轻或者减轻、免予处罚。

2. 必须在确定行为性质的基础上把握和运用幅度情节。在认定某一行为是否应给予行政处罚时,首先必须根据案情,依照有关法律、法规或者规章的规定确认行为是否具备承担行政责任的构成要件,其次根据违法行为所具备的情节确定给予何种行政处罚和罚款金额。如果不具备承担行政责任的构成要件,就谈不上从重或者从轻处罚。

3. 必须全面审度,综合认定和运用情节。这是正确行使行政处罚自由裁量权的重要方法。一个违法者,往往同时存在多种情节。这时执法人员应当具体分析各个情节的作用,弄清哪些是从重情节,哪些是从轻、减轻或者免予处罚的情节;它们之间哪些是属于相互加强的情节,哪些是属于相互减弱的情节;要把各种情节联系起来加以分析,对具有相反作用的情节要在确定相互抵消的程度之后,再确定是否应给予行政处罚和给予行政处罚的形式与幅度。

关于如何综合考虑行政处罚的情节,《规范环境行政处罚自由裁量权若干意见》中提出环境保护部门在行使行政处罚自由裁量权时,既不得考虑不相关因素,也不得排除相关因素,而是要综合、全面地考虑以下情节:(1)环境违法行为的具体方法或者手段;(2)环境违法行为危害的具体对象;(3)环境违法行为造成的环境污染、生态破坏程度以及社会影响;(4)改正环境违法行为的态度和所采取的改正错误措施及其效果;(5)环境违法行为人是初次违法或者是再次违法;(6)环境违法行为人的主观过错形式(故意或者过失)和程度。

四、行政处罚的种类

我国环境保护法规定的行政处罚,具有如下两大特点:(1)多为预防性行政处罚。根据环境破坏或者污染容易、治理和恢复难的特点,以及环境保护法"预防为主"的基本原则,环境保护法所规定的行政处罚形式特别突出其预防性功能,而不是为惩罚而惩罚。例如,责令重新安装使用、责令停止生产或者使用,责令停业或者关闭,责令停止开垦,责令补种被盗伐、滥伐林木等。这些处罚形式,大多是为了预防环境破坏或者污染的发生,或者是为了制止已经发生的环境破坏或者污染的继续加重。(2)多为行为罚。依照行政处罚所涉及的对象和作用,人们将行政处罚分为精神罚(如警告)、财产罚(如罚款)、人身罚(如拘留)和行为罚四种。行为罚是指行政机关依法责令违法者实施(如责令补种)、禁止实施(如责令停止开垦)和限期实施(如责令限期改正)某一或者某些违法行为。

(一)对污染环境者给予行政处罚的基本形式

《环境行政处罚办法》第10条规定,根据法律、行政法规和部门规章,环境行政处罚的种类有:(1)警告;(2)罚款;(3)责令停产整顿;(4)责令停产、停业、关闭;(5)暂扣、吊销许可证或者其他具有许可性质的证件;(6)没收违法所得、没收非法财物;(7)行政拘留;(8)法律、行政法规设定的其他行政处罚种类。2014年修订的《环境保护法》还增设了"按日处罚"的规定。

1. 警告

警告,是指环境保护监督管理部门依法对行政违法者的谴责和警示。其作用主要是促使其注意和警惕,并认识到即使违法程度较轻,也会受到社会的否定评价;对其他人则能起到一定的警诫作用,教育其不要以身试法。

警告是最轻的行政处罚形式,只能单独适用,但不应因此而忽视其功能。因为在市场经济条件下,企业在社会上的良好现象对其发展关系极大;对情节较轻违法行为给予警告,也是过罚相当原则的要求和体现。

2. 罚款与按日处罚

(1)罚款的概念

罚款,是指环境保护监督管理部门依法强令违法者向国家缴纳一定数额的金钱。其作用在于强制剥夺违法者一定的财产权,促使其悔改,不再破坏或者污染环境,履行环境保护法规定的保护和改善环境的义务。对单位的罚款,企业不能摊入成本,其他法人在预算外资金或者包干结余的经费中支付;个人在本人的财产中支付,单位不得给予报销。

(2)罚款的收缴

罚款一律上缴国库,任何单位和个人不得截留。做出罚款决定的行政机关应当与收缴罚款的机构分离,[15]以利于保证国库的收入和行政机关的廉政建设。执法人员依照简易程序当场收缴罚款的,必须向当事人出具省级财政部门统一制发的罚款收据,并在2日内将罚款如数交付行政机关,行政机关也应当在收到罚款之后2日内缴付指定的银行。[16]

罚款只对单位和非履行环境保护公职的个人适用。当事人到期不缴纳罚款的,做出罚款

〔15〕 参见《罚款决定与罚款收缴分离实施办法》。

〔16〕 参见《行政处罚法》第50条。

决定的行政机关可对当事人每日按罚款数额的3%加处罚款。[17]缴纳罚款的单位并不免除缴纳赔偿金等法律所规定的其他义务。

(3)按日连续处罚

第一,按日连续处罚的含义。这是现行《环境保护法》增设的行政处罚形式(第59条)。按日连续处罚,是指排污者违法排污受到罚款处罚,并被责令改正而拒不改正时,环境保护行政主管部门可在自责令改正之日的次日起按原处罚的罚款数额按日连续处罚。这是比一般罚款较严重的行政处罚形式,但也不是单纯地为处罚而处罚,而是通过对其按日连续处罚引导和督促排污者及时改正违法行为,对拒不改正者,则强令其履行法定义务(减少或者停止违法排污)。

第二,按日连续处罚的适用范围。这种行政处罚形式力求破解目前存在的"守法成本高,违法成本低"的老大难问题,其适用范围的重点是打击连续违法排污者。根据环境保护部于2014年10月20日发布的《环境保护按日连续处罚暂行办法》(以下简称《暂行办法》)第二章的规定,按日连续处罚的适用对象包括以下各种行为:建设项目环境影响评价文件未报批或者未经批准,擅自建设并投入生产或者使用且排放污染物的;建设项目防治污染设施未建成、未经竣工环境保护验收或者验收不合格,主体工程投入生产或者使用且排放污染物的;应当取得但未取得排污许可证或者未按照排污许可证规定排放污染物的;通过暗管、渗井、渗坑、灌注或者篡改、伪造监测数据,或者不正常运行防治污染设施等逃避监管的方式排放污染物的;超过国家或者地方规定的污染物排放标准,或者超过重点污染物排放总量控制指标排放污染物的;排放、倾倒法律、法规规定禁止排放、倾倒的污染物的;违法排放、倾倒工业固体废物的;其他违法排放污染物的。

第三,按日连续处罚实施程序。《暂行办法》第三章规定了环境保护行政主管部门实施按日连续处罚的程序:当发现排污者涉嫌存在该《暂行办法》第4条规定的违法行为时,应当依法立案调查并作出行政处罚决定或者行政处理决定。在认定之日起3日内向违法排污者送达责令改正违法行为决定书,责令其立即停止违法排污行为(决定书应载明《暂行办法》第6条规定的事项),还应当在送达处罚决定书之日起30日内,组织对排污者违法行为的改正情况实施复查,发现排污者拒不改正环境违法行为的,环境保护行政主管部门应当责令其立即停止违法排污行为,同时对其实施按日连续处罚。当然,这也并不意味着对同一违法者长期连续采用这种处罚形式。如若继续违法排污经罚款处罚仍不改正,为了遏制严重排污行为,环境保护行政主管部门可以根据《环境保护法》第60条的规定对其采取限制生产、停产整治等措施;情节严重的,可报经有批准权的人民政府批准,责令其停业、关闭。

关于罚款数额的确定依据,《环境保护法》第59条第2款明文规定,可以按照防治污染设施的运行成本、违法行为造成的直接损失或者违法所得等因素确定。

3. 责令限制生产、停产整治

《环境保护法》第60条规定:"企业事业单位和其他生产经营者超过污染物排放标准或者超过重点污染物排放总量控制指标排放污染物的,县级以上环境保护主管部门可以责令其采取限制生产、停产整治等措施;情节严重的,报经有批准权的人民政府批准,责令停业、关闭。"为了贯彻前述规定,环境保护部于2014年10月24日发布了《环境保护限制生产、停产整治暂

---

[17] 参见《行政处罚法》第51条。

行办法》,明确规定了五种适用限产、停产和四种适用关闭的具体情形。并严格规定了调查取证、审批、决定、实施整改、改除、后督察等实施程序。

(1)限制生产、停产整治的含义

限制生产、停产整治,是指县级以上环境保护主管部门对超过污染物排放标准或者超过重点污染物排放总量控制指标排放污染物的排污者,责令采取减少产量、降低生产负荷或者停产,以达到污染物排放标准或者重点污染物排放总量控制指标的措施。其中责令采取减少产量、降低生产负荷的措施称限制生产措施;责令停产整治的称责令停产整治措施。

(2)限制生产的适用情形

排污者超过国家或者地方规定的污染物排放标准或者超过重点污染物排放总量控制指标排放污染物的,环境保护主管部门可以责令其采取限制生产的措施。

(3)停产整治的适用情形

排污者有下列情形之一的,环境保护主管部门可以责令其采取停产整治的措施。这些情形是:通过暗管、渗井、渗坑、灌注或者篡改、伪造监测数据,或者不正常运行防治污染设施等逃避监管的方式排放污染物超过国家或者地方规定的排放标准的;非法排放含重金属、持久性有机污染物等严重污染环境、损害人体健康的污染物超过国家或者地方污染物排放标准三倍以上的;被责令限制生产后仍然超过国家或者地方规定的污染物排放标准或者超过重点污染物排放总量控制指标排放污染物的;法律、法规规定的其他情形。

排污者有下列情形之一的,由环境保护主管部门报经有批准权的人民政府责令停业、关闭:两年内因排放含重金属、持久性有机污染物等有毒物质超过国家或者地方规定的污染物排放标准或者超过重点污染物排放总量控制指标受过三次以上行政处罚,又实施上述行为的;造成重大或者特大污染事故的;被责令停产整治后擅自恢复生产的;有其他严重环境违法情节的。

(4)限制生产、停产整治的实施程序

环境保护主管部门在作出限制生产、停产整治决定之前,应当做好调查取证工作,该决定的书面文件须报经部门负责人批准。属于重大或者影响较大的,还应当经环境保护主管部门集体审议决定,若是停产整治,在决定之前还应当告知排污者有关排污事实、理由、依据及其依法享有的陈述、申辩或者要求听证的权利。

环境保护主管部门作出限制生产、停产整治的决定时,应当依照《环境保护限制生产、停产整治暂行办法》第 11 条第 2 款的规定,制作责令限制生产决定书或者责令停产整治决定书,并于 7 日内送达排污者。排污者收到决定之后,在 15 日内应当制作整改方案,报环境保护主管部门备案并向社会公开。整改方案应当确定整改措施、工程进度、资金保障和责任人员等。排污者若能在规定期限内完成整改任务,则自向环境保护部门报告完成整改任务之日起,经其督察检查合格之后,前述行政处罚措施则自行解除。环境保护主管部门应在 30 日内进行跟踪检查。

4. 责令重新安装使用

(1)责令重新安装使用的含义

责令重新安装使用,是指环境保护监督管理部门对未经同意而擅自拆除或者闲置防治污染设施,污染物的排放又超过规定排放标准的单位,强令其重新安装使用。其中对擅自闲置者,则强令其重新使用。

(2)责令重新安装使用的特点

第一,适用条件因各单行法具体规定而异。根据《水污染防治法》和《环境噪声污染防治法》的规定,对擅自拆除或者闲置污染物防治设施,所排放的污染物因而超过规定标准的,才认定为违法并可给予行政处罚。但是《大气污染防治法》《海洋环境保护法》《固体废物污染环境防治法》却未将超过规定标准作为认定擅自拆除或者闲置污染物防治(处理)设施行为违法的必要条件,[18]并规定了较重的行政处罚,体现了国家对控制环境污染采取更加严厉的法律措施的立法精神。

第二,与其他行政处罚形式一并适用。从各项环境污染防治单行法的规定可知,对擅自拆除或者闲置污染物防治(处理)设施者的行政处罚,除责令重新安装使用外,还责令其停止违法行为,限期改正,并处罚款。因为如果不同时对该违法者给予并处其他行政处罚,显然偏轻,不能起到遏制该违法行为的作用。

5. 责令停止生产或者使用

(1)责令停止生产或者使用的含义

责令停止生产,是指环境保护行政主管部门对建设项目防治污染设施没有建成,或者虽已建成但未经验收或者验收不合格[19]而投入生产或者使用的单位,强令其停止生产或者使用。其中对生产部门的建设项目责令其停止生产,对非生产部门的建设项目则责令其停止使用。这种行政处罚形式主要是为了保证"三同时"制度的落实,防止发生新的环境污染危害。

(2)责令停止生产或者使用的特点

第一,必须由特定的主体实施。由审批该建设项目环境影响报告书(含报告表和登记表)的环境保护行政主管部门科处,而不是由其他环境保护监督管理部门实施。这是由于原审批机关对该建设项目比较熟识,可以尽快做出行政处罚决定,以及时制止新的环境污染危害。

第二,必须对特定的对象科处。只能对污染防治设施没有建成或者虽已建成但未经验收,或者经验收不合格便投入生产或者使用的建设项目所在单位科处。

第三,不以造成环境污染危害后果为科处的条件。只要防治污染设施没有建成或者建成后未经验收,或者经验收不合格便投入生产或者使用的,就可处以这种行政处罚。

第四,属于临时性的行政处罚形式。只要建设项目防治污染设施建成并经验收已达到国家规定要求,或者原已建成但未经验收而现已验收合格,或者虽已建成但验收不合格,经努力已达到国家规定要求,并经环境保护行政主管部门验收合格后便可投入生产或者使用。

6. 责令停产、停业、关闭

(1)责令停产、停业、关闭的含义

责令停产、停业、关闭,是指做出限期治理决定的人民政府,对逾期未完成治理任务的单位强令其停产、停业或者关闭。其中对生产单位是强令其停产或者停业,对非生产单位则强令其关闭。

(2)责令停产、停业、关闭的特点

第一,最严厉的行政处罚形式。这是与上述四种行政处罚形式相比较而言的。因为这种

---

〔18〕《环境噪声污染防治法》是个例外,见该法第50条的规定。这是由于环境噪声污染是感觉性公害这一特点所决定的。

〔19〕参见2017年7月16日发布的《建设项目环境保护管理条例》第23条。

处罚形式,意味着受处罚者将不能继续从事原来的生产、经营活动。所以只能对污染危害特别严重,靠一般技术治理不能奏效,经济效益又差的单位科处。

第二,只能由特定的主体科处。由做出限期治理决定的人民政府科处;责令中央直接管辖的企业、事业单位停产、停业、关闭时,还须报经国务院批准。

第三,只能对特定的对象实施。只能对经人民政府限期治理而逾期未完成治理任务的单位科处。其他未经限期治理的单位,即使污染危害严重,也不能采取这种处罚形式。

(3)责令停产、停业、关闭与责令停产整顿的区别

第一,科处的机关不同。做出停产、停业、关闭决定的行政机关是对该单位已做过限期治理的人民政府,有的还由国务院决定;做出责令停止生产或者使用的行政机关,则是原批准该建设项目环境影响报告书(含报告表、登记表)的环境保护行政主管部门。

第二,科处的对象不同。前者是经限期治理逾期未完成治理任务或者是在大气污染防治中违反淘汰制度的单位;后者则是防治污染设施没有建成,未验收或者经验收不合格的建设项目。

第三,科处的内容和力度不同。前者不得再从事严重污染环境的原生产、经营活动,其所受的处罚是长期的、永久性的;后者只要建成防治污染设施,经验收合格便可再投入生产或者使用,其所受的处罚是短期的、暂时性的。前者是国家对污染环境的单位所采取的最严厉的惩罚措施;后者则较轻。

7. 责令停产整顿

这是原《水污染防治法》规定的一种新的行政处罚形式。对在饮用水水源保护区内私设暗管或者有其他严重情节,如采取规避监管方式排放污染物,造成饮用水源严重污染的,由环境保护部门依照该法第75条的规定责令限期拆除和罚款,还可由当地环境保护主管部门报请县级以上地方人民政府责令停产整顿。该项行政处罚形式也是属于临时性的,受处罚的单位经过拆除私设暗管和其他整改措施,经环境保护部门验收合格之后,即可恢复生产活动。

现行《环境保护法》肯定了这种行政处罚形式,但使用的对象较宽,即可适用于一般超标排污或者超过重点污染物排放总量控制指标排放污染物者。目的是遏制环境污染,如若继续排污,则可通过政府批准采取更加严厉的行政处罚形式——责令停业、关闭。[20]

8. 暂扣、吊销许可证或者其他有许可性质的证件

简称暂扣、吊销许可证件。这种行政处罚形式主要是适用于从事危险化学品、放射性物质的生产、流通、使用和贮存等领域中的违法者,由环境保护主管部门或者其他有关部门通过暂扣或者吊销许可证,[21]让其不能再从事原生产等违法活动,以减少或者避免对环境的污染危害,属于一种比较严厉的行政处罚形式。

9. 对污染环境者实施行政处罚的特殊形式

关于对污染环境者实施行政处罚的特殊形式,以下只对限期治理和治安管理处罚中的行政拘留做介绍。

(1)限期治理

如前所述,限期治理是我国环境保护法的一项基本制度。《大气污染防治法》则将其规定

---

〔20〕 参见《环境保护法》第60条。

〔21〕 同时处以罚款、没收违法所得的行政处罚。参见《放射性污染防治法》第53条的规定。

为一种行政处罚形式。而作为基本制度与作为处罚形式的“限期治理”在性质、适用主体、适用对象、适用程序、救济措施等却存在很多区别:一是性质不同。作为一项基本法律制度的限期治理,实际上是国家对污染环境者的管理手段,不具有法律的惩罚性;而作为行政处罚形式的限期治理,则具有行政惩罚的性质。二是适用主体不同。前者由人民政府做出决定;后者由环境保护行政主管部门适用。三是适用对象不同。前者是对在需要特殊保护的地区可能造成环境污染和在其他地区已造成严重污染的单位实施;后者是对超过规定标准向大气排放污染物的单位科处。四是程序不同。前者由人民政府依照行政管理程序做出;后者由环境保护行政主管部门根据行政处罚程序做出。五是救济机关不同。不服限期治理决定的单位,可在法定期限内依照行政复议程序申请人民政府复议或者向人民法院起诉;不服限期治理处罚的单位,则在法定期限内依照行政复议程序申请做出该项行政处罚的环境保护行政主管部门复议,或者向人民法院起诉。

《环境保护法》未规定此种行政处罚形式,究其原因,可能是为了避免排污单位利用其消极面,即在限期治理期间继续排污、拖延治理期限。故环境保护监督管理部门在适用此种行政处罚形式时,应当加强对排污单位治理污染的管理,督促其认真落实治理工作。

(2)行政拘留

行政拘留,是指依据《治安管理处罚法》,公安机关对违反治安管理而污染或者破坏生活环境或者生态环境的人在一定时间内强制限制其人身自由的处罚方法。该法第 30 条规定:“违反国家规定,制造、买卖、储存、运输、邮寄、携带、使用、提供、处置爆炸性、毒害性、放射性、腐蚀性物质或者传染病病原体等危险物质的,处十日以上十五日以下拘留;情节较轻的,处五日以上十日以下拘留。”此外,该法第 33 条、第 53 条和第 60 条,还规定了与环境保护有关的治安管理处罚措施。2008 年 6 月 1 日起经修订后施行的《水污染防治法》新增了这一处罚形式,[22]是行政处罚种类中最重的惩罚措施,其适用对象包括污染水环境的管理相对人,以及在水环境保护中违法失职的环境保护监督管理者。

现行《环境保护法》肯定了这种行政处罚形式,并根据环境污染防治的实际设置了适用这种行政处罚形式的四种违法行为。相比之下,其规定比《水污染防治法》的规定更明确具体。从现行《环境保护法》第 63 条的这一规定可以看到:一是行政拘留是针对严重污染环境但尚未构成犯罪的行为,而非一般的环境污染;二是受行政拘留的排污单位责任者(或者其他严重污染环境者)因严重污染环境已受过行政处罚但又拒不停止违法行为,需要通过短期剥夺责任人员的人身自由来使其停止违法行为和悔改;三是行政拘留属于“并罚”的行政处罚形式,即既要对违法排污单位给予行政处罚又同时对该单位负责人给予行政处分,即对“其直接负责的主管人员和其他直接责任人员给予行政拘留”;四是需要行政拘留的案件由县级以上人民政府环境保护主管部门或者其他有关部门向公安机关移送;五是拘留的期限一般为 10 日以上 15 日以下;情节较轻的,处以 5 日以上 10 日以下拘留。

行政拘留的实施主体是公安机关,其性质与刑事拘留不同。后者是指公安机关由于情况紧急,对应当逮捕的现行犯或者重大嫌疑犯罪分子,依《刑事诉讼法》的规定限制其人身自由的一种强制措施。

---

〔22〕 参见 1996 年修订的《水污染防治法》第 90 条的规定和 2008 年修订的《水污染防治法》第 94 条的规定。

(二)对破坏环境者实施的行政处罚形式

我国至今未制定自然资源保护综合性的法律,对破坏环境者的行政处罚,依各自然资源保护单行法的规定而异,但归纳起来,除了警告、罚款与环境污染防治单行法类似之外,还有以下形式。

1. 责令停止破坏行为

责令停止破坏行为,是指对违反环境保护法而破坏环境与自然资源者,由自然资源保护监督管理部门强令其停止破坏行为的行政处罚。包括责令停止违法行为,责令停止开垦,责令退还非法占用的土地,责令限期拆除非法转让或者非法占用的土地上新建的建筑物及其他设施,责令停止破坏水土保持行为,责令停止破坏性开采矿产资源活动,责令停止破坏重点保护野生动物主要生息繁衍场所行为,吊销许可证(如吊销特许猎捕证、狩猎证、驯养繁殖许可证或者允许进出口证明书,吊销捕捞许可证、采矿许可证)等。

责令停止破坏行为的目的,是为了制止不法行为对生态环境和自然资源的破坏,以便为恢复其生态功能和自然资源的增殖、合理利用以及永续利用创造条件。

需要注意的是,执法部门在责令其停止破坏行为的同时,必须依法给予其他行政处罚,如责令其恢复原状、责令限期治理,并视其情节轻重处以罚款;对于造成损失的,还应当依法责令赔偿损失;构成犯罪的,依法移送司法机关追究其刑事责任,这样才能有效地制止破坏行为。

2. 责令恢复被破坏的生态环境和自然资源

责令恢复被破坏的生态环境和自然资源,是指对违反环境保护法而破坏生态环境和自然资源者,由自然资源保护监督管理部门依法强令其在一定期限内恢复被破坏的生态功能、资源数量或者使生物繁衍、生殖或者持续发展的一种行政处罚形式,包括责令补种、责令恢复植被、责令恢复原状、责令停业治理、责令限期改正等。

这是一种较能体现环境保护立法目的的行政处罚形式。但应当看到,生态环境和自然资源破坏容易,恢复难。人们可以在几天之内砍光大片森林,破坏几面山坡或者草场,毁坏几处红树林、珊瑚礁,杀绝几种珍贵、濒危野生动植物。但是要恢复其生态功能和生物数量,制止由此引起的生态破坏,至少要花十几年、几十年的时间,有的甚至不能恢复(如珍稀物种的灭绝)。因此除责令其停止破坏行为,恢复被破坏的生态环境和自然资源外,还同样要依法给予其他的行政处罚,触犯《刑法》的同样应移送司法机关查处,绝不能只处以罚款了事。还要经常监督检查,对经限期恢复、限期治理而拒不恢复治理者,如经责令补种而拒不补种树木或者补种不合格,林业部门可代为补种,所需费用由违法者承担。[23]

3. 没收

(1)没收的概念

没收,是指县级以上环境保护监督管理部门,强制将违反环境保护法而破坏环境和自然资源的单位或者个人的部分或者全部违法所得的财物收归国库的一种行政处罚形式。其中的违法所得的财物包括非法猎取的猎获物、渔获物,倒卖采伐许可证、允许进出口证明或者出售、收购、运输、携带国家或者地方重点保护野生动物及其产品,或者非法转让土地的违法所得,在非法占用、转让的土地上新建的建筑物及其他设施,或者非法所得的木材、矿产资源,或者非法使

〔23〕 参见《森林法》第39条第3款。

用的猎捕工具、渔具等。

没收可视违法者的情节决定部分或者全部没收。没收的金钱或者其他财物应如数收归国库,属于他人的财物应经查证之后归还原主。对没收的重点保护野生动物应妥善处理,如放生、交国家或者地方动物园驯养;对伤病的野生动物应交兽医部门精心治疗,不得任意处置或者杀害。

《大气污染防治法》《海洋环境保护法》和《环境行政处罚办法》中,也设有没收这种行政处罚形式。例如,没收转让被淘汰设备者的非法所得,没收制造、销售或者进口超过污染物排放标准机动车、船者的违法所得,没收非法生产、进口、销售含铅汽油和违法所得,没收因开发、利用海洋资源造成珊瑚礁、红树林等遭受破坏的违法所得等。可见,没收已逐步成为从自然资源保护到污染防治领域所普遍采用的一种行政处罚形式。

(2)没收的特点和作用

第一,没收的对象是违法所得或者使用的财物。它与罚款从本质上来说都是对违法者财产权的剥夺。但没收的对象只是违法者破坏或者污染环境过程中的非法所得或者非法使用的财物;罚款交纳的金钱一般为违法者在违法前所拥有的财产。如果违法者将违法所得的物品变卖,其获得的金钱仍属违法所得,也应予以没收。

第二,没收的作用在于既剥夺违法者的非法所得,还剥夺其已使用和今后可能继续使用从事破坏或者污染环境的手段。为此,执法部门一方面对被处以没收的违法者要仔细查清其违法所获取的财物,防止隐瞒、毁坏、变卖或者杀害;另一方面要严格区分违法所得与正当收入,从事正当生产、经营、进口、驯养、繁殖活动获得的收入所使用的工具、物品与非法活动的收入和工具、物品的界限。

五、行政处罚的程序

(一)行政处罚程序的概念

行政处罚程序,是指享有行政处罚权的环境保护监督管理部门,依法对破坏或者污染环境而应承担行政责任的单位或者个人,提起、认定并给予行政处罚必须遵循的法定方式和步骤的总称。

根据《行政处罚法》、《环境行政处罚办法》和其他环境保护监督管理部门发布的行政处罚规章[24]的规定,行政处罚程序可分为简易程序[25]和一般程序两种。一般程序又可分为立案、调查取证、申辩和听证、做出处罚决定、执行五个阶段。

环境保护领域中行政处罚程序具有以下三大特点:(1)提起行政处罚程序是环境保护监督管理部门的单方行为。也就是说,其属于特定行政机关的具体行政行为。行政处罚程序是否提起,完全根据执法机关的决定,不依违法者的意志为转移;该程序一经依法提起,任何机关、团体或者案件的当事人均无权中止;行政处罚程序不适用调解原则。(2)依照行政处罚的管辖范围提起行政处罚程序。对某一违法者提起行政处罚程序的行政机关,必须既具备对该案件的行政处罚权,又具备对该案件的管辖权。(3)行政处罚程序是一种纯行政型程序。人民法院只有在当事人不服行政处罚决定而向其提起行政诉讼时,才有权依照《行政诉讼法》规定的程

---

[24] 如水利局颁发的《违反水法规行政处罚程序暂行规定》,土地管理局发布的《土地违法案件处理暂行办法》等。

[25] 《行政处罚法》和《环境行政处罚办法》对行政处罚的简易程序均做了具体的规定。

序审理,做出维持、变更或者撤销原行政处罚决定的判决。如果没有当事人起诉,人民法院既无权做出如上判决,也无权对应受到行政处罚而行政机关未实施行政处罚的案件直接给予行政处罚(可以裁定行政机关重新处理并给予行政处罚)。

(二)行政处罚案件的管辖

行政处罚案件的管辖,是指环境保护监督管理部门查处行政处罚案件的权限和分工。以环境保护行政主管部门为例,即是指该部门内部对属于其管辖的某一具体行政处罚案件由哪一级环境保护局行使行政处罚权。

行政处罚权与行政案件管辖权的关系非常密切。行政处罚权是环境保护监督管理部门行使行政执法权的重要组成部分。《环境保护法》第10条关于环境保护监督管理体制的规定,实际上就已经规定了哪一种或者哪几种环境污染或者破坏案件,由哪一类环境保护监督管理部门行使行政处罚权。在此基础上还需要解决每一类环境保护监督管理部门内部上、下级以至同级之间,如何划分行政处罚的权限和范围,这就是行政处罚案件的管辖,而且是一种特殊的管辖。可见,行政处罚权是行政管辖权的基础,行政管辖权是行政处罚权得以实施的条件。

1. 划分行政处罚案件管辖的原则

(1)依法行使管辖权原则。指必须依照《行政处罚法》、《环境保护法》、环境保护单行法和环境保护行政规章〔26〕有关管辖权的规定行使管辖权,任何单位和个人不得违反,否则会因违反管辖权的规定而使行政处罚决定无效。

(2)均衡负担原则。指在划分级别管辖的范围时,必须根据各类环境保护监督管理部门的职责权限、人员数量和业务能力、工作量大小、监测仪器配备等因素,使各级之间均衡负担。以发挥各自的优势,提高效率,减少失误,保证办案质量和便于行使行政处罚权。

(3)便利相对人原则。指便利相对人在整个行政处罚程序中行使各种权利和履行各种义务,减轻不必要的负担和免受长途跋涉之苦。

(4)不得重叠提起行政处罚程序原则。指不得以同一事实、理由,由两个或两个以上环境保护监督管理部门同时提起行政处罚程序,重复给予同一相对人处以罚款,否则将违背"过罚相当"原则。

(5)级别原则。指对提起行政处罚程序的同一类环境保护监督管理部门的上、下级权限的划分。级别不同,其权力、管辖范围也不一样。

2. 管辖的种类

管辖可分为地域管辖、级别管辖、指定管辖、交办管辖和移送管辖五种。

(1)地域管辖。《行政处罚法》第20条规定:"行政处罚由违法行为发生地的县级以上地方人民政府有行政处罚权的行政机关管辖。"

(2)级别管辖。指各类环境保护监督管理部门依法对本系统内部上、下级管辖权的划分。违反级别管辖的行政处罚无效。

(3)交办管辖。指上级环境保护监督管理部门将某种行政处罚案件交由同一系统的下级办理。不同系统环境保护监督管理部门之间无权实施交办管辖。

(4)指定管辖。指上级环境保护监督管理部门可对某一行政处罚案件,指定由下级有行政

---

〔26〕 参见《行政处罚法》第四章、《环境保护法》第10条和《环境行政处罚办法》第二章的规定。

处罚权的同一系统环境保护监督管理部门办理。指定管辖发生的原因有二:一是因特殊原因(如自然灾害)使原具有对该案件管辖权的行政部门不能行使行政处罚权;二是同系统的行政部门对某一案件管辖发生争执,经协商未达成协议。这时,可由共同的上级部门〔27〕指定其中某一行政部门管辖。

(5)移送管辖。指已提起行政处罚程序的行政部门,发现不属于自己管辖而将案件移送有管辖权的部门处理。移送管辖是对某一具体案件管辖的移送,并非指该行政部门整个管辖权的移送。

3. 环境保护行政处罚案件管辖的具体规定

《环境行政处罚办法》第二章,具体规定了环境保护行政主管部门对行政处罚案件的管辖〔28〕如下:(1)县级以上地方环境保护行政主管部门管辖本行政区域的环境保护行政处罚案件。(2)两个以上环境保护主管部门都有管辖权的环境行政处罚案件,由最先发现或者最先接到举报的环境保护主管部门管辖。(3)对跨行政区域污染的行政处罚案件管辖。由污染行为发生地的环境保护行政主管部门管辖。(4)对管辖发生争议的行政处罚案件。由争议双方报请共同的上一级环境保护行政主管部门指定管辖。(5)对实施行政处罚有困难的案件的管辖。下级环境保护行政主管部门对其管辖的案件重大、疑难或者实施处罚有困难的,可报请上级环境保护行政主管部门指定管辖。上级环境保护行政主管部门认为下级环境保护行政主管部门实施行政处罚确有困难或者不能独立行使处罚权的,经通知下级环境保护行政主管部门和当事人,可对下级环境保护行政主管部门管辖范围内的案件直接实施行政处罚。上级环境保护行政主管部门也可将其管辖的案件交由具有行政处罚权的下级环境保护行政主管部门实施行政处罚。(6)内部移送。不属本机关管辖的案件,应当移送有管辖权的环境保护主管部门处理。受移送的环境保护主管部门对管辖权有异议的,应当报请共同的上一级环境保护主管部门指定管辖,不得再自行移送。

4. 委托与授权的区别

行政处罚权的委托,是指环境保护行政主管部门可在法定职权范围内委托环境监察机构实施行政处罚。受委托的环境监察机构在委托的范围内,以委托其实施行政处罚的环境保护行政主管部门的名义行使行政处罚权。〔29〕委托的作用在于,可以提高行政效率,进行有效的监督管理;又可以防止行政机构膨胀和人浮于事等弊端。

行政处罚权的授权,是指法律、法规将某些案件的行政处罚权授予具有管理公共职能的组织实施。经过授权,该组织获得了对某些案件的行政处罚主体资格,可以自己的名义在授权的范围内实施行政处罚,并对其法律后果负责。

从上述定义可知,授权行政处罚权与委托行政处罚权虽然都是处罚权的转移,但也存在明显的区别:(1)处罚权的根据不同。授权的行政处罚权根据国务院或者经国务院授权的省级政府的决定;委托的行政处罚权则来源于法律、法规或者规章的规定。(2)法律地位不同。被授权实施行政处罚的行政机关享有行政处罚主体的资格,可以自己的名义依法实施行政处罚;被委托实施行政处罚的组织则不享有行政处罚主体资格,必须以委托机关的名义依法实施行政

〔27〕 一般指同级人民政府。

〔28〕 其他环境保护监督管理部门的行政处罚案件管辖,至今尚未见有关规定。

〔29〕《环境行政处罚办法》第15条第1款。其中的环境监理机构也称环境监理所或者环境监理站。

处罚。(3)法律后果不同。被授权实施行政处罚的行政机关以自己的名义承担法律责任,相对人对行政处罚决定不服而申请行政复议或者提起行政诉讼时,该行政机关就是被申请人或者被告并且是出庭应诉者;被委托实施行政处罚的组织由于不具备行政处罚主体的法律地位,受委托实施行政处罚的法律后果应由委托机关即环境保护行政主管部门承担,以其名义作出的行政处罚决定被相对人申请复议或者提起诉讼时,委托机关则是被申请者或者被告。

《环境保护法》也设有委托的规定。该法第 24 条规定,县级以上人民政府环境保护行政主管部门,所委托的环境监察机构有权对排污单位进行现场检查。可见,经委托的环境监察机构于是享有现场检查权,即享有日常监管的权力。但只能在受委托时依法进行,且只能在环境保护行政主管部门指定的单位内进行,否则就是违法。

(三)行政处罚的一般程序

适用一般程序的行政处罚案件的条件是:情节较复杂、需要给予较重处罚的案件,也即对公民处以 50 元以上,对法人或者其他组织处以 1000 元以上罚款,或者处以警告以外的行政处罚案件。[30] 其程序可分为以下五个阶段。

1. 立案阶段

(1)立案的条件。环境保护行政主管部门对涉嫌违反环境保护法律、法规和规章的违法行为,应当进行初步审查,并在 7 个工作日内决定是否立案。经审查,符合下列四项条件的,予以立案:其一,有涉嫌违反环境保护法律、法规和规章的行为;其二,依法应当或者可以给予行政处罚;其三,属于本机关管辖;其四,违法行为发生之日起到被发现之日止未超过 2 年,法律另有规定的除外。违法行为处于连续状态的,从行为终了之日起计算。

(2)撤销立案。对已经立案的案件,根据新情况发现不符合前述立案条件的,应当撤销立案。认为不具备立案条件的应作出不予立案的决定,并记录在案或者填入有关表格。对于交办、移送的,应告知有关单位;属于举报的,也应告知举报人并说明理由。

(3)紧急案件可先行调查取证再立案。对需要立即查处的环境违法行为,可以先行调查取证,并在 7 个工作日内决定是否立案和补办立案手续。紧急案件如发现违法排污、私设有毒有害物质、排放暗管等,可先调查取证以收集、固定证件。

(4)立案审查后的案件移送。经立案审查,属于环境保护主管部门管辖,但不属于本机关管辖范围的,应当移送有管辖权的环境保护主管部门;属于其他有关部门管辖范围的,应当移送其他有关部门。如对涉嫌违反依法应当由人民政府实施责令停产整顿、责令停业、关闭的案件,环境保护部门应当立案调查,并提出处理建议报本级人民政府;涉嫌违法应当依法由公安机关实施行政拘留的案件或者涉嫌违法应当由公安机关实施其他行政处罚(如罚款)的案件,应当移送公安机关;涉嫌环境犯罪案件,移送司法机关。

(5)立案登记的具体内容。应写明立案的时间、材料来源,违法行为或者事件发生的时间、地点,违法者的姓名、单位名称、地址、案情简介、承办人的意见等。

(6)成立调查小组。应在作出立案决定之后成立查处该案的调查小组,人数视案情简、繁程度而定。调查组由一名成员担任负责人,以便率领小组开展工作。

2. 调查取证阶段

环境保护行政主管部门对登记立案的环境违法行为,应当指定专人负责,及时组织调查取

---

〔30〕 参见《环境行政处罚办法》第 58 条。

证。调查,是指调查小组开展收集证据、询问证人、进行现场勘查、专业鉴定、听取相对人、证人陈述等活动的总称。调查取证,是指环境保护监督管理部门对行政处罚案件开展收集证据和对证据进行审查核实活动的总称。

当环境保护行政主管部门发现或者接受举报以及移送的有关污染或者破坏环境的行为、事件,并经初步审查,认为需要予以追究又属于本行政部门管辖,在做出立案的决定之后,便可开展调查取证工作。

(1)调查取证应当出示证件。调查取证时,调查人员不得少于两人,并应当向被调查人出示中国环境监察证或者其他行政执法证件。

(2)调查人员职权。依照《环境行政处罚办法》第29条和《环境保护法》第24条的规定,调查人员有权采取下列措施:进入有关场所进行检查、勘察、取样、录音、拍照、录像;询问当事人及有关人员,要求其说明相关事项和提供有关材料;查阅、复制生产记录、排污记录和其他有关材料。环境保护行政主管部门组织的环境监测等技术人员随同调查人员进行调查时,有权采取上述措施和进行监测、试验。

(3)证据的收集、审查与运用。其一,证据的收集,是指将存在于实际生活中的与案件有关的事物加以提取、收存。在证据可能灭失或者以后难以取得的情况下,经行政机关负责人批准,可先行登记保存,并应在7日内作出处理决定。行政机关逾期(超过7日)未做出处理决定,证据登记保存措施自行解除。其二,证据的运用,是指调查人员将收集到并经审查判断的证据用来证明待证事物的活动,是调查取证阶段的最后一个程序。其基本做法是运用已知事实(证据)证明待证事实(案情),这实质上是对证据的审查和判断的继续,即从个别审查、比较印证到综合分析得出结论的阶段。

(4)调查终结与案件移送。其一,调查终结。有下列情形之一的,调查人员可以终结调查:违法事实清楚、法律手续完备、证据充分的;违法事实不成立的;作为当事人的自然人死亡的;作为当事人的法人或者其他组织终止,无法人或者其他组织承受其权利义务,又无其他关系人可以追查的;发现不属于本环境保护机关管辖的;其他依法应当终结调查的情形。其二,案件移送审查。符合《环境行政处罚办法》第44条规定可以终结调查的条件,案件调查小组应当提出已查明违法行为的事实和证据、初步处理意见,按照查处分离的原则送至本机关处罚案件审查部门审查。

(5)案件的审查。环境保护部门的审查机关,对经调查后报送予以审查的案件,应当进行下列六个方面的审查:本机关对该案件是否有管辖权;违法事实是否清楚;证据是否确凿;调查取证是否符合法定程序;是否超过行政处罚追诉时效;适用依据和初步处理意见是否合法和适当。经过审查,如果发现事实不清、证据不够充分或者调查程序违法的,审查机关应当退回补充调查取证或者重新调查取证。

3. 申辩和听证阶段

申辩和听证,是指环境保护行政主管部门在作出行政处罚决定之前,必须充分听取相对人的陈述和申辩,符合法定条件的,还必须组织听证,以核定事实,为做出公正的处罚决定打下基础。

(1)相对人的陈述和申辩

陈述和申辩是相对人的权利。[31] 即依法享有陈述事实、理由和申辩,证明自己有无违法行

---

〔31〕 参见《行政处罚法》第32条。

为、危害后果轻重的权利。环境保护行政主管部门在对案件做出行政处罚决定之前应当告知当事人享有这种权利。还要将做出行政处罚决定的事实、理由和依据一并告知,以让其申辩,提出对自己有利的证据等。否则行政处罚决定不能成立,当事人放弃陈述或者申辩权利的除外。[32]

环境保护行政主管部门必须依法处理当事人的陈述和申辩。对当事人提出的陈述和申辩应当认真进行复核;当事人提出的事实、理由或者证据成立的,应当采纳;执法人员不得阻挠或者禁止当事人的陈述、申辩;行政机关不得因当事人申辩而加重处罚。

(2)听证程序

第一,听证程序的定义。指环境保护行政主管部门在对重大案件做出行政处罚决定之前,由该行政机关的非本案调查人员主持,当事人参加对案件进行指控与申辩,以获取证据的过程。与申辩不同的是,对于重大行政处罚案件,当事人要求听证的,行政机关必须组织听证,这是法定的必经程序。

第二,听证程序的适用范围。《行政处罚法》第 42 条规定:"行政机关作出责令停产停业、吊销许可证或者执照、较大数额罚款等行政处罚决定之前,应当告知当事人有要求听证的权利;当事人要求听证的,行政机关应当组织听证。"由此可知,需要组织听证的案件限定在上述比较重的三种行政处罚案件。此外,对于其他行政处罚案件,行政机关认为有必要组织听证的,征得当事人的同意,也可以组织听证。

第三,听证的具体程序。一是请求的提出和答复。当事人要求听证,应当在行政机关告知(有要求听证的权利)之后 3 日内提出;行政机关应当在举行听证的 7 日前通知当事人,并由当事人在送达回执上签名。二是听证的形式。除涉及国家机密、商业秘密或者个人隐私外,听证公开举行;当事人可以亲自参加听证,也可委托一至二人代理。[33]三是听证的具体步骤。听证由行政机关法制工作机构的非本案调查人员主持;当事人认为主持人与本案有直接利害关系的,有权申请回避。举行听证时,先由调查人员提出当事人的违法事实、证据和行政处罚意见,再由当事人进行申辩和质证。[34]由行政机关与当事人分别出示证据,申明理由,陈述意见,相互辩论。辩论后,当事人有权做最后陈述。听证应当制作笔录,最后交当事人(或其代理人)查核并签字、盖章。主持人也应同时签名、盖章。之后,听证便告结束。[35]

4. 做出处罚决定阶段

处罚决定,是指环境保护行政主管部门的负责人对调查结果(包括对举行听证获得的证据)进行审查核实,并根据不同情况做出决定;对重大行政处罚案件,还应当由行政机关的负责人集体讨论决定。

(1)六种不同的决定。一是对确有应受行政处罚的违法行为,根据情节轻重及具体情况做出行政处罚决定,并由本部门法定代表人签发《环境保护行政处罚决定书》。二是对违法行为轻微,依法可以不给予行政处罚的,[36]做出不予行政处罚决定。三是违法事实不能成立的,做出不予行政处罚的决定。四是法律、法规或者规章规定行政处罚必须报上级环境保护行政主管部门批准的,应以书面形式上报,经批准后方可做出行政处罚决定。五是法律、法规或者规

---

〔32〕 参见《行政处罚法》第 41 条。

〔33〕 听证代理人应当向组织听证的环境保护行政主管部门提交委托人的授权委托书。

〔34〕 指当事人对行政处罚证据的合法性、真实性及其证明作用的大小、有无进行对质、辩驳或者证明等活动的总称。

〔35〕 环境保护行政主管机关不必对听证本身发表意见。

〔36〕《行政处罚法》第 27 条第 2 款规定:"违法行为轻微并及时纠正,没有造成危害后果的,不予行政处罚。"

章规定由人民政府实施处罚的,[37]应在提出处罚意见后,连同全部案件材料报人民政府决定。六是违法行为触犯《刑法》,涉嫌构成犯罪的,将案件移送司法机关追究其刑事责任。

(2)制作行政处罚决定书。环境保护行政主管部门依法做出行政处罚决定之后,由其法制工作机构负责制作行政处罚决定书。该决定书应载明:当事人的姓名或者名称、地址;违反法律、法规或者规章的事实和证据;给予行政处罚的种类和依据;不服行政处罚决定申请行政复议或者提起行政诉讼的途径和期限;做出行政处罚决定的环境保护行政主管部门的名称和做出决定的日期。行政处罚决定书必须盖有做出处罚决定的行政机关的印章。罚款的行政处罚决定书还须载明具体的数额、缴纳罚款的方法和期限,逾期不缴纳的法律后果[38]等。

(3)行政处罚案件的处理期限。为了及时查处违法行为,避免因拖延而使证据灭失,适时制止危害环境行为,《环境行政处罚办法》第 55 条规定:"环境保护行政处罚案件应当自立案之日起的 3 个月内做出决定。[39] 案件办理过程中听证、公告、监测、鉴定、送达等时间不计入期限。"

(4)处罚决定书的交付和送达。其一,做出行政处罚决定书的环境保护行政主管部门,应当在 7 日内将处罚决定书送达被处罚人,并根据需要将副本抄送与案件有关的单位和个人。其二,受送达人在收到行政处罚决定书时,应当在回执上记明收到日期,并签名或者盖章。受送达人在送达回执上的签收日期即为送达日期。其三,受送达人拒绝签收的,送达人应当邀请有关人员到场见证,说明情况,并在送达回执上记明拒收理由和日期,把处罚决定书留置受送达人处,即视为送达。受送达人不在,可由其所在单位领导或者成年人家属代为签收。邮寄送达以挂号回执上注明的日期为送达日期。[40]

5. 执行阶段

执行是行政处罚决定的实现阶段。环境保护行政处罚决定一经做出,即产生法律效力,当事人如若不履行,又不申请行政复议也不提起行政诉讼,环境保护行政主管部门可以通过执行措施(申请人民法院强制执行)强制其履行。

(1)当事人应当自觉履行处罚决定。行政处罚决定书依法做出并经送达当事人之后,当事人应当在处罚决定书确定的期限和方式内,自觉履行行政处罚决定书规定的义务。

(2)当事人有申请行政复议或者提起行政诉讼的权利。当事人对行政处罚决定不服可以在行政复议时效期限(60 天)[41]后起算的 180 日内申请行政复议,也可以在行政诉讼时效期限(15 天)后起算的 180 日内提起行政诉讼。

(3)申请复议或者提起诉讼期间行政处罚决定不停止执行。《行政处罚法》第 45 条规定:"当事人对行政处罚决定不服申请行政复议或者提起行政诉讼的,行政处罚不停止执行,法律另有规定的除外。"这是由于行政处罚决定是行政机关代表国家行使环境保护监督管理权,具有强制力和执行力。"法律另有规定的除外"是指具备了《行政复议法》第 21 条或者《行政诉讼法》第 44 条规定的情形之一的,行政处罚决定才可以停止执行。

---

〔37〕 如《环境保护法》第 60 条规定,责令限制生产、停产整顿等,由县级以上环境保护行政主管部门决定;责令停业、关闭,须报经有批准权的人民政府决定。

〔38〕 参见《行政处罚法》第 51 条规定:"到期不缴纳罚款的,每日按罚款数额的百分之三加处罚款。"

〔39〕 指前面所述的"六种不同的决定"。

〔40〕《环境行政处罚办法》第 57 条还规定了下列送达方式:委托送达、转告送达、公告送达、公证送达等。

〔41〕 参见《行政复议法》第 9 条。需要注意的是,一些环境保护单行法律、法规有规定为 15 天的,应当认为在《行政复议法》施行之后,申请行政复议的时效期限应依该法的规定为准。

(4)环境保护行政主管部门的执行措施。[42] 当事人逾期不申请复议,也不提起诉讼,又不履行处罚决定时,环境保护行政主管部门可以采取下列执行措施:一是当事人到期不缴纳罚款的,做出处罚决定的行政机关可依照《行政处罚法》第 51 条的规定,对当事人每日按罚款数额 3% 加处罚款(此项规定与前述"按日处罚"不同,不应混同)。当事人对加处罚款有异议的,应当先缴纳罚款和因逾期缴纳罚款所加处的罚款,再依法申请复议或者提起行政诉讼。二是根据法律规定,将查封、扣押的财物拍卖或者将冻结的存款划拨抵缴罚款。三是申请人民法院强制执行。环境保护行政主管部门应当在行政复议或者行政诉讼时效届满之后,再向人民法院申请强制执行。

第三节 行政处分和纪律处分

一、行政处分

(一)行政处分的概念

1. 行政处分的定义

行政处分,是指国家机关、企业事业单位按照行政隶属关系,依法[43] 对在保护和改善生活环境和生态环境,防治污染和其他公害中违法失职,但又不够刑事惩罚的所属人员的一种行政惩罚措施。

2. 行政处分的对象

环境保护领域中,根据《环境保护法》和各种自然资源保护、污染防治单行法的规定,行政处分的对象有三类:(1)单位实施了破坏或者污染环境的行为,情节较重但又不够刑事惩罚的有关责任人员;(2)有环境保护违法违纪行为的国家行政机关中的直接负责的主管人员和其他直接责任人员;(3)环境保护监督管理部门的工作人员在执法活动中滥用职权、玩忽职守、徇私舞弊但又不够刑事惩罚的违法行为,现分述如下:

第一类,破坏或者污染环境的有关责任人员。其违法违纪行为表现为:(1)采伐林木的单位没有按照规定完成更新造林任务,情节严重的直接责任人员;(2)未经批准或者采取欺骗手段骗取批准,非法占用土地的单位直接负责的主管人员和其他责任人员;(3)擅自修建水工程或者整治河道、航道的单位的有关责任人员或者擅自向下游增大排泄洪涝流量或者阻碍上游洪涝下泄的单位的有关责任人员;(4)企业事业单位在建设和生产过程中造成水土流失不治理的有关责任人员;(5)发现土地发生沙化或者沙化程度加重不及时报告或者在报告后不责令有关行政主管部门采取措施的单位的直接主管人员和其他责任人员;(6)沙化土地所在地区批准采伐防风固沙林网、林带的直接负责的主管人员和其他责任人员;(7)沙化土地所在地区批准在沙漠边缘地带和林地、草原开垦耕地的直接负责的主管人员和其他责任人员;(8)在沙化土地封禁保护区范围内安置移民的直接负责的主管人员和其他责任人员;(9)未经批准在沙化封

[42] 《行政处罚法》第 51 条,《环境行政处罚办法》第 63~66 条的规定。

[43] 包括环境保护法律、法规和规章,《行政处罚法》、《公务员法》、《监察机关处理不服行政处分申诉的办法》和《环境保护违法违纪行为处分暂行规定》等。

禁保护区范围内进行修建铁路、公路等建设活动的单位的直接负责的主管人员和其他责任人员；(10)截留、挪用防沙治沙资金未构成犯罪的单位的直接负责的主管人员和其他责任人员；(11)造成环境污染事故的企业事业单位，情节较重的有关责任人员；(12)铁路机车不按照规定使用声响装置的有关责任人员；(13)造成海洋环境污染事故的单位中，负有直接责任的主管人员和其他直接责任人员属于国家工作人员；(14)未经批准，擅自撤销自然保护区或者擅自调整、改变自然保护区的性质、范围、界线、功能区划的国家行政机关工作人员；(15)开设与自然保护区保护方向不一致的参观、旅游项目的国家行政机关工作人员；(16)不按批准的方案开设参观、旅游活动的国家行政机关工作人员；(17)未经批准，在自然保护区开展参观、旅游活动的国家行政机关工作人员；(18)生产建设单位依法应当编制水土保持方案而未编制水土保持方案或者编制的水土保持方案未经批准而开工建设的；(19)生产建设项目的地点、规模发生重大变化，未补充、修改水土保持方案或者补充、修改的水土保持方案未经原审批机关批准的；(20)水土保持方案实施过程中，未经原审批机关批准，对水土保持措施作出重大变更的等。

第二类，有环境保护违法违纪行为的国家行政机关及其工作人员中的直接责任人员。其违法违纪行为表现为：(1)拒不执行环境保护法律、法规以及人民政府关于环境保护的决定、命令的；(2)制定或者采取与环境保护法律、法规、规章以及国家环境保护政策的规定相抵触的规定或者措施，经指出仍不改正的；(3)违反国家有关产业政策，造成环境污染或者生态破坏的；(4)不按照国家规定淘汰严重污染环境的落后生产技术、工艺、设备或者产品的；(5)对严重污染环境的企业事业单位不依法责令关闭、停产的；(6)不按照国家规定制定环境污染与生态破坏突发事件应急预案的；(7)在组织环境影响评价时弄虚作假或者有失职行为，造成环境影响评价严重失实，或者对未依法编写环境影响篇章、说明或者依法附送环境影响报告书的规划草案予以批准的；(8)不按照法定条件或者违反法定程序审核、审批建设项目环境影响评价文件，或者在审批、审核建设项目环境影响评价文件时收取费用、情节严重的；(9)对依法应当进行环境影响评价而未评价，或者环境影响评价文件未经批准，擅自批准该项目建设或者擅自为其办理征地、施工、注册登记、营业执照、生产(使用)许可证的；(10)不按照规定核发排污许可证、危险废物经营许可证、医疗废物集中处置单位经营许可证、核与辐射安全许可证以及其他环境保护许可证，或者不按照规定办理环境保护审批文件的；(11)违法批准减缴、免缴、缓缴排污费的；(12)将征收的排污费挪作他用未构成犯罪的；(13)有其他违反环境保护法的规定进行许可或者审批行为的。

第三类，依法具有环境保护监督管理职责的国家行政机关及其工作人员的直接责任人员中具有环境保护违法违纪行为的。其具体表现为：(1)不按照法定条件或者违反法定程序，对环境保护违法行为实施行政处罚的；(2)没有法定依据给予行政处罚的；(3)擅自改变行政处罚种类、幅度的；(4)对当事人进行罚款、没收使用非法单据的；(5)擅自委托环境保护违法行为行政处罚权的；(6)违法实施查封、扣押等环境保护强制措施，给公民人身或者财产造成损害(失)或者给法人、其他组织造成损失的；(7)有其他违反环境保护的规定进行行政处罚或者实施行政强制措施行为的；(8)发现环境保护违法行为或者接到对环境保护违法行为的举报后不及时予以查处的；(9)对依法取得排污许可证、危险废物经营许可证、核与辐射安全许可证等环境保护许可证件或者批准文件的单位不履行环境保护监督管理职责，造成严重后果的；(10)发生严重环境污染事故或者生态破坏事故，不按照规定报告或者在报告中弄虚作假，或者不依法采取必要措施或者拖延、推诿采取措施，致使事故扩大或者延误事故处理的；(11)对依法应当移送有关机关处理的环境保护违法违纪案件不移送,致使违法违纪人员逃脱处分、行政处罚或者刑事处罚的;(12)对超标排放污染物,采用逃避监管的方式排放污染物,造成环境污染事故以及不落实生态保护措施造成生态破坏等行为,发现或者接到举报未及时查处的;(13)为被检查单位通风报信或者包庇、纵容环境保护违法违纪行为的;(14)利用职务上的便利,侵吞、窃取、骗取或者以其他手段将收缴的罚款或者其他财物据为己有尚未构成犯罪的;(15)利用职务上的便利,索取他人财物,或者非法收受他人财物,为他人谋取利益的;(16)截留、挤占环境保护专项资金或者将环境保护专项资金挪作他用的;(17)擅自使用、调换、变卖或者毁损被依法查封、扣押的财物的;(18)将罚款、没收的违法所得或者财物截留、私分或者变相私分的;(19)为牟取单位私利以行政处罚代替刑罚又拒不纠正的;(20)对应当制止和处罚的违法行为不予制止、处罚,致使当事人合法权益、公共利益和社会秩序遭受损失尚未构成犯罪的;(21)篡改、伪造或者指使篡改、伪造监测数据的;(22)应当依法公开环境信息而未公开的;(23)法律、法规或者规章规定给予行政处分的其他违法行为。

从上述的规定可知,受到行政处分的人应具备的条件,与前面介绍的行政处罚的条件大体相同,即行为违法或者违纪、造成或者可能造成破坏或者污染环境的危害后果、违法行为与危害后果之间存在因果关系、行为人有过错(包括故意和过失)。与受到行政处罚的条件不同的是,行为者都具有一定的身份;或者是属于国家行政机关及其工作人员中的直接责任人员;或者是属于环境保护监督管理职责的国家行政机关及其工作人员中的直接责任人员。

3. 行政处分的种类

根据《环境保护法》、各种自然资源保护和污染防治单行法以及《环境保护违法违纪行为处分暂行规定》可知,环境保护法中行政处分的形式包括警告、记过、记大过、降级、降职、撤职和开除七种:(1)警告。是行政处分中最轻的一种处分形式。警告的意义在于,行为人的行为已构成了行政违法,应及时予以改正。如果继续违法,将受到更加严厉的处理。可见,警告是一种警戒性的处分。(2)记过。是比警告较重的行政处分形式。一般将记录在行为人的档案中,也属于警戒性的处分。(3)记大过。是比记过更为严厉的处分形式,除记入行为人档案之外,与记过一样,一般都用书面形式在单位内部公示。(4)降级。即降低受处分人工资级别的处分形式。是从减少经济收入方面来惩罚与教育受处分人改正错误。(5)降职。降低受处分人原担任的行政职务,是对负有行政领导职务的违法者的一种处分形式。(6)撤职。撤销受处分人原担任的行政职务,也是一种对负有领导职务的行政人员的处分形式。其严重程度比降级、降职的处分形式严厉。(7)开除。是对受处分者最严厉的行政处分形式。受到开除处分,意味着受处分人被原行政机关除名。

《环境保护法》第68条规定,在地方各级政府、县级以上环境保护行政主管部门和其他负有环境保护监督管理职责的部门违法时,应给予直接负责的主管人员和其他直接责任人员予以行政处分,其形式包括记过、记大过或者降级处分;造成严重后果的,给予撤职或者开除处分,其主要负责人还应当引咎辞职。"引咎辞职"是该法增设的行政处分形式。当担任领导职务的人员因工作严重失职造成重大损失或者恶劣社会影响时,或者领导人员对此重大损失负有领导责任时,都应当引咎辞去领导职务。这是一种专门针对特定身份人员的非常严厉的行政处分形式。其严重性仅仅次于"开除"。

此外,在实践中还有"留用察看"[44]的处分形式。是指行政机关对受处分人决定予以开除,但仍留在原单位担任一定的工作,经过一定时间再根据其表现(悔改程度)决定对其是否实施开除处分。

(二)行政处分的程序

现行《公务员法》对行政处分的程序未做具体的规定,但根据实践中的做法,可将行政处分程序概括为立案、调查、申辩、报批、决定、备案六个阶段。

1. 立案。行政机关或者上级行政主管部门(包括企业事业单位的领导机构及其主管部门,下同。)发现所属人员有违法违纪行为依法需要给予行政处分的,按照管理权限或者管理范围做出立案的决定。

2. 调查。行政机关或者上级主管部门有关人员(多为纪检部门或者单位的人事管理部门的工作人员),本着实事求是、严肃认真的态度,对违法、违纪行为进行调查,弄清违法或者违纪的时间、地点、情节、违法或者违纪行为造成的后果,以致违法或者违纪的主、客观原因,违法者或者违纪者的心理状态(包括故意和过失)等违法、违纪者的基本情况。

3. 申辩。调查的结论应公开告知将受到处分者,在做出处分决定之前,应当召开会议,通知当事人参加,让其提出申辩和有关证据材料。申辩可以是口头的,也可以用书面材料或者请人代为申辩。

4. 报批。行政机关在充分听取当事人的申辩和审查有关调查材料、证据(包括当事人提出的证据)之后,经过领导层的集体讨论,做出给予行政处分(包括处分形式)决定的意见书。在处分决定意见书上应有受处分人签字或者签署保留意见,然后将处分决定意见书报上级主管部门或者本部的审批机关审批。在讨论过程中若发现某些证据需要进一步查证的,应在查证属实之后再做决定;如果认为情节轻微不符合行政处分条件,应做出不给予处分的决定,并告知其本人。

5. 决定。上级主管部门或者本部门的审批机关经过审查处分决定意见,认为违法或者违纪事实清楚、证据充分、处分恰当,可予批准处分决定意见书,并通知受处分人,同时告知其享有的申诉权。

6. 备案。依法需要备案的,报有关机关备案。如若受处分人不服,可依照《监察机关处理不服行政处分申诉的办法》,在收到处分决定后15日内提出复审申请;复审之后,如若再不服,还可向作出复审决定的上一级监察机关申请复核。

(三)行政处分与行政处罚的区别

环境保护领域中的行政处分与行政处罚虽同属于行政制裁的性质,并且都是对违反环境保护法而应承担行政责任者实施,但是在实施行政制裁的机关、对象、情节、形式、程序、救济措施,以至制裁的目的和作用等,都存在明显的区别:

1. 制裁的机关不同。行政处分由受处分人的所在单位或者上级主管机关做出;行政处罚由有管辖权和行政处罚权的环境保护监督管理部门做出。前者存在行政上的隶属关系;后者一般不存在这种关系。

2. 制裁的对象不同。行政处分是对在环境保护中违法失职者或是滥用职权、玩忽职守、徇

---

[44] 在《环境保护违法违纪行为处分暂行规定》中的第11条规定了这种处分形式,是对在企业中的人员给予纪律处分的一种处分形式。

私舞弊的国家行政机关的直接责任人员和环境保护监督管理部门的工作人员实施;行政处罚是对破坏或者污染环境的违法单位或者非履行环境保护公职的人员科处。行政处分属于身份责任,是对正在履行环境保护或者监督管理公职的人实施;公职人员在执行这些公职以外的破坏或者污染环境的违法行为则应受到行政处罚而不是行政处分。

3. 制裁的情节不同。对破坏或者污染环境者的行政处分,一般都属于单位违法"情节较重"但又不够刑事惩罚这样的情节下科处的;如果是属于一般情节,则只对单位实施行政处罚。对环境保护违法违纪的国家行政机关的直接责任人员和环境保护监督管理机构违法人员的行政处分,还必须具备《行政处罚法》[45]或者《环境保护违法违纪行为处分暂行规定》规定的违法行为和情节。

4. 制裁的形式不同。行政处分包括记过、撤职以致开除等形式,但不包括罚款;行政处罚则包括罚款、责令重新安装使用、责令停业或者关闭、没收等形式,其中大多数形式只能对单位适用。

5. 制裁的程序不同。行政处分依照《行政机关公务员处分条例》或者《公务员法》规定的程序进行;行政处罚则依照《行政处罚法》《环境行政处罚办法》等规定的程序进行,而且较为严格有序。

6. 救济措施不同。不服行政处分者可依照《监察机关处理不服行政处分申诉的办法》提出复议申请,也可以向所在单位或者上级主管机关申诉,但不得依照《行政复议法》向行政机关申请行政复议或者依照《行政诉讼法》向人民法院提起诉讼;[46]不服行政处罚决定者可在法定时间内向本级人民政府或者上一级环境保护监督管理部门申请行政复议,也可以直接向人民法院提起行政诉讼。

7. 制裁的目的和作用不同。行政处分主要是惩罚不称职者,以教育其今后自觉、公正履行环境保护职责,着重在思想教育;行政处罚主要是通过经济(罚款、没收)上的惩罚来促使其履行环境保护义务,其中责令重新安装使用、责令停业或者关闭等,则是使其不能继续破坏或者污染环境。

二、纪律处分

(一)纪律处分的定义

2006年10月27日发布的《环境保护违法违纪行为处分暂行规定》明确规定了行政处分与纪律处分的不同对象。其第3条规定:"有环境保护违法违纪行为的国家行政机关,对其直接负责的主管人员和其他直接责任人员,以及对有环境保护违法违纪行为的国家行政机关工作人员(以下统称直接责任人员),由任免机关或者监察机关按照管理权限,依法给予行政处分。企业有环境保护违法违纪行为的,对其直接负责的主管人员和其他直接责任人员中由国家行政机关任命的人员,由任免机关或者监察机关按照管理权限,依法给予纪律处分。"

由上述规定可知,在环境保护领域中,纪律处分是指国家行政机关或者监察机关,对企业中有环境保护违纪行为但不够刑事惩罚的直接负责的主管人员和其他直接责任人员中由国家行政机关任命的人员的行政惩罚措施。行政处分的对象是国家行政机关中有环境保护违法行

---

〔45〕 参见《行政处罚法》第七章"法律责任"部分。

〔46〕 参见《行政复议法》第8条和《行政诉讼法》第12条。

为中的直接责任人员;纪律处分的对象是企业中有环境保护违纪行为的直接负责的主管人员和其他直接责任人员中由国家行政机关任命的人员;企业中有环境保护违法行为的由企业任免的直接责任人员,则仍由任免机关或者监察机关按照管理权限,依法给予行政处分。

（二）纪律处分的对象

《环境保护违法违纪行为处分暂行规定》第11条规定,企业直接负责的主管人员和其他直接责任人员中由国家行政机关任命的人员,有下列行为之一的,可给予纪律处分,这些行为是:(1)未依法履行环境影响评价文件审批程序,擅自开工建设,或者经责令停止建设、限期补办环境影响评价审批手续而逾期不办的;(2)与建设项目配套建设的环境保护设施未与主体工程同时设计、同时施工、同时投产使用的;(3)擅自拆除、闲置或者不正常使用环境污染防治设施,或者不正常排污的;(4)违反环境保护法律、法规,造成环境污染事故,情节较重的;(5)不按照国家有关规定制定突发事件应急预案,或者在突发事件发生时,不及时采取有效控制措施导致严重后果的;(6)被依法责令停业、关闭后仍继续生产的;(7)阻止、妨碍环境执法人员依法执行公务的;(8)有其他违反环境保护法律、法规进行建设、生产或者经营行为的。

（三）纪律处分与行政处分的区别

纪律处分与行政处分,虽同属于对不够刑事惩罚的轻微违法违纪行为的行政惩罚措施,且都是对直接责任人员实施,但也存在以下的区别:(1)对象不同。行政处分的对象是国家行政机关中有环境保护违法行为的直接责任人员;[47]纪律处分的对象是企业中由国家行政机关任命的有违反环境保护违纪行为的直接负责的主管人员。(2)制裁形式不同。纪律处分的形式中,除与行政处分相同的七种处分形式之外,还具有独有的纪律处分形式——留用察看。[48](3)依据不同。行政处分所依据的是环境保护法律、法规和规章;纪律处分一般依据企业事业单位内部的行政纪律规定、组织章程和《环境保护违法违纪行为处分暂行规定》。

关于纪律处分的程序,我国至今尚未做统一的规定,实践中多是沿用行政处分的程序。

思考题

1. 什么是行政责任？其构成要件包括哪些？什么是行政制裁？它与行政责任有何关系？
2. 什么是行政处罚？实施行政处罚必须遵循哪些原则？
3. 什么是行政处罚情节？有何意义？如何正确把握行政处罚情节？
4. 什么是行政拘留？什么是按日处罚？罚款数额的确定依据是什么？
5. 什么是听证程序？在行政处罚中听证程序的适用范围和意义是什么？
6. 什么是行政处分？与行政处罚有何区别？什么是纪律处分？
7.《环境保护违法违纪行为处分暂行规定》有何意义？试谈谈你的两点体会。

---

〔47〕 他们在违法前往往具有国家公务员身份。

〔48〕 参见《环境保护违法违纪行为处分暂行规定》第11条第1款。

第十九章　民事责任和刑事责任

第一节　民 事 责 任

环境保护法中的民事责任，包括破坏环境者和污染环境者的民事责任两大类。它们虽同属于环境保护法中的民事责任，但在现行《环境保护法》2014 年 4 月 24 日公布之后，有人据该法第 6 条“因污染环境造成损害的，污染者应当承担侵权责任”的规定而认为，污染环境和破坏生态行为的归责原则都是严格责任（无过错责任）。应当认为这种说法不妥。因为，它有悖于《侵权责任法》的精神，也与现行的各种自然资源保护法相违背。须知，《侵权责任法》第 8 章环境污染责任规定适用的是环境污染者的侵权责任，其归责原则当然是无过错责任。而破坏环境并非等同于污染环境，尽管它们都是对环境的损害。但在承担责任的条件、原则、形式和程序等方面，都存在很大的差别。不过，破坏环境者的民事责任与一般民事责任大体相同，无需赘述，本节着重介绍污染环境者的民事责任。

一、民事责任的概念

（一）民事责任的定义

环境污染的民事责任，也称公害的民事责任，是指公民、法人因污染危害环境而侵害了公共财产或者他人的财产、人身所应承担的民事方面的法律后果。对此，我国环境保护法早就有明确的规定。[1]

（二）公害民事责任的特点

与一般民事责任以致行政责任、刑事责任相比较，公害民事责任具有下列特点：

1. 公害民事责任主要是一种财产责任。因污染危害环境造成公私财产损失和因污染危害环境造成他人人身伤害、死亡所应承担的民事责任，主要是一种财产责任。即使造成了他人人身伤亡，在民事责任方面，也是指污染危害环境行为造成他人人身伤亡导致财产损失的民事赔偿责任，至于侵害他人人身权、生命权而造成人身伤亡，则应承担刑事责任，而不是民事责任。

2. 公害民事责任是平等双方当事人一方对另一方所承担的责任。这是由于民事法律规范调整的社会关系的平等性所决定的。民事法律关系主体之间，其权利、义务是对应和平等的。一方当事人不履行民事义务或者侵害了另一方当事人的合法权益，另一方当事人的权利、义务关系和平等的地位就受到了破坏，民事法律就要迫使侵害者承担民事后果，以使被破坏的平等

---

〔1〕《环境保护法（试行）》第 32 条第 2 款、《环境保护法》第 41 条、《大气污染防治法》第 62 条、《水污染防治法》第 85 条、《海洋环境保护法》第 90 条、《固体废物污染环境防治法》第 84 条、《环境噪声污染防治法》第 61 条等。

地位和侵害的民事权益得到恢复或者得到弥补。

3. 公害民事责任的范围与环境污染危害造成的损失相当。这一特点表明，致害者对受害人造成损失的大小是确定致害者承担民事责任的程度和范围的唯一依据。简言之，造成多大的损失就应承担多大的责任，以使受害者的合法权益得到充分、合理的补偿；这一特点还表明，侵害的后果不同，适用的民事责任形式和程度也应有区别。

4. 公害民事责任不以致害人的过错为构成要件。即使致害人没有过错（故意或者过失）实施了污染危害环境的行为，只要对公共财产或者他人的财产、人身造成损失，就应承担民事赔偿责任。《侵权责任法》有关环境污染责任的规定，也表明其实行的是无过错责任的归责原则。

需要指出的是，承担了公害民事责任，并不排除承担其他法律责任。另外，《侵权责任法》还规定了侵权责任优先执行的原则。也就是说，侵权人因同一行为应承担上述三种法律责任，而侵权人的财产又不足以同时支付时，应当先承担侵权责任。《侵权责任法》第 4 条第 2 款规定："因同一行为应当承担侵权责任和行政责任、刑事责任，侵权人的财产不足以支付的，先承担侵权责任。"

（三）民事制裁

1. 民事制裁的定义

民事制裁，是指人民法院或者仲裁机关依法追究并强制因污染危害环境而承担民事责任者履行其民事义务。

民事责任（包括公害民事责任）是一种法律责任，其实质是公民、法人违反了民事法律规定的义务（如保护环境治理污染的义务）而对国家、集体或者他人承担的法律责任，民事责任是不履行民事义务的后果，而不是民事义务本身。民事制裁则是人民法院或者仲裁机关凭借国家强制力迫使承担民事责任的公民、法人履行其民事义务。可见，民事责任与民事制裁是两个既密切联系又有严格区别的不同概念。从其联系来看，民事责任是不自觉履行民事义务者受到民事制裁的基础；民事制裁则是不履行民事义务的民事责任承担者的必然后果。从其区别来看，民事责任是不履行民事义务者承担的一种法律责任，民事制裁则是人民法院、仲裁机关对不自觉履行民事义务而强制其履行的手段；虽然民事责任与民事制裁都具有强制性，但承担民事责任履行民事义务并非一定经法院或者仲裁机关采取强制性手段，而是可以通过当事人协商自愿履行。

2. 民事制裁的特点

民事制裁具有以下特点：(1)民事制裁具有国家强制性。民事制裁是法院或者仲裁机关依法对承担民事责任但又不自愿履行的公民、法人实施，以强迫其履行法定义务。例如，环境保护领域中，实施了污染危害环境的单位，对遭受损失者不自觉履行赔偿义务，经环境保护行政主管部门调解处理不成，受害者诉诸人民法院，由人民法院判决该单位承担赔偿责任，但该单位仍未如期履行赔偿义务，最后由人民法院强制其履行。(2)民事制裁的实施机关是人民法院和仲裁机关。民事制裁的主体不是环境保护监督管理部门，而是人民法院和仲裁机关。对此，《民事诉讼法》和《仲裁法》都有明确的规定。仲裁机关是依照《民事诉讼法》第 217 条的规定向人民法院申请，通过人民法院强制执行而对不自愿履行民事义务者实施民事制裁的。

因破坏环境而承担民事责任又不自愿履行的公民和法人，环境保护监督管理部门（指其中对自然资源保护实施监督管理的部门）也不能直接给予民事制裁，而必须依照《民事诉讼法》的规定,由当事人向人民法院起诉,通过人民法院实施。

二、无过错责任

(一)无过错责任原则的概念

在公害的民事责任中,现代各国大都实行无过错(也称无过失)责任原则。我国环境保护法也是如此。《环境保护法》第64条规定:"因污染环境和破坏生态造成损害的,应当依照《中华人民共和国侵权责任法》的有关规定承担侵权责任。"《侵权责任法》的规定则更明确,该法第7条规定:"行为人损害他人民事权益,不论行为人有无过错,法律规定应当承担侵权责任的,依照其规定。"第65条又规定:"因污染环境造成损害的,污染者应当承担侵权责任。"可见,公害民事赔偿责任并不以违法性和过错为条件,所实行的也是无过错责任。

无过错责任,是指一切污染危害环境的单位、个人只要对国家、其他单位或者个人客观上造成了损失(包括财产、人身损失),即使主观上没有过错,也应承担民事赔偿责任。这是《民法总则》中作为一般民事责任的归责原则——过错责任的例外,属于民法中承担特殊侵权责任的特殊原则,但在公害民事赔偿责任中,则是一般的归责原则。

从上述定义可知,致害者只要具备:(1)污染危害环境行为;(2)造成了损害后果;(3)行为与后果之间存在因果关系,就应当承担环境污染民事赔偿责任。致害者只要具备了上述三个条件,即使主观上没有过错,也应承担民事赔偿责任;有过错,当然更应当承担民事赔偿责任。

(二)实行无过错责任的原因和意义

实行无过错责任的原因在于:(1)公害是现代工业的产物,大工业本身就属于高度危险的严重污染危害环境的企业。随着科学技术的发展,这些企业的规模越来越大,技术工艺和生产过程越来越复杂。它们每日每时不断地向环境排放各种有毒有害物质,虽然采取了各种防治污染措施和安全对策,仍然不能完全消除对环境的污染和使他人遭受损害的危险。也就是说,即使企业没有过错,也会给他人造成损害。(2)公害民事赔偿责任实施过错责任的归责原则不公平。在一般民事责任的索赔诉讼中,法律要求受害者必须提供包括致害者实施侵害行为时的心理状态(故意或者过失)等证据,否则索赔要求不能成立。在公害民事赔偿诉讼中,由于涉及许多专门的科技知识,受害者很难提供这类证据,因为他们多半是农民和城市居民,这些人会因缺乏这方面的专业知识而在诉讼中败诉,从而未能得到应得的赔偿,这是很不合理,也是很不公平的。

实行无过错责任的意义在于:(1)有利于保护受害者的合法权益。只要致害者造成了环境污染危害,就必须对受害者承担赔偿责任,而不问有无过错或者过错的形式如何(过错的形式与赔偿责任和赔偿金额的确定无关)。[2] 不过,具备无过错责任的免责条件者除外。(2)有利于推动排污单位积极治理污染。因为无过错责任比过错责任更加严格,适用的范围也更广。这无疑对排污者和一切可能污染危害环境者提出了更高的要求。要免除承担赔偿责任,就得千方百计地采取防治环境污染的措施,做到万无一失;否则,就必须承担赔偿责任。

国外一些环境保护法在规定对环境污染危害实行无过错责任的同时,出于种种原因,往往又规定了某些限制。我国环境保护法考虑到环境污染所造成的严重后果以及致害者与受害者的不同经济状况,并没有规定这些限制条件。这种做法符合我国环境保护法的立法宗旨,也符

---

〔2〕 过错的形式只有在确定共同过错者各人的赔偿金额时才有意义。

合社会公正性的要求。

（三）无过错责任的例外情况

无过错责任的例外，是指排污单位造成了环境污染危害，由于不可归责的理由，法律规定可以不承担民事赔偿责任的情况，也称免责条件。关于无过错责任的例外情况，各国的环境保护法一般均有规定。但是，必须指出，这些例外情况与上述一些国家对适用无过错责任原则的限制条件是不同的，不应混淆。

《环境保护法》对免责条件未作具体的规定，但在各种污染防治中却有明确的规定。例如，《水污染防治法》第96条第2款至第4款规定："……由于不可抗力造成水污染损害的，排污方不承担赔偿责任；法律另有规定的除外。水污染损害是由受害人故意造成的，排污方不承担赔偿责任。水污染损害是由受害人重大过失造成的，可以减轻排污方的赔偿责任。水污染损害是由第三人造成的，排污方承担赔偿责任后，有权向第三人追偿。"《海洋环境保护法》第91条规定："完全属于下列情形之一，经过及时采取合理措施，仍然不能避免对海洋环境造成污染损害的，造成污染损害的有关责任者免予承担责任：（一）战争；（二）不可抗拒的自然灾害；（三）负责灯塔或者其他助航设备的主管部门，在执行职责时的疏忽，或者其他过失行为。"

关于不承担民事责任的条件，《侵权责任法》设专章（第三章）做了具体和详细的规定。如该法第27条规定"损害是因受害人故意造成的，行为人不承担责任"；第28条规定"损害是因第三人造成的，第三人应当承担侵权责任"。这些就是《侵权责任法》有关受害人的故意和第三者的原因造成他人损害而行为人不应当承担民事责任的两项规定。现分述于下：(1)过错相抵。《侵权责任法》第26条规定："被侵权人对损害的发生也有过错的，可以减轻侵权人的责任。"即在被侵权人对损害的发生也有过错时，让侵权人承担全部赔偿责任显然不公。此时，侵权人可以被侵权人有过错为由，要求减轻自己的赔偿责任，即减少损害的赔偿金额。这就是所谓"过错相抵"。(2)受害人故意。《侵权责任法》第27条规定："损害是因受害人故意造成的，行为人不承担责任。"即受害人明知自己的行为会发生损害自己的结果，却希望或者放任此种损害结果发生。(3)第三方的原因。《侵权责任法》第28条规定："损害是因第三人造成的，第三人应当承担侵权责任。"如果损害完全是由第三人造成的，第三者应当承担全部损害的赔偿责任；如果第三人的过错是造成损害发生的部分原因，若能确定责任的大小，侵权人对受害人承担按份责任，如果不能确定具体份额或者具体侵权人时，行为人承担连带责任。

另外，《侵权责任法》第29条还规定"因不可抗力造成他人损害的，不承担责任。法律另有规定的，依照其规定"。不可抗力的形式和内容，一般是指战争、自然灾害等独立于行为人之外，不受行为人意志所支配的现象，是人力所不能抗拒的力量，损害结果完全是由于不可抗力造成的。这表明行为人的行为与损害结果之间不存在因果关系，也表明行为人对损害结果的发生在心理状态上也不存在过错，因而不应承担民事赔偿责任。[3] 此外，《侵权责任法》第30条和第31条还规定了行为人在"正当防卫"或者"紧急避险"的场合，也不承担民事责任。

---

〔3〕 我国现行法律排除了一些现象于"不可抗力"之外。例如，根据《侵权责任法》第70条和国务院《关于核事故损害赔偿责任问题的批复》第6条的规定，民用核设施的经营者在发生核事故造成他人损害时，只有在能够证明损害是因战争、武装冲突、敌对行动或者暴乱所引起的，或者是因受害人的故意造成的，才能免除其责任。因不可抗力的自然灾害造成他人损害的，不能免除核设施经营者的责任。参见《侵权责任法》（实用版），中国法制出版社2010年版，第16页。

归纳起来,可将我国环境保护领域的环境污染民事责任的免责条件概括为:(1)战争;(2)不可抗力;(3)正当防卫;(4)紧急避险。只要具备上列免责条件之一,排污单位就可以免予承担民事责任。

正确掌握无过错责任的免责条件,对提高环境保护监督管理部门和审判机关的办案质量具有重大的意义。因为免责条件实质上在一定程度上界定了承担民事赔偿责任的范围。由于环境污染损害多为"多因一果"所造成的,尤其是在自然灾害和人为因素混合造成的场所,需要正确依照上述条件严格加以分析判断,切不可认为自然灾害引起的就一概可以免除排污单位的责任。

(四)连带责任、混合责任和公平责任

1. 连带责任

《侵权责任法》第8条规定:"二人以上共同实施侵权行为,造成他人损害的,应当承担连带责任。"第13条又规定:"法律规定承担连带责任的,被侵权人有权请求部分或者全部连带责任人承担责任。"从上述规定可知,连带责任是指两个以上的排污单位共同造成环境污染损害时,每个单位都应当对损害后果承担全部的民事责任。这是一种更加严格的民事责任。

《环境保护法》在第64条作了污染环境和破坏生态造成损害赔偿责任的原则性规定之后,在第65条中对环境保护领域中多为人们关注的环境保护行政主管部门审批环境影响评价等工作的连带责任做了具体的规定。

(1)环境影响评价机构的连带责任。环评机构在接受环评工作的委托之后,与委托人串通进行弄虚作假,致使环评结果严重失实,从中渔利;或者虽未与委托机构勾结,但对委托机构因图私利而提供严重失实的数字未经查证而为其进行环评,造成严重恶果;或者环评单位明知委托机构提供的材料虚假,虽已发现但仍做出有利于委托人的评价,以图自己的私利,因而造成严重的环境污染或者生态破坏等情况下,环评单位除依照有关法律法规受到行政处罚之外,还应当与委托单位负连带责任。

(2)环境监测机构的连带责任。重点排污单位依法应当装备、使用监测设备,企业也应依照有关规定自行监测,有困难者可委托经省级环境保护行政主管部门批准的监测机构进行监测。若监测机构与委托人因图私利而为委托人隐瞒超标排污行为,当委托人排放行为造成严重环境污染或者生态破坏时,除应当依法对排污单位给予行政处罚外,监测机构与委托人还应当对所造成的环境危害承担连带责任。

(3)从事环境监测、防治污染设备维修、运营单位的连带责任。环境监测机构与设备维修、运营单位相互勾结,恶意编造虚假数字或者监测结果,造成严重环境污染或者生态破坏时,除依法给予行政处罚外,委托单位和环境监测设备与防治污染设施维修、运营机构之间还应当对所造成的环境污染或者生态破坏承担连带责任。

2. 混合责任

混合责任,是指排污染单位与受害者的过错共同造成环境污染损害所应承担的民事责任。《侵权责任法》第26条规定,"被侵权人对损害的发生也有过错的,可以减轻侵权人的责任"。这时,应按照双方各自行为的情节(包括过错的形式),分别确定各方的民事责任。

3. 公平责任

《侵权责任法》第24条规定:"受害人和行为人对损害的发生都没有过错的,可以根据实际情况,由双方分担损失。"这就是公平分担责任,也称公平责任。公平责任并非指对侵权人与受害者都没有过错造成污染损害时平分赔偿责任,而是应当“根据实际情况”,考虑侵权人与受害者行为的手段、情节、损害程度、影响大小,双方当事人经济状况等,做到公平合理,达到适时妥善解决矛盾的目的。

应当认为,公平责任与无过错责任是不同的,表现在以下四点:(1)法律根据不同。公平责任根据《侵权责任法》第 24 条的规定;无过错责任根据《侵权责任法》第 6 条以及《环境保护法》第 64 条,还有各种污染防治单行法的有关条款。(2)立法宗旨不同。公平责任着眼于互济互助和公平合理分担责任;无过错责任则着眼于更好地保护无辜受害者的环境权益,只要存在污染损害事实,致害者就应当承担赔偿责任。(3)适用的对象不同。公平责任只适用于当事人双方都无过错和对无民事行为能力、限制民事行为能力人适用;无过错责任则可适用于双方无过错、一方(致害者)有过错者。(4)赔偿的范围不同。公平责任的赔偿范围由行政部门或者审判机关根据当事人的实际情况确定;无过错责任赔偿范围是损失多少就赔偿多少,未经受害人同意,行政部门或者审判机关无权变更。

此外,有的学者还根据是否适用免责条件将无过错责任分为相对无过错责任和绝对无过错责任。应当认为,在环境保护领域中,致害人只要具备免责条件就可以免除赔偿责任,并不存在所谓绝对的无过错责任。只有在太空运载物造成污染损害和核事故污染损害这些特殊领域,[4]才适用绝对无过错责任,即在不可抗力的情况下也应承担赔偿责任。

三、公害民事责任的形式

(一)公害民事责任形式的含义

公害民事责任形式,是指根据环境保护法的规定,因污染危害环境造成公共财产或者他人财产、人身损失的公民或者法人应承担民事法律后果的方式。

关于污染环境和破坏生态的民事责任形式,依据《环境保护法》第 64 条和《侵权责任法》第 15 条的规定,包括:(1)停止侵害;(2)排除妨碍;(3)消除危险;(4)返还财产;(5)恢复原状;(6)赔偿损失;(7)赔礼道歉;(8)消除影响、恢复名誉。但是,在各种环境污染防治法以至自然资源保护单行法中,其民事责任形式大多沿用 2014 年修订的《环境保护法》第 64 条所规定的赔偿损失和排除危害两种,以下将着重加以论述。

(二)赔偿损失

1. 赔偿损失的概念

赔偿损失,是指行为人的污染环境或者破坏生态行为造成他人损害而向其支付一定数额的金钱以弥补其损失的民事责任方式。赔偿损失是最基本的民事责任方式,也是运用得最为广泛的责任方式。

2. 赔偿损失的范围

根据《侵权责任法》第 15 条、第 16 条和第 20 条、第 21 条的规定可知,赔偿损失的范围包括:侵害他人造成人身损害的赔偿;侵害他人人身权益造成财产损失的赔偿;侵害他人人身权益造成严重精神损害的赔偿三种。

(1)侵害他人造成人身损害的赔偿范围。人身损害的赔偿,是指行为人侵害了他人的生命

---

〔4〕 参见《侵权责任法》第71 条、《民用航空法》第160 条和《侵权责任法》第70 条、国务院《关于核事故损害赔偿责任问题的批复》第6 条。

健康权益致伤、致残、致死等后果而承担的金钱赔偿责任。《侵权责任法》对其赔偿范围、方式等作了规定。侵害他人造成人身损害的,其赔偿范围包括医疗费、护理费、交通费等为治疗和康复所支出的合理费用,以及因误工减少的收入,称人身损害的一般赔偿范围,但不限于这些赔偿项目。例如,住院费、营养费等费用,都可以计入这一赔偿范围。侵害他人造成残疾的,还应当赔偿残疾生活辅助具费和残疾赔偿金。造成死亡的,还应当赔偿丧葬费和死亡赔偿金。

(2)侵害他人财产权益的赔偿范围。《侵权责任法》第19条规定,"侵害他人财产的,财产损失按照损失发生时的市场价格或者其他方式计算"。财产损失包括直接损失和间接损失。财产权益是民事权益中的重要组成部分,包括物权、知识产权、股权等。侵害他人物权,是侵害他人财产的最主要也是最基本的表现形式。因侵权行为导致财产损失的,要按照财产损失发生时的市场价格计算,财产完全损毁、灭失时,要按照该物在市场上所具有的标准全价计算。若该物已使用多年的,应按市场全价进行折旧计算。若无市场流通价,则可按照有关部门评估价格计算。上述是关于财产损失中的直接损失部分,除了财产损失中的直接损失之外,还包括间接损失,即可得利益的减少,但不是指现有财产的减少,而是指被侵权人基于财产而可能产生的利益的减少,是被侵权人可能得到的财产利益因侵权行为而丧失的损失。侵害他人知识产权和股权造成财产损失,也应当依法承担赔偿责任。

(3)侵害他人人身权益造成严重精神损害的赔偿范围。《侵权责任法》第22条规定:"侵害他人人身权益,造成他人严重精神损害的,被侵权人可以请求精神损害赔偿。"可见,精神损害的赔偿范围是侵害他人人身权益,包括生命权、健康权、姓名权、名誉权、肖像权、隐私权、监护权等。只有侵害他人人身权益到达"严重"的程度,才可以获得精神损害的赔偿。确定严重精神损害的赔偿金,可以考虑侵权人的主观状态、被侵权人的伤残情况和遭受精神痛苦的情形,但必须是受侵害人本人,而不包括其他人如近亲属等。

3. 环境保护法中的财产损失

环境保护法将与财产损失有关的概念分为直接损失和间接损失、直接受到损害者与间接受到损害者、物质损失和精神损害等。现分述如下:

(1)直接损失与间接损失。直接损失,是指受环境污染危害而导致法律所保护的现有财产的减少或者丧失的实际价值,即受害人的民事权利客体的缩减或者灭失,也称实际损失。间接损失,是指由直接损失引起和牵连的其他损失,即在正常条件下可以得到,但因环境污染危害而未能得到的那部分合法收入,也称可得利益损失。以渔民放养鱼苗为例,鱼苗因鱼池受污染而死亡是渔民的直接损失,间接损失则是指正常条件下鱼苗长大成鱼后渔民所应获得的那部分收入的丧失。

(2)直接受到损害者与间接受到损害者。直接受到损害者,是指环境污染危害行为直接指向的公民、法人或者其他组织。例如,前述工厂排污毒死池塘中的鱼苗案,渔民是直接受到损害者。渔民放养鱼苗后,与某饭店签订了供应优质鱼的合同,后因鱼塘受严重污染致使放养的鱼苗全部死亡,使饭店无优质鱼而影响其营业造成经济损失,饭店便是间接受到损害者,即环境污染危害行为非直接造成的受害者。值得注意的是,我国环境保护法规定,致害者只对直接受到损害的人负赔偿责任。[5]

---

[5] 饭店的损失可根据合同法获得赔偿。但是这不属于环境污染民事纠纷的赔偿,而是属于渔民与饭店之间合同纠纷的赔偿。

(3)物质损失与精神损害。物质损失是指受害人因受环境污染危害所导致的财产上的损失。精神损害,是指侵害行为所造成的人格伤害。现行法律未将因环境污染危害而受伤害的现象包括在人格伤害之内。至于有人因环境污染而导致精神紧张、影响舒适生活或者妨碍养殖等,只有达到财产、人身损失时,才属于赔偿范围。[6]因环境噪声污染危害致人身伤害和养殖物伤害的事件时有发生,有的地方审判机关还判决精神赔偿,[7]此外,在电磁波辐射污染、光污染、跨省污染等,一些地方法院也做了赔偿损失的判决,不但及时解决了有关的环境污染纠纷,还拓宽了环境保护民事赔偿的范围。[8]这些值得在环境保护立法中加以明确规范,以便更好地保护受害者的环境权益。

4. 赔偿损失的原则

赔偿损失的原则如下:

(1)对财产损失全部赔偿原则。公害民事责任的财产性质和对受害者的经济补偿目的,决定了赔偿损失的范围不依致害人主观上是否有过错和过错的形式如何,也不取决于致害者是否获利,或者排污是否超过规定的标准,而完全取决于致害者造成他人损失的大小。损失多少就应当赔偿多少,没有造成损失就不承担赔偿责任。公害民事赔偿责任的范围包括直接损失和间接损失,这与行政侵权的赔偿范围不同,后者只赔偿直接损失部分。[9]

(2)对人体健康、生命的伤害,赔偿由此引起财产损失的原则。指排污者必须承担由于污染危害环境行为造成他人身体伤残或者死亡导致财产损失的全部赔偿责任,而不是人体伤亡本身(健康权、生命权)。人的健康和生命,是《宪法》所保护的人身权中最重要的部分,因污染危害环境造成他人人身伤害或者死亡的,须追究其刑事责任。[10]民事责任所要解决的,只是因环境污染危害造成人身伤亡所导致的财产损失。对此,《侵权责任法》第16~18条已做了明确的规定。

(3)考虑当事人状况的原则。指在确定赔偿金额时,可以考虑当事人(主要是指致害者)的经济状况。因为赔偿损失的目的是使受害者得到经济上的补偿,并使致害者得到必要的教育,促使其积极治理污染和保护生态。如果致害者的经济状况较好,具有全部赔偿的能力,就应当确定其全部赔偿;如果致害者的经济状况欠佳,全部赔偿会影响企业的生存和职工的生活,可在征得受害者同意之后,让其酌情减少、缓缴或者分期缴纳赔偿金。但是必须以承担赔偿责任为前提,赔偿金的减少甚至免予赔偿并不意味着赔偿责任的减轻或者免除。所以,必须首先根据损失的有无确定是否应承担赔偿责任,再在此基础上根据损失的大小确定赔偿额的多少(同时酌情考虑致害者的支付能力),对赔偿金的减免必须以受害者的同意为条件。

5. 赔偿金的计算方法

正确计算环境污染危害行为所造成的财产损失,对合理解决环境污染赔偿纠纷具有重大的意义。对这部分的赔偿,我国环境保护法尚未做具体的规定,但实践中的一些做法值得认真

---

〔6〕 参见《关于确定民事侵权精神损害赔偿责任若干问题的解释》。

〔7〕 《秀凤的官司打赢》,载《中国环境报》1996年10月6日;《精神赔偿环境案开先例》,载《中国环境报》1999年1月30日;《污染损害也要进行精神赔偿》,载《中国环境报》2002年8月3日。

〔8〕 《辐射污染,致人重残——吉化集团建设公司被判赔巨款》,载《中国环境报》2001年1月4日;《别让光污染成为环境新杀手》,载《中国环境报》2001年3月31日;《跨省污染案二审落锤》,载《中国环境报》2003年8月3日。

〔9〕 参见《国家赔偿法》第28条。

〔10〕 参见《刑法》第338条和第339条。

总结和参考。根据对财产损失必须全部赔偿的原则,赔偿金应当包括对直接损失和间接损失两部分的赔偿。这里仍以前述工厂排污毒死鱼塘的鱼苗赔偿纠纷案为例。渔民的直接损失是指被工厂排放的污染物毒死的鱼苗成本,包括鱼苗费、鱼苗运输费、鱼苗死亡前的饵料费、鱼塘租金、养鱼劳务报酬和为防止污染扩大以及消除污染而采取的必要的、合理的措施而发生的费用等。[11]渔民间接的财产损失是指鱼苗长大成鱼后通常可以得到的收入。这部分的计算比较复杂,一般的做法是将成鱼的价格减去成鱼过程中所支出的费用。这些费用应包括饵料费、鱼病防治费、养鱼劳务报酬等。成鱼的价格应按照市场当时的平均价,并考虑鱼苗的成活率等。另一种较简便的计算方法,是按照成鱼价的一定百分比,如40%~60%进行赔偿。无论用何种方法计算财产损失,都要防止两种偏向,即只赔偿鱼苗的成本(直接损失部分)而忽视成鱼后渔民应获得的利润(间接损失部分),或者只按照成鱼的价格计算赔偿费而忽视应减去成鱼过程中的费用,尤其要防止只赔偿直接损失部分的做法。因为这种做法违背了全部赔偿原则,会使受害者因间接损失部分得不到赔偿而蒙受不应有的损失,理论上也混淆了民事赔偿与行政赔偿的界限。

此外,《侵权责任法》第67条还规定了两个以上污染者造成损害的民事赔偿责任的计算方法:“两个以上污染者污染环境,污染者承担责任的大小,根据污染物的种类、排放量等因素确定。”

6. 赔偿损失与责令赔偿损失的区别

责令赔偿损失,是指开发利用自然资源者因违反环境保护法,造成自然资源破坏致使国家或者他人财产遭受损失,由县级以上环境保护监督管理部门(主要指自然资源保护监督管理部门)强令其以金钱弥补受害者损失的一种行政处罚形式。它与赔偿损失存在明显的区别:(1)性质不同。赔偿损失属于民事责任形式;责令赔偿损失则属于行政处罚的特殊形式。(2)适用的条件不同。环境污染危害中的赔偿损失不以致害者的违法性和过错为条件;责令赔偿损失则只能对违法破坏环境(含自然资源),又有过错的致害者实施。(3)赔偿的对象不同。赔偿损失的对象是受环境污染危害而遭受财产损失的公民、法人或者其他组织,责令赔偿损失的赔偿对象则是因环境、自然资源遭受破坏导致财产损失的受害者。(4)适用的程序不同。赔偿损失依照《侵权责任法》第25条、第65~68条规定的程序进行;责令赔偿损失依行政处罚的程序进行。

(三)排除危害[12]

1. 排除危害的概念

排除危害,是指国家强令造成或者可能造成环境污染危害者,排除可能发生的环境污染危害,或者停止已经发生并予以消除继续发生环境污染危害的一种民事责任形式。

从上述定义可知,环境保护法中的排除危害实际上包括了《民法总则》规定的停止侵害、排除妨碍和消除危险三种民事责任形式,并且都属于民事责任形式中预防性的责任形式。

2. 排除危害与停止侵害、排除妨碍、消除危险的关系

---

〔11〕 最高人民法院《关于审理环境污染刑事案件具体应用法律若干问题的解释》第4条。

〔12〕 现行《环境保护法》未设置排除危害这种民事责任形式,有别于原《环境保护法》。考虑到现行的各种防治污染单行法均设置有这种民事责任形式,如《水污染防治法》第96条、《固体废物污染环境防治法》第85条、《海洋环境保护法》第89条、《环境噪声污染防治法》第61条。故本教程认为有对其进行介绍的必要。

(1)都属于预防性民事责任形式。停止侵害是指停止已经发生的环境污染危害;排除妨碍是指排除对他人享有的环境权益的妨害;消除危险则是指消除实际存在的环境污染危害的危险(威胁)。可见,它们与排除危害的基本作用是相同的,都是属于预防性而非补偿性的民事责任形式,也都是属于非财产性的民事责任形式。

(2)排除危害的预防性功能更佳。从排除危害的定义可知,它包括了对已经发生的环境污染危害的停止、排除使其不再继续发生,也包括了对实际可能发生但尚未发生的环境污染危害的排除。可见,这种民事责任形式具有预防和制止环境污染危害发生的作用。适用这种民事责任形式可以减轻已经发生的环境污染危害甚至避免可能发生的环境污染危害对他人财产、人身的损害。不仅与只有事后补偿性功能的赔偿损失相比较具有预防性的积极作用,也比上述三种民事责任形式中的任何一种具有更加全面的预防性功能。

从现行环境保护法的规定来看,环境保护监督管理部门如何适用排除危害这种民事责任形式还存在诸多问题。例如,适用的条件、归责的原则,适用的程序和效力等,都有待环境保护立法加以完善。

四、追究公害民事责任的程序

根据《环境保护法》、《侵权责任法》和各种环境污染防治单行法的规定可知,我国法律对公害民事纠纷的解决适用两个并列的程序:一是根据当事人的请求,由环境保护监督管理部门调解处理;二是由当事人直接向人民法院起诉。前者可称为行政调解处理程序,后者则称为民事诉讼程序。究竟采用何种程序由当事人自由选择。当然,采用第一种程序的,在行政调解不成之后,当事人还可以向人民法院起诉,由人民法院按照《民事诉讼法》规定的程序审理。可见,民事审判程序还是解决公害民事纠纷的最终程序。

(一)解决公害民事赔偿纠纷程序的特点

上述两种程序,虽然在法律依据、处理机关、程序和法律效力等都存在某些差别,但是纠纷的共同性质——环境污染危害的民事赔偿责任和赔偿金额纠纷则使其具有很多共同的特点:

1. 是解决平等双方当事人的公害民事赔偿纠纷程序。当事人因环境污染危害发生的纠纷属于民事性质,双方的地位平等。受害者一方因财产、人身受损害而依法享有获得赔偿的权利;致害者一方则因实施了污染危害环境行为致使他人遭受损失而依法负有赔偿的义务。为了解决纠纷,当事人的任何一方(多为受害者一方)都有权请求环境保护监督管理部门调解处理,或者向人民法院起诉。行政部门或者审判机关也只有在当事人提出请求之后,才能进行调解或者开庭审理。这与追究行政责任程序中的监督管理者与被监督管理者的不平等地位不同,纠纷的性质也不一样。

2. 实行举证责任转移原则。在公害民事纠纷中,长期以来,我国一直实行"双方举证与法院调查收集证据相结合"的原则。但是,由于牵涉到复杂的科学技术知识,受害者很难提出有利于自己的证据,如果仍然实行"双方举证"原则,可能会因未能举证而败诉并致使自己的合法权益得不到保护,这显然是不公平的。所谓举证责任转移原则,是指受害者不必提出包括致害者有过错等证据,而只需提出致害者已有污染危害环境行为等"表面"证据和自己受损失是由于致害者排污行为所致的事实,赔偿要求即告成立,若致害者否认,就须提出反证,否则就应负赔偿责任。《侵权责任法》第66条规定:"因污染环境发生纠纷,污染者应当就法律规定的不承担责任或者减轻责任的情形及其行为与损害之间不存在因果关系承担举证责任。"可见,我国法律明确规定污染行为和损害之间因果关系的举证责任加于污染者。排污单位只有在能证明其排污行为与污染损害之间不存在因果关系,才可以免予承担赔偿责任。

3. 实行因果关系推定原则。该原则是指只要确定某工厂已排放了有害的污染物,且单独的排放量已使群众的健康或者生命达到危害程度时,便可推定此种危害系该排污单位排放的污染物所致。在公害的民事赔偿纠纷中,污染危害环境的行为与损害结果之间的因果关系的认定,往往比一般民事责任和行政责任、刑事责任中因果关系的认定要复杂和困难得多。为了克服这个难题,一些国家的环境保护法规定,在未能严格确定因果关系的场合,可以采用因果关系推定原则。我国环境保护法至今对该项原则尚未做出规定,但在环境保护实践中已接受了该项原则,并为理论界所公认,是有效确定排污行为与污染危害结果之间因果关系的科学方法。

4. 实行较长的诉讼时效。由于环境污染危害的原因复杂,潜伏期也较长,短时间内难以发现;要查明致害人以便提起索赔的诉讼,也需要较长的时间。因此,环境污染危害引起的民事纠纷的诉讼时效,应当与一般民事诉讼(包括环境资源破坏的民事诉讼)的诉讼时效有所不同,以便更充分地保护受害者的环境权益。《环境保护法》第 66 条规定:"提起环境损害赔偿诉讼的时效期间为三年,从当事人知道或者应当知道其受到损害时起计算。"如果当事人不知道或者不能知道的,要求赔偿的诉讼时效期限为 20 年。[13] 不过,因时间过长,会给证据的收集和污染损害事实的确认带来困难。

(二)公害民事赔偿纠纷的行政调解处理程序

1. 行政调解处理程序的概念

行政调解处理程序,是指环境保护监督管理部门根据当事人的请求,对环境污染危害造成损失引起的赔偿责任和赔偿金额争议进行调解处理的步骤的总称。其中的环境保护监督管理部门,如同前述环境污染行政处罚中的行政机关,即《环境保护法》第 10 条第 1 款、第 2 款规定的对资源保护和环境污染防治实施监督管理的部门。

行政调解是与人民法院在民事诉讼程序中的法院调解相对应的称谓。之所以能通过行政调解的方式解决纠纷,其基础是所处理的纠纷属于平等双方当事人民事权益的争议,当事人有对自己的民事权益进行自由处分(其中包括赔偿权的放弃)的权利。

环境保护监督管理部门主持调解处理公害民事赔偿纠纷,是我国多年来解决民事争议的一种行之有效的程序。虽然这种调解处理没有法律强制力,达成调解协议的一方当事人不履行时,另一方当事人或者主持调解的行政机关,都无权申请人民法院强制执行。而只能由当事人向人民法院提起民事诉讼。即便如此,环境保护实践表明,众多的公害赔偿纠纷都是在环境保护监督管理部门的调解处理下得到了圆满的解决。究其原因,主要是环境保护监督管理部门在广大群众中已具有相当的威望,人们信任行政部门能够秉公调解;环境保护监督管理部门比较熟识环境污染危害的情况,具备进行及时取证、鉴定的手段和专业技术;由行政部门进行调解的程序比较便捷,可免去法院审判的讼累。

《环境保护法》对行政调解处理程序未明文规定,只是原则要求依照《侵权责任法》的有关规定。但从该法的精神和现行各种环境污染防治单行法的规定,可以认为调解处理这种程序是符合我国国情的,也是比较有效的。

---

〔13〕 这是从《民法总则》第 188 条的规定推断得来的。

2. 行政调解处理的一般程序

根据《侵权责任法》和一些环境污染防治单行法的原则规定，结合环境保护实践经验，可将行政调解处理程序概括为：申请、受理、调查、调解和执行五个阶段。

(1)申请

申请，是指公害民事赔偿纠纷的当事人，向环境保护监督管理部门提出，请求该行政机关调解其争议的行为。

申请的条件如下：一是当事人是与本案有直接利害关系的公民、法人或者其他组织，环境污染受害者有受到损害的事实；二是有明确的致害人。受害人必须在申请时明确提出污染危害行为的实施者；三是有具体的请求和理由；四是必须向有权调解处理该案件的环境保护监督管理部门提出。

申请的方式可以用书面，也可以口头申请。但一般应提交书面申请。申请的具体内容可参照《民事诉讼法》第110条的规定。

(2)受理

受理，是指有管辖权[14]的环境保护监督管理部门，接受公害民事赔偿纠纷当事人调解处理请求的一种行政决定。具体的做法是：第一，对申请的审查。审查的内容主要是围绕着申请条件进行。如果认为申请符合条件，又属于本行政部门监督管理范围和管辖范围的，应做出受理决定；如果认为不符合申请条件（如不属于直接受损害者）或者不属于本行政部门管辖的，则做出不予受理的决定，然后告知当事人并说明理由。第二，成立调解处理小组。由2人以上的执法人员组成。与本案有直接利害关系的人员应当回避。从收到申请之日起，环境保护监督管理部门应在7～10日内做出受理或者不予受理的决定；如若受理，即可开展调查工作。

(3)调查

调查，是指调解处理小组对当事人提出的申请书中有关的要求、证据等进行现场勘查、收集证据、询问当事人和证人，进行专业鉴定、分析判断等活动的总称。

如前所述，公害民事赔偿纠纷的处理程序实行“举证责任转移”原则。对于受害人所提出的损害事实，若致害人否认，必须提出反证。就是说，举证责任主要在被告一方。但是，为了进行公正的调解，行政部门全面掌握案情包括致害的原因、事实、证据，以至致害者的责任大小，都是必不可少的。有关对证据的收集、判断等，与前一章介绍的行政处罚中的调查的做法大致相同。

(4)调解

调解的一般程序如下：第一，调解开始。调解处理小组经过调查基本弄清了案情之后，便可主动开始调解，也可应当事人的请求开始调解工作。调解一般应公开举行，由调解处理小组负责人主持，双方当事人或其代理人参加，面对面地进行协商。调解工作可在行政机关内进行，也可就地调解，以方便当事人、证人参加。第二，进行协商。由于调解达成的协议必须符合环境保护法的精神，而不仅仅是自愿就可以达成协议，因此协商工作必须从弄清环境污染危害事实（包括损害结果）开始。这就要充分听取双方当事人的陈述，让其提供有关的证据和说明理由，还应让其充分进行申辩和质证，调解处理小组也应进行有关法律、政策的宣传和说服工作，并在分清是非和明确赔偿责任的基础上，再由当事人就赔偿金额、赔偿方式进行协商，必要时还可邀请双方当事人的单位或者上级领导机关派人参加。如若双方争议不下，调解处理小

---

[14] 可参照行政处罚案件的管辖范围。

组可提出调解意见供当事人参考讨论。第三,调解结案。经过当事人的充分协商,在自愿互让的基础上达成协议,这时主持人应当对协议的内容进行仔细的审查。如若是非分明又符合法律、政策的精神,则应认可并制作调解书,经当事人阅看无异议之后签字,主持人也应在协议书上签字并加盖单位公章。调解书即日起生效。

(5)执行

由于调解协议是双方当事人自愿达成的,一般都能顺利得到执行,即致害方按照协议的内容履行赔偿义务,向受害方如数交付赔偿费。这时,整个调解程序便告终了。如若双方当事人未能达成协议,主持人应宣告调解失败,并告知当事人可在时效期限内向人民法院提起民事诉讼。如若一方当事人不履行已达成的协议,另一方当事人或者主持调解的行政机关均无权申请人民法院强制执行。这时,主持调解的行政机关应告知当事人可通过人民法院提起民事诉讼程序以解决民事赔偿争议。

第二节 刑事责任

一、刑事责任的概念

(一)刑事责任的定义

我国环境保护法中的刑事责任,是指个人或者单位(包括法人和其他组织,下同)因违反环境保护法,严重污染或者破坏环境(含自然资源,下同),造成或者可能造成公私财产重大损失或者人身伤亡的严重后果,触犯刑法构成犯罪所应负的刑事方面的法律后果。

从上述定义可知,确定某种行为是否应负刑事责任,必须根据《刑法》和环境保护法的规定。从《刑法》第13条关于犯罪定义的规定可知,犯罪是具有社会危害性并依照《刑法》规定应受到刑事惩罚的行为。在环境保护领域中,社会危害性的行为就是指严重污染或者破坏环境,造成或者可能造成公私财产重大损失或者人身伤亡严重后果的行为。《刑法》还设专章对犯罪行为所应受的刑事惩罚的刑罚种类做了规定。刑罚分为主刑和附加刑。主刑是对犯罪者适用的主要刑罚种类,只能独立使用,即一个罪只能适用一种主刑。主刑可分为管制、拘役、有期徒刑、无期徒刑和死刑五种。附加刑又称从刑,是补充主刑的刑罚种类。附加刑也分为罚金、剥夺政治权利和没收财产三种。对于犯罪的外国人还可以处以驱逐出境的附加刑。附加刑也可独立使用。从《刑法》第338~346条的规定可知,对于该法规定的破坏环境资源保护罪类的刑罚种类,只包括管制、拘役、有期徒刑三种主刑和罚金、没收财产两种附加刑。

(二)犯罪构成的定义及其构成要件

1.犯罪构成的定义

犯罪构成是指《刑法》所规定的,为确定某一具体行为是犯罪所必需的客观、主观要件组成的具有特定社会危害性的有机整体。从这一定义可知,确定某一具体行为犯罪必须具备的诸要件,是由《刑法》规定的,这是《刑法》的罪刑法定原则[15]的要求和体现。只有违反《刑法》规定的行为才是犯罪行为,也才应负刑事责任并受到刑事惩罚;《刑法》没有明文规定为犯罪的行

〔15〕 参见《刑法》第3条。

为，不得定罪判刑。由此可知，所谓违反《刑法》规定的行为，就是指具备了《刑法》所规定的犯罪构成诸要件的行为。因此，确定某一行为是否违反《刑法》构成犯罪，就是确定该行为是否具备犯罪构成诸要件。

需要注意的是，任何一种犯罪行为都可以通过多种多样的犯罪事实来表现，但是，并非所有的事实都是犯罪构成的要件，只有表明行为的特定社会危害性的那些事实，才是犯罪构成的要件。其中的"特定"是指行为社会危害性的质和量的特殊规定性。环境保护领域中的犯罪行为，从质的方面来看，这种违反环境保护法污染或者破坏环境的行为的社会危害性，已经达到依照《刑法》规定为犯罪并应处以刑罚的行为，而不是只给予行政处罚的违法行为。从量的方面来看，这种社会危害性表现在破坏环境资源保护罪类中各种具体犯罪行为的轻罪、重罪的程度。例如，"数量较大""数量巨大""数量特别巨大""严重后果""后果特别严重""情节严重""情节特别严重"等。

2. 犯罪构成诸要件

犯罪构成诸要件是指《刑法》所规定的组成犯罪构成有机整体的各个要件。这些要件是任何一种犯罪都必须具备的。

(1)犯罪客体

犯罪客体，是指《刑法》所保护而被犯罪行为侵害或者威胁的社会主义权益，包括国家对环境保护的行政管理秩序。例如，破坏环境资源保护罪类的犯罪客体(指同类客体)，是指环境保护法规定并为《刑法》所保护的环境权益。包括清洁、舒适的环境权益；合理开发利用并可持续发展的环境资源保护权益，以及国家对环境保护的行政管理秩序等。

(2)犯罪客观方面

犯罪客观方面，是指犯罪行为及所造成的危害后果。在环境保护领域中，犯罪行为表现为向环境排放、倾倒或者处置有毒有害物质造成环境严重受污染的行为；非法猎捕、杀害国家重点保护的珍贵、濒危野生动物的行为；采取破坏性开采方法开采矿产资源的行为；盗伐、滥伐林木的行为，非法占用农用地的行为；非法采伐、毁坏珍贵树木的行为；在禁渔区、禁渔期或者使用禁用的工具、方法捕捞水产品情节严重的行为，等等。

《刑法》关于破坏环境资源保护罪类所规定的各种具体犯罪中，危害后果是多数罪的犯罪构成要件；但是，在另一些犯罪中，行为人只要实施了《刑法》所禁止的行为，即使未造成实际的危害后果，就是该犯罪的既遂，也应处以刑罚。例如，违反《固体废物污染环境防治法》的规定，将境外的固体废物进境倾倒、堆放、处置的行为；以牟取暴利为目的，在林区非法收购明知是盗伐、滥伐的林木的行为。这些规定体现了预防为主和处罚危险犯的精神，对遏制严重的污染或者破坏环境资源犯罪行为具有积极的作用。

(3)犯罪主体

犯罪主体，是指实施了危害社会行为的单位和个人，根据《刑法》第30条规定的精神可知，单位包括公司、企业、事业单位、机关和社会团体；个人是指达到法定年龄并具有责任能力的我国公民(称一般主体)。

犯罪主体还包括在我国领域内实施了《刑法》所禁止的危害社会行为的外国人、无国籍人及其单位。可见，在破坏环境资源保护罪类中，犯罪主体既包括自然人，也包括单位，但自然人中只包括一般主体。[16]

(4)犯罪主观方面

犯罪主观方面,是指实施了危害社会行为者对其行为及结果的心理状态,即故意或者过失的犯意。《刑法》第 14 条第 2 款规定:"故意犯罪,应当负刑事责任";该法第 15 条第 2 款还规定,过失实施危害社会的行为,只有在《刑法》分则中有规定的,才负刑事责任。所谓"规定",可以是《刑法》条文的明确规定(所谓明示法),也可以规定在该罪的犯罪构成中(所谓默示法)。前者如"过失致人死亡"(第 233 条)、"过失伤害他人致人重伤"(第 235 条);后者如"负有环境保护监督管理职责的国家机关工作人员严重不负责任,导致发生重大环境污染事故,致使公私财产遭受重大损失或者造成人身伤亡的严重后果"(第 408 条)中的"严重不负责任"。从《刑法》关于破坏环境资源保护罪类的规定中可知,该类犯罪的主观方面采用后一种立法模式(默示法)。因而易使人们对该类犯罪主观方面的形式发生歧义。

在破坏环境资源保护罪类中的各种具体犯罪,其主观方面多为故意,也包括过失。在破坏环境资源的犯罪中,其主观方面多为直接故意,且往往伴有牟取暴利或者其他非法利益的目的、动机。在污染环境资源犯罪中,则表现为间接故意;如果是直接故意实施的,应定为危害公共安全罪或者侵犯公民人身权利罪(如放火、决水、爆炸、投毒罪,故意杀人罪和故意伤害罪)。

上述犯罪构成的四个要件,是密切联系的有机整体,缺一不可。很显然,犯罪行为是由犯罪主体实施的,犯罪主体是在故意或者过失的犯意下实施了犯罪行为的,而行为之所以被确认为犯罪是因为违反了环境保护法而又侵害了《刑法》所保护的客体。

二、破坏环境资源保护罪立法概述

(一)中外惩治环境犯罪立法的基本形式

从国内外环境保护立法史看,惩治环境犯罪的立法形式主要有在环境保护法中设置刑事条款、修订刑法和颁布环境犯罪特别法等。

1. 在环境保护法中设置刑事条款

在环境保护法中设置刑事条款也称制定附属刑法。目前采用这种立法形式的国家较多,但在具体模式上又有差别,归纳起来有以下五种:(1)设定某种环境犯罪的犯罪构成,同时规定相应的刑罚种类和幅度。(2)在环境保护法中规定某种环境犯罪的犯罪构成,其刑罚则比照《刑法》分则有关条款。(3)在环境保护法中规定一般环境犯罪的刑罚,而对特别严重的环境犯罪则援引刑法典有关规定。(4)确定某种严重危害环境的犯罪,但只规定刑罚的种类而不规定其幅度。(5)在环境保护法的罚则中修正刑法典。

2. 修订刑法典

从环境保护立法史可知,20 世纪 70 年代以前,世界各国并无专门的惩治环境犯罪的法律,但在刑法典中却规定了一些可以引用来处罚环境犯罪的条款。这些条款并不以保护和改善环境为其立法宗旨,而且一些环境犯罪缺乏相应的刑法分则条文可以引用。为改变上述现象,各国纷纷修订刑法典,以图遏制环境犯罪的蔓延。

---

〔16〕 与一般主体相对应的特殊主体,是指具有一定职务或者身份的人实施的犯罪,如《刑法》第 407 条、第 408 条和第 410 条规定的犯罪,其犯罪主体是负有环境保护监督管理职责的行政机关工作人员、林业主管部门的工作人员和土地管理机关工作人员,但其犯罪不属于破坏环境资源保护罪类。

3. 制定环境犯罪特别刑法

制定环境犯罪特别刑法，这是补充普通刑法的不足的有效立法形式。制定特别刑法，一般基于两种原因：(1)以前认为环境犯罪属于轻微的不法行为，只需给予行政处罚或者民事赔偿就可以遏制。但随着严重环境犯罪的不断出现，其社会危害性日趋明显，国家认为对其必须“犯罪化”，并采取严厉的制裁手段——刑罚，才能达到惩戒、威慑和教育的目的。(2)认为对环境犯罪的刑事制裁极为必要，但普通刑法却无此规定，而又不能立即修改刑法，于是先制定环境犯罪特别刑法。世界上采用这种立法形式的国家是日本。该国于1971年7月1日颁布施行的《公害罪法》，也称《关于危害人体健康的公害犯罪制裁法》，分立法目的、对故意犯罪的惩罚、对过失犯罪的惩罚、两罚规定、推定、公诉时效和第一审的裁判权共七个条文。该国除《公害罪法》之外，在《刑法》以及《水质污染防治法》等环境保护法中，也设有惩治环境犯罪的刑法规范。

(二)国际环境保护刑事立法概况

多年来，国际组织间不断加强了国际环境保护刑事立法的研究与合作。例如，1973年欧洲共同体在其行动纲领中要求加强对环境的刑事保护；1978年第十届国际比较法会议、第十二届国际刑法学预备会议和1979年第十二届刑法学会议都讨论了对环境的刑事保护问题，欧洲议会还做出了77(28)号关于“应用刑法保护环境”的议案和88(18)号关于“公司危害环境的责任”的议案；1990年联合国第八届预防犯罪和罪犯处理大会做出了“用刑法保护环境”的决议，1992年第十五届国际刑法学预备会议提出了关于“对危害环境犯罪适用刑法总则”的建议。1989年3月22日联合国主持下在巴塞尔签订的《控制危险废物越境转移及其处置的巴塞尔公约》第4条“一般义务”中规定：“各缔约国认为危险废物或者其他废物的非法运输是犯罪行为”。该公约并要求各缔约国采取措施以防止和惩办违反本公约的行为。这是具有约束力的国际条约关于惩治环境犯罪的首次规定，具有重大意义。

(三)我国《刑法》修订前惩治环境犯罪的立法概况

我国《刑法》修订前惩治环境犯罪的立法可分为直接引用1979年《刑法》和适用类推两种。

1. 直接引用1979年《刑法》

在《刑法》修订以前，1979年《刑法》和刑事特别法[17]中，均未规定“污染环境罪”或者“破坏环境资源罪”。但是，其中的一些条款可以引用来惩治环境犯罪。例如，破坏水资源的犯罪，破坏矿产资源的犯罪，盗伐、滥伐林木的犯罪，非法捕杀珍贵、濒危野生动物的犯罪，非法捕捞水产品的犯罪，非法猎捕的犯罪，污染环境的犯罪[18]等。其立法宗旨都不是为了保护和改善环境，只是客观上起着这种作用而已。

2. 适用1979年《刑法》类推原则

根据该法第79条的规定：“本法分则没有明文规定的犯罪，可以比照本法分则最相类似的条文定罪判刑，但是应当报请最高人民法院核准。”由于1979年《刑法》不可能把一切繁杂的社会现象都概括无遗，随着社会的发展，会出现一些新的犯罪，有了类推，可以及时惩治《刑法》没

---

〔17〕 指《关于惩治捕杀国家重点保护的珍贵、濒危野生动物犯罪的补充规定》《关于惩治严重破坏经济的罪犯的决定》《关于惩治走私罪的补充规定》等。

〔18〕 曾昭度主编：《环境纠纷案件实例》，武汉大学出版社1989年版，第117～118页；《江苏镇江市中级人民法院因倪育开擅离岗位造成三十四吨汽油溢入长江严重污染水域事故》，载《中国环境报》1983年11月12日。

有规定但确实严重危害环境的犯罪。但是,类推毕竟是针对1979年《刑法》分则和刑事特别法无明文规定的犯罪,因而必须严格遵守适用类推的条件。

1984年以后,在环境保护立法中出现另一种形式的类推,例如,1984年5月11日发布施行的《水污染防治法》第43条规定:"违反本法规定,造成重大水污染事故,导致公私财产重大损失或者人身伤亡的严重后果的,对有关责任人员可以比照刑法第一百一十五条或者一百八十七条的规定,追究刑事责任。"这种类推形式称为"立法类推",是指以立法明文规定新的犯罪可以比照《刑法》分则最相类似的条文定罪判刑。而将前述形式的类推称为"司法类推"。上述两种类推,其性质并无不同,但在适用的方法和程序上却有明显的差别:其一,前一种类推所比照的《刑法》分则条文是由立法机关明文规定;后一种类推则是由审判人员根据《刑法》关于犯罪概念的规定和刑法学关于犯罪构成的理论确定。其二,前一种类推适用时不必报请最高人民法院核准;后一种类推则必须经过上述核准程序,其判决才发生效力。

上述类推制度,在惩治环境犯罪上虽然起过积极的作用,但是,随着环境犯罪行为的复杂化和日趋严重,1979年《刑法》已暴露出种种缺陷:1979年《刑法》未设置污染环境和破坏环境资源罪的罪名;直接引用或者比照引用1979年《刑法》分则的有关条文并不以保护和改善环境为其立法宗旨;刑事特别法和环境保护法中的刑法条款缺乏具体犯罪构成诸要件的规定,在审判中难以掌握;1979年《刑法》关于环境保护刑事规范的调整范围偏窄,不适用惩治新出现的环境犯罪的需要;1979年《刑法》和环境保护法关于犯罪主体只能是自然人的规定,不适应遏制在牟取非法经济利益驱动下时有发生的单位犯罪的需要;1979年《刑法》有关环境犯罪条款规定的刑罚偏轻,刑种和量刑档次过于单一;适用类推(无论是司法类推还是立法类推)定罪判刑,也与"罪刑法定"原则相悖,还容易导致定性不当、量刑失衡。凡此种种,都亟待通过修订1979年《刑法》加以妥善解决。

(四)现行《刑法》关于破坏环境资源保护罪的规定

第八届全国人大第五次会议于1997年3月14日修订后发布施行的《刑法》,在分则第6章第6节中专设"破坏环境资源保护罪"类。这是我国环境保护刑事立法的重大突破,[19]体现了国家运用最严厉的法律武器——《刑法》保护环境,走可持续发展道路的决心,必将对我国环境保护事业和环境保护法制建设起极大的推动作用,具有深远的意义。

破坏环境资源保护罪,是指个人或者单位违反环境保护法,污染或者破坏环境资源造成或者可能造成公私财产重大损失或者人身伤亡的严重后果,触犯《刑法》应受到刑事惩罚的行为。

从《刑法》分则第6章第6节的规定可知,破坏环境资源保护罪属于"妨害社会管理程序罪"中的一种罪类,此类犯罪既包括污染环境构成犯罪的行为,也包括破坏环境资源构成犯罪的行为,它们都是对环境保护法所保护的环境资源保护关系的破坏并达到一定社会危害程度,因而触犯《刑法》构成犯罪并应受到刑事惩罚的行为。从《刑法》第338~346条的规定还可知,破坏环境资源保护罪类包括下列14种具体犯罪:严重污染环境罪;[20]非法处置进口固体废物罪;擅自进口固体废物罪;非法捕捞水产品罪;非法猎捕、杀害、收购、运输、出售珍贵、濒危野生

---

〔19〕 谭彪:《环境刑事立法的一次重大突破——与武大环境法所陈汉光教授一席谈》,载《环境保护报》1997年4月3日。

〔20〕 也称非法排放、倾倒、处置危险废物罪,或称大气污染罪、水污染罪等。参见最高人民法院《关于执行〈刑法〉确定罪名的规定》。又据最高人民法院、最高人民检察院对《刑法修正案(八)》罪名做出补充规定,取消原"重大环境污染事故罪"罪名,改为"污染环境罪"。

动物罪；非法收购、运输、出售珍贵、濒危野生动物制品罪；非法猎捕罪；非法占有耕地罪；非法采矿罪；破坏性采矿罪；非法采伐、毁坏珍贵树木罪；盗伐林木罪；滥伐林木罪；非法收购盗伐、滥伐的林木罪。此外，《刑法》第346条还规定了单位犯破坏环境资源保护罪类各种具体犯罪的刑罚，以及对其直接负责的主管人员和其他直接责任人员的刑罚。

三、破坏环境资源保护罪类概述

（一）污染环境罪（第338条）

污染环境罪，是指违反环境保护法，排放、倾倒或者处置有害物质，严重污染环境，触犯《刑法》构成犯罪的行为。

1. 本罪的基本特征

本罪基本特征如下：（1）犯罪客体（指直接客体，下同）是公民的环境权益和国家对环境的管理秩序，属于复合客体。犯罪对象是环境，包括"生活环境和生态环境"即"影响人类生存和发展的各种天然和经过人工改造的自然因素的总体，包括大气、水、海洋、土地、矿藏、森林、草原、野生生物、自然遗迹、人文遗迹、自然保护区、风景名胜区、城市和乡村等。"[21]（2）犯罪客观方面表现为非法排放、倾倒或者处置有害物质。即含有放射性的废物、含传染病病原体的废物、有毒物质或者其他有害物质的行为，而非一般排污行为，这种行为会使环境受到有害物质的污染而造成公私财产遭受重大损失或者人身伤亡的严重后果。其中的"非法"是指违反《刑法》《环境保护法》《水污染防治法》《大气污染防治法》《固体废物污染环境防治法》《海洋环境保护法》《放射性污染防治法》《城市放射性废物管理办法》《化学危险物品管理条例》《农药管理条例》等法律、法规和规章的行为。（3）犯罪主体属于一般主体。包括中国人（含自然人和单位）和在中国境内的外国人和无国籍人（含自然人和单位）。（4）犯罪主观方面表现为间接故意和过失。需要特别指出的是，严重污染环境罪的主观方面不应认为只能是过失的心理状态。因为排放有害物质造成严重的环境污染者，不少是因为污染严重而经过限期治理，或者是属于"十五小"被取缔的企业，往往伴有逃避治理污染责任或者具有牟取暴利的目的，是属于"明知故犯"者。[22]

2. 相关司法解释

2013年6月17日，最高人民法院和最高人民检察院联合发布了最高人民法院、最高人民检察院《关于办理环境污染刑事案件适用法律若干问题的解释》（以下简称《2013年解释》），对环境污染犯罪的定罪量刑标准和有关法律适用进一步明确。《2013年解释》以来，污染环境犯罪案件增长十分明显，这对强化环境司法保护、推进生态文明建设发挥了十分重要的作用。[23]

近年来，环境污染犯罪又出现了一些新情况和问题。如危险废物犯罪出现了产业化迹象，大气污染犯罪打击困难，篡改、伪造自动检测数据和破坏环境质量检测系统的刑事规制存在争议等。为有效解决上述实际问题，最高人民法院会同最高人民检察院，在公安部、环境保护部等部门的大力支持下，对《2013年解释》作了全面修改和完善，发布了《关于办理环境污染刑事

---

〔21〕参见《宪法》第26条和1979年《环境保护法》第2条。

〔22〕现行《刑法》颁布施行后，全国首例环境污染犯罪案——"天马案"表明，其犯罪主观方面不是过失，而是间接故意。参见《中国环境报》1997年11月22日和1998年11月7日的有关报道。

〔23〕《〈解释〉的制定背景与经过》，载《中国环境报》2016年12月28日。

案件适用法律若干问题的解释》(以下简称《2016 年解释》),共 18 个条文,主要明确以下八个方面的问题。[24]

(1)污染环境罪的定罪量刑标准

第一,危险废物污染环境构成严重污染环境的情形。《2016 年解释》第 1 条对实施《刑法》第 338 条规定的犯罪行为,具有所列 18 种情形的,应当认为"严重污染环境",其中第 2 项规定,将"非法排放、倾倒、处置危险废物三吨以上"作为认定"严重污染环境"的情形之一,《2016 年解释》第 16 条规定:"无危险废物经营许可证,以营利为目的,从危险废物中提取物质作为原材料或者燃料,并具有超标排放污染物、非法倾倒污染物或者其他违法造成环境污染的情形的行为,应当认定为'非法处置危险废物'"。《2016 年解释》第 13 条第 2 款规定:"对于危险废物的数量,可以综合被告人供述,涉案企业的生产工艺、物耗、能耗情况,以及经批准或者备案的环境影响评价文件等证据做出认定。"《2016 年解释》第 6 条第 2 款还规定了与危险废物有关行为但不应当认定为严重污染环境的情形,如未取得经营许可证而处置危险废物,或者收集、贮存、利用危险废物但未超标排放,也无非法倾倒危险废物行为者,均不认为犯罪。

第二,重金属污染物超标排放构成严重污染环境的情形。由于各种重金属中毒害性差别很大,如铜、锌、银与汞、铬、钟等的毒害性就是如此。故《2016 年解释》第 1 条第 3 项、第 4 项规定的污染环境犯罪对其刑罚有显著的差别,这是由于其毒性危害环境程度差别所决定。

第三,隐蔽排污构成污染环境的情形。《环境保护法》第 42 条第 4 款规定"严禁通过暗管、渗井、渗坑、灌注或者篡改、伪造监测数据,或者不正常运行防治污染设施等逃避监管的方式违法排放污染物",《2016 年解释》对此种逃避监管严重污染环境的排污行为确定为属于严重污染环境罪。

第四,多次污染环境构成严重污染环境的情形。是指排污单位在 2 年内曾因违反国家法律法规的规定,排放、倾倒、处置含放射性的物质、含病原体的废物、有毒物质受过两次行政处罚,又实施了前列违法行为,就应当认定为严重污染环境。需要注意的是,"2 年内"以第一次违法行为受到行政处罚生效之后,从实施相应行为之日的时间间隔计算确定;作出上述行政处罚的机关不限于环境保护部门,也可以是水行政,甚至是公安机关作出的行政处罚,均可包括在"多次"受行政处罚之内。

第五,篡改、伪造自动监测数据构成严重污染环境的情形。《2016 年解释》规定,篡改、伪造自动监测数据排污的企业应认定为严重污染环境罪,是因为这些犯罪行为通常是重点排污单位所为,目的是掩盖其非法排污行为,这是一种常见的手法。此项解释是防范违法排放大气污染物的有力手段。需要注意的是,入罪的条件并不以是否排放了有毒有害物质,只需要在排放化学需氧量、二氧化硫等污染物的同时,伪造、篡改监测数据或者干扰自动监测仪器行为存在就可入罪,也不需要超标排放,而只要属于依法规定应当安装、使用污染物排放自动监测设备的重点排污单位,就应依严重污染环境罪论处。

第六,违法减少防治污染设施运行支出构成严重污染环境的情形。《环境保护法》第 41 条规定:"建设项目中防治污染的设施,应当与主体工程同时设计、同时施工、同时投产使用。防治污染的设施应当符合经批准的环境影响评价文件的要求,不得擅自拆除或者闲置。"可知,

---

[24] 有关《2016 年解释》的说明,主要依据周加海、喻海松:《〈解释〉起草人怎样解释〈解释〉?》,载《中国环境报》2016 年 12 月 28 日。

防治污染设施必须正常运转，不得任意拆除或者闲置，以保证其正常工作而防止污染环境。但是在现实生活中，一些企业为了牟取非法利益而通过闲置或者拆除防治污染设施的违法行为常有发生。《2016 年解释》第 1 条第 8 项和第 9 项规定，企业因实施上述行为违法所得或者致使公私财产损失 30 万元以上，或者违法减少防治污染设施运行支出 100 万元以上的，均应当以严重污染环境罪论处。

第七，造成生态环境损害构成严重污染环境的情形。《2016 年解释》所称生态环境损害包括生态环境修复费用、生态环境修复期间服务功能的损失和生态环境功能永久性损害造成的损失以及其他必要合理费用。需要注意的是，只有生态环境损害已达到严重损害的程度才应当认定为严重污染环境。问题是如何确定哪些造成生态环境损害才属于严重污染环境，《2016 年解释》规定，造成生态环境严重损害的，是“严重污染环境”的情形之一，应依法追究其刑事责任。

对严重污染环境的行为，除了上述之外，根据《2016 年解释》，[25] 还包括下列行为：在饮用水水源一级保护区、自然保护区核心区排放、倾倒、处置有放射性的废物、含传染病病原体的废物、有毒物质的；致使乡镇以上集中式饮用水水源取水中断 12 小时以上的，致使基本农田、防护林地、特种用途林地 5 亩以上，其他农用地 10 亩以上，其他土地 20 亩以上基本功能丧失或者遭受永久性破坏的；致使森林或者其他林木死亡 50 立方米以上，或者幼树死亡 2500 株以上的；致使疏散、转移群众 5000 人以上的，致使 30 人以上中毒的；致使 3 人以上轻伤、轻度残疾或者器官组织损伤导致一般功能障碍的；致使一人以上重伤、中度残疾或者器官组织损伤导致严重功能障碍的；其他严重污染环境的情形。

（2）严重和后果特别严重环境污染犯罪的定罪量刑标准

第一，严重后果。《2016 年解释》第 1 条规定和第 2 条规定，实施《刑法》第 339 条和第 408 条规定的行为，致使公私财产损失 30 万元以上，或者具有《2016 年解释》第 1 条第 10 ~ 17 项规定情形之一的，应当认定为“致使公私财产遭受重大损失或者严重危害人体健康”或者“致使公私财产遭受重大损失或者造成人身伤亡的严重后果”。

第二，后果特别严重。《2016 年解释》第 3 条规定，实施《刑法》第 338 条、第 339 条规定的行为，具有下列情形之一的，应当认定为“后果特别严重”：致使县级以上城区集中式饮用水水源取水中断 12 小时以上的；非法排放、倾倒、处置危险废物 100 吨以上的；致使基本农田、防护林地、特种用途林地 15 亩以上；其他农用地 30 亩以上的；其他土地 60 亩以上基本功能丧失或者遭受永久性破坏的；致使林地或者其他林木死亡 150 立方米以上，或者幼树死亡 7500 株以上的；致使公私财产损失 100 万元以上的；造成生态环境特别严重损害的；致使疏散、转移群众 15000 人以上的；致使 100 人以上中毒的；致使 10 人以上轻伤、轻度残废或者器官组织损伤导致一般功能障碍的；致使 3 人以上重伤、中度残疾或者器官组织损伤导致严重功能障碍的；致使 1 人以上重伤、中度残疾或者器官组织损伤导致严重功能障碍，并致使 5 人以上轻伤、轻度残疾或者器官组织损伤导致一般功能障碍；致使 1 人以上死亡或者重度残疾的；其他后果特别严重的情形。

从上述标准可以看到，与《2013 年解释》相比，相关标准更加明确具体，便于操作。

（3）从重处罚与从轻处罚的规定

第一，从重处罚的规定。《2016 年解释》第 4 条规定，对实施《刑法》第 338 条、第 339 条规

---

〔25〕 参见《2016 年解释》第 1 条。

定的犯罪行为有下列情形之一的,应当从重处罚:阻挠环境监督检查或者突发环境事件调查,尚不构成妨害公务等犯罪行为的;在医院、学校、居民区等人口集中地区及其附近,违反国家规定排放、倾倒。处置有放射性的废物,含传染病病原体的废物、有毒物质或者其他有害物质的;在重污染天气预警期间、突发环境事件处置期间或者被责令限期整改期间,违反国家规定排放、倾倒、处置有放射性废物、含传染病病原体的废物、有毒物质或者其他有害物质的;具有危险废物经营许可证的企业违反国家规定排放、倾倒、处置有放射性废物、含传染病病原体的废物、有毒物质或者其他有害物质的。

第二,从宽处罚的规定。即行为人的行为情节轻微、可以不起诉或者免予刑事处罚的,应当从宽处罚的情形。如实施《刑法》第338条、第339条规定的行为,刚达到应当追究刑事责任的标准,但行为人及时采取措施,防止损失扩大、消除污染,全部赔偿损失,积极修复生态环境,且系初犯,确有悔罪表现的,可以认定为情节轻微,不予起诉或者免予刑事处罚;确有必要判处刑罚的,可以从宽处罚。

(4)对环境污染中共同犯罪者的处理原则

《2016年解释》第7条,重申了对环境污染犯罪中的共同罪中的共同犯罪者的处理原则:“明知他人无危险废物经营许可证,向其提供或者委托其收集、贮存、利用、处置危险废物,严重污染环境的,以共同犯罪论处。”

(5)对环境污染犯罪竞合的处理原则

《2016年解释》第8条,对环境污染犯罪中竞合现象的处理原则作了规定——依照处罚较重的规定定罪处罚。如企业或者个体经营者违反国家规定,排放、倾倒、处置含有毒害性、放射性、传染病病原体等物质的污染物,同时构成污染环境罪、非法处置进口的固体废物罪、投放危险物质罪等犯罪的,依照处罚较重的规定定罪处罚。

(6)环境污染关联犯罪的法律适用

《2016年解释》第9~10条对与环境污染犯罪相关联的环境影响评价机构出具重大失实文件、和对环境监测系统的监测数据弄虚作假行为,触犯《刑法》构成犯罪的定罪量刑原则做了规定,现分述于下:

第一,环境影响评价机构或其他人员,故意提供虚假环境影响评价文件行为的定罪量刑原则。所出具的虚假环境影响评价文件存在重大失实,造成严重后果的,应当依照《刑法》第229条、第231条的规定,以提供虚假证明文件罪或者出具证明文件重大失实罪定罪处罚。

第二,破坏国家环境质量监测系统所涉及犯罪的法律适用。《2016年解释》第10条共3款,分别对环境质量监测系统实施的三种犯罪行为作了规定:其一,违反国家规定,针对环境质量监测系统实施下列行为,或者强令、指使、授意他人实施下列行为的,应当依照《刑法》第286条的规定,以破坏计算机信息系统罪论处,这些行为是:修改参数或者监测数据的;干扰采样,致使监测数据严重失真的;其他破坏环境质量监测系统的行为。其二,重点排污单位篡改、伪造自动监测数据排放污染物行为的,可能同时构成污染环境罪和破坏计算机信息系统罪,需要竞合处理,依照处罚较重的规定定罪处罚。其三,对从事环境监测设施维护、运营的人实施或者参与实施篡改、伪造自动监测数据、干扰自动监测设施、破坏环境质量监测系统等行为的犯罪人员的处罚。《2016年解释》第10条第3款明确规定,对上述犯罪人员,应当从重处罚。

(7)对单位实施环境污染相关犯罪的定罪量刑标准

《2016年解释》第11条明确规定:“单位实施本解释规定的犯罪的,依照本解释规定的定罪量刑标准,对直接负责的主关人员和其他直接负责人员定罪处罚,并对单位判处罚金。"

(8)环境污染犯罪相关术语的界定

由于环境污染犯罪的专业性较强,涉及的专业术语也较多,为统一有关案件的办理,《2016年解释》对相关术语做了明确的界定:其一,有毒物质。下列物质应当认定为《刑法》第338条规定的"有毒物质":危险废物,是指列入国家危险废物名录,或者根据国家规定的危险废物鉴别标准和鉴别方法认定的,具有危险性的废物;《关于持久性有机污染物的斯德哥尔摩公约》附件所列的物质;含重金属的污染物;其他具有毒性,可能污染环境的物质。其二,非法处置危险废物,是指无危险废物经营许可证,以营利为目的,从危险废物中提取物质作为原材料或者燃料,并具有超标排放污染物、非法倾倒污染物或者其他违法造成环境污染的情形的行为,应当认为"非法处置危险废物"。其三,"二年以内",是指以第一次违法行为受到行政处罚的生效之日又实施相应行为之日的时间间隔计算确定。其四,"重点排污单位",是指设区的市级以上人民政府环境保护主管部门依法确定的应当安装、使用污染物排放自动监测设备的重点监控企业及其他单位。其五,违法所得,是指实施《刑法》第338条、第339条规定的行为所得和可得的全部违法收入。其六,公私财产损失,包括实施《刑法》第338条、第339条规定的行为直接造成财产损毁、减少的实际价值,为防止污染扩大、消除污染而采取必要合理措施所产生的费用,以及处置突发环境事件的应急监测费用。其七,无危险废物经营许可证,是指未取得危险废物经营许可证,或者超出危险废物经营许可证的经营范围。

《2016年解释》自2017年1月1日起施行,《2013年解释》同时废止,之前发布的司法解释与该解释不一致的,以该解释为准。《2016年解释》的颁布施行,体现了国家依法严惩环境污染犯罪,强化对生态环境的司法保护力度;体现了国家宽严相济的刑事政策,最大限度地发挥刑法的惩罚与教育相结合的功能;所增加的几种客观性较强的认定严重污染环境犯罪情形,切实解决了办案实际中的难题。其贯彻实际对统一法律标准,严厉打击环境污染犯罪,都具有非常重要的意义。

3. 对本罪的刑罚

依照危害后果的不同分为两个档次:后果严重的,处3年以下有期徒刑或者拘役,[26]并处或者单处罚金;后果特别严重[27]的,处3年以上7年以下有期徒刑,并处罚金。

(二)非法倾倒、堆放、处置进口固体废物罪(第339条第1款)

非法倾倒、堆放、处置进口固体废物罪,是指违反《固体废物污染环境防治法》,将境外固体废物进境倾倒、堆放、处置,造成或者可能造成重大环境污染事故,致使公私财产遭受或者可能遭受重大损失或者严重危害人体健康,触犯《刑法》构成犯罪的行为。

1. 本罪的基本特征。(1)犯罪客体是公民的环境权益。犯罪对象是境外的废物,包括固体

---

[26] 指一个月以上六个月以下短期剥夺自由,就近执行的刑罚方法。

[27] 指:(1)致使公私财产损失100万元以上的;(2)致使水源污染、人员疏散转移达到《国家突发环境事件应急预案》中突发环境事件分级Ⅱ级以上情形的;(3)致使基本农田、防护林地、特种用途林地15亩以上,其他农用地30亩以上,其他土地60亩以上基本功能丧失或者遭受永久性破坏的;(4)致使森林或者其他林木死亡150立方米以上,或者幼树死亡7500株以上的;(5)致使3人以上死亡、10人以上重伤、30人以上轻伤;或者3人以上重伤并10人以上轻伤的;(6)致使传染病发生、流行达到《国家突发公共卫生事件应急预案》中突发公共卫生事件分级Ⅱ级以上情形的;(7)其他后果特别严重的情形。以上数字引自最高人民法院:《关于审理环境污染刑事案件具体应用法律若干问题的解释》,载《中国环境报》2006年8月2日,第5版。《刑法》第338条经第11届全国人大常委会第19次会议修正之后,有待最高人民法院重新做出解释。

废物、工业固体废物、城市生活垃圾和危险废物。[28]重大环境污染事故罪的犯罪对象则是境内危险废物。(2)犯罪客观方面,表现为违反《固体废物污染环境防治法》将境外的固体废物进境倾倒、堆放或者处置的行为,造成或者可能造成重大环境污染事故,致使公私财产遭受重大损失或者严重危害人体健康的后果。需要注意的是,危害后果不是构成本罪的必要条件,而是从重处罚的情节,体现了处罚危险犯的立法精神。(3)本罪的主观方面是间接故意或者过失。(4)犯罪主体为一般公民或者单位。

2. 对本罪的刑罚。依照不同的危害程度和危害后果分为三个档次:第一个档次,将境外固体废物进境倾倒、堆放、处置的犯罪行为,处5年以下有期徒刑或者拘役,并处罚金;第二个档次,上述行为造成了重大污染事故,致使公私财产遭受重大损失或者严重危害人体健康的,处5年以上10年以下有期徒刑,并处罚金;第三个档次,造成后果特别严重的,处10年以上有期徒刑,并处罚金。

(三)擅自进口固体废物罪(第339条第2款)

擅自进口固体废物罪,是指未经环境保护行政主管部门[29]许可,擅自进口国家禁止进口或者限制进口用作原料的固体废物,造成重大环境污染事故,致使公私财产遭受重大损失或者严重危害人体健康,触犯《刑法》构成犯罪的行为。

1. 本罪的基本特征。(1)犯罪客体是公民的环境权益,犯罪对象是境外国家禁止进口或者限制进口的固体废物。(2)犯罪客观方面表现为,未经市级以上环境保护行政主管部门同意,擅自进口国家禁止、限制进口的固体废物以用作原料的行为,并造成重大环境污染事故,致使公私财产遭受重大损失或者严重危害人体健康的后果。如果是利用境内固体废物作原料,其行为构成犯罪的,应按照《刑法》第338条污染环境犯罪判处;如果未造成严重危害后果,则不认为是本罪,而按照非法倾倒、堆放、处置进口固体废物罪处罚。可见,本罪属于结果犯。如果行为表现为逃避海关,[30]以原料利用为名进口不能用作原料的固体废物的,则依照《刑法》第155条有关走私罪论处。(3)犯罪主观方面为间接故意或者过失。(4)犯罪主体为一般主体。

2. 对本罪的刑罚。按照造成危害后果的大小分为两个档次;第一个档次,对造成严重后果的,处5年以下有期徒刑或者拘役,并处罚金;第二个档次,对后果特别严重的,处5年以上10年以下有期徒刑,并处罚金。

(四)非法捕捞水产品罪(第340条)

非法捕捞水产品罪,是指违反保护水产资源法规定,在禁渔区、禁渔期,或者使用禁用的工具、方法捕捞水产品,情节严重触犯《刑法》构成犯罪的行为。

1. 本罪的基本特征。(1)犯罪客体是渔业资源保护权益和国家对渔业的管理秩序(属于复合客体,下同)。犯罪对象是在我国内水、滩涂、领海以及我国管辖的一切其他海域内的水生动物、水生植物等水产品。(2)犯罪客观方面表现为违反《渔业法》的规定,在禁渔区、禁渔期或者

---

[28] 国家环境保护局、对外贸易经济合作部、海关总署、国家工商局和国家商检局联合发布的《废物进口环境管理暂行规定》第32条。

[29] 指市级以上环境保护行政主管部门。参见《废物进口环境保护管理条例》第9条。

[30] 《刑法》第339条第3款规定了固体废物走私罪及其刑罚。对此,最高人民法院《关于审理走私刑事案件具体应用法律若干问题的解释》中的"有关固体废物走私罪",已做了详细的阐述。另外,第9届全国人大常委会第31次会议通过的《刑法修正案(四)》,将该法第339条第3款的"固体废物"修改为"固体废物、液体废物和气体废物"。

使用禁用的工具、方法捕捞水产品,[31]情节严重的行为。就是说,行为人违反了“四禁”之一,情节又严重,即构成本罪。所谓“情节严重”,是指数量较大,屡教不改,以禁止使用的炸药、剧毒农药、电网等严重危害渔业资源的方法捕捞等。(3)犯罪主观方面是故意(包括直接故意和间接故意),如果过失实施或者无上述严重情节,不构成本罪。(4)犯罪主体为一般主体,多为我国不法渔民和境外渔轮。

2. 对本罪的刑罚。处3年以下有期徒刑、拘役、管制或者罚金。其中的“管制”,是指限制犯罪者一定自由,由公安机关管束和群众监督下在原单位或者居住地执行的一种刑罚。管制的期限为3个月以上2年以下。

3. 与故意毁坏他人财物罪的区别。如果实施上述行为的对象是他人承包的湖塘、河段放养的鱼类以及他人养殖水体、养殖设施的,[32]则应依照《刑法》第275条的规定,以故意毁坏他人财物罪论处;如果采用投放剧毒农药等严重危害渔业资源的方法捕捞的,可视为“情节严重”而处以3年以下有期徒刑、拘役或者罚金;如果数额巨大或者有其他特别严重情节的,处3年以上7年以下有期徒刑。

(五)非法猎捕、杀害、收购、运输、出售国家重点保护珍贵、濒危野生动物罪(第341条第1款)

非法猎捕、杀害、收购、运输、出售国家重点保护珍贵、濒危野生动物罪,是指违反《野生动物保护法》的规定,猎捕、杀害或者收购、运输、出售国家重点保护的珍贵、濒危野生动物,触犯《刑法》构成犯罪的行为。

1. 本罪的基本特征。(1)犯罪客体是珍贵、濒危野生动物的生存权益和国家对其管理秩序。犯罪对象是国家重点保护的珍贵、濒危陆生,水生野生动物和有益或者有重要经济、科研价值的陆生野生动物。[33](2)犯罪客观方面表现为,非法猎捕、杀害、收购、运输、出售国家重点保护的珍贵、濒危野生动物的行为。(3)犯罪主观方面为故意,且多是为了牟取暴利。(4)犯罪主体为一般主体。

2. 对本罪的刑罪。分为三个档次:一般情节的,处5年以下有期徒刑或者拘役,并处罚金;情节严重的,处5年以上10年以下有期徒刑,并处罚金;情节特别严重的,[34]处10年以上有期徒刑,并处罚金或者没收财产。

(六)非法收购、运输、出售国家重点保护的珍贵、濒危野生动物制品罪(第341条第1款)

非法收购、运输、出售国家重点保护的珍贵、濒危野生动物制品罪,是指违反《野生动物保护法》的规定,收购、运输、出售国家重点保护的珍贵、濒危野生动物制品,触犯《刑法》构成犯罪的行为。

1. 本罪的基本特征。(1)犯罪客体是国家重点保护的珍贵、濒危野生动物的生存权益和国

---

〔31〕 参见《渔业法》第38条和第46条。

〔32〕 参见《渔业法》第39条。

〔33〕 非指地方重点保护野生动物和其他野生动物。参见《野生动物保护法》第9条第2款和第18条。另外,最高人民法院《关于审理破坏野生动物资源刑事案件具体应用法律若干问题的解释》(法释〔2000〕37号)第1条称,“珍贵、濒危野生动物”包括列入国家重点保护野生动物名录的国家一、二级保护野生动物,列入《濒危野生动植物种国际贸易公约》附录一、附录二的野生动物以及驯养繁殖的上述物种(本教程均称为“国家重点保护的珍贵、濒危野生动物”)。

〔34〕 关于“情节严重”和“情节特别严重”的数量认定标准,参见最高人民法院《关于审理破坏野生动物资源刑事案件具体应用法律若干问题的解释》(法释〔2000〕37号)。

家对其管理秩序。犯罪对象是国家重点保护的珍贵、濒危野生动物制品,而不是有生命的珍贵、濒危野生动物,也不是非国家重点保护的野生动物及其制品。(2)犯罪客观方面表现为实施了收购、运输、出售国家重点保护的珍贵、濒危野生动物制品的行为。(3)犯罪主观方面表现为故意,并往往伴有为牟取暴利而转手出售给外商的动机。(4)犯罪主体为一般主体。

2. 对本罪的刑罚。与非法猎捕、杀害、收购、运输、出售国家重点保护珍贵、濒危野生动物罪的刑罚基本相同。这是由于两种犯罪行为有密切的联系;而且前一种犯罪行为往往是促使后一种犯罪行为发生的动因。故不能一概认为实施前一类犯罪行为的社会危害性一定比后一类犯罪行为小,特别是对多次从事非法收购、运输、出售国家重点保护的珍贵、濒危野生动物制品的犯罪,应从重处罚,这样才有利于野生动物的保护。

(七)非法狩猎罪(第341条第2款)

非法狩猎罪,是指违反《野生动物保护法》,在禁猎区、禁猎期或者使用禁用的工具、方法狩猎,破坏野生动物资源情节严重触犯《刑法》构成犯罪的行为。

1. 本罪的基本特征。(1)犯罪客体是野生动物的生存权益和国家对其管理秩序。犯罪对象为除国家重点保护的珍贵、濒危野生动物之外的其他野生动物。(2)犯罪客观方面表现为实施了违反"四禁"中的任何一种行为进行猎捕,且具备情节严重的行为,其中的"情节严重"是指未持有狩猎证的、屡教不改的或者是数量较大的等。如果虽持有狩猎证,但猎捕的是国家重点保护的珍贵、濒危野生动物,则不应以本罪论处。(3)犯罪主观方面为故意。(4)犯罪主体为一般主体。

2. 对本罪的刑罚。按照不同情节,处以3年以下有期徒刑、拘役、管制或者罚金。

(八)非法占用农用地罪(第342条)

非法占用农用地罪,是指违反土地管理法规,非法占用耕地、林地等农用地,改变被占用土地用途,数量较大,造成耕地、林地等农用地大量毁坏,触犯《刑法》构成犯罪的行为。[35]

1. 本罪的基本特征。(1)犯罪客体是公民耕地、林地资源的环境保护权益和国家对农用地的管理秩序,犯罪对象是耕地、林地而非其他土地。(2)犯罪客观方面表现为非法占用耕地、林地数量较大的行为造成耕地、林地大量毁坏。其中的"非法占用"是指未经批准或者采取欺骗、行贿等手段获取批准而占用耕地、林地。"改作他用"是指将耕地、林地改作建窑、建房、建坟、挖砂、采石、取土、堆放废物或者其他活动毁坏种植条件、破坏耕地、林地等。需要注意的是,本罪属于结果犯,即只要实施了上列破坏耕地、林地中的任何一种行为,并已造成耕地、林地大量被毁,就构成本罪。(3)犯罪主观方面为故意。(4)犯罪主体为一般主体。

2. 对本罪的刑罚。根据不同情节,处以5年以下有期徒刑,或者拘役,并处或者单处罚金。

(九)非法采矿罪(第343条第1款)

非法采矿罪,是指违反《矿产资源法》的规定,未取得采矿许可证擅自采矿或者擅自进入国家规划矿区、对国民经济具有重要价值的矿区和他人矿区范围采矿的、擅自开采国家规定实行保护性开采的特定矿种,经责令停止开采后拒不停止开采造成矿区资源破坏,触犯《刑法》构成犯罪的行为。

1. 本罪的基本特征。(1)犯罪客体是公民矿产资源的环境保护权益和国家对矿产资源的

---

〔35〕 指非法占用基本农田5亩以上或者非法占用基本农田以外的耕地10亩以上。参见最高人民法院《关于审理破坏土地资源刑事案件具体应用法律若干问题的解释》(法释〔2000〕14号)。

管理秩序。其中对擅自进入他人矿区范围开采的,还应包括他人的财产权。(2)犯罪客观方面表现为未取得采矿许可证而实施了五个"擅自"采矿的违法行为之一,经责令停止开采后拒不停止开采并造成矿产资源破坏的。可见,本罪为结果犯。(3)犯罪的主观方面表现为故意,即明知自己无权开采或者明知自己进入未经批准国家规划矿区、对国民经济具有重要价值矿区或者他人矿区是非法的,或者明知自己开采的是国家规定实行保护性开采的特定矿种,经责令停止开采后仍拒不停止开采的。(4)犯罪主体为一般主体。

2. 对本罪的刑罚。分两个档次:造成矿产资源破坏的,处3年以下有期徒刑、拘役或者管制,并处或者单处罚金;造成矿产资源严重破坏的,[36]处3年以上7年以下有期徒刑,并处罚金。

(十)破坏性采矿罪(第344条第2款)

破坏性采矿罪,是指违反《矿产资源法》的规定,采取破坏性方法开采矿产资源造成严重破坏,触犯《刑法》构成犯罪的行为。

1. 本罪的基本特征。(1)犯罪客体是公民矿产资源的环境保护权益和国家对矿产资源的管理秩序。(2)犯罪客观方面表现为采取破坏性开采方法的行为和使矿产资源遭受严重破坏的危害结果。其中的"破坏性开采方法",如对具有工业价值的共生矿和伴生矿未采取综合性开采措施;对暂时不能综合开采或者必须同时开采而暂时不能综合利用的矿产,以及含有有用组分的尾矿未采取保护性措施而造成矿产资源破坏、浪费的严重后果。[37](3)犯罪主观方面是故意。(4)犯罪主体为一般主体。

2. 对本罪的刑罚。根据不同情节处以5年以下有期徒刑或者拘役,并处罚金。

(十一)非法采伐、毁坏珍贵树木罪(第344条)

非法采伐、毁坏珍贵树木罪,是指违反《森林法》和《野生植物保护条例》的规定,非法采伐、毁坏珍贵树木,或者国家重点保护的其他植物的,或者非法收购、运输、加工、出售珍贵树木或者国家重点保护的其他植物及其制品的,触犯《刑法》构成犯罪的行为。

1. 本罪的基本特征。(1)犯罪客体是公民对珍贵树木的环境保护权益和国家对珍贵树木的管理秩序。犯罪对象是国家重点保护的珍贵树木,还包括国家重点保护的其他植物、或者非法收购、运输、加工、出售珍贵树木或者国家重点保护的其他植物及其制品。而非一般树木。(2)犯罪客观方面表现为非法采伐,或者毁坏珍贵树木的行为。"非法采伐",是指未取得采伐许可证或者经过欺骗、行贿等手段取得采伐许可证,或者超过许可证规定的采伐株数、树种进行采伐;"毁坏珍贵树木"则表现为使其丧失原有功能和正常生长发育的能力。(3)犯罪主观方面表现为故意,即明知所采伐的树木是属于国家重点保护的珍贵树木,也明知自己的采伐行为是非法,而为了牟取暴利仍实施采伐、毁坏行为。(4)犯罪主体为一般主体。

2. 对本罪的刑罚。对一般情节的,处3年以下有期徒刑、拘役或者管制,并处罚金;情节严重的,处3年以上7年以下有期徒刑,并处罚金。

(十二)盗伐林木罪(第345条第1款)

盗伐林木罪,是指违反《森林法》的规定,以非法占有为目的和秘密的方法砍伐国家、集体

---

〔36〕 破坏性采矿造成矿产资源破坏的价值,数额在5万元以上,属于"造成矿产资源破坏";数额在30万元以上的,属于"造成矿产资源严重破坏"。参见最高人民法院《关于审理非法采矿、破坏性采矿刑事案件适用法律若干问题的解释》(法释〔2016〕25号)。

〔37〕 参见《矿产资源法》第30条。

或者他人森林或者其他林木,触犯《刑法》构成犯罪的行为。

1. 本罪的基本特征。(1)犯罪客体是公民对森林的环境保护权益和国家对森林资源的管理秩序,以及国家、集体或者个人对森林的所有权。犯罪对象为国家、集体或者他人的树木。(2)犯罪客观方面表现为以秘密的方法砍伐大量的不属于自己的树木占为己有的行为。(3)犯罪主观方面为直接故意,并具有将其占为己有的目的。(4)犯罪主体为一般主体。

2. 对本罪的刑罚。分为三个档次:数量较大的,处3年以下有期徒刑、拘役或者管制,并处或者单处罚金;数量巨大的,处3年以上7年以下有期徒刑,并处罚金;数量特别巨大的[38]处7年以上有期徒刑,并处罚金。

(十三)滥伐林木罪(第345条第2款)

滥伐林木罪,是指违反《森林法》的规定,无采伐许可证或者未按照采伐许可证规定的地点、数量、树种、方式而任意采伐本单位所有或者管理,或者本人自留山上的森林或者其他林木,数量较大,触犯《刑法》构成犯罪的行为。

1. 本罪的基本特征。(1)犯罪客体是公民对森林资源的环境保护权益和国家对森林资源的管理秩序。犯罪对象是本单位所有、所管或者本人种植、管理的林木。(2)犯罪客观方面表现为无采伐许可证或者未按照采伐许可证的规定、要求进行采伐,而且数量较大。(3)犯罪主观方面为故意或者过失。(4)犯罪主体为一般主体。

2. 对本罪的刑罚。分两个档次:数量较大的,[39]处3年以下有期徒刑、拘役或者管制,并处或者单处罚金。数量巨大的,处3年以上7年以下有期徒刑,并处罚金。《刑法》第345条第4款规定:"盗伐、滥伐国家级自然保护区内的森林或者其他林木的,从重处罚。"

(十四)非法收购盗伐、滥伐的林木罪(第345条第3款)

非法收购盗伐、滥伐的林木罪,是指违反《森林法》的规定,为牟取暴利而在林区非法收购明知是盗伐或者滥伐的林木,触犯《刑法》构成犯罪的行为。

1. 本罪的基本特征。(1)犯罪客体是公民的森林保护权益和国家对森林资源的管理秩序。犯罪对象是他人盗伐、滥伐的树木。(2)犯罪客观方面表现为实施了在林区内非法收购他人盗伐、滥伐的林木,而且情节严重的行为。情节严重,是指数量较大、多次违法或者其他欺骗行为等。(3)犯罪主观方面是故意,即明知所收购的是他人盗伐、滥伐的林木,但为了牟取暴利而非法收购。(4)犯罪主体为一般主体。

2. 对本罪的刑罚。分为两个档次:情节严重的,处3年以下有期徒刑、拘役或者管制,并处或者单处罚金;情节特别严重的,处3年以上7年以下有期徒刑,并处罚金。

(十五)单位犯破坏环境资源保护罪(第346条)

《刑法》第338~345条,在规定了破坏环境资源保护罪类中的14种具体犯罪之后,还在

---

[38] 2000年12月12日最高人民法院《关于审理破坏森林资源刑事案件具体应用法律若干问题的解释》中的第4条规定:"盗伐林木'数量较大',以二至五立方米或者幼树一百至二百株为起点;盗伐林木'数量巨大',以二十至五十立方米或者幼树一千至二千株为起点;盗伐林木'数量特别巨大',以一百至二百平方米或者幼树五千至一万株为起点。"

[39] "数量较大",在林区,滥伐一般可掌握在10立方米至20立方米,或者幼树500株至1200株,在非林区,滥伐一般可掌握在5立方米至10立方米或者幼树250株至600株,或者相当于上述损失。国有企事业单位为本单位谋取不正当利益而无证采伐本单位主管的林木,"数量巨大"、情节恶劣的,也可以定为盗伐林木罪。参见最高人民法院、最高人民检察院《关于办理盗伐、滥伐林木案件适用法律的几个问题的解释》。

第346条专门规定了单位犯本罪类的处罚问题。

1. 单位犯本罪的基本特征。(1)犯罪客体为上述各具体犯罪的特殊客体。(2)犯罪客观方面表现为单位实施了上述各具体犯罪中的任何一种具体犯罪行为。(3)犯罪主观方面为故意,并伴有牟取单位非法利益的犯罪目的。这种犯意可通过单位负责人表示,也可以是单位领导层集体决定。(4)犯罪主体可以是单位中的法人(包括我国法人和在我国境内的外国法人、无国籍法人),也包括非法人的其他组织。

2. 对本罪类的刑罚。其特点是实行双罚制,即对单位判处罚金和同时对单位直接负责的主管人员及其他直接负责人员判处《刑法》对破坏环境资源保护罪类各具体犯罪所规定的刑罚。[40]

现行《刑法》将单位规定为犯罪主体之一,具有重大的意义。可以遏制一些单位在市场经济条件下为牟取非法经济利益而实施严重污染或者破坏环境的犯罪行为;改变了过去只对自然人判处刑罚的做法,适应了我国加强环境保护工作的需要,符合我国国情和世界各国刑事立法的新趋势。

思考题

1. 公害民事赔偿责任的构成要件有哪些?它与一般民事责任、行政责任和刑事责任的构成要件有何区别?
2. 什么是无过错责任原则?在公害民事赔偿责任中实行该项原则的原因和意义是什么?
3. 什么是无过错责任的免责条件?有何意义?
4. 公害民事责任形式中的"赔偿损失"有何特点?与"责令赔偿损失"有何区别?
5. 什么是排除危害?有何作用?
6. 公害民事赔偿纠纷中的行政调解是什么?有何意义?
7. 什么是刑事责任?与行政责任、民事责任有何区别?
8. 什么是犯罪构成?有何意义?破坏环境资源保护罪犯罪构成的各个要件是什么?
9. 污染环境犯罪构成的主观方面是什么?并简述其理由。有人主张在环境污染犯罪构成的主观方面也应实行无过错责任原则,你的看法如何?
10. 2011年2月修订的《刑法》第338条有哪些新特点?有何意义?
11. 在惩治破坏环境资源保护罪中,刑罚的地位和作用是什么?

〔40〕 最高人民法院《关于审理环境污染刑事案件具体应用法律若干问题的解释》第5条规定,单位犯刑法第338条、第339条规定之罪的,定罪量刑标准依照刑法和本解释有关规定执行。

第二十章　国际环境保护法

第一节　国际环境问题和国际环境保护

一、国际环境问题

国际环境问题，也称全球环境问题或者地球环境问题，是指超越主权国家的国界和管辖范围的、区域性的和全球性的环境污染和生态破坏问题。

第二次世界大战以后，由于经济的快速发展，人类对环境作用的深度和广度加强，产生了大规模的全球环境问题，日益威胁到全人类的生存和发展，成为全世界所面临的重大危机之一。[1] 当前，国际环境问题主要表现如下：

1. 气候变化。气候变化是指由于直接或者间接的人类活动改变了地球大气的组成而造成气候变化，并非指气候的自然变异。气候变化包括气候变暖或者变冷，主要是指全球性的气候变暖状况，这种变化主要是由于人为向大气大量排放能够吸收和重新放出红外辐射的温室气体、[2] 气溶胶等，导致温室效应增强，使大气层和地球表面温度升高。气候变化可以造成自然环境和生物区系的变化，并对生态系统、经济和社会发展以及人类健康和福利产生重大的有害影响，尤其对农业的危害是灾难性的；造成海平面上升，使许多国家富饶的三角洲地区和沿海平原、城市被海水侵蚀、淹没；会使生物群落的地理分布发生变化，造成物种变异、减少或者消失等。制止全球变暖已成为全人类的共识，削减二氧化碳的排放量也已成为各国的共同任务。

2. 臭氧层破坏（耗损）。臭氧层是距地球表面 10 ~ 50 公里的大气平流层，集中地球上 90% 的臭氧气体，能吸取太阳辐射的 99% 以上的紫外线，以保护地球的万物生灵，是地球的天然“保护伞”。由于人为向大气大量排放臭氧层耗损物质，[3] 导致臭氧层变薄甚至出现空洞。科学研究证实，大气中臭氧每减少 1%，辐射到地球表面的对生物有伤害的紫外线增加 2%，皮肤癌的发病率将增加 4%，还会诱发白内障、呼吸道疾病，损害人的免疫系统。

3. 酸雨污染。酸雨主要是由于矿物燃料消耗过程中产生的硫、氮的氧化物排入大气所形成。其对森林、土壤、水体、农作物、建筑物等具有严重损害。

4. 生物多样性锐减。生物多样性包括遗传（生物基因）多样性、物种多样性和生态系统的多样性。生物多样性一直呈锐减趋势，这将对人类生存和发展形成威胁。因此，应当努力恢复和维护地球整个生态系统的完整性，保护生物多样性。

---

[1] 关于世界共同危机，有多种说法，但均将环境问题列入其中。

[2] 温室气体主要有二氧化碳、甲烷、一氧化二氮、一氧化碳、臭氧、水蒸气等。其中，二氧化碳对温室效应增强的作用占所有温室气体作用的 55%，是引起气候变暖的主要因素。

[3] 主要有氟氯烃类（如制冷剂、喷雾剂、发泡剂、清洗剂等）、哈龙等。

5. 淡水短缺。淡水占地球表面水的2.5%，其中能为人类直接利用的河流、湖泊、水库的淡水储存量仅为淡水总量的0.4%。20世纪初以来，全球淡水消耗量增加了6倍，目前，全世界面临着淡水短缺的危机。

6. 森林破坏。森林减少是全球性现象，从1950～1975年，世界森林面积减少了26亿公顷；2015年全球森林面积减少19.8万平方公里。

7. 荒漠化。造成荒漠化的人为原因主要是过度放牧、垦荒等引起的植被破坏和不适当的农业活动及开矿、修路等。

8. 海洋污染和破坏。在全球范围内，海洋污染和海洋资源破坏越来越严重。全球70%的海洋渔业资源已经或者正在枯竭。

9. 有毒化学品和危险废物越境转移。目前，某些发达国家由于本国环保法规的完善和管理的加强，千方百计地向国外尤其是发展中国家越境转移危险废物，造成严重的污染扩散。

二、国际环境保护

面对日益严重的区域性和全球性环境问题，各国政府和人民及众多的国际组织纷纷采取行动，携手合作，以保护共同生存的地球，从而形成国际环境保护活动。

20世纪以来，国际环境保护掀起过两次高潮。第一次高潮发生在20世纪60至70年代的工业化国家，以“一个地球”为口号，1972年召开的联合国人类环境会议是其顶峰标志。第二次高潮发生在20世纪80年代中期以来，在全世界范围内的以“可持续发展”为特征，其顶峰标志是1992年召开的联合国环境与发展大会。1972年6月5日至16日，联合国人类环境会议通过的《联合国人类环境宣言》和联合国环境规划署的设立，大大推动了国际环境保护的发展。为纪念这次会议，联合国大会决定以每年6月5日作为“世界环境日”。1992年6月3日至14日，在巴西的里约热内卢举行了联合国环境与发展大会。[4]通过了《环境与发展的里约宣言》（又称《地球宪章》）、《21世纪议程》、《生物多样性公约》、《联合国气候变化框架公约》和《关于森林问题的原则声明》等重要文件，发出了建立起一种“新的全球伙伴关系”的口号，提出了“可持续发展”的战略思想。在里约会议上，发达国家承诺在部分国际环境保护领域率先采取行动，承诺向发展中国家提供和增加官方发展援助（ODA）（多数发达国家承诺把官方援助提高至国民生产总值的0.7%，但时限上各国有区别），提供“新的、额外资金”和减让性资助，转让环境无害化技术等。[5]里约会议所取得的成果，成为国际环境保护的新开端。里约会议后，国际环境保护活动有成有败。[6]国际环境发展领域中矛盾错综复杂，利益相互交错。发展中国家实现经济发展和环境保护的目标由于自身经济不发达而困难重重。发达国家没有完全兑现其在里约会议上的承诺，没有履行国际环境保护公约规定的向发展中国家提供资金和技术援助的义务。以全球可持续发展为目标的《21世纪议程》等重要国际环境文件执行情况不能令人满意，全球环境危机状态并未扭转。为回顾、总结里约会议的精神，讨论所面临的新问题，2002年8月26日至9月4日，在南非的约翰内斯堡举行了联合国可持续发展世界首脑会议。[7]会

〔4〕　有183个国家派代表团参加大会，102位国家元首和政府首脑与会，故此次会议又被称为地球高峰会议。

〔5〕　钟述孔：《21世纪的挑战与机遇——全球环境与发展》，世界知识出版社1992年版。

〔6〕　设在美国的国际可持续发展研究所在里约会议后10年（同时为联合国可持续发展世界首脑会议提供背景资料），对所取得的国际环境保护活动进行了回顾和总结，指出了10大成绩和10大缺陷。

〔7〕　有192个国家的1.7万名代表参加了会议，104个国家的国家元首和政府首脑出席了首脑会议。

议还通过了作为政治宣言的《约翰内斯堡可持续发展承诺》。

第二节 国际环境保护法的概念和基本原则

一、国际环境保护法的概念

国际环境保护法,是指调整国家间环境保护关系的行为规范的总称。这些行为规范主要来源于环境保护的国际公约、双边或者多边国际协定,以及有关国际会议和国际组织的宣言、决议、行动纲领、行动计划等,也称国际环境法。

国际环境保护法调整的范围包括人类赖以生存和发展的整个地球环境,以及与人类密切相关的外层空间环境。

国际环境保护法的主体是国家和国际组织,后者如联合国环境规划署、国际海事组织、联合国开发计划署、联合国教科文组织与粮食和农业组织、联合国经济和社会理事会等。

国际环境保护法的遵守和履行(也称履约),是由各参加国在规定的范围和方式内采取的措施来保证的。如果侵害了他国或者国际组织的环境权益,违背各国相互达成的环境保护义务,就违反了国际环境保护法,特别严重者则被视为国际犯罪。对违反国际环境保护法的行为所应承担的责任主要是赔偿损失、恢复被侵害的环境权益等。

二、国际环境保护法的产生和发展

国际环境保护法的产生和发展大致可以分为四个阶段。

(一)国际环境保护法的初创阶段

早期的国际环境保护法是一些国家之间签订的保护国际航道和渔场的国际条约,如1815年的《关于保护国际河道的规定》、1885年的《莱茵河捕鱼协定》。后来以保护动植物为主要内容的条约开始出现,如1933年11月8日的《伦敦公约》和1940年10月15日的《华盛顿公约》,就是为了保护非洲和美洲的野生动植物。不过,这些国际法律文件并未从保护生态系统出发,还谈不上现代意义的国际环境保护法。

在这一阶段,若干国际间环境争端的解决及其所确定的原则,对以后国际环境保护法的发展有着积极影响。1893年美国与英国的"太平洋海豹案"[8]确认,国家无权对其管辖权之外的自然资源主张管辖权,要求对国家管辖权之外自然资源予以适当保护和保存。1935年,美国与加拿大之间的特雷尔冶炼厂烟雾争端[9]的解决确认,任何国家在使用或者允许使用其领土时,无权使其烟雾对他国领土或者财产、生命造成损害,从而确立了一国对损害他国环境的行为承担国家责任的原则。这一阶段还有了萌芽性的国际环境保护组织。

(二)联合国成立至1972年的联合国人类环境会议前

这一阶段有两个特点:全球性和区域性国际组织开始涉及国际环境问题,国际社会对环境

---

〔8〕 在该案中,美国指控英国在其管辖领域之外过度捕捞海豹。

〔9〕 在该案中,美国指控位于加拿大的一家冶炼厂排放的二氧化硫对美国造成财产损害。国际仲裁庭分别于1938年和1941年两次做出裁决。

问题的关注扩大至某些高度危险行为所产生的污染。另外,经济发展与环境保护的关系在一定程度上得到确认。

1954 年,联合国召开了保护海洋生物资源会议。会议确认的海洋生物资源保护原则发展为 1958 年的《捕鱼及养护公海生物资源公约》。1954 年,在伦敦签订了《国际防止海上油污公约》,以后又制定了一系列关于防止海洋石油污染的公约,如 1969 年《公海石油污染干预公约》。这些公约标志着现代国际环境保护法的诞生。这一时期的其他全球性环境保护公约还有 1971 年的《国际重要湿地特别是水禽栖息地公约》(拉姆萨尔湿地公约)和 1972 年的《海洋倾废公约》等。

(三)联合国人类环境会议至 1992 年的联合国环境与发展大会前

1972 年联合国人类环境会议是国际环境保护法发展的第一个里程碑。在这一阶段,随着环境问题国际化的逐渐展现,人们认识到,地球是个不可分割的生态系统,环境问题是没有国界的,只有通过国际合作,协调各国的行动,才能保护和改善人类环境。于是,一系列旨在调整国际环境保护关系的法律文件应运而生。在近代国际法学和新兴的环境科学相互渗透的基础上,也产生了国际环境保护法学。联合国人类环境会议后,国际环境保护法得到了很大的发展。从适用范围来看,包括:(1)海洋(如《联合国海洋法公约》《防止船舶污染海洋公约》《海洋倾废公约》《防止陆源污染海洋公约》);(2)国际河流、湖泊(如《跨界水道和国际湖泊保护与利用公约》);(3)大气(如《保护臭氧层维也纳公约》及其 1987 年《蒙特利尔议定书》和 1990 年修正案);(4)危险废物(如《控制危险废物越境转移及其处置巴塞尔公约》);(5)自然保护(如《防止沙漠化的行动计划》《非洲保护自然与自然资源公约》《有关濒临灭绝的野生动植物国际贸易公约》《南太平洋自然保护公约》);(6)社会文化环境(如《保护世界文化和自然遗产公约》);(7)外层空间(如《关于各国探索和利用外层空间,包括月球与其他天体的活动原则的公约》);(8)其他"软法"(如《人类环境宣言》《各国经济权利和义务宪章》《发展权利宣言》《世界自然保护大纲》《关于发展和定期审查环境法方案》《世界自然宪章》)。从法规形式来看,不仅有单项国际环境保护法规,还有综合性的国际环境保护基本法,如 1972 年的《联合国人类环境宣言》就是确立环境保护国际关系的基本原则。不仅有全球性的环境保护公约,还有区域性条约和双边性协议,使国际环境保护法的内容更加丰富。

(四)1992 年的联合国环境与发展大会至今

1992 年的联合国环境与发展大会是国际环境保护法发展的又一个里程碑。这一阶段,国际环境保护法的发展有了新的特点:

1. 发展中国家积极参与国际环境保护立法。发展中国家占世界人口的大多数,拥有巨大的自然资源,又是发达国家污染和破坏环境的主要受害者。联合国人类环境会议以后,在一系列关键问题上提出了合理主张和正当要求,为国际环境保护法律文件的谈判和形成奠定了基础。维护了发展中国家的权益,推动了南北对话和国际合作,使一系列国际环境保护法律文件得以通过。

2. 内容和范围更为广泛。联合国人类环境会议以后,国际社会通过了有关气候变化、生物多样性保护、防治荒漠化、危险化学品管理、持久性有机污染物防治、核安全、海上处置废物等许多新的领域的国际环境保护法律文件,使国际环境保护法的领域更为广阔。在 1992 年环境与发展大会期间,有 153 个国家及欧洲共同体一起讨论、谈判并正式签署了《联合国气候变化框架公约》和《生物多样性公约》。如此众多的国家乃至整个国际社会参与其间,在国际立法中实属罕见。

3. 创立了新的原则和制度。里约环境与发展大会以来,国际环境保护法有了新的发展,创立了若干新的原则和法律制度,如提出了"可持续发展"的战略,提出了"全球伙伴关系"的观念,确立了"共同但有区别""代际公平"原则等,在保护全球环境中发达国家向发展中国家提供"新的、额外的资金"的财政机制和各方平等参与"全球环境基金"管理等机制。

三、国际环境保护法的基本原则

(一)尊重国家主权原则

即各国对其管辖范围内的环境和自然资源享有永久主权的原则。一个国家的环境和自然资源是该国赖以生存和发展的物质基础,各国对其自由处置是该国的主权权利。1962 年 12 月联合国大会第 17 届会议通过的《关于天然资源之永久性宣言》中,确认了各国自由有利行使其对天然资源之主权,并确认侵犯他国对其天然财富与资源之主权,即系违反联合国宪章之精神与原则。1972 年的《联合国人类环境宣言》第 21 条原则规定:"各国有按照自己的环境政策开发自己的资源的主权,并且有责任保证在它们管辖或者控制之内的活动,不致损害其他国家的或者在国家管辖范围以外地区的环境。"这是对国家环境和自然资源主权原则更深入和全面的阐述,同时也提出了领土无害使用的责任。1992 年《环境与发展里约宣言》的"原则二"重申和再确认了这一原则。

环境和资源主权原则对于发展中国家有着特别重要的意义。发展中国家的发展权是环境和资源主权的基础和重要内容,是不可剥夺的永久主权和基本人权之一。但是,在发展中国家的发展权问题上存在尖锐的斗争。有些发达国家以关心人类共同命运为借口,打起"环境外交"牌,指责发展中国家加速发展,消除贫困是严重污染了环境,给人类未来生活造成危害,是世界性灾难。个别发达国家还有限制和打掉发展中国家的"发展权"的图谋。这实际上是某些发达国家利用环境保护干预他国的内政,同时也表明环境保护已成为一个国家的政治利益和国家安全的组成部分。关于"发展权"的争执,实质上是经济利益和政治利益的冲突。发展中国家为维护国家主权,反对外来干涉,坚持"发展权"的合理要求,最终为国际社会所承认和接受。《环境与发展里约宣言》的"原则三"确认:"为了公平地满足今世后代在发展与环境方面的需要,求取发展的权利必须实现。"其"原则四"确认:"为了实现可持续的发展,环境保护工作应是发展进程的一个整体组成部分,不能脱离这一进程来考虑。""原则五"确认:"为了缩短世界上大多数人生活水平上的差距,更好地满足他们的需要,所有国家和所有人都应当在根除贫困这一基本任务上进行合作,这是实现可持续发展的一项不可少的条件。""原则十一"确认:"各国制定有效的环境立法、环境标准、管理目标和优先次序应该反映它们适用的环境与发展范畴。一些国家所实施的标准对别的国家特别是发展中国家可能是不适当的,也许会使它们承担不必要的经济和社会代价。"

(二)"新的全球伙伴精神"原则

"新的全球伙伴精神"原则即环境保护国际合作原则。地球的整体性和相互依存性,使得在保护和改善全球环境时,必须实行国际合作。《联合国人类环境宣言》第 7 条指出:"种类越来越多的环境问题……将要求国与国之间广泛合作及国际组织采取行动以谋求共同的利益"。第 24 条更明确、具体地阐述了国际合作的指导准则和范围。《环境与发展里约宣言》确定"建立一种新的、公平全球伙伴关系的目标",在"原则七"确认:"各国应本着全球伙伴精神,为保存、保护和恢复地球生态系统的健康和完整进行合作。”并在“原则九”规定了国际合作的方式和内容：“各国应当合作加强本国能力建设，以实现可持续的发展，做法是通过开展科学和技术知识的交流来提高科学知识，并增强各种技术——包括新技术和革新性技术的开发，适应修改、传播和转让。”

“新的全球伙伴关系”应建立在坚实、牢固的基础上，其目标应既推动国际社会在环境保护方面的合作，又推动在经济发展方面的合作；努力改善国际经济环境，应当同建立公正、合理、平等互利的国际政治和经济新秩序相联系。

(三)公平承担责任原则

公平承担责任原则即在保护全球环境的国家责任问题上实行“共同但有区别”的原则。解决全球的环境问题，保护和改善全球环境，是世界各国的共同责任。但是，在对保护国际环境应负的责任上，发达国家和发展中国家各自的责任是有区别的。发达国家都经过“先污染后治理”的过程，在其工业化过程中，曾不顾后果地向环境过度索取，排放了大量污染物并在环境中累积。直到现在，发达国家在资源消耗和排放污染物方面不论是总量还是人均水平，都大大超过发展中国家。全球的环境恶化和生态破坏，从历史和现状上来看，主要是发达国家造成的，因而发达国家应负主要责任。同时，发达国家有雄厚的经济实力和先进的环境保护技术，理应为解决全球环境问题率先行动并承担更多的义务。对于发展中国家，则应坚持权利与义务相平衡原则，在力所能及的范围内承担保护本国及国际环境的责任。《环境与发展里约宣言》“原则七”确认：“鉴于导致全球环境退化的各种不同因素，各国负有共同的但是又有差别的责任。发达国家承认，鉴于他们的社会给全球环境带来的压力，以及他们所掌握的技术和财力资源，他们在追求可持续发展的国际努力中负有责任。”

(四)合理承担污染损害责任原则

合理承担污染损害责任原则即造成他国环境污染损害者应负赔偿责任。《联合国人类环境宣言》第22条规定：“各国应进行合作，以进一步发展有关他们管辖或者控制之内的活动对他们管辖以外的环境造成的污染和其他环境损害的受害者承担责任和赔偿问题的国际法。”《环境与发展里约宣言》的“原则十三”进一步确认和强调了这一点：“各国还应迅速并且更坚决地进行合作，进一步制定关于在其管辖或者控制范围内的活动对在其管辖外的地区造成的环境损害的不利影响的责任和赔偿的国际法律。”

(五)和平解决环境争端原则

国家间的环境污染纠纷引起的争端和冲突时有发生。《环境与发展里约宣言》的“原则二十五”确认：“和平、发展和保护环境是相互依存和不可分割的。”“原则二十六”指出：“各国应和平地按照《联合国宪章》采取适当方法解决其一切的环境争端。”

四、关于环境与贸易问题

环境保护与国际经济贸易之间，存在既互相冲突又相互促进的关系。贸易的迅速发展不当或者环境管理措施不力，会加剧环境污染和破坏；对自由贸易的鼓励和制度化也会妨碍各国政府利用惩罚性关税保护环境；与环境保护不协调的贸易自由化可能会导致甚至促使污染转移。同样，标准过于严格的环境政策不利于贸易自由化扩展。发达国家由于经济实力雄厚，科技水平高，一般有着较严格的环境保护标准，从而阻挡发展中国家的出口产品，使其蒙受经济损失。但是，贸易自由化政策也促进环境保护事业，促使各国有效配置和节约利用资源，而贸易补贴、关税壁垒和非关税壁垒则不利于环境保护。同时,环境保护的要求也促进贸易的健康发展,如作为很有发展前途的“朝阳产业”的环境保护产业已迅速发展并极有潜力。现在,环境保护要求已成为国际贸易准则,许多国家和国际组织将环境保护作为提供经济援助的前提条件。《世界贸易组织协议》将环境保护与贸易发展作为其要实现的双重目标,“乌拉圭回合”的谈判中创立了贸易—环境保护体制,《技术贸易壁垒协议》中规定:“不得阻止任何国家采取必要的措施来保护人类、动物或者植物的生命和健康,保护环境。”世界银行将环境因素作为经济援助的必备条件和要求。贸易政策的环境效应已为各国普遍认可。一国可以通过制定本国的环境标准,对未达标准的他国产品实行限制进口或者拒绝进口。环境因素逐渐成为贸易保护政策的辩解和国际贸易中讨价还价的筹码。环境保护措施成为某些国家主要是发达国家的隐蔽性强、技术要求高、灵活多变的非关税壁垒。这种“绿色壁垒”对发展中国家有着严重的限制影响,从而导致在环境与贸易方面的新的“南北冲突”。在这一问题上,发展中国家要求,解决环境与贸易问题,必须有利于可持续发展,有利于缩小南北差距,有利于消除贫困,有利于执行“共同但有区别”的原则,应避免单方面使用歧视性和限制贸易的环境措施,有关措施应以各国协调一致的意见为基础。《环境与发展里约宣言》的“原则十二”确认:“为了更好地处理环境退化问题,各国应该合作促进一个支持性和开放的国际经济制度,这个制度将会导致所有国家实现经济成长和可持续的发展。为环境目的而采取的贸易政策措施不应该成为国际贸易中的一种任意或者无理歧视的手段或者伪装的限制。应当避免在进口国家管理范围以外单方面采取对付环境挑战的行动。解决跨国界或者全球性环境问题的环境措施应尽可能以国际协调一致为基础。”

第三节　中国对解决全球环境与发展问题的原则立场

一、中国对解决全球环境问题的原则立场[10]

中国政府在1992年里约会议上,阐述了中国对解决全球环境问题的原则立场,中国政府认为,保护环境和发展经济,关系到人类的前途和命运,影响着世界上每一个国家,每一个民族,以至每一个人。解决世界环境与发展问题,必须开展广泛和有效的国际合作。中国的环境与发展问题是全球性环境与发展问题的一个组成部分,中国深知自己在保护地球生态环境方面的责任和可以发挥的作用。中国人民的基本信念是:把中国的环境保护工作做好,不仅是对自己人民和后代的义务,也是对全人类共同事业的重要贡献。中国愿意承担与我国发展水平相应的国际责任和义务,并为解决世界环境与发展问题进一步加强国际合作。中国坚决维护我国和发展中国家的权益,积极履行我国加入的国际环境保护公约。同舟共济,务实合作,积极行动。

中国提出的解决世界环境和发展问题的原则主要如下:

1. 经济发展必须与环境保护相协调。经济发展是人类自身生存和进步所必需,也是保护和改善地球环境的物质保证。发展经济、消除贫困是许多发展中国家当前的首要任务。在解决全球环境问题时,应充分考虑发展中国家的这种合理的迫切的需要。同时,各国的经济发展

---

〔10〕 本部分资料均参考《迈向21世纪——联合国环境与发展大会文献汇编》,中国环境科学出版社1992年版。

不能脱离环境的承受能力,应该实行保护生态系统良性循环的发展战略,实现经济建设和环境保护的协调发展。

2. 保护环境是全人类的共同任务,但是经济发达国家负有更大的责任。解决全球环境问题是每个国家和地区的共同利益所在。发达国家对全球环境恶化负有主要责任,应为解决全球环境问题承担更多的义务。发达国家应为发展中国家提供新的额外资金并以优惠条件转让保护环境的技术,以帮助发展中国家改善自身环境和参与保护全球环境。这样做不仅对发展中国家有利,对发达国家来说也是符合其自身利益的明智之举。

3. 加强国际合作要以尊重国家主权为基础。国家无论大小、贫富、强弱都有权平等参与环境和发展领域的国际事务。解决全球环境与发展问题,必须在尊重各国的独立和主权的基础上进行。各国对其自然资源和生物物种享有主权,有权根据本国国情决定自己的环境保护和发展战略,并采取相应的政策和措施。同时,各国在开发利用本国自然资源的过程中,也应防止对别国环境造成损害。

4. 保护环境和发展离不开世界的和平与稳定。各国应致力于本国的稳定,维护地区与世界的和平,通过谈判和平解决一切争端,反对诉诸武力或者以武力相威胁。

5. 处理环境问题应兼顾各国现实的实际利益和世界的长远利益。在重视全球性环境问题的同时,特别需要优先考虑发展中国家面临的环境污染和生态破坏问题。国际社会应当理解和支持发展中国家在这些问题上的要求。

二、中国对促进可持续发展的主张[11]

在 2002 年的约翰内斯堡可持续发展世界首脑会议上,中国政府阐述了中国促进可持续发展的主张。

1. 深化对可持续发展的认识。可持续发展是里约环发大会确立的新的发展观,其实质是改变传统的发展思维和模式,经济发展必须有利于资源的永续利用,有利于生态系统的良性循环,绝不能以浪费资源和破坏生态环境为代价。由于各国国情和发展水平不同,可持续发展模式各异。要坚持以各国的多样化发展为基础,通过局部发展促进全球发展,将解决各国面临的问题和解决全球环境问题结合起来,努力实现全球的可持续发展。

2. 实现可持续发展要靠各国共同努力。要以共同发展为目标,建立相互尊重、平等互惠的新型伙伴关系。坚持里约环发大会所确定的各项原则,特别是"共同但有区别的责任"的原则。联合国应在协调国际环境与发展总体战略以及技术转让、技术咨询、人员培训与援助等方面发挥积极作用。有关国际、区域组织和机构应加强与各国特别是发展中国家的合作。各国应发挥社会团体、企业和广大民众的积极性,为实现可持续发展共同奋斗。

3. 加强可持续发展中的科技合作。要把科学技术特别是信息、生物等高新技术领域的成果,广泛应用于资源利用、环境保护和生态建设。科学技术的传播不应以国划界。国际社会和各国政府要采取新的政策和机制,解决知识产权保护与科技成果推广应用之间的矛盾,促进国际间技术转让。

4. 营造有利于可持续发展的国际经济环境。实现全球可持续发展,需要公正、合理的国际经济新秩序和国际贸易新体制。用过高的环境标准构筑贸易壁垒,不但解决不了环境保护问

---

〔11〕《朱镕基在联合国可持续发展世界首脑会议上的发言》,载《中国环境报》2002 年 9 月 4 日。

题,而且将严重损害发展中国家可持续发展的能力。国际社会应充分理解发展中国家在资金、贸易、债务等方面的困难,采取有力措施,消除各种形式的贸易保护。发达国家尤其应该开放市场,取消贸易壁垒。发展中国家应积极参与国际合作与竞争,不断提升可持续发展能力。新一轮全球多边贸易谈判要妥善处理贸易与环境的关系,使两者相互促进。

5. 推进可持续发展离不开世界的和平稳定。和平是人类生存和发展最重要的前提条件。当今世界总体上是和平、缓和、稳定的,但局部战乱、紧张、动荡也很突出,天下并不太平。各国应遵循联合国宪章的宗旨和原则,遵循公认的国际关系准则,共同维护地区和世界的和平稳定。一切国际争端和地区冲突都应通过和平方式解决,反对诉诸武力或者以武力相威胁。

第四节 我国参加的主要国际环境保护条约、文件[12]

(一)《联合国人类环境宣言》

1972 年的联合国人类环境会议通过了《联合国人类环境宣言》。该宣言呼吁各国政府和人民,为了保护和改善人类环境,造福全体人民和子孙后代而共同努力。

为了鼓励和引导世界各国人民保护和改善人类环境,《联合国人类环境宣言》提出了 7 个共同的观点和 26 条共同的原则。

1. 共同的观点

共同的观点包括:(1)人类是环境的产物,也是环境的塑造者。由于科学技术的飞速发展,人类获得了以无数方法和空前的规模改造环境的能力。天然和人为的环境对于人类的生存、发展和幸福生活都是必不可少的。(2)保护和改善人类环境关系到各国人民的幸福和经济的发展,是各国人民的迫切愿望,也是各国政府的责任。(3)人类总得不断地总结经验,有所发现,有所发明,有所创造,有所前进。人类改造环境的能力,如果明智地加以使用,可以为人民造福,否则将会带来无法估量的损害。在地球上许多地区,已经出现人为污染和破坏环境的迹象。(4)发展中国家的环境问题大半是由于发展不足造成的。因此,它们必须致力于发展工作,牢记它们优先的任务和保护及改善环境的必要。发达国家的环境问题,“一般的是同工业化和技术发展有关”。(5)人口的增长不断引起环境问题。如果采取适当的政策和措施,这些问题是可以解决的。(6)现代历史阶段,要求人们在决定自己的行动时,必须更加审慎地考虑其对环境产生的后果,为当代和后代保护和改善环境,将同争取和平与发展“这两个既定的基本目标共同和协调地实现”。(7)为实现这一环境目标,要求每一公民、团体、企业、机关承担责任。各国政府对其管辖范围内的大规模环境政策和行动负有最大的责任。为支援发展中国家解决环境问题以及解决地区性或者全球性的环境问题,要求各国广泛合作和国际组织采取行动。

2. 共同的原则

《联合国人类环境宣言》在宣布上述共同观点的基础上,提出了 26 条原则。主要有以下几点:(1)人类有享受良好环境的权利,也有保护和改善环境的义务。要支持各国人民反对环境

---

〔12〕 其中的条约,是指对我有法律约束力的国际性文件,包括我国参加的各种环境保护公约、条约,称为“硬法”;而“文件”指没有法律约束力的国际性文件,称为“软法”。

污染和破坏的斗争，谴责并消除种族压迫和殖民统治。要销毁核武器和其他大规模毁灭性武器，以使人类环境免受其害。(2)保护地球上的一切自然资源。对可再生资源的开发利用要妥善安排，防止资源枯竭和物种灭绝。制止有毒有害物质超过环境自净能力的排放。(3)经济和社会发展是保护和改善环境的必要条件。鼓励发达国家向发展中国家提供经济和技术援助，以加速其发展和对环境的保护。各国的政策不应妨碍和损害其发展。(4)各国的发展计划要与环境保护相协调，以避免对环境的不利影响。要设置适当的国家机关来监督管理环境，以提高环境质量。(5)各国政府要采取适当的人口政策，以防止人口增长过快或者过慢对环境的不利影响。(6)促进各国，特别是发展中国家环境科学技术的发展与传播，既解决环境问题，又不成为发展中国家的经济负担。(7)根据联合国宪章和国际法准则，各国有按照各自的政策开发本国资源的权利，并有责任使其活动不损害他国的环境。(8)有关保护和改善环境的国际问题，由各国平等协商解决。

实践证明，《联合国人类环境宣言》所宣布的共同观点和共同的原则，是解决环境领域国际关系的基本准则。

(二)《环境与发展的里约宣言》

1992 年的联合国人类环境与发展大会的重要成果之一是，以各国普遍接受的方式，正式通过了《环境与发展的里约宣言》(以下简称《里约宣言》)，重申了 1972 年《联合国人类环境宣言》的基本原则，并试图在此基础上推进。《里约宣言》包括了序言和可持续发展问题在内的 27 项原则。主要有以下几点：

1. 可持续发展战略。《里约宣言》明确提出了公平地满足今世后代在发展与环境方面的需要，求取发展的权利必须实现，否定了传统的发展战略。明确指出，为了实现可持续发展，环境保护工作应是发展进程的一个组成部分，不能脱离这一进程考虑。

2. 为了实现可持续发展，各国应采取适当的政策和措施。如减少和消除不能持续的生产和消费方式；推行适当的人口政策；通过开展科学和技术知识的交流来提高科学知识，并增强各种技术的开发、修改、传播和转让；合作促进一个支持性和开放的国际经济制度，以使所有国家实现经济增长和可持续的发展等。

3. 共同但有区别的责任原则。《里约宣言》在指出各国应本着全球伙伴精神进行环境合作的同时，提出鉴于导致全球环境退化的各种不同因素，各国负有共同的但是又有差别的责任，并且发达国家在追求可持续发展的国际努力中负有责任。

4. 优先考虑发展中国家的特殊情况和需要原则。强调发展中国家，特别是最不发达国家和在环境方面最易受伤害的发展中国家的特殊情况和需要应受到优先考虑，并指出一些国家所实施的标准对别的国家特别是发展中国家可能是不适当的。

5. 环境管理的主要原则和制度。主要确认和强调了污染者付费原则、环境影响评价原则、防止污染转移和转嫁原则、预防原则、环境紧急情况及重大环境影响活动的通知原则等。

(三)有关保护臭氧层的国际条约

1.《保护臭氧层维也纳公约》

《保护臭氧层维也纳公约》是 1981 年 5 月召开的联合国环境规划署第九次理事会决定起草，经多次修改后，于 1985 年 3 月 22 日提交在维也纳举行的外交会议通过。该公约包括前言和 21 条规定及 2 个附件，基本内容为：缔约国共同认识到由于臭氧层的改变可能对人类健康和环境带来的伤害，防止人类活动改变臭氧层的措施需要国际的合作，缔约国决心保护人类健康和环境免受由于臭氧层改变而产生的不利影响。

该公约规定,各缔约国应依照公约的规定以及它们所加入的并已生效的议定书的各项规定,采取适当措施,以保护人类健康和环境,使其免受足以改变或者可能改变臭氧层的人类活动所造成的或者可能造成的不利影响;用系统观察、研究及交换情报的方式进行合作,以进一步了解和评价臭氧层变化的影响;采取适当的立法和行政措施,控制其管辖范围内可能引起臭氧层改变的有害活动。各缔约国应在其能力范围内进行合作,制定执行公约的措施、程序和标准;应同有关的国际组织合作,有效地执行公约。

此外,该公约还对研究和有系统的观察,法律、科学和技术方面的合作,递交资料,缔约国会议,秘书处,议定书的通过、修正以及争端的解决等问题做了规定。

2.《关于消耗臭氧物质的蒙特利尔议定书》

《关于消耗臭氧物质的蒙特利尔议定书》(以下简称《蒙特利尔议定书》)是于1987年9月在加拿大蒙特利尔举行的国际会议上通过,并于1989年1月1日起生效的。该议定书包括序言和20条规定及3个附件,旨在分阶段削减破坏臭氧层物质的生产与消费。

《蒙特利尔议定书》生效后,发达国家认为议定书规定的控制物质范围太窄且措施不够严格;发展中国家则认为议定书回避了发达国家应承担的臭氧层耗损的主要责任,因而是不公平的,而且还对发展中国家规定了歧视性条款。[13] 由于大多数国家认为议定书存在明显的缺陷,联合国环境规划署召集了几次国际会议,讨论该议定书的修改问题。1990年6月在英国伦敦举行的议定书第2次缔约国会议上,各缔约国经与包括中国、印度等观察员在内的代表团充分协商后,终于在6月29日通过了该议定书的修正案。经修正的《蒙特利尔议定书》,将控制物质由8种扩大到20种,并且建立了保护臭氧层的国际资金机制,为发展中国家缔约国履行议定书的义务提供援助。同时还规定,发达国家应当配合资金机制,以公平和最优惠的条件向发展中国家缔约国迅速转让氟氯烃替代物质和有关技术。

(四)《联合国气候变化框架公约》及其《京都议定书》

1.《联合国气候变化框架公约》

《联合国气候变化框架公约》于1992年5月10日在美国纽约通过,并于1992年6月在巴西里约热内卢召开的联合国环境与发展大会上供各国讨论和签署的。目前已有150多个国家签署了该公约。该公约共26条,其核心是控制人为温室气体的排放,主要是燃烧矿物燃料产生的二氧化碳。这是一个框架性文件,并未对控制温室气体的具体措施做出规定。

该公约呼吁世界各国,尤其是发达国家,控制二氧化碳等温室气体的排放量,遏制全球气候变暖。《联合国气候变化框架公约》的目标是将大气中温室气体的浓度稳定在防止气候系统受到危险的人为干扰的水平上,这一水平应当在足以使生态系统能够自然地适应气候变化、确保粮食生产免受威胁,并使经济能可持续地进行的时间范围内实现。《联合国气候变化框架公约》确定了共同但有区别的责任原则、充分考虑发展中国家的具体需要和特殊情况原则、风险预防和成本效益原则等。《联合国气候变化框架公约》要求发达国家应当率先采取行动对付气候变化及其不利影响,确定目标以稳定和减少温室气体的排放;要求发达国家向发展中国家提供经济上的援助。《联合国气候变化框架公约》特别强调,发展中国家能在多大程度上有效履

---

〔13〕 如《京都议定书》第4条规定,发展中国家从1993年1月1日起,不得向非缔约国出口任何控制物质,而对发达国家则不加任何限制;又如对发达国家每年人均使用量为0.5公斤,而规定发展中国家人均为0.3公斤。

行公约下的义务，将取决于发达国家对公约所承担的有关资金和技术转让的承诺的有效履行，并将充分考虑到经济和社会发展以及消除贫困是发展中国家的首要和压倒一切的优先任务。《联合国气候变化框架公约》还就研究和系统观测、教育、培训和公众意识、缔约方会议、资金机制等问题做了规定。

2.《联合国气候变化框架公约京都议定书》

为实施《联合国气候变化框架公约》，经过艰难的讨价还价，1997 年在日本京都举行的《联合国气候变化框架公约》第 3 次缔约国大会上，通过了《联合国气候变化框架公约京都议定书》(以下简称《京都议定书》)。《京都议定书》规定了发达国家的温室气体定量减排的目标，规定发达国家应个别或者共同地确保其温室气体的排放总量(以二氧化碳当量计)，在 2008 ~ 2012 年的承诺期内比 1990 年水平至少减少 5.2%。在此基础上，《京都议定书》为每一个发达国家确定了“有差别的减排”指标，这是首次以国际法的形式对特定国家的特定污染物排放量做出定量限制。为帮助发达国家减轻其承担减排与控排义务负担，使各国可以采用成本效益最佳的方式削减二氧化碳，《京都议定书》设立了三种“灵活机制”，即发达国家与苏联东欧经济转型国家之间的“联合履约机制”，发达国家之间的“排放贸易机制”和发达国家与发展中国家之间的“清洁生产机制”。

(五)《生物多样性公约》

《生物多样性公约》于 1992 年在内罗毕通过。同年 6 月联合国环境与发展大会期间，公约向各国开放签字。我国第七届全国人大常委会第二十八次会议批准加入。公约包括序言、42 条正文和 2 个附件。其宗旨在于保护并合理利用地球上的生物资源，目标是保护生物多样性、持久使用其组成部分以及公平合理分享利用遗传资源而产生的惠益。公约规定了保护和持久使用的一般措施，要求各国应制定保护和持久使用的国家战略、计划和方案。公约规定就地保护、移地保护和持久使用的具体措施，要求发达国家应提供新的、额外的资金，以使发展中国家能支付它们因执行该公约的措施而承担的经议定的全部增加的费用。

(六)《濒危物种国际贸易公约》

《濒危物种国际贸易公约》于 1973 年 3 月 3 日通过，1979 年 6 月 22 日修正。我国于 1981 年 1 月 8 日参加。《濒危物种国际贸易公约》包括正文 25 条和 4 个附录，其宗旨是通过实行进出口许可证制度来保护濒危物种以免灭绝。《濒危物种国际贸易公约》禁止自他国进口附录中开列的濒危物种；向他国出口濒危物种，包括器官、组织，须持有出口国颁发的《允许出口许可证》，并应证明出口该物种不妨害其生存。

(七)《控制危险废物越境转移及其处置的巴塞尔公约》

《控制危险废物越境转移及其处置的巴塞尔公约》于 1989 年 3 月 22 日在瑞士巴塞尔通过。我国于 1991 年 9 月 4 日加入。公约包括序言、正文 29 条和 6 个附件，其目的在于禁止危险废物的越境转移及其在其他国家，尤其是在发展中国家的处置，防止污染的国际转移。公约规定各国有权禁止危险废物进口；各国应保证将其国内产生的危险废物和其他废物减至最低限度；保证对危险废物的环境无害和有效管理；将废物越境转移减至最低限度；禁止向法律上禁止此类废物进口的国家特别是发展中国家出口废物。公约规定对废物越境转移实行许可管制并规定了严格的许可条件。公约确认危险废物和其他废物的非法运输为犯罪行为。

(八)《关于在国际贸易中对某些危险化学品和农药采用事先知情同意程序的鹿特丹公约》

《关于在国际贸易中对某些危险化学品和农药采用事先知情同意程序的鹿特丹公约》(以

下简称《鹿特丹公约》),于1998年9月11日在荷兰鹿特丹通过,包括序言、正文30条和5个附件。《鹿特丹公约》的目标是通过便利就国际贸易中的某些危险化学品的特性进行资料交换,为此类化学品的进出口规定一套国家决策程序,即事先知情同意程序(PIC程序),以促进各国在此类化学品的国际贸易中分担责任和开展合作,保障人类健康和环境免受此类化学品可能造成的危害,并推动以无害环境的方式加以使用。《鹿特丹公约》适用于禁用或者严格限用的化学品和极为危险的农药制剂,并在附件三公布了第一批27种极为危险的化学品和农药清单(PIC清单)。《鹿特丹公约》规定了列入PIC清单化学品进出口的相关义务;规定一缔约方向另一缔约方出口本国管制的化学品时,须事先向进口方发出出口通知,只有在受到进口方的同意或者默许后,才能向进口方发出货物。《鹿特丹公约》还规定了出口化学品应附的资料以及资料交流、技术援助等措施。

(九)《关于持久性有机污染物的斯德哥尔摩公约》

《关于持久性有机污染物的斯德哥尔摩公约》(以下简称《POPs公约》)于2001年5月23日在瑞典的斯德哥尔摩通过,包括序言、正文30条和6个附件。《POPs公约》的目的是为减少或者消除持久性有机污染物的排放和释放,防止持久性有机污染物在其生命周期的所有阶段产生不利影响,开发和利用环境无害化的替代工艺和化学品,使人类健康和环境免受持久性有机污染物的危害。《POPs公约》规定了旨在减少或者消除源自有意生产和使用的排放、源自无意生产的排放和源自库存和废物排放的措施;规定了《POPs公约》的实施计划、信息交流、公众宣传、认识和教育、研究、开发和监测、技术援助、资金资源和机制等。此《POPs公约》的成功签署,被认为是继《巴塞尔公约》《鹿特丹公约》之后,国际社会在有毒化学品管理控制方面迈出的极为重要的一大步。首批列入《公约》控制的持久性有机污染物(POPs)共有12种(类),其中包括滴滴涕等有机氯农药、多氯联苯和二噁英类。目前,持久性有机污染物的巨大危害和淘汰、削减的必要性已成为国际社会共识。截至2006年6月底,已有151个国家或者区域签署了《POPs公约》。[14]

思考题

1. 当今世界的环境状况如何？有何特点？
2. 什么是国际环境保护法？20世纪80年代以来有哪些新的特点？
3. 试述国际环境保护法的尊重主权原则和“共同但有区别”原则的概念及意义。
4. 我国对促进可持续发展有哪些主张？有何意义？

〔14〕《什么是POPs和POPs公约》,载《中国环境报》2006年8月4日。